VIDA, TRABAJO Y VOCACIÓN

OTROS LIBROS DE DARROW L. MILLER

Discipulando naciones: El poder de la verdad para transformar culturas,
con Stan Guthrie

El plan admirable de Dios para las naciones,
con Scott Allen y Bob Moffitt

El reino inconmovible de Dios,
con Scott Allen y Bob Moffitt

La cosmovisión del reino de Dios,
con Scott Allen y Bob Moffitt

Against All Hope: Hope for Africa,
con Scott Allen y el African Working Group of Samaritan Strategy Africa

On Earth As It Is in Heaven: Making It Happen,
con Bob Moffitt

The Forest in the Seed,
con Scott Allen

Nurturing the Nations: Reclaiming the Dignity of Women
in Building Healthy Cultures,
con Stan Guthrie

UNA TEOLOGÍA BÍBLICA
DEL QUEHACER COTIDIANO

VIDA, TRABAJO Y VOCACIÓN

DARROW L. MILLER
CON MARIT NEWTON

P.O. BOX 1138 TYLER, TX 75710-1138

Editorial JUCUM forma parte de Juventud con una Misión, una organización de carácter internacional.

Si desea un catálogo gratuito de nuestros libros y otros productos, solicítelo por escrito o por teléfono a:

Editorial JUCUM
P.O. Box 1138, Tyler, TX 75710-1138 U.S.A.
E-Mail: info@editorialjucum.com
Teléfono: (903) 882-4725
www.editorialjucum.com

Vida, trabajo y vocación: Una teología bíblica del quehacer cotidiano

Versión Castellana: Antonio Pérez
Editado por: Miguel Peñaloza
Publicado por Editorial JUCUM
P.O. Box 1138, Tyler, TX 75710-1138 U.S.A.

Primera edición 2011

ISBN 978-1-57658-542-9

Impreso en los Estados Unidos.

A Francis Schaeffer y Loren y Darlene Cunningham

El Dr. Schaeffer esperaba que Dios usara L'Abri Fellowship para inspirar a los cristianos a llevar el evangelio a todo sector de la sociedad. Su sermón «Ocupaos hasta que yo vuelva» proporcionó el germen de mi reflexión sobre esta materia.

Loren y Darlene Cunningham fundaron Juventud con una Misión (JUCUM) con una visión similar. El deseo de su corazón ha sido movilizar creyentes que inunden los continentes con edificadores de naciones.

¡Que este libro contribuya a engrandecer sus esperanzas y sus legados!

ÍNDICE

PREFACIO

El punto de partida de este libro es la parábola de las diez minas, Lucas 19. (También conocida como la parábola de los talentos, o de las libras, o de las monedas de oro, dependiendo de la versión que se lea.) Jesús recurrió a la parábola para enseñar a sus discípulos acerca del reino de Dios y para corregir su visión errada del mismo —«que el reino de Dios iba a manifestarse en cualquier momento» (Lucas 19:11)—, mientras se acercaban a Jerusalén. Por medio de ella les transmitió una manera nueva de entender quién era Él, quiénes eran ellos y en qué consistía su vida y su trabajo en relación con el reino de Dios. También nos instruye y anima a vivir y trabajar activamente en y para su reino venidero.

Mi tutor, el fallecido Francis Schaeffer —evangelista, apologista, profeta a nuestra generación, y fundador de L'Abri—, reclamó mi atención a la parábola de las minas hace ya años, cuando viví y estudié en L'Abri Fellowship, Suiza. Me inspiró enormemente, durante años, la exposición titulada «Negociad entre tanto que vengo» —frase tomada del versículo de Lucas 19:13, según traduce la versión de Reina-Valera—. Además, mis amigos Moses Kim, de la Universidad de las Naciones de JUCUM, en Hawai, y el Dr. Robert Osburn, del MacLaurin Institute, de la Universidad de Minnesota, me desafiaron a desarrollar y redactar estudios bíblicos que trataran el tema de una teología bíblica de la vocación. Hoy, después de enseñar este tema por años, ha llegado el momento de recoger tales enseñanzas en un libro.

Gracias al Dr. George Grant del King's Meadow Study Center, que en un momento delicado de la composición de este libro ofreció su equipo para proporcionar ayuda editorial. Sin el estímulo y la ayuda del Dr. Grant, este proyecto no habría llegado a buen puerto.

A Cindy Benn, Sarah Gammill, Lindsay Lavery, y especialmente a Mandie Miller, que laboraron incansablemente en este proyecto investigando, introduciendo datos, mecanografiándolos, comprobándolos y editándolos.

A mi colaborador y amigo Scott Allen, que comentó, criticó y contribuyó a las ideas contenidas en el libro.

A mi redactora Marit Newton y editor Warren Walsh, de YWAM Publishing (Editorial JUCUM), les expreso aquí todo mi aprecio. Me han ayudado a comunicar este mensaje tan clara y profundamente como ha sido posible. Ellos apoyaron mi visión y desearon que el libro hablara tan eficazmente al público que han sido actores protagonistas para que viera la luz. El éxito de este libro será mayormente un producto de su previsión, duro trabajo, compromiso y colaboración. Fueron más allá de lo que era «su obligación» para que *Vida, trabajo y vocación* viera la luz del día.

A los centenares de personas que a lo largo de los años han oído la presentación oral de este material bajo el título de *Vida, trabajo y vocación (Una teología bíblica de la vocación)* y me han animado a escribir este libro. Su fe en la importancia de este mensaje me ha alentado durante los años de trabajo invertidos en este proyecto.

A Marilyn, mi amada esposa y compañera, que además de amarme ha dedicado incontables horas a la edición de este libro.

A nuestro Creador, que nos ha dado propósito de vida, nos ha puesto en este pequeño planeta y nos ha llamado a ser creadores de cultura para su gloria.

INTRODUCCIÓN

Hace algunos años, un misionero en las Filipinas tuvo un encuentro con unos jóvenes que proyectaban incorporarse a los rebeldes maoístas. El misionero preguntó al líder del grupo qué especial atractivo hallaba en el maoísmo que no pudiera experimentar en el cristianismo. La respuesta del joven resultó ser una profunda crítica, no de Cristo y sus argumentos, sino de la realidad y la práctica del cristianismo actual:

> El maoísmo nos proporciona... cuatro elementos esenciales: (1) una visión unificada y coherente del mundo, la historia y la realidad; (2) un objetivo por el que trabajar, vivir y morir; (3) una invitación a todos para aspirar a una fraternidad universal; y (4) un compromiso y una misión para propagar la buena noticia de que hay esperanza para los desesperanzados. El hecho es, caballero, que la fe cristiana, con toda su belleza, parece incapaz de proporcionar tal visión[1].

Tristemente, el misionero vio cómo esos jóvenes idealistas daban la espalda a lo que conocían del cristianismo y abrazaban algo que les conduciría a su destrucción. Pero ¿por qué? Tal vez hubieran oído las buenas nuevas del evangelio, pero no lo habían *visto.*

Muy a menudo, la iglesia está atareada proclamando el evangelio pero no demostrándolo. Proclamamos las palabras pero no las vivimos. A menudo, nuestras vidas como cristianos son ineficaces porque reducimos el evangelio a las buenas nuevas para la eternidad y olvidamos las buenas nuevas para hoy. Con demasiada frecuencia entendemos nuestras vidas como una realidad que contiene dos partes separadas: la parte espiritual y el resto de la vida, el tiempo dedicado a las actividades religiosas y el tiempo dedicado al estudio o al trabajo. Hemos reducido el cristianismo a la esfera privada y personal, a vidas cotidianas que difieren poco de las que exhiben otros miembros de la sociedad. Hemos creado una iglesia cómoda, pero mayormente desconectada de la realidad de la vida cotidiana en el mercado, en casa y en el extranjero. Así pues, no hemos acertado a abrir la verdad y la esperanza del reino de Dios a los millones de individuos que necesitan mejores respuestas que las que ofrecen otras religiones o el secularismo.

No obstante, surge una inquietud entre algunos cristianos que se preguntan ¿no debe el evangelio influir sobre todos los aspectos de la vida, e incluso ayudar a moldear mi país? ¿No debe el evangelio influir en el mercado, en mi puesto de trabajo? ¿Tengo que abandonar mi trabajo y hacerme misionero para que mi vida sea útil al reino de Dios?

Un grupo creciente de pastores se está preguntando: ¿No debe ser la iglesia algo más que edificios, reuniones y programas? ¿Cómo podemos sacar a nuestra gente de los templos para salir al mundo, donde realmente están las necesidades? ¿No debe influir la iglesia en la sociedad? ¿Por qué se desintegran familias, comunidades y sociedades cuando hay tantos cristianos? Nunca en la historia hubo tantos cristianos, tantas iglesias y tan grandes como en el presente; entonces ¿por qué se descomponen las sociedades?

Aunque muchos cristianos e iglesias estén felices con su vida confortable y su programa eclesiástico, aunque sean felices proclamando el evangelio, al mismo tiempo, muchas personas —los pobres, los escépticos, las mentes postmodernas de principios del siglo XXI— están esperando «oír» con sus ojos. ¡Las palabras no bastan! Quieren ver la verdad, la belleza y la justicia del evangelio demostrado ante sus ojos. ¡Y tantas veces la iglesia está atareada proclamando y no viviendo!

Las mismas cosas que los jóvenes filipinos y gran parte del resto del mundo están buscando —una visión coherente de la realidad, una causa por la que vivir y morir, un sentido comunitario y una esperanza para los desesperados— son, nada menos, las cosas para las que fueron creados y por lo que Cristo se entregó: el reino de Dios. El mundo está esperando ver este reino demostrado en nuestra vida y trabajo diario.

LA VISIÓN APREMIANTE

Usted también fue creado para la misma meta que anhelaban los jóvenes filipinos. Todos los hombres y las mujeres fueron creados para vivir en la realidad que Dios hizo, la realidad del reino de Dios. La visión —la visión apremiante—es una de las necesidades humanas más básicas. Las Escrituras lo afirman: «Donde no hay visión, el pueblo se extravía» (Pro. 29:18). Toda nuestra vida está guiada por alguna clase de meta. Pero no todos los sueños son verdaderos, ni igualmente satisfactorios.

Nuestra visión procede de nuestra forma de *concebir* el mundo, entender el universo y relacionarnos con él. La cosmovisión conforma los valores y las decisiones, ordena las prioridades que uno tiene en la vida. Puesto que determina lo que vemos en la vida y en el mundo que nos rodea, y *cómo* los vemos, solemos emplear el término «anteojos» para describir este factor de la existencia. Los «anteojos» a través de los cuales miramos el mundo determinan la concepción de la vida —y la visión de nuestra vida.

La cosmovisión que debemos adoptar es nada menos que la visión apremiante por la que Cristo vivió y murió: el reino de Dios. Él dijo que esta visión es como fuego: «He venido a traer fuego a la tierra, y ¡cómo quisiera que ya estuviera ardiendo!» (Lucas 12.49).

¿Mueve la visión de Cristo a la iglesia actual? E. Stanley Jones (1884-1973), el gran estadista misionero en la India, se lamentó entristecido: «La iglesia la ha perdido. La iglesia ha perdido [la visión bíblica] del reino de Dios»[2]. Jones define esta pérdida de visión como la «enfermedad de nuestro tiempo»[3].

Al adentrarse la iglesia en el siglo XXI, está mayormente dividida en dos grupos, con ideas muy distintas del reino de Dios. El primero entiende que el reino de Dios es místico, invisible, celestial y futuro. Estos cristianos aseguran que Jesucristo es Señor de todo pero que su reino influenciará a las cosas terrenales sólo cuando Él regrese al fin de los tiempos. Por el contrario, el segundo grupo entiende que el reino de Dios consiste en provocar una diferencia aquí y ahora. No obstante, muchas veces estas personas se centran en cuestiones sociales y políticas y recurren a medios humanos para establecer el reino de Dios en este tiempo, con exclusión de la evangelización y de los aspectos futuros del reino. Las dos posturas están deformadas y son incompletas.

Dicho de manera sencilla, el reino de Dios existe dondequiera que Dios reine. Ese «dondequiera» no tiene límite en el tiempo, la ubicación o el ámbito. El Dios Todopoderoso, que siempre fue y será, es el Rey de los cielos y de la tierra. Él es Señor de la historia y de la eternidad. Él vive y está presente tanto en la esfera espiritual como en la material. Y —muy importante para nuestro propósito aquí— Él es quien define, por su misma naturaleza, lo que es verdadero, bueno y hermoso. Como reconocieron los primeros científicos modernos, aunque bastante olvidados en la posteridad, incluso las «leyes naturales», aparentemente impersonales, proceden de la divina mente —la manera en que diseñó el funcionamiento del mundo.

Desgraciadamente, en su rebelión, los seres humanos perdieron la capacidad de vivir íntegramente dentro del marco divino para el que fueron creados, como se relata en Génesis 3. El reino no desapareció, pero al rebelarse contra sus caminos, la humanidad acabó perdiendo hasta la capacidad de verlo y entenderlo, y el poder de restaurarse a sí misma dentro de él. Más bien creó vidas basadas en una ilusión de la realidad, en abierto conflicto con el reino de Dios. Tan alejado de la verdad de la existencia, este reino falso y su mezcla de mentiras condujo inevitablemente a la muerte.

Sin embargo, Dios nunca abandonó a su creación en el fracaso. La narrativa bíblica muestra bien a las claras que Dios fue en busca nuestra, nos reveló su verdad y nos llamó a su reino y a una auténtica plenitud de vida con Él. Finalmente, hace lo inimaginable y se allega al corazón de nuestra existencia con la dádiva de su Hijo, quien mejor revela la naturaleza de nuestro Dios y lo que significa vivir en unión con Él, y abre de par en par la puerta de entrada al reino. El mensaje inaugural de Jesús en Galilea, y a nosotros dirigido, es «El reino de Dios se ha acercado» —maravilloso mensaje *actual*— «arrepentíos y creed en el evangelio [las buenas nuevas]» (Marcos 1:15, RV-1960). Al quitar la carga de pecado que pendía sobre nosotros y derrotar a la misma muerte, Dios nos toma de la mano y nos atrae, así como a nuestras sociedades, al hogar del reino. Es un hogar para el presente y para el futuro. Jesús nos muestra el camino; el Espíritu Santo nos ofrece inspiración y poder.

«Es la visión por la que Jesús vivió, trabajó, sufrió y murió. Y es la visión que confió a sus discípulos»[4] y a la iglesia. Esta visión, el reino que «está cerca», que avanza hacia un tiempo de pleno cumplimiento en toda la creación al final de la historia, aporta el tema central que late a lo largo de las Escrituras. Esta visión proporciona «el símbolo más poderoso de esperanza»[5] en la historia de la humanidad. Define la dirección de la vida del cristiano. La vida del cristiano consiste en crecer como ciudadano de ese reino, mantener abierta la puerta para que otros entren, ayudarles a franquearla, resistir y vencer la «Impiedad» que hay en el mundo, que perjudica a las vidas y oscurece el reino. El reino de Dios es digno de trabajar, vivir y morir por él.

VISIONES ANÉMICAS

Desgraciadamente, muchos cristianos amoldan sus vidas no a la aguda, clara y verdadera visión revelada por la cosmovisión del reino de Dios, sino a visiones anémicas y distorsionadas que otras concepciones proporcionan. Estas visiones menores son suministradas por las culturas en las que crecemos y vivimos.

La cosmovisión en la que la mayoría de los occidentales vivimos es el secularismo o el materialismo ateo. Es decir, la creencia de que el universo carece de realidad espiritual —que es sólo un universo físico—, y en el correspondiente impulso materialista que obliga a consumir más.

La cosmovisión que guía la vida y el trabajo de la gente del mundo en desarrollo suele derivar del animismo. Según este sistema de creencias el universo se concibe, en última instancia, como una realidad espiritual —los objetos y los fenómenos del mundo natural están rodeados de espíritus—. La cosmovisión correspondiente tiende a ser altamente fatalista, intuye que todos los sucesos están predeterminados por el destino, y por lo tanto, son inevitables e inalterables. Esta cosmovisión empobrece moral, espiritual y materialmente a naciones enteras, acuña existencias carentes de sentido o propósito.

A medida que el llamado mundo desarrollado se sumerge en el siglo XXI, los occidentales descubren con harta frecuencia que la cosmovisión secular ha reducido el trabajo a una carrera o profesión, y la vida, a un inacabable consumo de cosas. Como consecuencia, se vive sin esperanza ni propósito, y tanto la vida como el trabajo tienen escaso o ningún sentido. Altas tasas de suicidio; adicciones al alcohol, drogas, pornografía y sexo; divorcio y mayor soledad (incluso en bloques de apartamentos abarrotados) son todos signos de la muerte del alma del hombre. La vida y el trabajo de la gente están lejos de ser lo que Dios quiso. Cuando constatamos que nuestra dignidad es determinada por el mercado y el dinero que ganamos, solemos sacrificar lo que más importa —familia, amigos, matrimonios, amistad cristiana— para ir en pos del éxito, el prestigio, la fama, el poder y otras metas estimadas por el mundo. Con demasiada frecuencia hay una relación directa entre una mayor prosperidad material y una creciente pobreza espiritual.

En el mundo en desarrollo, también, la vida y el trabajo suelen estar enormemente degradados respecto a la buena intención de Dios, debido al enfoque que adopta la gente. Por ejemplo, en gran parte del mundo animista (espiritista), en vías de desarrollo, por el que viajo y enseño, el trabajo es visto como una maldición, y el curso de la vida personal, meramente como una cuestión de hado o destino. Ambos son causas profundas de sufrimiento físico y pobreza económica. La gente que vive en esos lugares puede trabajar esforzadamente, hasta catorce o dieciséis horas diarias, y sin embargo recibe escasa recompensa por su trabajo. Además, a menudo se les otorga escasa estima social por su duro trabajo y la contribución que prestan a la sociedad. Por lo cual, para los occidentales y para los pueblos del mundo en desarrollo, la vida y el trabajo se han apartado de los valores y objetivos diarios, prácticos, del reino de Dios en el mundo —de las cosas que aportan al trabajo auténtico valor y sentido.

Esta separación marca también la vida de los creyentes. Demasiados cristianos separan el trabajo del culto. La vida se desarrolla en dos compartimientos distintos. Uno es el religioso y la vida espiritual que tiene lugar en la iglesia los domingos. En este compartimiento los cristianos son mayormente pro-activos, se comprometen conscientemente en «actividades cristianas». El otro es el trabajo y la vida en comunidad de lunes a sábado. En esta parte de la vida, los cristianos son, en el mejor de los casos, reactivos. En el peor, completamente pasivos, actúan sobre la asunción de que el cristianismo es espiritual y el reino es sólo una realidad futura, no una existencia presente. No hay conexión entre estas dos modalidades de la vida. Para muchos de nosotros, la Biblia habla a la parte espiritual de la vida, pero son los valores de la cultura nacional lo que gobierna buena parte de la misma. En consecuencia, las personas, e incluso naciones enteras, no están desarrollando el potencial que de Dios han recibido.

EMMANUEL LLEGA A KIRGUIZISTÁN

Uno de los villancicos más celebrados del mundo, «Oh ven, oh ven, Emmanuel», está inspirado en Isaías 7:14. Reconoce la venida del infante Jesús, presencia misma de Dios, quien regirá desde el trono de David. Isaías 9:6-7 añade a esta revelación declarando que «la soberanía reposará sobre sus hombros... Gobernará sobre el trono de David y sobre su reino, para establecerlo y sostenerlo con justicia y rectitud desde ahora y para siempre». Inspirado en Isaías 9:6-7, este hermoso villancico añade los siguientes versos:

> ¡Oh, ven Tú, Aurora celestial!
> Alúmbranos con tu verdad;
> Disipa toda oscuridad
> Y danos días de solaz.
> Alégrate, ¡oh Israel!
> Vendrá, ya viene Emmanuel.

Cuando estuve en Kirguizistán preparando una conferencia de pastores, todos juntos nos pusimos a adorar al Señor. Al cantar el estribillo de un himno en particular, se hizo tan intensa cierta sensación en el ambiente que sentí escalofríos. Como no podía entender ruso, no entendía lo que los pastores estaban cantando con tal convicción. De modo que pregunté a un intérprete: «¿Qué dice el estribillo que cantan?» Él respondió: «¡Emmanuel viene a Kirguizistán!» Habían captado un destello, en medio de su pobreza y sus circunstancias, del quebranto de su nación, que la profecía de Isaías era cierta. Hay un buen futuro para Kirguizistán con la venida de Emmanuel, y esos líderes cristianos sabían que podían contribuir a implantar el régimen del reino de Dios en su país.

ENLACE DE VIDA Y TRABAJO CON LA MISIÓN DE DIOS

Los pastores de Kirguizistán habían visto las palabras normalmente soslayadas del Padrenuestro: «Venga tu reino, hágase tu voluntad en la tierra como en el cielo» (Mat. 6:10). Me sorprende bastante la poca atención que solemos prestar a esta parte de la oración de Jesús. No obstante, Jesús nos enseña claramente a pedir que el reino de Dios venga a la tierra como ya está en el cielo.

En ninguna parte se supone que el proceso resulte sencillo. Sí, el reino de Dios «está cerca», la puerta se nos ha abierto, y Jesús es «el Camino». Sin embargo, Jesús advierte a sus discípulos más tarde que «Desde los días de Juan el Bautista hasta ahora, el reino de los cielos ha venido avanzando contra viento y marea, y los que se esfuerzan logran aferrarse a él» (Mat. 11:12). La violencia no es necesariamente física hoy (aunque muchos la sufran en el mundo), pero la resistencia contra un reino en expansión puede ser demasiado enconada. En realidad, comienza dentro, afrontando viejos hábitos, viejos patrones de pensamiento y respondiendo a situaciones, e incluso al condicionamiento que nos indica qué curso de acción es «inteligente» o «estúpido». Los hábitos y costumbres de una sociedad no ceden el paso fácilmente, a veces manifiestan gran clamor o recelo contra los que quebrantan el molde o desafían el status quo —y casi siempre lo hacen gracias a concentrados esfuerzos de mucha gente a lo largo de prolongados periodos de tiempo.

En este sentido es, ciertamente, una batalla, en la que sólo se conquistan pequeñas porciones de terreno, reteniéndose u «ocupándose» esos lugares en los que el reino de Dios está operando, gracias a la fidelidad producida por el Espíritu Santo. Esto significa que los hombres y las mujeres que tratan de transformar sus vidas y la sociedad, por amor al reino, deben ser cristianos con músculo. Esta no es una empresa para apocados. No obstante, es grande la diferencia entre los soldados del mundo y los del reino. Mientras ellos se apoyan en el músculo físico, tanques, ametralladoras, y actualmente, en la potencia de la moderna tecnología militar, el cristiano propagador del reino se apoya en el ejemplo de la vida cristiana, el poder del Espíritu Santo, y la «completa armadura de Dios» (Efe. 6:13-17). Avance no quiere decir forzar la propia voluntad sobre otros, sino señalar el camino conforme a la visión del reino de Dios, como Cristo nos mostró, a pesar de todo lo que la resistencia pueda lanzar contra nosotros.

Llevamos a cabo esa obra de Cristo como iglesia, su «cuerpo» en este mundo[6], y cada uno de nosotros tiene un papel que desempeñar en ese cuerpo y en la venida del reino de Dios. El apóstol Pablo deja claro este punto:

> Ahora bien, el cuerpo no consta de un solo miembro sino de muchos. Si el pie dijera: «Como no soy mano, no soy del cuerpo», no por eso dejaría de ser parte del cuerpo. Y si la oreja dijera: «Como no soy ojo, no soy del cuerpo», no por eso dejaría de ser parte del cuerpo. Si todo el cuerpo fuera ojo, ¿qué sería del oído? Si todo el cuerpo fuera oído, ¿qué sería del olfato? En realidad, Dios colocó cada miembro del cuerpo como mejor le pareció. Si todos ellos fueran un solo miembro, ¿qué sería del cuerpo? Lo cierto es que hay muchos miembros, pero el cuerpo es uno solo (1 Cor. 12:14-20).

Las funciones que cumplen los cristianos varían enormemente, pero todas ellas son indispensables para el esfuerzo conjunto de la expansión del reino de Dios. En efecto, Pablo dice que la función que realiza cada cual está específicamente diseñada por Dios para *esa* persona y para beneficio del cuerpo. Ninguna persona, ningún trabajo ético es más santo, más bendecido, más piadoso, más importante que ningún otro. Todo cristiano, no sólo el pastor o líder o misionero, debe empezar a reconocer la importancia de su propia vida y trabajo, que Dios ha diseñado para que sea una parte constituyente del cuerpo, sin la cual éste no está completo. Nuestro trabajo y su propio trabajo, es una parte de la misión de Dios sobre la tierra, y no sólo incluye su «profesión» —aunque sea una parte importante de él— sino todos los ámbitos de la vida, toda ocupación y actividad que usted emprenda.

El fundamento común que todos comparten es la reconexión de cada vida y trabajo a la misión de Dios, la venida de su reino —llegar a ser verdaderamente el cuerpo de Cristo, con el Cristo resucitado como cabeza—. El reino por el que trabajamos no sólo vendrá en toda su gloria cuando Cristo regrese; es también un reino «cercano» que viene hoy de manera sustancial a través de la vida y el trabajo de cada cristiano.

UNA HERRAMIENTA PARA EL CRISTIANO INTENCIONAL

Este libro se propone ayudar a los cristianos a reconectar sus vidas y trabajos a la extensión del reino de Dios. Para lograr este objetivo es esencial desarrollar una cosmovisión bíblica que permita entender el trabajo en términos de la llamada y la vocación y, por ende, una vida que glorifique a Dios más coherentemente. Este proceso transformará entonces vida y trabajo en lo que llamo *vocación existencial* —la relación de la vida y el trabajo personal con Dios y con el despliegue de su reino.

La vocación existencial es una herramienta para ayudar a los cristianos de todo el mundo a lograr esa transformación. Entonces podrán empezar a proyectar[7] su trabajo, cualesquiera que éste sea, y así influir en sus culturas y sociedades.

Deseo especialmente llegar con este libro a los que quieren ser lo que yo llamo cristianos inmersos en la vida pública, pero se cuestionan el valor o fidelidad de tal opción. Millones de cristianos, especialmente en Occidente, sienten una «llamada», «llamamiento, llamado» a la vida pública, a trabajar en una de las áreas seculares de la vida. El problema es que muchos de ellos se han acostumbrado a pensar en el trabajo dentro de un cristianismo que enseña, o implica, que si uno no está en el «ministerio», es un cristiano de segunda clase; no es «espiritual». De modo que se sienten culpables respecto a cualquier trabajo secular que estén haciendo. Otros, posiblemente algunos que se hicieron cristianos después de haber iniciado sus profesiones, abandonan sus trabajos seculares sin discernir que esa podría ser la vocación a la que Dios les llamó. Se les enseña a salir del «mundo» para ir en pos de un trabajo que se estima «más espiritual». En la Biblia no existe tal dicotomía sagrado-secular; sólo hay vidas consagradas o no consagradas.

La segunda audiencia a la que deseo llegar particularmente es la compuesta por pastores, ministros, trabajadores de organizaciones no gubernamentales (ONG), activistas sociales y misioneros llamados a servir a los pobres del mundo. Una de las mayores causas de la pobreza en el mundo en desarrollo es la mentira de que el trabajo no tiene sentido, o incluso que es una maldición. No obstante, uno de los elementos principales de la cosmovisión judeo-cristiana, es la dignidad del trabajo, ya que ésta es una de las herramientas claves para sacar a la gente de la pobreza. Si usted trabaja entre los pobres, espero que llegue a entender que lo que estos amigos y transeúntes necesitan, más que dinero para resolver sus problemas, es a Cristo y una perspectiva bíblica para contemplar el mundo —una cosmovisión bíblica.

Conviene clarificar algo en este contexto. Muchas personas pobres son trabajadores muy esforzados. Como dije anteriormente, muchos trabajan catorce o dieciséis horas al día. Pero la mentalidad cultural acerca del trabajo suele conducir a dos cosas. La primera es que otros roban el fruto de su labor arrimados a la corrupción, lo que empobrece o depaupera aún más a los desvalidos. La segunda, que la contribución que su trabajo presta a la comunidad no es reconocida como importante; por tanto, los que trabajan son tenidos por tontos. Estas dos cosas conducen a su empobrecimiento.

Recuerdo que hace muchos años, cuando estudiaba en la universidad del Sur de California, tuve la oportunidad de viajar a la Ciudad de México con un grupo de estudiantes cristianos, un pastor y su esposa. El viaje de Mexicali a Ciudad de México duró tres noches y dos días. Cuanto más nos adentrábamos en el país, más pobreza veíamos. Comenzamos a vislumbrar que la pobreza era el rasgo social prevaleciente. Yo era un estadounidense de clase media, socorrista de playa. Nunca había visto tanta pobreza con mis propios ojos y me resultó bastante inquietante.

Nunca olvidaré cuando el tren se aproximaba a la Ciudad de México. Rodábamos con estrépito (como hacen los trenes cuando se acercan a su destino) a través de un suburbio enorme y horrendo. Disfrutaba de una posición ventajosa para mirar por la ventanilla y me impresionó ver a multitud de personas que vivían entre montañas de basura. Descendí a los detalles y noté que habían construido sus «tugurios» con restos de residuos. Las ventanas estaban hechas a partir de llantas de automóviles, y las puertas, con docenas de latas aplastadas y atadas con cuerdas o trozos de alambre. Vi niños que deambulaban entre la basura (después me enteré que buscaban objetos útiles para vender en las calles). Fue como si alguien me hubiera trasladado a otro planeta. Aquel instante supuso un punto de inflexión en mi juventud. Me quebrantó el corazón y lloré. No sólo había visto la pobreza con mis propios ojos; Dios me había permitido verla con mi corazón. Supe que en el futuro no me iba a ser posible volverle la espalda. Empezó a crecer en mí el deseo de que al final de mi vida viera menos aquella cruda realidad que en aquel momento. Entonces no sabía que un día trabajaría para Fundación contra el Hambre[8], pero sí que tenía que hacer algo acerca de la pobreza.

Por tanto, la vocación de mi vida es llevada a efecto tanto entre los cristianos occidentales como en el mundo en vías de desarrollo, donde las cosmovisiones se cruzan diariamente con consideraciones prácticas sobre la pobreza y el hambre. Yo siento una gran carga por los cristianos que se mueven en la vida pública y por los que trabajan entre los pobres del mundo. Ambos procuran ser cristianos consciente o intencionalmente.

El hecho de que usted esté leyendo este libro indica que quiere vivir deliberadamente como cristiano. Que este libro le sea de mucho ánimo. Desgraciadamente, como en todas las generaciones, muchos cristianos lo son sólo de confesión o de nombre. Pero gracias a Dios, usted no se conforma con vivir sin escrutinio. Desea plantearse preguntas delicadas y buscar respuestas en las Escrituras. Usted pretende ser serio en su caminar con Cristo y desea examinar el sentido y el lugar de su vida y trabajo en el reino de Dios. Usted quiere meditar en su fe y actuar conscientemente. Este libro tiene por objeto servirle de herramienta.

Los cristianos intencionales, cada uno a su manera, viven en el terreno medio radical. Reconocen la enseñanza bíblica de que el universo es moral y abierto.[9] Es moral, por tanto, todo ser humano tiene la responsabilidad de administrar lo que Dios ha creado y cuidar de la comunidad general, especialmente de los pobres. Y dado que es «abierto», han de desarrollarse recursos y emplearlos para el advenimiento del reino de Dios en el presente. Estos cristianos reconocen también, aunque sólo sea intuitivamente, que Dios les ha llamado a hacer esto en el mundo y que necesitan mucha más ayuda e instrucción aquí. Trato de ofrecer esa ayuda en *Vida trabajo y vocación.*

También espero que haya personas reflexivas que estén empezando a ponderar estas cosas, y que los que todavía no hayan respondido afirmativamente a las demandas de Cristo, se beneficien explorando cuestiones relacionadas con la vida y el trabajo desde un punto de vista claramente cristiano.

PARTE 1 : EL PARADIGMA DEFICIENTE

CAPÍTULO 1

COSMOVISIONES EN ACCIÓN

En el mundo occidental, muchos adultos pasan la mitad de sus horas de vigilia trabajando. En muchos países en desarrollo, el número de horas dedicadas al trabajo es aún mayor. Y, pese a tanto tiempo consumido, rara vez se reflexiona en estas cuestiones. ¿Qué es el trabajo? ¿Por qué trabajamos? Arrastramos mayormente vidas irreflexivas; hacemos las cosas que nuestros padres y madres hicieron, en algunos países, por generaciones, sin ninguna explicación. El solo hecho de tener en cuenta estos asuntos podría originar un reordenamiento radical en la vida.

Como ocurre con todas las preguntas importantes, las respuestas dependen en última instancia de la propia cosmovisión.[1] La cosmovisión que se profesa determina cómo se ve el mundo, la clase de vida que se lleva, y la clase de sociedad que se crea. La cosmovisión modela la respuesta a las cuestiones metafísicas que todos nos planteamos: preguntas básicas acerca de la naturaleza de la realidad. Hay una cosmovisión objetiva, la cosmovisión bíblica. Todas las demás, en mayor o menor grado, son una distorsión de la realidad que Dios ha creado.

EL PODER DE LA NARRACIÓN

Todos los humanos son seres sociales. Asimilan la mentalidad, la manera de ver el mundo, de su propia cultura. Tienden a pensar cómo piensa su cultura y a valorar lo que ella valora. Esto es parte de lo que significa ser humano. Cuando uno se acerca a Cristo, necesita comenzar a renovar su mente. La palabra *arrepentimiento* —la palabra griega *metanoeo*— significa literalmente cambiar de forma de pensar. Arrepentirse es comenzar a ver el mundo como Dios lo hizo y acto seguido vivir y actuar dentro de ese marco. Hemos de tener la mentalidad de Cristo; hemos de llevar todo pensamiento cautivo a Cristo; ya no debemos conformarnos al mundo, sino ser transformados mediante la renovación de nuestra mente.[2] Cuando se acude a Jesucristo es necesario comenzar a pensar «cristianamente». Hemos de acercarnos cada vez más a la mente de Él, no a la mente heredada de nuestra cultura.

En la medida en que las cosmovisiones de una cultura distorsionan la realidad, son inadecuadas para mostrar la naturaleza de Dios, el mundo, y nosotros mismos, tal como son y tal como somos. A menos que hayamos renovado deliberadamente nuestra forma de pensar conforme a la cosmovisión del reino, la cosmovisión cultural determinará, consciente o inconscientemente, la idea que tenemos del trabajo. Además del teísmo bíblico, hay dos cosmovisiones principales: el secularismo, que propugna que la realidad es sólo física, y el animismo, que asume que el universo es en última instancia espiritual. Tristemente, la cosmovisión de una buena parte del mundo evangélico —carismático y pentecostal— actual no es el teísmo bíblico, sino más bien un subconjunto de la concepción animista, un dualismo griego que divide la realidad en física y espiritual y asume que la espiritual es más importante. Cada una de estas cosmovisiones nos proporcionan una visión empobrecida del universo, lo cual, a su vez, empobrece a individuos, naciones y sociedades enteras. Esto resulta visible tanto en los países «desarrollados» como en los que están en «vías de desarrollo», aunque la tendencia se despliega en direcciones muy distintas. ¿Cómo pueden estas cosmovisiones conformar su propia concepción de la vida y el trabajo?

EL SECULARISMO: EL PRECIO DEL CONSUMO

La madre Teresa, quien visitaba en cierta ocasión la ciudad de Nueva York procedente de Calcuta —una de las ciudades físicamente más pobres del mundo, donde ella residía—, confesó que nunca había visto tanta pobreza como en Nueva York. Comprendió perfectamente la triste verdad: La sociedad occidental ha intercambiado en gran medida el desarrollo material por la bancarrota moral y espiritual.

SECULARISMO

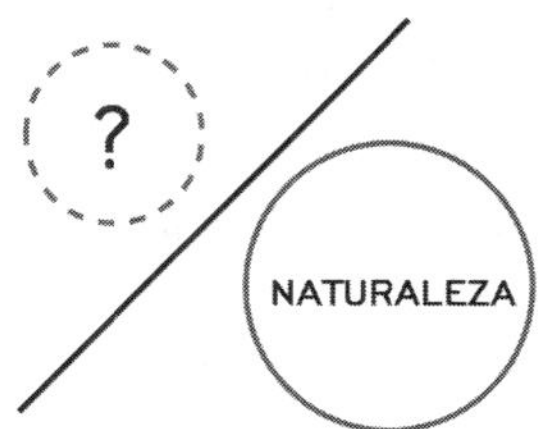

El concepto de trabajo que predomina actualmente en gran parte del mundo occidental, incluidos Canadá y Estados Unidos, está definido por el paradigma materialista o secular. Según esta concepción, no hay realidad espiritual, sino sólo física. Desde esta perspectiva, ¿qué función realiza el trabajo? Proporciona acceso a las cosas materiales. El propósito del trabajo es facilitar el acceso al consumo. El hombre es un animal, un animal altamente evolucionado, pero básicamente un consumidor. Según este paradigma, el hombre carece de valor intrínseco. No existe Dios a cuya imagen haya sido creado y que dé valor a su vida. En vez de ello, el valor de un ser humano es determinado por lo que tiene. De acuerdo a esta concepción, cuanto más consumamos, mejor será la vida. Como reza un proverbio anglosajón: «Gana quien muera con más juguetes». Consecuentemente, el éxito en el lugar de trabajo significa subir algunos peldaños en la escala profesional, acumular más dinero o poder con objeto de consumir más.

Muy lejos de las intenciones de Dios, el trabajo en Occidente es mayormente utilitario y auto-gratificante; las metas que busca son el dinero, el poder, el ocio, y la autorrealización. El hedonismo predomina: «Come, bebe y regocíjate, porque mañana morirás»

EL COSTO DEL CONSUMO

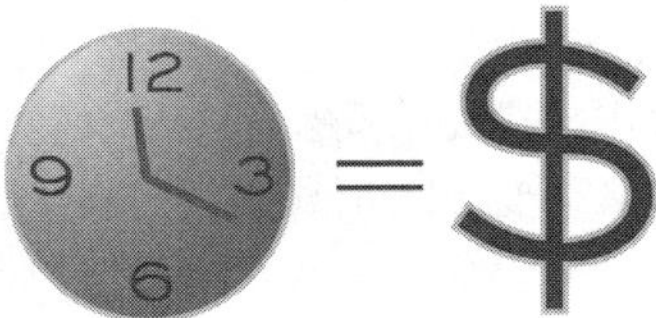

Las consecuencias de esta concepción de la vida y el trabajo son sistémicas tanto para los individuos como para las sociedades. El hogar y la comunidad menguan mientras que el trabajo pasa a ser el principal medio social. Dado que la vida queda reducida a la posesión de cosas, la gente sacrifica lo que el dinero no puede comprar —su identidad espiritual, sus matrimonios e hijos, sus amigos y familias— a cambio de éxito en la vida pública, de hacer lo que haga falta para salir adelante. La verdad y la virtud ceden paso al pragmatismo. El profesionalismo sustituye al carácter como principal virtud. No hay fundamento metafísico para la creatividad. El futuro desaparece barrido por el consumo presente. El servicio a la comunidad se pierde y se sirve al propio yo. La mayordomía de la creación es reemplazada por un abuso de recursos destinados al consumo opulento. Finalmente, la gente yerra tocante a su destino en la vida, y no sólo gasta el dinero ganado a base de esfuerzo, sino también sus días en cosas que no pueden satisfacer el alma humana.

El crítico social Os Guinness describe este desvío de la cosmovisión bíblica en las sociedades occidentales como una mudanza de una «economía profesional» a una economía comercial»[3]. No obstante, desde los tiempos de la Edad Media, la educación ha buscado un propósito más amplio: enriquecer y formar a la persona interior por lo que respecta a la fe y a la capacidad de pensar racional y comprehensivamente en la vida y sus muchos elementos: crecer en sabiduría, así como en estatura. Las primeras universidades europeas fueron fundadas como escuelas de la iglesia, en realidad, con la perspectiva clara y deliberada de acumular conocimiento y estudio. En América, las escuelas se fundaron no sólo para enseñar lectura, escritura y aritmética, sino también para formar mejores ciudadanos para el reino de Dios. Los programas educativos hacían frecuentes referencias a la información bíblica y a una franca instrucción moral. Esto se extendió a la educación superior, cuando las primeras universidades fueron fundadas por las iglesias, como lo habían sido sus predecesoras europeas. Hubo centros educativos para clérigos novicios, así como para jóvenes con distintas orientaciones ocupacionales, en los que la mayor parte de las materias comunes y formativas se veían como una buena base para cualquier dirección digna en la vida.

Sin embargo, en el siglo XX empezó a producirse un cambio en la concepción social del propósito de la vida e importancia del trabajo. Lo reconocieran o no conscientemente los individuos, el sentido de la vida quedó reducido al trabajo a fin de producir y asegurar que hubiera en la sociedad riqueza para el consumo. El mercado llegó a ser crítico para determinar la autoestima. La gente capaz de ganar mucho dinero era considerada más valiosa que la que no lo lograba. De modo que, el móvil por el que un alumno asistía a la escuela, o incluso a la universidad, ya no era el aprender y crecer como persona, sino aspirar a conseguir un empleo al finalizar sus estudios.

Cuando el sentido de la vida se atrofia de esta manera y cuando el valor de la persona depende de cuánto dinero gana, a cuánto asciende la nómina, sobreviene la ruina en los asuntos verdaderamente importantes. Según este paradigma, el trabajo se convierte en un dios, un ídolo; el buen impulso de la humanidad hacia el trabajo diligente se ve distorsionado cuando el trabajo se separa del Creador y del reino de Dios. El trabajo se convierte en un escape de las presiones de una vida quebrada o sin sentido. La gente se aficiona al trabajo como un medio para huir de vidas y sociedades superficiales, no escrutadas y sin sentido moral, intelectual y espiritualmente empobrecidas. Pero lo más trágico de nuestra sociedad adicta al trabajo es que al estar éste separado de Dios, llega a ser igualmente absurdo. Lo que prometía ofrecer realización acaba generando más desesperanza.

Como cristianos occidentales, experimentamos la desesperanza y el empobrecimiento de la moderna economía comercial en varios niveles, en función de cuán aclimatados estemos a la cultura que nos rodea. Algunos podemos estar viviendo como nuestros vecinos hasta tal punto que no nos damos cuenta, juzgando a otros y a nosotros mismos con el rasero de la prosperidad alcanzada y concediendo inconscientemente un valor indebido a lo que el dinero puede adquirir. Podemos imponernos gran presión sobre nosotros mismos para dar la talla ante otros con una carrera prestigiosa, o edificar un estilo de vida deseable o proveer abundantemente para la familia. Podemos estar continuamente insatisfechos, siempre pensando que nos iría mejor en la vida —en realidad, por fin *comenzaría*— si tan sólo pudiéramos comprar una casa, aumentar el espacio disponible, trasladarnos a un mejor vecindario, terminar de pagar la hipoteca, disfrutar las vacaciones soñadas o jubilarnos anticipadamente. En suma, no darnos cuenta de que estamos basando nuestras metas, prioridades y planes en una premisa falsa, y olvidar el choque irreconciliable entre la mentalidad de las Escrituras y la que impera en nuestra sociedad.

Alternativamente, podemos experimentar una enorme discrepancia reconociendo estas tendencias culturales en nosotros mismos y desmayar ante la brecha abierta entre la verdad que creemos y lo que real y fundamentalmente vivimos. Nos cuesta trabajo *escuchar* a Jesús decir: «Por eso les digo: No se preocupen por su vida, qué comerán o beberán; ni por su cuerpo, cómo se vestirán. ¿No tiene la vida más valor que la comida, y el cuerpo más que la ropa?» (Mat. 6:25). Tenemos una buena idea de dónde debemos estar y de lo que queremos ser y nos inquieta constatar hasta qué punto no sólo estamos en el mundo sino que somos de él. Acerca de nuestras necesidades materiales Jesús dijo: «Porque los paganos andan tras todas estas cosas» (Mat. 6:32), y a veces nosotros no somos muy diferentes. En una cultura en que las expectativas materiales son tan altas, nosotros también podemos apreciar que nuestras familias pugnan, que sus lazos con la comunidad se tensan, su identidad en Cristo es incierta y que somos zarandeados de acá para allá. Nosotros también podemos desesperarnos al divisar la sima que divide lo que pensamos que debería ser la vida y la absurdidad que a veces experimentamos, ya sea profunda o fugazmente, respecto a las repetitivas mecánicas de mantenimiento del status quo, a sabiendas de que muchos a nuestro alrededor sufren, que nosotros y el mundo necesitamos algo radicalmente distinto.

No sólo los cristianos experimentan tal discordancia. Muchos conocidos nuestros en comunidades, universidades, puestos de trabajo y escuelas infantiles se dan cuenta de que la vida es más que puro consumo. Procuran vivir con propósito, intencionalmente, conforme a una escala de valores más profundos. Muchos están entregados a la mera subsistencia, rechazan frontalmente la cultura materialista. Otros se vuelven ecologistas. Otros trabajan para construir comunidades más sanas en su ciudad de origen o en algún lugar remoto. Son voluntarios, activistas. Se preocupan. Tienen celo. Aunque ignoran que el reino de Dios es lo que dará sentido a su deseo y responderá a la desolación que irradia en todos los segmentos de la vida humana, perciben agudamente la necesidad.

Muchos de nosotros experimentamos esta disonancia debido a que la necesidad —la carencia— es *real.* Dios nos creó para una vida muy diferente. La vida tal como la experimentamos, y todo lo que sabemos de nosotros mismos, sencillamente no concuerda con el paradigma materialista secular.

Como cristianos en medio de una cultura materialista, compartimos con muchos buscadores un hambre feroz de la invitación contracultural del Hacedor del universo, sabedor de cómo y por qué nos creó. «¡Vengan a las aguas todos los que tengan sed! ¡Vengan a comprar y a comer los que no tengan dinero! Vengan, compren vino y leche sin pago alguno. ¿Por qué gastan dinero en lo que no es pan, y su salario en lo que no satisface? Escúchenme bien, y comerán lo que es bueno, y se deleitarán con manjares deliciosos. Presten atención y vengan a mí, escúchenme y vivirán.» (Isa. 55:1-3).

ANIMISMO: LA MALDICIÓN DEL DESTINO

Hay millones de personas en el mundo en desarrollo que también se mueren por oír esta invitación gratuita del Creador y Salvador del universo. Ignorando su verdadera identidad, y el verdadero carácter de Dios y su creación, ellos también experimentan la muerte de su alma. Y no sólo eso, sino también la de sus propios cuerpos.

En muchos países del mundo donde la gente está materialmente empobrecida, algunas personas son perezosas, ya que perezosos los hay en todas partes. Pero la inmensa mayoría invierte largas y agotadoras horas de trabajo para lograr escaso provecho. Incluidos brillantes jóvenes universitarios, víctimas de economías estancadas que les ofrecen escasas oportunidades de trabajo. Otros encuentran empleos en un sector público que no sabe sacar provecho de tan inmenso yacimiento de talento. La causa del estancamiento de esas economías es en gran parte achacable a la conducta corrupta y codiciosa de funcionarios de gobierno y caciques mercantilistas que las controlan. Esta conducta está institucionalizada en leyes y estructuras contrarias a la libertad que, ora despojan a los pobres del fruto de su trabajo, ora les privan completamente de una oportunidad de empleo. Los estilos autocráticos de liderazgo aplastan la iniciativa, la innovación y la creatividad. Las economías planificadas y la corrupción generalizada minan la iniciativa económica. La falta de derechos de propiedad y de patente impide que esforzados trabajadores y artesanos disfruten de su merecida recompensa.

Todo esto brota de culturas corruptas en las que el soborno es un estilo de vida, donde no hay desafíos morales o metafísicos. Tales culturas se suelen apoyar en un sistema de creencias animista tradicional en el que los espíritus animan la naturaleza. Desde esta perspectiva, la responsabilidad moral de la humanidad es extirpada; la gente queda en manos del «destino» o de espíritus indiferentes, o incluso hostiles. A través de estas lentes de fatalismo, la

ANIMISMO: EL NUEVO PAGANISMO

razón y el esfuerzo por incrementar el conocimiento y la capacidad de uso o transformación de recursos naturales tienen, por lo visto, poco valor. Según esta cosmovisión, el trabajo es una maldición del destino. Un elemento más de la miseria humana. Un esfuerzo penoso. Se trabaja para subsistir.

Recuerdo que una vez conocí a un africano occidental después de haberme oído disertar acerca de este tema. Me dijo: «Le puedo poner un ejemplo. En mi país todos los jóvenes quieren asistir a la universidad, para, después de graduarse, conseguir un empleo de "traje y corbata"». Desean colocarse en la administración pública para trabajar en una oficina climatizada, conducir un auto con aire acondicionado y devengar un salario sin esforzarse realmente. Hablaba en serio. Así es como la gente concibe el trabajo en buena parte del mundo en vías de desarrollo —como una maldición de la que hay que escapar.

LA MALDICIÓN DEL DESTINO

En algunos países en desarrollo muchos individuos exhiben uñas largas en el dedo meñique como signo de su desdén al trabajo. Puesto que uno no puede llevar a cabo un duro trabajo físico y dejarse crecer largas uñas, lo que en realidad ponen de manifiesto ante todo el mundo es que ellos están por encima del trabajo manual: forman parte de la elite. Cuando el trabajo es una maldición, lo que uno quiere es que otras personas trabajen para él. En muchos países existe la aristocracia porque se menosprecia el trabajo. Se piensa que éste es malo, por eso los aristócratas tienen sirvientes y esclavos que hacen el trabajo por ellos. Esta cultura de pobreza perdura en la antigua Unión Soviética. Dos proverbios rusos la ilustran: «El trabajo ama a los necios» y «los listos no trabajan»[4].

Yo discutí acerca de esto con Xiomara Suárez, una amiga venezolana. Ella se sabía una canción y me la cantó. Un año después asistimos a una conferencia y le pedí que me cantara aquella canción porque ilustra con acierto la actitud hacia el trabajo que impera en su país. Cuando empezó a cantarla, en español, otros cuatro o cinco individuos de habla hispana se le añadieron inmediatamente. Yo pensé que era una canción venezolana, pero era obvio que se trataba de una canción folclórica bien conocida en el mundo hispano. Se titula: «El negrito del Batei»

> A mí me llaman el negrito del batey
> Porque el trabajo para mí *es un enemigo*
> *El trabajar yo se lo dejo todo al buey*
> *Porque el trabajo lo hizo Dios como castigo.*

Imagínese toda una cultura que canta esta canción en todo tiempo. El trabajo es un castigo. ¿Para qué fue hecho el trabajo? Para los animales, no para el hombre. La canción continua así:

> A mí me gusta el merengue apambichao
> Con una negra retrechera y buena moza
> A mí me gusta bailar de medio lado...
>
> A mí me llaman el negrito...
> Y di tú si no es verdad
> *Merengue mucho mejor*
> *Porque eso de trabajar*
> *A mí me causa dolor...*

¿Por qué son algunas naciones pobres? Cuando se piensa que el trabajo es una maldición uno lo evita y no respeta el trabajo de otros. El trabajo y el esfuerzo son degradantes. En naciones enteras en las que uno aspira a evadirse del trabajo y en las que los que tienen poder viven corruptamente a costa del esfuerzo de los más débiles, ¿qué se tenderá a producir? Pobreza, no prosperidad. La raíz de la pobreza es un empobrecimiento moral y espiritual tan trágico como el de Occidente, con millones de individuos arrancados de su historia personal y del mundo.

Aunque conozcamos la prosperidad y pensemos que no tenemos nada que ver con el animismo, aún podemos hallar destellos de la concepción animista en nuestra forma de pensar. La letra de «El negrito del Batei» y la identificación de multitudes con ella no resultan muy chocantes para muchos de nosotros. Con distinto olfato cultural, los mismos sentimientos se entrecruzan en las mesas de millones de restaurantes, bares y comedores de familia todos los viernes por la tarde. Casi todo el mundo da gracias a

Dios cuando llega el viernes Hay incluso un restaurante con el acrónimo TGF Thanks God Today's Friday! (Gracias a Dios hoy es viernes) donde se puede celebrar debidamente el fin de la semana laboral. Como niños rescatados por la campanilla de una escuela, al salir del trabajo damos las gracias a Dios de que por fin llegó el viernes, cuando el tiempo nos pertenece, cuando acontece la «vida real». Por supuesto, podemos sentirnos satisfechos por el trabajo bien hecho y felices por descansar como Dios manda. Pero el sentimiento no suele circular en esa onda.

Por muchos años, George Jones, leyenda de la música country estadounidense, iniciaba el fin de semana, en muchas emisoras de radio de Estados Unidos, con el hit «Viernes por fin»[5]. Como la letra de «El negrito del Batei», la del «Viernes por fin» es una ventana desde la que se atisba lo que piensa y siente la gente acerca del trabajo. La letra contrasta el melancólico «blues del trabajo» de una semana laboral apenas superada con la diversión de un fin de semana «libre y desenfrenado», con dinero en abundancia y tiempo para malgastar. Aunque la mayoría, probablemente, no corramos el viernes a la salida del trabajo a sentir esa libertad con alcohol y mujeres, como narra esta canción, tal vez todos nos identifiquemos con los temibles lunes...y martes, miércoles y jueves. Podemos identificarnos plenamente con el contraste entre el blues del trabajo y el dulce anticipo de la libertad. Aunque las imágenes que evoca esta canción puedan resultar extrañas a algunos estadounidenses, como las de la canción folclórica caribeña, la balada clásica de este país se oye incluso en la adicta cultura al trabajo occidental. Este podría ser nuestro lema: «*Viernes por fin; libre otra vez*».

Tampoco en esto los cristianos son inmunes a la vida de pensamiento y al panorama emocional de sus culturas. Al igual que experimentamos un forcejeo con la interesada exaltación materialista del trabajo, podemos sentir una gran discrepancia entre lo que lo que nuestra fe cristiana afirma acerca del carácter sagrado del trabajo y lo experimentado como desdicha del mismo. Aunque nosotros conozcamos la verdad, hay veces en que actuamos como si el trabajo fuera una maldición. Aun cuando podamos disfrutar a veces del trabajo, y en nuestros mejores días lo experimentemos incluso como una vocación, hay otras veces en que nos sorprendemos actuando o pensando como si fuéramos esclavos del mismo, como si estuviéramos dispuestos a abandonarlo en la primera oportunidad, como si no tuviera valor intrínseco ni conexión inherente con quiénes somos realmente o qué nos proponemos.

Podemos saber que Dios no instituyó el trabajo como una maldición; que Dios nos creó a su imagen y nos hizo trabajar como hace Él, con gran propósito y recompensa. Pero para decepción e inquietud nuestra, el trabajo, en la experiencia real, suele ser más una cuestión de supervivencia que de cumplimiento del destino. Podemos trabajar sencillamente para suplir nuestras necesidades y las de nuestra familia, aun cuando no tengamos muy claro qué necesitamos, aunque, desde luego, necesitemos alimento, techo y vestido. Podemos trabajar sencillamente para sobrevivir. A cierto nivel podemos sentirnos atrapados, como verdaderos animistas, a merced de fuerzas que escapan a nuestro control. Para atender a estas necesidades, debido a la dura realidad de la vida, sacrificamos las horas laborales de nuestros días —pero no más—. Cuando llega el fin de semana, o los días libres, los saludamos con dulce alivio.

Tristemente, la dulzura no suele durar. Después de haber pasado toda la semana insatisfechos y esperando cosas nuevas, solemos insistir en la misma forma de pensar, atascados en la rutina. Los días libres, con todas nuestras esperanzas colgadas de ellos, suelen acarrear desilusión. Es imposible separar la concepción del trabajo de la concepción de la vida. Descubrimos que las esperanzas de una vida feliz y plena de sentido no se pueden cumplir en unos pocos días con exclusión del resto. Nos topamos con la verdad: en vez de una maldición, o medio de subsistencia, el trabajo constituye el núcleo de la propia identidad y es fundamental para establecer un propósito de vida.

UN DUALISMO NO BÍBLICO: LUGAR DE CRUZADA ESPIRITUAL

La iglesia evangélica moderna, en vez de proporcionar una cosmovisión que desafíe el trágico empobrecimiento de los paradigmas animista y materialista, se ha retirado en gran medida de la vida pública y ha abandonado la cultura y la calle. En reacción al avance de la concepción secular en la sociedad moderna, buena parte del liderazgo de la iglesia a principios del siglo XX abandonó la cosmovisión bíblica y adoptó la versión cristiana de la antigua

DUALISMO EVANGÉLICO

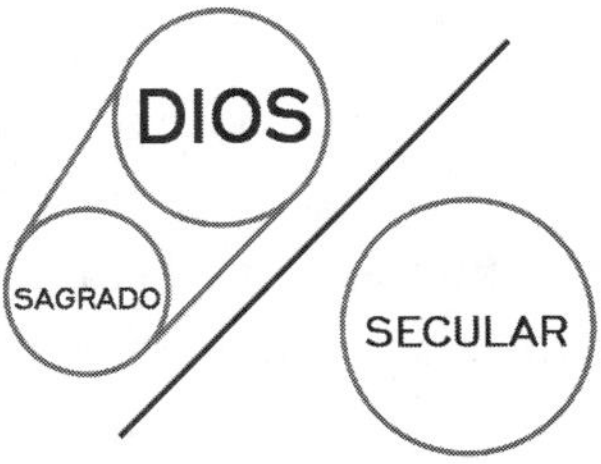

cosmovisión dualista que divide el universo en la esfera espiritual, buena y santa, y la esfera física, mala y profana. (Rastrearemos cómo este pensamiento dualista infectó a la iglesia en el capítulo 2.) Las consecuencias son bien conocidas para muchos de nosotros.

El cisma percibido entre el cielo y la tierra, el mundo espiritual y el físico, ha adoptado dos formas en el pensamiento cristiano sobre el trabajo: una «vocación superior» y un «campo para la actividad espiritual».

La primera manifestación de este pensamiento dualista entre los cristianos es el deseo de una vocación superior. Según esta mentalidad, es mejor dejar atrás el medio secular y pasar al ruedo espiritual para ser obreros cristianos a «tiempo completo». Sólo los evangelistas, los fundadores de iglesias, los pastores, los misioneros y los teólogos hacen obra plenamente cristiana según esta concepción, porque sólo estos tipos de obra son espirituales. Las profesiones que «prestan servicios» (asistentes sociales, auxiliares benéficos, consejeros, etc.) están en una segunda fila, cerca del ministerio «a tiempo completo». Por otro lado, la contabilidad, la carpintería, el cine, el arte, la agricultura y el servicio doméstico son actividades seculares, y por lo tanto, inferiores. Menos espirituales. De manera que los cristianos abandonarán el puesto de trabajo porque su deseo es ser más espirituales. Cuando los cristianos no salen al campo misionero sino permanecen en sus comunidades para realizar la obra «secular» que hacían antes de ser creyentes, se les hace a menudo sentirse culpables.

UNA VOCACIÓN SUPERIOR

El segundo concepto sostiene que el puesto de trabajo secular es una plataforma para la actividad espiritual. La idea es que si no podemos ser obreros cristianos a tiempo completo, deberíamos hacer actividad espiritual en el lugar de trabajo. Según esta mentalidad, el celebrar estudios bíblicos y reuniones de oración en el lugar de trabajo justifica nuestra existencia como cristianos no inmersos en la misión. Nos permite funcionar en el ámbito inferior porque estaremos llevando el ámbito superior al inferior. Pero este razonamiento sigue estando enmarcado por la dicotomía bíblica, la percepción que uno tiene de estar viviendo en dos mundos.

No sólo pugnan los cristianos en el campo profesional viviendo en dos mundos, también lo hacen en el despliegue*. Cuando se percibe una división entre el llamado mundo espiritual y el secular, el trabajar en el extranjero pasa a ser el despliegue superior. Trabajar en su tierra sería el despliegue inferior. Muchos cristianos se sienten culpables de no trabajar en el extranjero porque ese es el llamamiento superior. Quedarse en casa significa ser un cristiano de segundo rango. Pero no bastaría con eso. Si se acepta este pensamiento no bíblico, no bastaría con salir al extranjero. Según algunos, el trabajar en la Ventana 10/40, o entre grupos étnicos no evangelizados, es lo más espiritual, mientras que las misiones en otras culturas son sólo de segundo orden.

Toda esta enseñanza es reflejo de un paradigma no bíblico que ha consentido que los individuos sean meras sombras del designio de Dios, que la iglesia, en gran parte, se haya desconectado de la cultura, las comunidades se hayan atascado en la pobreza y las naciones hayan quedado sin discipular. Nunca ha habido más cristianos o iglesias en el mundo como hay actualmente. En los últimos cincuenta años ha habido un avance sin precedentes en la evangelización, la fundación de iglesias y el crecimiento de las mismas. En muchas partes del mundo hemos tenido mucho éxito en las iniciativas emprendidas: salvar almas, fundar iglesias y desarrollar mega-iglesias. Pero ¿con qué resultado? La pobreza material sigue reinando en los países en desarrollo que han sido evangelizados; mientras tanto, la pobreza moral y espiritual prevalece en el Occidente «cristiano».

* Nota de traductor el autor usa el termino despliegue en sentido figurado

En muchas partes del mundo donde la iglesia está progresando, el crecimiento tiene «un kilómetro de ancho y una pulgada de profundidad». Ha olvidado su función de ser sal y luz en la sociedad, de acercar el reino de Dios e iluminar cada día las calles y la vida pública, y cuando es necesitada, ser una voz profética. En este olvido, la iglesia ha llegado a ser en buena medida impotente.

Acometemos esta horrible situación en un momento de oportunidad sin precedentes. El comunismo se ha hundido en todo el mundo. El paradigma materialista ha sido hallado gravemente deficiente en Occidente, alimentando el cuerpo pero no el alma, de manera que en medio de toda nuestra riqueza relativa, o incluso lujo, se están dando signos crecientes de miseria humana. Mientras tanto, la iglesia afronta grandes desafíos que rayan en su supervivencia, en algunos lugares, y el Islam sigue creciendo en todo el mundo. Éste suspira por un cristianismo vibrante que responda a la profunda crisis moral, espiritual, social económica y política que se sufre en muchos lugares.

¿Por qué no está preparada la iglesia para responder? Porque la vida y el trabajo cristianos se han separado de su cosmovisión bíblica fundamental y del fin hacia el que la vida entera se mueve: el reino de Dios. Sin un marco trascendente que englobe todas las áreas de la vida, el propósito de ésta se trunca en el deseo de morir para ir al cielo. Hemos perdido el marco más amplio en el que se entiende que la vida y el trabajo están conectados —conectados con Dios a través de la adoración, con otros a través del servicio y con la creación a través de la mayordomía—. Nuestras vidas y trabajos se han separado mayormente de su misión, y esto brota en última instancia de una pérdida de la cosmovisión bíblica. Cuando se ha sucumbido al pensamiento dualista, la mayor parte de la vida —la parte supuestamente «secular»— es informada por las concepciones empobrecidas de la cultura, por elementos de materialismo y animismo descritos más arriba, no por la verdad testificada en las Escrituras.

¿Cómo ha llegado la iglesia de Jesucristo, y personalmente muchos de nosotros a esta posición de impotencia? En el próximo capítulo rastrearemos las raíces del dualismo en la herencia cristiana para poder dejar atrás este pernicioso paradigma de una vez por todas y oír verdaderamente a Dios decir, a nosotros y a toda la humanidad: «Presten atención y vengan a *mí*, escúchenme y vivirán...» (Isa. 55:3; cursiva añadida). La vida —todos sus aspectos, cada día de la semana, personal y corporativamente— se halla en el Dios que creó y sostiene el *cielo y la tierra y todo* lo que en ellos hay. El dualismo, como veremos en los próximos capítulos y en el resto de este libro, es contrario a la fe cristiana y falsea la realidad.

CAPÍTULO 2

¿CÓMO LLEGAMOS HASTA AQUÍ?

EL DUALISMO A LO LARGO DE LA HISTORIA

La Biblia no divide la existencia en una esfera natural y otra sobrenatural, o material y espiritual. La separación que el mundo moderno tiende a hacer es completamente extraña a la cosmovisión bíblica. Es dudoso que los personajes bíblicos hubieran siquiera podido comprender la manera en que tendemos a concebir la vida y el mundo hoy. La Biblia revela que Dios es Creador de los cielos y la tierra. No sólo es Él trascendente y eterno, también es el Dios de la historia, en todos sus detalles. Es rey de los cielos y también Señor de *toda* la vida —tanto de las actividades cotidianas como de los grandes eventos—. No sólo creó los cielos y la tierra y todos los seres vivos que en ellos hay, sino que lo sostiene todo con una viva y activa presencia; Él es conocido en la lluvia, el fruto de la cosecha, el nacimiento de un niño (regalos todos de sus manos), como también en la profecía cumplida o en hechos divinos excepcionales. La adoración no sólo tiene lugar en la ceremonia formal, por muy apropiada que ésta pueda ser delante de un Dios poderoso, sino, aún más importante, en el «sacrificio vivo» de una vida entera en íntima conexión con Él.

Entonces, ¿cómo pudimos apartamos de esta idea unificada de vida y relación con Dios hasta llegar a la moderna fragmentación de la existencia en esferas claramente distintas «espiritual» y «física», o «religiosa» y «secular»? El dualismo actual y los valores vinculados a cada esfera, son producto de un proceso de siglos. En el transcurso de ellos el cristianismo incorporó a su concepción elementos de otras filosofías y cosmovisiones.

El entender cómo se alcanzó este punto nos brindará la oportunidad de revisitar nuestro propio pensamiento y ver en qué conceptos extraños a la concepción bíblica podríamos haber basado algunos supuestos y hábitos. Esto a su vez nos hará libres para seguir a Cristo más íntegramente, ser más eficaces para colaborar con Él y acercar a este mundo el reino de Dios hasta su venida.

COMIENZOS ANTIGUOS

El cristianismo se originó, por supuesto, dentro de la comunidad judía, en la región galilea de la Tierra Santa y en las cercanías de Jerusalén. Sin embargo, una vez que comenzó a propagarse más allá de estos límites, y, particularmente, cuando alcanzó las ciudades griegas de Asia Menor, y después Europa, se introdujo en un mundo de mentalidad muy diferente. Aunque otras muchas religiones estuvieran presentes, la esfera de pensamiento del mundo grecorromano sufrió una intensa influencia de la filosofía griega.

El filósofo griego Platón (428-348 a.C.) proveyó una concepción que determinó gran parte del pensamiento en siglos posteriores. Describió el mundo material como una *sombra* del mundo espiritual, o real. El mundo material finito era sencillamente una proyección sombría del mundo real permanente y eterno. Platón explicó sus ideas de una manera práctica en su famosa alegoría (o mito) de la caverna. Los prisioneros de una caverna vislumbran sombras humanas proyectadas sobre un muro interior. Los prisioneros son incapaces de ver a los hombres reales y piensan que sus sombras son «la realidad». La explicación que da Platón es que las cosas que observamos con nuestros sentidos no son más que sombras de la realidad —universales— que no podemos ver.

MITO DE LA CAVERNA DE PLATÓN

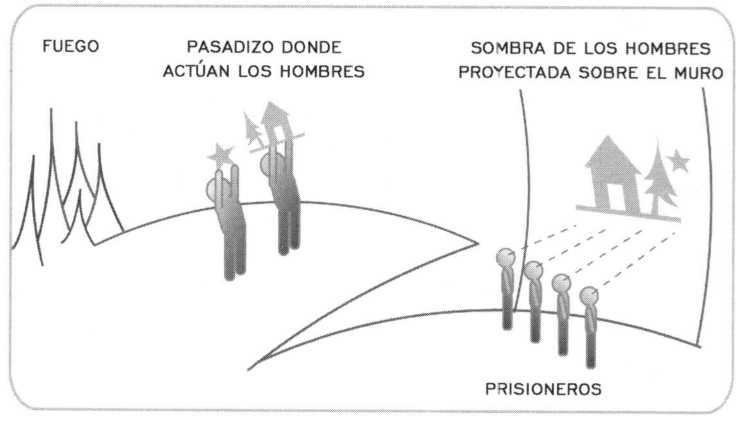

Antes que Platón, Pitágoras, otro filósofo griego (580-500 a.C.), ya había puesto límites al valor del mundo físico. Mejor conocido por su Teorema de Pitágoras y estudiado en la geometría del colegio, Pitágoras enseñó que la esencia del mundo físico, e incluso de los conceptos abstractos, podía ser expresada a través de las matemáticas. El número, no el mundo físico, representaba la realidad última y verdadera.

Tales ideas dualistas, y las escuelas de pensamiento que se desarrollaron a partir de entonces, separaron efectivamente la esfera del bien, ideal y permanente, de la vida física y el mundo en que vivimos la existencia cotidiana. Sólo la mente, por participar del ámbito de las ideas, puede conectarse con el bien y lo eterno. El mundo material empezó a verse a través de una luz pálida. Era temporal y mucho menos importante, de suerte que el cuerpo llegó a ser poco más que una prisión del más verdadero y valioso elemento del yo.

A partir de entonces, se pensó que el trabajo físico carecía, en esencia, de valor. En un mundo en el que sólo los hombres agraciados, con medios considerables, tenían oportunidad de acceder a la educación y a una vida intelectual «más elevada», y en el que la esclavitud era común y a ella se recurría, cuando era posible, para hacer trabajo manual, fácilmente podía el esfuerzo físico ser visto como degradante. La separación de lo físico de lo verdaderamente «real» privó aún más de su valor al trabajo. El trabajo físico representaba, en efecto, un uso inferior del tiempo y los talentos humanos. La concepción platónica también justificó la retención de la mujer a un nivel inferior, ya que se la consideraba como una criatura «física» creada para engendrar hijos (función corporal «inferior», profana y limitante) y administrar un hogar (material).

Por supuesto, este pensamiento no se desarrolló en el vacío. A medida que las fronteras de los imperios se iban desplazando en el mundo antiguo, las ideas se iban extendiendo. Algunas de las muchas religiones y filosofías con las que griegos y romanos (así como los judíos y, más tarde, los cristianos) entraron en contacto eran también intensamente dualistas en sus puntos de vista. La cosmovisión oriental predominante, actualmente presente en el hinduismo y el budismo, entendía la realidad como un monismo espiritual eterno, unidad espiritual absoluta de todas las cosas. Según esta concepción, la esfera espiritual es real, mientras que la física es una ilusión misteriosa e irracional.

En tanto que los escritos del Antiguo y el Nuevo Testamento integran por completo[1] los ámbitos espiritual y natural, la antigua cosmovisión dualista griega ejerció, como veremos, una profunda influencia en algunos padres de la iglesia y, por ende, en la historia de la misma.

GNOSTICISMO

El gnosticismo fue una corriente de pensamiento muy variada y extendida que surgió antes del cristianismo y se desarrolló en paralelo a éste. Aferrándose a una concepción altamente dualista, los gnósticos creían que el mundo material era malo y profano. A semejanza de Platón, los gnósticos creían que el verdadero yo, creado de elementos divinos, estaba atrapado en el cuerpo físico (la palabra gnóstico significa «conocimiento secreto y misterioso»), y que mediante ese conocimiento, concedido por revelación, uno podía escapar del mundo material y escalar progresivamente hacia el mundo eterno y espiritual.

Para el segundo siglo, una cepa de gnosticismo se había mezclado con el cristianismo y llegado a constituir un elemento importante dentro de la iglesia. Entre los que abrazaron el gnosticismo y seguían considerándose cristianos estuvo Valentino (100-155 d.C.), erudito de ese tiempo. El cristianismo gnóstico fue una amalgama o sincretismo de cristianismo y filosofía dualista griega/oriental.

Una de las principales disputas entre los cristianos gnósticos y los defensores de las creencias cristianas ortodoxas se produjo en torno a la naturaleza de Cristo. Los gnósticos sostenían la creencia (conocida como docetismo) de que puesto que el mundo material era malo, Cristo, que fue puro y divino, sólo aparentó haber tenido cuerpo físico y sufrido físicamente. Esta creencia fue abordada por el Evangelio de Juan[2], Ignacio de Antioquía, en una carta fechada en el año 11 d.C. y el concilio de Nicea, en el 325 d.C. El cristianismo estableció la doctrina de la encarnación de la Palabra, afirmando la plena deidad y la plena humanidad de Cristo.

Aunque el gnosticismo se difuminó como religión o filosofía dominante, algunos elementos de su pensamiento continuaron reapareciendo acá y allá en expresiones posteriores de la fe cristiana. Hoy se puede explicar el dualismo —la división entre lo espiritual y lo físico o mundano— que existe dentro del protestantismo evangélico como gnosticismo evangélico. Esto es especialmente cierto donde los cristianos enfatizan las actividades «espirituales» (por ejemplo, reuniones de oración y estudios bíblicos), o el ministerio «profesional», o las misiones como única manera en verdad satisfactoria de vivir fielmente la vida cristiana. Asimismo, se manifiesta una orientación gnóstica siempre que se rebajan las cosas del mundo físico, o se les resta importancia (por ejemplo, el medio ambiente, el gobierno, el arte, la justicia, o la salud pública), o se considera el trabajo en campos relacionados con ellas como vocaciones cristianas de rango inferior.

DISTORSIÓN EN LA CORRIENTE PRINCIPAL DEL CRISTIANISMO PRIMITIVO

Influida por la cultura envolvente y las filosofías y movimientos precedentes, la principal corriente de la iglesia desarrolló ciertos patrones dualistas de pensamiento.

El dualismo fue absorbido por la principal avenida del pensamiento cristiano a través del temprano desarrollo de la vida monástica. Este fue al principio un estilo de vida solitario. En realidad, monje deriva de una palabra griega que significa «persona solitaria». Aunque los que escogían este estilo de vida tomaban nota de los ejemplos bíblicos, el monacato fue más extremo que los retiros temporales de los personajes bíblicos en el desierto. El rechazo radical del mundo por parte de los monjes y su dedicación a la búsqueda de una unión más perfecta con lo santo se comprende mejor en el contexto de la filosofía dualista griega/oriental antes descrita.

Al principio, los monjes fueron todos eremitas, individuos que abandonaban todas las cosas «del mundo» que podían para ir solos (a menudo se adentraban literalmente en el desierto) en pos de las «cosas de Dios». Con el tiempo, sin embargo, la gente que compartía una misma mentalidad se juntó, y en el año 318 se fundó la primera comunidad monástica. Los monasterios y sus comunidades religiosas se convirtieron rápidamente en importantes elementos de la iglesia. Aunque en sus orígenes los monasterios fueron lugares dedicados a una vida santa y apartada, pasaron a ser centros de estudio, copia y enseñanza, así como de preservación, traducción y duplicación de textos importantes, incluidas las Sagradas Escrituras. También se convirtieron en importantes centros para la obra misionera. En gran medida, la expansión del cristianismo por los pueblos de Europa fue debida a los monjes que viajaban por el continente estableciendo monasterios en su recorrido. En siglos posteriores, las comunidades religiosas llevaron el evangelio por el resto del mundo, como cuando arribó el cristianismo al hemisferio occidental.

No obstante, la filosofía dualista que respaldaba el temprano monacato fue expuesta en la obra de varios autores de la iglesia primitiva. Por ejemplo, Eusebio (260-339 a.C.), obispo de Cesárea, y a veces llamado «padre de la historia de la iglesia». En su libro Demostración del Evangelio, él escribió que Cristo concedió dos formas de vida a la iglesia:

> Dos formas de vida fueron dadas por la ley de Cristo a su Iglesia. Una es sobrenatural, y está más allá de la existencia humana común... Total y permanentemente separada de la vida común y habitual de la humanidad,

se entrega exclusivamente al servicio de Dios... Tal es la forma perfecta de la vida cristiana. Y la otra es más humilde, más humana, permite a los hombres... tener capacidades para la agricultura, el comercio, y otros intereses más laicos, así como la religión... Y una especie de piedad de segundo grado les es atribuida»[3].

DOS FORMAS DE VIDA
EUSEBIO DE CESÁREA

LA VIDA PERFECTA VITA CONTEMPLATIVA	LA VIDA PERMITIDA VITA ACTIVA
SUPERIOR, SAGRADA, CONTEMPLATIVA	INFERIOR, SECULAR, ACTIVA
SOCIAL, ESPIRITUALMENTE SUPERIOR	SOCIAL, ESPIRITUALMENTE INFERIOR
P. EJ., SACERDOTES, MONJAS, MONJES, ARISTÓCRATAS	P. EJ., AMAS DE CASA, TRABAJADORES, AGRICULTORES

Según este plan, había dos clases de vida, la *perfecta y la permitida*. La vida perfecta era superior, sagrada y contemplativa. Era la vida de los profesionales religiosos, como los sacerdotes, los monjes, las monjas y los teólogos. Éstos eran social y espiritualmente superiores al pueblo común o laicado. Por otra parte, la vida permitida era inferior, seglar, activa. Implicaba trabajo manual y era la suerte del hombre común, el granjero, el ama de casa, el carpintero, el mercader y el artesano. Éstos eran social y espiritualmente «inferiores» a las clases religiosas.

A la larga, este contraste dualista se traduciría en un punto de vista en el que «la iglesia», en sentido práctico, significaba realmente el clero, y tal vez los monjes. Durante la Edad Media, el pueblo laico —especialmente los que vivían «en el mundo», no una vida «religiosa» consagrada— eran vistos como sujetos que ejercían una función claramente pasiva e inferior, dependían de «la iglesia» para cultivar su relación con Dios y recibir la transmisión de su gracia y su eterna salvación.

LA DICOTOMÍA CLERO-LAICADO

CLERO	SERVICIO A DIOS	PROFESIONES ESPIRITUALES PROFESIONES SERVICIALES
LAICADO	SERVICIO A MAMÓN	PROFESIONES SEGLARES TRABAJO MANUAL

Esta forma dualista de entender la vida cristiana llegó a incrustarse tanto en el pensamiento cristiano que aún hoy está presente —a pesar de todos los cambios que sobrevinieron en centurias posteriores—, el sentir que aún hoy persiste en muchos laicos, es que, en un sentido, el rol del pastor es proveer vida cristiana para todos. A ellos les parece más elevado el concepto de la vida cristiana a «tiempo completo» —una persistente creencia en la vida «perfecta» y la «permitida»— y en la falta de integración de la fe en la vida cotidiana del cristiano.

LA REFORMA —*Siglo XVI*

En Europa, la Reforma Protestante del siglo XVI respondió al dualismo, notorio en buena parte de la iglesia, y a las formas de pensamiento humanista centradas en el hombre renacentista europeo (a partir del siglo XIV) con una reafirmación y articulación de la cosmovisión bíblica. Reavivó la noción bíblica de vivir y trabajar consciente e intencionadamente en la presencia de Dios. Martin Lutero (1483-1546), el monje católico que Dios usó para encender la Reforma, anunció que todos los cristianos comparecerían «ante Dios» y ante su escrutinio. Juan Calvino (1509-1564), usado por Dios para iniciar la reforma en Ginebra y encender en esta ciudad una luz que resplandeciera en toda Europa, enseñó que ninguna esfera de la vida está exenta de «negocio con Dios»[4].

La corriente principal de reformadores, como Lutero y Calvino, y también Ulrich Zwinglio (1484-1531), desafió la cosmovisión dualista que se había infiltrado en la iglesia. Recuperó una concepción integral, bíblica, y reconoció que no hay tal dicotomía sagrado-secular, sino sólo una vida consagrada o no consagrada. Lo que había sido considerado secular se entendía ahora relacionado con lo sagrado. Esto fue notablemente expresado por la manera en que los reformadores popularizaron la palabra llamada. Alister McGrath, en su libro *Reformation Thought* (*Pensamiento de la Reforma)*, escribe:

> forma cambió actitudes tales [dualismo en la vida pública] de forma va e irreversible. Para ilustrar este cambio de actitud, consideremos la palabra alemana Beruf («vocación») tal como la usó Martin Lutero. En la Edad Media, el término Beruf significaba una vocación monástica o clerical, es decir, la llamada a realizar una función eclesiástica profesional. Lutero comenzó a usar la misma palabra para hacer referencia a las obligaciones mundanas. Al usar el término Beruf para referirse a la actividad en el mundo cotidiano, Lutero aplicó la solemnidad religiosa de la vocación monástica a la actividad en el mundo. Uno es llamado por Dios para servirle de forma específica en el mundo. Cabe discernir aquí el surgimiento del uso moderno y el sentido de la palabra «vocación» o «llamada», en el tiempo de la Reforma, a través de un nuevo enfoque del trabajo. Los idiomas de todas las regiones europeas influenciadas por la Reforma muestran un cambio decisivo en el significado de esa palabra durante el siglo XVI: alemán (Beruf), inglés (calling), holandés (beroep), danés (kald), sueco (kallelse), y así sucesivamente[5].

La base en que se apoyó Martin Lutero para esta acepción de la vocación fue la doctrina de la justificación por la fe. Los cristianos habían llegado a creer en una jerarquía de la vocación: la vita contemplativa era superior y más espiritual, mientras que la vita activa era común y menos espiritual. La labor del sacerdote y la monja, de los obreros espirituales, era santa, mientras que la del labrador o el ama de casa era «secular». Los sacerdotes estaban justificados porque desempeñaban una labor santa. La justificación del común de los mortales requería hacer «obra espiritual», como el asistir a misa, pagar las indulgencias y dar limosnas a los pobres. Esto esclavizó y empobreció aún más a los ya depauperados. Lutero y los reformadores del norte de Europa atacaron la noción de «justicia por obras» insistiendo en que ningún trabajo externo, sino sólo un acto interno de fe, podía hacer que una persona fuera justa o estuviera justificada delante de Dios.

Los reformadores restauraron el concepto de vocación a la idea del trabajo. Si la justicia es por fe, razonaba Lutero, entonces la vida contemplativa de los monjes y los sacerdotes no es ni superior ni inferior a la vida activa del fiel campesino, carpintero o ama de casa. Lutero, quien había abandonado una orden monástica, entendió que, si uno es salvo por gracia, mediante la fe, no importa la clase de trabajo que haga, sino la fe con que lo hace. Es decir, lo que importa es si el trabajo está consagrado o no. De súbito, todo trabajo, por cuanto es moralmente legítimo (no malo), es sagrado. El sacerdote y el campesino, la monja y el ama de casa, el teólogo y el obrero, todos andan por fe delante de Dios. Dietrich Bonhoeffer escribió sobre el reto de Lutero al sentido humano del trabajo:

> El éxodo de Lutero del claustro fue el peor golpe asestado al mundo desde los días del cristianismo primitivo. La renuncia que se impuso al hacerse monje fue un juego de niños comparada con la que tuvo que soportar en su retorno al mundo. Llegó el asalto frontal. La única manera de seguir a Cristo era vivir en el mundo. Hasta entonces, la vida cristiana había sido logro de unos cuantos espíritus escogidos bajo las condiciones excepcionalmente favorables del monacato; a partir de ahora sería un deber impuesto a todo cristiano que vivía en el mundo. El mandamiento de Jesús exige perfecta obediencia en la vocación diaria de la persona [cursiva añadida][6].

La Reforma llamó a la iglesia a salir del templo para entrar en el mundo y desafió directamente la mentalidad dualista de la iglesia medieval.

En suma, los reformadores defendieron dos puntos principales: En primer lugar, todos los creyentes, no sólo los obreros religiosos, tienen una vocación. En segundo lugar, todo trabajo, no sólo el espiritual, puede ser considerado vocación. La dicotomía sagrado-secular quedó abolida para los que abrazaron el pensamiento bíblico.

PIETISMO—*Siglo XVII*

En el siglo XVII, la joven iglesia protestante que había trastornado Europa estaba acuciada de problemas. Una de las dificultades fue la tendencia de algunas tradiciones o denominaciones (por ejemplo, el luteranismo o la Iglesia Reformada) a preocuparse excesivamente de una teología correcta a expensas de una vida de fe. Esto fue, en primer lugar, una desafortunada consecuencia de las batallas teológicas que acarreó la Reforma.

Otro problema importante fue la persistencia de lazos estrechos entre religión y estado. Cuando la reforma triunfaba en un estado o nación particular, la entidad entera, no sólo los individuos o las congregaciones, solían hacerse oficialmente protestantes, y se establecían nuevas «iglesias nacionales». Las iglesias nacionales jugaron distintos papeles en el gobierno de sus estados, y muchos individuos no distinguieron entre formar parte de una iglesia concreta y ser ciudadanos de un estado o nación en particular.

Además, al menos en los primeros siglos de los nuevos estados protestantes, la participación en, o el apoyo a otras iglesias (como la anabaptista) fueron a menudo suprimidos, o incluso severamente castigados —a veces violentamente—. La guerra estalló en varios escenarios a medida que el movimiento religioso se mezclaba con los conflictos políticos y la intranquilidad social.

La experiencia de la institución eclesiástica creó una necesidad percibida, en pocas generaciones, de una nueva reforma y recuperación del sentido espiritual. El movimiento conocido como pietismo fue una respuesta a esta necesidad —tendría una muy amplia y duradera repercusión.

Se suele aceptar en general que el movimiento pietista surgió en las filas del luteranismo en la Alemania de finales del siglo XVI. Los precursores del pietismo fueron místicos cristianos como Jakob Böhme (1575-1624), Johann Arndt (1555-1621) y Heinrich Müller (1631-1675). Müller declaró que «la fuente [bautismal], el púlpito, la confesión y el altar eran los cuatro ídolos mudos de la Iglesia Luterana»[7].

En general, el pietismo enfatizó la *experiencia* religiosa sobre la convicción ortodoxa. Esto acarreó un énfasis en la «experiencia personal». Mientras que anteriores reformadores habían acentuado la comprensión, la interpretación y la aplicación de las Sagradas Escrituras a la vida pública y privada —tanto una función racional como un compromiso espiritual— el nuevo enfoque acentuó el corazón y las emociones a expensas del pensamiento racional. Por una parte, el énfasis en la experiencia antes que en la doctrina condujo, en parte, a nuevas formas de liberalismo teológico: las doctrinas tradicionales fueron modificadas o abandonadas atendiendo a la evaluación que hiciera el individuo de ellas. Por otra parte, el acento en la vida cristiana personal produjo renovación en las vidas de muchos creyentes, y debido a ello los pietistas llevaron a cabo importantes esfuerzos misioneros.

Por lo que respecta al dualismo, el pietismo promovió entre los cristianos un enfoque en el ámbito espiritual y una retirada de la cultura más extensa. Esto resultó evidente en la vida y enseñanzas de un hombre conocido como padre del pietismo, Philipp Spener (1635-1705). Spener fundó un movimiento de iglesias de hogar celebrando reuniones en su propia casa. También publicó una serie de proposiciones para la restauración de la iglesia que incluía, entre otras cosas, un estudio bíblico diligente en reuniones privadas, un mayor papel del laicado en la iglesia, una reorganización de la instrucción teológica con un mayor acento en la devoción personal y un nuevo estilo de predicación dirigida al corazón. Transcurridos varios años, él enfatizó la necesidad espiritual de un nuevo nacimiento y enseñó la separación de los cristianos del mundo.

Aunque se considera que el movimiento pietista en sí mismo finalizó entre mediados y finales del siglo XVII, su influencia logró un gran alcance. Más adelante, en este mismo capítulo, veremos cómo volvió a rugir con el surgimiento del gnosticismo evangélico en los siglos XIX y XX.

LA ILUSTRACIÓN—*Siglos XVII y XVIII*

También conocida como la Era de la Razón, la Ilustración fue un movimiento filosófico centrado en Inglaterra, Francia, y en alguna medida, Alemania. Se fundó sobre la metafísica de transición del deísmo, que asumía, como el teísmo bíblico, la existencia de Dios el Creador. Pero a diferencia de la Biblia, el deísmo asumía que Dios no era inmanente, o presente. Según el deísmo, Dios es Creador, pero no Salvador y Señor. Es un Dios distante. Creó el universo, lo puso en movimiento y lo abandonó. No habla a las personas ni contesta las oraciones. Su existencia explica la creación, pero puesto que no habla, no hay base trascendente para la verdad, la bondad, y la belleza. El deísmo sentó las bases para la posterior aparición del secularismo (que también hemos llamado materialismo ateo), la metafísica del modernismo.

La Ilustración inauguró la era del racionalismo. El racionalismo es razón sin revelación. Establece la razón humana como autoridad última en todas las cosas. Bajo el péndulo de esta cosmovisión, en vez de ser Dios el centro del universo y el hombre explorador de la creación gracias a la razón y la revelación, éste pasó a ser el centro del universo; el hombre tomó el papel de dios. La esfera espiritual —Dios, los ángeles, los demonios y el hombre como *imago* Dei— todo ello quedó reducido a ideas premodernas.

Contrario a este pensamiento racionalista emergente, los fundadores[8] de la ciencia moderna fueron teístas bíblicos que procuraron «buscar y conocer el pensamiento de Dios». Entendieron que Él se revelaba en dos «libros»: la creación y la Biblia. Entendieron que no había separación entre las dos revelaciones. La ciencia deísta, y después, la secular o naturalista, negaron la existencia de una realidad trascendente. Se asumió que el hombre estaba solo en el universo. Para que éste llegara a entender el universo, tendría que zarpar de sí mismo y de sus cinco sentidos a indagar el origen y el sentido de la vida. La razón y la revelación del teísmo fueron sustituidas por el racionalismo filosófico y la ciencia naturalista.

Sin una metafísica trascendente —sin el Dios personal e infinito que estableciera la objetividad—, la verdad, la bondad y la belleza pasaron a ser subjetivas. Era el hombre quien determinaba lo que era verdadero, bueno y hermoso. En el área de la moral, el sujeto secularizado decidió que el hombre nace bueno por naturaleza, o al menos como una pizarra limpia, y puede desarrollar su gran potencial si dispone de herramientas y oportunidades adecuadas. Esto supone un desvío considerable de la idea de que los seres humanos son pecadores innatos, y están necesitados de salvación tanto a nivel personal como corporativo. Este viraje en el pensamiento, al ir desarrollándose, ocasionaría profundas implicaciones en todas las áreas de la vida y afectaría finalmente a la familia, la educación y las normas de conducta.

Durante esta fase de la Ilustración europea, muchos miembros regulares de iglesia, e incluso algunos clérigos, sostenían puntos de vista deístas. Los deístas intentaron transformar el cristianismo tradicional en una religión basada en la razón. Para muchos, seguía existiendo un ámbito espiritual, pero estaba separado de la realidad física. Algunos llegaron a la conclusión de que la espiritualidad era una invención de la imaginación humana, irrelevante para la vida terrenal. Dios seguía existiendo como Creador, pero ya no estaba comprometido con su creación como Dios de la historia, Salvador y Señor de la vida. Se tendió a contemplar el universo de una manera mecanicista, gobernado por la ley natural. Estas leyes fluían de la naturaleza del Creador, pero se entendía que operaban sin la continua implicación personal del Legislador.

La Ilustración, con su exaltación de la razón humana y su tendencia a devaluar la esfera espiritual, marcó una transición en la cultura general del mundo occidental. La iglesia respondió a la era de la Ilustración con un retorno a una fe y una práctica más integrales y ortodoxas.

EL GRAN AVIVAMIENTO—*Siglos XVIII y XIX*

En la primera mitad del siglo XVIII (1730-1750), estalló un avivamiento a ambos lados del Atlántico. Este avivamiento fue un retorno a la fe bíblica; no sólo tuvo un componente espiritual, sino que fue integral y acarreó una de las grandes transformaciones sociales de los tiempos modernos. He aquí el nacimiento de lo que Ralph Winter, destacado estratega de misiones y fundador de la Universidad Internacional William Carey, ha identificado como *Primera Herencia evangélica*[9]. La Primera Herencia evangélica entendió el evangelio de una manera amplia e integral que comprendía la salvación personal, la transformación social y las misiones en el extranjero. (Esto contrastó con lo que Winter denomina *Segunda Herencia evangélica,* cuyo principal enfoque es la salvación personal, el rapto y la segunda venida de Jesucristo. Estos últimos evangélicos pusieron poco o ningún acento en la capacidad del evangelio para cambiar la sociedad.)

En Inglaterra, el avivamiento fue encendido por un evangélico de la Primera Herencia, John Wesley (1703-1791), ministro anglicano que llegó a ser evangelista celoso, reformador social y fundador del movimiento Metodista. Wesley predicó el Cristo crucificado a centenares de miles de personas, ricas y pobres. Pero él entendía que si alguien acudía a Cristo en la conversión, no sólo era para ir al cielo. Wesley entendió que si una persona era salva, su vida y conducta tenían que ser transformadas, y así, corporativamente, se experimentaría una transformación social.

En Norteamérica, el Gran Avivamiento fue prendido por dos hombres, Jonathan Edwards (1703-1758) y George Whitefield (1714-1770). Jonathan Edwards fue predicador congregacional, teólogo y misionero a los indios nativos norteamericanos. Es reconocido, probablemente, como el más destacado evangelista, teólogo y pensador que ha producido Estados Unidos. Los ideales de la Reforma de Juan Calvino fueron vertidos en el nuevo continente a través de su pensamiento, enseñanza y ministerio. Su predicación, particularmente su famoso sermón «Pecadores en manos de un Dios airado», condujo a miles de personas al arrepentimiento y a la cruz de Cristo en busca de salvación.

George Whitefield había sido un líder del movimiento metodista de Wesley en Inglaterra. En 1738 Whitefield se trasladó a la colonia británica de Georgia, en América, y comenzó a predicar en una serie de reuniones de avivamiento. Junto con Edwards, Whitefield predicó a Cristo e inspiró en los que fueron salvos una fe y una práctica profundamente bíblicas.

Este avivamiento, encendido por Wesley en Inglaterra y por Edwards y Whitefield en las colonias norteamericanas, nació de una concepción bíblica global, en la que la fe personal conducía a la acción en la sociedad civil y la vida pública. Entendía que Dios es Señor de toda vida, no sólo del ámbito espiritual. El Gran Avivamiento produjo líderes y ciudadanos, hijos y nietos del movimiento, que se lanzaron a cambiar sus sociedades y el mundo.

En Inglaterra, Dios levantó un hijo espiritual de Wesley, William Wilberforce (1759-1833). Wilberforce fue parlamentario británico, filántropo y reformador social. Él fue quien promovió la abolición de la esclavitud en el imperio británico e impulsó vigorosamente la civilización de una tosca sociedad inglesa. Entendió que la esclavitud era un mal moral y que la iglesia tenía que trabajar para poner fin a esta institución. Wilberforce entendió, ya que actuó apoyado en una cosmovisión bíblica, que Dios se interesaba en las costumbres y en la justicia social, no sólo en la salvación personal del alma. Él sabía que Dios se interesaba en la transformación de la sociedad, como también de las personas. De modo que, además de trabajar para abolir la esclavitud, hizo un llamado a la iglesia para luchar contra el alcoholismo, el consumo de drogas, la promiscuidad sexual, lo que actualmente se ha dado en llamar fábricas de explotación y otras injusticias y elementos groseros de la sociedad británica.

Un grupo conocido en Inglaterra como la secta Clapham jugó un importante papel en la transformación de la nación en su tiempo. Estos hombres y mujeres fueron social y políticamente activos de 1790 a 1830. Eran evangélicos ricos e influyentes y ejercían toda clase de profesiones: profesores, clérigos, políticos, banqueros, escritores, artistas, economistas, comerciantes y filántropos. Su objetivo común era proporcionar la cobertura política y el motor económico para cambiar la cultura, y después las leyes, de la sociedad británica. Este grupo fue el que creó el escenario para que hombres y mujeres como Wilberforce desafiaran el *status quo* de la sociedad británica. Dios usó a estos hombres y mujeres, y su obediencia a Él, para transformar la nación. Entre los muchos logros de este movimiento figura la *Ley de trata de esclavos de 1807,* que prohibió el comercio de esclavos. Luego, tres noches antes de la muerte de Wilberforce, el parlamento aprobó la Ley para la Abolición de la Esclavitud de 1833, que emancipó a los esclavos de todo el imperio británico.

Otro hijo espiritual de Wesley fue William Carey (1761-1834). Carey fue un pobre zapatero inglés cuya educación no superaba el octavo grado. Cuando su corazón fue transformado por los avivamientos que barrían Inglaterra él sintió el llamamiento de Dios para ser misionero en la India. Carey rompió todos los modelos de obra misionera y fue denominado «padre de la misión moderna». En 1793 zarpó con su joven familia rumbo a la India. Fue un hombre con una mentalidad bíblica. Predicó a Cristo crucificado. Las gentes se convirtieron y se fundaron iglesias. Pero él anhelaba ser testigo de que las raíces de la cultura del sub-continente indio eran transformadas. Su biografía está bien contada por Ruth y Vishal Mangalwadi en su libro *The Legacy of William Carey: A Model for the Transformation of a Culture*[10].

Carey no sólo predicó el evangelio de salvación y fundó iglesias, también guió a los indios a desarrollar muchos sectores de su sociedad. Por ejemplo, enseñó a los cristianos a administrar la tierra usando nuevos sistemas de horticultura para recuperar tierras baldías y repoblar bosques que habían sido asolados por la sobreexplotación. También luchó muchos años para conquistar la dignidad de las mujeres.

Al otro lado del Atlántico, otros evangélicos de la Primera Herencia sentaban las bases para fundar una nueva nación. Muchos eruditos ponen la fundación de los Estados Unidos a los pies de pensadores deístas ilustrados como Locke, Voltaire y Montesquieu. Arguyen que Jefferson y Franklin, ambos influidos por el deísmo, fueron los canales por los que la Ilustración penetró en la vida pública estadounidense. Pero esto es contrario al registro histórico.

El experimento político estadounidense se asentó en la fe bíblica como consecuencia del Gran Avivamiento. Los cristianos deseaban constituir una cultura política y una nación basada en principios bíblicos. El Consejo Nacional de Estudios Bíblicos en las Escuelas Públicas menciona la exhaustiva investigación realizada por los profesores de ciencia política Charles S. Lutz y Donald S. Hyneman en unos quince mil documentos históricos de literatura política publicados entre 1760 y 1805: «El treinta y cuatro por ciento del contenido de los documentos fundacionales de los Estados Unidos de América "fueron citas directas tomadas de la Biblia"»[11]. Antes que los Padres Fundadores, los puritanos y los peregrinos cruzaran el Atlántico con la Biblia en la mano. El Gran Avivamiento hizo recordar a los Padres Fundadores el Libro por excelencia y una cosmovisión global de las Escrituras. David Gates y Kenneth Woodward, periodistas de *Newsweek*, han manifestado que «los historiadores están descubriendo que la Biblia, tal vez más que la Constitución, es nuestro documento fundacional»[12].

Al participar en la recuperación de la cosmovisión bíblica integral del Gran Avivamiento, los evangélicos se reincorporaron a la obra de Dios en el mundo, transformaron el imperio británico y fundaron los Estados Unidos de América, quizás la nación más libre, justa y próspera de la historia de la humanidad. A medida que la iglesia ha ido abandonando su herencia y se ha retirado de la cultura, hemos sido testigos de la ascensión de los mundos modernos y postmodernos. La cuestión es, ¿recuperaremos la fe de nuestros antepasados de la Primera Herencia?

LA ERA MODERNA—*Siglos XIX y XX*

A pesar del efecto tangible del Gran Avivamiento, el materialismo secular se ha edificado en la era moderna sobre la negación absoluta del ámbito espiritual. Es legítimo afirmar que esta cosmovisión se desarrolló como extensión lógica del racionalismo de la Ilustración y solidificó con la publicación en 1859 del libro de Charles Darwin *El origen de las especies.* La teoría de la evolución de Darwin proporcionó una explicación puramente natural (contraria a la sobrenatural) de cómo llegó a existir la vida, allanando el camino para el materialismo ateo.

Por definición, el paradigma materialista, cuando va acompañado del ateísmo, no da cabida a lo espiritual y lo trascendente. La *materia* es la única realidad. Todas las cosas basadas en la realidad de la existencia de Dios desaparecen, puesto que Dios ya no existe. Los milagros no pueden ocurrir, la oración no tiene efecto, no existe el cielo. Esto conduce, en última instancia, a la muerte del hombre, el amor, la justicia, la verdad, la moral, la gracia y la llamada vocacional, cosas todas ellas basadas en la existencia de Dios. Puesto que no existe Dios y su reino es un invento de la imaginación del hombre, no se puede ver el trabajo a la luz del reino de Dios; por lo cual, sólo existe para obtener una recompensa material.

En términos de la dicotomía sagrado-secular, el materialismo no sólo ensalza lo secular por encima de lo sagrado; *sólo* reconoce lo secular. No obstante, el desarrollo del materialismo ha influido en el cristianismo de maneras que conviene reconocer, por lo que vamos a ver qué respuesta da la iglesia al surgimiento del secularismo.

RESPUESTA DE LA IGLESIA

Cuando el materialismo ateo se propagó por universidades y culturas nacionales europeas y estadounidenses, los fundamentos de estas naciones y sus iglesias tuvieron que afrontar el reto.

Hubo poca gente en las iglesias que se opusiera a la ola de secularismo. Uno que le hizo frente fue Abraham Kuyper (1837-1920). Este pastor y teólogo holandés fue también destacado educador y periodista y llegó a ser primer ministro de Holanda. En 1898 Kuyper fue invitado por el seminario de Princeton, flor y nata de las instituciones estadounidenses de estudios teológicos, para impartir las prestigiosas conferencias Stone. Deseaba detener la ola de secularismo que se infiltraba en la iglesia estadounidense y restaurar sus cimientos bíblicos enseñando el reino de Cristo sobre la totalidad de la vida. Pero como atestigua la historia, la iglesia en general, abandonó la cosmovisión bíblica.

SOBERANÍA DE CRISTO

«NO HAY UN CENTÍMETRO CUADRADO EN TODO EL DOMINIO DE LA EXISTENCIA HUMANA EN EL QUE CRISTO, SOBERANO DE TODO, NO RECLAME: ¡ME PERTENECE!»

—ABRAHAM KUYPER
CONVOCATORIA INAUGURAL DE LA UNIVERSIDAD LIBRE, 1880

Para hacer frente al secularismo, la iglesia contaba básicamente con dos respuestas problemáticas. La primera era acomodarse al nuevo paradigma secular, y la segunda, rechazarlo y adoptar el antiguo paradigma griego. La iglesia estaba dividida.

LA IGLESIA DIVIDIDA POR EL SECULARISMO

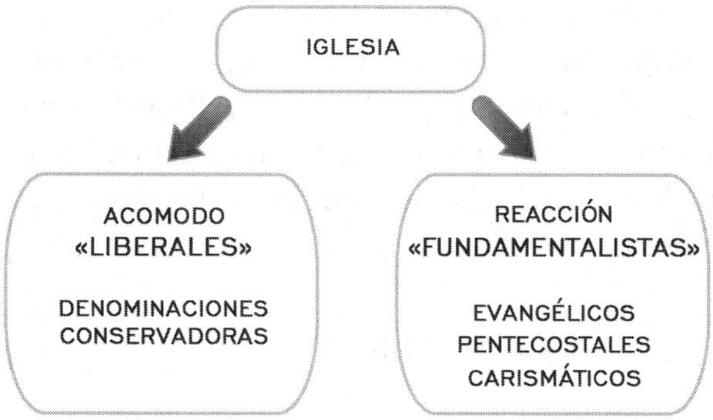

IGLESIA

ACOMODO «LIBERALES»	REACCIÓN «FUNDAMENTALISTAS»
DENOMINACIONES CONSERVADORAS	EVANGÉLICOS PENTECOSTALES CARISMÁTICOS

Algunas ramas de la iglesia que hoy se suelen identificar como «liberales», abrazaron en mayor o menor grado el paradigma secular moderno. El concepto de verdad absoluta fue sustituido por el relativismo metafísico. Fue negada la realidad de los milagros —la actuación divina fuera del ámbito natural—. A medida que las enseñanzas en este bando de la iglesia concordaban cada vez más con los supuestos ateos, el poderoso evangelio del reino de Dios que puede transformar personas y naciones (como se vio en el Gran Avivamiento) quedó reducido a mero activismo social.

Las necesidades físicas y sociales del mundo cobraron ventaja sobre sus necesidades espirituales, y aquellas se fueron cubriendo cada vez más con instrumentos seculares, fundados en una filosofía profana. En vez de reconocer la fuente trascendente de la justicia y la sanidad, la iglesia intentó producir justicia física y transformación social por sus propias fuerzas, aparte de la salvación de la persona completa en Cristo.

Aunque un sector de la iglesia abrazó el paradigma secular moderno, otros sectores lo rechazaron. Los últimos reaccionaron contra lo que se percibía como «modernismo» cuestionable (o «liberalismo») que había impregnado a la iglesia y amenazaba al cristianismo ortodoxo. Estos líderes se identificaron como *fundamentalistas,* y se aferraron a los fundamentos de la fe. Pero como también abandonaron la cosmovisión bíblica, negaron las implicaciones globales del evangelio para la transformación de la sociedad. Estos fueron los evangélicos que Winter denomina de la Segunda Herencia.

Los fundamentalistas, en vez de defender la cosmovisión bíblica, adoptaron la concepción griega ya comentada en este mismo capítulo. Los griegos separaban la esfera espiritual de la esfera física. Separaban gracia y naturaleza. Los cristianos adoptaron este paradigma gnóstico-dualista, separaron lo sagrado de lo secular, el domingo del lunes. Muchos se convirtieron en «cristianos dominicales» y abandonaron el concepto de ser también iglesia el lunes y llevar el reino de Dios a su vida laboral cada día de la semana, negando en la práctica que Cristo es soberano sobre la vida entera. Los fundamentalistas —precursores de los movimientos evangélicos, pentecostales y carismáticos— estimaban que la esfera espiritual era sagrada, y la secular, profana.

LA DICOTOMÍA GRIEGA

DOMINGO	SUPERIOR MÁS IMPORTANTE	GRACIA	ESPIRITUAL (SAGRADO)	FE TEOLOGÍA ÉTICA MISIONES DEVOCIONES EVANGELIO
DÍAS	INFERIOR MENOS IMPORTANTE	NATURALEZA	FÍSICA (SECULAR)	RAZÓN CIENCIA COMERCIO/ECONOMÍA POLÍTICA ARTE/MÚSICA SERVICIO FÍSICO PAN

Como muchos pietistas antes que ellos, los fundamentalistas cambiaron mayormente un cristianismo vigoroso, que influye en la cultura, por una fe personal y privada, porque colocaron el plano espiritual por encima del físico. Se convirtieron en lo que yo califico de gnósticos evangélicos.

GNOSTICISMO EVANGÉLICO

Al negar la importancia del ámbito secular, los evangélicos de la Segunda Herencia —evangélicos gnósticos—se centraron en las cosas espirituales, incluida la escatología de los últimos tiempos que se ocupaba del rapto y el inmediato retorno de Jesucristo. Dwight L. Moody (1837-1899), evangelista estadounidense, editor y fundador del famoso Instituto Bíblico Moody, vio venir la ola creciente de secularismo y liberalismo en la iglesia y concluyó que el retorno de Cristo era inminente. Otro fundador del movimiento evangélico de la Segunda Herencia fue John Nelson Darby (1800-1882), evangelista anglo-irlandés y padre del moderno movimiento dispensacional, que se centra, entre otras cosas, en el retorno inmediato de Jesucristo, el arrebatamiento de la iglesia antes de la tribulación y el reino milenario de Cristo sobre la tierra.

Desde una perspectiva socio-política, el advenimiento de la Primera y la Segunda Guerra Mundial golpeó el optimismo de la ilustración y contribuyó a difundir un espíritu sombrío que condujo a los cristianos a anhelar el abandono de este mundo arruinado y poner la mira en el venidero. Las culturas europeas y estadounidense se volvieron pesimistas. Estas mentalidades nacionales reforzaron la tendencia de muchos evangélicos a creer que el mundo estaba empeorando irremediablemente y que cuando se hubiera estropeado bastante, Cristo regresaría.

Moody, Darby y sus seguidores promovieron una escatología dispensacional de los últimos días. En vez de procurar activamente la reforma de la sociedad, este movimiento propuso que la pecaminosidad del hombre y la terrible condición del mundo moderno eran evidencia de que Jesús estaba ciertamente a punto de regresar. Aunque se esforzaban por acercar la gente a Cristo, ellos adoptaron una actitud pasiva frente a la sociedad y *esperaron* el retorno de Cristo.

En 1970, Hal Lindsey, teólogo dispensacional, publicó el libro no ficción más vendido en torno a los últimos tiempos titulado «*La agonía del gran planeta tierra*». El libro de Lindsey fue traducido a cincuenta y cuatro idiomas, vendió más de treinta y cinco millones de copias y aún hoy continúa imprimiéndose. Este libro vuelca el movimiento de los últimos tiempos en una rápida escalada de acontecimientos que ha influido profundamente en las tres últimas generaciones de cristianos así como en su concepción de la naturaleza de la iglesia, su misión y la vida cristiana.

Se perdió la dinámica del Gran Avivamiento para transformar la sociedad. El movimiento evangélico de la Segunda Herencia se ocupó de la salvación personal y la fe privada. Se caracterizó por su anti-intelectualismo («No preguntes; ¡cree no más!»), su abandono de la cultura y su retirada del mundo.

Los gnósticos evangélicos retornaron al paradigma dualista anterior a la Reforma. La obra religiosa, la del pastor, evangelista, misionero y fundador de iglesia, era considerada una vocación superior a la del empleo secular, como lo había sido en la Edad Media. La gente que procuraba ser piadosa quería dedicarse al servicio cristiano «a tiempo completo». El trabajo «secular» era a menudo estigmatizado por los que realizaban una labor «espiritual». De manera que los cristianos profesaron una vez más en dos mundos distintos.

LA VIDA EN DOS MUNDOS
PROFESIÓN

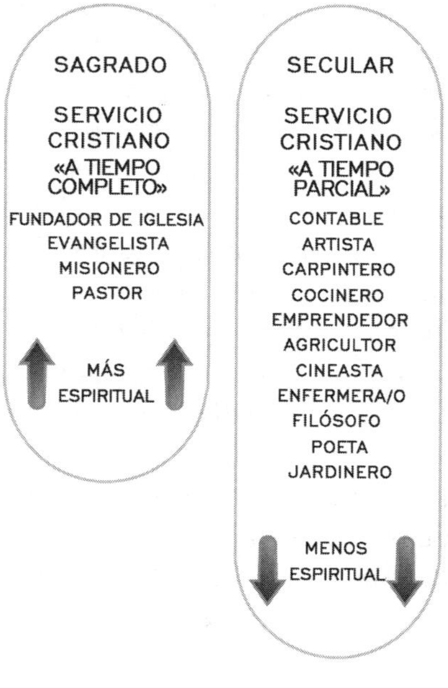

En términos de estrategia misionera, en vez de reconocer que todos los cristianos están comprometidos con las misiones, sólo aquellos que habían abandonado el trabajo secular para dedicarse a la obra «espiritual» a tiempo completo eran considerados misioneros. Aún hoy, hay organizaciones misioneras que tratan de sacar a los cristianos de la vida pública para llevarles a lo que ellos creen que es obra misionera «más importante».

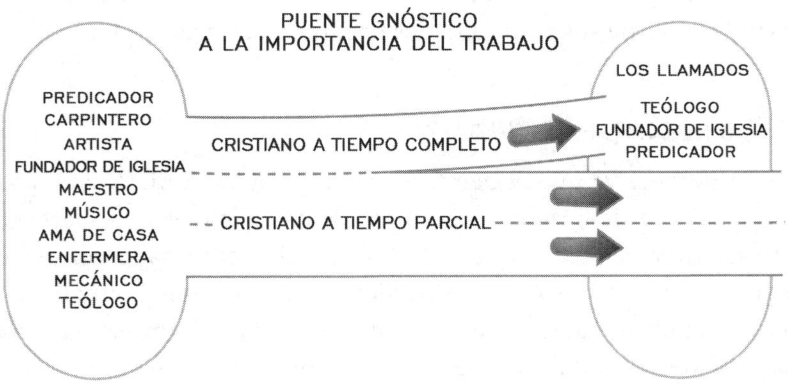

Además de eso, también se cuestionó el lugar de despliegue de los obreros espirituales. La Gran Comisión de Mateo 28:18-20 fue reinterpretada por el paradigma gnóstico como para los religiosos profesionales que estaban dispuestos a trabajar en el extranjero, separarse del mundo local «ordinario» y propagar el evangelio en lugares remotos. Según este punto de vista, el ser desplegado en otras culturas era un llamamiento superior a quedarse en casa. Recuerdo que cuando compartí esto en una conferencia de líderes de JUCUM, de Estados Unidos, todo el mundo se echó a reír. Cuando les pregunté por qué se reían, me contestaron que si alguien deseaba ser más espiritual debía trabajar en medio de grupos étnicos no evangelizados.

Por primera vez desde la Reforma, muchísimos cristianos que no prestaban «servicio a tiempo completo» comenzaron a vivir en dos mundos —básicamente, sus días laborables y sus domingos—. Al abandonar la cosmovisión bíblica y adoptar una mentalidad fuertemente dualista, muchas ramas de la iglesia se retiraron de la vida pública. Dentro de este modelo, la fe cristiana ya no sustenta la vida cultural de muchos creyentes. Tristemente, el intento de muchos creyentes de rechazar lo secular dio como resultado el que sus vidas y las de sus comunidades llegaran a ser más impías.

¿QUÉ DIRECCIÓN TOMAR?

La historia demuestra que el pensamiento dualista, manifestado en varias formas, ha sido desde hace mucho un problema en la iglesia —ciertamente, desde su nacimiento—. Lo que la Reforma había eliminado conceptual y prácticamente fue perpetuado por tradiciones posteriores. Actualmente, la dicotomía sagrado-secular sigue representando un grave problema. Una vez trazada la historia del dualismo en la iglesia, podremos, en el próximo capítulo, ver algunas maneras concretas en las que el dualismo afecta al pensamiento. Esto nos ayudará a repudiar este paradigma persistente —y falso— y recuperar una verdadera concepción bíblica de la vida y el trabajo, en la que vivamos, conscientemente, vidas consagradas a Dios.

CAPÍTULO 3

LA DICOTOMÍA: SAGRADO-SECULAR

TODA UNA COSMOVISIÓN

El dualismo, o dicotomía sagrado-secular, es mucho más que una forma particular de contemplar la fe o qué significa ser un discípulo en términos religiosos. Es, por su misma naturaleza, una cosmovisión comprehensiva, la lente a través de la que uno contempla todo lo que existe y el lugar que ocupa —como ser humano individual, en la totalidad de su vida, y como parte de una comunidad de personas—. Como tal, ciertamente, conforma la concepción básica de la vida y el trabajo.

DICOTOMÍAS FALSAS

Ya hemos comentado la falsa dicotomía que el dualismo perpetúa entre el clero y el laicado, relegando a una inmensa mayoría de cristianos que laboran en la esfera «secular» a un status de segunda clase, y haciendo que la iglesia en general sea mayormente irrelevante frente a las profundas crisis culturales que afronta el mundo. Pero para poder explorar mejor la naturaleza del dualismo, que abarca la vida entera, veamos cómo influye a nuestra perspectiva sobre algunos aspectos de la existencia.

DUALISMO SAGRADO-SECULAR

ESPÍRITU	CUERPO
ETERNO	TEMPORAL
CLERO	LAICADO
CORAZÓN	MENTE
INDIVIDUO	COMUNIDAD
FINES	MEDIOS
LA CRUZ	EL MANDATO DE LA CREACIÓN

Espíritu—Cuerpo

Para el dualista, el ser humano está fragmentado. Tiene cuerpo y alma. El dualista cree que puesto que Dios se interesa en las cosas espirituales, el alma de una persona tiene más importancia que su cuerpo. La salvación asegura solamente la salvación del alma para el cielo. Dios no está interesado en salvar todo el ser humano en el tiempo y para la eternidad.

Los cristianos coreanos expresan esta dicotomía en relación con el ministerio a las necesidades físicas y espirituales de la gente. He viajado a Corea muchas veces para instruir a jóvenes cristianos que desean ayudar a los pobres en países en vías de desarrollo. Inevitablemente, siempre surge la misma pregunta: «Darrow, ¿qué es más importante, el pan o el evangelio?» Y la pregunta

EL FESTÍN DE BABETTE

El festín de Babette, película galardonada, basada en un cuento de Isak Dinesen, es en sí una fiesta que esparce profusamente la bondad y la belleza de Dios y su creación en un hermoso relato que combina cuerpo y espíritu, obligación y placer.

Aunque herederas de la Reforma protestante y tocayas de Martin Lutero y de Philip Melanchthon, las dos protagonistas, Martina y Philipa, comparten una cosmovisión completamente dualista. En una comunidad asentada en la costa danesa de Jutlandia, las dos lideran una pequeña secta protestante entrada en años, fundada por su difunto padre. Los miembros de este sombrío grupo arrastran vidas abnegadas. Sospechan de los «placeres del mundo» y temen experimentar «demasiado gozo». Aunque expresan anhelo de un «galardón eternal» y ofrecen una apariencia piadosa, su religión se ha convertido en un conjunto de principios ortodoxos y abstractos, más que una fe desplegada en la vida y actividad diaria, de modo que las hermanas se esfuerzan por mantener la unidad de su amarga e insignificante membresía. Las propias Martina y Philipa, aunque entregadas a un fiel y obediente servicio, se niegan a sí mismas toda clase de «satisfacción terrenal».

Entonces aparece Babette en sus vidas. Ella es una refugiada que, huyendo de la guerra en Francia, llama a su puerta y suplica una oportunidad de trabajo. Martina y Philipa responden afirmativamente. Aunque son amables con Babette, las hermanas la tratan con gentil condescendencia, sin tener en cuenta que Babette podría tener algo que enseñarles, y se muestran cautelosas por consentir en ser servidas. En realidad, Babette había sido una famosa cocinera en el mejor restaurante de París, pero guarda el secreto, observa humildemente las instrucciones de las hermanas y se limita a preparar comidas simples, insípidas y rutinarias.

Finalmente, después de prestar servicio de ama de casa por muchos años, Babette recibe un premio, una suma de dinero en metálico, en Francia, y solicita permiso para preparar una comida francesa a los miembros

implícita: ¿Es el alma del hombre más importante que su cuerpo? Por muchos años intenté responder de una manera directa, aunque al final la pregunta rebotaba: «Pero Darrow, ¿qué es más importante?» Al final me di cuenta de que la pregunta gnóstica exigía una respuesta dualista. Para que la gente superara este paradigma dualista, había que disparar al supuesto mismo de la pregunta. Actualmente, cada vez que se me plantea esta pregunta, aprovecho la oportunidad para exponer el paradigma no bíblico. Respondo diciendo: «Esa no es una cuestión bíblica. ¡Es una cuestión gnóstica!».

La Biblia es incluyente. Presenta un mensaje integrador: todo el consejo de Dios a la totalidad de la persona («corazón... alma... mente y ...fuerzas», (Marcos 12:30), a toda la humanidad («todas las naciones», Mateo 28.19), para todo el mundo (para «reconciliar consigo todas las cosas», Col. 1:20).

---

de la secta en memoria de su fundador, el padre de las hermanas.

Aunque dudan si deben permitirlo, las hermanas aceptan, conscientes de que Babette no les había pedido nunca nada.

Cajas de manjares comienzan a llegar de Francia —una tortuga y una jaula con codornices vivas, una cabeza de vaca, vinos y champañas caros, trufas y caviar, cestas exuberantes de suntuosos frutos—, y cuando los invitados se dan cuenta del alcance y la esplendidez del banquete que Babette piensa organizar, resuelven firmemente y al unísono no permitir que sea socavada su estricta distinción entre obligación «celestial» y placer «terrenal». Temerosas de haberse «expuesto a peligrosos y quizá malignos poderes», deciden participar en el banquete por respeto a Babette, aunque proclaman: «Oraremos con nuestra lengua» y «será como si nunca hubiéramos disfrutado del sentido del gusto». No obstante, va saliendo de la cocina una bandeja tras otra de ofrendas primorosamente condimentadas y a medida que transcurre el banquete, se va produciendo una transformación en el grupo. Viejos conflictos parecen olvidados y se palpa una diferencia notable de afecto y unidad al acercarse la hora de la despedida. Un miembro del grupo admite lo que los otros temen reconocer: «[Babette] tiene la habilidad de transformar una comida en una especie de aventura amorosa —una aventura amorosa que no distingue entre apetito corporal y espiritual».

Al final, la dimensión del sacrificio de Babette se hace patente: en vez de emplear su dinero para regresar a casa, sacrifica su carrera de cocinera famosa para siempre y se gasta toda su fortuna en sufragar el banquete. Las hermanas se sienten conmovidas por su amor y su generosidad, pero Babette explica humildemente su vocación como artista de la cocina: «Les di lo mejor que tenía y les hice felices». El don que Babette les había concedido, amorosamente entregado desde su profunda pasión, representaba mucho más la gracia y el generoso carácter de Dios que la piadosa conducta externa de la secta, o los años de obligado servicio llevado a cabo por las hermanas, hasta tal punto que Philipa llega a exclamar: «Esto no es el fin, Babette. En el Paraíso serás la gran artista que Dios quiso que fueras. ¡Oh, cómo deleitarás entonces a los ángeles!

Es evidente que las Sagradas Escrituras evidencian integración por lo que se refiere a lo físico-espiritual. Dios creó un universo compuesto de elementos físicos y espirituales. Declaró que era bueno. El hombre, imagen de Dios, tiene corazón, alma, mente y fuerza. Jesucristo, el Hijo encarnado de Dios, vino corporalmente, en el espacio y en el tiempo, a un mundo real. El cuerpo de Jesús resucitó de los muertos y ascendió a los cielos. Nuestros cuerpos serán resucitados cuando Cristo regrese. Él volverá en carne al fin de los tiempos e instaurará un nuevo cielo y una nueva tierra[1].

Eterno—Temporal

El paradigma gnóstico mengua la integración de la realidad tanto en el espacio como en el tiempo. En el espacio, genera falta de integración entre el cielo y la tierra, y en el tiempo, entre lo eterno y lo temporal. Para el dualista, lo eterno es sagrado mientras que lo temporal es secular. El reino de Dios pertenece al futuro más allá de la historia.

Según la concepción gnóstica, la esfera espiritual precede al mundo físico, y la eternidad (tiempo trascendente), al tiempo cronológico (tiempo del reloj). Según esta dicotomía de la realidad, *kairos*[2] —la plenitud del tiempo, cuando la eternidad irrumpe en el tiempo— es rara vez preservado.

Como gran parte del mundo animista, los cristianos gnósticos olvidan que cuando Cristo regrese habrá nuevos cielos y nueva tierra; en vez de ello, creen que este mundo se desvanece. Dwight L. Moody, mencionado en el capítulo anterior, acuñó una máxima que ha influido profundamente en la iglesia moderna: «¿Para qué pulir el cobre de un barco que zozobra?» Para Moody el mundo era como un barco que se hunde. No tenía futuro. Lo único que contaba eran las almas. Así pues, hay que salvar a tantas almas como se pueda antes que el hundimiento ocurra. Esta perspectiva sigue viva actualmente en el gran acento que pone mucha gente en los últimos tiempos, sustentada por la literatura apocalíptica popular. Para muchos que creen que los últimos tiempos se nos echan encima, hay pocos motivos que impulsen a tratar cuestiones contemporáneas como la salud del medio ambiente, la pobreza o la injusticia. Apenas hay lugar para pensar en la vida sobre la tierra a largo plazo. Incluso a veces, sus expectativas empujan a la gente (especialmente a los que abrazan el arrebatamiento) a desear la consumación del fin antes que dejar la hora en manos de Dios, a pesar de la muerte y destrucción que su visión acarrearía.

Según este paradigma dualista, la iglesia se centra en los futuros aspectos del reino a expensas de los presentes. El Sermón del Monte queda relegado a la eternidad, no al tiempo y la historia. La oración del Padrenuestro: «Venga tu reino, hágase tu voluntad en la tierra como en el cielo» es sólo eso: palabras rutinarias pronunciadas el domingo por la mañana, con escasa realidad presente para la iglesia en la sociedad. Como alguien ha dicho, «la iglesia está tan inclinada al cielo que no es terrenalmente buena». Muy a menudo, la misma gente por cuya salvación Cristo murió percibe esta actitud de la iglesia.

Pero las Escrituras dibujan un hermoso equilibrio. El tiempo y la eternidad son reales. En esos momentos *kairos,* la eternidad irrumpe en el tiempo. En el tiempo, el pueblo de Dios debe ser material útil para la construcción de su reino. Cuando Cristo regrese, habrá una gran conmoción[3]. Todo lo que pertenezca al reino de Dios permanecerá en pie; todo lo demás será destruido y formará una inmensa montaña de ruinas. Asimismo, habrá un fuego purificador. Todo lo construido en el reino de Dios será respetado por el fuego. Todo lo demás será arrasado por el mismo[4]. La tierra no desaparecerá cuando Cristo retorne. Será una tierra refinada, purificada y «renovada». El reino de Dios es ahora y en lo porvenir.

Corazón — Mente

Ha habido periodos en la historia de la iglesia en los que ésta se ha concentrado en la mente cristiana: doctrina ortodoxa, sólida teología. Esto a veces supuso ir en pos de la verdad a expensas de la experiencia personal. Otras veces, algunos movimientos eclesiásticos reaccionaron contra la cualidad asfixiante del intelectualismo cristiano haciendo excesivo hincapié en la experiencia personal —religión del corazón—, lo que originó un anti-intelectualismo que todavía subsiste en la iglesia moderna. No recuerdo exactamente cuantas veces he oído a pastores y líderes cristianos decir: «Deje de hacer preguntas; crea no más». «Olvide la mente; deje que Dios le hable directamente al corazón».

A diferencia de estos dos extremos, la Biblia enfatiza un equilibrio. Hemos de amar a Dios con todo el corazón, toda el alma y toda la mente[5]. Los cristianos deben tener un corazón encendido y una mente pensante.

Individuo — Comunidad

Algunas culturas se estructuran en torno a la idea de individuo; otras, en torno a la idea de comunidad. El individualismo separa al individuo de la comunidad, mientras que el plano comunitario eleva a la comunidad a costa de minusvalorar e ignorar el potencial o las necesidades del individuo. La Biblia modela un equilibrio fundamental en la Trinidad, Dios Uno y Trino

—un ser en tres personas—. Mientras que el pensamiento dualista gravita en uno de los dos extremos, la comunidad cristiana celebra tanto el individuo como la comunión entre ellos.

Fines — Medios

El pensamiento dualista anima a creer que se pueden separar los fines y los medios, cuando, en realidad, son inseparables. Los fines del trabajo aluden al propósito al que éste se aplica. Los medios apuntan a la metodología empleada para alcanzar los fines. Hay varias maneras de relacionar fines y medios. Algunas personas son pragmatistas; se centran en los fines. Los buenos fines justifican cualquier medio con tal de alcanzarlos. Si el fin que se persigue es lo suficientemente bueno, uno podrá recurrir a medios inmorales, injustos o ilegales para conseguir los fines que se propone. En muchos países inmersos en culturas corruptas, los cristianos sobornan a funcionarios para obtener permisos o equipamiento para sus ministerios, lo mismo que hacen los incrédulos. Otras personas sólo se preocupan del «profesionalismo»; se centran en el proceso (los medios). Lo que importa es usar buenos medios; los fines no cuentan. Estas personas quieren «hacer las cosas bien». Pueden incluso «hacer bien las cosas equivocadas». Esto sucede en compañías o ministerios que se centran en el profesionalismo y el trabajo de calidad. Esto es bueno, pero ¿con qué fin se emplea esta excelencia? Una organización benéfica internacional puede emplear excelentes métodos de distribución de

BIOGRAFÍA DE MICHAEL BAER

El currículo de Michael Baer abarca varios campos: pastor, empresario, consultor de negocios y desarrollo de micro-créditos en ultramar. Como explica en su libro *La empresa como misión*: El potencial de la empresa en el reino de Dios, *él acertó a ver toda su obra como parte de una sola vocación.*

Después de entregarme a Cristo en la universidad, pasé los primeros catorce años de mi vida adulta dedicado al ministerio pastoral —obra juvenil, fundación de dos iglesias, servicio a una tercera y apertura de una escuela cristiana—. El Señor bendijo mi ministerio, y puedo decir honestamente que lo disfruté y que tuve la seguridad de haber sido llamado a esas cosas. Sin embargo, con el paso del tiempo, empecé a sentir que Dios me guiaba a un campo distinto, deseé ministrar «gratuitamente» y dedicarme al mundo empresarial de los perdidos. Deseaba especialmente apartarme del evangelio barato que se predicaba, porque las personas a las que yo testificaba creían que era mi obligación compartirlo.

A principios de los años «ochenta» comencé a chapotear en el mundo de los negocios mientras aún ejercía el ministerio

ayuda que acaben creando dependencia y más pobreza. Este enfoque olvida que los medios tienden a conformar el fin. La Biblia exige medios justos para alcanzar fines dignos de nuestra vocación. A Francis Schaeffer le gustaba decir: «¡La obra del Señor debe hacerse a su manera!». Puesto que vivimos en el universo de Dios —un universo moral— los procesos y las consecuencias morales deben definir cada vez más nuestra vocación. Usando la máxima de Schaeffer, ¡hemos de hacer la obra de Dios a su manera!

La cruz — El mandato de la creación

El pensamiento dualista es una mentalidad «excluyente». En efecto, algunas personas limitan el poder de la cruz a salvar almas para la eternidad. Otras se centran en el mandato de Dios de desarrollar la tierra —mandato que cubriremos en detalle más adelante—. El equilibrio bíblico enfatiza que Jesús murió para reconciliar *todas* las cosas consigo mismo. La cruz restaura nuestro propósito sobre la tierra, *y al mismo tiempo,* nos garantiza vida eterna, reuniendo los dos ámbitos en una sola esfera divina.

En realidad, en cada caso con una mente dividida —ya sea entre la cruz y el mandato de la creación, los fines y los medios, el individuo y la comunidad, el corazón y la mente, lo eterno y lo temporal, el espíritu y el cuerpo—, es menester volver a las Escrituras y a la cruz de Cristo y procurar la ayuda de Dios para reunir ambas en una sola esfera sometida a su creación y señorío: el reino de Dios que todo lo abarca.

---

pastoral. Tanteé las aguas, por así decirlo, y procuré descubrir lo que Dios quería que hiciese. Finalmente, abandoné el cargo formal de pastor y dediqué los diez años siguientes a la empresa —fundé varias empresas (entre ellas la que hoy es de mi propiedad) y dirigí cambios de rumbo en corporaciones ajenas—. A Dios le agradó usarme, tanto en la obra pastoral como en el mundo empresarial, y le doy gracias por ello. Abundaron las oportunidades de presentar el evangelio y de animar a los creyentes que conocí por el camino. Fue un tiempo emocionante. Siempre resultaba divertido contar cómo Dios me había guiado a pastorear y luego a la empresa —dos aspectos de mi vida aparentemente distintos.

No obstante, lo mismo que sentí la dirección de Dios para abandonar la labor pastoral formal e introducirme en los negocios, también comencé a sentir que mi vida empresarial no podía limitarse a ser meramente un testigo de Cristo en el puesto de trabajo. Empecé a orar y a pedir a Dios que me mostrara cómo estas dos partes aparentemente distintas de mi vida podían darse la mano —catorce años en el ministerio y diez en los negocios—. ¿Eran éstos capítulos separados o más bien partes de un todo, del «gran plan» que Dios tenía preparado para mí?

La respuesta me llegó en el lugar más extraño. En 1993, fui invitado a viajar a una región musulmana de la antigua Unión

Soviética para desarrollar e impartir enseñanza sobre liderazgo y administración a estudiantes de medicina. Estando allí viví lo que di en llamar la experiencia de «para esto nací». Entendí por fin por qué Dios me había instruido en el seminario y dado experiencia pastoral, así como pasión y éxito en los negocios. Su plan era unir ambas cosas para servirle. Concretamente, él deseaba usarme en la empresa para ministrar a los que de otro modo nunca hubiera podido evangelizar. A través de mi labor de instrucción empresarial, surgieron relaciones y oportunidades de testimonio que nunca me hubiera podido imaginar. Dios empezó a bendecir mi trabajo en formas poderosas. Por cuatro años consecutivos regresé a la antigua Unión Soviética acompañado de empresarios cristianos, líderes y voluntarios, para impartir seminarios de empresa y predicar el evangelio a los asistentes.

Pese a contar con la bendición de Dios en la obra de los voluntarios, sentí que el panorama no estaba aún completo. En 1997, se me acercaron unos misioneros que trabajaban en esa parte del mundo y me pidieron que desarrollara un programa para que los cristianos empobrecidos y venidos a menos aprendieran a montar sus propios negocios. Su idea era que los creyentes perseguidos pudieran escapar al desempleo (más del 90 por ciento de la comunidad cristiana en cierto país), proveyeran para sus familias, apoyaran a su iglesia local e incluso aprovecharan sus estrenados negocios como plataforma para fundar iglesias en lugares remotos. Lanzamos este programa en 1998, y la obra que resultó de aquel encuentro funciona actualmente en más de veinte lugares repartidos por el mundo, y ayuda a minorías cristianas perseguidas a abrir negocios y a proveerles apoyo económico a la fundación de sus propias iglesias indígenas. Al mismo tiempo, abandoné la compañía para la que había estado trabajando y fundé una firma de consultoría, mi

DESTIERRO DE LA VERDAD

El dualismo no sólo polariza la concepción de elementos como lo eterno y lo temporal, el corazón y la mente, influye, además, a la existencia entera de otra manera importante. Al relegar la fe cristiana a una parte de la existencia y lo espiritual a una esfera cerrada, la mentalidad dualista permite que las parcelas más grandes de la vida y de la realidad se definan en conformidad con otras cosmovisiones. Como vimos en el capítulo 1, a menos que hayamos renovado conscientemente la mente conforme a la cosmovisión bíblica —la cosmovisión global, objetiva de la realidad como Dios la ha creado—, la concepción de la vida y el trabajo estará determinada mayormente por la cosmovisión de la propia cultura, y para muchos de nosotros esto incluirá elementos del materialismo ateo y del animismo. A continuación exponemos algunas maneras en que estas cosmovisiones ocupan el vacío que deja la mentalidad dualista en los creyentes.

actual empresa, con el propósito exclusivo de proporcionar empleo flexible a los que quisieran formar parte de empresas y misiones en el extranjero y, al mismo tiempo, seguir involucrados en sus negocios en casa.[1]

Como consecuencia de ello, hoy funciona una sólida firma consultora, lucrativa, y una agencia internacional de desarrollo de microempresas. Los miembros del personal y asociados, que comparten un compromiso con Cristo y con los negocios del reino, trabajan en compañía de cientos de voluntarios de otras empresas para aprovechar su experiencia empresarial y combinarla con ministerios de plantación de iglesias en zonas no evangelizadas.

A través de todo ello he aprendido que no hay «partes» en mi vida. Mi historia puede comprender distintos capítulos, pero todos forman parte de un libro, que contiene una historia unificada, escrita por Dios. Ya no me pregunto por qué Dios me guió a dejar la labor pastoral e ingresar en los negocios. Ya no pienso que abandoné el ministerio. Al contrario, he comenzado a distinguir que en el reino de Dios todas las cosas son igualmente santificadas por Él y unificadas en Él. Para los líderes y empresarios cristianos, esto conduce a lo que llamo «la integración sin costuras de los negocios y la misión». Para ir en pos de esta integración sin costuras, hemos de rechazar la noción no-bíblica de que nuestras vidas se puedan compartimentar en lo sagrado y lo secular, o que la empresa y la misión sean, por definición, actividades separadas. La Escritura nos enseña más bien a abrazar la verdad de que todos los siervos de Cristo comparten altos y santos llamamientos igualmente agradables a Dios. Si él nos ha llamado a la empresa, hemos de descubrir por qué y actuar según ese propósito. Si lo hacemos, la creación de Dios será bendecida, y Él, glorificado.

La naturaleza del universo

Según la Biblia, el universo ha sido creado. Vivimos en una realidad estructurada por el Creador infinito, y el universo es una consecuencia de la maestría del Creador. Aunque Dios se mantiene fuera de la creación (trascendencia), también está comprometido con la creación (inmanencia). Parte de la tarea del hombre, antes y después de la caída, es cuidar de la creación como mayordomo de Dios —como a alguien se le confía la administración de una propiedad ajena, en este caso la casa o la hacienda de Dios.

La concepción bíblica de la creación del universo contrasta con las creencias que surgen de las cosmovisiones materialista atea y animista. El materialista tradicional tiende a ver la naturaleza como existente para el hombre, no para Dios. Como una mina o un bosque a explotar.

En algunas formas de animismo, este mundo es realmente *maya* —una ilusión—. En otras formas de animismo, el mundo natural carece de importancia porque es pasajero. Paradójicamente, tanto para los animistas como para los neopaganos modernos occidentales, el mundo natural es un dios a adorar. Cada una de estas cosmovisiones origina actitudes muy distintas ante la vida y el trabajo.

El origen de la humanidad

Al crear la humanidad, Dios no buscó un modelo fuera de sí mismo. La Biblia revela que hemos sido creados a imagen de Dios. Somos parte de la creación y una de sus criaturas. Al mismo tiempo, somos distintos de la creación, ya que sólo nosotros somos imagen de Dios, destinados a ejercer dominio sobre el resto de la creación. Dado que hemos sido creados por Dios a su imagen, cada vida humana es y siempre será sagrada y valiosa. Aun la persona más arruinada e insignificante tiene dignidad porque lleva impresa la imagen de Dios.

Esta concepción de la humanidad contrasta con las antropologías creadas por el materialismo y el animismo. Según el materialismo ateo el ser humano es un mero animal, un consumidor desbocado de recursos escasos. Esta mentalidad consumista florece en Occidente. Por el contrario, los animistas tienden a ver los seres humanos como espíritus que temporalmente residen en cuerpos; la existencia física en general es efímera, y por tanto, insignificante. Para el animista el mundo material carece de valor y no precisa desarrollo. Si permitimos que el entendimiento sea moldeado por alguna de estas concepciones falsas, la vida y el trabajo se apartarán de la verdad fundacional: que hemos sido creados a imagen de Dios.

El mundo caído y la cruz de Cristo

Las Escrituras enseñan que aunque hemos sido creados a imagen de Dios, hemos rechazado a nuestro Creador y el lugar que Él nos asignó en su creación, lo cual ha arrastrado consecuencias trágicas. Aunque la vida humana tiene dignidad y cada persona es importante, somos también rebeldes contra el Altísimo Rey del Cielo, pecadores contra el Dios santo cuyo propio ser define todo lo que es bueno. Como dijo el profeta Isaías: «Todos andábamos perdidos, como ovejas; cada uno seguía su propio camino» (Isa. 53:6). Las consecuencias se pueden rastrear en otras palabras del propio Isaías, como *sufrimiento, enfermedades, tristezas, juicio* y pecado. Hemos escogido la mentira en vez de la verdad, la injusticia antes que la justicia. Hemos abandonado el camino de la integridad y la prudencia y, en el proceso, nos hemos lastimado tanto a nosotros mismos y al resto de la creación que somos incapaces de cambiar de dirección por nuestras propias fuerzas. La raíz del problema está *dentro* del hombre; en realidad, estamos espiritualmente muertos. Sin la intervención de Dios no tenemos esperanza. Pero nosotros —y este mundo arruinado— no somos una causa perdida. La Biblia entera es un testimonio de la fiel obra divina de redención, que culminó en la vida, muerte y resurrección de Jesucristo. En Él, Dios nos reconcilia, y también todas las cosas, consigo mismo[6].

El axioma bíblico del mundo caído y la necesidad de la cruz de Cristo choca de plano con el materialismo ateo, que carece de marco moral, y a pesar de todo, insiste irracionalmente en que el hombre es bueno. Entonces, ¿por qué hay problemas en el mundo? ¿Por qué hay sufrimiento y dolor? Según este punto de vista, la raíz de todos los problemas no está dentro sino fuera del hombre, en su ambiente. El problema son las instituciones corruptas. Si las estructuras mejoraran, florecería la bondad natural del hombre. Según el materialismo no hay caída, de modo que no hay necesidad de salvación. Por medio de la educación, el hombre y su cultura son perfectibles.

Los acontecimientos de los últimos cien años —las dos guerras mundiales, el genocidio de Camboya y Ruanda, la limpieza étnica en los Balcanes, en los años noventa, las hambrunas planificadas en Ucrania en los años treinta, la inhumanidad de Mao y Stalin, el *apartheid* en Sudáfrica y la matanza deliberada de centenares de millones de bebés no nacidos a través del aborto, todos niegan el punto de vista utópico del materialista.

Por otra parte, la normalidad del mal y el capricho de los dioses animistas engendran culturas en las que el fatalismo, la corrupción y la desesperanza florecen. No es posible combatir el mal; la única esperanza es aplacar a los dioses y evitar el desastre. Las sequías, las inundaciones, las enfermedades y las hambrunas son acontecimientos normales. La vida, en el mejor de los casos, es cosa de sobrevivir a estos males.

El pesimismo del animismo contrasta vivamente con la visión utópica del materialismo secular. El paradigma bíblico proclama una postura radicalmente distinta a ambos. La caída es real, pero a la luz de la cruz de Cristo tenemos que luchar contra ella. En suma, hemos de ser idealistas realistas, no materialistas románticos (como es el caso del materialismo) o realistas cínicos (como el del animismo).

Libertad humana

Como cristianos, nuestra vida y trabajo son moldeados por el baile de la dependencia y la independencia. La Biblia esgrime dos verdades en tensión.

La primera, Dios es trascendente; nosotros somos criaturas. Dios no depende de la creación, sino que nosotros y toda la creación dependemos de Dios. Al mismo tiempo, la humanidad se distingue del resto de la creación. Como imágenes de Dios, somos agentes morales libres, con la responsabilidad de administrar el resto de la creación y la capacidad de tomar decisiones que influyen a la historia. En este sentido, somos independientes.

Enfocando la tensión desde un ángulo distinto, Las Escrituras dan testimonio de que Dios es soberano de toda la creación, incluidas nuestras vidas personales, y al mismo tiempo, nuestro Padre. Su soberanía da cuenta de su poder supremo y autoridad absoluta. En su paternidad, Él tiene poder y autoridad, pero también muestra tierna misericordia, amor, guía paternal, disciplina y deseo de relación. La comprensión de la naturaleza divina nos ayuda a comprender mejor la naturaleza de nuestra libertad.

Nuestra cultura sólo nos contará una parte de la historia o nada en absoluto. El materialismo contempla el universo de una manera mecánica, dando por sentada la uniformidad de las causas naturales en un sistema cerrado. Según esta cosmovisión, somos autónomos (no existe Dios) y autosuficientes. Esta concepción conduce a dos enfoques de la vida y el trabajo no sincronizados con la realidad. Por un lado, dado que somos autosuficientes, todo depende de nosotros. Si queremos que algo ocurra, nosotros debemos llevarlo a cabo con nuestro propio esfuerzo e inteligencia. Asume que podemos gobernar nuestra vida y el mundo, superar cualquier obstáculo que se presente para perfeccionar la sociedad humana y el medio ambiente. Al mismo tiempo, dado que tenemos plena autonomía, ya que no hay autoridad más alta ni ley moral que fluya de un Creador moral, no somos responsables de lo que hacemos o dejamos de hacer. En este sentido, el pensamiento ateo materialista conduce a considerar la humanidad como autónoma y poderosa pero no sujeta a rendir cuentas. Por otra parte, como requiere un universo cerrado movido por causas naturales, el materialismo también conduce, finalmente, a la conclusión de que nuestros actos y voluntades son insignificantes y fútiles. Al final, no somos más que otro animal, otra porción de la naturaleza movida sólo por genes y elementos químicos y fuerzas exteriores, sin libertad real.

Aunque desde un punto de partida distinto al del materialismo ateo, el animismo, como vimos un poco más atrás, conduce al fatalismo. La agencia moral es extirpada de la gente y entregada al destino y a una plétora de espíritus que suelen ser caprichosos. De modo que no sólo no hay Dios soberano que actúe hacia un fin bueno y coherente; la gente es, además, impotente. Esto significa que el trabajo no puede tener nunca un sentido real.

Como cristianos, creemos en la soberanía de Dios y en la libertad humana. Como criaturas singulares de su creación —dependientes e independientes— la vida y el trabajo tienen propósito: hemos sido llamados a servir a Dios como embajadores de reconciliación en todas las relaciones humanas y naturales rotas por la caída; Dios nos ha equipado y espera de nosotros que optemos por decisiones santificadas dentro del marco de los principios que gobiernan su creación.

UNA GRAN DESCONEXIÓN

Hemos tocado un abanico de enseñanzas bíblicas acerca de la naturaleza de Dios, el universo y la humanidad para explorar este enigma: como cristianos, aceptamos las verdades bíblicas fundamentales; con todo, muchos experimentamos casi siempre una gran desconexión entre este conocimiento y la vida diaria en el mundo.

Imagínese un cerebro dualista. En vez de estar dividido en los hemisferios derecho e izquierdo y en varios lóbulos, imagínese un cerebro, digamos dividido en dos partes que encierran el 90 y el 10 por ciento de su capacidad total respectivamente. Nuestro asentimiento con las verdades fundamentales acerca de la realidad están contenidas en el lóbulo del 10 por ciento, y los conductos nerviosos que se extienden al resto del cuerpo están en su mayor parte cortados. Estos transmiten con poca fiabilidad, sólo accionados por ciertas señales aprendidas, quizá los domingos por la mañana, cuando la mente es estimulada, o con algún amigo ante el que rendimos cuentas. No hemos desarrollado los vasos que conectan con todos los actos, con toda nuestra vida y trabajo. Al contrario, las ideas no bíblicas que atiborran el lóbulo del 90 por ciento envían señales libremente, determinando lo que decimos y lo que hacemos, decidiendo en casi todo.

Como acontece con los impulsos neurológicos del cuerpo, casi nunca pensamos conscientemente en estas cosas. Pero tenemos una mentalidad dividida, originada por una cultura no sometida a escrutinio. Contemplamos la realidad como una serie de dicotomías en blanco y negro —alma y cuerpo, clero y laicado, temporal y eterno—; vemos la realidad falsamente dividida en lo espiritual y lo material, lo sagrado y lo secular.

Este estado mental nos ciega a la verdadera naturaleza de la realidad, una realidad que Jesús califica de reino de Dios. En el próximo capítulo oiremos al propio Jesús hablar de su reino y procuraremos dejar atrás el falso paradigma para adentrarnos en la realidad que Dios quiso que viviéramos.

CAPÍTULO 4

UN SEÑOR, UNA ESFERA:

PARÁBOLA

Cuando se mira la realidad desde una cosmovisión bíblica, se comprende que hay un solo Dios y un solo mundo.

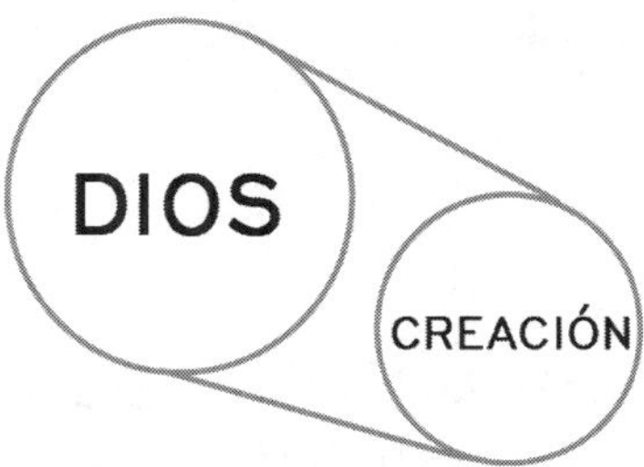

Sin embargo, los cristianos contemporáneos no son los únicos seguidores de Cristo ciegos a la verdadera naturaleza de la realidad que Dios ha creado como medio para vivir. Como quedó meridianamente claro en el anterior paseo por el dualismo a través de la historia de la iglesia, las generaciones precedentes no comprendieron la naturaleza del reino de Dios y subestimaron el alcance de la obra de Dios en el mundo. Como mis co-autores y yo decimos en el libro *El reino inconmovible de Dios:*

> La noción del reino de Dios es una de las más confusas, controvertidas y malentendidas de la Biblia. Algunos atizaron violentas revoluciones en

> nombre del establecimiento del reino de Dios en la tierra. Otros abogaron por elaborados planes de ingeniería social y redistribución de la riqueza en nombre del avance del reino de Dios. Muchos cristianos ignoran sencillamente este concepto, lo asocian con sectas cristianas heréticas. Otros conciben el reino de Dios como el cielo o una anticipación del retorno de Cristo, pero no tienen claro cuál sea su naturaleza o relevancia para sus vidas a este lado de la eternidad. Tendrían dificultades en explicárselo a los incrédulos.
>
> Sin embargo, es un hecho indiscutible que el reino de Dios fue el tema central de las enseñanzas de Jesús. ¡La frase «reino de Dios» o «reino de los Cielos» aparece noventa y ocho veces en el Nuevo Testamento!... ¿Qué idea ardía tan intensamente en el corazón de Cristo? ¿Qué intentaba inculcarnos?[1]

La dificultad actual para intentar comprender el mensaje del reino de Cristo no difiere del estado de cosas reinante entre los que caminaron al lado de Jesús hace dos mil años. Aun sus más allegados no entendían lo que una y otra vez Él les decía de sí mismo y de su reino. Después de pasar tres años con Él, los discípulos de Cristo aún demostraron ignorancia cuando le acompañaron en su último viaje a Jerusalén. Incorporémonos a ese viaje y escuchemos cómo corrige Jesús la incomprensión de sus discípulos tocante al reino de Dios.

EL REINO CERCANO

En su último viaje a Jerusalén, Jesús y los doce viajaron en compañía de un grupo más grande de seguidores que les habían acompañado desde Galilea. Los caminos estaban bastante transitados, ya que todos los fieles judíos que podían emprendían viaje a Jerusalén para celebrar la pascua. Aunque la jornada era penosa, reinaba un alegre estado de ánimo, ya que todos anhelaban adorar en el gran templo en un tiempo tan especial, disfrutar de las vistas de la ciudad, y, por el camino, conversar con gente no vista desde hacía mucho.

Además, para muchos, esta peregrinación no era como la de cualquier otra Pascua; se respiraba una emoción y una tensión especiales. Al menos algunos entre la multitud creían que por fin estaban a punto de ver el día en que el Mesías se diera a conocer en toda su gloria, derrotara al opresor imperio romano, subvirtiera a gobernantes injustos e inaugurara el gobierno perfecto de Dios en la tierra. El pueblo de Dios sería libre por fin, y Sión se adornaría de su gloria bíblica. Y había muchos hombres cercanos a Jesús que estaban seguros de que ¡Él era el Mesías largamente esperado y enviado del cielo, su nuevo rey!

La tensión fue intensamente percibida por los íntimos de Jesús. Ellos habían oído las amenazas proferidas contra Él y visto la ira que podía suscitar, particularmente entre la elite dirigente. Y aun sin eso, ellos sabían que los romanos —temerosos de los insurgentes judíos— estarían especialmente vigilantes, y redoblarían la vigilancia, a medida que el gentío entrara en Jerusalén. Los romanos tenían costumbre de responder violentamente a cualquier acto que representara una amenaza para el orden público. Al mismo tiempo, los doce discípulos no eran insensibles al entusiasmo mesiánico, aún más porque ellos sabían que Jesús estaba lleno de divino poder y le habían oído predicar que el reino de Dios estaba «cercano».

LA PARÁBOLA DE LAS MINAS

En uno de los últimos descansos del viaje, Jesús intentó una vez más aclararles (y a la gente que les acompañaba) a qué clase de experiencia del reino Él se estaba refiriendo. Deteniéndose como huésped en la casa de Zaqueo, recaudador de impuestos y colaborador de los romanos, Jesús reiteró su propósito al venir a la tierra: «Porque el Hijo del hombre vino a buscar y a salvar lo que se había perdido» (Lucas 19:10). Y una vez más les relató una parábola. Al referirse a ella, Lucas, autor del evangelio de su nombre, aclara que Jesús estaba desafiando los errores prevalecientes en torno a la venida del reino: «Como la gente lo escuchaba, pasó a contarles una parábola, porque estaba cerca de Jerusalén y la gente pensaba que el reino de Dios iba a manifestarse en cualquier momento» (v. 11). Con estas palabras Lucas revela que el pueblo que esperaba la venida del Mesías judío se apoyaba en un paradigma falso —como hacen muchos todavía hoy—. Por esta razón, Jesús refirió a la gente la parábola de las minas:

> Así que les dijo: Un hombre de la nobleza se fue a un país lejano para ser coronado rey y luego regresar. Llamó a diez de sus siervos y entregó a cada cual una buena cantidad de dinero. Les instruyó: "Hagan negocio con este dinero hasta que yo vuelva."
>
> Pero sus súbditos lo odiaban y mandaron tras él una delegación a decir: "No queremos a éste por rey."

> A pesar de todo, fue nombrado rey. Cuando regresó a su país, mandó llamar a los siervos a quienes había entregado el dinero, para enterarse de lo que habían ganado.
> Se presentó el primero y dijo: "Señor, su dinero ha producido diez veces más."
> "¡Hiciste bien, siervo bueno! —le respondió el rey—. Puesto que has sido fiel en tan poca cosa, te doy el gobierno de diez ciudades."
> Se presentó el segundo y dijo: "Señor, su dinero ha producido cinco veces más."
> El rey le respondió: "A ti te pongo sobre cinco ciudades."
> Llegó otro siervo y dijo: "Señor, aquí tiene su dinero; lo he tenido guardado, envuelto en un pañuelo.
> Es que le tenía miedo a usted, que es un hombre muy exigente: toma lo que no depositó y cosecha lo que no sembró."
> El rey le contestó: "Siervo malo, con tus propias palabras te voy a juzgar. ¿Así que sabías que soy muy exigente, que tomo lo que no deposité y cosecho lo que no sembré?
> Entonces, ¿por qué no pusiste mi dinero en el banco, para que al regresar pudiera reclamar los intereses?"
> Luego dijo a los presentes: "Quítenle el dinero y dénselo al que recibió diez veces más."
> "Señor —protestaron—, ¡él ya tiene diez veces más!"
> El rey contestó: "Les aseguro que a todo el que tiene, se le dará más, pero al que no tiene, se le quitará hasta lo que tiene.Pero en cuanto a esos enemigos míos que no me querían por rey, tráiganlos acá y mátenlos delante de mí." (Lucas 19:12-27).

CONCEPCIÓN EQUIVOCADA DEL REINO

Jesús contó esta parábola para corregir el error de sus seguidores respecto a la clase de reino que estaba instaurando y qué roles Él, el Rey, y ellos, sus siervos, tenían que desempeñar. En las cercanías de la ciudad de Jericó, Jesús habló a sus discípulos por tercera vez de su próxima muerte[2]. Lucas sigue diciendo, no obstante, que «ellos no entendían nada de esto» (Lucas 18:34). El entendimiento de los discípulos estaba entenebrecido por varios conceptos erróneos.

En primer lugar, ellos creían que cuando Jesús entrara en Jerusalén sería proclamado rey y establecería un reinado *político*. El reino, pensaban ellos, sería presente y físico. Se concentraban en el poder y la autoridad terrenal, y deseaban «un pedazo de protagonismo», como se percibe en Marcos 10:35-44. Ellos pensaban que podían obtenerlo sencillamente pidiéndolo.

En segundo lugar, considerando el contexto y las palabras *en cualquier momento* del pasaje de Lucas 19:11, resulta claro que los discípulos pensaban que no tenían nada que hacer más que esperar el reino. Jesús establecería el reino pronto; lo único que tenía que hacer un discípulo era *esperar.*

A pesar de haber transcurrido el tiempo sin que se produjera la segunda venida, o el Día del Señor, anhelado por los primeros oyentes de Jesús, los cristianos a lo largo de la historia de la iglesia se han paralizado por esta «teología de la espera». Una manera en que esto se expresa es: «He sido salvo; ahora espero el regreso de Cristo». Desgraciadamente, esto sólo reconoce los elementos de la *justificación y la glorificación* de la salvación. Para muchos creyentes, es como si no existiera el elemento de la *santificación* en la vida cristiana. Actúan como si sólo hubieran sido salvos para la gloria celestial, y meditan poco en cuanto a cómo servir a Cristo y desempeñar un papel aquí y ahora en la edificación del reino.

Dos tendencias teológicas falsas se han extendido entre los cristianos que estimulan la pasividad. La primera es el fatalismo, no muy distinto del que prevalece entre los animistas. Todo lo que sucede en la vida, creen estos cristianos, es voluntad de Dios. ¿Muerte importuna? ¿Enfermedad o discapacidad? Estas personas creen que es voluntad de Dios. Ante la realidad de la pobreza, el hambre o la injusticia, muchos creen o actúan excusándose: «No hay nada que yo pueda hacer». Muchos sacan a colación el proverbio: «A los pobres siempre los tendrán entre ustedes»[3] para probar su punto de vista, no explorando más allá para descubrir qué demanda puede la situación exigirles. Como aceptan que el hambre en el mundo es inevitable, hacen caso omiso al que alimentó a los cinco mil y conquistó la muerte.

La segunda tendencia que engendra pasividad en la iglesia es el insidioso dualismo que rastreamos en el pensamiento cristiano desde sus lejanos orígenes. Al cabo del tiempo este pensamiento nos ha conducido a trazar una dicotomía entre la realidad física y espiritual, siendo esta última la más importante. En realidad, cuando los cristianos sólo se preocupan de cuestiones «espirituales» estrechamente definidas, niegan inconscientemente la importancia y la realidad de la enseñanza de Cristo sobre este mundo y esta vida presente, su resurrección física, y muchas de sus enseñanzas y milagros. Jesús sanó a los enfermos y alimentó a los hambrientos. En vez de seguir a Cristo, los cristianos influidos por el gnosticismo evangélico suelen volverse completamente pasivos. El pensamiento dualista les impide poner carne en su fe y sus vidas cotidianas, hace que su fe se vuelva privada e ineficaz, como si no tuviera nada qué ofrecer a este mundo, como si careciera de poder y relevancia para el presente.

UNA TEOLOGÍA DE LA ACCIÓN

Por el contrario, nuestro Señor, a punto de sufrir la cruz y actuando decisivamente en la historia para revertir los efectos de la caída, contó a sus oyentes una parábola que unía los dos aspectos de la realidad y contradecía claramente la teología de la espera. Describió el presente y el futuro del reino como un todo, una vida continua y en desarrollo, con un trabajo importante a realizar por sus obreros de principio a fin. Reconocía el aspecto del «todavía no» del reino, el tiempo mientras el amo está ausente, antes de su retorno, después de recibir el reino, pero también presentó una teología de la acción y el progreso en el presente —el tiempo de la espera de su regreso.

Note el activo papel de Cristo en la parábola. Cristo, «el noble», «se fue a un país lejano para ser coronado rey y luego regresar» (Lucas 19:12). Note también el activo papel que desempeñan sus discípulos, retratados como siervos, o esclavos, en la parábola. «Llamó a diez de sus siervos y entregó a cada cual una buena cantidad de dinero. Les instruyó: 'Hagan negocio con este dinero hasta que yo vuelva'» (Lucas 19:13).

Las diez minas representan la medida de «capital»[4] que Cristo invierte en la vida de cada creyente. Además de los talentos naturales, capacidades, intereses y temperamento de cada uno, Cristo suministra a los creyentes su Espíritu, dones espirituales (1 Cor. 12) y «toda bendición espiritual en las regiones celestiales» (Efe. 1:3). Éstos no son concedidos para ser dilapidados, guardados o utilizados para engordar nuestros egos. Son concedidos como recursos que han de ser invertidos y empleados en la expansión de su reino.

Después de repartir el «capital», Cristo dictó un mandamiento: *pragmateuomai* en griego. Significa «negociar», «comerciar» u «ocuparse». Esta palabra sólo se usa en este pasaje del Nuevo Testamento. Los términos «pragmático», «pragmatismo», etc., derivan de esta misma palabra griega. Se puede apreciar la naturaleza pragmática de la palabra en varias versiones de la Biblia: «Negocien», «hagan negocio», etc. La tarea que Cristo encargó a sus discípulos es muy elemental: «emplear *pragmáticamente* el capital natural y espiritual que nos ha entregado para impregnar las culturas y el mundo para Cristo y su reino. Él ha concedido un capital a cada uno de nosotros para hacer una contribución singular al presente avance de su reino. Hemos sido llamados a ser creativos, prácticos, industriosos, enérgicos, activos y diligentes con el «capital» que nos ha concedido.

LA SINGULAR CONTRIBUCIÓN

Además de aludir a la vocación y la tarea básica del creyente, la parábola de las minas sirve como recordatorio de otra verdad del reino de Dios. Ciertamente, se está librando un conflicto cósmico e histórico. La expansión del reino de Dios tiene lugar en medio del antiguo combate espiritual contra el reino de las tinieblas.

No obstante, este conflicto espiritual se manifiesta en la tierra de maneras muy tangibles; tiene consecuencias para los individuos y las culturas. El enemigo ha ocupado la tierra, pero su reino es temporal. El Rey ya ha venido y ha derrotado al enemigo y va a regresar. Él ha enviado sus tropas, la iglesia, como avanzadilla, para establecer una cabeza de playa, adentrarse por territorio enemigo y ocupar la tierra recién conquistada para su retorno. Las batallas tienen lugar en muchos frentes. Se libra una batalla por la verdad. Otra por la santidad de vida, por la justicia, contra el hambre, la pobreza y la ignorancia. Los siervos del Rey deben ocuparse —usar sus dones y talentos naturales, capacidades y dones espirituales— para combatir contra las fuerzas del mal y «ocupar» territorio enemigo. De este modo, la noción de *ocupación* encierra para nosotros un doble significado: servir activamente a Dios («ocuparnos» en sus negocios) y librar un conflicto espiritual real (debemos «ocupar» territorio enemigo). Esta es la tarea unificada que nuestro Señor nos ha asignado.

En suma, pertenecemos y servimos a un Señor, y participamos en un reino, ahora y por siempre. La hacienda del amo, en la parábola, no es menos suya porque éste se halle ausente, ni tampoco cede parte alguna de la misma como si fuera poco importante o menos valiosa. Además, la obra presente de sus siervos es tan importante para Él y su propósito final como lo serán la celebración y el servicio a su dueño cuando éste regrese.

Tal como hizo con sus discípulos, Jesús quiere abrirnos los ojos para ver la magnitud del reino cercano de Dios, que abarca todo aspecto de nuestra vida y trabajo. Él nos llama, como veremos, a un nuevo estilo de vida, inmersos en su presencia.

CAPÍTULO 5

CORAM DEO:

ANTE LA FAZ DE DIOS

La parábola de las diez minas nos enseña que todo cristiano ha sido llamado por Dios para jugar un papel importante en la manifestación de su reino en la tierra. Al contrario del modelo dualista o gnóstico, las Escrituras revelan una perspectiva global e integrada del reino que hemos sido llamados a servir. Dios es el Señor de toda la vida, no sólo de una parte. Él es Señor de la fe y las misiones y la fundación de iglesias, y también Señor de los negocios, la ciencia y el arte. Dios es Señor de *todo*.

CORAM DEO
ANTE LA FAZ DE DIOS

CREADOR, REDENTOR, SUSTENTADOR

El Señorío general de Dios abarca tres dimensiones.

Primero, Dios es Creador del mundo y de *todo* lo que en él hay. El libro de Génesis revela que la obra creativa de Dios es buena y hermosa, armoniza con Él y consigo misma. El ámbito físico, como el espiritual, es sagrado. Todo es creación de Dios.

Segundo, Dios *sostiene toda* su creación hoy. Esto es obvio en Colosenses 1:17: «Él es anterior a todas las cosas, que por medio de él forman un todo coherente», y en Hebreos 1:3: «El Hijo es el resplandor de la gloria de Dios, la fiel imagen de lo que él es, y el que sostiene todas las cosas con su palabra poderosa».

Tercero, Dios trabaja en Cristo para *redimir* toda su creación. El apóstol Pablo escribe: «Porque a Dios le agradó habitar en él con toda su plenitud y, por medio de él, reconciliar consigo todas las cosas, tanto las que están en la tierra como las que están en el cielo, haciendo la paz mediante la sangre que derramó en la cruz» (Col. 1:19-20). Dios sigue llevando a cabo su obra de reconciliación a través de Cristo hasta que Él regrese al fin de los tiempos[1].

Por estas tres razones, el paradigma gnóstico no se ajusta a la realidad. No hay dicotomía en la mente de Dios. Él ha hecho, sostiene y está redimiendo un mundo, no dos, y los cristianos son llamados a vivir en un mundo.

LA VIDA CORAM DEO

Nuestros antepasados en la fe usaron la frase *coram Deo* para designar esta clase de vida. *Coram,* en latín, deriva de *cora* («pupila del ojo») y significa «en persona», «cara a cara», «en presencia de uno», «ante los propios ojos», «en presencia de», «delante de»[2]. *Deo,* en latín, es Dios. La frase encierra una idea clave de relación íntima y personal. Es decir, Dios me conoce íntimamente. Nada le es oculto. Y yo he de procurar conscientemente vivir mi vida entera en la presencia de Dios —«ante la faz de Dios»—. Algunos han recurrido a la noción de «la audiencia de uno» para describir este estilo de vida.

LLAMADOS A VIVIR
CORAM DEO

ESTA ES NUESTRA VOCACIÓN:

HEMOS DE VIVIR TODA NUESTRA VIDA
EN LA PRESENCIA DE DIOS, BAJO
SU AUTORIDAD, EN SU HONOR
Y PARA SU GLORIA

En Europa, la Reforma protestante del siglo XVI reavivó esta noción bíblica, como vimos anteriormente, cuando rastreamos la historia del dualismo en la iglesia (capítulo 2). Más adelante, el pastor puritano Cotton Mather (1663-1728) lo expresó así: «Que todo cristiano camine con Dios mientras cumple su vocación, y se ocupe con un ojo puesto en Él, y bajo su ojo escrutador»[3]. Aun el gran poeta inglés John Milton (1608-1674) captó el sentido de la vida bajo la mirada de nuestro amo celestial:

> Todo está, si obtengo la gracia para bien usarlo,
> Como siempre, bajo el escrutinio del gran Amo[4].

Leland Ryken interpreta estas dos líneas del séptimo soneto de Milton como «Lo único que importa es tener la gracia de emplear mi tiempo como si siempre estuviera en la presencia de mi gran amo»[5].

HECHOS PARA ANDAR EN LA PRESENCIA DE DIOS

Los cristianos que nos precedieron reconocieron que los hombres fueron creados para andar en la presencia de Dios. De Génesis a Apocalipsis, Dios se revela como el «Dios Personal e Infinito», usando la terminología de Francis Schaeffer. Dios revela en Génesis 1:26 que Él es un Dios Personal y que constituye una Comunidad: «Hagamos al ser humano a nuestra imagen y semejanza». Antes de la creación del mundo ya existía la intimidad de la comunión y de la comunicación entre las Personas de la Trinidad —Dios Uno y Trino.

Dios hizo al hombre a su imagen para que éste pudiera relacionarse con su misma especie (otros humanos) y tener comunión con su Creador. La intimidad de la intención de Dios se halla en Génesis 3:8-9: «Cuando el día comenzó a refrescar, oyeron el hombre y la mujer que Dios andaba recorriendo el jardín; entonces corrieron a esconderse entre los árboles, para que Dios no los viera. Pero Dios el SEÑOR llamó al hombre y le dijo: "¿Dónde estás?"»

Este mismo sentido de comunión abunda en las peregrinaciones por el desierto, cuando Dios instruye a Moisés que construya una tienda para Él, de modo que la presencia del Dios trascendente pueda habitar en medio del campamento hebreo. Los hebreos vivían en tiendas, y Dios deseó tanto identificarse con su pueblo que quiso un «tabernáculo» —vivir en una tienda— al igual que su pueblo. «Después me harán un santuario, para que yo habite entre ustedes. El santuario y todo su mobiliario deberán ser una réplica exacta del modelo que yo te mostraré» (Éxo. 25:8-9).

Tal vez, la prueba más notable de que Dios desea que los seres humanos habiten en su presencia es que Él escogió entrar en la historia como infante vulnerable.

La encarnación marca el punto culminante de la comunión de Dios con el hombre, pues el Hijo de Dios se hizo Hombre, Cristo Jesús. La versión de la Biblia Reina Valera 1960 capta la emoción de la intimidad de la encarnación en Juan 1:14: «Y aquel Verbo fue hecho carne, y habitó entre nosotros (y vimos su gloria, gloria como del unigénito del Padre), lleno de gracia y de verdad»[6].

La Septuaginta (traducción griega del Antiguo Testamento) usa en Éxodo 26:8-9 la palabra griega *skenoo* para «tabernáculo», la misma palabra que aparece en Juan 1:14. Significa «arreglar el propio tabernáculo», tener un tabernáculo, habitar (vivir) en un tabernáculo (o tienda) o «morar»[7]. Es una vívida imagen del deseo e intención de Dios de que habitemos en su presencia, «ante su faz».

Dios sigue tomando la iniciativa y nos ofrece restaurar íntimamente su intimidad con nosotros gracias a la mediación de su Hijo, Jesucristo. El apóstol Pablo escribe: «En otro tiempo ustedes, por su actitud y malas acciones, estaban alejados de Dios y eran sus enemigos. Pero ahora Dios, a fin de presentarlos santos, intachables e irreprochables delante de él, los ha reconciliado en el cuerpo mortal de Cristo mediante su muerte, con tal de que se mantengan firmes en la fe, bien cimentados y estables, sin abandonar la esperanza que ofrece el evangelio» (Col. 1:21-23).

Tanto en la redención como en la creación, Dios desea que su pueblo habite en su presencia.

EL TRABAJO COMO ADORACIÓN

Uno de los temas principales de la Reforma fue la justificación por la fe y el vivir por fe delante del rostro de Dios.

El apóstol Pablo habla claramente de la justificación por la fe en Efesios 2:8-9: «Porque por gracia habéis sido salvados mediante la fe; esto no procede de vosotros, sino que es el regalo de Dios, no por obras, para que nadie se jacte». Cuando uno se acerca a Dios lo hace en fe, con manos vacías. Las buenas obras no nos salvarán. Más bien estamos delante de Dios sólo por su gracia, mediante la fe en el único intermediario, Jesucristo[8].

Lo mismo que en la salvación nos presentamos delante de Dios por fe, la Biblia da testimonio que hemos de vivir *diariamente* delante de Dios por la fe. Una vez morimos y ahora vivimos en *Cristo*. Pablo escribe acerca de esto en sus epístolas, nunca, quizá, tan claro como en Gálatas: «He sido crucificado con Cristo, y ya no vivo yo sino que Cristo vive en mí. Lo que ahora vivo en el cuerpo, lo vivo por la fe en el Hijo de Dios, quien me amó y dio su vida por mí» (Gál. 2:20). Verdaderamente los que «reciben en abundancia la gracia y el don de la justicia reinarán en vida por medio de un solo hombre, Jesucristo» (Rom. 5:17).

Para los cristianos que entienden que han sido salvos por gracia por medio de la fe, su idea de trabajo se transforma en adoración. Pablo dijo a los creyentes de Roma: «Por lo tanto, hermanos, *tomando en cuenta la misericordia de Dios,* os ruego que cada uno de vosotros, en adoración espiritual, ofrezca su cuerpo como sacrificio vivo, santo y agradable a Dios» (Rom. 12:1, cursiva añadida).

El historiador y crítico social escocés Thomas Carlyle (1795-1881) captó la maravilla que nuestros padres comprendieron:

> *Ora et labora (ora y trabaja),* el trabajo es adoración... Todo verdadero trabajo es sagrado; en todo verdadero trabajo, aunque sólo sea manual, hay algo de divino... Ningún hombre ha trabajado, o puede trabajar, excepto religiosamente; ni siquiera el pobre jornalero, el que teje su suéter, el que cose sus zapatos[9].

En 1520 Martin Lutero publicó un opúsculo titulado *La cautividad babilónica de la iglesia*. A medida que este folleto comenzó a circular por Europa, provocó un incendio que transformó el pensamiento de culturas enteras sobre la vida y el trabajo. Se cuenta un relato anónimo de dos sacerdotes que leyeron el panfleto cuando llegó a Holanda. He aquí una parte de lo que leyeron y que tanto cambió su forma de pensar:

> Las obras de los monjes y los sacerdotes, por muy santas y abnegadas que sean, no difieren un ápice a los ojos de Dios de las del campesino rústico o las de la mujer que lleva a cabo las tareas del hogar, ya que todas las tareas se miden sólo por la fe... Ciertamente, el trabajo manual de un criado o una criada suele ser más aceptable para Dios que todos los ayunos y otras penitencias de un monje o sacerdote, porque el monje o sacerdote carece de fe.[10]

Este folleto conmovió a los dos sacerdotes por lo que respecta a la naturaleza de la salvación, de la iglesia y del trabajo. Hasta ese momento, la iglesia de la parroquia había estado abierta todos los días de la semana. Después de leer el panfleto, anunciaron que las puertas del templo se abrirían los domingos, pero permanecerían cerradas el resto de la semana.

Fue un cambio chocante. ¿En qué podían haber estado pensando? En los escritos de Lutero, los sacerdotes llegaron a descubrir que el trabajo que realizaban sus parroquianos los seis días de la semana no era menos sagrado que el que hacían ellos, es decir, si es que lo hacían *con fe.* Comprendieron que la gente no necesitaba tener que visitar el templo diariamente para prestar un servicio «espiritual», o para añadir un punto de santidad a sus días. Tanto el clero como el «laicado» tenían que vivir cada día de la semana, cada hora del día, en todo lo que hacían, *coram Deo,* ante la faz de Dios. Tanto los que trabajaban en la iglesia parroquial como los que lo hacían en los campos, casas y tiendas de la comunidad estaban potencialmente dotados para dar culto a Dios en su trabajo. No era la naturaleza del trabajo lo que contaba, sino la fe con la que se trabajaba.

BIOGRAFÍA DE ANA SANTOS

Ana Santos es una estudiante de derecho que aspira a especializarse en derecho internacional con objeto de ayudar a hacer justicia a las mujeres y los niños que sufren en el mundo. Ana escribió:

El lograr una concepción bíblica de la vocación existencial es como una erupción de ideas que arroja al exterior lo mejor de Dios a través de nosotros, posibilita el entendimiento de lo que realmente significa ser hechos a su imagen.

Me sucedió hace unos quince años cuando oí por primera vez el mensaje «ocúpense hasta que yo vuelva», de Darrow Miller, en un rancho, en el este de Texas. Ese mensaje marcó una gran diferencia en el curso que iba a tomar mi vida. Me di cuenta de que tenemos que conectar nuestras capacidades y talentos con el reino de Dios, no sólo para ser cristianos agradables, sino para recuperar el territorio que le pertenece en todas las esferas de la sociedad.

Mientras colaboraba con cierto gobierno islámico empecé a ver y aplicar la centralidad de Dios en mi vocación. Vi que era mucho más fácil aplicar mis principios cristianos a un sistema de vida que mantenerlos en una caja religiosa. El medio ambiente, el sistema judicial, la higiene y el sistema sanitario —todas las cosas que tenía que afrontar diariamente— comenzaron a ser también mis problemas personales. Dejé de pensar únicamente en los paseos celestiales por calles de oro (lo cual, por supuesto, es un tema magnífico para la meditación) y caí en la cuenta de que el cristianismo es mucho más grande que este sueño. Decidí ser administradora de lo que me rodeaba como ciudadana del reino asumiendo responsabilidades, como un ciudadano cualquiera hace en cualquier estado.

Es imposible creer que la vida es aburrida después de esta revelación, porque hay

SOLI DEO GLORIA

Hoy al igual que en el siglo XVI, cualesquiera que sea nuestra ocupación, hemos sido llamados a vivir las veinticuatro horas del día, los siete días de la semana, delante del rostro de Dios y a adorarle con toda la vida, incluido el trabajo. Dios es el principio y el centro de todas las cosas. Desde el momento de la rebelión del hombre contra Dios, como se relata en Génesis 3, éste ha escogido «ser como Dios». Se ha colocado en el centro del universo. No hay mayor manifestación de esta realidad que el materialismo secular de la sociedad postcristiana occidental. Individual y corporativamente, en la familia, la iglesia y la sociedad civil, tenemos que adornar nuestras vidas con la gran declaración que hicieron los reformadores: *soli Deo gloria,* para la gloria exclusiva de Dios.

¿Qué es la gloria de Dios? ¿Qué significa vivir en y para la gloria de Dios? ¿Y por qué debemos hacerlo? Las Escrituras a lo largo del Antiguo y del Nuevo Testamento dan testimonio de la naturaleza de la gloria de Dios.

---

demasiadas cosas en las que implicarse y que llevar ante el rostro de Dios. Descubrí mi vocación en el área del gobierno y la justicia y decidí estudiar derecho. En mis estudios descubrí que las universidades humanistas suponen uno de los desafíos más grandes con que una se puede topar en nuestros días. Si una no está preparada, puede resultar una experiencia decepcionante, ya que el sistema educativo ha expulsado a Dios fuera de todo lo que Él creó. ¿Cómo se puede entender el derecho sin la justicia de Dios? ¿Cómo es posible entender la psicología sin el conocimiento de Aquel que creó al hombre? ¿Quién entiende mejor cómo funciona el ser humano? ¿Cómo se puede entender la ciencia política sin el modelo de gobierno divino? ¿Cómo puede todo ello tener sentido sin Dios?

La vida en este mundo sólo tiene sentido *con Dios.* Cuando se conecta el cristianismo y la vocación existencial, las capacidades personales pasan a ser importantes en sí mismas. No sólo constituyen una manera de entrar en algún lugar como misionero, sino una forma de ver cómo el reino de Dios penetra en lugares tenebrosos, como una cárcel de mujeres, porque Dios se preocupa realmente de la persona entera y de la sociedad en su totalidad, no sólo de las almas. Esta convicción fue lo que me motivó a dar aquí mi testimonio y a creer que la compasión de Dios no sólo llega a las personas sino también a las leyes de los países.

¡Tenemos un gran reto por delante! ¿Avanzaremos y recuperaremos lo que pertenece al Señor o nos pondremos a la defensiva? Como patriotas del reino de Dios tenemos la responsabilidad de deshacer las mentiras del fatalismo y la pobre excusa de que la vida debe continuar sin nuestra intervención. ¡El reino progresa! Algo tiene que ser sacudido para cimentar la comprensión de lo que significa ocupar el territorio de Dios.

En primer lugar, la Biblia revela que la gloria de Dios es una parte esencial de la realidad; es consecuencia de su ser, un efecto de su insuperable e infinita grandeza y bondad. El apóstol Juan expresó la gloria de Dios de esta manera: «Dios es luz y en él no hay ninguna oscuridad» (1 Juan 1:5). Dios mismo es la luz que todos vemos. Juan dijo de Jesús: «En él estaba la vida, y la vida era la luz de la humanidad. Esta luz resplandece en las tinieblas, y las tinieblas no han podido extinguirla» (Juan 1:4-5). El Antiguo Testamento anuncia: «Ya no será el sol tu luz durante el día, ni con su resplandor te alumbrará la luna, porque el SEÑOR será tu luz eterna; tu Dios será tu gloria» (Isa. 60:19). El Nuevo Testamento afirma: «La ciudad no necesita ni sol ni luna que la alumbren, porque la gloria de Dios la ilumina, y el Cordero es su lumbrera» (Apo. 21:23). Dios es vida y luz; fuera de Dios hay muerte y oscuridad. Esa es la pura verdad. La gloria de Dios es *nuestra* luz.

En segundo lugar, la Biblia en su totalidad declara que la forma de glorificar a Dios es dar a conocer su verdad a otros, no desde un punto de vista que Él pueda decir «¡qué grande soy!», o «¡qué bueno soy!», sino para que toda la tierra experimente su grandeza y su bondad, para que toda su creación sea restaurada a su propósito original. Donde Dios reina hay vida y luz. Donde reina Dios, su verdad, su justicia y su belleza son manifiestas. Trabajamos para ver el día en que «así como las aguas cubren los mares, así también se llenará la tierra del conocimiento de la gloria del SEÑOR» (Hab. 2:14).

En unas Sagradas Escrituras repletas de misterios, descubrimos a un Dios tan grande, tan lleno de gloria, que ningún ser humano puede verle y seguir vivo[11]. Vemos a un Dios que mueve a la gente a invocar las rocas y las montañas: «Todos gritaban a las montañas y a las peñas: «¡Caed sobre nosotros y escondednos de la mirada del que está sentado en el trono y de la ira del Cordero!» (Apo. 6:16). No obstante, Él es un Dios que por amor a nosotros «se rebajó voluntariamente, tomando la naturaleza de siervo y haciéndose semejante a los seres humanos» (Fil. 2:7). Teniendo en mente estas verdades, veamos qué más dicen las Escrituras de la gloria de Dios.

Toda gloria está en Dios porque todas las cosas le pertenecen.

> Tuyos son, SEÑOR, la grandeza y el poder, la gloria, la victoria y la majestad. Tuyo es todo cuanto hay en el cielo y en la tierra. Tuyo también es el reino, y tú estás por encima de todo». (1 Cró. 29:11)

Porque todas las cosas proceden de él, y existen por él y para él. ¡A él sea la gloria por siempre! Amén». (Rom. 11:36)

La gloria de Dios dimana de su naturaleza y su carácter. Desde la eternidad, Él, el Único Dios Verdadero, manifiesta bondad, amor, fidelidad y sabiduría.

«Déjame verte en todo tu esplendor» —insistió Moisés—. Y el SEÑOR le respondió: «Voy a darte pruebas de mi bondad, y te daré a conocer mi nombre. Y verás que tengo clemencia de quien quiero tenerla, y soy compasivo con quien quiero serlo». (Éxo. 33:18-19)

Al ver los israelitas que el fuego descendía y que la gloria del SEÑOR se posaba sobre el templo, cayeron de rodillas y, postrándose rostro en tierra, alabaron al SEÑOR diciendo: «El SEÑOR es bueno; su gran amor perdura para siempre». (2 Cró. 7:3)

La gloria, SEÑOR, no es para nosotros; no es para nosotros sino para tu nombre, por causa de tu amor y tu verdad. (Sal. 115:1)

¡Al único sabio Dios, sea la gloria para siempre por medio de Jesucristo! Amén. (Rom. 16:27)

Por tanto, al Rey eterno, inmortal, invisible, al único Dios, sea honor y gloria por los siglos de los siglos. Amén. (1 Tim. 1:17)

La naturaleza de la gloria de Dios se revela en sus obras de creación y redención.

Los cielos cuentan la gloria de Dios, el firmamento proclama la obra de sus manos. (Sal. 19:1)

Proclamen su gloria entre las naciones, sus maravillas entre todos los pueblos. (Sal. 96:3)

Y de parte de Jesucristo, el testigo fiel, el primogénito de la resurrección, el soberano de los reyes de la tierra. Al que nos ama y que por su sangre nos ha librado de nuestros pecados, al que ha hecho de nosotros un reino, sacerdotes al servicio de Dios su Padre, ¡a él sea la gloria y el poder por los siglos de los siglos! Amén. (Apo. 1:5-6)

Lo que parecía imposible —que la gloria del Dios infinito fuera manifiesta en forma humana— se hizo realidad. La vida de Jesucristo representa perfecta y tangiblemente la gloria del Dios eterno.

> El Hijo es el resplandor de la gloria de Dios, la fiel imagen de lo que él es, y el que sostiene todas las cosas con su palabra poderosa. Después de llevar a cabo la purificación de los pecados, se sentó a la derecha de la Majestad en las alturas. (Heb. 1:3)

> Y el Verbo se hizo hombre y habitó entre nosotros. Y hemos contemplado su gloria, la gloria que corresponde al Hijo unigénito del Padre, lleno de gracia y de verdad. (Juan 1:14)

> Porque Dios, que ordenó que la luz resplandeciera en las tinieblas, hizo brillar su luz en nuestro corazón para que conociéramos la gloria de Dios que resplandece en el rostro de Cristo. (2 Cor. 4:6)

Si se quiere entender la gloria de Dios sólo hay que mirar al rostro de Cristo. Cuando se considera lo que significa vivir de continuo en la presencia de Dios y trabajar sólo para su gloria, conviene meditar en el Cristo que no hace nada por ambición egoísta o vana presunción, sino que trata a los demás mejor que a sí mismo[12]. Este es el Dios que anhela morar con nosotros, que nos invita a vivir íntimamente en su presencia. Este es el Dios que nos invita a colaborar con Él —*soli Deo gloria.*

DEL DUALISMO A LA CONSAGRACIÓN

Pablo nos exhorta: «Hagan lo que hagan, trabajen de buena gana, como para el Señor y no como para nadie en este mundo» (Col. 3:23). *Hagan lo que hagan* significa precisamente lo que significa. Gerald Manley Hopkins dijo en un sermón: «Levantar las manos en oración da gloria a Dios, pero el hombre que empuña una horca de estiércol, o la mujer que sujeta un cubo de agua sucia, le dan gloria también. Él es tan grande que todas las cosas le dan gloria si uno se lo propone»[13]. Desde un ángulo ligeramente distinto, se ha dicho que la madre Teresa de Calcuta llegó a decir: «Nosotros no hacemos grandes cosas; sólo hacemos cosas pequeñas con mucho amor»[14]. He aquí la gran recuperación de la teología bíblica de la vocación forjada por Martin Lutero y la Reforma. Este descubrimiento puede transformar nuestra vida y nuestro trabajo hoy.

EL TESTIMONIO DE CHARLES THAXTON

El doctor Charles Thaxton yacía en una cama de nuestro chalet Betania en la comunidad L'Abri, Huemoz, Suiza. Él había concluido sus estudios de doctorado en física química en la universidad del estado de Iowa, y había ingresado en L'Abri para estudiar bajo la batuta de Francis Schaeffer, reputado evangelista, apologista y teólogo cristiano. Un día entré en su dormitorio después del almuerzo; Charles tenía la mirada perdida en el techo. Le pregunté si se encontraba bien. Me respondió que había impartido estudios bíblicos durante toda su carrera universitaria y aún antes, añadió: «Durante muchos años yo tenía las respuestas, pero nunca tuve las preguntas». Viviendo y estudiando en L'Abri Charles llegó a entender que las preguntas que la gente hacía realmente tenían respuesta en las Escrituras.

Como muchos cristianos en la segunda mitad del siglo XX, ambos habíamos sido influidos por el gnosticismo evangélico. Habíamos trabajado y estudiado en la «esfera secular», mientras que nuestra fe cristiana pertenecía a la «espiritual». Francis Schaeffer desafió esta dicotomía y llamó a la iglesia a retornar a la cosmovisión bíblica. Charles tuvo que afrontar la división entre su fe cristiana y su obra como científico. Fue en L'Abri donde su «personalidad dividida» comenzó a ser sanada.

Después de su estancia en L'Abri, el doctor Thaxton cursó estudios de postgrado de historia de la ciencia en la universidad de Harvard y en los laboratorios de biología molecular de la universidad Brandeis. Más tarde redactó el texto de biología para el curso de enseñanza media de 1989, *Sobre los pandas y las personas: La cuestión fundamental de los orígenes biológicos*, en el que apareció la primera mención importante del diseño inteligente. Él es miembro del Discovery Institute's Center for Science and Culture, fundado para desafiar los supuestos metafísicos sobre los que se funda el darwinismo.

Hace algunos años, Charles contó en una carta a sus amigos una experiencia que tuvo mientras impartía clase a profesores de ciencias en una universidad post-comunista rumana. Un profesor siguió a Charles cuando volvía al hotel. El hombre se le acercó y le dijo que aquel día había visto un milagro. Exclamó: «¡Por primera vez en mi vida he visto un cristiano y un científico en el mismo cuerpo!» ¡Qué tragedia es que este fenómeno haya sido tan raro! Muy a menudo los cristianos dedicados a la ciencia viven en dos mundos. Tal vez, gracias a la labor del profesor Thaxton y sus colegas, los fundamentos de la ciencia natural se resquebrajen en Occidente lo mismo que ha ocurrido en el Este post-comunista.

El gran teólogo, pastor, educador y primer ministro Abraham Kuyper habló con pasión a la iglesia del mundo occidental para renovar el objeto de su vocación y devolverla a su primer amor. Escrito en el albor de la moderna cultura materialista secular, el toque de clarín de Kuyper sigue siendo relevante para nosotros hoy:

> No hay esfera de la vida humana concebible sin que la religión no mantenga su exigencia de que Dios debe ser alabado, que sus ordenanzas deben ser observadas, y que todo trabajo (*labora*) debe ser empapado con su *ora* (oración/adoración) en actitud ferviente e incesante. Dondequiera que el hombre se sitúe, cualquier cosa que haga, o a cualquier cosa que aplique su mano, ya sea en la agricultura, el comercio y la industria, o su mente, en el mundo del arte y la ciencia, está, en todo lo que sea, delante, continuamente delante del rostro de Dios; está empleado al servicio de su Dios, tiene que obedecer estrictamente a su Dios, y, por encima de todo, tiene que apuntar a la gloria de su Dios.[15]

No hay dos mundos para vivir, ni dos tipos de vida. Toda la vida, incluidas las horas laborales, ha de ser vivida *coram Deo,* para el progreso del reino de Dios, para la gloria del Señor del cielo y de la tierra.

Obviamente, vivir *coram Deo* significa que no se debe de hacer separación entre lo sagrado y lo secular. Lo secular habita en la presencia de lo sagrado. Lo secular está lleno de lo sagrado.

VIDA EN UN SOLO MUNDO

Pero, como comprendieron los reformadores, hay un ámbito en el que es preciso hacer una distinción: vivir una vida *consagrada* o una vida *sin consagrar.* Una vida consagrada es vivida *coram Deo,* en adoración, *soli Deo gloria.* Una vida consagrada glorifica a Dios. Cuando una persona vive sometida al señorío de Cristo refleja la gloria de Dios, ya que Él representó la gloria de Dios en la tierra. Una vida consagrada a Dios está dedicada a Él en todos sus aspectos. ¡Está santificada! Una vida no consagrada es aquella en la que la persona funciona como cristiano solamente en la fachada religiosa de la vida o cuando resulta conveniente. Una persona puede ser un mecánico piadoso y otra un evangelista adúltero. Una puede ser un campesino piadoso y otra un pastor corrupto.

Estar consagrado es «ser devoto o estar dedicado al servicio y adoración a Dios»[16]. Se adora a Dios en el trabajo cuando se conecta la totalidad de la vida con su divino propósito, un propósito redentor expresado en las Escrituras como el reino de Dios. El concepto bíblico de trabajo es que la labor de una persona es su única contribución al reino de Dios. Como exploramos en el capítulo anterior, nuestra ocupación es el terreno donde nos desplegamos para ocuparnos y «ocupar territorio» para Cristo y su reino. Este es el principal negocio de la vida cristiana.

Cómo ocupan nuestras vidas y trabajos territorios para Cristo y su reino es una cuestión que exploraremos en el resto de este libro, al disponernos a desarrollar una verdadera teología bíblica de la vocación. El presidente estadounidense Teddy Roosevelt invocó el «mandato de Miqueas», que puede servir como lema de la vida y el trabajo del cristiano, y afirma los medios por los que ocupa su esfera de influencia para Cristo.

> ¡Ya se te ha declarado lo que es bueno!
> Ya se te ha dicho lo que de ti espera el SEÑOR:
> Practicar la justicia, amar la misericordia,
> y humillarte ante tu Dios. (Miq. 6:8)

En medio de un mundo caído, hemos de procurar desplegar vidas morales. En medio de la injusticia y la corrupción, hemos de buscar justicia. En medio de culturas que suelen ser brutales e indiferentes, hemos de amar la misericordia. En medio del poder y la arrogancia, hemos de andar humildemente ante Dios. Hemos de ser, aunque a pequeña escala, encarnaciones de Cristo en este mundo roto. Nuestro puesto de trabajo es donde debemos poner carne a nuestras oraciones: «¡Tu gloria cubre toda la tierra!» (Sal. 57:5). Y «venga tu reino, hágase tu voluntad en la tierra como en el cielo» (Mat. 6:10). La vida y los principios del reino deben ser aplicados en la propia vida y en la esfera social en la que se trabaja.

Leland Ryken capta los efectos radicales de esta concepción bíblica del trabajo en *Redeeming the Time:*

> Obviamente esta idea del trabajo concede a toda tarea un valor intrínseco e integra toda vocación legítima, o tarea, en la vida espiritual del cristiano. Hace que todo empleo sea consecuente si se reclama como escenario para glorificar a Dios, y proporciona una vía para que los trabajadores sirvan a Dios no sólo en su trabajo en el mundo, sino *por ese mismo trabajo* [cursiva añadida].[17]

Este es la llamada que cada cual necesita oír hoy: que es posible vivir una vida integrada de valor y propósito y servir a Dios con su trabajo en el mundo. Es posible vivir una vida de consagración no dividida.

E. Stanley Jones, misionero en la India, captó la clase de personas que hemos sido llamadas a ser, la clase de personas que anhelamos ser en The Unshakable Kingdom and the Unchanging Person *(El reino inconmovible y la Persona inmutable).* Dice que nuestra ocupación se enmarca en el prodigio del reino de Dios:

> Esa clase de persona ve a Dios, no en una visión, sino colaborando con ella, y operando en ella, y respaldándola. Ve a Dios actuar en todas partes. El universo cobra vida con Dios —toda zarza arde con Él, todo suceso cobra pleno sentido, la vida es una emocionante aventura con Dios. Uno le ve actuar en su propia persona, en los acontecimientos, en el universo. Habla contigo, te guía. Trabajas en la misma *empresa,* en la misma *ocupación:* el reino. Y esta ocupación y este negocio es lo más apasionante, lo más emocionante que hay en el mundo. Todo lo demás es insulso y vacío —aburrido—. Aquí uno trabaja en el empleo más digno, a máxima escala, en la tarea más valiosa, la que más provecho rinde —el reino de Dios en la tierra [cursiva añadida].[18]

Cuando uno entiende que todos los cristianos deben de vivir *coram Deo,* entiende que todos estamos empleados en la fuerza misionera de Cristo. ¡Todos somos misioneros! A diferencia del gráfico del puente gnóstico a la importancia del trabajo (final del capítulo 2), la Biblia tiende un puente en el que todos los que lo cruzan son llamados a las misiones, a la importancia del trabajo.

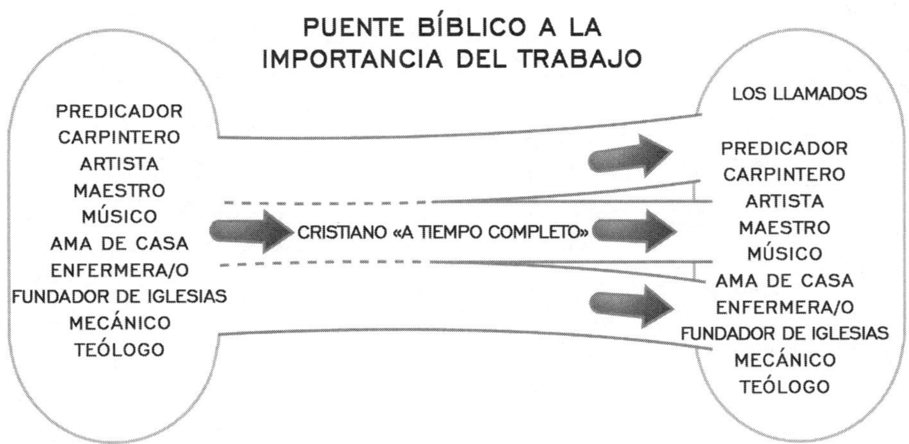

EL TESTIMONIO DE JOHN BECKETT

John Beckett creció en Elyria, Ohio, EE.UU. Poco después de licenciarse en ciencias económicas e ingeniería mecánica, Beckett se asoció con su padre para formar una empresa familiar manufacturera. Unos años después, a la muerte de su padre, Beckett tomó las riendas de la empresa. Con el tiempo, la firma ha crecido hasta emplear a más de seiscientos trabajadores. Proporciona un liderazgo global en la venta y manufacturación de calentadores comerciales y domésticos.

En 1998 Beckett escribió su primer libro *Loving Monday: Succeeding in Business Without Selling Your Soul* (El amor al lunes: triunfe en los negocios sin vender su alma). En él cuenta la trayectoria de su vida. El libro comienza relatando la vida en Cristo de Beckett y su deseo de madurar como cristiano, marido y padre piadoso en un tiempo en el que su vida estuvo encerrada en un paradigma gnóstico. Su caminar con Cristo estaba afectando a su vida privada, pero no a su vida empresarial. Por ese tiempo, su búsqueda de la piedad le llevó a pensar que necesitaba vender su negocio para salir de misionero al extranjero.

Beckett describe entonces cómo la vida y obra de Francis Schaeffer comenzaron a influir en su vida. Schaeffer retó los supuestos dualistas que separaban su fe de su trabajo. Invitó a Beckett a vivir en un solo mundo, ante el rostro de Dios. El negocio de Beckett no debía separarse de su fe; antes bien, debía ser el lugar donde la viviera. La última parte de *Loving Monday* relata cómo aplicó Beckett principios bíblicos empresariales para cambiar el estilo en que administraba su firma. John Beckett llegó a entender que Dios es el Señor de la vida entera, incluida la empresa, y que la Biblia tiene mucho qué decir acerca de los principios que deben regir una empresa según la piedad.

PARTE 2: PRIMEROS PASOS HACIA UNA TEOLOGÍA BÍBLICA DE LA VOCACIÓN

CAPÍTULO 6

LA NECESIDAD DE UNA TEOLOGÍA BÍBLICA DE LA VOCACIÓN

En una alocución titulada «¿Por qué trabajar?», la autora inglesa Dorothy Sayers dijo lo siguiente:

> En nada ha perdido tanto la iglesia su sentido de la realidad como en no acertar a entender y respetar la vocación secular. Ha permitido que el trabajo y la religión sean dos compartimientos separados, y luego se asombra al descubrir que, en consecuencia, el trabajo secular del mundo se haya dirigido hacia fines puramente egoístas y destructivos, y que la mayor parte de los trabajadores inteligentes del mundo se hayan vuelto irreligiosos, o al menos, se hayan apartado de la religión. Pero, ¿resulta asombroso? ¿Cómo puede alguien interesarse en una religión que no parece prestar atención a nueve décimas partes de la vida?[1]

Sayers hizo esta declaración en la década de 1940. Tristemente, la iglesia aún se puede ver a sí misma —y al mundo— reflejada en esas palabras sinceras.

¿Qué remedio hay para acabar con la división entre el trabajo y la religión que tanto preocupó a Sayers y tanto nos sigue preocupando hoy? Partiendo del mismo Espíritu que iluminó a los reformadores protestantes, hallamos una eficaz respuesta en un papa desaparecido. En su mensaje con motivo del XXXV Día Mundial de Oración por las Vocaciones, el Papa Juan Pablo II invitó a los jóvenes católicos a contemplar su trabajo singular dentro del contexto de una nueva cultura de las vocaciones:

> El Espíritu Santo de Dios escribe en la vida y el corazón de toda persona bautizada un proyecto de amor y gracia, que es la única manera de dar pleno sentido a la existencia, abriendo el camino a la libertad de los hijos de Dios y permitiendo ofrecer una contribución personal e irreemplazable al progreso de la humanidad por la senda de la justicia y la verdad. El Espíritu no sólo ayuda a situarse sinceramente ante las grandes cuestiones del corazón —¿de dónde vengo? ¿Adónde voy? ¿Quién soy? ¿Qué sentido tiene la vida? ¿Cómo debo emplear el tiempo?—, sino que abre el panorama para responder con audacia. El descubrimiento de que cada hombre y cada mujer tienen su propio hueco en el corazón de Dios y en la historia de la humanidad constituye el punto de partida para una nueva cultura de la vocación.[2]

Tal como Sayers arrojó luz sobre el problema que nos ocupa, la rica visión de Juan Pablo II ilumina la solución. Si la tragedia de «una religión que no parece preocuparse de nueve décimas partes de la vida» y la visión de esta «nueva cultura de las vocaciones» resuena en nosotros, ¿qué debemos hacer?

CADA PERSONA ES UN TEÓLOGO

Debemos asumir nuestro papel de teólogos, y además, llegar a ser buenos teólogos. La invitación del Papa Juan Pablo II a una nueva cultura de las vocaciones fue hecha en el mismo espíritu de los reformadores protestantes que alentaron a los cristianos a vivir su vida toda delante del rostro del Dios, recuperando la teología bíblica de la vocación que tan desesperadamente necesitamos redescubrir hoy.

Alguno seguramente pensará *yo no soy un teólogo.* Pero el punto ineludible es que todo el mundo lo es.

Puesto que Dios existe y es soberano, todo el mundo se relaciona con Él de una manera u otra. Algunas personas entablan una relación directa y personal con el Dios viviente. Otros niegan su existencia y mantienen una relación hostil con Él. Pero incluso el ateo que niega la existencia de Dios establece una base teológica para su vida. Ya seamos ateos o gente de fe, es imposible dejar de tener una teología. Ésta se puede elaborar consciente o inconscientemente. Puede ser buena o mala. Pero todos tenemos una teología que conforma nuestra vida.

Los cristianos vivirán inevitablemente su teología verdadera con un nivel aceptable de coherencia. Algunos procuran vivir conscientemente su vida cristiana; tratan deliberadamente de pensar y *practicar* su teología —de encarnarla, manifestando el vivo espíritu y las enseñanzas de Cristo en sus propias vidas, comunidades y puestos de trabajo.

Por el contrario, hay personas que profesan a Cristo, pero cuyas vidas, lenguaje y elecciones reflejan que son ateos prácticos. Declaran palabras correctas acerca de lo que creen e incluso pueden ser miembros activos de su iglesia, pero sus vidas y sus valores prácticos están más amoldados a las ideas seculares del mundo contemporáneo que al espíritu del Cristo vivo o a los conceptos bíblicos.

Como Jesús, sus seguidores deben organizar sus vidas dentro del marco de una teología bíblica coherente, de la cosmovisión del reino de Dios. Jesús entendió su vida y su trabajo dentro de ese marco, y vivió su vida y ejecutó su trabajo en conformidad, como deberíamos hacer nosotros. Para seguir a Jesús, para entender quiénes somos, para qué hemos sido creados y qué debemos hacer, necesitamos tanto una relación con el Dios viviente como una mayor comprensión de la cosmovisión bíblica.

UNA VIDA BAJO ESCRUTINIO

El filósofo Richard Weaver nos recuerda que las ideas tienen consecuencias. El prisma a través del que uno observa el universo, el mundo y la propia vida conforma lo que ve, lo que llega a ser y cómo vive su vida. Como hemos visto hasta aquí, la iglesia y la propia idea de la vida cristiana han sido, en muchos aspectos, moldeados por la defectuosa cosmovisión dualista, lo que crea la situación descrita por Dorothy Sayers. Lo que he calificado de «gnosticismo evangélico» acarrea enormes consecuencias para nuestras vidas, para el bienestar de la sociedad y nuestras iglesias y la edificación del reino de Dios en el mundo.

Para poder desechar efectivamente esta concepción defectuosa, es necesario desarrollar una nueva teología de la vocación. Esto significa redescubrir para la era contemporánea cómo pensar conforme a la cosmovisión bíblica.

El precio de la falta de reflexión es alto. Como dice Dallas Willard: «La teología práctica de cada cual influye vitalmente en el curso de su vida... Una teología irreflexiva o desorganizada controla y guía nuestra vida con la misma gran fuerza que una reflexiva y organizada»[3].

Con todo, muchos viven sin examinar sus vidas. O rara vez pensamos, si es que lo hacemos, en la teología que practicamos; solemos funcionar rutinariamente, como por control remoto. Rara vez pensamos acerca del pensamiento; rara vez examinamos por qué se nos ha puesto en la tierra. Puede que gastemos un 50-70 por ciento de las horas de vigilia y un 60-90 por ciento de años de vida trabajando. No obstante, cuánto tiempo dedicamos a responder cuestiones como: ¿qué sentido tiene mi vida? O ¿por qué trabajo? O ¿Qué sentido tiene el trabajo?

Además de rara vez reflexionar a nivel personal, la iglesia moderna dedica poco tiempo a lo ordinario, e invierte la mayor parte de su tiempo centrada en lo espectacular, lo exorbitante, lo reconfortante, u otros asuntos cómodamente apartados del mundo laboral.

La iglesia tiene capacidad para preparar a la fuerza misionera —«el cuerpo de Cristo»— para el puesto de trabajo, la vida pública y la comunidad. Parte del ciclo de predicación regular de las iglesias debería incluir una teología bíblica de la vocación. Debieran ofrecerse cursos a fin de preparar a los miembros de la iglesia para discipular la esfera del foro público que ocupan durante el periodo de sus vidas laborales. Pero, ¿cuándo fue la última vez que su pastor enseñó una serie de mensajes acerca del puesto de trabajo? ¿O acerca de principios bíblicos como la libertad, la empresa o la ética comercial? ¿Cuándo fue la última vez que hubo células o grupos pequeños o escuela dominical enfocados en la vida laboral? La ausencia de esta clase de pensamiento y predicación en la comunidad cristiana refleja cuánto la falsa dicotomía sagrado-secular ha infectado nuestra teología práctica.

Los principados y las potestades, las fuerzas del mal, usan el trabajo para extender el reino de las tinieblas. Asimismo, Dios usa el trabajo para propagar el reino de la luz. Hay tanto medios legítimos y piadosos de aprovechamiento del trabajo como impíos e ilegítimos. Pero mayor razón aún tendremos para detenernos si consideramos que tanto los cristianos profesantes como los no cristianos pueden contribuir ora a hacer una aportación al reino de la luz, ora a la expansión del reino de las tinieblas. La elección puede ser consciente, intuitiva, o involuntaria. Los no cristianos pueden realmente contribuir al reino de la luz simplemente porque, aunque caído, éste es intrínsicamente un universo moral y la humanidad ha sido diseñada para desarrollar una actividad moral. Por otro lado, el pecado hace que tanto los cristianos como los no cristianos contribuyan al reino de las tinieblas. Mientras que el trabajo es parte del diseño de Dios para la humanidad, el pecado puede corromper tanto los fines como los medios del trabajo.

Si los cristianos no actuamos cada vez más *conscientemente* a favor del reino de Dios, lo más probable es que acabemos contribuyendo al reino de las tinieblas. Si alguien ignora cuál sea verdaderamente su teología práctica y personal, correrá el riesgo de despertarse demasiado tarde para darse cuenta de que no vivió en absoluto la vida que debía haber vivido, y ciertamente no la que Dios quiso y para la cual le capacitó. Guiados por la distorsión de cosmovisiones falsas y nuestra propia naturaleza pecaminosa, sin haber experimentado la regeneración de Dios en el corazón y la mente, lo más probable es que no manifestemos la verdad y la justicia; sin una vida en la presencia de Dios, andaremos escasos para darle a conocer en un mundo quebrantado.

UN MARCO GLOBAL

Por lo cual, tanto personal como corporativamente, es necesario establecer un marco global para desarrollar una teología del trabajo. Tal marco nos permitirá edificar una concepción integral de la vida y el trabajo —como tarea vital—. Esto exigirá leer la Biblia de una manera muy distinta. Muchos leen la Biblia como un ejercicio o devoción para la vida espiritual. Esto es bueno en sí mismo, pero es menester abordar las Escrituras por lo que son: el manual divino de mantenimiento. Hablan de forma comprehensiva (pero no exhaustiva) de la vida total. Es necesario leer la Biblia como un todo, discerniendo la cosmovisión total que presenta, no remendando textos de prueba sobre un tema en particular.

También se puede afirmar que la Biblia es como un bosque. Es posible estudiar el bosque desde dentro, examinar los árboles concretos (versículos) que componen las Escrituras. Pero hay otra forma de leerla —desde fuera—, ascendiendo a la cumbre del monte para contemplar el bosque desde arriba. Esta es la perspectiva conceptual de las Escrituras.

Hay tres conceptos útiles que conviene entender para enfocar la Biblia desde una perspectiva conceptual: su *anchura,* su *profundidad* y el hecho de que es el *manual del fabricante.*

LA ANCHURA Y LA PROFUNDIDAD DE LAS ESCRITURAS

En primer lugar, la Biblia tiene anchura. Es una historia, SU historia. Comienza en Génesis y acaba en Apocalipsis. Hay cuatro partes principales que abarcan su narrativa: la creación, la caída, la redención (la cruz de Cristo) y la consumación (el retorno de Cristo y su reino).

En segundo lugar, la Biblia tiene profundidad. Revela la realidad que Dios ha hecho y responde a las preguntas: ¿Qué es verdadero? ¿Qué es bueno? ¿Qué es hermoso? Responde las cuestiones filosóficas básicas del ser humano. Hay tres grupos fundamentales de cuestiones que se plantea el hombre. Cuestiones epistemológicas sobre el conocimiento: ¿Qué puedo conocer? ¿Cómo puedo conocer? ¿Qué es la verdad? ¿Hay alguna verdad? Hay cuestiones metafísicas acerca de la naturaleza de la realidad. ¿Qué es la realidad? ¿Existe Dios? ¿Qué es el hombre? ¿Cuál es la naturaleza de la creación? ¿Hacia dónde avanza la historia? ¿Qué sentido tiene la vida? Y hay cuestiones morales: ¿Existen el bien y el mal? ¿Qué son el bien y el mal? Si Dios existe, ¿cómo surgió el mal? ¿Qué es la hermosura? La profundidad de las Escrituras revela la cosmovisión bíblica.

En tercer lugar, la Biblia es el manual del fabricante. La adquisición de un aparato electrodoméstico o un vehículo, lleva anexa la recepción de un manual de mantenimiento. ¿Quién escribió el manual? ¡Los que diseñaron y fabricaron el aparato! ¿Para qué lo escribieron? Para que el propietario conociera el propósito del aparato y supiera cómo funciona. La Biblia es el manual del fabricante que Dios ha escrito para nosotros. Nos ayuda a entender el propósito de la vida; revela el marco de nuestra tarea vital.

Al ir avanzando en el desarrollo de una teología bíblica de la vocación —a medida que procuramos descubrir nuestro propio «proyecto de amor y gracia»— exploraremos las Escrituras desde estas perspectivas conceptuales. Echaremos primero un vistazo a la Biblia como historia —la Historia transformadora de Dios—, como narrativa que abarca de Génesis a Apocalipsis y que, en último término, se extiende hasta abarcar nuestras vidas y trabajos en el tiempo y en la eternidad.

CAPÍTULO 7

LA META-NARRATIVA ESENCIAL

Cada cultura proporciona el contexto en el que se desarrolla la vida y trabajo de la persona. Este contexto deriva de las muchas historias que informan una cultura en particular. Tomadas en su conjunto, esas historias constituyen una gran historia, o *meta-narrativa,* que proporciona el mirador desde el que cada cultura ve la realidad. Las personas, a su vez, contemplan sus vidas en términos de dicha meta-narrativa; es decir, obtienen sentido para sus vidas y trabajos en función de su acoplamiento al «marco general».

Como cristianos, nuestra meta-narrativa procede o debería proceder, no sólo de la cultura, sino también de nuestra fe. Más concretamente nuestra meta-narrativa procede de la Biblia, que nos muestra un panorama de la historia a la luz del diseño divino del mundo, la humanidad y el cosmos. Esta historia es poderosa y transformadora. En la medida en que una cultura refleje elementos de la meta-narrativa bíblica, la vida será más sana y el trabajo cobrará mayor sentido. En la medida en que una cultura carezca de este marco, la vida y el trabajo de la gente sufrirán una distorsión del plan que Dios tiene para ellos. La Realidad, con R mayúscula, enmarcada en el fluir de la historia bíblica, ofrece un panorama en el que vida y trabajo pueden desarrollar el plan perfecto de Dios. Nuestras vidas y trabajos deben de ser desplegados en el contexto de la historia bíblica: creación, caída, redención y consumación.

La historia es SU historia. Dios actúa para redimir a los perdidos y restaurar lo que está arruinado a través de la obra de su Hijo Jesucristo, en la cruz. La imagen dominante que usa la Biblia para describir el plan redentor de Dios en la historia es el reino de Dios. Refleja el plan original de Dios para la tierra y todos los que la habitan. El pecado de la humanidad interrumpió ese plan, pero Dios se ha propuesto que su reino sea restaurado.

La narrativa bíblica puede ser denominada Historia transformadora porque tiene poder para cambiar vidas, comunidades y naciones, por cuanto reforma el pensamiento y la conducta en todas las áreas de la vida. Al igual que la oruga se transforma en una mariposa, así también Dios tiene poder para transformar las tinieblas en luz, la muerte en vida, la esclavitud en libertad, la corrupción en justicia, la crueldad en compasión, la codicia en contentamiento, la pobreza en abundancia. Y haciéndolo, salva a las personas, produce verdadera sanidad en vidas y relaciones. La historia bíblica tiene el poder de sacar a las comunidades de la pobreza. Poder para edificar naciones libres, justas y compasivas. La historia bíblica empieza en Génesis y acaba en Apocalipsis. Comienza en el jardín del Edén y concluye en la ciudad de Dios, la Nueva Jerusalén. Comienza con Adán y Eva, la primera pareja, y termina con las bodas del Cordero. Al final de SU historia, Jesús regresará para casarse con su novia, la iglesia. Es un asombroso relato, la historia verdadera. Es la historia que anhelan todos los pueblos de la tierra y para la que fueron creados.

Echemos un vistazo a esa narrativa maravillosa.

CREACIÓN —*¡En el principio Dios!*

La quietud de la eternidad fue interrumpida por el estruendo de las primeras líneas del relato bíblico: ¡En el Principio... creó Dios... los cielos y la tierra! Toda cultura tiene una historia, y sus primeros renglones establecen lo que será su hilo narrativo. En el hinduismo, la línea inaugural es una decreación, la fractura del uno eterno. En el secularismo, el principio fue un fangoso estanque de agua. Dios reveló a Moisés la línea introductoria de la Verdadera Historia para todas las culturas de todos los tiempos, «Dios, en el principio, creó los cielos y la tierra».

Si hubo un «principio», debió de haber, como nos recuerda Francis Shaeffer, un «antes del principio». Si Dios creó en el principio, entonces Él ya existía antes. El universo fue conformado por la naturaleza y el carácter del Dios Eterno. Hallamos un ejemplo de esto en Génesis 1:26: «Y dijo: «Hagamos al ser humano a nuestra imagen y semejanza. Que tenga dominio sobre...». Dios se revela como una y varias Personas. Antes de la creación había comunión, comunicación y comunidad entre los miembros de la Trinidad. Todos los anhelos humanos de comunidad y comunicación plena de sentido tienen su fundamento en la eternidad. Del mismo modo, Juan 17:24 contiene estas notables palabras de Jesús: «Padre, quiero que los que me has dado estén conmigo donde yo estoy. Que vean mi gloria, la gloria que me has dado porque me amaste desde antes de la creación del mundo». Este texto revela que el amor existió antes de la creación del mundo. Todos los anhelos humanos de amar y ser amados se fundamentan en la eternidad. El marco de nuestra vida y la propia creación tienen su identidad establecida «antes del principio».

Génesis 1 afirma que Dios creó el universo de la nada. Lo creó declarando palabras. Y después que creó cada cosa, volvió a confesar palabras para designar lo que había hecho. Dios creó por medio de su palabra. Al final de cada fase de la creación[1], Él proclamó que lo que había hecho era «bueno» o «agradable», en el sentido de gozoso. De igual manera, Dios anunció un mandato creativo e inmediatamente «fue así», «exacto», «justo» o «verdadero»[2], en el sentido de que fue firme o estable. Después que completó la creación creando al hombre, proclamó que su obra era «muy buena» (Gén. 1:31). Todo lo que Dios hizo, tanto lo espiritual como lo material, es bueno; guarda armonía con Dios y consigo mismo. En los albores de la creación el hombre disfrutaba de una relación no interrumpida con Dios y con el resto de su creación.

Aunque lo que Dios había hecho era perfecto y completo desde que fuera engendrado, no estaba acabado en su potencial. Dios había hecho al hombre para que desarrollara el potencial de la creación, como exploraremos en profundidad en la Parte 3, con implicaciones emocionantes para la importancia de la vida laboral.

CAÍDA —*El hombre se rebela contra el excelso Rey del Cielo*

El hombre fue puesto en la creación como mayordomo de Dios para cuidar y administrar su casa —la tierra—. Pero resulta que la serpiente —Satanás— hizo bien lo único que sabe hacer: distorsionar la verdad y retar a Adán y Eva a pecar contra el Creador. Ellos deciden creer las mentiras de Satanás antes que la verdad de Dios, y se rebelan contra el Excelso Rey del Cielo. En esa rebelión, queda interrumpida la relación fundamental entre Dios y el hombre. En consecuencia, todas las relaciones secundarias que dependían de ella también fueron quebradas. Todas las dimensiones espirituales y morales acabaron reflejadas en lo físico.

El hombre y el yo. El pecado del hombre condujo a la muerte —primero espiritual y después física—. Su identidad quedó hecha añicos; la imagen de Dios en él fue distorsionada, y el ancla de su conexión vital con el Dios eterno quedó partida. Las preguntas se multiplicaron: «¿Quién soy yo?» «¿Tiene mi vida propósito?» «¿Soy sólo un animal?» «¿Qué sucederá cuando me muera?»

El hombre y otros. La relación del hombre con sus semejantes quedó dañada. Puesto que ya no sabemos quiénes somos, ignoramos a nuestro prójimo. Coexisten el odio, la codicia, la ambición y la falta de respeto hacia otros y sus propiedades. Abundan el racismo, el espíritu tribal, la supuesta superioridad del varón y el sistema de castas; se desarrollan falsas jerarquías, instauradas por el hombre para dividir a los hombres en vez de hermanarlos. El asesinato y la guerra proliferan. Hay falta de respeto hacia los padres. Se ha instalado una cultura en la que la culpa es de los demás, la gente no asume la responsabilidad por sus propios actos y señala con el dedo a otros. «¿Quién es mi prójimo?» «¿Qué responsabilidades tengo yo para con los demás?»«¿Qué es una familia?». El ancla que sujeta las relaciones sociales ha sido destruida.

El hombre y el mundo físico. Tal como anuncia Génesis 3, habría malas hierbas en el campo y dolores en el nacimiento. Y además del mal natural, el hombre no tendría respeto a la creación. En vez de cuidarla y administrarla, tiende a abusar de ella y violarla en su orgía de consumismo. El hombre olvida que, como la creación, él también es una criatura en el universo creado y tiene la responsabilidad de cuidar de ella. «¿Existe siquiera este mundo?» —se plantea Asia—. El resto del mundo se plantea: «¿De dónde procede el universo?» «¿Cuál es la naturaleza del universo?» «¿Qué relación tengo yo o cuál es mi responsabilidad para con la naturaleza?»

El hombre y el mundo metafísico. Además de relacionarse con el mundo físico, el hombre se relaciona con el mundo no-físico, la esfera espiritual de lo angélico y lo demoníaco. Más allá de éstos, la rebelión del hombre ha producido distorsión en cuatro áreas: el conocimiento, la moral, la estética y la cultura, entendida como ese aspecto de la vida común que funciona como puente entre la esfera espiritual y la física. En el ámbito del conocimiento, se abandona la sabiduría por la locura, se cambia la verdad por la mentira, y las fortalezas mentales se fortifican con falsedades. En el área de la moral, lo bueno pasa a ser malo y lo malo bueno. La corrupción sustituye a la justicia. Cada cual hace lo que bien le parece a sus propios ojos. Asimismo, en la esfera de la estética, la belleza se cambia por la utilidad, el encanto por la esterilidad, el esplendor por la desolación. En vez de crear una cultura que refleje la verdad, la justicia y la belleza, el hombre crea una cultura en la que florecen la mentira, la corrupción y la fealdad. «¿Existe alguna verdad?» «¿Por qué parece el mundo tan injusto?» «¿Qué es la hermosura?» Estas son algunas cuestiones metafísicas que se plantea el mundo desde la caída.

La rebelión contra Dios acarreó consecuencias globales y sistemáticas. El hombre total, todas sus relaciones y toda la creación fueron dañadas por la caída. Por consiguiente, si hay alguna salvación, ésta deberá ser comprehensiva y abarcará las relaciones primarias y todas las relaciones secundarias. Esta es exactamente la provisión que hace la cruz de Cristo, la plenitud y la culminación de la obra de Dios a través de la historia para redimir a su creación y establecer su reino en la tierra.

REDENCIÓN —*La cruz*

Las consecuencias de la caída fueron drásticas, pero Dios no abandonó su creación. En Génesis 3, Dios maldice a la serpiente:

> «¡Maldita serás entre todos los animales, tanto domésticos como salvajes! Te arrastrarás sobre tu vientre, y comerás polvo todos los días de tu vida. Pondré enemistad entre tú y la mujer, y entre tu simiente y la de ella; su simiente te aplastará la cabeza, pero tú le morderás el talón.» (Gén. 3:14-15)

Aquí ya se prevé la promesa divina de redención. Dios declara que aplastará la cabeza de la serpiente a través de la descendencia de Eva. Por esta descendencia, el Cristo, vendría al mundo a través del linaje de un hombre llamado Abram. En Génesis 12, Dios hace un pacto con Abram (que recibe el nombre de Abraham en Génesis 17, cuando Dios confirma este pacto):

> El SEÑOR le dijo a Abram: «Deja tu tierra, tus parientes y la casa de tu padre, y vete a la tierra que te mostraré.
>
> «Haré de ti una nación grande, y te bendeciré; haré famoso tu nombre, y serás una bendición. Bendeciré a los que te bendigan y maldeciré a los que te maldigan; ¡por medio de ti serán bendecidas todas las familias de la tierra!». (Gén. 12:1-3)

El plan divino de bendecir a *todos los pueblos de la tierra* comenzó con la llamada de Abraham, a quien convirtió en una gran nación —Israel, su pueblo escogido.

El resto del Antiguo Testamento, de Génesis 12 en adelante, cuenta la historia del pueblo de Dios y, con el Nuevo Testamento, constituye toda la meta-narrativa bíblica. En realidad, no se trata sólo de la historia del pueblo de Dios; es, más bien, la Historia, la historia *de Dios* y su obra en la historia. Dios libera a su pueblo de la esclavitud (muchas veces), les da una ley para observarla, y les habla a través de la voz de sus profetas. El pueblo de Dios, entre triunfos y fracasos, tiene la vista continuamente puesta en un tiempo de liberación, cuando Dios levantará un redentor. El profeta Isaías habla de ese tiempo:

> Del tronco de Isaí brotará un retoño; un vástago nacerá de sus raíces. El Espíritu del SEÑOR reposará sobre él: espíritu de sabiduría y de entendimiento, espíritu de consejo y de poder, espíritu de conocimiento y de temor del SEÑOR. (Isa. 11:1-2)

Por medio de este siervo, Israel, Dios redimirá toda la creación, el cosmos entero. El Antiguo Testamento finaliza con una impaciente expectación del redentor que viene, el Cristo, y el Nuevo Testamento comienza con su venida. En el momento culminante, *kairos* —en la plenitud del tiempo, cuando la eternidad irrumpió en el tiempo—, Dios se hizo carne. La primera venida de Cristo marca el punto clave en la batalla por el cielo y la tierra. Verdadero Dios y verdadero hombre, Jesucristo vivió una vida perfecta por mí. Y luego experimentó la muerte que yo merecía. Resucitó al tercer día, conquistó la muerte y me dio nueva vida. Esto es el evangelio.

La caída acarreó consecuencias cósmicas, pero otro tanto hizo la obra de Cristo. La epístola de Pablo a los colosenses dice que Cristo murió para reconciliar *todas* las cosas consigo mismo.[3] La muerte de Jesús en la cruz sentó las bases para que la relación fundamental con Dios quedara plenamente restaurada y para que hubiera una sanidad real en las relaciones secundarias entre la gente y el mundo en que viven. Por eso debiera haber una sanidad importante en el hombre, en sus relaciones sociales, en su relación con la naturaleza y en la esfera metafísica. La vida y el trabajo del hombre son de nuevo situados en el marco del reino de Dios. Cuando Cristo regrese por segunda vez en gloria, el proceso desatado en el Calvario será consumado.

CONSUMACIÓN —*El retorno en gloria*

Cuando Jesús retorne al final de los tiempos, se completará el proceso de reconciliación de todas las cosas consigo mismo. El profeta Isaías refleja un destello de esa imagen:

> El lobo vivirá con el cordero, el leopardo se echará con el cabrito, y juntos andarán el ternero y el cachorro de león, y un niño pequeño los guiará. La vaca pastará con la osa, sus crías se echarán juntas, y el león comerá paja como el buey. Jugará el niño de pecho junto a la cueva de la cobra, y el recién destetado meterá la mano en el nido de la víbora. No harán ningún daño ni estrago en todo mi monte santo, porque rebosará la tierra con el conocimiento del SEÑOR como rebosa el mar con las aguas.
>
> En aquel día se alzará la raíz de Isaí como estandarte de los pueblos; hacia él correrán las naciones, y glorioso será el lugar donde repose». (Isa. 11:6-10)

El profeta Isaías dice también de ese día:

> Sobre este monte, el SEÑOR Todopoderoso preparará para todos los pueblos un banquete de manjares especiales, un banquete de vinos añejos, de manjares especiales y de selectos vinos añejos. Sobre este monte rasgará el velo que cubre a todos los pueblos, el manto que envuelve a todas las naciones. Devorará a la muerte para siempre; el SEÑOR omnipotente enjugará las lágrimas de todo rostro, y quitará de toda la tierra el oprobio de su pueblo.
> El SEÑOR mismo lo ha dicho. (Isa. 25:6-8)

En ese día, la armonía cósmica que había antes de la caída será restaurada. La Paz Shalom, esa paz general por la que Cristo murió, será realizada.

En ese día, Cristo regresará para contraer nupcias con su novia, la iglesia:

> Después oí voces como el rumor de una inmensa multitud, como el estruendo de una catarata y como el retumbar de potentes truenos, que exclamaban: «¡Aleluya! Ya ha comenzado a reinar el Señor, nuestro Dios Todopoderoso. ¡Alegrémonos y regocijémonos y démosle gloria! Ya ha llegado el día de las bodas del Cordero. Su novia se ha preparado, y se le

> ha concedido vestirse de lino fino, limpio y resplandeciente.»
> (El lino fino representa las acciones justas de los santos.) (Apo. 19:6-8)

En ese día Él exhibirá la plenitud de su reino, la Ciudad de Dios, la Nueva Jerusalén:

> Después vi un cielo nuevo y una tierra nueva, porque el primer cielo y la primera tierra habían dejado de existir, lo mismo que el mar. Vi además la ciudad santa, la nueva Jerusalén, que bajaba del cielo, procedente de Dios. (Apo. 21:1-2)

En ese día, los reyes de la tierra llevarán la gloria y el singular esplendor de las naciones a la Ciudad de Dios:

> La ciudad no necesita ni sol ni luna que la alumbren, porque la gloria de Dios la ilumina, y el Cordero es su lumbrera. Las naciones caminarán a la luz de la ciudad, y los reyes de la tierra le entregarán sus espléndidas riquezas. Sus puertas estarán abiertas todo el día, pues allí no habrá noche. Y llevarán a ella todas las riquezas y el honor de las naciones. (Apo. 21:23-26)

En ese día, Él separará los corderos de los cabritos —los corderos para vida eterna y los cabritos para eterna condenación:

> »Cuando el Hijo del hombre venga en su gloria, con todos sus ángeles, se sentará en su trono glorioso. Todas las naciones se reunirán delante de él, y él separará a unos de otros, como separa el pastor las ovejas de las cabras. Pondrá las ovejas a su derecha, y las cabras a su izquierda.
> »Entonces dirá el Rey a los que estén a su derecha: "Vengan ustedes, a quienes mi Padre ha bendecido; reciban su herencia, el reino preparado para ustedes desde la creación del mundo. Porque tuve hambre, y ustedes me dieron de comer; tuve sed, y me dieron de beber; fui forastero, y me dieron alojamiento; necesité ropa, y me vistieron; estuve enfermo, y me atendieron; estuve en la cárcel, y me visitaron." Y le contestarán los justos: "Señor, ¿cuándo te vimos hambriento y te alimentamos, o sediento y te dimos de beber? ¿Cuándo te vimos como forastero y te dimos alojamiento, o necesitado de ropa y te vestimos? ¿Cuándo te vimos enfermo

o en la cárcel y te visitamos?" El Rey les responderá: "Les aseguro que todo lo que hicieron por uno de mis hermanos, aun por el más pequeño, lo hicieron por mí."
»Luego dirá a los que estén a su izquierda: "Apártense de mí, malditos, al fuego eterno preparado para el diablo y sus ángeles. Porque tuve hambre, y ustedes no me dieron nada de comer; tuve sed, y no me dieron nada de beber; fui forastero, y no me dieron alojamiento; necesité ropa, y no me vistieron; estuve enfermo y en la cárcel, y no me atendieron." Ellos también le contestarán: "Señor, ¿cuándo te vimos hambriento o sediento, o como forastero, o necesitado de ropa, o enfermo, o en la cárcel, y no te ayudamos?" Él les responderá: "Les aseguro que todo lo que no hicieron por el más pequeño de mis hermanos, tampoco lo hicieron por mí." »Aquéllos irán al castigo eterno, y los justos a la vida eterna. (Mat. 25:31-46)

LA IMPORTANCIA DEL QUEHACER COTIDIANO

La historia de nuestra vida es una prolongación de la gran historia del despliegue del reino de Dios. El secularismo y el animismo, como cosmovisiones fuertes, crean historias que conducen a la muerte, la aflicción y la falta de plenitud. La narrativa bíblica, en su primer renglón: «Dios, en el principio, creó los cielos y la tierra», proporciona una historia alternativa de la que formamos parte. Pablo revela la importancia de nuestras vidas en el lenguaje íntimo de sus epístolas. En Efesios 2:10 dice que somos poemas de Cristo[4], y en 2 Corintios 3:2-3, dice que somos cartas de Cristo: «Ustedes mismos son nuestra carta, escrita en nuestro corazón, conocida y leída por todos. Es evidente que ustedes son una carta de Cristo, expedida por nosotros, escrita no con tinta sino con el Espíritu del Dios viviente; no en tablas de piedra sino en tablas de carne, en los corazones».

Dios está escribiendo su historia y nuestras vidas reciben su argumento cuando están conectadas a la Historia transformadora. Os Guiness lo ha expresado admirablemente: «Siga el llamamiento de Cristo, a pesar de la incertidumbre y el caos de las modernas circunstancias, y obtendrá el argumento de su vida»[5].

Nuestro quehacer cotidiano cobra sentido en el marco de la historia bíblica, ocupando específicamente tiempo y espacio entre la primera venida de Cristo en la cruz y su segunda venida en la consumación de la historia, al fin de los tiempos. Entre la caída y la segunda venida, tienen lugar dos importantes eventos. El primero es la primera venida de Cristo a la tierra para redimirnos. ¡El segundo es su vida!

DOS EVENTOS IMPORTANTES

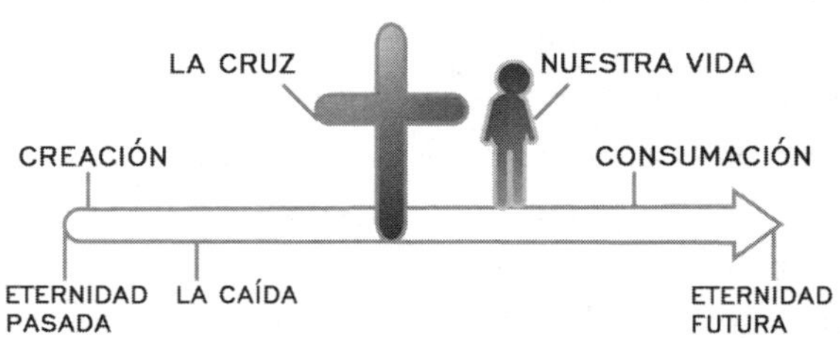

Usted es una creación exclusiva. No hay ninguna otra persona en la historia como usted para ocupar su lugar único en el despliegue del reino de Dios. En la economía de Dios, las palabras de Mardoqueo a Ester dan cuenta de la singularidad de cada vida en la expansión del reino de Dios: «¡Quién sabe si no has llegado al trono precisamente para un momento como éste!» (Ester 4:14).

¿Qué lugar ocupa usted en la historia de Dios? ¿Cuál es su quehacer cotidiano, la conexión de su vida y su trabajo con la manifestación del reino de Dios? Mientras proseguimos construyendo una teología bíblica de la vocación, examinaremos de cerca los elementos clave de la Historia transformadora, que empieza con la llamada divina en la creación —una llamada renovada por la cruz de Cristo y digna de los días de nuestra vida y del trabajo de nuestro ser: corazón, alma, mente y fuerzas.

PARTE 3: EL MANDATO CULTURAL

CAPÍTULO 8

CULTURA:

DONDE LO FÍSICO Y LO ESPIRITUAL CONFLUYEN

Como Hakani no podía andar ni hablar a los dos años, los jefes de la tribu dieron a sus padres la orden de matarla. La decisión de los jefes reflejaba la creencia común de varias tribus amazónicas de que los niños con defectos físicos no tienen alma y deben ser sacrificados lo mismo que un animal deforme o enfermo.

En vez de asesinar a su hija, los padres de Hakani cometieron suicidio. El hermano adolescente de Hakani heredó el brutal mandato de los jefes e intentó acatarlo asestándole un golpe con un palo. Pero ella se despertó cuando la estaba enterrando, y él no pudo volver a intentarlo. El abuelo de Hakani disparó una flecha contra su nieta, pero luego sintió tanta pena que intentó suicidarse.

Herida por la flecha de su abuelo, Hakani escapó a la selva, donde sobrevivió como un animal salvaje por tres años, salvando milagrosamente todos los peligros. Su hermano la alimentó a escondidas. Finalmente, fue adoptada por Marcia y Edson Suzuki, pero Hakani no estuvo aún segura. Las autoridades brasileñas querían impedir que los Suzuki, matrimonio brasileño que había convivido con los surawahá por veinte años, buscaran ayuda para la niña de cinco años por «respeto» a la cultura tribal. La política oficial del ministerio de sanidad de Brasil ha sido «respetar la cultura de la tribu», lo que significa que se podía matar a los niños con el pleno conocimiento del gobierno. Docenas de niños son asesinados cada año en el Amazonas, niños como Hakani, así como mellizos y trillizos, pues se supone que son malditos.

Activistas como los Suzuki luchan esforzadamente contra las mortíferas creencias tribales y las posturas no menos letales de burócratas y académicos. Haciéndose eco de la respuesta oficial del gobierno, un profesor de antropología en una universidad amazónica personifica la postura común de los antropólogos: «Esta es su forma de vida y no debemos juzgarles con el patrón de nuestros valores. La identidad cultural debe ser respetada»[1].

¿De veras? ¿Es la cultura realmente neutra? ¿No hay realmente una realidad objetiva con que calibrar las creencias y las prácticas de una cultura? ¿Son los niños creados a imagen de Dios? Si es así, tenemos que plantarnos contra el relativismo cultural; tenemos que luchar contra la cultura, y sus leyes, que consienta el sacrificio de vidas humanas, o la esclavitud de un pueblo por causa del color de su piel. Si la cultura es relativa, entonces será el poder el que determine quién ha de vivir y quién ha de morir. Si los poderosos desean matar a las personas de color o a los discapacitados mentales, ¿quién se lo va a impedir?

El padre y la madre de Hakani tenían conocimiento. Su hermano y su abuelo juzgaron la costumbre de su cultura y llegaron a su propia conclusión. Para ello no tuvieron que consultar valores de otra cultura, y como extranjeros, no hemos de juzgar a su pueblo sobre la base de *nuestros* valores. Al contrario, ellos y nosotros podemos emitir un juicio basado en los valores que fluyen de la Realidad.

FORJADORES DE CULTURAS

Como dijimos en el capítulo anterior, hay una realidad objetiva de la que la meta-narrativa bíblica da testimonio. Ya hemos descubierto que nuestra identidad humana y la identidad del universo extienden sus raíces desde «antes del principio» en el carácter y la naturaleza de Dios, su Creador. Si se examina detenidamente la narrativa de la creación, se llegará a un conjunto de verdades vitales para comprender debidamente la naturaleza humana y su propósito fundamental: Dios creó a la humanidad para que edificara *culturas,* e importa enormemente qué clase de culturas se levantan. Independientemente de la vocación y de la esfera a la que hemos sido llamados, nuestra tarea como cristianos consiste, en último término, en crear una *cultura del reino* —una cultura que refleje la verdadera naturaleza y el carácter de Dios.

El encargo de crear culturas se ha dado en llamar el mandato de la creación o el mandato cultural. Se halla en el relato de la creación: Génesis 1:26-28:

> Y [Dios] dijo: «Hagamos al ser humano a nuestra imagen y semejanza. Que tenga dominio sobre los peces del mar, y sobre las aves del cielo; sobre

los animales domésticos, sobre los animales salvajes, y sobre todos los reptiles que se arrastran por el suelo».

Y Dios creó al ser humano a su imagen;
lo creó a imagen de Dios.
hombre y mujer los creó,

y los bendijo con estas palabras: «Sean fructíferos y multiplíquense; llenen la tierra y sometenla; dominen a los peces del mar y a las aves del cielo, y a todos los reptiles que se arrastran por el suelo».

Este texto aclara que en el cenit de su actividad creadora, Dios dijo: «Hagamos al ser humano a nuestra imagen y semejanza». Con estas palabras quedó establecida la identidad del hombre. Fue hecho *imago Dei* —a imagen de Dios—. El Señor dijo también «que tenga dominio». Con estas palabras quedó establecido el propósito del hombre. Fue creado para dominar la tierra como representante o mayordomo de la casa de Dios.

Lo que Dios había hecho era perfecto, pero no estaba acabado. Dios es el Creador primero; la humanidad, en palabras de J.R.R. Tolkien, es «subcreadora»[2]. Dios hizo la primera creación. La humanidad ha de hacer la segunda —la cultura— que revela y glorifica al Creador primero y su creación primera. Los seres humanos fueron creados para actuar en la creación como administradores de Dios. Deben cubrir la tierra de portadores de la imagen de Dios que, a su vez, desarrollen aquella. Como una bellota se convierte en una robusta encina, la creación de la mano de Dios es perfecta y completa en sí misma, pero su potencial tenía que ser optimizado por el hombre y la mujer.

Uno de los Salmos más hermosos pregunta: «¿Qué es el hombre, para que en él pienses?». Luego revela que los seres humanos son poco menos que dioses o ángeles», y han de gobernar en lugar de Dios. El Salmo 8:3-8 dice así:

Cuando contemplo tus cielos, obra de tus dedos, la luna y las estrellas que allí fijaste, me pregunto: «¿Qué es el hombre, para que en él pienses? ¿Qué es el ser humano, para que lo tomes en cuenta?» Pues lo hiciste poco menos que un dios, y lo coronaste de gloria y de honra: lo entronizaste sobre la obra de tus manos, todo lo sometiste a su dominio; todas las ovejas, todos los bueyes, todos los animales del campo, las aves del cielo, los peces del mar, y todo lo que surca los senderos del mar.

¿No es asombroso? Dios ha creado a la humanidad para «¡regir las obras de sus manos!». ¿Cuántos estaríamos dispuestos a ceder un pequeño control sobre algo en lo que tenemos un enorme interés o inversión? Sin embargo, a diferencia de nosotros que gobernamos dominios mucho más pequeños, nuestro Dios todopoderoso no es un controlador fanático. Es un maestro en delegar. Él invita a insignificantes aprendices a entrar en la sala de juntas, con los ejecutivos, para colaborar. Y no asigna tareas que sean inconsecuentes. Nos ha diseñado y equipado para llevar peso. Al crearnos a su imagen, para ser creadores, Dios nos concedió a cada uno una tremenda responsabilidad y oportunidad. El profesor y escritor indio Vishal Mangalwadi lo expresa con la debida reverencia: «Dios habla y crea el universo. El hombre habla y crea la cultura que conforma el universo»[3].

CULTURA: ADORACIÓN EXTERNALIZADA

¿Por qué es conocido el mencionado pasaje de Génesis como mandato *cultural*? De todos modos, ¿qué es la cultura? Y ¿qué significa crear una cultura?

Aunque el caso de Hakani evidencie que la gente no está de acuerdo sobre qué sea la cultura e incluso si ésta puede ser «creada», en realidad la *cultura* es fácil de definir. El teólogo Henry Van Til establece de una manera clara y concisa: «Cultura es religión exteriorizada».[4]

Los términos estrechamente relacionados *cultura, cultivar y culto* captan esta conexión. Entre las varias acepciones de la palabra *culto* destaca la «estimación extraordinaria por una cosa espiritual o material», o la típica obsesión de los admiradores de personajes famosos. Sin embargo, en estos casos la gente yerra en el objeto de su adoración, ya que *culto,* su raíz, significa «adoración o veneración a la divinidad»[5]. Como *cultura y cultivar,* la palabra *culto* deriva del latín *cultus,* participio pasivo del verbo *colo colui cultum:* cuidar o cultivar. Los diccionarios definen *cultus* —raíz de las tres palabras— como cuidado, adoración, honra y veneración.

Esta familia de palabras revela que la raíz de la cultura es la adoración. En su libro *Plowing in Hope: Toward a Biblical Theology of Culture,* David B. Hegeman declara:

> El término [cultura] se puede usar también en un contexto religioso para significar culto o adoración. La idea que se trasluce aquí así es que al igual que el campesino mima sus campos, así también el adorador concede profunda atención a la deidad que sirve. Así pues, el término [cultura] está

> estrechamente relacionado con el latín *cultus* en su sentido de adoración o veneración. La lengua inglesa conserva esta conexión con términos como *cult* (culto o secta), *cultic* (cultual, relativo al culto), *occult* (secreto, misterioso, poder oculto), etc.[6]

En el fondo, una cultura es la manifestación del culto de un pueblo, o de su religión cívica. Es un reflejo del dios que adora.

Esta interpretación contrasta con la moderna asunción materialista de que la cultura no es sino la suma de formas de vida de un grupo étnico. George Grant, pastor y educador, ha señalado en su libro *The Micah Mandate (El mandato de Miqueas)* la concepción agustiniana de la naturaleza de la cultura. Grant escribe:

> Según san Agustín, la cultura no refleja la raza, los rasgos étnicos, el folclore, la política, la lengua o la herencia de un pueblo. Es, más bien, la manifestación de su credo. Es decir, una cultura es la manifestación temporal de la fe de un pueblo. Si una cultura experimenta cambios, éstos no se deben a novedades, modas pasajeras o al paso del tiempo, sino a un cambio en su concepción del mundo —a un cambio de fe—. Así pues, raza, rasgos étnicos, folclore, política, lengua o herencia son simplemente la expresión de un paradigma más profundo arraigado en la matriz espiritual y de pacto de una iglesia comunitaria y en la integridad de sus testigos.
>
> San Agustín dedicó gran parte de su vida y ministerio a criticar las filosofías paganas de su tiempo y a desenmascarar las filosofías aberrantes de la iglesia porque comprendió muy bien que esas cosas importan no sólo en el ámbito de la eternidad, que determina el destino espiritual de las masas humanas, sino también en la realidad presente —aquí y ahora—, que determina el destino temporal de civilizaciones enteras.
>
> ...San Agustín reconoció que la cosmovisión dominante de un pueblo conforma inevitablemente su concepción del mundo.[7]

Esto se puede percibir fácilmente en nuestro mundo moderno. Los talibán crearon en Afganistán una sociedad que reflejaba su religión. Del mismo modo, la cultura popular de los Estados Unidos es un reflejo de los ideales materialistas de un sistema de creencias pagano.

La noción moderna de la antropología, según se desprende del pensamiento materialista, concibe la cultura como neutra. Según el modelo materialista, no existe Dios, no hay verdad objetiva; por tanto, todo es relativo. Desde este conjunto de asunciones no hay manera de que una persona o cultura pueda criticar a otra. Ninguna cultura, o aspecto de una cultura, es considerado mejor que otra. Como tal, toda cultura se valora por lo que es. Teniendo esto en cuenta, ¿cómo distinguir entre los campos de exterminio de la Alemania nazi, los hospitales de las Hermanas de la Caridad de la madre Teresa de Calcuta o la cultura pop de la América contemporánea?

Dado que deriva de la adoración, la cultura es cualquier cosa menos neutra. Se levanta en la confluencia de los ámbitos espiritual y físico. En realidad, cabe asegurar que el ámbito espiritual influye en el físico en el plano

EL TESTIMONIO DE KATHLEEN NORRIS

Cuando la poetisa Kathleen Norris abandonó el mundillo artístico-cultural de Nueva York para trasladarse temporalmente a Dakota del Sur, para heredar la casa de su abuela, ella no tenía idea de en qué clase de viaje se estaba embarcando. Aquel traslado «temporal» duró veinticinco años, ya que ella y su marido pasaron a formar parte de una comunidad de las llanuras y de una cultura muy distinta.

Mientras vivió en la casa de sus abuelos, Norris se hizo miembro y predicadora seglar de la iglesia presbiteriana de su abuela, trayecto que relata en su primer libro *Dakota: A Spiritual Geography.* Norris se abrió al cristianismo debido en parte a los monjes de un monasterio benedictino. Para ella, como para muchos escritores, la poesía era su religión. Pero, asistiendo a lecturas literarias celebradas en el monasterio, Norris dio otro pasó hacia un viaje lejano ayudada por su amistad creciente con los monjes. A través de una larga travesía, la poetisa optó por seguir a Cristo.

Aunque tiempo atrás ella estuvo convencida de que ser cristiana y escritora era incompatible, Norris demostró lo contrario, y prosperó en su vocación. Además de poesía, ella ha escrito varios best-sellers del New York Times, incluidos *Dakota y Amazing Grace: A Vocabulary of Faith.* El último es una serie de ensayos que exploran palabras clave de la fe cristiana —muchas le imponían respeto, o estaban cargadas de bagaje, cuando regresó a la iglesia siendo ya adulta—. La intención y el logro del libro de Norris están bien resumidos por la Agencia Barklay que la representa: «Su libro *Amazing Grace* desarrolla el tema de que el mundo espiritual está enraizado en el caos de la vida cotidiana. En este libro, ella arroja luz sobre conceptos teológicos muy difíciles, como la gracia, el arrepentimiento, el dogma y la fe. Se propone explicar estos conceptos religiosos conectándolos con el mundo en que vivimos»[1]. El *Sunday Examiner & Chronicle de San Francisco* califica a Norris, muy acertadamente, como «una de las escritoras espirituales más elocuentes y comprometidas con la realidad de nuestro tiempo»[2].

En una entrevista, una redactora de la revista *Homiletics* preguntó a Norris por qué había sentido por tanto tiempo que el cristianismo y la literatura eran irreconciliables:

de la cultura. Al igual que las ideas arrastran consecuencias, así también la adoración.

El culto conduce a la cultura. Esto a su vez determina la clase de sociedad y de nación que se pretende edificar. Si un pueblo adora a una deidad caprichosa, que puede ser sobornada, como ocurre en el animismo oriental, entonces se instaura una cultura de corrupción en la que el soborno pasa a formar parte de la vida cotidiana. Esto se manifiesta en empresas, economías, gobiernos y sistemas judiciales repletos de corrupción. Esto a su vez conduce al empobrecimiento material y, desde luego, espiritual de las naciones.

NORRIS: Fue más que nada por causa de mi educación. Mi generación se educó en los años cincuenta y sesenta. La psicología estuvo presente. Muchos escritores estaban muy interesados en el avance de la psicología después de la Segunda Guerra Mundial, y bajo la concepción freudiana, la religión parecía infantil y una pretendía librarse de ella. Pienso que todo eso se filtró en mi educación y en la cultura. La religión pasó a ser para los niños y las ancianas, y si una era realmente sofisticada y verdaderamente adulta, no la necesitaba. Y todavía hoy predomina esta actitud. No había muchos escritores contemporáneos que me gustaran y fueran cristianos o expresaran conceptos cristianos en sus obras. Esto está cambiando. Hay un cierto número de escritores de mi generación y más jóvenes que no ven problema alguno en ello. Y yo tampoco lo veo ya. Pero fue realmente una batalla. Pensaba que tendría que rendir mi mente, que mis escritos sufrirían.

HOMILETICS: ¿Que serían de una calidad inferior?

NORRIS: Sí, y había otros escritores que se preocupaban y me decían: «¿Cómo podrás escribir ahora? Recuerdo una vez que asistí a una lectura de poemas. Yo había escrito algunos basados en temas bíblicos, y fue algo así como decir: «¡Ven, puedo hacerlo!». Y fue divertido congregar a una audiencia y decirles: «Estos no son polos opuestos. Uno inspira al otro. Funcionan juntos»[3].

Como Norris descubrió y ha demostrado tan claramente en su obra, la fe cristiana no impide la honestidad, o la creatividad, o la artesanía, sino que invita a ellas. Sus temas reflejan una vida plena no limitada, sino informada por la fe; sus escritos exploran diversas experiencias, como la búsqueda de su camino en la universidad y el mundo artístico de Nueva York durante las tumultuosas décadas de los sesenta y setenta, viviendo varios meses con los monjes benedictinos, interactuando con los niños como artista invitada en las escuelas elementales de las dos Dakotas, aferrándose a su herencia espiritual y su identidad, combatiendo la depresión y floreciendo en sus treinta años de matrimonio. Verdadera creadora de cultura a través de su obra como escritora y en su vida comunitaria, Kathleen Norris se ha enfrascado en la creatividad y la disciplina, a fin de manifestar a la iglesia y a la cultura en general algo de la naturaleza divina y de la naturaleza humana de su creación.

CRÍTICA DE LA CULTURA

Obviamente, la cultura no es neutra. Dado que vivimos en un universo creado por un Dios vivo y, en contra de lo que afirma el pensamiento postmoderno, hay una realidad objetiva, la cultura de un pueblo puede ser criticada y evaluada. Y no sólo puede, también debe. Si nos interesa la salud de las naciones, hemos de distinguir las cosas que conducen a la justicia y las que engendran corrupción. Tenemos que examinar las cosas que hacen surgir la libertad, la compasión y el bienestar económico en contraposición a las que engendran esclavitud, crueldad y pobreza.

Hay tres ámbitos principales de la cultura: la cultura del reino, la cultura falsa y la cultura natural.[8] Éstas se hallan presentes, en diversos grados, en todas las naciones. Todas las naciones tienen parte de cultura del reino y parte de cultura falsa. Esta postura asume que Dios existe y que Él ha creado un universo real y objetivo en el que existe la verdad y la falsedad, el bien y el mal, la hermosura y la oscuridad.

ELEMENTOS DE LA CULTURA

La cultura del reino

La cultura del reino se edifica sobre la verdad de la realidad que Dios creó. Es un reflejo de la naturaleza y el carácter del Dios vivo. La cultura del reino florece cuando la gente, consciente o inconscientemente, obedece las leyes de Dios. Las leyes divinas son una manifestación de su carácter. Así como

Dios es verdadero, justo y hermoso, así también lo son su creación y las leyes que la gobiernan. Jesús dijo a sus discípulos que hicieran discípulos de todas las naciones, «enseñándoles a obedecer todo lo que les he mandado» (Mat. 28:20), la frase «todo lo que les he mandado» está atada por la *verdad* (que refleja las leyes físicas y metafísicas de Dios), la *justicia* (que refleja sus leyes morales), y la *belleza* (que refleja sus leyes estéticas). Douglas Jones y Douglas Wilson definen esta trilogía diciendo que constituyen «los tres rostros de la cultura».[9] Éstos son los fundamentos de la cultura del reino, y conducen a la vida, la salud y el desarrollo.

LA CULTURA DEL REINO: SE EDIFICA SOBRE LA REALIDAD

LA VERDAD: REFLEJA LAS LEYES FÍSICAS Y METAFÍSICAS DE DIOS

LA JUSTICIA: REFLEJA LAS LEYES MORALES DE DIOS

LA HERMOSURA: REFLEJA LAS LEYES ESTÉTICAS DE DIOS

La cultura del reino es una manifestación del reino de Dios. Jesús llama a sus discípulos a influir en el reino terrenal con el reino de los cielos. La oración del Padrenuestro[10] (Mat. 6:9-13) reconoce la interacción entre los dos reinos: «Venga tu reino, hágase tu voluntad en la tierra como en el cielo». El reino de Dios es cualquier ámbito donde se cumple su voluntad y donde la gente obedece todo lo que Él ha mandado. La sustancia del reino es la misma en el presente y en el futuro, en la tierra y en el cielo. La diferencia no radica en la sustancia, sino en el grado de cumplimiento.

La cultura del reino llama a cada pueblo y nación «a elevarse y... adentrarse más»[11] en el reino de Jesús. Requiere el desarrollo de la tierra, el cultivo del suelo y del alma, como un acto de adoración al Dios viviente. La iglesia, como acto de adoración, debe crear una cultura que manifieste la naturaleza y el carácter del Dios vivo a un mundo que observa. Esto significa que hemos de manifestar la verdad (metafísica bíblica), la justicia (ética bíblica) y la belleza (estética bíblica) en *todas* las esferas de la vida.

En todas las naciones hay elementos de la cultura del reino. Dondequiera que ésta se halle debe ser cultivada y estimulada.

LA CULTURA DEL REINO VIVIDA Y PROCLAMADA

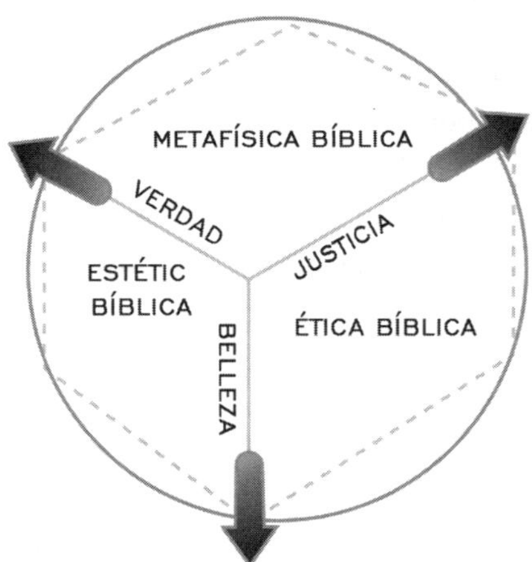

Cultura falsa

La cultura falsa es la consecuencia de creer las mentiras de Satanás acerca de lo que es verdadero, justo y hermoso. Satanás miente a las personas y a las naciones. Miente a las naciones en el plano de la cultura. Isaías advierte a la nación de Israel contra la tergiversación de la realidad:

> ¡Ay de los que llaman a lo malo bueno y a lo bueno malo, que tienen las tinieblas por luz y la luz por tinieblas, que tienen lo amargo por dulce y lo dulce por amargo! (Isa. 5:20).

Creer esas mentiras conduce a la muerte, la esclavitud y el empobrecimiento de naciones enteras. Todas las naciones tienen algún grado de cultura falsa, como la idea de la tribu Suruwahá tocante a los bebés aptos para sobrevivir, o la creciente cultura estadounidense que asegura que Dios no existe, o la cultura sexista tan extendida en muchas partes del mundo que insiste en que la mujer es inferior al hombre. Para que una nación pueda crecer saludablemente, debe reconocer los elementos destructivos, desarraigarlos, y reemplazarlos con los principios del reino.

Cultura natural

Los elementos naturales de una cultura pertenecen al terreno de la neutralidad moral —no son ni buenos ni malos—. Abarcan los colores, las texturas, los sonidos y los sabores singulares de un pueblo. Aunque son moralmente neutros, proporcionan sabor y vida a la gente y disfrute a los vecinos de otras culturas. Los elementos naturales deben ser celebrados y disfrutados.

LA CULTURA IMPORTA

Cuanto más manifieste una cultura la realidad tal como Dios la creó, —en cosas como la música, el arte y la literatura, al Creador Primero y su creación primera— tanto más podrá considerarse buena; promoverá una cultura de vida o vivificante. Al contrario, cuanto más distorsione una cultura la realidad y niegue a Dios, tanto más empobrecerá y esclavizará a su pueblo y más muerte le acarreará. Para entender que la cultura no es un tópico abstracto, neutro, sólo tenemos que fijarnos en nuestra propia vida, los titulares de los periódicos locales o las fotos de los teléfonos móviles y los vídeos sacados de contrabando de países oprimidos por gobiernos tiránicos. No hay más que oír un caso como el de Hakani para apreciar que la cultura importa.

Dios nos creó para ser hacedores de cultura. Los cristianos hemos sido llamados a crear deliberadamente la cultura del *reino*. En el próximo capítulo examinaremos varios aspectos clave de la vocación consecuencial de la humanidad: el mandato cultural.

CAPÍTULO 9

ELEMENTOS DEL MANDATO CULTURAL

Como vimos en el capítulo anterior, la obra de un cristiano, independientemente de cuál sea su vocación específica, es, en definitiva, crear una *cultura del reino* —una que refleje la verdadera naturaleza y el carácter de Dios—. La narrativa de la creación proporciona varias directrices fundamentales para ayudarnos a desplegar esta vocación: cubrir la tierra con el conocimiento de Dios.

DOS PARTES DEL MANDATO CULTURAL

En primer lugar, es importante reconocer que hay dos partes principales en el mandato cultural de Génesis, el social y el del desarrollo.

El mandato social

Después de crear a los seres humanos a su imagen, Dios les bendijo diciéndoles: «Sean fructíferos y multiplíquense; llenen la tierra...» (Gén. 1:28). La humanidad fue diseñada para vivir en comunidad. La unidad básica de la comunidad es la familia. Adán y Eva debían tener hijos y sus hijos también debían tenerlos. Debían de ser fructíferos, multiplicarse y llenar la tierra. Pero, ¿llenar la tierra de qué? El materialista ve al ser humano como si fuera un animal, un consumidor de recursos, una boca que alimentar —y nada más—. Cuando el mandato de multiplicarse y llenar la tierra se limita a un marco materialista, sólo significa más bocas que alimentar.

Pero el modelo bíblico entiende que los seres humanos reflejan la imagen de Dios. Tienen mentes y corazones que pueden innovar y crear. «Llenar la tierra» no significa multiplicar el número de bocas que consumen recursos, sino aumentar los portadores de imagen divina que administran y cultivan la tierra para producir hermosura y abundancia.

Los forjadores de cultura deben ser enviados a todos los rincones del mundo para llenar la tierra con el conocimiento de Dios.

El mandato del desarrollo

La segunda parte del mandato cultural es el desarrollo. Después de crear al hombre, Dios dijo: «Que tenga dominio sobre los peces del mar, y sobre las aves del cielo; sobre los animales domésticos, sobre los animales salvajes, y sobre todos los reptiles que se arrastran por el suelo» (Gén. 1:26). Tal como vimos en el capítulo anterior, el hombre fue creado para dominar en representación de Dios. Nos creó para ser mayordomos de su casa.

Hay dos maneras en que la humanidad puede hacer mayordomía —con las manos y los pies, y con el alma y el espíritu. Génesis 2:15 declara: «Dios el SEÑOR tomó al hombre y lo puso en el jardín del Edén para que lo cultivara y lo cuidara». Y Génesis 2:19-20 revela el segundo aspecto de este mandato del desarrollo:

> Entonces Dios el SEÑOR formó de la tierra toda ave del cielo y todo animal del campo, y se los llevó al hombre para ver qué nombre les pondría. El hombre les puso nombre a todos los seres vivos, y con ese nombre se les conoce. Así el hombre fue poniéndoles nombre a todos los animales domésticos, a todas las aves del cielo y a todos los animales del campo.

En estos dos pasajes vemos los aspectos gemelos dados al hombre, forjador de cultura. Primero está el cultivo del suelo y el uso de sus manos para trabajar y cuidar el jardín. Luego está el cultivo del alma y el uso de la mente y el corazón para poner nombre a los animales. Aquí el hombre ocupa su mente en observar, razonar y categorizar, y entonces inflama su corazón con creatividad y pasión.

Es interesante que los significados entretejidos de las palabras *cultivar y cultura* dan testimonio de los dos aspectos gemelos de la obra del hombre y el mandato cultural. En conjunto, *cultivar y cultura* tienen dos sentidos: preparar la tierra para plantar y preparar la mente del individuo y la sociedad para el desarrollo y la madurez. Literalmente, la palabra *cultivar* significa «mejorar y preparar (la tierra), arándola o fertilizándola para que produzca cosecha»[1]. Partiendo de este significado se ha llegado al «cultivo de la mente», hasta tal punto que algunos diccionarios definen *cultivo* como «refinamiento» y «cultura».

Por otra parte, la palabra *cultura* pasó al inglés con el significado de parcela de tierra cultivada. A partir del sentido de cultivo del suelo, esta palabra cobró también el sentido de cultivar la mente, las facultades y el comportamiento. *Cultura* puede hacer referencia a la instrucción, el desarrollo, el refinamiento de la mente, los sabores y los modales; la condición de ser así instruido y refinado; la cara intelectual de la civilización»[2]. Los diccionarios captan el origen y usos actuales de *cultura*: «El cultivo del suelo» y «la totalidad de modelos de conducta, artes, creencias, instituciones y todos los demás productos del trabajo y el pensamiento humanos socialmente transmitidos»[3].

Note que ambos aspectos de nuestra mayordomía —el cultivo del suelo y el cultivo del alma— se logran mediante el uso del cuerpo, y que hay un equilibrio entre la acción (trabajar y cuidar del jardín)[4] y la reflexión (designación de los animales)[5]. Dios nos ha dado manos y pies para involucrarnos físicamente en el mundo. Nos ha dado mente y corazón para pensar y crear. No hemos de trabajar mecánicamente, sino que hemos de pensar también acerca de nuestro trabajo.

Dios estableció el dominio del hombre sobre la naturaleza haciendo de él un creador de palabras. Parte de la imagen de Dios en nosotros es la capacidad de razonar, crear palabras, y entender las distinciones creadas. Como el hombre imita a Dios en el uso del lenguaje, también se distingue del resto de la creación como hacedor de cultura. Guiados por la adoración (culto), Adán y Eva debían crear cultura mediante el cultivo del suelo y el alma.

CARACTERÍSTICAS CRÍTICAS DEL MANDATO CULTURAL

Génesis revela varias verdades que caracterizan la obra para la que Dios nos ha creado.

Un proyecto comunitario

En primer lugar, el mandato cultural es un proyecto comunitario. Este mandato y sus vertientes social y de desarrollo, subordinadas, precisan del hombre y la mujer. La mujer y el hombre son igualmente portadores de imagen divina y a ambos se les ha encomendado la tarea de administrar la creación[6].

El relato de Génesis revela que un solo hombre no podía llevar a cabo la tarea. Fueron precisos mujeres y hombres para hacer comunidad. Después de crear al hombre «Dios el SEÑOR dijo: "No es bueno que el hombre esté solo. Voy a hacerle una ayuda adecuada"... Entonces Dios el SEÑOR hizo que el hombre cayera en un sueño profundo y, mientras éste dormía, le sacó una costilla y le cerró la herida. De la costilla que le había quitado al hombre, Dios el SEÑOR hizo una mujer y se la presentó al hombre» (Gén. 2:18, 21-22).

Fíjese que la tarea de hacer cultura fue encomendada tanto al hombre como a la mujer. El cumplimiento del mandato cultural es una responsabilidad social de la familia y de la comunidad más amplia.

Progreso y conservación

En segundo lugar, el mandato cultural exige un progreso y una conservación. En Génesis 2:15 se palpa un equilibrio entre «trabajar» y «cuidar» el jardín.

La palabra *abad* quiere decir trabajo. Aparece 290 veces en el Antiguo Testamento traducida por «trabajo» o «servicio»[7]. La palabra *shamar* quiere decir cuidado. Aparece 568 veces en el Antiguo Testamento y significa «mantener», «guardar», «proteger», «preservar»[8]. La primera palabra significa cuidar el jardín de tal manera que crezca y aumente su producción. La segunda significa preservar o proteger de una pérdida. Hay, por tanto, un equilibrio entre la tarea de fomentar progreso y conservar lo que ya existe.

Juan Calvino escribe en su comentario sobre el Génesis:

> Moisés añade que toda la tierra fue concedida al hombre, con esta condición, que se ocupara en cultivarla. De donde se concluye que los hombres fueron creados para dedicarse a algún trabajo, y no a yacer inactivos y ociosos... Por lo cual, nada es más contrario al orden natural que consumir la vida comiendo, bebiendo y durmiendo, sin proponerse hacer nada. Moisés añade que la custodia del jardín fue encargada a Adán, para mostrar que poseemos las cosas que Dios ha puesto en nuestras manos, con la condición de que mostrando contentamiento con un uso frugal y moderado de ellas, cuidemos lo que quede. Que aquel que posee un campo, participe de tal manera de sus frutos que la tierra no tenga que sufrir perjuicio por su negligencia; sino que se esfuerce por entregarla a su posteridad como la recibió, o incluso mejor cultivada. Que se alimente de sus frutos, de manera que no la disipe lujosamente, ni permita que sea asolada o arruinada por culpa de su desidia[9].

Desde la caída, el hombre no ha compensado las exhortaciones gemelas de trabajar y cuidar. Sin un marco moral y teológico para la mayordomía, el hombre tiende a violar la naturaleza, a desarrollarla sin conservarla, o a no desarrollarla, conservándola sin hacerla progresar. La tendencia primera es típica de las sociedades materialistas, la segunda de las sociedades animistas[10].

Un proceso dinámico

En tercer lugar, la realización del potencial que Dios ha puesto en la creación es un proceso dinámico, caracterizado por la actividad y el progreso. La creación de Dios no debe permanecer estática, sino ser estimulada a crecer. Dios pone las tareas de explorar, desarrollar y cultivar el suelo, el alma y la cultura en manos del hombre. Deben descubrirse y crearse recursos. Debe manifestarse una cultura piadosa, construirse sociedades civilizadas. Deben edificarse ciudades donde florezcan las artes, las ciencias y la empresa. Y la tierra debe ser llena del conocimiento del Señor[11].

Hay un tema que cose las Escrituras. La narrativa bíblica y la historia de la humanidad comienzan en un jardín —el Edén[12]— y concluye en una ciudad —la Nueva Jerusalén[13]. Realmente, la Nueva Jerusalén, la Ciudad Santa, es una ciudad-jardín[14]. David Hegeman describe la belleza de la unicidad de las Escrituras desde el principio de Génesis hasta el fin de Apocalipsis: «Hay un hilo profundo que se mueve a través de toda la Biblia, desde el jardín original hasta la Jerusalén celestial. De este último lugar se dice que es un jardín [*paradeisos*] y una ciudad [*polis*], haciendo de ella una ciudad-jardín paradigmática»[15].

La tarea asignada en Génesis a la humanidad, el hacer cultura, es la de administrar la creación desde que fuera un hermoso jardín hasta ser una ciudad gloriosa en un parque, una ciudad-jardín. La armonía que había en la creación antes de la caída entre el hombre, la creación y Dios debe ser restaurada, es el objetivo del fin de los tiempos, cuando habrá una armonía de medios y fines entre la creación del hombre (la ciudad) y la creación de Dios (la naturaleza).

De bellota a encina

En cuarto lugar, al obedecer el mandato cultural, se logra una progresión semejante a la bellota que se convierte en encina o roble. La humanidad debe desatar el potencial que encierra la creación, tal como el potencial de una bellota alcanza su cenit en el majestuoso roble. La pequeña, sencilla, aunque compleja y hermosa bellota ha de ser trabajada y cuidada de tal manera que llegue a ser un gran roble o encina. El árbol llega a ofrecer refugio a pájaros y ardillas. Proporciona sombra al cansado viajero y cobijo al picnic de los enamorados. Se convierte en objeto de la pluma del poeta y la brocha del pintor. Produce bellotas de por sí, manifestando el principio de la simiente, creando nuevos bosques.

Dios ha puesto en la creación la maravilla de los principios elementales. El ADN del primer perro contiene toda la «esencia canina» de la que deriva la increíble variedad de perros que se ven hoy por todo el mundo. El ADN de la primera rosa silvestre produjo todas las rosas que hoy florecen. De los tres colores básicos han surgido todos los cuadros que se han pintado y se pintarán. De una base de notas y armonías musicales han surgido todas las sinfonías, baladas y canciones de amor que se han compuesto. De los principios elementales de la aritmética han surgido las matemáticas y el acceso a las verdades científicas hasta la fecha descubiertas y por descubrir. Del principio fundamental del lenguaje han surgido todos los poemas, versos, sonetos y proverbios en todos los idiomas —e incluso mundos imaginarios, como la Tierra Media y Narnia—. Ciertamente, comenzando con el trabajo de Adán al nombrar a los animales, los vastos océanos de conocimiento a nuestro alcance no cesan de multiplicarse cada día que pasa.

A medida que el hombre edifica sobre los principios elementales, descubre las cosas escondidas, explora las vastas dimensiones del espacio exterior e interior; mientras escribe, pinta y compone, hace lo que Dios designó que hiciera. Está administrando el jardín. Cumpliendo el mandato cultural.

LA CUESTIÓN DE VIDA O MUERTE

Claramente, el hombre fue creado para hacer cultura. Esta es su principal tarea. La cuestión no es si hará el hombre cultura. La cuestión es ¿hará buena o mala cultura? ¿Edificará la cultura sobre los principios del reino o sobre principios falsos? ¿Contribuirá a la verdad, la justicia y la belleza o a la ignorancia, la corrupción y la fealdad?

En este capítulo hemos explorado algunas de las magnánimas intenciones de Dios para nosotros como forjadores de cultura. En el próximo, consideraremos lo que significa ser forjadores de cultura en un mundo caído.

CAPÍTULO 10

LA CAÍDA, LA CRUZ Y LA CULTURA

Aunque Dios creó al hombre a su propia imagen y le concedió la tremenda responsabilidad y el gozo de ser su mayordomo, éste rechazó su identidad y su propósito. En la caída, el hombre se rebeló contra el Excelso Rey del Cielo, quien en sí mismo define todo lo que es bueno. El hombre escogió no participar en la perfecta bondad de Dios. Finalmente, la caída condujo a los seres humanos a crear una cultura que no refleja la naturaleza de Dios. Los cimientos de una cultura perfecta fueron destruidos y ello causó la ruina de todas las relaciones: Dios con la humanidad, persona con persona, y persona con la creación. Este quebranto incluye la relación con el trabajo y la función de crear cultura.

Pero la historia no terminó con la caída. Dios actúa en el mundo para extender su reino. Jesús murió en la cruz para redimir a los perdidos y restaurar todo lo que se echó a perder. Pablo revela que *toda* la creación está aguardando su redención[1] y que Jesús murió para reconciliar todas las cosas consigo mismo[2]. La cruz no sólo restaura la relación del individuo con Dios, sino que sienta las bases para una sanidad sustancial en todas las relaciones. Esto significa que el mandato cultural de Génesis 1 y 2 tiene la capacidad de renovarse. La muerte de Jesús restauró y afirmó al hombre como divino hacedor de cultura.

Dallas Willard, en su maravilloso libro *The Divine Conspiracy,* dice lo siguiente:

> Jesús vino a mostrarnos y enseñarnos cómo vivir según su designio. Él vino muy gentilmente, abrió acceso al reinado de Dios y puso en marcha una conspiración de libertad en la verdad entre los seres humanos. Después de vencer a la muerte Él sigue entre nosotros. Contando con su palabra y su presencia, somos capaces de reintegrar el pequeño espacio que compone nuestra vida al dominio infinito de Dios. Y en eso consiste la vida eterna. Tomadas en su reino activo, nuestras obras constituyen un elemento de la historia eterna de Dios. Son lo que Dios y nosotros hacemos conjuntamente, lo que hace que seamos parte de su vida y Él parte de la nuestra[3].

Willard expresa aquí el misterio de la conexión orgánica entre nuestra vida y obra y la vida y obra de Dios. La caída dio ocasión a reinos disidentes que rechazaron el gobierno de Dios y provocaron un mundo abrumado por el *desorden* y la muerte. Pero Jesús venció a la muerte y nos mostró cómo *vivir*. Dios nos ha capacitado para colaborar con Él a fin de reparar y devolver los distintos reinos engendrados por la caída al reino de Dios. Lo que importa para los cristianos, teniendo en cuenta el mandato cultural es esto: La caída hizo que nuestra mayordomía fuera más difícil. No obstante, siguiendo las pisadas de Cristo, la humanidad es absolutamente capaz de afrontar sus consecuencias.

EL TRABAJO EN UN MUNDO TORCIDO

En su obra maestra *Más allá del planeta silencioso*[4], C. S. Lewis, evoca el planeta rebelde contra el Creador del universo y lo califica de «silencioso» y hogar de los «torcidos». Desde la rebelión de Adán y Eva hemos vivido en un mundo caído y nosotros somos los torcidos.

Nuestra rebelión acarreó consecuencias naturales. Negar el orden de Dios es introducir *desorden*. Moisés explica la elección que tenemos por delante: vivir según el orden de Dios, obedeciendo sus ordenanzas, o sufrir el desorden y la muerte, consecuencias del pecado:

> Este mandamiento que hoy te ordeno obedecer no es superior a tus fuerzas ni está fuera de tu alcance. No está arriba en el cielo, para que preguntes: «¿Quién subirá al cielo por nosotros, para que nos lo traiga, y así podamos escucharlo y obedecerlo?» Tampoco está más allá del océano, para que preguntes: «¿Quién cruzará por nosotros hasta el otro lado del océano, para que nos lo traiga, y así podamos escucharlo y obedecerlo?» ¡No! La palabra está muy cerca de ti; la tienes en la boca y en el corazón,

para que la obedezcas. Hoy te doy a elegir entre la vida y la muerte, entre el bien y el mal. Hoy te ordeno que ames al SEÑOR tu Dios, que andes en sus caminos, y que cumplas sus mandamientos, preceptos y leyes. Así vivirás y te multiplicarás, y el SEÑOR tu Dios te bendecirá en la tierra de la que vas a tomar posesión...

Hoy pongo al cielo y a la tierra por testigos contra ti, de que te he dado a elegir entre la vida y la muerte, entre la bendición y la maldición. Elige, pues, la vida, para que vivas tú y tus descendientes. Ama al SEÑOR tu Dios, obedécelo y sé fiel a él, porque de él depende tu vida, y por él vivirás mucho tiempo en el territorio que juró dar a tus antepasados Abraham, Isaac y Jacob. (Deut. 30:11-16; 19-20)

E. Stanley Jones ha captado la importancia de obedecer las leyes de Dios en muchos de sus escritos. Explica que las leyes y las ordenanzas de Dios son inmutables, y asimismo inquebrantables. Por tanto, el que pretende quebrantar las leyes de Dios resulta lastimado. El que intenta burlar la ley física de la gravedad saltando desde un rascacielos, no quebranta la ley: él mismo es quebrantado. El que intenta burlar, por ejemplo, la ley moral «no cometerás adulterio», no quebranta la ley: él y su familia se quebranta sobre la ley.

El pecado nos ha quebrantado y ha acarreado ruina a la creación. Pero para entender debidamente el trabajo en el mundo, es crucial entender lo que está y lo que no está roto. En relación con el asunto del trabajo, muchos cristianos arguyen que éste es una maldición. Pero como hemos venido diciendo, el trabajo existía antes de la caída. No fue el trabajo lo que Dios maldijo, sino el terreno. Además de los beneficios que produce, ahora produce también espinos y abrojos[5], y sobrevendrán sequías, inundaciones, terremotos, y hambrunas. Ahora existe el mal en el ámbito natural, lo que nuestros precursores denominaron «mal natural». El trabajo del hombre es ahora más duro (con el «sudor de tu frente») pero en sí mismo no es malo.

Entonces, ¿nos sentaremos indolentemente y dejaremos que las malas hierbas infesten el suelo, o las arrancaremos? Como hicieron nuestros antepasados, nosotros también hemos de afrontar activamente el mal natural. El gran compositor de himnos y pastor inglés Isaac Watts (1674-1748) captó el pensamiento cabal del cristiano en su maravilloso villancico «Al mundo paz». Una estrofa alude al mal natural y cómo responder a él.

No broten ya pecado ni tristeza,
Ni espinas infesten la tierra;

Él viene bendiciones derramando,
De nosotros maldiciones alejando,
De nosotros maldiciones alejando.

Para desarrollar una teología bíblica de la vocación es clave recordar que el trabajo es parte de lo que Dios declaró ser «muy bueno» (Gén. 1:31). El hombre fue hecho para trabajar como parte de su dignidad, como parte de la naturaleza innata de lo que significa ser humano, ser imagen de un Dios que trabaja. Como escribió el Papa Juan Pablo II: «El hombre ha sido creado para ser en el universo visible una imagen y semejanza de Dios, y puesto en él para dominar la tierra. Por tanto, ha sido llamado a trabajar desde el principio»[6].

No sólo no ha sido maldecido el trabajo; tampoco lo ha sido el hombre. En la batalla decisiva del conflicto espiritual, el Hijo de Eva fue destinado a aplastar (derrotar) a Satanás al mismo tiempo que éste hería a Cristo en la cruz[7]. Los seres humanos somos objetos inmediatos de la promesa redentora de Dios, y nuestro trabajo resultará ser agente de redención en el mundo, si colaboramos con Dios.

No obstante, la totalidad de la vida y el trabajo, que en gran parte constituye el plan de Dios para nosotros, conocerán la deformación de la corrupción del pecado. En las dificultades para cumplir las funciones asignadas dentro del contexto del quebranto inducido por el pecado, experimentaremos que el trabajo está separado de Dios, y por tanto de su amarra y su sentido teológico. El trabajo como mayordomía, vocación, empresa y parte del mandato cultural está afectado, en este contexto degradado, y nos parecerá aburrido, rutinario, mecánico repetitivo, duro e incluso fútil.

A mayor escala, la caída ha arrastrado a sistemas económicos a apartarse de los principios del reino. Principios contrarios conducen a sistemas dominados por la codicia y la corrupción. Estos sistemas, en vez de crear un ambiente en el que los portadores de imagen divina puedan florecer en destrezas y capacidades artísticas, reducen el trabajo no más que a movimientos de ruedas dentadas de una máquina, como la cosmovisión comunista/materialista, o a jugar el papel de un siervo a disposición de su señor feudal, como se demostró en los sistemas mercantilistas.

Dondequiera que el pecado ha engendrado sistemas perversos como éstos, o una dislocación personal de nuestra vida y trabajo respecto del plan divino, Dios está actuando para revertir los efectos de la caída, y nos invita a colaborar con Él.

REALISMO-IDEALISMO

Vivir en un mundo caído significa que tenemos la responsabilidad de luchar contra el mal ético y contra el mal natural. Libramos una guerra para redimir a toda la creación de los efectos de la caída[8]. Dios sigue actuando, impartiendo común gracia, para sustentar el universo. El hombre colabora con Dios para hacer retroceder los efectos del mal natural —apoyado en la ciencia y la tecnología— y los límites de la pobreza, valiéndose de la empresa económica. A medida que el evangelio avanza para transformar los corazones y las vidas de los hombres, y conformarlos a la imagen de Cristo —primera imagen del hombre—, la dignidad del trabajo es afirmada, y la tarea existencial humana establecida, en conexión con el reino de Dios.

Hemos de tener dos actitudes hacia el trabajo en un mundo caído: realismo e idealismo. El realismo nos recuerda las cosas tales cuales son: estructuras económicas corruptas, seres humanos pecaminosos y mal natural. No existe vida ni empleo perfectos. Hasta el regreso de Cristo correrá sudor en las frentes. No hemos de ser utópicos románticos. Como a Francis Schaeffer le gustaba recalcar: «Si esperas perfección o nada, ¡nunca obtendrás nada!».

Sin embargo, además de realistas, hemos de ser idealistas. Sabemos que Cristo, en la cruz, ganó la batalla decisiva que marcó el punto de inflexión en la guerra cósmica en torno a la moral y el mal natural[9]. Conocemos el desenlace final del conflicto. Cristo nos ha llamado a seguir su estandarte en medio de la batalla. Dios está actuando en el mundo, redimiendo su creación, edificando su reino. Hemos de tener parte en este empeño. La agenda de Cristo es la nuestra. El idealismo nos invita a ver las cosas como deberían ser, reflejadas en la oración «venga tu reino, hágase tu voluntad en la tierra como en el cielo» (Mat. 6:10). Hemos sido llamados a participar en la guerra para asegurar el avance del reino, no para sentarnos pasivamente en el banquillo. Como siervos del Rey hacemos esto de maneras muy tangibles *aquí en la tierra*, empleando todos los dones naturales y espirituales que se nos han concedido para luchar contra el hambre, la pobreza, la ignorancia y defender la verdad, la vida y la justicia.

En medio de la desolación, el hombre redimido ha de trabajar para redimir la cultura y transformar naciones. David Hegeman lo resume así:

> Así pues, Dios desea formar una comunidad de hombres y mujeres redimidos que estén equipados para toda buena obra. ¡Hemos sido redimidos para poder trabajar! La raza humana es devuelta a un estado de justicia para poder recuperar la vocación edénica de transformar («trabajo») la

> tierra en una gloriosa ciudad-jardín, y finalmente tomar posesión de una herencia por largo tiempo esperada[10].

El hombre redimido no ha de limitarse a seguir la corriente de la cultura actual, ni tampoco ha de centrarse en atacar los aspectos negativos de la misma. Ha de promover una cultura del reino. Siempre ha de ir «contracorriente» del sistema mundano. Como alguien ha dicho, no basta con maldecir las tinieblas; es preciso encender una luz para disiparlas.

En resumen, la caída es real, pero hemos de luchar contra ella. Las culturas pueden ser transformadas y las naciones reformadas. El Pacto Abrahámico[11] de bendecir a todas las naciones está vinculado actualmente a la Gran Comisión que Cristo nos ha encomendado de discipular a las naciones, «enseñándoles a obedecer todo lo que les he mandado» (Mat. 28:20).

Este proceso es progresivo y dinámico. La transformación puede ser sustancial y acarrear una sanidad importante en todas las áreas de la vida. Sin embargo, no hay que hacerse ilusiones por lo que respecta a una «perfectibilidad» presente. Nada será perfecto antes de la segunda venida de Cristo. Y el progreso se hará en el Espíritu, no en la carne. El proceso es una danza. Cristo es el líder, nosotros, sus seguidores. Cristo ejerce su función y nosotros la nuestra. Cristo regresará con su reino. A nosotros, entre tanto, nos corresponde obedecer su mandamiento de «negociad entre tanto que vengo» (Lucas 19:13, RV-1960). La consumación tendrá lugar cuando Cristo regrese.

LA FINALIDAD DE LA CULTURA

¿Cuál es entonces la finalidad de la cultura? ¿Cuál es su propósito? ¿Con qué objeto trabajamos? Cuando Cristo retorne al final de la historia, vendrá por su novia, la iglesia[12]. Él regresará con la Ciudad Santa, la Nueva Jerusalén[13]. Entonces los reyes de la tierra llevarán sus dones a la fiesta de bodas. Estas palabras admirables se hallan en Apocalipsis 21:22-26:

> No vi ningún templo en la ciudad, porque el Señor Dios Todopoderoso y el Cordero son su templo. La ciudad no necesita ni sol ni luna que la alumbren, porque la gloria de Dios la ilumina, y el Cordero es su lumbrera. Las naciones caminarán a la luz de la ciudad, y los reyes de la tierra le entregarán sus espléndidas riquezas. Sus puertas estarán abiertas todo el día, pues allí no habrá noche. Y llevarán a ella todas las riquezas y el honor de las naciones.

¡Qué escena! Los reyes de la tierra llevarán la gloria y el honor de las naciones a la Ciudad de Dios.

Al final de los tiempos, como cumplimiento de la bendición y el discipulado de las naciones, la gloria singular de cada nación será revelada a la luz de la gloria de Dios. Tal como los magos de oriente trajeron presentes de oro, incienso y mirra[14] al niño Jesús, así los reyes de la tierra llevarán la gloria y el esplendor de las naciones a Cristo en el día de sus nupcias.

Las imágenes de Apocalipsis 21 aparecen anunciadas en los Salmos 47; 72:10-17; y 117; y en Isaías 60:1-20; 62:1-3; y 66:18-21. Hegeman señala cuatro similitudes entre las dos visiones[15]: En primer lugar, las naciones se reunirán para adorar[16]. En segundo lugar, no habrá más sufrimiento[17]. En tercer lugar, las puertas de la ciudad nunca se cerrarán[18]. Y en cuarto lugar, los dones de las naciones serán presentados[19]:

Veamos los dones presentados según Isaías 60:4-14:

> Alza los ojos, mira a tu alrededor: todos se reúnen y acuden a ti. Tus hijos llegan desde lejos; a tus hijas las traen en brazos. Verás esto y te pondrás radiante de alegría; vibrará tu corazón y se henchirá de gozo; porque te traerán los tesoros del mar, y te llegarán las riquezas de las naciones. Te llenarás con caravanas de camellos, con dromedarios de Madián y de Efa. Vendrán todos los de Sabá, cargando oro e incienso y proclamando las alabanzas del SEÑOR. En ti se reunirán todos los rebaños de Cedar, te servirán los carneros de Nebayot; subirán como ofrendas agradables sobre mi altar, y yo embelleceré mi templo glorioso.
>
> ¿Quiénes son los que pasan como nubes, y como palomas rumbo a su palomar? En mí esperarán las costas lejanas; a la cabeza vendrán los barcos de Tarsis trayendo de lejos a tus hijos, y con ellos su oro y su plata, para la honra del SEÑOR tu Dios, el Santo de Israel, porque él te ha llenado de gloria.
>
> Los extranjeros reconstruirán tus muros, y sus reyes te servirán. Aunque en mi furor te castigué, por mi bondad tendré compasión de ti. Tus puertas estarán siempre abiertas, ni de día ni de noche se cerrarán; a ti serán traídas las riquezas de las naciones; ante ti desfilarán sus derrotados reyes. La nación o el reino que no te sirva, perecerá; quedarán arruinados por completo.

> Te llegará la gloria del Líbano, con el ciprés, el olmo y el abeto, para embellecer el lugar de mi santuario. Glorificaré el lugar donde reposan mis pies. Ante ti vendrán a inclinarse los hijos de tus opresores; todos los que te desprecian se postrarán a tus pies, y te llamarán «Ciudad del SEÑOR», «Sión del Santo de Israel».

En este pasaje de Isaías se anuncia la congregación de las naciones para adorar al Dios viviente y celebrar las bodas del Cordero. Al final de *su* historia, Cristo retornará en la plenitud de su reino. Cada aspecto de nuestra vida y trabajo que da gloria a Dios será presentado ante Cristo. Presentimos que los recursos singulares y naturales de las naciones serán una parte de esos dones. Pero no sólo éstos; el trabajo manual de la gente —la artesanía, el arte y los productos obtenidos con esos recursos— estarán entre los dones que han de ser presentados a Cristo.

En un viaje a Ruanda para asistir a una conferencia de pastores, mis buenos amigos Bob Moffit y John Wood llevaron un presente: camisetas del coro de su iglesia para el coro de otra iglesia ubicada en un distrito pobre de la capital, Kagali. Después de repartir las camisetas, este último coro comenzó a cantar himnos gospel haciendo gala de una rica textura de ritmos y armonías africanos. Escuchando el coro, mis amigos se sintieron transportados a las puertas del cielo. En todos sus viajes por el mundo nunca habían oído nada semejante. Al saltárseles las lágrimas ante la belleza y la alabanza que estaban experimentando, comentaron entre sí que éste bien podría ser uno de los dones que presentaran los reyes de Ruanda al Cristo glorificado.

De cada nación llegará la hermosura de su cultura —en artesanía, música, arte, teatro y danza— y la de sus recursos naturales varios. La gloria singular de cada nación, revelada a la luz de la gloria de Dios, puede ser presentada a la eternidad como un don para Cristo. El teólogo Anthony Hoekema (1913-1988), en su libro *The Bible and the Future,* contempla el objeto de la cultura:

> Entre los habitantes de la tierra estarán incluidas personas que lograron gran prominencia y ejercieron gran poder en este mundo —reyes, líderes y por el estilo—. Cabe decir que todo lo que la gente hizo en esta tierra que glorificó a Dios será recordado en la vida venidera (véase Apocalipsis 14:13). Pero cabe decir más aún. ¿Es demasiado afirmar que, según estos versículos, la contribución específica de cada nación a la vida en esta tierra enriquecerá la vida en la nueva tierra? ¿Heredaremos entonces los mejores productos de la cultura y del arte que esta tierra ha producido?[20]

Apocalipsis 14:13 declara: «Oí una voz que desde el cielo me decía: Escribe: Bienaventurados de aquí en adelante los muertos que mueren en el Señor. Sí, dice el Espíritu, descansarán de sus trabajos, porque sus obras [*ergon*] con ellos siguen (RV-1960). Hegeman pondera sobre Apocalipsis 14:13: «Veremos las obras para las que fue creado el hombre (Gén. 2:15), y después, redimido (Efe. 2:10), al parecer, presentadas a la eternidad[21].

G. B. Caird, en su comentario sobre el libro de Apocalipsis, escribe en relación a la gloria y honor de las naciones:

> Nada perteneciente al antiguo orden que tenga valor a los ojos de Dios dejará de entrar en el nuevo. El cielo de Juan no es un Nirvana que niegue el mundo, en el que los hombres puedan refugiarse de los males incurables de una existencia sublunar, sino el sello que certifica la bondad de la creación de Dios. El tesoro que los hombres hallen acumulado en el cielo resultará ser el emporio de los tesoros de las riquezas de las naciones, lo mejor que hayan conocido y amado sobre la tierra, redimido de toda imperfección y transfigurado por el esplendor de Dios[22].

C. S. Lewis capta esto en su libro *La última batalla*[23]. Lewis llama al mundo caído que actualmente habitamos «Tierras de penumbra», y hace referencia al «nuevo cielo y nueva tierra» como «país de Aslan». Aslan, un león, es la figura de Cristo, el Rey del cielo y de la tierra. Cuando los héroes y heroínas de *La última batalla* pasan de las Tierras de penumbra al país de Aslan, éste les da la bienvenida con la invitación: «Suban más arriba y pasen más adentro[24]». A medida que los niños del relato ascienden y van más adentro, aparece una alborada, una revelación progresiva. Cuanto más ascienden, más cuenta se dan de que donde ahora se encuentran están libres de las Tierras de penumbra; es el lugar anhelado, el lugar para el que fueron destinados. Lewis dice: «¡Por fin he llegado a casa! ¡Este es mi verdadero país! Soy de aquí. Este es el país que he estado buscando toda mi vida, aunque nunca lo supe hasta este momento». Y no sólo llegan por fin a casa los niños ingleses, sino que a medida que «ascienden y entran» sienten que «ya han estado allí». Al proseguir su viaje, descubren que están en una Inglaterra en toda su gloria. Y la escoria ha sido quemada. Sólo queda la belleza singular de Inglaterra[25]. En esta imagen, Lewis dramatiza hermosamente la verdad de cada cultura redimida y purificada a la luz de la gloria de Dios.

NUESTRO PROPÓSITO ORIGINAL Y DEFINITIVO

¿Qué clase de cultura tratan de crear usted y otros miembros de su comunidad? Esto importa inmensamente, tanto en el tiempo como en la eternidad. El hombre, como imagen de Dios, es un hacedor de cultura. Su propósito original por mandato divino dado en el mandato cultural es crear una cultura piadosa, una cultura que encarne la naturaleza y el carácter del mismo Dios en toda su verdad, belleza y justicia. Por provocación y por ignorancia hemos multiplicado la angustia sobre la tierra. Pero Dios está actuando para reconciliar todas las cosas consigo mismo. Como reconciliador, Él extiende su reino, y como reconciliadores, nosotros colaboramos con Él, manifestando sobre la tierra la cultura de un reino que es verdaderamente celestial.

El teólogo holandés Herman Bavinck (1854-1921) escribió:

> «La cultura, en un sentido amplio, es el propósito para el cual Dios creó al hombre según su imagen... [el cual] no sólo incluye las vocaciones más antiguas... caza, pesca, agricultura y crianza de ganado, sino el intercambio y el comercio, la ciencia y el arte»[26].

Ya seamos médicos, jefes de cocina, paisajistas, pastores, o programadores informáticos, todos trabajamos como forjadores de cultura. Es fundamental entender el trabajo en el contexto del mandato cultural para construir una teología bíblica de la vocación. Así como la meta-narrativa bíblica entera da testimonio desde la creación hasta la consumación, nuestro trabajo consiste, en definitiva, en que las personas vengan a Cristo, sean atraídas a la vida de su reino, y aporten su tarea diaria al avance de la cultura del reino. Es en este contexto donde hallamos nuestra vocación —en la conexión de nuestra vida y trabajo con el reino de Dios—. En los próximos capítulos indagaremos qué significa para cada uno de nosotros ser llamados a un quehacer cotidiano y persistiremos en explorar la *Historia transformadora de Dios.*

PARTE 4 : LA VOCACIÓN EXISTENCIAL

CAPÍTULO 11

EL LLAMAMIENTO: LA VOCACIÓN EXISTENCIAL

Os Guiness escribe en *The Call,* «Si no hay Quien llame, no hay vocaciones —sólo trabajo—»[1]. Y trabajo sin sentido, por cierto. Si el universo guarda silencio, como afirman los modernistas, la vida no tiene sentido, sólo quedan «tinieblas exteriores» y preguntas sin respuesta.

Pero en realidad, el universo no está callado. Antes de la creación del mundo, la comunidad existía en la Trinidad. Las relaciones son uno de los principios fundamentales del universo. Dios creó al hombre para vivir en conexión íntima y personal con Él. En la relación divina-humana, Dios es el que llama y el hombre es el llamado. Por lo cual, nuestra llamada se halla en comunión con la Trinidad, Dios Soberano que ordena todas las cosas y que reserva en ese orden un lugar específico para «mí».

NUESTRA DOBLE LLAMADA

Desde Adán y Eva en el Jardín, hasta los patriarcas, los apóstoles, las mujeres y los hombres del mundo presente, el Dios del universo viene llamando a la gente a una relación cara a cara con Él y a contribuir con cada asignación personal a la extensión del reino de Dios.

Nuestra llamada es ante todo a la salvación. Esta es la llamada *fundamental* a la que todos los creyentes deben responder. Pero la llamada *segunda,* específica para cada creyente, es su vocación, su ocupación. Cada persona en

Cristo es llamada a desempeñar un rol singular en la extensión del reino de Dios, no menos que es llamada cada estrella por su nombre. El Padrenuestro, «venga tu reino, hágase tu voluntad en la tierra como en el cielo» (Mat. 6:10), ha de ser tomado seriamente por los ciudadanos leales del reino de Dios. Hemos sido llamados a entrar en el reino, y después, a extenderlo por el mundo llevando verdad (metafísica bíblica), justicia (ética bíblica), y hermosura (estética bíblica) a la vida entera, por medio de la fe y la vocación.

La palabra *vocación* procede del latín *vocatio,* que significa invitación, citación, llamamiento, convocatoria, como la «llamada de Dios». A su vez, *vocatio* procede de *vocare,* llamar. Noah Webster definió *vocación en el American Dictionary of the English Language* de 1828:

> Entre los ministros de culto[2], un llamamiento por la voluntad de Dios; o la concesión de una notable gracia divina sobre una persona o nación, por la cual, es atraída a la salvación; 2. Citación o requerimiento; llamamiento; inducción. 3. Designación o destino a un estado o profesión particular. 4. Empleo; llamada; ocupación; oficio; palabra que incluye profesiones y ocupaciones mecánicas. Que todo sacerdote o ministro, todo médico, todo abogado y todo mecánico sea fiel y diligente en su vocación[2].

Webster, el primer lexicógrafo del inglés americano, se movía en una cosmovisión bíblica. Su definición está arraigada en el lenguaje y el pensamiento bíblicos. La concepción bíblica de la vocación en el diccionario Webster incluye un doble sentido de llamamiento a la salvación y a la ocupación personal. Aunque se suele emplear la palabra *vocación* para aludir a un área de empleo especial, en un sentido más amplio la *vocación* incluye la tarea vital, la ocupación principal, y además todo servicio que Dios nos señala para realizar en este mundo. Es decir, Dios llama a *cada* creyente a seguir a Cristo y a ser instrumento del reino de Dios en el mundo. Es un llamamiento general a la vida y una *llamada* singular y particular al trabajo: a un quehacer cotidiano.

EL LLAMAMIENTO GENERAL DE DIOS

Es esencial comprender la vida y el trabajo en el contexto del llamamiento de Dios para desarrollar una teología bíblica de la vocación. Recuerde que fueron los reformadores quienes recuperaron la aplicación del concepto de la vocación a la esfera más amplia de la vida, enseñando que todos los cristianos tienen opción a un abanico de vocaciones legítimas, no sólo a las órdenes monásticas o clericales. Esta aplicación se extendió por toda Europa a medida que los cristianos influidos por el pensamiento de la Reforma redescubrieron una concepción bíblica integral.

Como entendieron los reformadores, el llamamiento de Dios no está fragmentado; es global, integrador y comprehensivo. Abarca todo nuestro ser y la realidad entera. Desgraciadamente, la iglesia actual está presentando, por lo general, una llamada truncada, estrecha, espiritualmente inclinada. Una llamada exclusiva a la salvación del alma por la eternidad. Este concepto griego de la vocación deja en el mundo un anhelo de algo que cubra toda la existencia, tanto en el presente como en la eternidad.

En la introducción, inicié el tema de la vocación contando el caso de un grupo de jóvenes filipinos que decidieron incorporarse a los rebeldes maoístas. Cuando un misionero les preguntó qué habían visto en el maoísmo que no hallaran en el cristianismo, su jefe respondió:

> Señor, el maoísmo proporciona a los jóvenes que se encuentran en nuestra situación cuatro cosas esenciales: (1) una visión unificada y coherente del mundo, la historia y la realidad; (2) un objetivo por el que trabajar, vivir y morir; (3) una invitación a todos para aspirar a una fraternidad común; y (4) un compromiso y una misión para propagar la buena noticia de que hay esperanza para los desesperanzados. El hecho es, señor, que la fe cristiana, a pesar de su belleza, parece incapaz de proporcionar tal visión[3].

¡Cuántas lágrimas deberíamos derramar! Aunque los jóvenes filipinos lo ignoraban, no buscaban otra cosa que al Rey y su reino. El alma del hombre y el alma de las culturas anhelan aquello para lo que han sido creadas. Además de la verdad, la justicia y la belleza, la fe cristiana proporciona las «cuatro cosas esenciales» que el mundo está buscando: una visión coherente de la realidad, una causa por la que vivir y morir, sentido de comunidad y algo grande que dé esperanza a los desesperados. Pero la iglesia sólo ofrece una sombra de la gloria que ha recibido.

Como miembros del cuerpo de Cristo, necesitamos que se nos recuerde que la llamada de Dios involucra al hombre total y todas sus relaciones. Comprende su corazón, su mente, su alma y sus fuerzas. Comprende su relación con Dios, con su prójimo y con la creación.

Como dice Os Guiness: «La llamada es la premisa de la existencia cristiana. Significa que todos, en todas partes y en todas las cosas cumplen su vocación (secundaria) en respuesta a la llamada divina (fundamental)»[4].

EXPLORACIÓN DE LA PALABRA *LLAMAMIENTO*

En la Biblia aparecen más de setecientas veces una palabra griega y otra hebrea que equivalen a *llamamiento*[5]. Al igual que *llamada* en inglés y en español, las palabras griega y hebrea equivalentes portan una riqueza de acepciones y matices de significado. La palabra griega *keleo,* usada en el Nuevo Testamento, significa «llamar» o «llamar por nombre». Procede de la raíz *keleuo,* que se traduce por «mandar» u «ordenar». Otra palabra griega, *klesis,* se traduce por *llamada* y *vocación.* Se usa a veces en el sentido de invitar a una fiesta, como la invitación divina a la salvación. En el Antiguo Testamento aparece la palabra hebrea *qara.* Se emplea en el sentido de convocar, invitar, nombrar, llamar, requerir, llamar y comisionar, o llamar y dotar.

Volviendo al diccionario Webster de 1828, hallamos muchas de las ricas acepciones bíblicas que adornan el concepto de llamada:

> La palabra llamada [en hebreo sujetar o refrenar.] En un sentido general, impulsar; forzar o arrancar por la fuerza. De aquí, nombrar; denominar o poner un nombre. [Dios] a la luz la llamó «día», y a las tinieblas, «noche» (Gén. 1)... Convocar; citar; enviar o dar orden de reunión; congregarse por mandato o aviso público;... Nombrar o designar, como para un cargo, obligación o empleo. («Toma en cuenta que he escogido a Bezalel». Éxo. 31. Pablo llamado a ser apóstol. Rom. 1.)... Invitar o atraer a una unión con Cristo; acercar al conocimiento, fe y obediencia del evangelio (Rom. 8:28)... Provocar, requerir o llamar a la acción; como provocar todas las facultades de la mente... vocear, llamar a la lucha; retar; también, llamar al servicio; como hacer intervenir a la milicia[6].

¡Y pensar que Dios nos ha llamado! El mismísimo Dios que llamó al universo a existir con su palabra y dio identidad a las cosas creadas llamándolas por nombre nos ha llamado a la existencia y dado nombre. Nos ha invitado y atraído.

EL QUE LLAMA EQUIPA AL QUE ES LLAMADO

Dios no sólo nos llama, también nos equipa para desempeñar la vocación. Vemos esto en nuestros primeros padres Adán y Eva, cuando les fue dado el mandato cultural: «Dios les bendijo» (Gén. 1:28-29). La palabra *bendecir* en el Antiguo Testamento (en hebreo *barak*) aparece 330 veces. Significa «investir con poder para alcanzar éxito, prosperidad, fecundidad, longevidad, etc.»[7]. Dios bendijo a Adán y Eva para el propósito por el que les creó y les concedió un mundo en el que debían ejercer sus vocaciones. Del mismo modo, Dios bendijo a Abraham para ser una nación modelo, para que todas las naciones del mundo fueran bendecidas: «Te bendeciré» (Gén 12:2). Dios llamó a Moisés a edificar el tabernáculo. Le proveyó para la tarea convocando al pueblo para que aportara su abundancia material y sus destrezas[8]. Del mismo modo, en la Gran Comisión, Jesús llamó a sus discípulos para enseñar a las naciones[9]. Y vemos que Él les capacitó para la tarea[10].

¿Qué significa capacitar? En el Nuevo Testamento, la palabra *katartismos* es traducida por *capacitar*[11]. Aparece en Efesios 4:12, en la versión Reina Valera-1960, donde se traduce por «perfeccionar»; aquí, los apóstoles, profetas, evangelistas, pastores y maestros son dados a la iglesia para su «capacitación» o «completa dotación» para la obra de servicio. Esta palabra deriva de *katartizo*, que significa «poner en orden», «preparar», «fortalecer», «hacer que uno sea lo que debe ser»[12]. Se emplea en Hebreos 13:20-21: «El Dios que da la paz...Que él los capacite en todo lo bueno para hacer su voluntad».

El tema común del Antiguo y el Nuevo Testamento es que Dios tiene un propósito para nuestra vida y nos capacita para llevarlo a cabo. A nivel personal, esto se pone de manifiesto en las maravillosas palabras del salmista:

> Tú creaste mis entrañas; me formaste en el vientre de mi madre. ¡Te alabo porque soy una creación admirable! ¡Tus obras son maravillosas, y esto lo sé muy bien! Mis huesos no te fueron desconocidos cuando en lo más recóndito era yo formado, cuando en lo más profundo de la tierra era yo entretejido. Tus ojos vieron mi cuerpo en gestación: todo estaba ya escrito en tu libro; todos mis días se estaban diseñando, aunque no existía uno solo de ellos (Sal. 139:13-16).

Hemos sido formidable, maravillosamente creados para un propósito y Dios nos ha diseñado, capacitado y dotado para cumplirlo. El ADN de nuestro código genético ha determinado nuestra dotación física. Al mismo tiempo hay un ADN metafísico que conforma nuestra llamada única. Hemos sido creados para llevar a cabo algo que nadie más puede realizar como nosotros. Michael Novak, filósofo de la economía, dice elocuentemente: «Lo que muestra la singularidad del individuo es la trayectoria de la vocación que persigue, como un meteorito a través de la noche oscura de la historia»[13].

HECHOS PARA EL QUE NOS LLAMA

Dios diseñó al hombre para colaborar con Él y conformar el curso de la historia. Las palabras y hechos de cada persona influyen en la historia de otros individuos, comunidades y naciones.

El Dr. Francis Schaeffer dijo que una persona es como un guijarro arrojado a un estanque: origina ondas, ondas que se «emiten por siempre». Mi buen amigo Bob Moffitt, fundador de la Fundación contra el Hambre, ha dicho: «Todas las personas han sido creadas para estampar su firma en el universo».

Sentimos anhelo de propósito, sentido y realización porque hemos sido creados para algo. Hemos sido hechos para el que nos ha llamado, para el Eterno. Os Guinness lo capta maravillosamente: «El hecho mismo de que los humanos experimenten deseo prueba que somos criaturas. Como somos incompletos en nosotros mismos, deseamos todo lo que creemos que nos atrae a fin de ser completos»[14].

Somos como Abraham, que fue llamado a la fe, a dejar su casa y su cultura en Ur de los Caldeos para vagar por el desierto[15]. Abandonó todo lo que le resultaba familiar, todo lo que le resultaba cómodo, y emprendió viaje por el reino de Dios. ¿Qué iba buscando en su deambular por el desierto? La Ciudad de Dios[16].Lo mismo cabe decir de los santos de la antigüedad. Vagaron por el desierto en busca de la ciudad. Todos murieron en la fe sin recibir lo prometido[17]. Como Abraham y la gran nube de testigos, somos «peregrinos en un viaje», «forasteros en tierra extraña», anhelando el reino de Dios, buscando lugar idóneo en el universo.

Guinness escribe:

> Al haber sido personalmente llamados por el Creador del universo, se nos ha dado un sentido en lo que hacemos que fulgura cada segundo y cada centímetro de nuestra vida... La llamada es siempre a lo más alto, lo más profundo y lo más lejano.
>
> Conscientes de nuestros dones y aspiraciones más profundas, sabemos que la vocación ha de preceder siempre a consideraciones de tipo profesional y que podemos buscar satisfacción en el trabajo únicamente desde la perspectiva de la vocación.
>
> ...Dios nos ha llamado, y nunca somos más nosotros mismos que cuando al responder se nos estira hasta el límite[18].

Hemos de dejar atrás lo familiar y la comodidad de nuestra propia Ur de los Caldeos y vagar por el desierto, fijando los ojos en lo que está fuera de nuestro alcance, «la ciudad que tiene fundamento, cuyo arquitecto y constructor es Dios» (Heb. 11:10).

LLAMADOS A UNA TAREA VITAL

Nuestra jornada hacia la Ciudad de Dios comienza en el momento de nuestra concepción. Hemos sido llamados a la vida. Nacimos en una familia, comunidad, pueblo (grupo étnico) y nación. Todos nacemos en un contexto específico y dentro de una red de relaciones. La jornada prosigue con la llamada a la salvación; entonces nos unimos a una nueva familia; somos adoptados en la familia de Dios. Esta es una fraternidad que se extiende en el espacio y el tiempo. Conecta con la gran nube de testigos mencionados en Hebreos 11 y continúa hasta el presente. Conecta con una familia de toda tribu y nación[19]. Es un llamamiento a entrar en el reino de Dios.

La jornada continúa con la llamada de Dios al trabajo y a un lugar de despliegue. Aquí Dios nos capacita para ocuparnos y, valga la redundancia, para ocupar el lugar donde llevaremos a cabo nuestro quehacer cotidiano. En éste, o en estos lugares, hemos de crecer y madurar hasta completar la labor que Él nos ha llamado a hacer.

Cualesquiera que sea nuestro quehacer cotidiano, ha de entenderse como parte de la agenda de Dios —en el contexto de SU historia—. Dios está actuando para extender SU reino, reconciliar todas las cosas consigo mismo, y nos ha llamado a colaborar con Él.

CAPÍTULO 12

EL LLAMAMIENTO GENERAL:

A LA VIDA

La llamada general a la salvación —la entrada en el reino de Dios— es fundamental para responder a la llamada particular al trabajo —para extender el reino—. La llamada general define, en términos morales y espirituales, el marco de la llamada particular.

En tanto procuremos responder a la doble llamada de Dios —para conectar toda nuestra vida y trabajo con su reino— pisaremos una realidad firme. Esta búsqueda es a la vez posible y vital porque la obra de reconciliación de Dios abarca *todas* las cosas para *todos* los tiempos. La llamada de Dios a la vida —a la salvación— es global.

NECESIDAD DE UNA GRAN AGENDA

Como ya vimos anteriormente, antes de la rebelión del hombre contra Dios, toda la creación disfrutaba de armonía. Génesis 1 recuerda que en cada estadio de la creación Dios examinó lo que había creado y lo declaró «bueno», «excelente»[1], «justo», «recto» y «verdadero»[2]. Estos no son juicios arbitrarios, sino fallos del divino Creador sobre lo que había hecho y aún mantiene. En Génesis 1:31, cuando el hombre, corona de la creación, había sido creado, Dios lo declaró «muy» («en gran manera») bueno. Toda la creación estaba en armonía con Dios y consigo misma.

A causa de la rebelión del hombre contra Dios, esta armonía quedó hecha añicos, y la relación fundamental entre Dios y el hombre quedó interrumpida. Debido a que esta relación primera es indispensable para todas las demás, todas las relaciones humanas de segundo orden fueron también rotas. Las ondas de la rebelión se extendieron a *todas* las relaciones, a toda la creación. Tanto la relación *interna* del hombre consigo mismo, o su capacidad singular de reflexionar en su propia existencia, como sus relaciones *externas* con otros y con el resto de la creación fueron afectadas. Una vez interrumpida su relación con Dios el hombre perdió su sentido de identidad. Comenzaron a surgir las cuestiones relativas a la misma: ¿Quién soy? ¿Qué sentido tiene mi vida? ¿Tengo alguna importancia?

Además de ignorar quién es, el hombre tampoco sabe qué es el resto de la creación. En relación con sus semejantes, las relaciones familiares más íntimas quedaron rotas. En ninguna parte es esto más notorio que en el actual Estados Unidos, en donde los matrimonios y los hijos son sacrificados por la vida pública o la conveniencia personal. En muchos lugares del mundo se olvida que la mujer fue creada a imagen de Dios. Suelen ser tratadas como esclavas en sus propios hogares, como propiedad de sus maridos, o como objetos de deseo sexual. Las maravillas de la santidad del matrimonio se cambian por el adulterio y las escalas nocturnas fugaces. La belleza del amor es sustituida por la devastación del odio y el asesinato. Una familia combate contra otra, clan contra clan, nación contra nación. Se sacrifican las maravillas de la justicia a cambio de ganancias a corto plazo de codicia y corrupción. En relación con el resto de la creación de Dios, en vez de ser mayordomos, las gentes violan y destruyen el lugar que Dios les ha otorgado para vivir y trabajar. No aciertan a ver el valor añadido que aporta el cuidado de la creación, sino que contaminan el lugar mismo donde realizan sus tareas cotidianas. En su rebelión, el hombre ha divorciado todo lo que es y hace del sentido para el que fue creado.

LA PROVISIÓN GLOBAL DE DIOS

Puesto que la caída abarcó toda la creación, la salvación debe ser igualmente global. En el Antiguo Testamento, la palabra que mejor describe esta salvación es *paz;* en el Nuevo Testamento, la misma palabra *salvación.*

El New Bible Dictionary proporciona una amplia noción de la palabra *paz* tal como se usa en el Antiguo Testamento:

> «Integridad», «salud», «bienestar»... Se usa cuando uno pide u ora por el bienestar de otro (Gén. 43:27; Éxo. 4:18; Jue. 19:20), cuando uno está en armonía o de acuerdo con otro (Jos. 9:15; 1 Rey. 5:12), cuando uno procura el bien de una ciudad o país (Sal. 122:6; Jer. 29:7). Puede significar prosperidad material (Sal. 73:3) o seguridad física (Sal. 4:8). Pero también puede significar bienestar espiritual. Tal paz se vincula con la justicia y la verdad, pero no con la maldad (Sal. 85:10; Isa. 48:18, 22; 57:19-21)[3].

La palabra griega usada para designar *paz* en el Nuevo Testamento abraza todo el contenido semántico de la palabra que aparece en el Antiguo Testamento, y casi siempre porta una connotación espiritual. La amplitud de su significado es particularmente evidente por su vínculo con palabras claves como gracia (Rom. 1:7, etc.), vida (Rom. 8:6), justicia (Rom. 14:17), y su uso en bendiciones como 1 Tes. 5:23 y Heb. 13:20[4].

Tal como se emplea en la Biblia, *paz* expresa la plenitud del plan redentor de Dios, la sanidad de todas las relaciones rotas en la caída:

> Para el hombre pecador debe de haber primero paz con Dios, la remoción de la enemistad del pecado a través del sacrificio de Cristo (Rom. 5:1; Col. 1:20). Luego puede seguir la paz interior (Fil. 4:7), no estorbada por la contienda que hay en el mundo (Juan 14:27; 16:33). La paz entre el hombre y sus semejantes es parte del propósito por el que murió Cristo (Efe. 2) y de la obra del Espíritu Santo (Gál. 5:22); pero el hombre debe también participar activamente para promoverla (Efe. 4:3; Heb. 12:14), no meramente como eliminación de la discordia, sino preservando la armonía y el auténtico funcionamiento del cuerpo de Cristo (Rom. 14:19; 1 Cor. 14:33)[5].

El concepto bíblico de la solución al problema del pecado y sus consecuencias es del todo inclusivo. En la epístola de Pablo a los colosenses se hallan estas palabras notables:

> Porque a Dios le agradó habitar en él con toda su plenitud y, por medio de él, reconciliar consigo todas las cosas, tanto las que están en la tierra como las que están en el cielo, haciendo la paz mediante la sangre que derramó en la cruz. (Col. 1:19-20)

Cuando se pregunta a la gente «¿por qué murió Cristo en la cruz?», suelen responder «para salvar mi alma» o «para que yo pueda ir al cielo». Todo esto es cierto, pero limitan el efecto de la sangre de Cristo en la cruz a una cuestión de almas individuales. Pero Dios nos revela en Colosenses que Él tiene una gran agenda consistente nada menos que en la reconciliación de *todas* las cosas consigo mismo. Incluida el alma del hombre. Incluye la totalidad de cada persona. Pero no se limita a la humanidad. Debido a que la rebelión del hombre acarreó consecuencias sobre todas las cosas, la reconciliación debe poder aplicarse a todas las cosas. El sacrificio de Cristo no sólo tuvo por objeto asegurar el perdón del pecado, sino también restaurar las relaciones humanas de unos con otros y con la creación.

Apreciamos la gran agenda de Dios expuesta en la carta a los Romanos, cuando Pablo dice:

> La creación aguarda con ansiedad la revelación de los hijos de Dios, porque fue sometida a la frustración. Esto no sucedió por su propia voluntad, sino por la del que así lo dispuso. Pero queda la firme esperanza de que la creación misma sea liberada de la corrupción que la esclaviza, para así alcanzar la gloriosa libertad de los hijos de Dios. Sabemos que toda la creación todavía gime a una, como si tuviera dolores de parto. (Rom. 8:19-22)

El lenguaje de Pablo se zambulle en la profundidad del impacto del pecado sobre la creación —«frustración», «sujeta a decadencia» y «gimiendo como en dolores de parto»— y se eleva a las alturas de la redención que ha de venir —«espera con impaciencia», «liberada» y «rescatada a libertad gloriosa». La gran agenda de Dios abarca toda la creación.

SANIDAD SUSTANCIAL

Este proceso se puede considerar como una serie de círculos concéntricos. El círculo interior representa la restauración de la relación fundamental del hombre con su Padre celestial, el nuevo nacimiento. El círculo central representa la sanidad sustancial[6] en la vida de la persona gracias a la sanidad de la primera relación interna —física, psicológica, intelectual, y desarrollo (moral) del carácter—. El tercer círculo representa la sanidad sustancial que tiene lugar en sus relaciones secundarias con el mundo exterior, con sus semejantes y con la creación.

EXPLORACIÓN DE LA PALABRA SALVADOS

Pablo describe en Efesios 2:1-9 el apuro del hombre y la solución divina al problema, la salvación:

> Y El os dio vida a vosotros, que estabais muertos en vuestros delitos y pecados, en los cuales anduvisteis en otro tiempo según la corriente de este mundo, conforme al príncipe de la potestad del aire, el espíritu que ahora opera en los hijos de desobediencia, entre los cuales también todos nosotros en otro tiempo vivíamos en las pasiones de nuestra carne, satisfaciendo los deseos de la carne y de la mente, y éramos por naturaleza hijos de ira, lo mismo que los demás. Pero Dios, que es rico en misericordia, por causa del gran amor con que nos amó, aun cuando estábamos muertos en nuestros delitos, nos dio vida juntamente con Cristo (por gracia habéis sido salvados), y con Él nos resucitó, y con Él nos sentó en los lugares celestiales en Cristo Jesús, a fin de poder mostrar en los siglos venideros las sobreabundantes riquezas de su gracia por su bondad para con nosotros en Cristo Jesús. Porque por gracia habéis sido salvados por medio de la fe, y esto no de vosotros, sino que es don de Dios; no por obras, para que nadie se gloríe. (LBLA)

Note cómo describe Pablo la condición del hombre no redimido: «En otro tiempo ustedes estaban muertos en sus transgresiones y pecados». Entrando en ese estado desesperado, donde un hombre «muerto» no puede devolverse la vida a sí mismo, irrumpen estas maravillosas palabras: «Pero Dios, que es rico en misericordia, por su gran amor por nosotros…». Aunque estábamos espiritualmente muertos y éramos incapaces de salvarnos a nosotros mismos, Dios nos amó tanto que envió a su propio Hijo a morir y a resucitar por nosotros. De manera que nuestra salvación es posible gracias a la obra acabada de Cristo en la cruz.

Pero ¿qué significa la palabra *salvados*?

Aunque la palabra *salvados* normalmente se emplea en el sentido espiritual clásico de salvar las almas de las personas, en realidad tiene un sabor mucho más amplio. En el Nuevo Testamento tiene el sentido de sanar lo que fue quebrantado, de purificar lo profano. La palabra griega traducida por *salvados* en los versículos de la epístola a los Efesios que acabamos de leer se emplea más de cien veces en el Nuevo Testamento. Incluye las acepciones de mantener a alguien sano y salvo, rescatar a alguno de peligro o destrucción, y restaurar la salud de alguien que padece una enfermedad. También se traduce por «restaurar», «sanar» y «ser íntegro»[7]. Santiago habla del creyente que soporta pacientemente las pruebas para llegar a ser «perfecto e íntegro, sin que le falte nada» (1:4). Ser salvo incluye ser perfecto (completo) y santo (moralmente justo). En la justificación, somos declarados santos; en la santificación, hemos de vivir en santidad. La salvación, ciertamente, encierra amplias connotaciones; así pues, podemos afirmar que la salvación es «integral» —abarca la totalidad.

ANÁLISIS DE LA PALABRA SALVO

La definición de la salvación no sólo es comprehensiva, también lo es el marco temporal de la vida del creyente y el despliegue del reino. A lo largo del Nuevo Testamento aparece el concepto de salvación expresado por medio de los tres tiempos verbales: pasado, presente y futuro. Como cristianos podemos decir: «¡fui salvo!», «¡estoy siendo salvo!» y «¡seré salvo!». A los que Dios ha justificado, Él les está justificando y les glorificará.

PASADO— ¡Fui salvo! (justificación)

Cada cristiano puede declarar: «¡yo fui salvo!». En lenguaje teológico esto hace referencia a la justificación. Este es el tiempo del arrepentimiento, cuando el pecador «nace de nuevo». Por decirlo de otra manera, es una llamada a la cruz. Jesús dijo: «Como levantó Moisés la serpiente en el desierto, así también tiene que ser levantado el Hijo del hombre, para que todo el que crea en él tenga vida eterna. Porque tanto amó Dios al mundo, que dio a su Hijo unigénito, para que todo el que cree en él no se pierda, sino que tenga vida eterna» (Juan 3:14-16, RV-1960).

Así como la sanidad física alcanzó a los hebreos que por fe miraron más allá de sí mismos y levantaron sus ojos a la estaca levantada, con la serpiente enrollada en ella, así también se salva el creyente que se refugia a la sombra de la cruz.

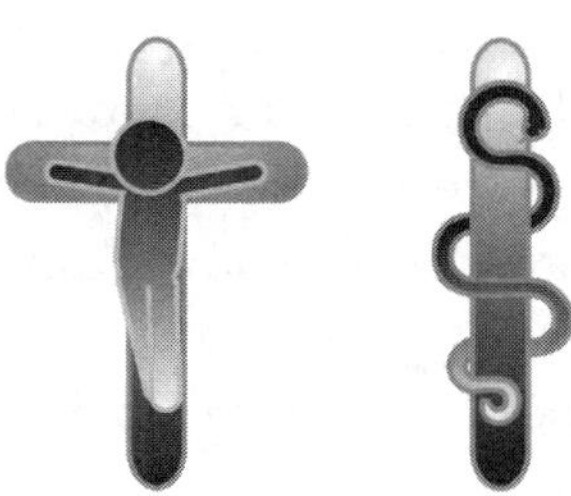

La *justificación* es un término legal que alude al hecho de que al cristiano le es imputada la justicia de Cristo y que Cristo carga sobre sí mismo, en la cruz, con el castigo por su pecado. Esto ha sido expuesto en 2 Corintios 5:21: «Al que no cometió pecado alguno, por nosotros Dios lo trató como pecador, para que en él recibiéramos la justicia de Dios». Jesús, quien no cometió pecado, fue hecho pecado por nosotros. A nosotros, que éramos pecadores de nacimiento y por elección, nos fue imputada la justicia de Dios. Una vez recibida, somos declarados «inocentes». «Ya no hay ninguna condenación para los que están unidos a Cristo Jesús» (Rom. 8:1). ¡Qué noticia tan maravillosa! Esto son realmente buenas noticias.

PRESENTE — Estoy siendo salvo (santificación)

Lo mismo que un creyente puede decir: «Fui salvo», puede también decir: «Estoy siendo salvo». Aunque la justificación marca un hito en el tiempo, la *santificación* es un término teológico que define un proceso vital consistente en llegar a ser lo que en realidad uno ya es con arreglo a su posición en Cristo. Al igual que el bebé, desde su concepción, inicia un proceso de desarrollo que durará toda su vida, así también tiene lugar un proceso similar marcado por el nacimiento y el crecimiento espiritual. Mientras que la justificación es una llamada a permanecer a la sombra de la cruz, la santificación viene marcada por la negación del yo y el cargar la cruz cada día para seguir a Cristo.[8]

En la justificación somos declarados santos y justos; en la santificación nos convertimos en lo que se ha declarado de nosotros: santos y justos en la práctica. Esto resulta palpable en Efesios 2:10, dada la conclusión a que llega Pablo tras los versículos precedentes 1-9. La santificación es la respuesta adecuada a la justificación: «Porque somos hechura de Dios, creados en Cristo Jesús para buenas obras, las cuales Dios dispuso de antemano a fin de que las pongamos en práctica». Descubrimos, pues, que somos salvos por fe para un propósito. Somos salvos por fe para llevar a cabo las buenas obras que Dios preparó para que hiciéramos desde la fundación del mundo. Nuestras obras no nos justifican, pero son parte del proceso de santificación que el Espíritu Santo produce en nosotros.

Del mismo modo, Filipenses 2:12-13 revela la doble operación de la santificación. Aunque sólo la obra de Dios justifica, tanto Él como los seres humanos colaboran en el proceso de la santificación: «Así que, mis queridos hermanos, como han obedecido siempre —no sólo en mi presencia sino mucho más ahora en mi ausencia— lleven a cabo su salvación con temor y temblor, pues Dios es quien produce en ustedes tanto el querer como el hacer para que se cumpla su buena voluntad».

La «salvación» incluye la vida cristiana diaria, vivida a cada momento. El justo vivirá por la fe[9]. La santificación supone andar delante del rostro de Dios en vida y relaciones, a medida que el creyente es capacitado y restaurado a la imagen de Cristo por la obra del Espíritu Santo. Muchas veces, en la iglesia moderna, cuando se habla de santificación, se entiende que es una obra interior y personal. Se habla de santidad personal. Si bien ésta es una parte importante del proceso de santificación, no es todo el proceso.

Además del desarrollo moral (o de carácter) de la santidad personal, debe producirse también un cambio de mentalidad[10]. El hombre natural no sólo nace espiritualmente muerto, también recibe la mentalidad —la metafísica— de su familia y de su cultura. Toda persona, a través del proceso de la enculturación, desarrolla una forma de ver el mundo, una cosmovisión que conforma toda su vida. Aunque Dios nos creó para vivir en el mundo de la cosmovisión bíblica, nuestras culturas, a menos que den gloria al Dios viviente, han «cambiado la verdad de Dios por la mentira» (Rom. 1:25). Parte del proceso de santificación personal es vestirse con la mente de Cristo, lograr un entendimiento creciente de la cosmovisión bíblica que refleja la realidad.

El proceso de santificación produce también responsabilidades sociales y de mayordomía. Supone vivir en el presente y producir una sanidad sustancial en todas las relaciones humanas secundarias. El creyente ha de procurar poner amor donde haya odio, paz donde haya conflicto, hermosura donde haya lobreguez, verdad donde haya falsedad, bondad donde haya maldad. Los cristianos han de permanecer, con Dios, contra los estragos del mal natural: sequías, inundaciones, terremotos, hambrunas, enfermedad y destrucción de la creación por el hombre, con sus desechos, su consumo desenfrenado y su violación del medio ambiente. Como parte del proceso de santificación, hemos de administrar y regentar la creación. Como recuerda el apóstol Pablo, la creación está aguardando la revelación de los hijos de Dios[11]. Está esperando que los que han sido declarados hijos de Dios en su justificación comiencen a actuar como hijos de Dios en su santificación.

La santificación es amplia y progresiva. En todo ello tiene lugar una «danza» entre el creyente y Dios. Él dirige la danza, pero el creyente tiene la responsabilidad de dar una respuesta voluntaria. En esta parte de la salvación —la santificación— el creyente se involucra activa e intencionalmente.

Hemos sido llamados de las tinieblas a la luz, pero también a «andar en la luz». Como recuerda la fraseología de mi generación: «Hay que predicar con el ejemplo». Dios es amor; nosotros tenemos que amar a nuestros amigos, vecinos e incluso enemigos. Dios es justo; nosotros hemos de buscar la justicia en un mundo corrupto. Dios es compasivo; nosotros hemos de extender compasión a un mundo quebrantado. Dios es verdad; nosotros hemos de declarar la verdad frente la mentira y exhibir vidas dignas en un mundo de promesas incumplidas. Dios es hermoso; nosotros hemos de expresar belleza en las comunidades, los edificios, el paisaje, el arte y la música.

Igual que la salvación de Dios es total, así lo es también nuestro servicio. El servicio se ha de expresar en la adoración al Rey, el amor al prójimo y la mayordomía de la creación.

FUTURO—Seré salvo (Glorificación)

Lo que comenzó en la justificación y continuó en el proceso de la santificación culminará cuando Cristo regrese al final de la historia. Si bien hemos recibido la tarea de ocuparnos hasta que Él vuelva, Cristo se encarga de regresar con su reino[12]. Al final de la historia todos los planes y propósitos de Dios se cumplirán. El retorno de Cristo al final de los tiempos para completar el proceso iniciado en la cruz se conoce en términos teológicos como glorificación. Por tanto, además de declarar «¡fui salvo!» y «¡estoy siendo salvo!» el creyente puede afirmar gozosamente

«¡seré salvo!» Jesucristo vendrá en gloria y todo el dolor y el sufrimiento en esta vida será desterrado. El proceso, una vez comenzado, será gloriosamente concluido.

La palabra *consumación* denota esta plenitud en el espacio y en el tiempo para el individuo y el reino. Denota plenitud, conclusión, cumplimiento de una gloria y un propósito eternos. Pablo habla de esto en 1 Corintios 13:12: «Ahora vemos por espejo, oscuramente; mas entonces veremos cara a cara. Ahora conozco en parte; pero entonces conoceré como fui conocido» (RV-1960). Ahora vemos un débil reflejo, una imagen borrosa de lo que está por venir. C. S. Lewis dice que nuestra existencia actual evoca una «tierra de penumbra». Pero cuando Cristo regrese, las cosas serán como debían haber sido.

Aunque en la justificación hemos sido declarados justos y santos por el posicionamiento adoptado, y en la santificación procuramos vivir justa y santamente en la práctica, en la glorificación seremos perfectamente santos y justos en la realidad. Lo que fue declarado que somos tendrá completa y definitiva realización. Tenemos ejemplos de la promesa del cumplimiento del proceso en los escritos de Pablo:

> En él también ustedes, cuando oyeron el mensaje de la verdad, el evangelio que les trajo la salvación, y lo creyeron, fueron marcados con el sello que es el Espíritu Santo prometido. Éste garantiza nuestra herencia hasta que llegue la redención final del pueblo adquirido por Dios, para alabanza de su gloria. (Efe. 1:13-14)

Pablo recurre aquí a dos imágenes que ilustran el cumplimiento del proceso de la salvación. La primera es la «marca de un sello». En la antigüedad, cuando se enviaba por correo un documento importante o un objeto valioso, el rey sellaba el objeto o misiva con su propio sello. Éste garantizaba la feliz llegada a su destino del preciado objeto. La segunda imagen es dejar una señal o depósito. En muchas culturas, si alguien desea que se le reserve un artículo hasta que efectivamente tenga lugar su adquisición, entonces entrega un anticipo o, en el caso de una propiedad, una cantidad de dinero como prenda. El depósito es una señal de compromiso que garantiza que la transacción final será efectuada. Pablo asegura en este pasaje que Dios el Padre ha sellado la entrega final y perfecta de nuestra salvación mediante el sello o depósito del Espíritu Santo.

En Filipenses 1:6, se dibuja una imagen distinta: «Estoy convencido de esto: el que comenzó tan buena obra en ustedes la irá perfeccionando hasta el día de Cristo Jesús». Pablo confía en que el Dios que ha comenzado la buena obra de nuestra salvación tiene capacidad para llevarla a cabo y se ha comprometido a llevar adelante el proceso hasta su conclusión, cuando Jesucristo regrese.

La salvación personal es comprehensiva. Dios completará la buena obra que ha comenzado personalmente en nosotros para hacernos santos, «perfectos e íntegros, sin que nos falte nada» (Santiago 1:4) Pero no debemos olvidar la gran agenda de Dios: restaurar todas las cosas, todo lo que incumbe a cada cristiano y todas las relaciones. Habrá una restauración completa de todas las cosas cuando Cristo regrese con su reino. Cuando el Rey retorne, el reino será consumado. Hemos de trabajar en este tiempo auxiliados por la gracia y el poder de Dios para conseguir una sanidad sustancial en todos los órdenes de la vida. Cuando Jesucristo regrese, el clímax del proceso verá la consumación del reino en todo su esplendor[13]. El reino de Dios brillará en toda su gloria y su plenitud.

ONDAS DE LA SALVACIÓN

En suma, la salvación expande ondas; es parte del pasado, el presente y el futuro del creyente.

A NATURALEZA DE LA SALVACIÓN

CONCEPTO	JUSTIFICACIÓN	SANTIFICACIÓN	GLORIFICACIÓN
MARCO TEMPORAL	PASADO FUI SALVO	PRESENTE ESTOY SIENDO SALVO	FUTURO SERÉ SALVO
POSICIÓN PERSONAL	**DECLARADO** JUSTO Y SANTO LIBRE DEL **CASTIGO** DEL PECADO	EN PROCESO DE SER JUSTO Y SANTO EN PROCESO DE LIBERACIÓN DEL PODER DEL PECADO	SANTO LIBRE
EJEMPLOS	...PERO SI ALGUNO PECA, TENEMOS ANTE EL PADRE A UN INTERCESOR, A JESUCRISTO, EL JUSTO. I JUAN 2:1 AL QUE NO COMETIÓ PECADO ALGUNO, POR NOSOTROS DIOS LO TRATÓ COMO PECADOR, PARA QUE EN ÉL RECIBIÉRAMOS LA JUSTICIA DE DIOS. 2 CORINTIOS 5:21	...PORQUE SOMOS HECHURA DE DIOS, CREADOS EN CRISTO JESÚS PARA BUENAS OBRAS, LAS CUALES DIOS DISPUSO DE ANTEMANO A FIN DE QUE LAS PONGAMOS EN PRÁCTICA. EFESIOS 2:10 ASÍ QUE, MIS QUERIDOS HERMANOS, COMO HAN OBEDECIDO SIEMPRE... LLEVEN A CABO SU SALVACIÓN CON TEMOR Y TEMBLOR. FILIPENSES 2:12	...EN ÉL TAMBIÉN USTEDES, CUANDO OYERON...EL EVANGELIO... Y LO CREYERON, FUERON MARCADOS CON EL SELLO QUE ES EL ESPÍRITU SANTO PROMETIDO. EFESIOS 1:13 ...ESTOY CONVENCIDO DE ESTO: EL QUE COMENZÓ TAN BUENA OBRA EN USTEDES LA IRÁ PERFECCIONANDO HASTA EL DÍA DE CRISTO JESÚS. FILIPENSES 1:6

AHORA Y TODAVÍA NO

Cristo ha venido y volverá otra vez. El Rey ha venido[14] y volverá otra vez[15]. El reino es una realidad presente dondequiera que Cristo sea soberano[16] y, sin embargo, será plenamente revelado en el futuro[17], cuando Cristo regrese. Está presente ahora en sus principios y vendrá en el futuro en toda su gloria. Ésta es la dinámica de *SU* historia, de la historia de la redención.

La salvación engloba todo lo que atañe a cada creyente y todas sus relaciones, y comprende el pasado, el presente y el futuro de su vida. No todos los cristianos o tradiciones eclesiásticas han hecho hincapié en la plenitud de la salvación. Algunos han acentuado uno o dos elementos a expensas de otros. No obstante, el teísmo bíblico, con su cosmovisión correspondiente, enfatiza que la salvación es una condición personal delante de Dios, y también un proceso que acarrea sanidad sustancial en todas las relaciones. Este proceso concluirá cuando Cristo regrese.

La totalidad de la vida y el trabajo está intrínsecamente conectada con la obra divina de reconciliación de todas las cosas consigo mismo y extensión de su reino de justicia, paz y gozo, en el tiempo y en la eternidad.

Las Escrituras revelan que hemos sido llamados a la vida y tenemos una asignación —una vocación singular en la vida y un lugar específico en el cuerpo de Cristo—. En el próximo capítulo exploraremos este segundo aspecto del doble llamamiento de Dios: su llamada particular al trabajo.

CAPÍTULO 13

EL LLAMAMIENTO PARTICULAR:

AL TRABAJO

Las Escrituras revelan que, luego de recibir la llamada para entrar en el reino, a cada creyente le toca cumplir una función especial para manifestarlo y extenderlo. Nos conceda Dios muchos días o pocos, debemos usarlos para descubrir y cumplir nuestra asignación particular. Nos dé «trabajo» o «desempleo», tiempos de salud o de enfermedad, la asignación continúa. Fuimos llamados por Dios y debemos rechazar la idea que tiene el mundo acerca del «trabajo»: que hay un tiempo para trabajar y otro para estar jubilado. El concepto de jubilación es extraño a la cultura bíblica. Como ciudadanos del reino de Dios y miembros del cuerpo de Cristo, somos llamados a poner pies, manos e imaginación a la oración «venga tu reino, hágase tu voluntad en la tierra como en el cielo». La nuestra es una vida apasionada y no apática; de trabajo, no de ociosidad.

LA HECHURA DE DIOS

Si Dios hubiera optado por la pasividad o por la indiferencia, habría sucedido lo inevitable: nos habríamos perdido para siempre. Pero, como hemos explorado en Efesios 2:1-9, por iniciativa de Dios, mientras estábamos muertos, fuimos salvos por gracia, por medio de la fe. Nos ha rescatado de la muerte, restaurado y renovado. Por su gracia nos está devolviendo el propósito y el potencial que nos infundió cuando nos creó a su imagen. Pablo escribe, en asombroso contraste con la muerte que acecha fuera de Cristo: «Porque somos hechura de Dios, creados en Cristo Jesús para buenas obras, las cuales Dios dispuso de antemano a fin de que las pongamos en práctica» (Efe. 2:10). Este versículo testifica, en concordancia con el resto de las Escrituras, que el trabajo es esencial para conocer la identidad y el propósito de la persona en *Cristo.* Trabajamos a la luz de nuestra creación y redención en *Cristo.*

Hay dos términos en este poderoso versículo que atraen nuestra atención, *hechura y buenas obras.* La palabra traducida como *hechura,* en griego *poiema,* sólo aparece en Efesios y en Romanos 1:20, de ella deriva la palabra *poema*[1]. En Romanos 1:20 *poiema* hace referencia a toda la creación: «por las cosas hechas» (RV). Dios es el primer poeta. Su creación y mi vida son actos de su *poiema.* Mis buenas obras son habilitadas por Él y para responder a Él. Como siempre, Dios es el iniciador, el punto de arranque. Mi obra representa parte de su destreza.

La segunda palabra griega que vamos a explorar es *ergon,* que designa una acción o hecho en contraste con la inactividad o las meras palabras. Aparece 169 veces en el Nuevo Testamento y se usa en varias acepciones, entre otras la obra de Cristo, la obra del evangelio, la buena obra de servicio a los que padecen necesidad, y la obra realizada en un «empleo» u «ocupación»[2].

En el Antiguo Testamento aparece la palabra hebrea *abad*: trabajar o servir. Hace referencia al trabajo que Dios ha asignado al hombre y forma parte de los ciclos comunes de trabajo-descanso del Decálogo[3]. Es la misma palabra que exploramos anteriormente como parte del mandato cultural dado al hombre: *abad y shamar* el jardín.

Hemos sido redimidos para trabajar, y ese trabajo, en un contexto amplio, abarca desde la «obra espiritual» a las obras de servicio y compasión[4] y las obras comunes encomendadas al hombre en el mandato cultural. Debemos cuidarnos de no reducir la palabra *obras* a un estrecho sentido espiritual. ¡Toda buena obra significa toda buena obra! También significa que el trabajo debe ser bueno —bien hecho—; se ha de hacer el trabajo con excelencia.

PARTE DEL TODO

Si entendemos el trabajo como algo para lo fuimos creados y redimidos, lo que una vez tuvimos por mero trabajo o escalón de una carrera profesional puede llegar a formar parte de nuestra vocación. Aunque todos compartimos un propósito común, la propia vocación, el quehacer cotidiano personal, es especial. La naturaleza del singular proyecto de «amor y gracia»[5], como bien calificó el Papa Juan Pablo II a cada asignación particular, fluye de la naturaleza del Creador que nos llama. Michel Novak ha escrito:

> Cada persona tiene una vocación singular y está siendo transformada a imagen de Dios. (Tomás de Aquino dice que haría falta un número infinito de seres humanos para reflejar las infinitas facetas de la Trinidad. Cada persona refleja sólo una pequeña —aunque bella— parte del todo[6].

¡Qué imagen tan asombrosa en qué meditar! Cada uno de nosotros es un reflejo único de esta imagen infinita. Nuestra propia naturaleza, y «las buenas obras que Dios dispuso de antemano a fin de que las pongamos en práctica» (Efe. 2:10), están entroncadas en la misma naturaleza divina.

LAS EXPERIENCIAS DE LISA ETTER Y HAYDEN SMITH

«¡Fuiste creada para ser apasionada y útil a Dios y a otros en este mundo!» Estas palabras, escritas por el padre de Lisa Etter a su hija cuando ella tenía doce años, modelaron la vida de Lisa e influyeron en incontables vidas.

Años después de recibir la carta de su padre, Lisa conoció a Hayden Smith, en el Calvin College, Grand Rapids, Michigan. Ambas reconocieron rápidamente la visión que compartían y se hicieron amigas íntimas. Después de graduarse en Calvin en 2002, se trasladaron a otro distrito de Chicago en donde Hayden enseñó primer grado y Lisa trabajó de interna en un refugio para mujeres sin techo. La vida en un ambiente urbano y el interactuar diario con personas de aspecto y experiencias muy distintas a las vividas durante su crianza, en la clase media, les abrió los ojos.

«Mientras hacíamos amistad con los vecinos y con la gente con la que trabajábamos, nos entristeció ver cómo estos amigos habían sido reducidos a etiquetas —"en peligro", "con escasos recursos", "sin techo"— por el mundo que les rodeaba. Nos dimos cuenta de que no eran tan distintos a nosotras. Todos nosotros, no importa de dónde procedamos o en qué situación nos encontremos, tenemos las mismas necesidades básicas: explorar nuestra personalidad, ser amados tal cual somos, usar nuestros dones y contribuir al bien común. Nuestros anhelos básicos son idénticos, y en última instancia, apuntan a Dios y a cómo nos hizo. Muchas personas carecen de oportunidades para explorar estas cosas y ofrecer sus dones al mundo porque son menospreciadas o tratadas como si no tuvieran nada valioso que ofrecer».

Al ser confrontadas con la realidad que mucha gente vive, las dos mujeres comenzaron a hacerse preguntas: «¿Quiénes somos? ¿Cómo debemos vivir? ¿Qué significa este conocimiento para nosotras en términos prácticos? Su deseo de proveer un lugar donde toda clase de personas fueran bien recibidas y tuvieran espacio para explorar sus dones comenzó a hacerse realidad.

Mientras Lisa y Hayden residían en Chicago, el padre de aquella enfermó gravemente, por lo que tuvo que dejar la ciudad y volver a casa para cuidar de su progenitor. Una noche, la salud de su padre se agravó y Lisa meditó en las preguntas que ella y Hayden se habían hecho, en los valores que sus padres les habían inculcado, en sus sueños y en sus dones. Recapacitando en cómo encajar todas esas cosas, se planteó: «Señor, ¿por qué no soñamos juntos? A su debido tiempo, comenzó a visualizar un tipo peculiar de café-bar que permitiera a muchas clases de personas de la comunidad reunirse y sentir que formaban parte de un centro en el que eran valoradas y estimadas simplemente por ser quienes eran. Ella escribió y esbozó los detalles en su diario y los compartió con Hayden, quien también se entusiasmó ante la idea de hacerse disponible a la gente de su entorno y de integrar muchos aspectos de sus vidas.

Después de la muerte del padre de Lisa, una serie de sucesos inverosímiles, pero concatenados, llevaron a Lisa y Hayden a Seattle, donde entraron en contacto con una iglesia que buscaba a una persona idónea para regentar un café-bar que sirviera como centro de evangelización a la comunidad. En la primavera de 2005, fue inaugurado el café-bar la Judía (frijol) Verde. Lisa y Hayden fueron sus administradoras. Actualmente, la Judía Verde es un lugar de encuentro bien conocido en la comunidad, ofrece clases solicitadas y enseñadas por sus clientes, auspicia eventos en el vecindario, proporciona un espacio de exhibición para los artistas locales, acoge y conecta a distintos grupos de clientes. Las propinas se donan a organizaciones comunitarias locales.

Hayden y Lisa rebosan con anécdotas de clientes que han pasado a formar parte de la comunidad de la Judía Verde. «Chris», un abogado bien acomodado, comenzó haciendo notoria su hostilidad contra el cristianismo y salió del café varias veces prometiendo que nunca volvería. Con el tiempo, ha pasado a formar parte de un grupo de amigos y, aunque aún no es cristiano, ha empezado a emular el amor fraternal que ha observado en el grupo, y ha solicitado ayuda a sus colegas para comprar un ordenador portátil para otro cliente en necesidad.

«Jay» se hizo cliente regular poco después de la apertura de la Judía Verde, pero casi siempre estaba solo, sentado en un rincón, escribiendo poesía. Poco a poco empezó a abrirse y a compartir su poesía con Lisa y Hayden, quienes enmarcaron algunas de sus composiciones en las paredes del

El Dios Uno y Trino

Dios es una Trinidad, el Dios Uno-Unido, no el Uno-Individual (unitario). El Padre, el Hijo y el Espíritu Santo son personas únicas que ejercen funciones y responsabilidades especiales y que existen como tres personalidades distintas. No obstante, son igual e indivisiblemente Dios: un Dios—tres Personas. Así también, en la familia y en la sociedad más extensa hay diversidad de

local. Cuando le dieron la noticia de que su cáncer se había reproducido, Lisa y Hayden le ofrecieron un lugar donde alojarse mientras recibía tratamiento, sabiendo que no tenía familia que le ayudara. Las mujeres y otros clientes le transportaban al hospital. Cuando resultó obvio que no se iba a recuperar, pidió a las dos mujeres que asumieran poderes legales sobre él, y ellas asumieron la responsabilidad de tomar las decisiones médicas oportunas. En el pabellón de casos terminales, Lisa y Hayden le hablaron del evangelio y Jay aceptó al Señor.

Cuando Hayden y Lisa conocieron a «Rex», éste les habló de un tebeo en el que aparecían héroes que él creía reales, mascullando palabras casi siempre sin sentido. Las mujeres llegaron a conocerle, le trataron como a un ser humano especial, valioso, y él se ha convertido en una figura decorativa del café, al ofrecerse para limpiar las ventanas, barrer el patio trasero, ayudar a acarrear las compras y asistir los domingos con ellas a la iglesia. Cuando las dos se enteraron de su interés por la música, buscaron un teclado de segunda mano, y actualmente Rex pasa bastante tiempo en el patio de atrás, tocándolo.

Estos son algunos casos de vidas transformadas. Lisa y Hayden reconocen la importancia de detenerse a considerar y celebrar las maneras en que Dios está actuando en la Judía Verde. «Es fácil, explica Hayden, quedar atrapada en las dificultades cotidianas. Pero todo tiene que ver con la perspectiva que una adopta. Cuando voy de compras cada semana para reponer provisiones puedo ir con la actitud de que «es una tarea muy pesada» o ser consciente de que estoy sirviendo a Dios. No importa lo que una haga, puede glorificar a Dios a través de ello. Hemos de quitarnos de la cabeza la idea de que algunas personas están en el ministerio y otras no. La gloria de Dios se expresa a través de nuestro trabajo».

Lisa está de acuerdo. «Siempre me confunde y me entristece un poco cuando la gente dice cosas como: '

"Soy abogado, pero tengo un ministerio de fin de semana en un refugio para los sin techo". Tenemos que darnos cuenta que todo momento es importante y que podemos influir en los que nos rodean en maneras que ni siquiera nos damos cuenta, no importa lo que hagamos. Precisamente hoy, estuve hablando con la dependienta del supermercado. Declaró algo que me dio coraje para afrontar otra dura visita a Jay en el hospital.

«Todo consiste en vivir gozosos por haber sido redimidos. Si usted cree que ha sido salvado de algo, vivirá con gozo dondequiera que vaya, ya sirva café, o vaya de compras, o pastoree, y ese gozo transformará a las personas».

dones, talentos, personalidades, funciones y responsabilidades; al mismo tiempo, todos los miembros de la familia humana son iguales en dignidad y valor porque son por igual imagen de Dios. Y así como los miembros de la Trinidad se distinguen tanto por su singularidad como por su relación con la Trinidad, así también cada persona se distingue tanto individual como corporativamente.

La Iglesia — El Cuerpo de Cristo

No hay que extrañarse que cuando Dios llamó a la iglesia, hiciera nacer una comunidad. Pablo utiliza la imagen del cuerpo de Cristo[7] para reflejar la unidad-diversidad de la comunidad. Y la iglesia de Cristo manifiesta sus diversas partes y funciones en la unidad de un cuerpo. Pablo describe cabalmente la manifestación del axioma fundamental de la comunidad del cuerpo de Cristo en 1 Corintios 12:12-27:

> De hecho, aunque el cuerpo es uno solo, tiene muchos miembros, y todos los miembros, pese a ser muchos, forman un solo cuerpo. Así sucede con Cristo. Todos fuimos bautizados por un solo Espíritu para constituir un solo cuerpo —ya seamos judíos o gentiles, esclavos o libres—, y a todos se nos dio a beber de un mismo Espíritu.
> Ahora bien, el cuerpo no consta de un solo miembro sino de muchos. Si el pie dijera: «Como no soy mano, no soy del cuerpo», no por eso dejaría de ser parte del cuerpo. Y si la oreja dijera: «Como no soy ojo, no soy del cuerpo», no por eso dejaría de ser parte del cuerpo. Si todo el cuerpo fuera ojo, ¿qué sería del oído? Si todo el cuerpo fuera oído, ¿qué sería del olfato? En realidad, Dios colocó cada miembro del cuerpo como mejor le pareció. Si todos ellos fueran un solo miembro, ¿qué sería del cuerpo? Lo cierto es que hay muchos miembros, pero el cuerpo es uno solo.
> El ojo no puede decirle a la mano: «No te necesito.» Ni puede la cabeza decirles a los pies: «No les necesito.» Al contrario, los miembros del cuerpo que parecen más débiles son indispensables, y a los que nos parecen menos honrosos los tratamos con honra especial. Y se les trata con especial modestia a los miembros que nos parecen menos presentables, mientras que los más presentables no requieren trato especial. Así Dios ha dispuesto los miembros de nuestro cuerpo, dando mayor honra a los que menos tenían, a fin de que no haya división en el cuerpo, sino que sus miembros se preocupen por igual unos por otros. Si uno de los miembros sufre, los demás comparten su sufrimiento; y si uno de ellos recibe honor, los demás se alegran con él.
> Ahora bien, ustedes son el cuerpo de Cristo, y cada uno es miembro de ese cuerpo.

Reflexionando en este pasaje, notamos que Dios ha orquestado las partes como Él quiso para que cumplieran su propósito especial (v. 18). Cada parte tiene que desempeñar una función única en el cuerpo; todas son indispensables (v. 22). Aunque todas ejercen distintos roles y funciones, cada parte tiene igual valor y dignidad. (vv. 24-25). Pablo hace una descripción semejante en Romanos 12:4-8 y Efesios 4:11-13.

Unidad y diversidad de dones

Cristo suministra a su cuerpo una diversidad de dones. Tal como revela 1 Corintios 12:4-7, 11:

> Ahora bien, hay diversos dones, pero un mismo Espíritu. Hay diversas maneras de servir, pero un mismo Señor. Hay diversas funciones, pero es un mismo Dios el que hace todas las cosas en todos.
> A cada uno se le da una manifestación especial del Espíritu para el bien de los demás... Todo esto lo hace un mismo y único Espíritu, quien reparte a cada uno según Él lo determina.

En este pasaje se percibe que la referencia a la unidad-diversidad de Dios es fundamental para la unidad-diversidad en el reparto de los dones al cuerpo de Cristo. Vemos un Dios y tres Personas: el mismo Espíritu (Espíritu Santo), el mismo Señor (Jesucristo), y el mismo Dios (el Padre).

Se percibe asimismo que así como Dios creó unidad con diversidad, también estableció el principio de multiplicación de la semilla. Hay una característica orgánica en los dones que Dios nos ha concedido. Un proverbio africano nos recuerda el milagro natural de la semilla: «Se pueden contar las semillas en el mango, pero no los mangos en la semilla». Hay una semilla en el mango. Pero esa semilla puede producir miles de árboles, millones de frutos, indefinidamente.

Vemos este efecto multiplicador en la dispensación de los dones: distintas clases de dones se multiplican a través de distintas clases de servicio y distintas clases de operaciones. Un don particular concedido a un individuo tendrá distinta forma de servicio que el mismo don en otra persona. La aplicación del ministerio producirá diferente impacto en distintos ambientes debido a la singularidad de cada contexto.

Aunque cada don puede producir una infinita variedad de efectos, todos los dones individuales son concedidos para el bien común (1 Cor. 12:7). Los dones deben usarse no para obtener una diversidad de beneficios individuales, sino para beneficio de todo el cuerpo. El mismo hincapié se hace en Efesios 4:11-13:

> Él mismo constituyó a unos, apóstoles; a otros, profetas; a otros, evangelistas; y a otros, pastores y maestros, a fin de capacitar al pueblo de Dios

> para la obra de servicio, para edificar el cuerpo de Cristo. De este modo, todos llegaremos a la unidad de la fe y del conocimiento del Hijo de Dios, a una humanidad perfecta que se conforme a la plena estatura de Cristo.

Estas singulares vocaciones de líderes «en» la iglesia fueron concedidas para que ésta funcionara en el servicio, para que se estableciera la unidad, la madurez, y la plenitud del cuerpo de Cristo. Como hemos mencionado anteriormente, estos dones de liderazgo son funciones únicas pero no superiores a los otros dones dados al cuerpo de Cristo. A su vez, una iglesia sana no existe para sí misma. Existe para ser instrumento de sanidad en un mundo quebrado.

DIOS HABITA EN LO ORDINARIO

Como miembros del cuerpo de Cristo podemos entendernos a nosotros mismos, cómo nos relacionamos con otros y las necesidades que nos topamos en el mundo.

El Papa Juan Pablo II dijo que cada uno de nosotros tenemos «un hueco en el corazón de Dios y en la historia de la humanidad» y que apoyados en este hecho cada uno es capaz de prestar una contribución «personal e irreemplazable al progreso de la humanidad por la senda de la justicia y la verdad[8]. ¿Cree usted que tiene su propio hueco reservado en el corazón de Dios y en la historia? ¿Cree usted que Dios le ha capacitado y llamado a hacer una contribución irreemplazable? ¿Puede usted oír verdaderamente lo que el apóstol Pablo dice acerca de su posición en el cuerpo de Cristo? Escuche otra vez: «En realidad, Dios colocó cada miembro del cuerpo como mejor le pareció» (1 Cor. 12:18). Su parte en el cuerpo es legítima y necesaria. Dios no sólo crea lo que llamamos ordinario —las flores del campo, las estrellas del cielo, el aliento que respiramos y todas las demás cosas que son milagros ordinarios— sino que también habita en lo ordinario, actúa en y a través de cada hombre y cada mujer. Vemos a través de las Escrituras y de la historia que Dios usa a pastores y amas de casa, zapateros y campesinos, para conformar la historia. Dallas Willard capta este punto diciendo: «Es obvio que el bien guardado secreto de lo "ordinario" fue hecho receptáculo de lo divino, un lugar donde fluye la vida de Dios»[9].

Dos de mis ejemplos favoritos son del Antiguo Testamento. El profeta Jeremías escribe:

> Recorran las calles de Jerusalén, observen con cuidado, busquen por las plazas. Si encuentran una sola persona que practique la justicia y busque la verdad, yo perdonaré a esta ciudad. (Jer 5:1)

Sorprende pensar que Dios esté buscando una persona, no 10.000 ni 1.000 ni 100, ni siquiera 10. Él puede trabajar y trabajará con una sola persona. Pero tenga en cuenta que no es sólo cosa de un cuerpo que respira; es una persona que «se conduce honestamente y busca la verdad». Hallamos una imagen similar en Eclesiastés 9:13-18:

> También vi en este mundo un notable caso de sabiduría: una ciudad pequeña, con pocos habitantes, contra la cual se dirigió un rey poderoso que la sitió, y construyó a su alrededor una impresionante maquinaria de asalto. En esa ciudad había un hombre, pobre pero sabio, que con su sabiduría podría haber salvado a la ciudad, ¡pero nadie se acordó de aquel hombre pobre! Yo digo que «más vale maña que fuerza», aun cuando se menosprecie la sabiduría del pobre y no se preste atención a sus palabras.
>
> Más se atiende a las palabras tranquilas de los sabios que a los gritos del jefe de los necios. Vale más la sabiduría que las armas de guerra. Un solo error acaba con muchos bienes.

¡Qué hermosa imagen! Dios usó a un hombre pobre y desconocido para salvar a una ciudad contra un rey poderoso y su asedio. La sabiduría y las palabras tranquilas son más importantes que las armas de guerra y los «gritos» de los poderosos. Dios puede usar incluso a las personas aparentemente más insignificantes, cuyos nombres el mundo no reconoce, para reformar su comunidad o incluso el mundo.

El teólogo británico F. W. Farrar (1831-1903) capta la maravilla del uso divino de lo ordinario cuando escribe:

> Hay una grandeza en los nombres desconocidos, una inmortalidad en las obligaciones silenciosas, realizables por los seres más insignificantes de la especie humana; y cuando el Juez invierta las mesas muchos de estos últimos serán los primeros... Llenar un pequeño hueco porque Dios lo desea; proseguir alegremente una oscura ronda de pequeñas obligaciones y pequeñas ocupaciones; aceptar sin murmurar una posición humilde; ser incomprendido, tergiversado, difamado, sin emitir queja; celebrar las alegrías de otros cuando el corazón está doliente; —desterrar toda ambición, todo orgullo

> y toda inquietud, por mero respeto a la obra del Señor. Hacer esto durante toda una vida es un gran esfuerzo, y el que lo consigue es mayor héroe que aquel que por una hora reduce una brecha, o por un día avanza intrépidamente entre las ráfagas de metralla del frente de batalla. Sus obras le siguen. Podrá no ser un héroe para el mundo, pero es un héroe para Dios[10].

Los signos de éxito y grandeza que el mundo reconoce no es lo que Dios busca. Pablo, en un tiempo feroz enemigo de la cruz de Cristo, muestra las credenciales de los llamados a servir en su reino:

> Hermanos, consideren su propio *llamamiento*: No muchos de ustedes son sabios, según criterios meramente humanos; ni son muchos los poderosos ni muchos los de noble cuna. Pero Dios escogió lo insensato del mundo para avergonzar a los sabios, y escogió lo débil del mundo para avergonzar a los poderosos. También escogió Dios lo más bajo y despreciado, y lo que no es nada, para anular lo que es, a fin de que en su presencia nadie pueda jactarse. Pero gracias a él ustedes están unidos a Cristo Jesús, a quien Dios ha hecho nuestra sabiduría —es decir, nuestra justificación, santificación y redención— para que, como está escrito: «Si alguien ha de gloriarse, que se gloríe en el Señor.» (1 Cor. 1:26-31); (cursiva añadida)

El criterio de Dios es muy distinto del criterio del mundo. Él escoge a lo necio y lo débil y a los de baja estima. Escoge a personas que tienen poca importancia a los ojos del mundo para su obra. ¿Por qué? Porque la fuerza de Dios se manifiesta mejor a través de siervos humildes.

Imagínese una vela dentro de un jarrón de barro. La luz se cuela por entre sus grietas. De manera similar, la gloria de Dios brilla más a través de los simples, los débiles, y los humildes. Pablo lo detecta en su propia vida. Dice en 2 Corintios 12:9-10:

> Pero él me dijo: «Te basta con mi gracia, pues mi poder se perfecciona en la debilidad». Por lo tanto, gustosamente haré más bien alarde de mis debilidades, para que permanezca sobre mí el poder de Cristo. Por eso me regocijo en debilidades, insultos, privaciones, persecuciones y dificultades que sufro por Cristo; porque cuando soy débil, entonces soy fuerte.

En su ungido sermón «Cumplo los requisitos», mi amigo y pastor de la Iglesia Faro de Nairobi, Don Matheny, declara:

> La Biblia es un relato de individuos comunes y corrientes usados por Dios para hacer lo extraordinario: hombres y mujeres que por su apariencia y según las normas naturales parecían sumamente inadecuados para emprender la tarea para la que fueron llamados o escogidos. Sin embargo, Dios los consideró aptos para el propósito o la posición; por lo tanto, fueron herramientas poderosas en su mano. Las Escrituras refieren el caso de un muchacho que era pastor y llegó a ser el más insigne guerrero y rey de Israel. Un simple copero levantó el ánimo de toda una ciudad para reedificar los muros derribados en la guerra décadas atrás. Un hombre en su juventud asesinó a otro y, a pesar de todo, fue levantado para librar al pueblo de Dios de Egipto después de 400 años de amarga esclavitud y penalidades. Esos individuos fueron capacitados por el mismo Dios.
>
> Es menester recordar que los grandes hombres y mujeres de Dios de todas las épocas tuvieron imperfecciones, defectos, faltas y fallos. Moisés tartamudeaba. Sara se reía. Gedeón probó a Dios con el vellón. Jonás estaba resentido. Pedro maldecía. Tomás dudaba. No obstante, todos ellos fueron escogidos y llamados por Dios, y por eso, cualificados para hacer proezas en su nombre. Hay que comprender que la capacitación no se basa en la realización o la producción. Se basa en la posición. Dios no usa un hombre apoyado en sus propios logros. Siempre usa al hombre que se encuentra más cercano a Él.[11]

Captemos una vez más la maravilla de lo ordinario, cómo usa Dios personas comunes de maneras extraordinarias, en la epístola del apóstol Pablo a la iglesia de Corinto:

> Más bien, en todo y con mucha paciencia nos acreditamos como servidores de Dios: en sufrimientos, privaciones y angustias; en azotes, cárceles y tumultos; en trabajos pesados, desvelos y hambre. Servimos con pureza, conocimiento, constancia y bondad; en el Espíritu Santo y en amor sincero; con palabras de verdad y con el poder de Dios; con armas de justicia, tanto ofensivas como defensivas; por honra y por deshonra, por mala y por buena fama; veraces, pero tenidos por engañadores; conocidos, pero tenidos por desconocidos; como moribundos, pero aún con vida; golpeados, pero no muertos; aparentemente tristes, pero siempre alegres; pobres en apariencia, pero enriqueciendo a muchos; como si no tuviéramos nada, pero poseyéndolo todo. (2 Cor. 6:4-10)

Hemos sido creados para hacer historia. Para cumplir con un destino en un tiempo y lugar para los que ningún otro ha sido creado. Hemos de insertar nuestras vidas ordinarias en la llamada extraordinaria de Dios.

Comentando a Miqueas 6:8 —¿Qué espera el Señor de ti? «Practicar la justicia, amar la misericordia, y humillarte ante tu Dios»—, mi amigo, el educador y pastor Dr. George Grant describe el uso que Dios hace de personas corrientes para conformar el destino de las naciones:

> Al fin y al cabo, el futuro de nuestra cultura no depende de mesías políticos o soluciones institucionales. Tampoco depende de la aparición de algún destacado conferenciante o líder inspirador. El futuro de nuestra cultura depende, más bien, de creyentes comunes que estén dispuestos a exhibir vidas de justicia, misericordia y humildad delante de Dios[12].

No sólo hay poder en las vidas ordinarias, también lo hay en los días corrientes. La Batalla del Bulge, que marcó el extraordinario viraje de la Segunda Guerra Mundial en Europa, tuvo lugar en el contexto de un día más de guerra. Philip Yancey, en un artículo aparecido en Christianity Today, reflexiona en un reportaje especial de televisión que entrevistó a sobrevivientes de la guerra europea:

> Los soldados recuerdan cómo pasaban un día normal. Uno estaba sentado en su trinchera todo el día; cuando (acaso una o dos veces) algún tanque alemán acertaba a pasar por allí, disparaba contra él. Otros jugaban a las cartas y malgastaban el tiempo. Unos pocos se involucraban en cruces feroces de fuego. En general, aquel día transcurrió como otro día cualquiera para un soldado de infantería en el frente. Después, se enteraron de que acababan de participar en uno de los mayores y más decisivos combates de la guerra, la Batalla del Bulge. No *pareció* decisivo a ninguno de ellos en aquel momento porque ninguno tenía la perspectiva completa de lo que estaba aconteciendo a escala global.
>
> Las grandes victorias se ganan cuando la gente ordinaria ejecuta sus tareas asignadas. Una persona fiel no se plantea cada día si tiene ánimo suficiente para seguir las órdenes del sargento o si va a desarrollar un trabajo aburrido. Ejerce la fe respondiendo a la tarea que tiene por delante[13].

Dejemos que la extraordinaria heroína estadounidense ciega, sorda y muda, Helen Keller explique en sus propias palabras el poder y la importancia de una vida ordinaria. Algunas personas habrían dicho que Keller era «subnormal». En una cultura como la del Tercer Reich habría sido tildada de «una vida indigna de ser vivida». Pero Keller escribe:

> Yo anhelo llevar a cabo un cometido grande y noble, pero mi principal obligación es realizar las tareas humildes como si fueran nobles y excelsas. El mundo se mueve no por los fuertes empellones de sus héroes, sino gracias a la acumulación de empujoncitos leves de cada trabajador honesto[14].

¿Qué ilustra todo esto? Sencillamente, que Dios usa a las personas comunes y corrientes en el lugar ordinario que ellas habitan para moldear el destino de las naciones. Su vida cuenta para algo en este mundo desolado. Dios le ha creado para ser un hacedor de historia. Usted ha sido llamado a jugar un papel único en el despliegue del reino de Dios.

EL TESTIMONIO DE JEMIMAH WRIGHT

Jemimah Wright escribió sobre el caso de infanticidio acaecido en Brasil que inició el capítulo 8. Su artículo denunció esa atrocidad y llamó la atención de lectores británicos, entre otros. Más adelante escribió un libro acerca de Hakani y los Suzuki. Ella nos cuenta ahora cómo descubrió su vocación de escritora independiente.

Obtuve una licenciatura en historia y publicaciones en la Universidad de Oxford Brookes. No sabía gran cosa de publicaciones, pero por lo que sabía me pareció que sería una buena carrera. Después de graduarme obtuve empleos temporales en publicaciones académicas, lo cual aborrecía. Recuerdo haber orado que prefería ir al cielo de inmediato antes que seguir realizando un trabajo que no me inspiraba y que parecía consumirme la vida. Para mi alivio, al cabo de un año encontré trabajo en un periódico cristiano local. Pero a los tres años fui despedida y, una vez más, no supe qué hacer con mi vida. El cielo parecía callar al respecto. En mis propias fuerzas intenté salvarme a mí misma. Pensé en todos los empleos que había bajo el sol, pero sabía en lo más íntimo que no quería hacerlos y que no iban con mi manera de ser. La desesperanza se instaló en mí. No obstante, deseaba trabajar con huérfanos de SIDA en Sudáfrica. Envié un correo al pastor de la iglesia la Viña, en Ciudad del Cabo, preguntándole si podía ir a ayudarles. Luego me asusté pensando que necesitaba un empleo «adecuado» y emprender una carrera profesional. En mi confusión pedí a Dios que me aclarará si quería que fuera a Sudáfrica; lo hizo proveyendo milagrosamente el dinero que necesitaba para cubrir el viaje.

Volé hacia Sudáfrica en el 2003 y trabajé en la localidad de Imizamo Yethu ayudando a los pobres de los pobres. Estaba dispuesta a aceptar esta vocación, pero sentí que no sería por mucho tiempo. Todavía me hallaba en el mismo lugar, pidiendo a

Dios que me mostrara lo que Él quería que hiciese. Llevaba en Ciudad del Cabo seis meses y allí cumplí veinticinco años. Un día conducía a mi casa desde aquella localidad cuando un pensamiento me vino a la cabeza: *Sé periodista independiente.* Fue una idea tranquila, no retumbaron los cielos, pero intuí que venía de Dios.

De modo que después de pasar un año en Sudáfrica, regresé a Londres para convertirme en periodista independiente. Tenía la profunda convicción de que Dios estaba en esto, pero no tenía ni idea de cómo comenzar. ¡Tampoco tenía dinero! Me aconsejaron que hiciera un curso de periodismo de cinco meses. Normalmente costaba 700 libras pero, como estaba desempleada antes de inscribirme en el curso, me lo subvencionó el Estado y sólo tuve que pagar 10. Cuando finalizó el curso, solicité un empleo para escribir crónicas en una agencia de prensa. Parecía una manera perfecta de acumular experiencia y de hacer contactos para el futuro.

Conseguí el empleo pero estuve varios meses libre antes de comenzar a trabajar. Había estado en contacto con Juventud con una Misión (JUCUM) en Haití, y les envié un correo preguntándoles si podía ir a ayudar a paliar los efectos desastrosos del huracán. Cuando llegué allí, Terry Snow, líder de la base de JUCUM, me dijo: «Jemimah, ya que eres periodista, ¿Querrías redactar mi libro?» Yo me eché a reír. Apenas podía decir que era periodista. No tenía experiencia, así que le di una negativa por respuesta. Terry intentó convencerme, pero yo me mantuve inflexible. Entonces, a medida que transcurrían las semanas, comencé a sentir deseo de escribir el libro. Una mañana oré y pedí a Dios que si Él quería que escribiera ese libro, hiciera que Terry volviera a preguntármelo aquel mismo día. (¡Tenía que saber que era cosa suya porque sabía que iba a necesitar su ayuda!) Terry casi nunca estaba en la base de JUCUM, y yo ya le había dicho que de *ningún modo,* de suerte que el asunto parecía zanjado. Pero resultó que la primera persona con quien me topé fue Terry, y me dijo: «Jemimah, ¿estás segura de que no quieres escribir mi libro?» Me quedé boquiabierta. «De acuerdo», repliqué.

Después de redactar el libro, regresé a mi país y comencé a trabajar para la agencia de prensa en Bristol. Me llevé el chasco más grande de mi vida. Se trataba de periodismo sensacionalista y de un mundo obsceno. El primer día me fui a casa pensando que tenía que dejarlo. «Con seguridad, no deseas que me quede aquí, Señor», oré. Pero sentí que Dios me confirmaba que estaba donde Él me quería gracias a una bendición extraordinaria. Tuve que establecer la meta mensual de vender 3.000 libras en historias. La primera semana volví a casa en bicicleta dándole vueltas al asunto para ver cómo podría alcanzar esa meta; parecía imposible. De pronto, sentí que Dios me decía: «¿Quién te consiguió este empleo?» «Oh, tú, Señor», repliqué. «Bueno, si te he podido conseguir este empleo, ¿no crees que puedo proporcionarte los artículos para alcanzar tu meta?» Me sacudí un gran peso de encima al darme cuenta que ése no era mi problema. Pero la bendición de Dios llegó envuelta en un precio de obediencia. Sentí que Él me pedía que me mantuviera firme e íntegra, aun cuando fuera muy tentador no hacerlo.

Cobrábamos el salario mínimo, pero cada mes obteníamos un bono de 100 libras si lográbamos nuestros objetivos. No obstante, para recibir el bono había que mentir y justificarlo como gastos para evitar tener que pagar impuestos. Yo sabía que Dios me decía que no podía hacerlo. Sufrí en el envite, ya que realmente necesitaba el dinero, pero llegué finalmente a la conclusión de que Dios era mi proveedor y tenía que temerle. Lo hice, y en la primera semana obtuve 5.000 libras para la empresa con un artículo. Fue un milagro inusitado. Normalmente cuando la gente comienza no gana nada durante el primer mes hasta que se entera bien de qué va el asunto. Al final, me apellidaron «Oro» porque decían que todo lo que tocaba lo convertía en oro. Pude decirles que no tenía nada que ver conmigo; que era sencillamente el favor de Dios. Yo era la única cristiana que había en la redacción y estoy segura que no sabían qué pensar.

Después de un año sentí que Dios me decía que era tiempo de independizarme. Pero todos me decían que no resultaría, que antes tendría que trasladarme a Londres para trabajar en los diarios nacionales por un par de años para luego dar el salto. Comencé a creerles, ¡pensé que ellos tenían más razón que Dios! Una tarde me encontraba sola en casa. Sabía que Dios intentaba hablar conmigo, pero yo le estaba ignorando, limpiando la casa, distrayéndome, haciendo cualquier cosa menos buscarle a Él. Finalmente, me metí en la cama. Normalmente cuando toco la almohada me duermo de inmediato. Pero esa noche no pude dormir. Di vueltas y más vueltas en la cama, la cabeza me estallaba de preocupación pensando en cómo hacerme autónoma. Por fin, a las 3 de la madrugada, me rendí. Encendí la luz y pedí: «Señor, por favor, háblame». Abrí mi Biblia en Deuteronomio 11 y leí: «Entra en la tierra que Dios te ha dado y serás bendecida...». Sabía que Dios me indicaba que Él iba por delante; yo sólo tenía que seguirle; Él haría el resto. Después de esto, todavía había gente que me aseguraba que la cosa no funcionaría, pero yo sabía que Dios me había dicho que lo hiciera y tenía que hacerlo.

Me hice autónoma el día de mi cumpleaños, el 20 de marzo de 2006. Ha sido asombroso. Dios me ha proporcionado artículos y mi empleo se adapta perfectamente a mi carácter. Me encanta la creatividad que conlleva la escritura y oír las experiencias de la gente. También me gusta la emoción de vender los artículos y el reto de tener que encontrar las historias. Ser autónoma significa también que dispongo de tiempo para salir del país y escribir más libros como *Tomando los lugares altos*, la historia del ministerio de Terry Snow en Haití. Acabo de regresar de Brasil, donde he estado escribiendo la biografía de dos misioneras brasileñas de JUCUM que están intentando acabar con el infanticidio en ese país.

Siento como si Dios me hubiera ocultado la vocación y el empleo que quería que aceptase por un tiempo, para prepararme, para obligarme a buscarle, para enseñarme a confiar. Luego, mientras buscaba prioritariamente su reino en Sudáfrica —no mi propia carrera—, Él me mostró lo que debía de hacer. Él ha provisto asombrosamente en cada circunstancia, abierto puertas que no podría haberme imaginado y ¡es emocionante!

EL REY Y SU OBRA

Hemos inspeccionado la extraordinaria importancia del trabajo humano ordinario. Veamos ahora por un momento la importancia ordinaria de la vida humana más extraordinaria, la del Dios hecho hombre, Jesucristo.

Cuando el Dios del universo vino a la tierra y se hizo carne humana, ¿cómo vino? Podría haber venido como una figura política —rey, faraón o emperador—. Podría haber venido como sacerdote, afirmado la superioridad del trabajo espiritual. Podría haber nacido en un palacio en una ciudad de categoría internacional como Atenas o Roma. ¿Cómo decidió venir? Nació en un país que hoy sería considerado en vías de desarrollo, ocupado por un ejército extranjero. Dios vino en carne humana; nació en el seno de una familia ordinaria de una mujer pobre del oprimido pueblo judío. Su primera cama fue un pesebre; su primer hogar fue un establo. El Dios del universo escogió nacer en una familia común de clase trabajadora para ser un obrero manual, un carpintero.

Sabemos que Jesús fue y es un rey siervo. Él es Rey de reyes y Señor de señores, sin embargo, como Marcos 10:45 afirma: «El Hijo del Hombre no vino para ser servido, sino para servir, y para dar su vida en rescate por muchos». La imagen completa de Dios fue revelada en Cristo por medio de su servicio; aunque su obra esencial fue procurar nuestra salvación, llevó a cabo ese trabajo en el contexto de una vida común hace dos mil años, a través de varias vocaciones. Fue un carpintero que construyó muebles y enmarcó puertas y ventanas; maestro que enseñó a niños y adultos; «trabajador de salud pública» que repartió salud emocional, espiritual y física.

Dios es un Dios que trabaja. Actúa directamente en la historia, y actuó claramente en Cristo durante sus treinta y tres años en la tierra. También trabaja en las vidas de los creyentes que trabajan. La amplitud de su trabajo es inmensa.

Una de las heroínas de nuestra fe, la misionera y sabia gestora en la India, Amy Carmichael, ha captado la relación entre el trabajo de Dios y el nuestro. En *Amma: The Life and Words of Amy Carmichael* (Amma: Vida y palabras de Amy Carmichael), la autora Elizabeth R. Skoglund cita a Carmichael. He aquí un extracto de sus palabras y fragmentos correspondientes de las Escrituras:

> «¿Qué trabajo hace usted? Cualquiera que sea, el Señor, el Rey, ya lo ha hecho antes, y usted habita con Él para que su trabajo…

«¿Es su trabajo proteger, consolar y fortalecer? ('Antes fuimos tiernos entre vosotros, como la nodriza que cuida con ternura a sus propios hijos'.» (1 Tes. 2:7, RV-1960)

«Como madre que consuela a su hijo, así os consolaré yo a vosotros, dice el Señor...»

«¿Trabaja usted cosiendo?»
«Dios el Señor hizo ropa de pieles para el hombre y su mujer, y los vistió...»

«¿Trabaja usted en la cocina, encendiendo fuegos por la mañana temprano, preparando comida para otros?»
«Al despuntar el alba Jesús se hizo presente en la orilla, pero los discípulos no se dieron cuenta que era él. Al desembarcar, vieron unas brasas con un pescado encima, y un pan. —Vienen a desayunar— les dijo Jesús. ...» (Juan 21:12)

«¿Trabaja usted en la enfermería, vendando heridas?»
«Él sanó a los quebrantados de corazón, y vendó sus heridas...»

«¿Trabaja usted de contador, enseñando o aprendiendo aritmética, o nombres de cosas difíciles de recordar?»
«Él cuenta el número de las estrellas; las llama por sus nombres. Él tiene contados aun los cabellos de vuestra cabeza...»

«¿Trabaja usted criando ganado?»
«Él apacentará su rebaño como un pastor: Tomará a los corderos en brazos y los llevará en su regazo...»

«Él ha hecho el trabajo que usted está haciendo. Usted habita aquí con el Rey para hacer su trabajo de Él[15]. »

Como Amy Carmichael reconoció, Dios ha hecho el trabajo que nosotros estamos haciendo. Él nos proporciona un arquetipo básico para todas las vocaciones legítimamente morales. Él fue el Primer Agricultor, el Sanador Divino, el Ingeniero Hidráulico, el Contador, El Inversor/Empresario[16]. La naturaleza de Dios fue modelada y manifestada en Cristo a través de las Escrituras. Cristo es el comunicador, el perito agrícola, el obrero de la construcción, el sanador y el empresario. El ser humano más extraordinario de la historia, Jesús de Nazaret infundió dignidad a lo que el mundo califica de manual. Él se glorió en lo ordinario y lo glorificó.

El experto en el Nuevo Testamento y autor Paul S. Minear (1906-2007) escribió acerca del impacto que provocó el Dios del universo al encarnarse como un humilde carpintero:

> Un efecto que ello provocó fue el conceder a los trabajadores de todos los ramos una genuina igualdad delante de Dios y una genuina importancia en la vida de la comunidad... Ningún trabajo manual estaba en sí mismo por debajo de la dignidad del profeta, sacerdote o rey. En realidad, Dios escogió a un joven y humilde pastor como rey y a un carpintero desconocido como Mesías[17].

Dallas Willard capta también la esencia de Cristo y la vocación:

> Si Él viniera hoy como lo hizo ayer, llevaría a cabo su misión ocupándose en cualquier oficio decente y útil. Podría ser administrativo o contador en una ferretería, técnico reparador de computadoras, banquero, editor, médico, camarero, maestro, agricultor, técnico de laboratorio u obrero de la construcción. Podría dirigir una tintorería o un taller de automóviles. Es decir, si Él volviera hoy bien podría hacer lo mismo que usted. Podría vivir en su mismo piso o casa u ocupar su puesto de trabajo[18].

Cristo desea habitar el mundo por medio de su pueblo donde éste vive y trabaja. Como cristiano, no soy discipulado para hacer «cosas espirituales» como una vocación superior o a complementar mi «trabajo secular». No. Debo aprender a vivir toda mi vida como Jesús quiere que viva, en la casa y en la vocación que me ha dado. Una vez más Dallas Willard ha captado este sentido:

> Estoy aprendiendo de Jesús a vivir mi vida como Él la viviría si fuera yo. No estoy aprendiendo necesariamente a hacer todo lo que Él hizo, pero sí a hacer lo que hago de la manera que Él hacía todas las cosas[19].

El Dios del universo caminó por el jardín con nuestros primeros padres Adán y Eva. Encargó a Moisés construir un tabernáculo porque quería «habitar entre» su pueblo[20]. En Cristo, «la Palabra se hizo carne y habitó entre nosotros»[21]. Ahora desea habitar en medio de las naciones a través de su iglesia[22]. Yo tengo que aprender de Jesús cómo viviría Él mi vida, para que Él esté sustancialmente presente en mi lugar de trabajo y donde resido. Yo he de ocupar el territorio y el tiempo de mi vida por Jesucristo.

El hermano Lorenzo (1614-1691), autor del clásico *La práctica de la presencia de Dios,* capta este enfoque al decir: «Nuestra santificación no depende tanto de un cambio de actividad como de hacer las cosas para Dios y no para nosotros mismos»[23]. Ya no se trata de mi trabajo, sino del trabajo de Dios. No es algo que yo haga simplemente para sobrevivir o acumular riqueza o poder. Mi trabajo es donde se establece su reino, donde se cumple su voluntad. Lo ordinario es vivificado en lo sagrado.

Como hemos visto en esta parte del viaje, Cristo nos ha salvado para más que «ir al cielo». Aunque hemos sido salvos para el cielo, también lo hemos sido para la tierra; hemos sido salvos para servir a Cristo e implantar su reino en la tierra como ya lo está en el cielo. Hasta aquí hemos visto tres cosas esenciales. La primera, hemos sido salvos con un propósito y ese propósito es nuestra vocación existencial. La segunda, esta llamada es una llamada general a todos los cristianos para adorar a Dios, amar al prójimo y administrar la creación. La tercera, cada uno fue creado para una vocación particular, y a él o a ella le toca singularmente descubrirla y vivirla.

En adelante exploraremos con más detalle las características de la vocación existencial. Espero que al ir avanzando usted vaya descubriendo el potencial de su vida y trabajo dentro del marco de la venida del reino de Dios.

CAPÍTULO 14

CARACTERÍSTICAS DE LA VOCACIÓN EXISTENCIAL

La historia revela que Dios es el Rey, el mundo es su reino y nosotros somos sus mayordomos. Hemos de ejercer dominio sobre la creación. Y cumplir el mandato de Cristo de discipular a las naciones, para que la gloria de éstas esté dispuesta para el retorno de Cristo. Hemos de hacer esto como cristianos no fuera del contexto de nuestro trabajo y no solamente en él. Nuestra tarea consiste en manifestar el reino de Dios a través del trabajo como parte de nuestra vocación.

Al tratar de realizar nuestro quehacer cotidiano, hemos de tener en cuenta cuatro importantes postes indicadores: la primacía de la gracia, la redención del tiempo y el espacio, la manifestación de la excelencia de Dios y la revelación de la gloria de Dios.

LOS FRUTOS DE NUESTRA VOCACIÓN EXISTENCIAL RESULTAN DE LA GRACIA

Al considerar los frutos del trabajo, ¿qué constituye el éxito? El éxito, en términos sencillos, es el cumplimiento de lo que uno se propone hacer. La meta podrá ser buena o mala, pero se consigue.

La gente suele establecer como medida de éxito la riqueza o el poder, o ambos. En el paradigma bíblico la meta a alcanzar no es la riqueza ni la pobreza[1], ni tampoco el poder, sino el llegar a ser siervos[2]. Según el modelo bíblico el objetivo es entrar en y propagar el reino de Dios[3]. La cuestión que debe plantearse el cristiano es ¿cómo puede mi vida y trabajo extender el reino de Dios?

Como en tantas cosas, hay un punto medio radical tanto por lo que respecta a la meta —«No me des pobreza ni riquezas» (Prov. 30:8)— como por lo que respecta al proceso o los medios. Las gente que vive en culturas materialistas asume que el éxito depende exclusivamente de su esfuerzo. Recurren al mantra: «Lo conseguí por mí mismo», o «he triunfado en la vida sin la ayuda de nadie». En las culturas fatalistas y animistas la gente cree que el éxito depende del capricho de los dioses o del azar. En el tema bíblico, la gracia de Dios y la responsabilidad de la gente van de la mano. La gente tiene la responsabilidad de aplicarse con esfuerzo y disciplinarse en sus vidas y trabajos. Pero el éxito viene por la gracia de Dios. Esto se enuncia en Deuteronomio 8:18: «Recuerda al SEÑOR tu Dios, porque es él quien te da el poder para producir esa riqueza; así ha confirmado hoy el pacto que bajo juramento hizo con tus antepasados».

Según se cree, Charles Spurgeon, el gran pastor y predicador en la Inglaterra del siglo XIX, contó una anécdota que articula este equilibrio. Hubo una vez dos niñas; una de ellas sacaba muy buenas notas en el colegio y la otra no. La niña que obtenía malas notas preguntó a la otra en qué radicaba el secreto de su éxito. La primera niña respondió que estudiaba mucho sus apuntes para preparar los exámenes. De manera que la otra niña hizo lo propio. En el siguiente examen, las notas de la segunda niña mejoraron un poco. Y preguntó a la primera cómo es que después de tanto esfuerzo no había tenido éxito. La primera niña preguntó a la segunda: «¿Oraste a Dios? La segunda respondió que no. Y la primera le replicó que ella siempre se esforzaba y después suplicaba el favor de Dios. Spurgeon añade:

> Es preciso trabajar como si todo dependiera de nosotros,
> Orar como si todo dependiera de Dios, y
> Dar a Dios la gloria por los resultados obtenidos.

A lo largo de la Biblia se aprecia que la relación entre Dios y la humanidad es de suma importancia. Vemos que Dios es soberano y nosotros responsables. Esta es la tensión bíblica en la que se desarrolla la vida. El punto medio exacto de las Escrituras revela que los seres humanos son *in*-dependientes (in = dentro de). Esto significa que tienen libertad personal —independencia— y responsabilidad para actuar, pero también deben mantener una relación con Dios y con la comunidad y hallar ahí su verdadera independencia, en su *in*-dependencia. Su éxito es todo por gracia.

Aunque la salvación-justificación es debida toda a Dios[4], la santificación refleja una danza entre la responsabilidad y la relación. Pablo nos recuerda en Filipenses 2:12-13: «Así que, mis queridos hermanos, como han obedecido siempre —no sólo en mi presencia sino mucho más ahora en mi ausencia— lleven a cabo su salvación con temor y temblor, pues Dios es quien produce en ustedes tanto el querer como el hacer para que se cumpla su buena voluntad. [poder de Dios]». Del mismo modo, vemos este equilibrio en Santiago 1:5: «Si a alguno de ustedes le falta sabiduría, pídasela a Dios, y él se la dará, pues Dios da a todos generosamente sin menospreciar a nadie». Como criatura «in-dependiente», la persona es responsable de conocer sus propias limitaciones y orar. Dios tiene la capacidad de proveer sabiduría, discernimiento, valor y fortaleza.

Este centro exacto fue bien articulado por los reformadores en Europa y después por los puritanos en Estados Unidos. Martin Lutero escribió:

> Cuando llegan las riquezas, el impío corazón del hombre piensa: Lo he conseguido con mi esfuerzo. No considera que son puras bendiciones de Dios, bendiciones que a veces nos llegan a través de nuestro esfuerzo y a veces sin él, pero nunca a causa del mismo; porque Dios siempre nos las concede gracias a su misericordia inmerecida[5].

Análogamente, Juan Calvino escribió:

> En vano se fatigan los hombres en sus labores y se consumen tratando de adquirir riquezas, ya que éstas son un beneficio sólo concedido por Dios[6].

Cotton Mather (1663-1728) fue un influyente predicador puritano y prolífico escritor, y de vez en cuando, pionero científico y político en los primeros tiempos de Massachussets. Escribió: «Al ocuparnos extendemos las redes; pero Dios acerca a nuestras redes todo lo que en ellas entra»[7].

El profesor de lengua inglesa Leland Ryken, en *Wordly Saints* (Santos mundanos), lo resume diciendo:

> La mentalidad puritana entendió que la riqueza era un bien social, no una posesión personal; un don de Dios, no el mero resultado del esfuerzo humano o un signo de la aprobación divina[8].

A medida que proseguimos realizando nuestro quehacer cotidiano, nos guiamos por estas profundas intuiciones: el éxito es por divina gracia, la riqueza no es un signo de aprobación divina, sino de gracia, y no es para la posesión o el consumo personal sino para el bien de la comunidad más extensa. Esta es la mentalidad del reino.

NUESTRA VOCACIÓN EXISTENCIAL REDIME EL TIEMPO Y EL ESPACIO

El primer don que recibimos de Dios es nuestra propia vida. Él nos ha concedido el espacio de este planeta, y un universo más grande en el que flota nuestro planeta, como medio para vivir. Nos ha concedido un alma y un cuerpo que nos permiten involucrarnos en toda la creación, tanto en sus elementos materiales como inmateriales. Nuestros cuerpos y sus sentidos nos permiten disfrutar, observar y explorar el universo. Él nos ha concedido mentes racionales para explorar y descubrir los secretos del universo, y nos ha hecho creativos para crear nuevos universos con la imaginación.

Como vimos en la parábola de las minas, Cristo ha capitalizado a sus discípulos para propagar su reino[9]. Una de las minas que invierte es el *tiempo* de nuestra vida. Jesús nos asegura que su vocación existencial —vida, muerte y resurrección— consistió en darnos vida y darnos vida en abundancia (Juan 10:10b). Él nos ha concedido tiempo para explorar, crear y participar en su plan, como agentes relevantes, para escribir historia. Cómo usemos el tiempo ha sido, no obstante, la cuestión crítica desde la caída. ¿Será redimido o malgastado?

Nos ha concedido siete días a la semana y cincuenta y dos semanas al año. Este tiempo ha de ser usado para edificar vidas que honren al Creador, adornen su creación, y creen una cultura que refleje a Dios y su orden creado. Nos ha dado el sol, la luna y las estrellas para distinguir las estaciones y guiarnos en el proceso de gestionar la posesión del mundo[10].

El apóstol Pablo nos recuerda que debemos usar el tiempo y las oportunidades sabiamente: «Así que tengan cuidado de su manera de vivir. No vivan como necios sino como sabios, aprovechando al máximo cada momento oportuno, porque los días son malo» (Efe. 5:15-16). El tiempo no se puede recuperar. Una vez que se esfuma, se esfuma para siempre. ¿Lo derrochamos o lo redimimos? ¿Lo recibimos como un regalo precioso o lo disipamos? ¿Lo usamos para crear una cultura que refleja al Creador y hacer la obra que nos encomendó en la creación o vamos en pos del mentiroso —Satanás— edificando un mundo que refleja principios falsos, cimentado sobre las quimeras de Satanás?

Juan Wesley escribió:

> No pierda el tiempo. Si se entiende a sí mismo y su relación con Dios y el hombre, sabrá que no tiene tiempo que perder. Si discierne su vocación particular como debiera, no se aburrirá en absoluto[11].

La extensión de su vida terrenal es limitada., como nos recuerda Isaías 40:6-7: «Todo mortal es como la hierba, y toda su gloria como la flor del campo. La hierba se seca y la flor se marchita». Además, bien podemos decir con Isaac: «...En cualquier momento puedo morirme» (Gén. 27:2). ¿Viviremos uno, cien días, cien años? Ignoramos cuando el Maestro, que tanto invirtió en nosotros y nos encargó la obra de su reino, regresará[12]. El Señor no nos preguntará: «¿Cuántos años viviste?», sino «¿qué hiciste con los años que te di?» ¿Cómo hemos usado el tiempo?

Al tratar de cultivar esta especie de conciencia del valor del tiempo, podemos ser arrastrados en una dirección distinta por nuestra cultura. Para los materialistas, el tiempo vale más que nada desde una perspectiva económica: es sobre todo un factor de productividad y de tasas de interés. Lo que más importa es a quién pertenece el tiempo. Dado que en un marco secular no existe Dios, solamente queda el «tiempo del reloj»; no hay tiempo trascendente o plenitud en el tiempo. El paso del tiempo puede tener importancia en términos de desarrollo, pero la historia no tiene significado eterno. Además, el tiempo que dura la vida del individuo no tiene una importancia perdurable fuera del logro de ciertas metas —económicas, intelectuales o de tiempo libre—. En última instancia, la carencia de valor eterno del tiempo sustenta el enfoque hedonista ejemplificado por el lema: «Come, bebe y regocíjate, porque mañana morirás». El tiempo fuera del trabajo pasa a ser considerado un agasajo para la complacencia. Uno trabaja toda la semana para poder disfrutar el fin de semana. La vida y el trabajo se separan.

Es curioso que las culturas basadas en el animismo tengan algo en común por lo respecta a este punto: la importancia de las relaciones y el tiempo que se dedica al cultivo de las mismas. La gente que vive en esas culturas estima altamente las relaciones —a menudo una red de relaciones muy compleja— y dedican una cantidad de tiempo considerable a disfrutar de la compañía de gente conocida, aunque no se derive ningún provecho material de dicho uso del tiempo. Los niños, muy estimados, pasan probablemente bastante tiempo en compañía de sus padres y otros adultos, en tiempos de ocio y de trabajo. Y a menudo, los miembros dependientes de la sociedad —los niños pequeños, los enfermos, los ancianos imposibilitados— son atendidos personalmente, sin poner excusas, en vez de abandonarlos o confiarlos al cuidado exclusivo de profesionales. Todo esto contrasta vivamente con las sociedades materialistas, cuyos valores volcados en la producción —y el placer—, impulsan a la gente a sacrificar relaciones para buscar el éxito en la vida laboral o en el placer exento de cargas.

Sin embargo, aunque los pueblos de culturas animistas dediquen tiempo a las relaciones, éste carece de sentido en un contexto más amplio. La vida es como una rueda. La historia no se dirige a ninguna parte. No hay sentido de progreso en el mundo material. El tiempo es fácilmente consumido. Mayormente medido en los días que uno sobrevive hasta que muere y abandona este mundo pasajero en el espacio y en el tiempo para reunirse con el mundo espiritual, o el mundo de los antepasados.

Por el contrario, las Escrituras nos muestran que la historia tiene un principio y un fin. La historia avanza hacia los propósitos ordenados por Dios. Ya hemos examinado la importancia de la historia de la salvación como metanarrativa en la que deberíamos de basar nuestra vida. El quehacer cotidiano de una persona es acarrear sanidad sustancial a toda su vida y sus relaciones y restaurar su vocación al propósito para el que fue destinada. Al final de la historia, la sanidad, la restauración y las demás cosas que comenzaron con la primera venida de Cristo serán completadas cuando Él regrese. ¡La historia apunta a un destino claro! Entre la primera y la segunda venida de Cristo, nuestra vocación existencial consiste en redimir el tiempo y el espacio.

NUESTRA VOCACIÓN EXISTENCIAL MANIFIESTA LA EXCELENCIA DE DIOS

Os Guinness resume la naturaleza de nuestra llamada en su libro *The Call*: «Cuando Jesús llama, llama uno por uno... Somos llamados individualmente, responsables únicos ante Dios, para agradarle sólo a Él y ser finalmente aprobados por Él solo»[13].

Siendo llamados por Dios, contamos con un patrón digno de nuestro máximo esfuerzo. Pablo capta esto en su primera carta a los Tesalonicenses, en la que escribe que no hemos de agradar al hombre sino a Dios: «Al contrario, hablamos como hombres a quienes Dios aprobó y les confió el evangelio: no tratamos de agradar a la gente sino a Dios, que examina nuestro corazón» (1 Tes. 2:4). Del mismo modo, desafía a la iglesia de Colosas a trabajar para el Señor, no para los hombres: «Hagan lo que hagan, trabajen de buena gana, como para el Señor y no como para nadie en este mundo,» (Col. 3:23).

Debido a que el hombre redimido trabaja para Dios, para cumplir el plan divino, debe realizar su trabajo con excelencia. Las pautas para la excelencia estriban en la propia naturaleza de Dios. Dios es veraz, justo y hermoso. Nuestra labor, tanto en los medios como en los fines, ha de manifestar verdad, justicia y belleza.

Como observamos anteriormente, Génesis 1 recoge que en cada fase de la creación Dios examina lo que ha creado y declara que es «bueno» o «justo» o «verdadero». En la magnificencia de un cielo estrellado, la vasta hermosura del Gran Cañón en Arizona o la exquisitez de una minúscula flor, se revela la excelencia de Dios. Desde las leyes naturales estudiadas en astronomía, física, geología y biología hasta la capacidad con que Dios creó al hombre para plasmar esas leyes diversas en fórmulas matemáticas, o en la poesía, la exquisita destreza de Dios es manifiesta. El Salmo 104:1-5 revela las maravillas del talento artístico y la destreza de Dios:

> ¡Alaba, alma mía, al SEÑOR! SEÑOR mi Dios, tú eres grandioso; te has revestido de gloria y majestad. Te cubres de luz como con un manto; extiendes los cielos como un velo. Afirmas sobre las aguas tus altos aposentos y haces de las nubes tus carros de guerra. ¡Tú cabalgas en las alas del viento! Haces de los vientos tus mensajeros, y de las llamas de fuego tus servidores.
>
> Tú pusiste la tierra sobre sus cimientos, y de allí jamás se moverá.

Tal como canta este Salmo, la excelencia de Dios se refleja en la creación y en la manera en que Él actúa para sostener el mundo natural. También se aprecia la excelencia de Dios en la redención y en la manera en que actúa para sustentar a su pueblo, como expresa la belleza del Salmo 111:

> ¡Aleluya! ¡Alabado sea el SEÑOR!
> Alabaré al SEÑOR con todo el corazón en la asamblea, en compañía de los rectos.
> Grandes son las obras del SEÑOR; estudiadas por los que en ellas se deleitan.
> Gloriosas y majestuosas son sus obras; su justicia permanece para siempre.
> Ha hecho memorables sus maravillas.

> ¡El SEÑOR es clemente y compasivo!
> Da de comer a quienes le temen; siempre recuerda su pacto.
> Ha mostrado a su pueblo el poder de sus obras al darle la heredad de otras naciones.
> Las obras de sus manos son fieles y justas;
> todos sus preceptos son dignos de confianza,
> inmutables por los siglos de los siglos,
> establecidos con fidelidad y rectitud.
> Pagó el precio del rescate de su pueblo
> y estableció su pacto para siempre. ¡Su nombre es santo e imponente!
> El principio de la sabiduría es el temor del SEÑOR; buen juicio demuestran quienes cumplen sus preceptos. ¡Su alabanza permanece para siempre!

Este Salmo es un manifiesto de la excelencia. Como afirma el salmista, cuando uno pondera las obras del Señor, percibe su delicia, su gloria, majestad, honradez, gracia, compasión, poder, fidelidad, justicia, integridad, inmutabilidad, rectitud, santidad y sabiduría. A medida que Dios nos habilita y que procuramos diligentemente desarrollar la capacidad con que Él nos ha equipado, nuestro trabajo debe manifestar la misma naturaleza excelente de Dios. Note que este salmo de alabanza a Dios acaba con una promesa que Él hace a nuestras labores: «El principio de la sabiduría es el temor del SEÑOR; buen juicio demuestran quienes cumplen sus preceptos» (Sal. 111:10).

¿A qué clase de trabajo nos llama nuestro Dios excelente para que colaboremos con Él? A una obra excelente. ¿Por qué? Porque nuestro trabajo contribuye, aunque de una manera ínfima, a la morada de Dios y a nuestra futura morada: el reino de Dios. Exploremos esta imagen hermosa.

Hemos visto que hay una simetría maravillosa entre el Antiguo y el Nuevo Testamento. En el Antiguo Testamento Dios se revela como el Primer Artista y el Primer Artesano; en el Nuevo Testamento Él prosigue su actividad creadora como Arquitecto y Constructor de la eterna ciudad[14]. En el Antiguo Testamento Dios y el pueblo colaboran primero en la construcción del tabernáculo[15], y después, del templo[16] para morada de Dios[17]. En el Nuevo Testamento, Dios y el pueblo colaboran en la construcción del presente y futuro reino de Dios, donde habitarán los redimidos con Él para siempre[18].

La construcción de una morada donde Dios se manifieste nos invita a la excelencia. Veamos una imagen de esta excelencia en la descripción de la construcción del templo en 2 Crónicas 2:1-14:

Salomón decidió construir su palacio real y un templo en honor del SEÑOR. Con este fin reclutó a setenta mil cargadores y ochenta mil canteros, para que trabajaran en la montaña. Al frente de ellos puso a tres mil seiscientos capataces. Luego le envió este mensaje a Hiram, rey de Tiro: «Envíame madera de cedro, tal como lo hiciste con mi padre David cuando se la enviaste para que se construyera un palacio. Voy a construir un templo en honor del SEÑOR mi Dios. Lo consagraré a él, para quemar incienso aromático en su presencia, colocar siempre el pan consagrado, y ofrecer allí los holocaustos de la mañana y de la tarde, los sacrificios de los sábados y de luna nueva, así como los de las otras fiestas del SEÑOR nuestro Dios. Esto se hará en Israel siempre. »Voy a edificar un templo majestuoso, pues nuestro Dios es el más grande de todos los dioses. Pero, ¿cómo edificarle un templo, si ni los cielos más altos pueden contenerlo? ¿Y quién soy yo para construirle un templo, aunque sólo sea para quemar incienso para él? »Envíame un experto para trabajar el oro y la plata, el bronce y el hierro, el carmesí, la escarlata y la púrpura, y que sepa hacer grabados, para que trabaje junto con los expertos que yo tengo en Judá y en Jerusalén, los cuales contrató mi padre David. »Envíame también del Líbano madera de cedro, de ciprés y de sándalo, pues yo sé que tus obreros son expertos en cortar estos árboles. Mis obreros trabajarán con los tuyos para prepararme mucha madera, porque el templo que voy a edificar será grande y maravilloso. A tus siervos que corten la madera les daré veinte mil cargas de trigo, veinte mil cargas de cebada, veinte mil medidas de vino, y veinte mil medidas de aceite.»
En respuesta, Hiram, rey de Tiro, envió a Salomón la siguiente carta: «El SEÑOR te ha hecho rey de su pueblo, porque te ama. ¡Alabado sea el SEÑOR, Dios de Israel, que hizo el cielo y la tierra, porque le ha dado al rey David un hijo sabio, dotado de sabiduría e inteligencia, el cual construirá un palacio real y un templo para el SEÑOR! »Te envío, pues, a Hiram Abí, hombre sabio e inteligente, hijo de una mujer oriunda de Dan y de un nativo de Tiro. Sabe trabajar el oro y la plata, el bronce y el hierro, la piedra y la madera, el carmesí y la púrpura, el lino y la escarlata; también es experto en hacer toda clase de figuras y en realizar cualquier diseño que se le encargue. Hiram trabajará junto con tus expertos y con los de David, tu padre y mi señor.

Como Salomón, tenemos por delante la gran tarea de contribuir a edificar una morada para Dios y su pueblo y mostrar la excelencia de su naturaleza delante de un mundo que observa. Nuestra vocación existencial es una contribución al cercano reino de Dios, Podemos decir con este rey de Israel: «Voy a edificar un templo majestuoso, pues nuestro Dios es el más grande de todos los dioses» (v.5). Tal vez nos hagamos la misma pregunta: «¿Cómo edificarle un templo, si ni los cielos más altos pueden contenerlo? ¿Y quién soy yo para construirle un templo...?» (v. 6). Con todo, Dios nos ha llamado. Emprendemos nuestra tarea como hizo Salomón, con seriedad y creatividad y recursos, indagando cuáles sean nuestros mejores diseños, los materiales de mayor calidad y hermosura, y los artesanos más diestros.

Los cristianos de generaciones precedentes comprendieron la llamada a la excelencia mejor que nosotros hoy. La filosofía de las comunidades Shaker, que destacaron en la fabricación de muebles, refleja esta clase de atención:

> Hagan cada producto mejor que lo que se hizo antes. Hagan las partes que no se ven tan bien como las que se ven. Utilicen sólo los mejores materiales, incluso para los artículos más cotidianos. Presten la misma atención a los menores detalles que a los de más relieve. Procuren que cada cosa que hagan dure para siempre[19].

John Wesley, reformador de Inglaterra y fundador del movimiento metodista, captó este mismo sentido de la excelencia en su sermón sobre el dinero:

> Uno debería estar continuamente aprendiendo de la experiencia ajena, o de su propia experiencia, leyendo y reflexionando, para hacer lo que tiene que hacer hoy mejor de lo que lo hizo ayer. Asegúrese de que practica todo lo que aprende, para sacar el máximo provecho de lo que tiene entre manos[20].

Se cuenta el caso de una niña brasileña de doce años de edad que también comprendió esta necesidad de excelencia en todo trabajo, porque se hace para el Señor. El padre de Luiza se ofreció como voluntario para arreglar una vieja caja usada para recoger colectas en Capela da Videira. Hizo un gran trabajo; la caja quedó muy bonita. No obstante, Luiza le añadió un cojín adornado con un bordado de punto de cruz. La servicial disposición de Luiza y el cuidado que puso en hacer el cojín fue un ejemplo y una inspiración que animó a otros a servir al Señor[21]. Esta niña descubrió a edad muy temprana que la Biblia nos llama a la fidelidad y la excelencia no sólo en cosas grandes, sino también en las más insignificantes, superfluas o comunes. Puesto que hay dignidad y maravilla en las cosas pequeñas, somos llamados a santificar lo «manual», los pequeños detalles. Pero como Dios se interesa por lo ordinario, sus hijos deben apreciar las cosas pequeñas, añadir dignidad a las mismas y trabajar con excelencia, por muy insignificante que la labor parezca. Cuando se entiende el milagro de lo ordinario, uno reconoce, como dijo cierto puritano, «que un cristiano debe estimar su taller y también su capilla como terreno santo»[22].

Hace unos treinta años, mi esposa Marilyn y yo viajamos por carretera de Phoenix, Arizona, a Denver, Colorado. En el desierto profundo del suroeste de Colorado, nos detuvimos en la única estación de servicio que había en muchas millas alrededor para usar sus instalaciones. Por aquel tiempo, los servicios sanitarios de las gasolineras estadounidenses se distinguían por su suciedad. Al abrir la puerta del baño de hombres me temí lo peor. Pero me llevé una gran sorpresa. El baño estaba inmaculado, y al lado del lavabo lucía un florero con flores recién cortadas. Quienquiera que cuidara de ese lugar entendía que es menester añadir dignidad y delicia a las tareas manuales.

En otra ocasión, me recogí en un hotel. Al entrar en el baño de mi habitación me encontré pequeños paquetes de jabón artísticamente dispuestos en forma de abanico al lado del lavabo. Di gracias a Dios por la persona que me recibió con esta leve porción de arte en un cuarto que normalmente se caracteriza por un ambiente utilitario. La limpiadora del hotel había dejado su firma en el baño, decidido poner dignidad en un baño común.

Los pequeños detalles artísticos y creativos están en consonancia con la cosmovisión bíblica. El compromiso con la excelencia y la hermosura contrasta con la filosofía pragmática del materialista moderno, para quien la eficiencia, la utilidad y la duplicación son valores prioritarios. Nada ejemplifica esto más que la industria de comida rápida. La cadena de restaurantes McDonald ha construido un modelo de negocio asentado en estos valores. Sus establecimientos ofrecen el mismo aspecto por todo el mundo, la compra y la preparación de alimentos está altamente estandarizada, y sus empleados son instruidos y juzgados consecuentemente conforme a estrictos modelos y métodos de trabajo, velocidad y eficacia. Aunque hay un lado positivo en esa eficiencia, no tiende a fomentar la belleza o la excelencia.

Poco hay en la cosmovisión animista y fatalista, o en los sistemas corruptos a menudo asociados con ella, que fomente la excelencia en el trabajo. Si nada en esta vida tiene un sentido perdurable, si los trabajadores o los empresarios no sienten que la calidad de su trabajo marca una diferencia que repercute en ellos o en las personas a quienes sirven, tendrán pocos motivos para realizar un esfuerzo añadido para producir bienes o servicios considerados excelentes.

Pero si conocemos la clase de Dios para quien y con quien trabajamos, tendremos muchas razones para procurar la excelencia. Como ha dicho John Politan, de la Iglesia Bíblica Scottsdale:

> La declaración más elocuente y más elemental que la mayoría de las personas harán en honor de la causa de Cristo —para bien o para mal— es la forma en que trabajan[23].

Y Chuck Colson escribe:

> La excelencia en la vocación, exigida por la Biblia, es el testimonio más elocuente en el puesto de trabajo… Los cristianos que ya están en campos de misión: contabilidad, ventas, software, construcción, y otras vocaciones honorables, tienen que estar equipados para trabajar con integridad y así compartir su fe de hecho como también de palabra[24].

Como se ilustra en la parábola de las minas, los seguidores de Cristo son obreros en la hacienda de su amo, responsables de garantizar su desarrollo, de llevar a cabo el trabajo diario conforme a su plan. Hemos sido convocados a hacer un trabajo excelente, digno de Aquel que nos llamó.

LA VOCACIÓN EXISTENCIAL REVELA LA GLORIA DE DIOS

La gloria de Dios se revela cuando sus siervos obedecen la llamada en sus vidas. Cuando se ponen a pequeña escala pies, manos e imaginación para vivir el Padrenuestro, se revelan las primicias del reino y el Rey de reyes es glorificado.

Dios ha querido que, a medida que Cristo y su reino avanzan en este mundo quebrantado, cada uno de nosotros cumpla su propósito particular. Entre una infinidad de posibilidades, podemos ilustrar esto con dos personajes bíblicos, Moisés y Jesús; con un enviado del cielo de la historia moderna, William Wilberforce; y con una de las heroínas contemporáneas de la fe, Joni Eareckson Tada.

Consideremos primero al profeta Moisés, hebreo de origen humilde, que a través de circunstancias providenciales fue educado para ser príncipe de Egipto. Dios usó a este hombre para conducir al pueblo hebreo de la esclavitud a la frontera de la *tierra prometida*. Como ya vimos, Dios mandó a Moisés construir un tabernáculo durante los cuarenta años de peregrinación por el desierto. Éxodo 25:8-9 reza: «Después me harán un santuario, para que yo habite entre ustedes. El santuario y todo su mobiliario deberán ser una réplica exacta del modelo que yo te mostraré». Dios revela su plan, provee suministros y artesanos y es construido el tabernáculo. Y Éxodo 40:33 concluye: «Después levantó Moisés el atrio en torno al santuario y al altar, y colgó la cortina a la entrada del atrio. Así terminó Moisés la obra». El tabernáculo quedó concluido antes de su muerte.

Moisés vivió plenamente, trató de ser obediente al Dios de Abraham, Isaac y de Jacob. Acabó «bien». Completó su tarea. Condujo al pueblo hebreo fuera de la cautividad en Egipto. Completó el tabernáculo. En Éxodo 40:34-35 resuenan estas notables palabras: «En ese instante la nube cubrió la Tienda de reunión, y la gloria del SEÑOR llenó el santuario. Moisés no podía entrar en la Tienda de reunión porque la nube se había posado en ella y la gloria del SEÑOR llenaba el santuario». Vemos que cuando Moisés terminó la tarea que Dios tenía para él, «la gloria del SEÑOR» llenó ese espacio. Cuando la obra de Dios es hecha a su manera, Él es glorificado y su gloria anima —vivifica— la obra. Note aquí dos cosas. La primera, Dios es glorificado por nuestra obediencia, cuando completamos la tarea que nos ha asignado. La segunda, cuando la tarea se ha llevado a cabo, la gloria de Dios transforma la obra.

Se observa un patrón similar en la vida de Cristo. Bien pronto, Jesús reconoció que había recibido una tarea del Padre. Esto queda recogido en su ministerio público:

> Mientras tanto, sus discípulos le insistían: «Rabí, come algo». «Yo tengo un alimento que ustedes no conocen», replicó él. «¿Le habrán traído algo de comer?», comentaban entre sí los discípulos. «Mi alimento es hacer la voluntad del que me envió y terminar *su obra*», les dijo Jesús (Juan 4:31-34, cursiva añadida).

Jesús entendió que tenía una obra que hacer, un trabajo que su Padre le había delegado. Esto queda reflejado en Juan 5:17: «Mi Padre aun hoy está trabajando, y yo también trabajo». Jesús es parte orgánica de lo que Dios está haciendo. La llamada en nuestra vida es similar. La llamada a seguir a Cristo es una llamada a realizar la obra del Padre. Él trabaja ahora y desea que conectemos nuestra vida a su trabajo. Esa conexión es nuestra vocación existencial.

Jesús meditó en su trabajo. En la última cena hace una oración en la que ejerce de Sumo Sacerdote. La primera parte de la plegaria es instructiva, gira en torno a la necesidad que tenemos de conectar nuestro trabajo al reino de Dios. Juan 17:1,4-5 dice:

> Después de que Jesús dijo esto, dirigió la mirada al cielo y oró así: «Padre, ha llegado la hora. Glorifica a tu Hijo, para que tu Hijo te glorifique a ti... Yo te he glorificado en la tierra, y he llevado a cabo la obra que me encomendaste. Y ahora, Padre, glorifícame en tu presencia con la gloria que tuve contigo antes de que el mundo existiera».

Vemos que Jesús glorificó al Padre acabando la obra que le fue encargada. Jesús tenía encomendada una tarea particular. La finalización de su tarea dio gloria al Padre. ¿Quiere usted glorificar al Padre? Entonces lleve a cabo la obra que Él le ha encomendado. No damos gloria a Dios haciendo obras ajenas, sino realizando la obra que Él manda a cada cual hacer.

Cuando era joven y estudiaba en la comunidad L'Abri, en Suiza, me deprimía al despertarme por la mañana. Había en L'Abri tres héroes: Francis Schaeffer, Udo Middelman y Os Guinness. Combiné cada uno de sus puntos fuertes y me dije: «*Yo quiero ser esa persona*». No tenía en cuenta ninguna de sus debilidades para formar esta caricatura. Cuando me comparaba con este «hombre modelo», veía cuánto me faltaba para alcanzar su nivel. Me desanimé. Un día me di cuenta de mi pecado, al compararme con ellos, y entendí que Dios *me* había hecho para un propósito. Glorificamos a Dios cuando nuestra vida cumple el propósito para el que fue creada. Nos destruimos cuando nos comparamos con otros. No glorificamos a Dios cuando intentamos hacer lo que Él ha querido que otro haga.

También debemos notar que cuando Jesús acabó la obra que el Padre tenía para Él, el Padre glorificó al Hijo. Cada uno de nosotros es absolutamente único. La maravilla de nuestras habilidades especiales se revela cuando somos obedientes a la llamada que Dios ha hecho a nuestra vida.

La vida de uno de mis héroes, William Wilberforce, ilustra este punto. Como vimos anteriormente, Wilberforce fue un cristiano inglés tan preocupado acerca de la injusticia de la esclavitud y la decadencia de la urbanidad en la sociedad británica que logró un escaño en el parlamento para poder cambiar el derecho y el comportamiento públicos. Varios amigos retaron a Wilberforce para que fuera en pos de una obra «espiritual» en el ministerio.

Afortunadamente para Gran Bretaña y para el mundo, no se dejó persuadir sino que siguió la llamada de Dios a la política.

Wilberforce luchó durante casi medio siglo por la emancipación de los esclavos. Fue una tarea ardua. Tuvo que perseverar, casi en solitario, contra los poderes políticos y económicos de la sociedad británica. A lo largo de más de cuarenta años, fue surgiendo poco a poco una ola creciente de clamor público. El 26 de julio de 1833, tres días antes de su muerte, Wilberforce se enteró de que la Cámara de los Comunes había aprobado la Ley para la Abolición de la Esclavitud, que libertaba a todos los esclavos del imperio[25]. Al final quedó claro que la vida de Wilberforce glorificó a Dios por su coraje inflexible y su determinación de llevar a cabo la obra especial que Él le había preparado.

La vida contemporánea de Joni Eareckson Tada también ejemplifica cómo se glorifica a Dios haciendo la obra singular a la que cada uno ha sido llamado. Joni era adolescente y tenía toda su vida por delante. Era activa y atractiva, tenía sueños y aspiraciones. Pero un día la golpeó la tragedia. La joven se zambulló en aguas poco profundas de la bahía de Chesapeake y se fracturó el cuello. En ese breve instante su vida sufrió un terrible vuelco. Quedó tetrapléjica, confinada de por vida a una silla de ruedas.

Con el tiempo, Joni resurgió de su abatimiento y buscó al Señor para ver el bien que Dios podía extraer de esa tragedia. Fundó un ministerio internacional de estímulo y apoyo a personas minusválidas denominado Joni y sus amigos. Llegó a ser escritora y artista de talento. También ha participado en el debate público estadounidense acerca de la investigación con células madre embrionarias. Mientras otros abogan por el uso y la destrucción de la vida humana temprana, Joni ha liderado enérgicamente la responsabilidad de proteger la vida del no nacido, aunque ello signifique que ella no pueda volver a caminar.

Charles Colson asistió a una reunión celebrada en la Casa Blanca en la que el presidente George W. Bush expuso la razón fundamental para defender la vida humana y el caso contra la destrucción de las células madre embrionarias, aunque fuera con la buena intención de ayudar a sanar lesiones producidas en la médula espinal. Joni Eareckson Tada estuvo presente. Colson refiere lo que observó en aquella ocasión:

> Varias veces durante su alocución, noté que el presidente Bush miraba directamente a Joni. Al final de su disertación el presidente sorprendió a todos. Descendió de la plataforma, abrazó y besó a Joni. Fue un momento

> tierno. Seguramente, pensé yo, este era un momento y un asunto para los que ella había nacido. Su sufrimiento tenía propósito[26].

Joni podía haberse encerrado en sí misma después del accidente. Su vida podía haber estado marcada por la auto-compasión, la amargura y la desesperanza. Pero no fue así. ¿Qué pudo marcar la diferencia? En vez de preguntarse perpetuamente «¿por qué, Señor?», ella comenzó a preguntarse: «Señor, ¿qué quieres que haga? ¿Cómo puedo responder a esta tragedia de una manera que te glorifique?» Al oír la llamada de Dios a su trabajo, la vida de Joni fue transformada y usada por Dios para el progreso de su reino. Joni estuvo en la Casa Blanca, sentada en su silla de ruedas, pero el eco de la voz de Mardoqueo resonó al cabo de la historia: «¡Precisamente para un momento como éste!» (Ester 4:14).

Dios es glorificado en nuestro trabajo —cuando andamos en la vocación particular que Él nos ha dado—. Es glorificado cuando acabamos la obra que ha dispuesto que hagamos, cuando cumplimos nuestro destino. Es glorificado cuando somos carpinteros, políticos y artistas piadosos, cuando somos hijos e hijas, padres y madres, hermanos y hermanas, maridos y mujeres piadosos. Es glorificado cuando manifestamos verdad, belleza y justicia en nuestras comunidades, puestos de trabajo y naciones. Él es glorificado cuando andamos confiadamente en nuestra vocación existencial.

PARTE 5: LA ECONOMÍA DE LA VOCACIÓN EXISTENCIAL

CAPÍTULO 15

MAYORDOMÍA:

LA ÉTICA PROTESTANTE

Un distintivo de la vocación existencial debe ser, obviamente, una concepción bíblica de la economía. Si usted leyera la Biblia de Génesis a Apocalipsis y anotara en un diario todos los pasajes que tocan el tema de la salvación del alma y el de la empresa y la economía, ¿qué lista sería más larga? Los pasajes sobre la empresa y la economía serían mucho más numerosos que los que hacen referencia a la salvación espiritual. ¿Quiere esto decir que la salvación espiritual tenga una importancia secundaria? ¡No! Al contrario, la salvación de una persona es fundamental para todo lo demás. Lo que indica es que Dios está interesado en la economía y que nos ha dado principios esenciales para ayudarnos a administrar la creación y fomentar una actividad económica sana.

«EL HOMBRE ECONÓMICO»

La actividad económica, según Dios, consiste en ocuparse del valor de la producción, el ahorro y la dádiva. Dios nos manda, en el libro del Génesis, administrar la creación[1]. La mayordomía implica progresar (producir abundancia) y conservar (ser respetuosos con la creación). Este elemento de buena mayordomía se aprecia en la palabra griega de la que deriva *economía*, esto es, *oikonomia*, que significa «administrar una casa» o «administrar una hacienda». (Oikos puede significar «casa» o «templo», y *nomia* procede de *nemein,* que significa «distribuir» o «gestionar».) Si consideramos que el mundo que Dios creó es su «casa», entonces podremos considerarnos mayordomos puestos para gestionarla. Yo suelo decir que el hombre es *homo oikonomia* —hombre económico—. Por tanto, podemos afirmar que la economía es la sabia administración de la casa de Dios (el mundo) con imaginación moral, o por decirlo de otra manera, la administración de recursos dentro de los límites de las leyes divinas.

EVITEMOS DOS ERRORES

Dios nos ha confiado su casa y, por lo que se ve en la parábola del mayordomo infiel[2] y en la de las diez minas[3], espera que seamos administradores responsables. En la parábola del mayordomo infiel, el amo alabó al mayordomo malo por su administración «prudente»[4]. Esto no es una invitación a la deshonestidad, sino a ser prudente en el terreno económico. En la parábola de las diez minas, el amo alaba a los mayordomos piadosos que le devolvieron diez por uno[5] y cinco por uno[6] de su inversión. Condena al que escondió el capital y no produjo beneficio[7]. ¿En qué estribaba el interés del amo? Buscaba un uso sabio y prudente de su inversión, de su capital. El uso prudente de tal inversión producirá un «beneficio» para el amo y para el reino de Dios.

Como ya comentamos más atrás, parábolas como la de las diez minas no sólo tratan de cuestiones económicas, sino que sirven como figuras de las realidades espirituales. No obstante, Dios nos ha creado, llamado y equipado para manifestar y extender su reino, en buena parte, mediante el trabajo concreto que llevamos a cabo en el terreno económico, a través de la administración que nos ha confiado, y que incluye tiempo, espacio y recursos, tanto terrestres como propiedades individuales.

Sería fácil pasar por alto las enseñanzas sumamente prácticas de la Biblia acerca de la intención divina en relación con la vida económica. Por una parte, si nos empapamos en la mentalidad del dualismo evangélico, consideraremos el mundo material irrelevante, o sólo una sombra del mundo «real», espiritual. No tendría sentido tratar cuestiones tan «mundanas» como la economía en un libro de teología; no veríamos una conexión entre la fe y la vida económica. Por otra parte, al reconocer que no existe tal dicotomía —que lo físico está imbuido de lo sagrado— podemos ser tentados a caer en otro error e incluir lo material en lo espiritual. Podemos acabar sobre-espiritualizando el asunto de modo que ya no conserve su propia naturaleza física tal como Dios la creó. En este escenario tampoco tendría sentido hablar de economía. En vez de caer en este error, deseamos que nuestro pensamiento esté moldeado por una concepción bíblica de la relación entre los mundos material y espiritual, en la que ambos son partes intimamente conectadas de la única realidad que Dios ha creado. Sólo entonces podremos ser la clase de mayordomos que Dios desea que seamos, sin excluir nada ni nadie del alcance de su cuidado y su redención.

LA ÉTICA PROTESTANTE Y LAS TRES REGLAS ELEMENTALES DE JOHN WESLEY

Los reformadores del movimiento protestante reconocieron la importancia de la vida económica como ciudadanos del reino de Dios. Su enseñanza acerca de este tema crucial cambió el mundo. En realidad, como veremos en el capítulo 19 —los Dominios—, los historiadores de la economía han reconocido que la cosmovisión bíblica que enseñaron los reformadores fue el principal factor que sacó a naciones enteras de la pobreza gracias al desarrollo social de las clases medias. En las economías europeas, las gentes fueron libres para llevar vidas muy distintas a las de los antiguos siervos y esclavos sujetos a sus amos, disfrutar de más oportunidades y provocar un efecto importante en la vida de la nación.

Las enseñanzas de los reformadores sobre el trabajo provocaron una influencia tan intensa y duradera que dio en llamarse ética protestante. Así como nuestro Salvador inculca las virtudes de la humildad y el perdón en sus seguidores, así los reformadores dejaron huella, con sus frecuentes amonestaciones y una serie de principios económicos. Éstos fueron grabados en las mentes, derribaron fortalezas de cosmovisiones falsas y vicios que de ellas manaban. Mientras se inculcaban virtudes bíblicas en mentes y corazones, las culturas fueron transformadas[8].

¿Qué enseñaron los reformadores, por lo que respecta a la vida pública, que transformó las economías y las estructuras sociales del norte de Europa? Ya vimos que ellos abolieron el paradigma gnóstico de la vida perfecta y la vida permitida; abolieron la distinción entre *vita contemplativa y vita activa*. Entendiendo que la vida entera es sagrada y que se ha de vivir *coram Deo* (delante de Dios), ¿qué enseñaron los reformadores acerca del trabajo?

El lema de John Wesley tocante al trabajo y al uso del dinero ofrece un marco sencillo para analizar las enseñanzas sobre economía de los reformadores europeos. Dios usó a John Wesley para iniciar un avivamiento en

Inglaterra, a mediados del siglo XVIII, que transformó el país en poco más de una generación, de modo similar a las transformaciones emprendidas por Lutero y Calvino en sus respectivas regiones doscientos años antes. Wesley predicó la cruz de Cristo para la salvación personal y luego dedujo las implicaciones sociales del evangelio para la transformación nacional. Las reglas elementales de Wesley para el uso del dinero son:

> Gana todo lo que puedas.
> Ahorra todo lo que puedas.
> Da todo lo que puedas.

Estas amonestaciones deben volver a ser infundidas en los países occidentales, ya que están perdiendo a pasos agigantados su alma, y en los países emergentes que anhelan la plenitud y la esquiva salud material que garantizan estos principios. Examinémoslos uno por uno.

GANA TODO LO QUE PUEDAS: TRES RAZONES PARA TRABAJAR

La primera parte de la invitación de Wesley es a trabajar: «Gana todo lo que puedas sin perjudicarte a ti ni a tu prójimo, en alma o cuerpo, aplicándote a ello con diligencia continua, y con todo el entendimiento que Dios te ha dado»[9]. Wesley invita a hacer un trabajo sano y moral, un trabajo que edifique al yo y al prójimo de una manera integral. Debe ser realizado con diligencia; las personas deben de trabajar esforzadamente y emplear todos los dones y destrezas que Dios les ha concedido. Hemos sido llamados a cultivar las virtudes de la industria y la diligencia y erradicar los vicios de la ociosidad, la holgazanería y la pereza.

Martin Lutero captó la esencia de este punto en su exposición de Éxodo 13:18: «Dios no quiere que llegue el éxito sin esfuerzo... No quiere que me quede en casa sentado ni que deje pasar la vida sin hacer nada, o le entregue mis asuntos y espere hasta que un pollo frito vuele y caiga en mi boca. Eso sería tentar a Dios»[10]. Hemos de trabajar duro, con industria y diligencia.

El predicador puritano Robert Bolton (1572-1631) escribió: «Sé diligente en conciencia y fidelidad, en alguna vocación legítima y honesta... no tanto para acumular oro y riqueza, como para la necesaria y moderada provisión para la familia y la posteridad: en conciencia y obediencia al común encargo impuesto a los hijos e hijas de Adán hasta el fin del mundo»[11].

Así pues, el corazón de la ética protestante concede valor intrínseco al trabajo. El trabajo, junto con la ciudadanía, es el lugar en el que contribuimos a edificar la cultura. El trabajo no es sólo lo que hacemos para sobrevivir (animismo), para consumir (materialismo), o para contar con un escenario para el testimonio (gnosticismo evangélico). Las Escrituras revelan más bien tres razones por las que hay que trabajar.

Dios trabaja

Dios es un Dios trabajador. Como ha quedado establecido, el trabajo no es una parte de la maldición, como muchos suponen. Si el trabajo fuera una maldición, las palabras de Génesis 2:2-3 resultarían chocantes:

> Al llegar el séptimo día, Dios descansó porque había terminado la obra que había emprendido. Dios bendijo el séptimo día, y lo santificó, porque en ese día descansó de toda su obra creadora.

La creación del universo fue trabajo. Y fue Dios quien hizo ese trabajo. Dios trabajó seis días y descansó en el séptimo. El trabajo forma parte de la naturaleza de Dios. Note que en lugar de trabajo se usa aquí la palabra hebrea *melakah*, que aparece 167 veces en el Antiguo Testamento y se traduce por «ocupación, «trabajo», o negocio»[12]. Es la misma palabra hebrea[13] usada en los Diez Mandamientos para señalar el trabajo y el descanso que debemos observar[14].

Y resulta que Dios no sólo trabajó en el tiempo de la creación, sino que sigue trabajando para sostenerla. El Salmo 104:10-16 es un testimonio de esta obra continua:

> Tú haces que los manantiales viertan sus aguas en las cañadas, y que fluyan entre las montañas. De ellas beben todas las bestias del campo; allí los asnos monteses calman su sed. Las aves del cielo anidan junto a las aguas y cantan entre el follaje. Desde tus altos aposentos riegas las montañas; la tierra se sacia con el fruto de tu trabajo. Haces que crezca la hierba para el ganado, y las plantas que la gente cultiva para sacar de la tierra su alimento: el vino que alegra el corazón, el aceite que hace brillar el rostro, y el pan que sustenta la vida. Los árboles del SEÑOR están bien regados, los cedros del Líbano que él plantó.

Nuestro Señor y Salvador Jesucristo dijo que su Padre trabaja continuamente: «Mi Padre aun hoy está trabajando, y yo también trabajo» (Juan

5:17), y en Juan 4:34: «Mi alimento es hacer la voluntad del que me envió y terminar su obra». La obra que Jesús vino a hacer es la obra del Padre. Nuestra salvación y el avance del reino es la obra continua de Dios. Note que Dios sigue trabajando hoy día. Su obra de común gracia sustenta el universo. Su obra de gracia especial es por nuestra salvación. Dios trabaja. Es parte de su naturaleza.

El hombre fue hecho para trabajar

La segunda razón por la que trabajamos es que el hombre fue creado para trabajar. La Biblia aclara que el trabajo no es parte de la maldición sino de la bendición; es parte de la dignidad del hombre. Vimos esto cuando tratamos del mandato cultural. Puesto que Dios trabaja, el crear al hombre a su imagen significa en parte que el hombre también tiene que trabajar. En Génesis aparece la descripción general del primer trabajo. El carácter del trabajo del hombre es ejercer dominio (mayordomía) sobre la creación[15]. Además de ser ésta la primera definición del trabajo, también proceden de ella las demás descripciones ocupacionales legítimas.

El primer trabajo fue asignado antes de la caída, y el Señor confirma su mandato de trabajar después de la misma. Éxodo 20:9-10 asegura: «*Trabaja seis días, y haz en ellos todo lo que tengas que hacer,* pero el día séptimo será un día de reposo para honrar al SEÑOR tu Dios. No hagas en ese día ningún trabajo, ni tampoco tu hijo, ni tu hija, ni tu esclavo, ni tu esclava, ni tus animales, ni tampoco los extranjeros que vivan en tus ciudades» [cursiva añadida]. Normalmente pensamos que el cuarto mandamiento tiene que ver con la observación del Sábado. Y así es. Sin embargo, abarca mucho más que la cuestión del Sábado; manda trabajar y descansar. Así como Dios trabajó y descansó el séptimo día, así debe de hacer usted. El trabajo es un mandamiento. El hombre debe observar el mismo patrón trabajo-descanso que su Creador.

Los Salmos dan testimonio de que el trabajo es parte de la dignidad del hombre, parte de lo que significa ser humano. El Salmo 194:19-24 afirma:

> Tú hiciste la luna, que marca las estaciones, y el sol, que sabe cuándo ocultarse. Tú traes la oscuridad, y cae la noche, y en sus sombras se arrastran los animales del bosque. Los leones rugen, reclamando su presa, exigiendo que Dios les dé su alimento. Pero al salir el sol se escabullen, y vuelven a echarse en sus guaridas. Sale entonces la gente a cumplir sus tareas, a hacer su trabajo hasta el anochecer.

> ¡Oh SEÑOR, cuán numerosas son tus obras! ¡Todas ellas las hiciste con sabiduría! ¡Rebosa la tierra con todas tus criaturas!

John Milton captó la dignidad del trabajo cuando escribió en *El paraíso perdido:*

> El hombre tiene su obra diaria, corporal o mental,
> Señalada; ella declara su dignidad
> Y la estima del Cielo en todos sus caminos[16].

El trabajo es una actividad normal. Como la luna marca los tiempos y el león caza sus presas, así el hombre sale a su trabajo. Dios trabaja y el hombre trabaja. De modo similar el Salmo 128:1-2 declara:

> Dichosos todos los que temen al SEÑOR, los que van por sus caminos. Lo que ganes con tus manos, eso comerás; gozarás de dicha y prosperidad.

Se percibe aquí la misma felicidad, satisfacción y realización del trabajo. Hay bendición en el contentamiento del alma y satisfacción en el trabajo bien hecho.

Somos colaboradores de Dios

Hay una tercera razón para trabajar: somos colaboradores de Dios. Él trabaja y está llevando a cabo un plan para la creación. Ha creado al hombre para trabajar, pero no a su antojo para lograr sus propios fines; ha creado a la humanidad para que colabore con Él en su gran plan para el universo. Como vimos al comentar el mandato cultural, por haber sido creados a imagen de Dios el Creador, la gente debe de usar su creatividad e iniciativa para cultivar el mundo, para conformarlo, para extraer su potencial. Génesis 1:26-28, junto con Génesis 2:15 y 2:19, reflejan que hemos de crear cultura. Dios no había terminado de crear cuando descansó. Ahora nos toca a nosotros colaborar con Él. Hemos de usar nuestras manos, corazones y mentes para extender el jardín y poner de manifiesto todo el potencial latente en la creación, para la gloria de Dios.

Hemos también estudiado Efesios 2:10: «Porque somos hechura de Dios, creados en Cristo Jesús para buenas obras, las cuales Dios dispuso de antemano a fin de que las pongamos en práctica». ¿Por qué fuimos salvos? Fuimos salvos de nuestros pecados para participar en la obra divina. Dios trabaja hoy. Nuestro trabajo consiste en ser vehículos para la obra de Dios. Es una actividad comunitaria y de relación. Nuestra vida y trabajo deben estar íntimamente relacionados con la venida del reino. Como vimos en Colosenses 3:23, hemos de hacer todas las cosas «como para el Señor». ¿Por qué? Porque Dios trabaja y nos ha llamado a colaborar en su trabajo.

Entonces ¿Por qué hemos de trabajar? En primer lugar, trabajamos porque Dios trabaja. En segundo lugar, porque el hombre fue hecho para trabajar. En tercer lugar, porque el hombre fue creado para colaborar con Dios en su empresa.

AHORRE TODO LO QUE PUEDA: SEIS RAZONES PARA AHORRAR

La segunda parte de la invitación de Wesley es a ahorrar: «Ahorre todo lo que pueda, pero recortando todo gasto que sólo sirva para satisfacer deseos vanos; para gratificar el deseo de la carne, el deseo de los ojos o el orgullo de la vida; no malgaste nada, en vida o muerte, en pecado o disparates, para usted o para sus hijos»[17].

Para un occidental fascinado por el «espíritu del siglo» de la cultura del consumo, este lenguaje es anticuado. No satisfaga bajas pasiones; no gaste nada en vida o muerte. He aquí una invitación a la frugalidad, a un estilo de vida sencillo y a la práctica de un ascetismo externo. Hemos sido llamados a cultivar las virtudes del ahorro, la frugalidad, el contentamiento y la moderación y a erradicar los vicios de la envidia y el desperdicio.

Algunos cristianos son materialistas de corazón; idolatran la riqueza. El evangelio de la prosperidad enseña que somos hijos del Rey, y que el Rey desea que sus hijos sean ricos, sanos y felices, por tanto, ¡mímese! Otros cristianos idolatran la pobreza. Mateo 19:24 advierte cuán difícil es para el rico entrar en el reino de los cielos. Lucas 6:20 declara: «Dichosos ustedes los pobres, porque el reino de Dios les pertenece». Estos cristianos contemplan la riqueza como signo de impiedad y la pobreza como signo de piedad. Hasta tal punto se identifican algunos con los pobres que ellos mismos se empobrecen. No hay razón para ahorrar; hay muchos motivos para dar.

En contraste con estas concepciones defectuosas sostenidas por muchos cristianos, la Biblia revela seis motivos para ahorrar. Los principios que conducen al ahorro exigen una comunidad de personas lo bastante progresistas como para generar riqueza y lo bastante conservadoras como para cuidar de la creación y de las necesidades de la comunidad más extensa.

Dios cuida de la creación

Primero, al igual que Dios gestiona su creación esmeradamente, nosotros también hemos de gestionar con esmero lo que Él nos ha dado para que lo administremos. Sabemos que a través de su común gracia, Dios sostiene hoy todas las cosas[18]. Podemos considerar a Dios como Primer Administrador. La antigua palabra inglesa *husbandry* porta acepciones como «gestor de una casa», «control o uso juicioso de recursos» y «cultivo, producción o cría de plantas o animales»[19]. Como Primer Gestor, Dios atiende y cuida de su creación juiciosamente o con sano juicio.

La letra del gran himno de Walter Chalmers Smith «Inmortal, invisible, único sabio Dios» capta el sentido de Dios como Administrador: «Sin descanso ni premura, silencioso como la luz, sin carencia ni despilfarro, tú reinas con poder». Dios cuida de su creación. Reina con poder, no sufre carencia ni derrocha. Desea que sus hijos hagan lo mismo[20]. El juicio sobreviene sobre los que acarrean necesidad y desperdicio en la tierra[21].

Por tanto, el primer motivo para ahorrar es que el ahorro refleja la economía divina de la creación, manifiesta en la virtud de la frugalidad. La humanidad recibió, en Génesis 2:15, el encargo de cultivar (progreso) y «cuidar» (conservación) el jardín cuando Adán y Eva fueron puestos en él. Como buenos «administradores» hemos de exhibir frugalidad.

Trabaja seis días —vive siete

La segunda razón para ahorrar es que se trabaja seis días y se viven siete. Génesis 2:2 establece que Dios fijó el patrón trabajo-descanso. Él trabajó seis días en la creación y después descansó el séptimo día. El mismo modelo se ordena para el hombre. Esto es obvio en Éxodo 20:8-11, donde el cuarto mandamiento ordena un trabajo y un descanso santos. Hemos de trabajar seis días y descansar el séptimo. El ahorro se justifica en que si vamos a vivir siete días y sólo trabajar seis, entonces es menester ahorrar algo durante los días laborables para descansar el séptimo. Aunque este motivo para ahorrar tiene poca aplicación en el mundo de la clase media, tiene una fuerza importante para los pueblos que aún viven en pobreza.

Vivimos en un mundo caído

La tercera razón para ahorrar es que vivimos en un mundo caído. Génesis 3 revela que la rebelión del hombre acarreó consecuencias. La tierra está ahora maldita y habrá malas hierbas en el jardín. Lo que los teólogos denominan «mal natural» forma actualmente parte del paisaje. Habrá sequías e inundaciones, terremotos y hambrunas. Para prepararse para los años malos (y con seguridad los habrá) es preciso ahorrar en los años buenos. Si no ahorramos en los años buenos, pasaremos hambre en los años malos.

La ilustración clásica de este punto se encuentra en Génesis 41 con la historia de José. El Faraón de Egipto tuvo un sueño en el que vio siete vacas gordas y siete vacas flacas. Éstas representaban siete años de abundancia y siete años de escasez. José desarrolló probablemente el primer plan de prevención contra desastres de toda la historia. El plan requería ahorrar en los años buenos y distribuir alimentos en los malos años. La gente prudente ahorrará en los años buenos porque sabe que los años malos sobrevendrán. Esto tiene una aplicación práctica en los países desarrollados y en los que se hallan en vías de desarrollo, para afrontar desastres naturales, recesión y crisis personales.

Previsión para el futuro

La cuarta razón es similar a la tercera: proveer para el futuro. Al contrario que en las sociedades materialistas y animistas en las que no se cree en el futuro, en la economía bíblica realmente hay futuro. En realidad, una de las características de la cosmovisión bíblica es que la historia tiene sentido. Hay un pasado, un presente y un futuro en el que Cristo regresará con su reino. Mientras tanto, vivimos en la continuidad del reino. Hemos de apreciar el pasado, disfrutar el presente, edificar y contribuir a la venida del reino. Hay futuro en mi vida. Hay futuro para mis hijos y para mis nietos. Hay futuro para la sociedad. Es preciso retrasar la gratificación personal por el bien de otros. Tenemos que ahorrar para sufragar la educación de los hijos, financiar una empresa, adquirir una casa, fundar instituciones artísticas, construir bibliotecas, universidades, clínicas y hospitales.

Este principio es ilustrado en el ejemplo de la hormiga en Proverbios 6:6-8:

> ¡Anda, perezoso, fíjate en la hormiga! ¡Fíjate en lo que hace, y adquiere sabiduría! No tiene quien la mande, ni quien la vigile ni gobierne; con todo, en el verano almacena provisiones y durante la cosecha recoge alimentos.

Incluso la hormiga es sabia (realmente perspicaz) a este respecto. Almacena provisiones en el verano para el invierno. Si la hormiga es prudente, ciertamente las personas deberían serlo más.

Virtud en una vida sencilla

La quinta razón para ahorrar es que hay virtud en la moderación y la simplicidad. Comentaremos y repasaremos más detenidamente este punto porque es necesario establecer dos verdades que la cosmovisión bíblica mantiene en tensión: la Biblia afirma que la gente tiene derecho a recibir el fruto de su labor y que como cristianos hemos sido llamados a escoger un estilo de vida moderado, a procurar ser creativos, ahorradores y distribuidores de riqueza, no meros consumidores.

Para entender la llamada a una vida sencilla es importante, antes que nada, reconocer que Dios desea que la humanidad reciba el fruto de sus labores. La norma de que «el trabajador tiene derecho a su sueldo» (Lucas 10:7) o, como dice la versión de Reina-Valera, «el obrero es digno de su salario», fue establecida por Dios en el principio:

> Dios el SEÑOR tomó al hombre y lo puso en el jardín del Edén para que lo cultivara y lo cuidara, y le dio este mandato: «Puedes comer de todos los árboles del jardín, pero del árbol del conocimiento del bien y del mal no deberás comer. El día que de él comas, ciertamente morirás» (Gén. 2:15-17).

En estos versículos resuena el mandato divino de lo que el hombre *no* debe comer. Pero estos versículos también muestran que, a excepción de un solo árbol, el hombre podía comer el fruto de todos los demás. El hombre cultiva y cuida el jardín, y su provisión es el fruto de su trabajo. De modo similar, Génesis 1:29-30 decreta:

> También les dijo: «Yo les doy de la tierra todas las plantas que producen semilla y todos los árboles que dan fruto con semilla; todo esto les servirá de alimento. Y doy la hierba verde como alimento a todas las fieras de la tierra, a todas las aves del cielo y a todos los seres vivientes que se arrastran por la tierra». Y así sucedió.

Aquí también se ve que Dios ordenó que el trabajo del hombre en el jardín le sustentara. Creó plantas que produjeran semillas. (Si se planta una semilla se obtienen cien o mil.) Creó el mundo para que produjera abundantemente y proveyera para la comunidad humana en expansión.

Dios confirmó la verdad de que el obrero es merecedor de su salario en los mandamientos que dio a su pueblo por medio de Moisés después de sacarles de la esclavitud de Egipto. El octavo y el décimo mandamientos se basan en el principio de que la persona tiene derecho a recoger el fruto de su labor:

> No robes... No codicies la casa de tu prójimo: No codicies su esposa, ni su esclavo, ni su esclava, ni su buey, ni su burro, ni nada que le pertenezca. (Éxo. 20:15, 17)

Estos mandamientos estipulan el derecho a la «propiedad privada». Aunque en un sentido absoluto todo le pertenece a Dios, las personas tienen derecho al fruto de sus labores. La propiedad privada no es más que la custodia de un depósito que en última instancia pertenece a Dios.

Similarmente, el Nuevo Testamento enseña que el trabajador es digno de su salario. Santiago 5:4 establece: «Oigan cómo clama contra ustedes el salario no pagado a los obreros que les trabajaron sus campos. El clamor de esos trabajadores ha llegado a oídos del Señor Todopoderoso». La persona tiene derecho a recibir su sueldo. Retener el salario de alguien es fraude y robo.

Aunque la Biblia afirma que tenemos derecho al fruto de nuestro trabajo y que hemos de apreciar la bondad de las cosas físicas que componen la creación de Dios, también nos invita a la moderación. La moderación establece un equilibrio entre el culto idolátrico a la riqueza (materialismo) y el caer presa de la pobreza (animismo). Esto se articula en Proverbios 30:7-9:

> Sólo dos cosas te pido, SEÑOR; no me las niegues antes de que muera: Aleja de mí la falsedad y la mentira; no me des pobreza ni riquezas sino sólo el pan de cada día. Porque teniendo mucho, podría desconocerte y decir: «¿Y quién es el SEÑOR?» Y teniendo poco, podría llegar a robar y deshonrar así el nombre de mi Dios.

No me des pobreza ni riquezas. Hay equilibrio en esto. Ni riquezas —no sea que ya no perciba mi necesidad de Dios— ni pobreza, no sea que deshonre el nombre de Dios con robo. Las Escrituras establecen como objetivo la suficiencia en todos los ámbitos de la vida. Invitan a un estilo de vida sencillo basado en el ascetismo externo. Algunos lo han denominado «teología de lo suficiente».

Algunos consideran la riqueza como un signo del favor de Dios. Pero los reformadores y los puritanos no pensaban así. Ryken escribe:

> Sería un escándalo para los detractores de la ética protestante saber que los primeros protestantes percibieron una relación inversa entre la riqueza y la piedad. Dada su posición como minoría a menudo perseguida, los primeros protestantes estimaron que la persecución y el sufrimiento, no el éxito terrenal, sería el efecto más probable de una vida piadosa[22].

Esto abunda en lo que el pastor de la época colonial, Samuel Willard escribió en *A Complete Body of Divinity:* «Las riquezas no son evidencia del amor de Dios ni la pobreza es evidencia de su ira o aborrecimiento»[23].

La pobreza no indica desaprobación de Dios o falta de fe; tampoco es la pobreza prueba de piedad, como diría el ascético. Tampoco es la riqueza prueba del favor de Dios. Los cristianos influidos por la escala de valores materialista han idolatrado la riqueza (servido a *mammona*), mientras que los identificados con los pobres han fantaseado románticamente con la pobreza.

El punto medio está en apreciar el mundo material sin tener una relación idolátrica o codiciosa con él. Hemos de perseguir vidas sencillas. Jesús nos hace una advertencia en Lucas 12:15: «¡Tengan cuidado! —advirtió a la gente—. Abstenganse de toda avaricia; la vida de una persona no depende de la abundancia de sus bienes». Jesús advierte que la vida no depende de las posesiones. No hemos de procurar ser ricos, antes bien, debemos buscar su reino y su justicia[24].

Contentamiento

El sexto principio que inspira el ahorro es saber contentarse en toda situación. El apóstol Pablo describe este principio en Filipenses 4:10-13:

> Me alegro muchísimo en el Señor de que al fin hayan vuelto a interesarse en mí. Claro está que tenían interés, sólo que no habían tenido la oportunidad de demostrarlo. No digo esto porque esté necesitado, pues he aprendido a estar satisfecho en cualquier situación en que me encuentre. Sé lo que es vivir en la pobreza, y lo que es vivir en la abundancia. He aprendido a vivir en todas y cada una de las circunstancias, tanto a quedar saciado como a pasar hambre, a tener de sobra como a sufrir escasez. Todo lo puedo en Cristo que me fortalece.

Pablo guardaba un secreto. Estaba contento en cualquier situación. Tenía la capacidad de sentirse «cómodo» en el palacio de un emperador y en el hogar más humilde. Se contentaba en la riqueza y en la pobreza. Es fácil contentarse en la riqueza o resignarse en la pobreza. Lo difícil es contentarse en todas las circunstancias.

Pablo escribe de nuevo, esta vez a su joven discípulo Timoteo:

> Es cierto que con la verdadera religión se obtienen grandes ganancias, pero sólo si uno está satisfecho con lo que tiene. Porque nada trajimos a este mundo, y nada podemos llevarnos. Así que, si tenemos ropa y comida, contentémonos con eso. Los que quieren enriquecerse caen en la tentación y se vuelven esclavos de sus muchos deseos. Estos afanes insensatos y dañinos hunden a la gente en la ruina y en la destrucción. Porque el amor al dinero es la raíz de toda clase de males. Por codiciarlo, algunos se han desviado de la fe y se han causado muchísimos sinsabores. (1 Tim. 6:6-10)

Note que el dinero no es malo. Lo malo es el amor al dinero. ¿Confiamos nuestro dinero en depósito a Dios? ¿O nos mantiene el dinero secuestrados? ¿Poseemos dinero o el dinero nos posee? Como Jesús nos recuerda, no podemos servir a dos señores. No puedo amar a Dios y al dinero al mismo tiempo. En la piedad con contentamiento, no en la riqueza, está la virtud.

Hebreos 13:5 nos aconseja que nos guardemos del amor al dinero y estemos contentos con lo que tenemos, porque Dios ha dicho: «Nunca te dejaré; jamás te abandonaré». El Dr. Howard Hendricks, Presidente del Centro de Liderazgo Cristiano del Seminario Teológico de Dallas, comenta el error humano de «anhelar dinero como forma para conseguir "bastante", en vez de anhelar a Dios como Proveedor de lo "suficiente"»[25]. Lo que está en juego no depende de los ingresos, tiene que ver con el consumo. Es una cuestión de actitud, de adoptar un estilo de vida marcado por el contentamiento.

¿Qué sucede cuando se practican las virtudes del trabajo esforzado y la frugalidad? Se crea riqueza o «capital». Pero la riqueza no es para el consumo. El principio de la moderación —contentamiento y vida sencilla— ha de definir el uso de la riqueza. ¿Qué debe hacerse con toda esa riqueza? Darse para el progreso del reino.

DÉ TODO LO QUE PUEDA: TRES RAZONES PARA DAR

La tercera parte de la invitación de Wesley es a dar: «Dé todo lo que pueda, es decir, dé todo lo que tenga a Dios. No escatime... en una u otra proporción. Entregue a Dios, no la décima parte, ni la tercera, ni la mitad, sino todo lo que es de Dios, sea más o sea menos; emplee todo en usted, su casa, la casa de la fe, y en toda la humanidad, de tal manera que pueda dar buena cuenta de su mayordomía cuando ya no pueda seguir administrándolo»[26].

Todo lo que tenemos, no sólo el capital acumulado mediante duro trabajo y ahorro, pertenece a Dios y ha de ser empleado al servicio de Cristo y de su reino. Wesley escribe:

> «Cuando el Amo del cielo y la tierra le otorgó la existencia y le puso en este mundo, no le puso como propietario, sino como mayordomo: Como tal, le confió por un tiempo varias clases de bienes; pero la propiedad exclusiva de todo ello es de él y no le puede ser enajenada. Como usted mismo no se pertenece, pues es suyo (de Dios), lo mismo acontece con todo lo que usted disfruta. Su alma y su cuerpo no son de su propiedad, sino que pertenecen a Dios...Y él ya le ha dicho, en términos claros y directos, cómo debe emplearse para él, de tal manera que todo sea un sacrificio santo y aceptable por medio de Jesucristo»[27].

Como Wesley reconoció, Dios es el propietario de *todas* las cosas. Nosotros hemos de cultivar las virtudes sociales, la benevolencia, la caridad, la generosidad y la compasión y extirpar los vicios de la tacañería, el ansia, la codicia y el egoísmo. En el fondo, el egoísmo obstaculiza la generosidad. «El egoísmo, en su peor sentido, es la esencia misma de la depravación humana, y se opone directamente a la benevolencia, que es la esencia del carácter divino. Tal como Dios es amor, así el hombre en su estado natural es egoísta»[28]. Como creyentes, procuramos tener un espíritu de abnegación por otros, no tratar de sacrificar a otros en aras del yo. El enfoque bíblico en todo el Antiguo y el Nuevo Testamento es siempre hacia la comunidad más extensa. La Biblia revela tres razones para dar: gratitud, pragmatismo y obediencia.

Gratitud

La primera razón para dar es la necesidad de expresar gratitud a Dios por su amor y su gracia[29]. Él nos ha concedido lo que no merecemos: vida abundante y eterna. Es misericordioso, no nos da lo que merecemos: la muerte.

¿Cómo hemos de responder a su misericordia y su gracia? ¡Con gratitud! El apóstol Pablo nos recuerda la respuesta lógica a la misericordia de Dios en Romanos 12:1 (RV-1960): «Hermanos, os ruego por las misericordias de Dios, que presentéis vuestros cuerpos en sacrificio vivo, santo, agradable a Dios, que es vuestro culto racional». Es razonable. Pablo elogió a la iglesia de Macedonia escribiendo a los corintios:

> Ahora, hermanos, queremos que se enteren de la gracia que Dios ha dado a las iglesias de Macedonia. En medio de las pruebas más difíciles, su desbordante alegría y su extrema pobreza abundaron en rica generosidad. (2 Cor. 8:1-2)

Pablo agrega en 2 Corintios 9:6-7:

> Recuerden esto: El que siembra escasamente, escasamente cosechará, y el que siembra en abundancia, en abundancia cosechará. Cada uno debe dar según lo que haya decidido en su corazón, no de mala gana ni por obligación, porque Dios ama al que da con alegría.

La dádiva ha de proceder de un corazón libre, alegre y agradecido.

Pragmatismo

La segunda razón para dar es pragmática; fuimos diseñados para dar. Él es un Dios siervo[30]. La naturaleza misma de su amor es la abnegación[31]. Y, repetimos, fuimos creados a su imagen, diseñados para servir. Somos más plenamente nosotros mismos y más plenamente humanos cuando compartimos con otros.

Dado que Dios es una comunión, nosotros fuimos hechos para la comunidad. Hemos sido creados para conectar con otras personas. Por lo cual, además de por nuestros propios intereses hemos de mirar también por los de los demás[32].

Isaías 58 confiesa que la nación de Israel está «deprimida». No cuenta con el favor de Dios. En los versículos 6-10, Dios ofrece su prescripción para disipar las «tinieblas»:

> El ayuno que he escogido, ¿no es más bien romper las cadenas de injusticia y desatar las correas del yugo, poner en libertad a los oprimidos y romper toda atadura? ¿No es acaso el ayuno compartir tu pan con el hambriento y dar refugio a los pobres sin techo, vestir al desnudo y no dejar de lado a tus semejantes? Si así procedes, tu luz despuntará como la aurora, y al instante llegará tu sanidad; tu justicia te abrirá el camino, y la gloria del SEÑOR te seguirá. Llamarás, y el SEÑOR responderá; pedirás ayuda, y él dirá: «¡Aquí estoy!» Si desechas el yugo de opresión, el dedo acusador y la lengua maliciosa, si te dedicas a ayudar a los hambrientos y a saciar la necesidad del desvalido, entonces brillará tu luz en las tinieblas, y como el mediodía será tu noche.

¿Por qué dijo Dios que cuando el pueblo de Israel alimentara al hambriento y vistiera al desnudo, su luz resplandecería en la oscuridad? Porque habían sido diseñados para dar. Si daban a otros, cumplirían el propósito esencial de sus vidas, afirmarían la imagen de Dios en ellos y en otros.

La vida funciona mejor cuando nos apoyamos en nuestro diseño que cuando tratamos de ignorarlo. Cuando damos, somos bendecidos y la comunidad también. Pablo nos recuerda esto al despedirse de sus amigos de Éfeso: «Con mi ejemplo les he mostrado que es preciso trabajar duro para ayudar a los necesitados, recordando las palabras del Señor Jesús: «Hay más dicha en dar que en recibir» (Hechos 20:35).

Obediencia al mandamiento de Dios

La tercera razón para dar es la necesidad de obedecer el mandamiento de Dios. A veces —la mayoría de las veces—, no actuamos con gratitud. En otras ocasiones no lo hacemos porque nos conviene. Pero Dios ha provisto una red de seguridad para recogernos cuando caemos. Tenemos que dar «porque Él nos lo manda».

Los cristianos suelen citar las palabras de Jesús a sus discípulos en Mateo 26:11: «A los pobres siempre los tendrán con ustedes». Muchos cristianos toman este texto como una excusa para no cuidar de los pobres y necesitados, y pocos se toman la molestia de estudiar el pasaje al que Jesús apunta al hacer esta declaración. Procede de Deuteronomio 15:7-11, donde Dios llama a su pueblo a dar generosamente a los pobres que hay entre ellos. El pasaje concluye con estas palabras: «Gente pobre en esta tierra, siempre la habrá; por eso te ordeno que seas generoso con tus hermanos hebreos y con los pobres y necesitados de tu tierra». El pueblo de Dios ha recibido el mandato de cuidar de los pobres y necesitados. No es opcional. Aquellos cristianos que interpretan erróneamente las palabras de Jesús para servir a sus propios intereses egoístas no aciertan a desentrañar el corazón del mensaje de Dios.

Se dice del Dr. Larry Ward, fundador de la organización de ayuda y desarrollo Fundación contra el Hambre, que nadie había visto el rostro del hambre como él. Una vez durante una entrevista, un reportero le preguntó por qué tenía tanta pasión por ayudar a los pobres y hambrientos. Larry Ward respondió esgrimiendo su Biblia. Dijo que era por causa de este libro. De principio a fin, la Biblia habla de un Dios compasivo que ama a los pobres y encarga a su pueblo el cuidado de los menesterosos y hambrientos.

Así pues, podemos estar agradecidos por la gracia de Dios en nuestra vida, por la razón pragmática de haber sido así diseñados, y por obediencia.

Wesley resume:

> Le suplico, en el nombre del Señor Jesús, que actúe conforme a la dignidad de su llamamiento. ¡No más pereza! Todo lo que tenga a mano para hacer, hágalo con todas sus fuerzas. ¡No más desperdicio! Corte todo gasto que le exija la moda, el capricho, la carne o la sangre. ¡No más codicia! Sino emplee todo lo que Dios le ha confiado en hacer el bien, todo el bien posible, en toda especie y medida a la familia de la fe, a todos los hombres. Esta es una parte no pequeña de la «sabiduría del justo». Dé todo lo que tenga y todo lo que es en sacrificio espiritual al que no le escatimó a su Hijo, a su único Hijo[33].

Como reconocieron Wesley y otros reformadores protestantes, hemos sido llamados a vivir como ciudadanos económicos del reino de Dios: somos criaturas espirituales y económicas. Como los cristianos que nos precedieron, abracemos la ética bíblica del trabajo. Procuremos un estilo de vida colmado de generosa compasión.

CAPÍTULO 16

LA ECONOMÍA DE LA DÁDIVA:

LA COMPASIÓN GENEROSA

Para cumplir la tarea vocacional de la vida es fundamental entenderla —tantas veces malentendida— economía de la dádiva. Por tanto, antes de dejar atrás el concepto bíblico de mayordomía según las tres reglas elementales de John Wesley, quisiera extenderme sobre el tema de la dádiva generosa.

LA DÁDIVA: UN REFLEJO DE LA GRAN AGENDA DIVINA

Recordemos que Dios tiene una gran agenda —nada menos que la reconciliación de todas las cosas consigo mismo[1] y la transformación de todas las naciones a través del discipulado[2]— y que somos llamados —nada menos— a ser embajadores de su reino. Es un privilegio y una responsabilidad dar de una manera que refleje la gran agenda de Dios.

EL TRIÁNGULO DEL PARENTESCO

Hay tres relaciones que subyacen en el corazón de la donación. Hemos de dar a Dios en adoración, a la creación haciendo uso de la mayordomía, y a los seres humanos, movidos por la caridad.

A Dios en adoración

Pablo relata la generosa dádiva de los macedonios a la iglesia de Jerusalén a pesar de su pobreza: «Incluso hicieron más de lo que esperábamos, ya que se entregaron a sí mismos, primeramente al Señor y después a nosotros, conforme a la voluntad de Dios» (2 Cor. 8:5).

El puritano Richard Baxter escribió:

> Escoja un empleo o vocación… en la que pueda resultar más útil a Dios. No escoja lo que le puede hacer más rico u honorable en el mundo; sino aquello en lo que pueda hacer más bien y escapar mejor del pecado[3].

¡Qué hermosa imagen! Hemos de escoger aquel trabajo que nos permita maximizar el ser útiles a Dios y la mejor oportunidad de hacer bien en la comunidad más extensa. Nuestro trabajo ha de ser tal que no nos tiente a excesivo consumo, sino facilite nuestra donación al reino de Dios. ¿Trabajamos por dinero? ¿O trabajamos para el reino? ¿Estamos potenciando nuestro trabajo para asegurar un mayor beneficio al reino?

A la creación haciendo uso de la mayordomía

Hemos visto que la cruz de Cristo restauró el mandato de la creación. Nuestro trabajo y nuestra dádiva tienen por objeto administrar la creación: primero, no haciendo daño, y segundo, haciendo retroceder el mal natural. La creación «aguarda con ansiedad la revelación de los hijos de Dios… la creación misma ha de ser liberada de la corrupción que la esclaviza, para así alcanzar la gloriosa libertad de los hijos de Dios» (Rom. 8:19,21). Nuestro tiempo, talentos, recursos y estilo de vida han de reflejar la mayordomía de la creación.

A la comunidad movidos por la caridad

Dado que, por medio de la creación, nos relacionamos con la comunidad más extensa, tenemos la responsabilidad de llevar la cultura del reino —verdad, justicia y hermosura— a esa comunidad. Cristo dio prioridad a los intereses de los demás antes que a los suyos y nosotros hemos sido llamados a seguir su ejemplo[4]. Cuando Jesús regrese, juzgará cómo cuidamos a la sociedad más extensa con nuestras labores así como con el fruto de ellas[5].

El puritano William Perkins escribió:

> El principal objeto de nuestra vida… es servir a Dios sirviendo a los hombres con las obras de nuestra vocación… Algunos dirán tal vez: ¿Qué? ¿No debemos usar nuestra vocación para mantener a nuestra familia? Yo respondo: Esto debe hacerse, pero no es el alcance ni el objeto de nuestra vida. El principal objeto de nuestra vida es servir a Dios sirviendo al hombre[6].

Esto es lo que el Dr. Bob Moffitt, de Harvest Foundation ha denominado el «mínimo irreducible». Si condensamos los mandamientos que Dios nos ha dado a su última esencia, el mínimo irreducible es que demostremos amor y servicio a Dios amando y sirviendo a los hombres. El apóstol Juan capta una porción de este punto en 1 Juan 3:17-18: «Si alguien que posee bienes materiales ve que su hermano está pasando necesidad, y no tiene compasión de él, ¿cómo se puede decir que el amor de Dios habita en él? Queridos hijos, no amemos de palabra ni de labios para afuera, sino con hechos y de verdad».

El príncipe de los predicadores, Charles Spurgeon, dijo:

> La intención de Dios al dotar a cualquier persona con más bienes de los que necesita es que el hombre se ocupe en el agradable empleo, o más bien el grato privilegio, de aliviar la necesidad y la miseria[7].

Si damos a Dios en la adoración, a la creación haciendo uso de la mayordomía y a la comunidad movidos por la caridad, participaremos en la amplitud de la agenda divina. A lo largo de este libro hemos explorado el trabajo y la vocación como adoración y mayordomía. Ahora nos centraremos en la caridad, la dádiva generosa a la comunidad.

LA DÁDIVA SE BASA EN LA REALIDAD

Vivimos en un universo con límites morales y metafísicos bien definidos. El universo es *moral,* por lo cual, tenemos la responsabilidad de ser «guardianes de nuestro hermano» y mayordomos de la creación. Esto contrasta radicalmente con la concepción amoral del secularismo y del animismo[8].

El universo es también un *sistema abierto.* Está abierto a la intervención de Dios, su Creador, así como a la intervención de los ángeles, los demonios y los hombres. Dado que los seres humanos tienen mentes para resolver problemas y descubrir soluciones, y corazones para imaginar e inventar, y dado que son agentes morales libres[9], los recursos son ante todo cuestión de capacidades humanas, producto de la imaginación humana y de la mayordomía moral[10].

La concepción bíblica de que los recursos dependen principalmente de las capacidades humanas contrasta radicalmente con la concepción secular, o naturalista, para la que no existe Dios ni ángeles ni demonios. El secularismo afirma que el hombre es sólo un ser biológico, un animal —parte de la gran «máquina cósmica»—, un consumidor de recursos. No hay realidad trascendente. Lo único que existe es la naturaleza. Por tanto, el universo es un «sistema cerrado». Según este paradigma, los recursos son limitados, finitos, se ciñen «a la tierra». La «tarta» económica está delimitada —suma-cero[11]—. Cuantas más personas haya sobre la tierra para compartir la tarta, las porciones serán cada vez más pequeñas.

Muchos planes modernos de donación se basan en esta asunción materialista. Según este paradigma, ¿cómo se puede ayudar a los pobres? Lo único que se puede hacer es dividir la tarta en trozos más pequeños. Si el pedazo de tarta que disfruta una persona o país es grande, ello significa que el pedazo que corresponde a otra es necesariamente más pequeño. Según esta forma de pensar, la causa de que el pobre sea pobre es que el rico acapara demasiada tarta. La manera de ayudar al pobre es repartir la tarta que tiene el rico dándosela a los pobres. Cuando comencé a trabajar para Harvest Foundation en 1981, éste era el modelo que yo defendía para resolver el problema del hambre y la pobreza.

Pero la concepción bíblica de la economía —a raíz del estudio bíblico personal y de lo que he podido experimentar en un país tras otro— muestra un universo *abierto.* Puesto que Dios creó el universo, éste está «abierto» a su intervención. Y también a la intrusión de ángeles, demonios y seres humanos. La creación física está regida por leyes físicas, pero Dios, los ángeles, los demonios y la humanidad pueden influir en este mundo con sus decisiones y sus actos. Debido a todo ello, la economía es un sistema de *suma positiva* (piense en el principio activo de una sola semilla que produce una cosecha vasta e ilimitada). La riqueza no está restringida; es creada. En este sistema abierto, los recursos son creados y descubiertos de modo que la riqueza puede crecer exponencialmente.

Para ser efectivos en nuestra mayordomía, los cristianos tenemos que rechazar la concepción naturalista del universo y optar por la llamada del mandato cultural a la creación delegada, para desarrollar el potencial latente en la creación primera de Dios. Tenemos que aceptar la evidencia bíblica, y práctica, de que administrar la hacienda de Dios no equivale a dividir porciones de una tarta finita.

Análogamente, en nuestra era de consumo necesitamos oír que la naturaleza abierta del universo no significa que podemos permitirnos el lujo de ser derrochadores o egoístas con los recursos que Dios nos ha confiado para que los administremos. Hay una justificación que explica por qué tanta gente se preocupa por dividir el pastel: es justo interesarse por los demás; es justo desear que todas las personas compartan la abundancia de la creación de Dios. Esta preocupación por la justicia y el bienestar de otros es el grano de verdad en el defectuoso paradigma del pastel.

Quizás podamos explicar mejor lo que pretendemos decir con un gráfico.

FILOSOFÍA ECONÓMICA

	SISTEMA ABIERTO	SISTEMA CERRADO
UNIVERSO MORAL	OIKONOMIA (MAYORDOMÍA DE LA CREACIÓN)	SOCIALISMO IDEALISTA (UNIVERSO MATERIAL MECÁNICO)
AMORAL UNIVERSO	CAPITALISMO DEPREDADOR (CONSUMISMO HEDONISTA)	CONSUMISMO CLÁSICO (CONTROL INSTITUCIONALIZADO)

En la parte superior del gráfico aparecen el sistema abierto del teísmo bíblico y el sistema cerrado del materialismo ateo. Al costado tenemos el universo moral del teísmo bíblico y el universo amoral del materialismo ateo.

Hay dos cuadrantes en el gráfico que no concuerdan con sus presuposiciones. El superior derecho, al que podemos llamar socialismo idealista, y el inferior izquierdo, al que podemos llamar capitalismo depredador.

El idealismo socialista se empareja incoherentemente con un sistema naturalista cerrado, con una moralidad que sólo puede existir si hay un Dios trascendente y moral. Esta moralidad propone acertadamente la responsabilidad de cuidar de la creación y de sus semejantes. Pero adopta incongruentemente la asunción materialista de que el universo es un sistema cerrado, de ahí que los recursos sean finitos y los seres humanos sean considerados como bocas que alimentar. La solución del problema de la pobreza, desde esta perspectiva, tiene que ser la redistribución de recursos. Esta solución socialista es a menudo la que propugnan los cristianos que actúan con la mentalidad de la teología de la liberación o del evangelio social. Si queremos ser ciudadanos económicos del reino de Dios, debemos cuestionarnos si estamos tratando a los pobres como portadores de la imagen divina, con imaginación para descubrir y crear recursos, o como a una clase de personas que representan simplemente «bocas que llenar».

La segunda postura incoherente es la concepción de muchos occidentales modernos. Se empareja con un universo amoral, sin Dios, con un sistema abierto y trascendente. Puesto que su asunción básica es amoral, no hay responsabilidad que obligue a cuidar del prójimo y sí libertad para agredir a la naturaleza en aras de un desmedido consumo. Esta postura toma prestada una memoria de paradigma bíblico según la cual se puede crear riqueza. Al final, los que sostienen este punto de vista suscriben el lema hedonista de «come, bebe y regocíjate, porque mañana morirás». Este es el enfoque de los modernos sistemas económicos materialistas volcados en el consumo. Es lo que los antiguos denominaron *crematística* (economía política) y yo califico de capitalismo depredador.

Cuando el materialismo no reconoce un código moral absoluto, no respeta restricciones en cuanto a cómo adquiere o usa la persona su riqueza. Si queremos ser ciudadanos económicos del reino de Dios, nos someteremos honestamente a dos serias preguntas: ¿Cómo obtenemos riqueza? Y ¿cómo la empleamos?

Volviendo al gráfico anterior, a los dos cuadrantes coherentes con sus asunciones respectivas los podemos denominar comunismo clásico o fascismo, en el cuadrante inferior derecho, y economía de la mayordomía, en el cuadrante superior izquierdo. El comunismo clásico o fascismo es un sistema económico-social basado en un paradigma ateo consecuente. El universo es cerrado y no hay restricciones morales. Este esquema está estrechamente alineado con el darwinismo social —supervivencia del más apto, en el mejor de los casos (o en el peor)—. Este sistema no busca más que el poder. Vemos modelos fallidos de este esquema en el Tercer Reich alemán y en el marxismo de la Unión Soviética.

La segunda postura coherente es lo que la Biblia y los antiguos conocían como *oikonomia*. Se puede denominar teísmo bíblico-económico de la mayordomía. Este sistema es abierto y su universo es moral. Por lo tanto, somos verdaderamente guardianes de nuestros hermanos y recibimos el mandato de administrar moralmente la creación de Dios.

Dijimos anteriormente que economía es el sabio manejo de la hacienda de Dios con imaginación y buena mayordomía de los recursos dentro de los límites de las leyes divinas. Esto significa que hay límites morales que ordenan la obtención y el uso de la riqueza. En la economía divina, la adquisición de riqueza debe tener lugar dentro del marco del cuidado por la creación, y el uso de la riqueza debe tener lugar dentro del marco del cuidado a la comunidad más extensa. Es importante oír esto estando inmersos en una cultura materialista.

¿Obtenemos dinero y otros recursos honestamente y sin perjudicar al yo, a la familia, al prójimo y al medio ambiente? ¿Gastamos lo adquirido en nosotros mismos o hacemos a otros partícipes de nuestra abundancia por amor a Cristo y su reino?

¿De qué manera tenemos en cuenta la humanidad de las personas pobres cuando compartimos los beneficios obtenidos? Dado que todos los seres humanos son creados a imagen de Dios, no hay meras bocas que alimentar; hay personas con mentes y corazones que merecen la oportunidad de alcanzar el potencial que Dios les ha concedido para desarrollar sus comunidades y crear cultura piadosa. Ellos pueden usar sus mentes y corazones para crear su propia abundancia y ejercer mayordomía moral para compartirla con sus prójimos y cuidar de la creación.

Cuando se desarrollan ministerios, se fundan organizaciones benéficas, o se practica la caridad personal para cuidar del prójimo, se actúa conscientemente desde la realidad de un sistema abierto y un universo moral.

PRINCIPIOS DE LA COMPASIÓN

Es un axioma que el carácter de Dios informa todas las cosas buenas de la vida. Si pensamos en los principios que articulan la dádiva generosa, no es necesario buscar más que en ese carácter. La naturaleza de Dios debe siempre informar la filosofía del ministerio.

Uno de los libros más útiles en mi viaje de descubrimiento fue *The Tragedy of American Compassion,* del Dr. Marvin Olasky[12]. Olasky rastrea cómo el concepto de la compasión en Estados Unidos ha ido cambiando a medida que el país ha trocado una cosmovisión bíblica por una materialista atea. El libro de Olasky ha modelado en buena medida mi pensamiento. Uno de los capítulos del libro se titula: *«Seven Marks of Compassion»,* y muestra las normas que guiaban a los agentes de compasión —de otra generación— que operaban según el paradigma bíblico.

Daniel A. Bazikian ha escrito un comentario sobre el libro del Dr. Olasky para la Foundation for Economic Education. Su crítica resume siete características que derivan de principios bíblicos:

> «Las siete características de la compasión» constituye el núcleo del estudio y la crítica de Olasky. Son siete ideas básicas que motivaban a los agentes benefactores de hace un siglo: *afiliación,* es decir, el mantener fuertes lazos familiares, religiosos o comunitarios para fortalecer su sentido de pertenencia; *vinculación,* o desarrollar una estrecha relación personal entre el agente voluntario y el receptor, para poder convencer y animar a éste a luchar por su independencia; *categorización,* o asignar a los individuos distintas categorías de necesidad (por ejemplo, necesidad de una ayuda continua, ayuda temporal, ayuda a la búsqueda de empleo, o la mera designación de alguien como no apto para recibir ayuda debido a su negativa a trabajar); *discernimiento,* o disposición a separar los sujetos dignos de beneficencia de los fraudulentos; procurar la meta del *empleo* a largo plazo de todos los miembros capaces de un hogar para poder infundir un sentido de independencia y responsabilidad en el individuo; énfasis en la *libertad,* o la capacidad de trabajar sin cortapisas gubernamentales para mejorar la condición personal a lo largo de un periodo de tiempo; y finalmente, reconocer la relación de la persona con *Dios,* ya que los hombres y las mujeres tienen necesidades espirituales y físicas.
>
> La presencia de estos principios proporcionó a las organizaciones benéficas tradicionales una gran fortaleza. A la inversa, su ausencia en la

> beneficencia contemporánea explica elocuentemente la pobreza moral y espiritual de la compasión en Estados Unidos y sus trágicas consecuencias sociales: el declive del ascenso social del pobre; la debilidad de la beneficencia privada; y la desintegración del matrimonio. Estos principios, sostiene Olasky, precisan ser reinsertados y reintegrados en los programas de ayuda a los pobres[13].

Como pueblo de Dios, no participemos en la tragedia que describe Olasky. Hemos de ser un pueblo compasivo, e importa que articulemos y apliquemos principios bíblicos de compasión, porque las personas, las culturas y las organizaciones benéficas son como el Dios o dios(es) al que, o a los que se adora.

El surtidor de la compasión es el corazón de Dios. En realidad, es posible afirmar que un mundo sin Cristo es un mundo con compasión limitada o sin compasión. Dios manifiesta su compasión en la encarnación, cuando Cristo, el siervo sufriente, se puso «al lado de la gente» en su necesidad.

El conde Zinzendorf, líder de la influyente renovación morava en Alemania, en el siglo XVIII, fue espoleado por el *Ecce Homo* (he aquí al hombre), obra maestra de Domenico Feti. El cuadro retrata a Cristo delante de Pilatos y de la turba judía, exhibiendo su corona de espinas. Debajo del famoso cuadro aparecen las palabras: «Yo he hecho esto por ti; ¿qué has hecho tú por mí?» Desde el instante en que leyó estas palabras, Zinzendorf adoptó como lema de su vida: «Sólo tengo una pasión: Él y sólo Él»[14].

La primera vez que lo leí se me clavó en el corazón. Cómo respondo a la pregunta: «Yo he hecho esto por ti; ¿qué has hecho tú por mí?»

Los cristianos, reconociendo que han sido creados a imagen de Dios, y agradecidos por la compasión divina, son llamados a «sufrir con» los que padecen necesidad. Dios escoge manifestar su compasión por medio de su pueblo. Las Escrituras están repletas de amonestaciones para representar la extravagante compasión de Dios, no sólo dando dinero, sino identificándose con y sirviendo a los pobres. Abundan los ejemplos. Isaías 58:6-7 reza así:

> El ayuno que he escogido, ¿no es más bien romper las cadenas de injusticia y desatar las correas del yugo, poner en libertad a los oprimidos y romper toda atadura? ¿No es acaso el ayuno compartir tu pan con el hambriento y dar refugio a los pobres sin techo, vestir al desnudo y no dejar de lado a tus semejantes?

La bien conocida historia del buen samaritano, en Lucas 10, es también una perfecta imagen en palabras de la compasión que Dios anhela ver en su pueblo. Este pasaje cambia el sustantivo *prójimo* por verbos de acción[15].

Jesús refuerza, en Mateo 25:34-36, la necesidad de los cristianos de actuar compasivamente y resume lo que Él vendrá buscando a su regreso:

> Entonces dirá el Rey a los que estén a su derecha: «Vengan ustedes, a quienes mi Padre ha bendecido; reciban su herencia, el reino preparado para ustedes desde la creación del mundo. Porque tuve hambre, y ustedes me dieron de comer; tuve sed, y me dieron de beber; fui forastero, y me dieron alojamiento; necesité ropa, y me vistieron; estuve enfermo, y me atendieron; estuve en la cárcel, y me visitaron.»

Cuando se vive la compasión de Cristo, se obtienen resultados asombrosos. En el siglo III, el emperador Juliano el Apóstata reconoció que los primeros cristianos constituían una nueva generación de personas. El concepto de la compasión no existía en el mundo grecorromano hasta que llegaron los cristianos. Juliano escribió:

> La fe cristiana ha avanzado especialmente gracias al servicio de amor prestado a los extranjeros y al servicio ofrecido en el entierro de los muertos. Es un escándalo que no haya un solo judío mendigo y que los impíos galileos se preocupen de sus propios pobres y también de los nuestros; mientras que los nuestros esperan en vano la ayuda que nosotros deberíamos ofrecerles[16].

Podemos inspirarnos en la dádiva generosa del comerciante Stephen Girard, de Filadelfia, en la década de 1790, como relata Marvin Olasky:

> Nacido en Francia en 1750, Girard abandonó su hogar cuando aún era muchacho, navegó durante doce años, se estableció en Filadelfia al comienzo de la Revolución y amasó una fortuna en el negocio naviero en las dos décadas siguientes. Pero fue la labor que desarrolló mientras duró la epidemia de fiebre amarilla de 1793, no su perspicacia comercial, lo que le granjeó fama. Girard, que había padecido previamente la enfermedad, se hizo cargo y pagó facturas de hospital durante aquella y otras epidemias subsiguientes. Además, pasó varios meses atendiendo él mismo a los ingresados y suministró alimento y comida a los pacientes y a sus familias.

> Después, recibió a muchos huérfanos en su propia casa, y, ya próximo a la muerte, dejó un legado que estipulaba el establecimiento de una escuela para los huérfanos pobres[17].

Cada uno de estos textos bíblicos y ejemplos revelan que hemos de darnos a nosotros mismos —nuestro tiempo y talento—, como también nuestro tesoro. Dios, en su compasión, se obligó a grandes exigencias; sacrificó a su Hijo. La generosidad de la compasión se mide no por la cantidad de dólares o de euros donados, sino acatando las exhortaciones bíblicas a representar la extravagante compasión de Dios identificándose con los pobres y sirviéndoles. Como escribió el profesor Robert Thompson, de la Universidad de Pennsylvania, a fines del siglo XIX:

> Se puede juzgar la calidad de cualquier plan de ayuda a los necesitados por este rasgo sencillo: ¿Exige a los hombres la entrega total de sí a sus hermanos?[18]

LECCIONES DEL LIBRO DE RUT

Finalmente tomemos un ejemplo de las Escrituras para ver cómo ofrecer una mejor ayuda a los que están en necesidad. La historia de Rut y Booz ilustra hermosamente la dádiva bíblica:

A la hora de comer, Booz le dijo: «Ven acá. Sírvete pan y moja tu bocado en el vinagre». Cuando Rut se sentó con los segadores, Booz le ofreció grano tostado. Ella comió, quedó satisfecha, y hasta le sobró. Después, cuando ella se levantó a recoger espigas, él dio estas órdenes a sus criados: «Aun cuando saque espigas de las gavillas mismas, no la hagan pasar vergüenza» (Rut 2:14-16).

Rut la moabita era pobre entre los pobres de su tiempo. Durante una intensa hambruna en Israel, la familia de su futuro marido se había refugiado en Moab, su tierra, y donde ella se unió a la familia. Después de unos diez años, su marido, su suegro y su cuñado murieron, y Rut acompañó a su suegra Noemí en su retorno a Israel.

Ya en tierra extranjera, Rut llegó menesterosa a la casa de Booz. Nótese que Booz la trató amable, humanamente. La invitó a comer en su casa. Después de comer ideó una provisión para Rut y Noemí. La manera en que lo hizo resulta muy instructiva. Nuestra dignidad está ligada a nuestro trabajo. Si se priva a una persona de su trabajo, se le arrebata su dignidad. De modo que Booz observó el precepto[19] divino que mandaba a los propietarios no cosechar las lindes para que las espigaran los pobres. En vez de hacer lo más fácil para él y para Rut (que sus segadores le regalaran las gavillas), Booz escogió permitir a Rut trabajar para procurarse sustento. Instruyó a sus segadores que al volver a la labor «dejaran caer algunos manojos para que ella los recogiese». Booz se preocupó de la salud física de Rut y también de su dignidad: si él la hubiera despojado de esto, la habría sumido en la pobreza más absoluta.

Esta porción de la tierna y maravillosa historia de Rut ilustra uno de los principios divinos de la compasión: se ha de cuidar de los pobres, y además, su dignidad ha de ser preservada en la provisión.

Asentemos firmemente estos principios bíblicos en nuestra mente y corazón mientras consideramos la función que nos corresponde como dadores compasivos, marca del trabajo y la vocación del cristiano.

Dirijamos ahora nuestra atención al potencial de nuestra vida y trabajo para extender el reino de Dios en nuestras comunidades y naciones mediante la participación en las esferas de la sociedad: los apasionantes escenarios a los que podemos ser llamados, como la empresa, las artes, la educación y la ciencia.

PARTE 6 : A TODO EL MUNDO

CAPÍTULO 17

EL REINO AVANZA DE DENTRO HACÍA AFUERA

Los reinos de este mundo ensanchan sus territorios mediante la guerra, el derramamiento de sangre y el colonialismo. A diferencia de los reinos de este mundo, el reino de Dios no invade militarmente ningún país para imponer su cultura de piedad, es decir, una cultura que refleje la verdadera naturaleza de Dios y su creación.

Una cita atribuida al novelista ruso Alexander Solzhenitsyn nos recuerda lo que la Biblia deja meridianamente claro:[1] «La línea que separa el bien del mal no se dibuja entre naciones o partidos, sino en el corazón humano». Las sociedades no cambiarán mientras no cambien los corazones humanos. Jesús ilustró este punto en su conversación con Nicodemo: «De veras te aseguro que quien no nazca de nuevo no puede ver el reino de Dios» (Juan 3:3).

La transformación de las naciones se produce cuando los cristianos de toda condición obedecen las ordenanzas de Dios, aman a sus prójimos, sirven a sus comunidades, se involucran en el mundo de las ideas y comparten de palabra y de hecho las buenas nuevas de Jesucristo. Estas palabras y obras crean una oportunidad para los individuos y, —en definitiva, para las naciones y comunidades—, de pasar a engrosar las fuerzas del reino de Dios.

La transformación de un ser humano se produce de dentro hacia fuera, a través de las instituciones de la familia y la iglesia, a las estructuras e instituciones de comunidades, naciones, y, finalmente, al mundo. Jesús dibujó una imagen de la propagación, infusión y extensión transformadora del reino cuando lo comparó con la levadura: «El reino de los cielos es como la levadura que una mujer tomó y mezcló en una gran cantidad de harina, hasta que fermentó toda la masa» (Mat. 13:33). Cada uno de nosotros está sujeto a esta misteriosa transformación.

Al considerar el emplazamiento y la sustancia de nuestro llamamiento vocacional, cabe concebir la cultura como una serie de círculos concéntricos. El círculo más interior es el corazón y la mente del ser humano. Los círculos concéntricos representan, por orden, la familia, la iglesia, la nación y el mundo.

EL CORAZÓN HUMANO

El corazón humano es el campo donde se libra la primera y trascendental batalla por el reino de Dios. Un observador ha notado: «La ley de Dios debe estar escrita en el corazón del individuo, y después en las tablas de piedra de las instituciones sociales»[2]. Cuando se libra una guerra, el ejército atacante tiene que determinar el primer punto de combate. El Antiguo Testamento relata que la batalla de Jericó fue el punto de partida de la conquista de Canaán. La ofensiva por el corazón de una nación comienza con el combate por el corazón de sus ciudadanos. Esto es patente, puesto que Jesucristo mismo invade el corazón, nos llama a una nueva naturaleza[3] y a un nuevo orden: el reino de Dios. La obra del Espíritu Santo y el atractivo de las palabras y los hechos de los cristianos son la clave para abrir los corazones humanos.

Dios usa muchas maneras para llegar al corazón humano, pero es importante recordar que en la mayoría de los casos la entrada en dicho corazón es a través de la demostración del amor de Dios, que representa nada menos que nuestro servicio a Cristo mismo[4]. ¿Procuramos el avance del reino de Dios? Entonces tenemos que ir donde la gente esté herida. Dios es un Dios compasivo. Desea asistir a la gente dondequiera que se encuentre sangrando. Esto es lo que significa la Estrategia del Samaritano —el plan de Dios para su pueblo: mostrar compasión a la gente en su hora de necesidad[5].

Otra porción crítica del atractivo del creyente es manifestar la cultura del reino: verdad, hermosura y justicia. La gente que está esclavizada por la ignorancia y la mentira anhela que alguien les acerque el conocimiento de la verdad. La gente rodeada de tinieblas y monotonía anhela ver la hermosura. La gente aplastada por la corrupción anhela justicia. La clave para acceder al corazón humano es demostrar el amor de Dios y manifestar su verdad, su belleza y su justicia.

Una vez que el corazón ha sido regenerado por el poder del Espíritu Santo —una vez «nacido de nuevo»— debe tener oportunidad de enrolarse en la «escuela bíblica» divina. La llamada al arrepentimiento es (literalmente) una convocatoria a ser «mentalmente renovados» de «la vana y engañosa filosofía que sigue las tradiciones humanas, la que va de acuerdo con los principios de este mundo y no conforme a Cristo» (Col. 2:8). Somos invitados a amar a Dios con todo el corazón (emociones) y con toda la mente. El apóstol Pablo nos recuerda «No se amolden al mundo actual, sino sean transformados mediante la renovación de su mente» (Rom. 12:2). Hemos de emprender una jornada para descubrir concientemente asunciones que no concuerdan con la Palabra de Dios y sustituirlas por la verdad bíblica. La conducta humana sólo cambiará cuando la mente sea transformada por la cosmovisión bíblica. Se producirá transformación en familias y sociedades cuando las mentes y las conductas humanas se vuelvan a Dios.

Las gentes de todo el mundo anhelan vivir en comunidades y naciones que reflejen la justicia, la belleza y la verdad. Pero no puede haber justicia en la comunidad hasta que exista el concepto de justicia en la mente. La gente anhela que sus comunidades y países se desarrollen. Pero este desarrollo tiene lugar cuando hay renovación en los corazones y mentes de una masa crítica de gente —una renovación que saldrá de dentro y se abrirá paso en la sociedad.

Hay tres instituciones fundamentales en cualquier sociedad: la familia, la iglesia y el gobierno civil. Examinaremos la familia y la iglesia en este capítulo, y el gobierno en el capítulo 19.

LA FAMILIA

La familia es la institución básica creada por Dios. Existe para cumplir de dos maneras el mandato de la creación dado en Génesis. La primera es la *función social:* llenar la tierra con portadores de imagen divina, fundar familias extensas, comunidades y finalmente pueblos y naciones. La segunda es la *función de desarrollo* del mandato: ser mayordomos de la creación.

Es responsabilidad de los padres, no del estado, criar y educar a sus hijos, prepararlos para que sean ciudadanos libres y productivos en la sociedad. Esta educación ha de nutrir el alma mediante el desarrollo del intelecto para que sea inquisitiva e innovadora. Los padres preparan el corazón de sus hijos para ser creativos y su voluntad para abrazar la virtud. Tienen la maravillosa oportunidad de moldear a la siguiente generación de líderes y ciudadanos de un país. Si los padres hacen esto bien, la familia será sana y las naciones prosperarán moral y materialmente. Habrá paz social, suficiencia económica y justicia social. Si la familia no está sana, la sociedad será cada vez más pobre, corrupta y disfuncional.

El mundo moderno occidental está dominado por el individualismo y el ensimismamiento. Debido a esto, estamos asistiendo, a nivel microscópico, a la desintegración de la familia, y a nivel nacional, al surgimiento de un movimiento anti-materno que está generando un suicidio cultural en muchos países europeos[6].

Así pues, si un país desea ser transformado, debe comenzar con la transformación interna de los individuos y luego extenderse al núcleo familiar y luego al resto de la familia. A partir de ahí avanza hacia la siguiente institución fundamental, la comunidad de creyentes, la iglesia.

LA IGLESIA

La iglesia es la comunidad escogida por Dios, elegida para extender su reino en la tierra. A diferencia del gobierno, que ha de «esgrimir la espada» —proteger al país y proporcionar paz social y justicia— la iglesia ha de usar «la espada del Espíritu», que es la palabra de Dios» (Efe. 6:17). Es el principal agente divino para desarrollar comunidades y edificar naciones.

La misión de la iglesia es conducir a la humanidad a su destino final, revelar el plan oculto de Dios a través de los siglos. El apóstol Pablo habla del misterio de los tiempos, el propósito divino de la iglesia.

> El misterio de Cristo. Ese misterio, que en otras generaciones no se les dio a conocer a los seres humanos... es decir, que los gentiles son, junto con

> Israel, beneficiarios de la misma herencia, miembros de un mismo cuerpo y participantes igualmente de la promesa en Cristo Jesús mediante el evangelio. De este evangelio llegué a ser servidor... de hacer entender a todos la realización del plan de Dios, el misterio que desde los tiempos eternos se mantuvo oculto en Dios, creador de todas las cosas. El fin de todo esto es que la sabiduría de Dios, en toda su diversidad, se dé a conocer ahora, *por medio de la iglesia,* a los poderes y autoridades en las regiones celestiales, conforme a su eterno propósito realizado en Cristo Jesús nuestro Señor (Efe. 3:4-11; cursiva añadida).

Dios tiene una meta para los pueblos y las naciones. La iglesia, pese a toda su debiblidad y pequeñez, es la esposa de Cristo y mayordomo señalado para ese propósito. Ha sido llamada a encarnar —«revestirse de carne»— la Palabra de Dios ante un mundo expectante. Mientras la iglesia manifieste adecuadamente los rectos valores del reino de Dios mediante actos de obediencia y servicio en la sociedad, ésta será influida y sanada de forma importante.

Exploraremos con más detalle el papel de la iglesia en la transformación social en el capítulo 22.

EL MUNDO

Dejando la cuestión del gobierno civil y la nación para otro capítulo, lleguemos ahora al círculo exterior del avance del reino, el «mundo». ¿Cómo hemos de concebir este círculo más externo? A menudo nos imaginamos un mapamundi, pero seamos más específicos. Consideremos primero el alcance de la Gran Comisión y echemos después un vistazo a la extensión de la tarea en la sociedad.

La Gran Comisión

Cuando yo era cristiano neófito, tenía la impresión de que la Gran Comisión consistía en una sola cosa: ir a todo el mundo, predicar el evangelio y salvar almas para el cielo. Por lo que se ve en este libro, he cambiado de mentalidad respecto a este asunto de una manera asombrosa.

Primero, como vimos anteriormente, Dios tiene una gran agenda. Pablo declara que Cristo murió en la cruz para reconciliar *todas las cosas,* en el cielo y en la tierra, consigo mismo[7]. Esto incluye mi alma y la suya, pero la muerte de Cristo fue para reconciliar todas las cosas.

Segundo, la Gran Comisión es comprehensiva. Hay tres pasajes en la Biblia en los que Cristo da a conocer su voluntad: Hechos 1:8, Mateo

28:18-20, y Marcos 16:15. Cada uno proporciona una faceta distinta del mandato del Señor. Éstas pueden denominarse las tres dimensiones de la Gran Comisión.

TRES DIMENSIONES DE LA GRAN COMISIÓN

Hechos 1:8 revela que hemos de llevar el evangelio a Jerusalén, Judea, Samaria y hasta los «confines de la tierra». Esta comisión es un llamamiento *geográfico* para que el evangelio viaje por todo el mundo. Es una perspectiva horizontal de la Gran Comisión.

Mateo 28:18-20 enfatiza «haced discípulos de todas las naciones». Note que el acento aquí no son las almas individuales. La palabra griega *ethne* designa a las naciones; significa pueblo o grupo étnico. Note asimismo que no dice: «evangelizar»; dice «discipular». Por supuesto, la evangelización suele preceder al discipulado. Pero se puede evangelizar a la gente y nunca discipularla. Cristo nos dice aquí cómo discipular a las naciones. El evangelio no sólo ha de ir por todo el mundo, tiene también que penetrar culturas. Este es el aspecto vertical de la Gran Comisión; es el componente demográfico del mandato. Trataremos esto con más detalle más adelante.

El Evangelio de Marcos ofrece una perspectiva muy distinta. Cristo nos manda aquí «anunciar las buenas nuevas a toda *criatura* (a toda la *creación*)»[8]. Tampoco dice aquí: almas. Y en este texto no se menciona la palabra naciones. La palabra griega *ktisis* significa criatura o creación. Podríamos acuñar un nuevo término, decir que ésta es la perspectiva ktisiográfica de la Gran Comisión. Dios se interesa por toda la creación. Recuerde, Cristo murió para reconciliar todas las cosas consigo mismo[9]. Pablo nos recuerda esto al decir que toda la creación aguarda su redención[10]. El apóstol Juan lo expresa de la siguiente manera: «Porque tanto amó Dios al mundo [*kosmos*—universo] que dio a su Hijo unigénito» (Juan 3:16).

Por tanto, es preciso entender que la Gran Comisión es un mandato comprehensivo: abarcar hasta los confines de la tierra, penetrar las culturas y anunciar las buenas nuevas a toda la creación.

Todas las esferas de la sociedad

En el último peldaño del despliegue del reino de Dios, retrocedamos y centrémonos en el componente vertical de la Gran Comisión. ¿Cómo disciplina la iglesia a una nación? Penetra en su cultura con la cultura del reino —verdad, hermosura y bondad—. Aporta orden bíblico y principios en todas las esferas de la sociedad. Esto se hace a medida que el pueblo de Dios vive *coram Deo* —ante el rostro de Dios— en todas las facetas de la vida. A medida que esto se produce, la cosmovisión bíblica fluirá a través de la iglesia hacia el mundo. Como creyentes, nuestro compromiso con el mundo se define en gran medida por nuestras vocaciones específicas —nuestros llamamientos—. Tenemos la oportunidad de examinar nuestras vidas, entender nuestros dones, reconocer las oportunidades que nos da Dios y aprovecharlas para el avance de su reino. Muchos cristianos serán llamados a trabajar en pequeños escenarios, donde ejerzan un pequeño grado de influencia. Por la gracia de Dios, tenemos la capacidad de madurar en destrezas para gloria de Cristo y su reino.

Toda área vocacional adecuada ofrece la oportunidad única de hacer avanzar el reino de Dios. Los cristianos comprometidos con la política y la legislación pueden reconocer a Dios como autoridad suprema y sus leyes como leyes supremas. Los empresarios cristianos pueden negociar con honestidad e integridad. Los médicos cristianos pueden defender la santidad de la vida humana y procurar sanidad a sus pacientes. Los artistas cristianos pueden reflejar la naturaleza divina y la gloria de su creación a través del arte. Los cristianos comprometidos con la ciencia pueden tratar de comprender los secretos del cosmos —orden creado por Dios— e innovar las tecnologías para luchar contra el hambre y la enfermedad. En todos los casos, los cristianos han de ser ciudadanos que buscan oportunidades para proporcionar liderazgo y servicio en el vecindario y la comunidad y, haciendo esto, reflejar de manera adecuada la cultura del reino de Dios. Algunos cristianos provocarán reformas institucionales ejerciendo sus vocaciones —reformas coherentes con el reino de Dios—. Otros responderán a la llamada de Dios para confrontar el mal institucionalizado dentro de sus culturas. En todos los casos, las actividades de los cristianos deben estar vinculadas al mensaje y al poder del evangelio, entendiendo que el reino avanza «de dentro hacía afuera»[11].

¿Dónde podemos ser agentes de cambio cultural? Las posibilidades son casi ilimitadas. Recuerde el párrafo antes leído de Dallas Willard:

> Si Él viniera hoy como lo hizo ayer, llevaría a cabo su misión ocupándose en cualquier oficio decente y útil. Podría ser administrativo o contable en una ferretería, técnico reparador de computadoras, banquero, editor, médico, camarero, maestro, agricultor, técnico de laboratorio u obrero de la construcción. Podría dirigir una tintorería o un taller mecánico.
> Es decir, si Él volviera hoy bien podría hacer lo mismo que usted. Podría vivir en su mismo piso o casa, u ocupar su puesto de trabajo[12].

En el próximo capítulo extraeremos sabiduría de las Escrituras para vivir nuestra vocación en «las puertas de la ciudad», y en los capítulos 19 y 20 exploraremos el vasto potencial que ofrecen los dominios modernos para llevar a cabo labores significativas, vivificantes y transformadoras.

CAPÍTULO 18

LAS PUERTAS DE LA CIUDAD

Como hemos visto, la obra redentora de Dios —el avance de su reino— opera de dentro hacía afuera. Como la acción de la levadura leuda toda la masa, la transformación que lleva a cabo Dios en el corazón y la mente de la persona se abre camino en la familia, la iglesia de Cristo, y a través de la iglesia, en todo el mundo.

LA RESPONSABILIDAD DE LAS PUERTAS

Tomando prestada una metáfora (y una realidad) de los tiempos bíblicos, la alusión a las «puertas de la ciudad» expresa el emplazamiento de nuestro trabajo. Como ciudadanos del reino de Dios, hemos de ocupar las puertas de las ciudades, como mayordomos, mediante nuestra obra vocacional. Para nosotros, el propósito de proteger la ciudad no es dominar ni controlar la sociedad. Más bien, es enviar líderes siervos a la vida y el foro públicos para mostrar verdad, belleza y justicia en los mismos. Al ocupar las puertas, el reino de Dios puede ser manifiesto en la ciudad.

Esta aplicación metafórica del concepto de las puertas de la ciudad proviene de la importancia real de estas estructuras en los tiempos bíblicos. Las puertas de la ciudad jugaban un papel cívico y social crítico en el mundo antiguo. A lo largo de la historia, cuando los judíos erigieron vallados y muros para trazar los límites de sus propiedades, las puertas se construían en puntos y lugares estratégicos de la muralla para proveer acceso. Cuando los judíos eran nómadas, tenían puertas en la entrada de sus campamentos[1]. Y cuando vivían en la *tierra prometida,* tenían puertas para acceder al palacio real[2], al templo[3], y especialmente a las ciudades[4]. Toda clase de debate y de vida pública tenía lugar en las puertas, además de proporcionar defensa para la ciudad. La alusión a las puertas también puede hacer referencia a la zona adyacente, al terreno dentro y fuera de las puertas. En realidad, la gente solía mencionar *las puertas* para referirse a toda la ciudad.

Hoy día nuestras ciudades languidecen porque sus puertas metafóricas han sido mayormente abandonadas por los mismos que pueden mostrar a Cristo y el poder transformador del evangelio en el alma de la sociedad. Dios quiere que los descendientes de Abraham ocupen las puertas de las ciudades con la intención de bendecir a las naciones[5]. Si se combina esta vocación con un evangelio que salva, redime, renueva y restaura, y con la cosmovisión bíblica que instruye acerca de cómo llevar a cabo esta visión transformadora mediante nuestra vocación en todas las esferas de la vida, entonces obtendremos un destello de su potencial. Una visión de tal calibre ha generado un desarrollo económico sin precedentes, libertad política, el imperio de la ley y el concepto de educación universal en buena parte del mundo. Ha acarreado la abolición de la esclavitud y dignidad para las mujeres. Es decir, ha dado a la humanidad su verdadera humanidad.

Por tanto, la mayordomía cristiana de «las puertas» es vital para la vida de las sociedades. Quienquiera que asuma la responsabilidad de las puertas establecerá la agenda para sanar o destruir la sociedad.

LAS PUERTAS COMO LUGAR DE VIDA PÚBLICA.

El escenario de gran parte de nuestra vida y trabajo se puede circunscribir a las puertas de la ciudad —el lugar de la vida pública en tiempos bíblicos—. En muchas ciudades europeas y latinoamericanas, la plaza de la ciudad es el lugar donde se desarrolla la vida pública. La iglesia o catedral se hallan a un lado de la plaza y el ayuntamiento o edificios públicos, a otro, con tiendas y puestos de mercado situados alrededor de la plaza. Ahí es donde se escenifica la vida de la ciudad. En el mundo occidental actual, las «calles principales» de las ciudades de Gran Bretaña y Europa, y el centro metropolitano de las urbes estadounidenses cumplen una función similar, y también los estadios deportivos en las afueras, a menudo alquilados para celebrar eventos públicos, como convenciones políticas, exposiciones comerciales, encuentros religiosos, conciertos musicales y otras formas de entretenimiento.

Entre los aspectos vitales de la vida pública que tenían lugar en las puertas de la ciudad, en los tiempos bíblicos, figuran los siguientes:

- comercio y transacciones comerciales[6]
- audición de la lectura de la Ley[7]
- vista y resolución de disputas legales[8]
- mantenimiento de la gobernación y la administración civil[9]
- circulación de noticias y anuncios públicos[10]
- asistencia a reuniones y discursos públicos[11]

En cada una de estas áreas de la vida pública, las Escrituras aportan consejos para discernir cómo los cristianos pueden ser fieles en su trabajo a «las puertas de la ciudad». Exploremos la vida en las puertas de la ciudad antigua tratando de encontrar ideas frescas y creativas en relación con nuestras vocaciones actuales.

Empresa y comercio

Las puertas de la ciudad eran lugares donde se negociaba y se comerciaba. Algunas puertas recibían el nombre de los importantes mercados que se celebraban en ellas, como la Puerta de las ovejas (Neh. 3:1), la Puerta del pescado (Neh. 3:3), y la Puerta de los caballos (Neh. 3:28). El segundo libro de Reyes menciona el mercado de harina y cebada. Podemos imaginar a los vendedores, con sus puestos de mercancías y sus quioscos de comida, especias y artículos domésticos, intercambiando y vendiendo sus productos en torno a las puertas de la ciudad. Hasta el día de hoy, la vieja ciudad de Jerusalén (la zona rodeada por las murallas de la ciudad) retiene algunos de esos nombres. Una de ellas es la Puerta del estiércol[12], por la que pasaban los desperdicios de la vieja ciudad para ser quemados fuera de las murallas. La Puerta de las ovejas es también conocida como la Puerta del león y de San Esteban.

Transacciones comerciales mucho más importantes, como la compraventa de propiedades, también se firmaban en las puertas. En el libro de Génesis, Abraham selló un trato con un hombre llamado Efrón por «cuatrocientos siclos de plata» al que compró un terreno donde poder enterrar a su querida esposa Sara (Gén. 23:1-20). Los rasgos de la moderna transacción comercial se hallan presentes en este relato: se trataba de una propiedad privada, se hizo una «inspección» del terreno, hubo un debate público y se abrieron negociaciones para fijar un precio justo de mercado, el dinero cambió de manos y hubo testigos de la transacción. Este tipo de transacciones públicas evitaban el fraude, la corrupción o las balanzas falsas, lo cual es un recordatorio de que las transacciones comerciales han de ser justas, transparentes y razonables. El comercio era una actividad piadosa. Se estimulaba la empresa y se creaba riqueza.

También hoy día algunos cristianos son llamados al mercado de las puertas de la ciudad para garantizar que los mercados sean libres y justos. Los cristianos en el mercado pueden cerrar tratos con integridad. Pueden comparecer a las puertas de la ciudad con verdad y justicia, servicio y provisión, creatividad e innovación.

LA EXPERIENCIA DE SHERRON WATKINS

Sherron Watkins se crió en la localidad de Tomball, Texas. Sus padres eran profesores de escuela secundaria. Estudió contabilidad (algunos tildan a la ligera esta profesión calificándola de «cuenta-habas») y sus dones y destrezas la encaramaron al puesto de vicepresidenta de desarrollo corporativo de la hoy infame Enron Corporation. Por aquel tiempo, Enron era la séptima empresa más importante de los Estados Unidos. Como miembro de la Primera Iglesia Presbiteriana de Houston, Texas, Sherron deseaba intensamente vivir su fe en el trabajo, pero no sabía lo que eso podría significar.

En 2001, después de haber trabajado en Enron por ocho años, Watkins empezó a preocuparse de la situación financiera de la empresa. Se dio cuenta de que buena parte de sus activos se basaban en un engaño. Cuando el fraude fuera puesto de manifiesto, lo más probable es que la empresa se derrumbara. Sherron vio cómo su buen amigo y compañero, el tesorero Jeff McMahon, fue penalizado por el consejero ejecutivo Jeffrey Skilling, cuando intentó aclarar los problemas de contabilidad de la compañía. Sherron no quería ser penalizada por dar la cara. Pero ¿qué debía hacer? Quería hacer lo que fuera justo. Deseaba ser una persona íntegra.

Watkins temía hablar en público. De modo que escribió una carta anónima comentando sus inquietudes y la introdujo en el buzón de sugerencias de la empresa. Nada sucedió. Entonces, en agosto de 2001, para «hacer lo correcto», escribió una carta de siete páginas a Ken Lay, Presidente

La lectura de la Ley

Las puertas de la ciudad eran también lugares donde se leía la Ley, como se constata en Nehemías 8:

> Entonces todo el pueblo, como un solo hombre, se reunió en la plaza que está frente a la puerta del Agua y le pidió al maestro Esdras traer el libro de la ley que el SEÑOR le había dado a Israel por medio de Moisés. Así que el día primero del mes séptimo, el sacerdote Esdras llevó la ley ante la asamblea, que estaba compuesta de hombres y mujeres y de todos los que podían comprender la lectura, y la leyó en presencia de ellos en la plaza que está frente a la puerta del Agua. Todo el pueblo estaba muy atento a

---

de la Junta Directiva de Enron. En la carta detallaba su acusación por el engaño perpetrado contra el público, los empleados y los accionistas. Luego Watkins entregó personalmente la carta a Ken Lay. Por aquel entonces, Sherron ignoraba que dos días antes, Lay había vendido las acciones que tenía en la compañía por el espléndido beneficio de 1,5 millones de dólares. El resultado fue que Skilling y Lay eran responsables del fraude. La caída de Enron se precipitó rápidamente, arrastrando a la que una vez fuera famosa firma contable de Arthur Andersen.

Cinco meses después de la caída de Enron, la carta de Watkins pasó a formar parte del registro público y ella se convirtió en una heroína para millones de personas en todo el mundo por dar la cara y confrontar a Lay con la verdad de lo que estaba sucediendo en Enron. Se había producido una profunda bancarrota moral en el liderazgo y la cultura de la compañía. La gente estaba más interesada en los beneficios económicos a corto plazo que en la verdad, la contabilidad y la salud a largo plazo de la empresa.

Este hundimiento moral, si llega a ser endémico entre los ciudadanos estadounidenses, acabará hundiendo el país. (Las grandes civilizaciones no suelen ser conquistadas desde fuera sino que mueren descompuestas a causa de su bancarrota moral y espiritual.) Una mujer tuvo carácter moral y coraje suficiente para afrontar el problema. Por ello, fue reconocida como uno de los tres Personajes del año 2002 por la revista *Time*. Su rostro apareció dos veces en la portada de esta revista ese mismo año. Watkins no deseaba notoriedad; como cristiana sólo quería hacer lo que era correcto, aunque ello significara perder su empleo.

> la lectura del libro de la ley... Al día siguiente, los jefes de familia, junto con los sacerdotes y los levitas, se reunieron con el maestro Esdras para estudiar los términos de la ley. (Neh. 8:1-3, 13)

La plaza que había frente a la Puerta del agua era lo bastante grande como para acoger a todos los habitantes de la ciudad. Note que se reunieron «como un solo hombre», tanto «hombres como mujeres». Había unidad entre ellos. Y no había distinciones ante la Ley; tanto los hombres como las mujeres debían escuchar su lectura. Tanto los hombres como las mujeres debían ser ciudadanos responsables.

Note también que la Ley era leída en un lugar público. ¿Por qué? Porque la lectura de la Ley de Dios, para ellos, no era meramente un evento religioso privado. El Libro de la Ley fue dado a los hebreos para ayudarles a ser buenos mayordomos de su nación. Es decir, la Ley del Señor sentaba las bases de una sociedad justa, y proporcionaba el fundamento para desarrollar el carácter individual y la ley civil, ambos vitales para edificar una sociedad justa.

Las sociedades democráticas modernas se basan en el imperio de la ley, pero en vez de apoyarse en la Ley de Dios, suelen promulgar leyes de hechura propia debido a consideraciones egoístas o pragmáticas, o por causa de las fuertes presiones del laicismo y la percepción variable del «bien público». En realidad, las leyes de Dios son siempre para el verdadero bien público. Conducen sin duda a la justicia y a la vida.

En los Estados Unidos, surgió esta controversia debido a que muchos han olvidado, o no se les ha enseñado, que las leyes bíblicas ayudaron a formular una parte esencial del sistema judicial. Por ejemplo, Roy Moore, del Tribunal Supremo de Alabama, hizo instalar de un día para otro un gran monumento de granito en homenaje a los Diez Mandamientos en la rotonda del Palacio de Justicia del Estado de Alabama, donde están ubicados varios juzgados y la biblioteca del estado, donde el juez Moore presidía. Él creía en la importancia extraordinaria de reconocer y rendir tributo a los Diez Mandamientos como realidad histórica y fundamento moral del sistema legal que ha convertido a los Estados Unidos en uno de los países más justos del mundo. A continuación se entabló una batalla legal, política y religiosa entre dos posturas encontradas para decidir si el monumento podía seguir en pie o debía retirarse. En noviembre del 2002, un Tribunal de Distrito falló en contra del monumento, alegando que violaba la Cláusula Fundacional de la Primera Enmienda de la Constitución estadounidense. Como el Juez Moore rehusó obedecer la orden del tribunal federal para retirar el monumento, un panel de ética legal votó para expulsarle de su cargo. Las sucesivas apelaciones de Moore fracasaron y el Tribunal Supremo de los Estados Unidos sobreseyó el caso.

No obstante, la postura de Moore suscitó un debate en todo el país, tanto entre cristianos como profanos. A pesar del costo personal y profesional, como queda reflejado en su libro *So Help Me God (Así que ayúdame Señor),* el ex presidente de sala Moore sigue firme en su convicción de que «al rehusar someterse a las exigencias ilegítimas de un juez federal, negó el imperio del hombre y exaltó la Constitución de los Estados Unidos, imperio verdadero de la ley, como exigía su juramento».[13] Al igual que Martin Lutero King hijo fue encarcelado por desobediencia civil, Moore escogió deliberadamente la opción de otros muchos reformadores, aceptando de buena gana las consecuencias legales de sus actos. Mientras los asuntos traídos a colación por Moore se siguen debatiendo por el público y los tribunales de los Estados Unidos, el juez Moore podría ser considerado como guardián de la ley y la justicia, en la América del siglo XXI. Ya sea que trabajemos dentro del sistema judicial, como hacía Moore, o en otra esfera distinta, Dios nos llama a todos a ser ciudadanos responsables y buenos mayordomos de nuestra nación a la luz de la ley del Señor.

Disputas legales

Además de ser lugar de lectura pública de la ley, las puertas de la ciudad eran espacios para zanjar disputas legales. Cuando Dios sacó al pueblo de Egipto y lo guió por el desierto, instituyó un sistema de gobierno y de justicia que funcionó por autoridad delegada, con líderes y oficiales señalados por Moisés como «jefes de mil, cien, cincuenta y diez personas» (Éxo. 18:25). Tal delegación de autoridad surgió como consecuencia de la extenuación de Moisés al intentar (insensatamente) resolver él mismo todas las disputas (como leímos antes en Éxodo 18). Así es como comenzó un sistema judicial eficaz para el antiguo Israel. No mucho después fueron asignados «jueces y oficiales» para zanjar disputas en las puertas. Deuteronomio 16:18-20 dice así:

> Nombrarás jueces y funcionarios que juzguen con justicia al pueblo, en cada una de las ciudades que el SEÑOR tu Dios entregará a tus tribus. No pervertirás la justicia ni actuarás con parcialidad. No aceptarás soborno, pues el soborno nubla los ojos del sabio y tuerce las palabras del justo. Seguirás la justicia y solamente la justicia, para que puedas vivir y poseer la tierra que te da el SEÑOR tu Dios.

En este pasaje se establecen varios preceptos. Cada ciudad debía tener su propio juez, y todo el pueblo debía tener acceso a un juicio justo. Los regalos y los sobornos estarían prohibidos, porque pervierten la justicia. Y debido a que Dios «no actúa con parcialidad» (Deut. 10:17), los jueces debían ser imparciales. Tales preceptos son particularmente importantes para los pobres, que precisamente por serlo podrían no tener acceso a la justicia. Por ejemplo, por carecer de dinero pueden carecer de poder legal para corregir las injusticias cometidas contra ellos. En nuestros días decimos que «no pueden permitirse pagar a un abogado». El profeta Amós advierte contra la injusticia cometida contra el pobre (note también que el pobre acude a las puertas en busca de justicia):

> Ustedes odian al que defiende la justicia en el tribunal
> y detestan al que dice la verdad.
> Por eso, como pisotean al desvalido
> y le imponen tributo de grano,
> no vivirán en las casas de piedra
> labrada que han construido,
> ni beberán del vino de los selectos viñedos que han plantado.
> ¡Yo sé cuán numerosos son sus delitos,
> cuán grandes sus pecados!
>
> Ustedes oprimen al justo, exigen soborno
> y en los tribunales atropellan al necesitado. Por eso en
> circunstancias como éstas guarda silencio el prudente,
> porque estos tiempos son malos.
>
> Busquen el bien y no el mal, y vivirán;
> y así estará con ustedes el SEÑOR Dios Todopoderoso,
> tal como ustedes lo afirman.
> ¡Odien el mal y amen el bien!
> Hagan que impere la justicia en los tribunales;
> tal vez así el SEÑOR, el Dios Todopoderoso,
> tenga compasión del remanente de José. (Amos 5:10-15)

En este estado de cosas, la nación ha cambiado la verdad de Dios por la mentira y la adoración al Dios viviente por la de los ídolos. Esta falsa adoración no queda sin consecuencias en los tribunales. Por causa de la adoración a los ídolos paganos, se pervierte la justicia mediante el soborno y otros medios. De este modo los pobres son cada vez más pobres y más oprimidos, porque los jueces aceptan sobornos. Note también que en Amós 5:15 los justos no han de alejarse de las puertas habida cuenta de la corrupción que allí pueda haber. Es más, precisamente por causa de la corrupción, los justos deben implicarse con la justicia. Deben asistir a los tribunales, luchar contra el mal, amar el bien y establecer justicia.

Desgraciadamente, en muchas sociedades materialistas, la profesión legal se ha convertido en un medio para estimular litigios y asegurar sustanciosos ingresos a los letrados. Muy a menudo los cristianos se incorporan a esta profesión por sus posibilidades lucrativas. Estos cristianos hacen distinción entre una vida de fe y una vida laboral.

Los cristianos pueden ser llamados por Dios para trabajar en el sistema judicial. Los jueces, abogados, ayudantes y otros expertos legales pueden trabajar en pro de la justicia y servir como abogados a los pobres y oprimidos. Los juzgados suelen nombrar abogados de oficio para defender a los que no tienen medios para contratar sus propios abogados; estos representantes legales no se hacen ricos, pero trabajan por la justicia. Otros abogados defienden algunos casos pro bono, gratuitamente, y se dedican a administrar justicia en favor de los pobres. Incluso los ciudadanos ordinarios pueden trabajar de voluntarios para acompañar a los niños en los juicios, defendiendo y apoyando con su presencia consoladora en los intimidantes juzgados. Claramente, el trabajo en los sistemas judiciales puede ser una vocación sagrada.

Gobierno y administración

En las culturas animistas actuales el palacio del jefe es el lugar donde se toman todas las decisiones importantes para el bien de la comunidad. El equivalente en los tiempos bíblicos eran las puertas de la ciudad, que actuaban como sede del gobierno. Por eso habla la Biblia de los «ancianos a las puertas» (Deut. 21:19; 25:7), cuya función era influir en la ciudad y vigilarla. Un ejemplo bíblico sencillo se encuentra en Proverbios 31:23 (RV-1960): «Su marido es respetado en las puertas, cuando se sienta con los ancianos de la tierra». Aquí, los ancianos se reúnen a la puerta de la ciudad para supervisar los asuntos de la misma, y este hombre es respetado por sus cualidades. Daniel 2:47-49 es una ilustración elocuente de este tipo de influencia: y le dijo [el rey]: «¡Tu Dios es el Dios de dioses y el soberano de los reyes! ¡Tu Dios revela todos los misterios, pues fuiste capaz de revelarme este sueño misterioso!» Luego el rey puso a Daniel en un puesto prominente y lo colmó de regalos, lo nombró gobernador de toda la provincia de Babilonia y jefe de todos sus sabios. Además, a solicitud de Daniel, el rey nombró a Sadrac, Mesac y Abednego administradores de la provincia de Babilonia. Daniel, por su parte, permaneció en la corte real [tera: «puerta» en caldeo].

> El rey de Babilonia reconoció al Dios del universo y admitió que Daniel servía a este Dios. Nabucodonosor nombró entonces a Daniel gobernador de toda la provincia de Babilonia, y le puso por jefe sobre todos los sátrapas, lo que hoy podríamos considerar primer ministro. Daniel ocupó su puesto en la puerta de la ciudad, desde la que el rey reinó sobre el pueblo ayudado por él. Note también que Daniel procuró puestos administrativos para otros tres hombres cualificados y piadosos: Sadrac, Mesac y Abednego (véase también Dan. 1:17).

En la vida moderna, los hombres y las mujeres piadosos deben levantarse para servir en la administración, ya sea a nivel local, como una junta escolar o concejo municipal, o a nivel provincial, estatal o incluso nacional. Con esto no quiero decir que los cristianos tengan que ser sólo políticos o funcionarios electos. Los funcionarios electos necesitan muchos ayudantes y asociados que colaboren con ellos, y los cristianos pueden ocupar tales puestos para el reino de Dios.

En buena parte del mundo donde el evangelio de salvación se ha predicado, algunos cristianos, desgraciadamente, buscan cargos en la administración con miras a adquirir poder político. También puede haber una especie de triunfalismo hacia los gobiernos cristianos. Por ejemplo, la gente puede pensar: «Ojalá pudiéramos colocar un cristiano en la presidencia, entonces se resolverían todos los problemas del país». Baste con fijarse en Kenya, Guatemala y Corea del Sur, donde los cristianos evangélicos lograron cargos políticos y fueron corrompidos por el poder. El mero hecho de tener líderes cristianos no garantiza la transformación de un país.

Los poderes políticos se pueden corromper también de otras maneras. Mi amigo Chris Ampadu, de Ghana, opina que en algunas sociedades africanas, luego que uno es elegido jefe tradicional, pasa a ser admirado, y, de súbito, sus puntos de vista son siempre correctos. El jefe debe ser respetado por todos, y no deberá haber disidentes internos ni foros que hagan crítica constructiva a la toma de decisiones. Los jefes pueden entonces dominar fácilmente al pueblo antes que servirlo. También, muchas personas que reciben una educación esmerada se involucran en política simplemente por el respeto que esta les proporciona y porque les facilitará el acceso a las propiedades tribales ricas en depósitos minerales o recursos madereros, que procuran explotar por ambiciones egoístas.

Se sabe que este tipo de corrupción ha desanimado a los cristianos, en tales sociedades, a ingresar en la política, porque se preguntan: «Si el sistema político está corrompido, ¿qué impedirá que yo llegue a ser corrupto? Muchos conocen el axioma de lord Acton «el poder tiende a corromper; mas el poder absoluto corrompe absolutamente». El secreto radica en que no se debe ambicionar el «poder» político, sino que los cristianos llamados a la política deben dedicarse a servir a los demás. Han de buscar a Dios, como hizo Daniel en Babilonia y José en Egipto. Estos hombres buscaron a Dios y Él les insertó en la política nacional, a través de la cual sirvieron al pueblo.

Por otra parte, muchos cristianos perciben la política como una ocupación mundana y arguyen que los «buenos» cristianos no deberían implicarse en la administración, porque se contaminarán con el mundo. Pero esta no es una actitud bíblica. Dios estableció el gobierno[14] como una de las instituciones sociales más básicas. Por mucho tiempo, debido a sus actitudes pietistas, los cristianos abandonaron el ámbito de la política, lo cual dejó un gran vacío moral en la sociedad y contribuyó a su decadencia. Los cristianos que responden para servir en el gobierno o la administración civil pueden ayudar a cambiar este estado de cosas.

Noticias y anuncios públicos

En la antigüedad, las puertas eran también centros de comunicación donde circulaban noticias e información pública importante. Tenemos un ejemplo de un importante anuncio público cuando Senaquerib, rey de Asiria, invadió Judá. Ezequías organizó la defensa de la ciudad y convocó al pueblo en la plaza frente a la puerta de Jerusalén para oír su mensaje de ánimo y fortalecer su defensa. El segundo libro del Crónicas 32:6-8 refiere este evento:

> Luego puso jefes militares al frente del ejército y, luego de reunirlos en la plaza frente a la puerta de la ciudad, los arengó con estas palabras: «¡Cobren ánimo y ármense de valor! No se asusten ni se acobarden ante el rey de Asiria y su numeroso ejército, porque nosotros contamos con alguien que es más poderoso. Él se apoya en la fuerza humana, mientras que nosotros contamos con el SEÑOR nuestro Dios, quien nos brinda su ayuda y pelea nuestras batallas.» Al oír las palabras de Ezequías, rey de Judá, el pueblo se tranquilizó.

En las puertas se proclamaban más que noticias regulares. Los profetas también proclamaban en ellas sus mensajes[15]. Y en Proverbios 1:20-21 aparece una personificación de la sabiduría en las puertas: «Clama la sabiduría en las calles; en los lugares públicos levanta su voz. Clama en las esquinas de calles transitadas; a la entrada de la ciudad razona»[16]. Mientras que en Proverbios 31:28-31, la fama de la mujer virtuosa se publica en las puertas de la ciudad.

En el mundo actual, contamos con periódicos, revistas, servicio de correos, teléfono, televisión, fax, Internet, e-mail, YouTube, y blogs para esparcir noticias y hacer anuncios públicos. ¿Quién controla estas «puertas» (medios de comunicación) en su país? ¿Quién controla los mecanismos de la información pública? La gente está sentada a las puertas de estas industrias, pero ¿a quién representan y qué ideas están vendiendo? No es pasarse de la raya afirmar que los cristianos son llamados antes que nada a ser comunicadores. Esto significa que muchos de nosotros deberíamos involucrarnos en la industria de la comunicación y ayudar a redimir la sociedad sometiéndonos a Dios para comunicar la verdad a través de la prensa y todos los medios.

LA EXPERIENCIA DE MARVIN OLASKY

Nacido en una familia de origen judío, Marvin Olasky decidió ser ateo a los catorce años y luego comunista, a principios de los setenta. En 1976, mientras leía un libro de Lenin y también el Nuevo Testamento, Olasky se convirtió a Jesucristo. Se doctoró en 1976 y comenzó a enseñar periodismo en la Universidad de Texas en 1983. Debido a su recién estrenada fe en Cristo y su profundo conocimiento de la Biblia, Olasky trató de vivir *coram Deo,* «ante la faz de Dios».

Olasky tenía un corazón por los pobres y comprendió la fuerza pujante de la cosmovisión cristiana. En 1992 su escrutadora mente se ciñó al tema de la pobreza en los EEUU. En su libro *The Tragedy of American Compassion*[1] *(La tragedia de la compasión estadounidense),* mostró que a medida que el país se apartaba de una cosmovisión bíblica cambiaba el concepto de compasión. En los tiempos de la fundación de los Estados Unidos, el cuidado de los pobres era responsabilidad de los individuos, la iglesia y las organizaciones sociales privadas. Cuando cambió la cosmovisión del país, también cambió la concepción de las causas y las soluciones de la pobreza; bajo el paradigma laico pasó a ser cosa del Estado resolver

Asambleas públicas y discursos

Las puertas bíblicas de la ciudad, como ya vimos, eran lugares donde la gente participaba activamente en el comercio, la ley, la administración y los asuntos públicos y legales. Eran también lugares donde los amigos y los vecinos acudían para congregarse y charlar, donde los viajeros se encontraban con amigos y dónde los forasteros se informaban en busca de alojamiento o destino en la ciudad. Veamos un ejemplo en Génesis 19:1-2:

> Caía la tarde cuando los dos ángeles llegaron a Sodoma. Lot estaba sentado a la entrada de la ciudad. Al verlos, se levantó para recibirlos y se postró rostro en tierra.Les dijo:
>
> —Por favor, señores, les ruego que pasen la noche en la casa de este servidor suyo. Allí podrán lavarse los pies, y mañana al amanecer seguirán su camino.
>
> —No, gracias —respondieron ellos—. Pasaremos la noche en la plaza.

los problemas de la pobreza. El libro de Olasky representó, sobre todo, una invitación a retornar a los fundamentos bíblicos, y, por tanto, a renovar el compromiso con la beneficencia privada y corporativa. Fue Olasky quien comenzó a poner de manifiesto la necesidad de un «conservadurismo compasivo» que tanto influyó en líderes nacionales como William Bennett, Newt Gingrich y el presidente George W. Bush.

Puesto que Olasky entiende que los cristianos deben tener voz en la vida pública de las ideas y comprometerse en el debate social, político y económico del país, fue nombrado, en 1992, director de la revista *World*, el quinto semanario más leído del país. Él sigue con su labor y ha servido de catalizador en la creación del Instituto de Periodismo Cristiano para formar periodistas que enfoquen su profesión desde una perspectiva claramente bíblica (no laica).

Además de ocupar las puertas de la ciudad, Marvin Olasky es también un modelo de la influencia social que uno puede ejercer si rechaza una mente dividida y vive todas las facetas de su vida *coram Deo,* obrando fielmente en la esfera a la que Dios le ha llamado.

Lot, como seguramente haría a menudo, estaba sentado a la puerta de Sodoma, tal vez disfrutando del frescor vespertino y el claro cielo de un hermoso atardecer en el desierto. Puede incluso que estuviera disfrutando de relaciones sociales con amigos y vecinos cuando llegaron los dos forasteros. Lot les dio la bienvenida y les ofreció alojamiento para pasar la noche. El hospedaje a los forasteros era una práctica común en las culturas de Oriente Medio.

Los cristianos occidentales suelen citarse con compañeros de trabajo, amigos y vecinos en lugares públicos, quizás en cafeterías, restaurantes, centros comerciales, bibliotecas, supermercados, o se conectan a Internet en salas de chat y comunidades virtuales. Ahí se entrecruzan nuestras vidas y se conversa. ¿Ocupamos nosotros esas «puertas» honrando en palabras y obras a los que no están presentes? ¿Hablamos de nuestros líderes con dignidad y honor, aunque no estemos de acuerdo con su política? ¿Qué contamos a otros de nuestros amigos y vecinos? ¿Les afirmamos o les destruimos? Al encontrarnos en los lugares públicos de las ciudades, en el puesto de trabajo, como ciudadanos, o en privado, podemos manifestar el carácter de Dios y afirmar el valor de cada ser humano por la manera de tratarnos unos a otros.

LAS PUERTAS COMO METÁFORA DE LA CIUDAD

Hasta que Jesús vuelva, las puertas seguirán siendo un lugar estratégico que hay que ocupar. De acuerdo con lo que representan las *puertas* en la vida pública, esta expresión se usa de vez en cuando en el Antiguo Testamento para hacer referencia a toda la ciudad —para lo bueno y para lo malo, para fama o descrédito de la misma—. En las puertas también se comentaba el poder y la gloria de la ciudad, o su defecto.

A veces *sha'ar* se traduce por «ciudad», como hace la Nueva Versión Internacional, en Génesis 22:17-18: «Que te bendeciré en gran manera, y que multiplicaré tu descendencia como las estrellas del cielo y como la arena del mar. Además, tus descendientes conquistarán las ciudades de sus enemigos. Puesto que me has obedecido, todas las naciones del mundo serán bendecidas por medio de tu descendencia». Aquí reaparece el Pacto que Dios hizo con Abraham para bendecirle y usarle como vehículo de bendición a las naciones. En esta repetición de la promesa, resulta palpable que la bendición de Dios por medio de Abraham se extiende a las mismas ciudades.

Pero muchas veces *sha'ar* se traduce por «puertas», como obvia referencia metafórica a la ciudad (o ciudades) en cuestión. Tomemos como ejemplo Génesis 24:60, cuando la familia de Rebeca bendice a ésta cuando es prometida a Isaac hijo de Abraham: «Y bendijeron a Rebeca con estas palabras: "Hermana nuestra: ¡que seas madre de millares! ¡Que dominen tus descendientes las ciudades de sus enemigos!"» Puesto que poseer las puertas significaba tener control de la ciudad, es obvio el sentido metafórico del versículo.

Además, de la ciudad que florece, se dice que florecen sus puertas. Cuando la ciudad languidece, sus puertas languidecen. Cuando una ciudad tiene gloria y poder, sus puertas se mantienen físicamente como corresponde a la gloria de la ciudad. Al contrario, cuando una ciudad está llena de lamento, sus puertas la delatan. Las entradas a la ciudad revelan su deterioro, su pérdida de gloria y poder. Por ejemplo, en el libro de Jeremías, la nación de Judá se halla bajo juicio divino después del reinado del malvado rey Manasés. El juicio sobrevendrá a través de la sequía, la hambruna y los ejércitos invasores. En Jeremías 14:2-7 se aprecia el sentido metafórico de «las puertas» en la palabra del Señor respecto al impacto de la sequía:

> «Judá está de luto y sus ciudades [sha'ar] desfallecen; hay lamentos en el país, y sube el clamor de Jerusalén. Los nobles mandan por agua a sus siervos, y éstos van a las cisternas, pero no la encuentran. Avergonzados y confundidos, vuelven con sus cántaros vacíos y agarrándose la cabeza. El suelo está agrietado, porque no llueve en el país. Avergonzados están los campesinos, agarrándose la cabeza. Aun las ciervas, en el campo, abandonan a sus crías por falta de pastos. Parados sobre las lomas desiertas, y con los ojos desfallecientes, los asnos salvajes jadean como chacales porque ya no tienen hierba».
> Aunque nuestras iniquidades nos acusan, tú, SEÑOR, actúas en razón de tu nombre; muchas son nuestras infidelidades; ¡contra ti hemos pecado!

Las ciudades prósperas que una vez estuvieron llenas de mercaderes vendiendo grano y comerciando, ahora «languidecen», como expresa Jeremías haciendo uso de este término para aludir a las puertas de la ciudad.

QUE ENTRE EL REY DE GLORIA

Ejemplos como el de Jeremías muestran que las puertas representan metafóricamente la ciudad y también subrayan la intensidad del lamento de un pueblo por la pérdida de la gloria de Dios en sus ciudades. Lamentaciones 4:6-9 hace una amarga descripción de dicho lamento:

> Más grande que los pecados de Sodoma es la iniquidad de Jerusalén; ¡fue derribada en un instante, y nadie le tendió la mano!
> Más radiantes que la nieve eran sus príncipes, y más blancos que la leche; más rosado que el coral era su cuerpo; su apariencia era la del zafiro.
> Pero ahora se ven más sucios que el hollín; en la calle nadie los reconoce. Su piel, reseca como la leña, se les pega a los huesos.
> ¡Dichosos los que mueren por la espada, más que los que mueren de hambre! Torturados por el hambre desfallecen, pues no cuentan con los frutos del campo.

Note el dramático contraste de unos príncipes que una vez eran «más radiantes que la nieve y más blancos que la leche» y ahora están «más sucios que el hollín», y la amarga observación de que es mejor morir a causa de la espada que del hambre.

Puede haber muchas tinieblas y degeneración en ciudades, sociedades y naciones cuando «las luces» se oscurecen o se apagan. Muchos reyes y autoridades en tiempos del Antiguo Testamento acarrearon grandes tinieblas sobre sus ciudades y países cuando se alejaron de Dios para servir a «otros dioses». En palabras del nuevo Testamento, estos reyes «Cambiaron la verdad de Dios por la mentira, adorando y sirviendo a los seres creados antes que al Creador» (Rom. 1:25). En vez de mirar al Dios viviente para obtener fuerza, prosperidad y protección para sus ciudades, adoraron y siguieron los dictados de los ídolos en su vida religiosa, económica y política. En el cántico de Débora, en tiempo de los Jueces, se recitan estas palabras trágicas:

> «En los días de Samgar hijo de Anat, en los días de Jael, los viajeros abandonaron los caminos y se fueron por sendas escabrosas. Los guerreros de Israel desaparecieron; desaparecieron hasta que yo me levanté. ¡Yo, Débora, me levanté como una madre en Israel! Cuando escogieron nuevos dioses, llegó la guerra a las puertas de la ciudad, pero no se veía ni un escudo ni una lanza entre cuarenta mil hombres de Israel». (Jueces 5:6-8)

Dios envió juicio sobre su pueblo cuando éste adoró a las deidades animistas de Baal y su consorte Astarot. Cuando llegó la guerra, las defensas cayeron, los caminos fueron abandonados, la gente dejó de viajar, el comercio se hundió y la vida en pueblos y ciudades se extinguió. Los campesinos abandonaron sus campos a cambio de una protección relativa dentro de los muros de la ciudad. El pueblo se abatió y se deprimió. La vida normal se detuvo. Aun hoy, cuando se rechaza y se niega a Dios, las sociedades se hunden. Se organizan en torno a la adoración idolátrica, ya sea especie de paganismo animista o de humanismo pagano[17], que dicta a la gente cómo debe vivir su vida social, económica y política. Esto perjudica gravemente a la sociedad porque la vida de la gente que la compone no está «ordenada» según la sabiduría bíblica.

Se pueden ver llamativas ilustraciones de esto en el África animista, donde los patrones de trabajo se basan en sistemas de creencias impuestos por los espíritus. Por eso hay días en los que la agricultura o la pesca están prohibidas porque en los tales los dioses necesitan paz y descanso y nadie debe molestarles. Esto, por supuesto, ocasiona gran perjuicio a la actividad económica. Además, hay ríos y arroyos que siempre están vedados a la pesca porque se supone que esos cursos de agua están permanentemente habitados por los espíritus. Aun cuando la salud de las familias que viven cerca de los ríos y arroyos se beneficiara grandemente de la pesca, lo impide la voluntad de los espíritus (dioses), incluso en tiempos de hambre.

El Occidente secular pagano asiste a la muerte lenta de sus naciones. No hay norma trascendental para la verdad y la moralidad, de modo que cada persona hace lo que bien le parece a sus propios ojos. La adicción a las drogas, el alcohol, el juego y la pornografía es alarmante. El aborto y la homosexualidad, que la mentalidad del siglo XX esquivaba, se promueven y se practican actualmente con toda normalidad. A medida que los europeos y los estadounidenses abandonan sus raíces asentadas en la fe judeocristiana, ya no son capaces de discernir su identidad. Esto conduce a una práctica antinatural; muchos países europeos y algunos estados de la Unión Americana registran tasas de natalidad (1,2-1,5 niño por madre) que no podrán sostener sus sociedades. En consecuencia, es fácil prever un suicidio cultural en poco más de una generación.

Al igual que Débora, Nehemías y muchos otros reformadores bíblicos, los cristianos son llamados a cambiar tales patrones culturales. Hemos de levantarnos, descubrir nuestras vocaciones y vivirlas para el bien de la sociedad y el avance del reino de Dios. Hemos de hacer esto sea que vivamos en Occidente, o en países emergentes. Podemos hacer nuestro el clamor del Salmo 24:7-10:

> Eleven, puertas, sus dinteles; levántense, puertas antiguas, que va a entrar el Rey de la gloria.
> ¿Quién es este Rey de la gloria? El SEÑOR, el fuerte y valiente, el SEÑOR, el valiente guerrero.

> Eleven, puertas, sus dinteles; levántense, puertas antiguas, que va a entrar el Rey de la gloria.
> ¿Quién es este Rey de la gloria? Es el SEÑOR Todopoderoso; ¡él es el Rey de la gloria! Selah

Y este salmo declara en sus primeros versículos que el Señor es el Creador y el Dueño de la tierra y de todo lo que en ella hay. Aquí, las puertas aluden a la gloriosa Ciudad de Sión, cuyo Rey glorioso entra por ellas. El toma posesión para regir y reinar.

Cuando ocupamos las puertas de la ciudad, trabajamos para y con el Rey. Trabajamos para que venga su redención, para que venga su reino, y con Él el cumplimiento de su plan original para su creación y todos los que en ella viven.

Para explorar el vasto potencial de trabajo transformador que se ofrece en las puertas de la ciudad actual, examinaremos en los próximos capítulos cómo ocuparon los cristianos las puertas a través de la historia y ayudaron a transformar sus sociedades.

CAPÍTULO 19

LOS DOMINIOS

Exploremos el vasto potencial de trabajo transformador que se ofrece en las «puertas de la ciudad» actual viendo cómo los cristianos a través de la historia ocuparon sus ciudades y ayudaron a transformarlas.

Lo que representaban las puertas de la ciudad en los tiempos bíblicos se conceptúa en el mundo actual como dominios o esferas de la sociedad. Jesucristo y sus seguidores han hecho más por transformar positivamente las esferas de la sociedad que cualquier otra especie de religión y movimiento social en el mundo. No quiero decir que el cristianismo haya conseguido que la vida en el mundo sea perfecta o que no se hayan cometido terribles injusticias y atrocidades en nombre de la religión. Sin embargo, creo que los registros históricos revelan que el cristianismo transformó sociedades, las perfeccionó, como ninguna otra cosa. En su libro : *A Sociologist Reconsiders History (El auge del cristianismo: Un sociólogo reconsidera la historia),* el sociólogo Rodney Starks escribe:

> Yo creo que las particulares doctrinas de la religión cristiana han sido uno de los movimientos revitalizadores más drásticos y exitosos de la historia. Y fue la forma en que estas doctrinas se *encarnaron,* la manera en que dirigieron comportamientos organizativos y personales, lo que condujo al crecimiento del cristianismo [cursiva añadida][1].

Cuando los cristianos encarnaron el evangelio, las sociedades cambiaron. El historiador Thomas Cahill señala que «el impulso inicial del cristianismo lanzó "hechos e ideas" no sólo a lo "largo de la historia" sino también alrededor del mundo»[2]. Tales «hechos e ideas» cristianas han transformado muchas áreas y esferas humanas a medida que los discípulos de Cristo fueron ocupando sus puestos para el reino y viviendo sus vocaciones a través de la historia. En su prefacio al libro de Alvin Schmidt *Under the Influence: How Christianity Transformed Civilization* Paul L. Maier, profesor de historia antigua de la Universidad Western de Michigan, describe cómo Cristo y sus discípulos moldearon la historia.

> No sólo innumerables vidas, sino la propia civilización fue transformada por Jesucristo. En el mundo antiguo, sus enseñanzas suavizaron normas crueles de moralidad, detuvieron el infanticidio, realzaron la vida humana, emanciparon a la mujer, abolieron la esclavitud, inspiraron organizaciones benéficas y humanitarias, fundaron hospitales, orfanatos y escuelas.
>
> En la Edad Media, el cristianismo, casi por sí solo, mantuvo viva la cultura clásica copiando manuscritos, construyendo bibliotecas, humanizando la guerra, observando días de tregua y proporcionando arbitraje en las disputas. Fueron los cristianos los que crearon los colegios y universidades, dignificaron el trabajo como vocación divina, y extendieron la luz de la civilización a las fronteras con los bárbaros.
>
> En la era moderna, la enseñanza cristiana, debidamente expresada, impulsó la ciencia, introdujo los conceptos de libertad política, social y económica, promovió la justicia y proporcionó la mayor fuente de inspiración para los magníficos logros conseguidos en arte, arquitectura, música y literatura que atesoramos hasta el día de hoy[3].

Nosotros también podemos descubrir nuestro llamamiento en alguna de estas áreas. Lo mismo que el pueblo de Israel participó en la dinámica vida de su comunidad en las puertas, e igual que los discípulos de Cristo han seguido sus pasos en toda clase de empresa humana, nosotros también disponemos de un campo de acción desbordante para vivir nuestras vocaciones. Nosotros también podemos jugar un papel en la transformación de comunidades y sociedades enteras. Las posibilidades escapan a la imaginación; el potencial es inagotable.

Al tratar los dominios, me apoyaré fuertemente en el libro de Alvin Schmidt, *Under the Influence*, el de Stark, *El crecimiento del cristianismo*, y el de D. James Kennedy y Jerry Newcombe, (*Qué sería de nosotros si Jesús no hubiera nacido*). Estos libros repasan varias etapas de la historia para mostrar las muchas y diversas esferas transformadas por la vida vocacional de los cristianos. Mi propósito es aprender del pasado de manera que nos sirva hoy de inspiración para el ejercicio de nuestra vocación. En este capítulo exploraremos seis modernas esferas: gobierno, educación, sanidad, arte, actividad económica y ciencia.

GOBIERNO

Hemos visto que la transformación del reino se abre camino desde la mente y el corazón de la persona, a la familia, la iglesia, y a través de la iglesia, a otras esferas de la sociedad. Considerando la sociedad en general, comenzaremos por el gobierno porque Dios ha ordenado tres instituciones sociales básicas: la familia[4], la iglesia[5], y el gobierno civil —el Estado[6]—. Éstas son las instituciones fundamentales de cualquier sociedad. Para que una sociedad goce de buena salud, estas instituciones deben estar sanas. Para estar sanas, estas instituciones deben mantener entre sí relaciones correctas.

Estas relaciones correctas comienzan cuando se entiende que Dios es soberano sobre toda la creación. Por lo tanto, Dios, sus leyes y sus ordenanzas son soberanos sobre estas instituciones. Cada institución recibe su vida, sus límites y su autoridad, sólo de Dios. La salud de cada institución es determinada por su obediencia libre y voluntaria a las leyes y ordenanzas de Dios. Libre, porque la obediencia no es coaccionada por ninguna tiranía externa. Los seres humanos nacen libres; de ahí que la obediencia nazca de la motivación interna y la autodeterminación. Cada una de las instituciones fundamentales es responsable sólo ante Dios. Aunque estas esferas se relacionan con las otras y los miembros de la sociedad puedan comprometerse con las tres instituciones, la integridad de cada una está protegida de los abusos de las otras por su responsabilidad ante Dios. El teólogo J. I. Packer capta este punto al escribir:

> Cada uno de esos medios [la familia, la iglesia y el Estado] tiene su propia esfera de autoridad bajo Cristo, que gobierna ahora el universo en nombre de su Padre, y cada esfera tiene que estar delimitada en relación a las otras.

> En nuestro mundo caído éstas son baluartes contra la anarquía, la ley de la selva y la disolución del orden social[7].

El Estado tiene el poder de la espada, y la iglesia tiene el poder de la Espada de Dios. La iglesia no ha de blandir la espada, y el Estado no ha de usurpar la Palabra de Dios. La familia tiene la responsabilidad de criar y educar a la siguiente generación de ciudadanos. Esta no es tarea del Estado, como ha sido asumido por muchas sociedades actuales.

El modelo bíblico para relacionar las tres instituciones básicas reconoce que Dios es soberano sobre el universo y los asuntos del hombre, Aquí reinan la libertad y la autodeterminación. Dios es soberano sobre ciudadanos libres y autónomos. Los individuos son miembros de familias, iglesias y gobierno civil. La Ley, no los hombres, gobierna el Estado.

Cada una de esas tres instituciones funciona en su propia esfera bajo las leyes de Dios y para la gloria de Dios. Cada una tiene su propia área de autoridad bajo Dios pero no tiene autoridad sobre las otras esferas. La familia tiene la responsabilidad delegada de criar física, emocional y socialmente a los niños, y de educarlos para que adquieran conocimiento, sabiduría y virtud —todo ello con objeto de que lleguen a ser ciudadanos libres y autónomos de sus países.

La iglesia tiene la responsabilidad delegada de proclamar en palabra y obra la Palabra de Dios. Es responsable de la adoración comunitaria y de equipar a los santos para ser ciudadanos libres en el mercado, en la plaza pública, y servir al bienestar de la sociedad o comunidad más extensa.

El Estado tiene fundamentalmente la responsabilidad de esgrimir la espada. Dado que vivimos en un mundo caído y que somos hombres y mujeres pecadores, el Estado tiene la responsabilidad de defender a sus ciudadanos de amenazas exteriores y garantizar la paz y la tranquilidad social. Debe de sostener el imperio de la ley y establecer un marco de libre comercio y de libertades individuales.

A medida que hombres y mujeres asumen sus funciones como padres de familia, miembros de iglesia y ciudadanos de comunidades, influyen en las puertas de la ciudad —en los distintos sectores sociales— con respecto a la cultura del reino de la verdad, la hermosura y la bondad. El resultado será la sociedad más libre, justa e íntegra que se puede imaginar. Esta clase de sociedad podría identificarse como «república constitucional». En ella, los ciudadanos libres y autónomos se sientan a las puertas de la ciudad.

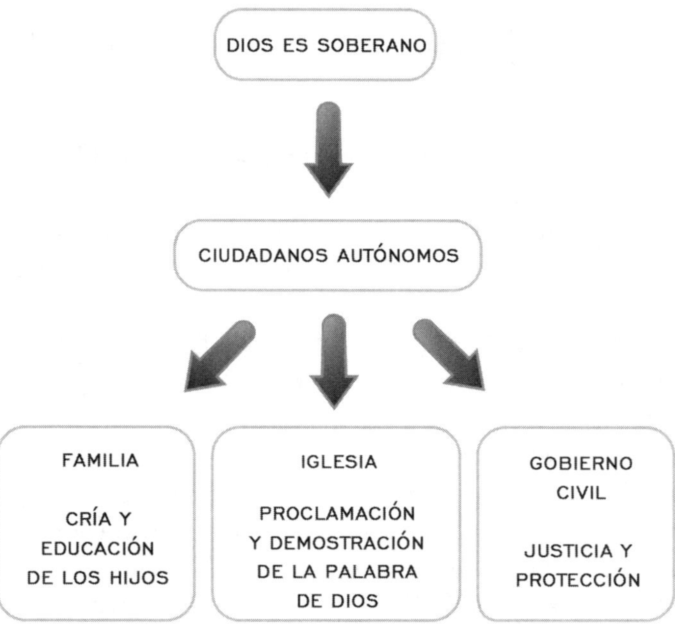

Este modelo de orden social reconoce que la libertad nace dentro de los hombres; la garantiza Dios, no el Estado. Reconoce que la forma más elevada de gobierno es la autodeterminación interior. El abogado holandés Hugo Grocio resume el principio de la autodeterminación:

> Quien no sabe administrar una Provincia, tampoco podrá administrar un reino; quien no sabe gobernar una Ciudad, tampoco podrá gobernar una Provincia; quien no sabe regir una Aldea, no podrá regir una Ciudad; si no sabe guiar una Familia, tampoco podrá guiar una Aldea; tampoco podrá gobernar una Familia quien no sabe gobernarse a sí mismo; tampoco podrá gobernarse a sí mismo a menos que su *razón* sea su señor, y su *voluntad* y su *apetito* sus vasallos; tampoco podrá la razón gobernar a menos que esté sometida a Dios y le sea [completamente] obediente[8].

Mi buena amiga y fundadora de Chrysalis International, la Dr. Elizabeth Youmans, ayuda a clarificar este principio:

> El principio cristiano de la autodeterminación se sustenta en que Dios gobierna en el corazón del creyente. Para poder tener verdadera libertad, el hombre ha de estar DISPUESTO (voluntariamente) a ser gobernado INTERIORMENTE por el Espíritu y la Palabra de Dios, no por fuerzas externas. Este gobierno es primeramente interno (causativo), y después se extiende hacia fuera (efectivo)[9].

Cuanto más autónomo es un pueblo, más libre es el Estado. Cuantas menos personas se gobiernen a sí mismas, mayor será la necesidad de que el Estado ejerza poder. El fundador de Pennsylvania, William Penn, escribió: «Los pueblos que no son gobernados por Dios son gobernados por tiranos»[10]. Los que aceptan ser gobernados interiormente por Dios pueden participar en un gobierno civil que fomenta la libertad y la justicia y respeta la integridad de la familia, la iglesia y todas las demás esferas de la sociedad.

Los principios que conducen a esta clase de gobierno se basan en la cosmovisión bíblica. Al igual que las personas, las familias y las iglesias, los gobiernos alcanzan su mayor potencial cuando sirven al Dios vivo. La salud de cualquier gobierno es determinada por su obediencia a las leyes y ordenanzas de Dios. Si las leyes civiles se basan en la ley moral de Dios —los Diez Mandamientos— y si son obedecidas por ciudadanos libres y autónomos, se cosechará verdad, justicia y libertad.

Dios ha diseñado el gobierno humano según la verdad, la justicia y la libertad porque nos ha revelado su Persona y sus caminos. Como comentamos anteriormente, Él se ha dado a conocer por medio de la creación y la revelación. Sus ordenanzas se basan en la realidad y establecen el orden natural, metafísico y moral. Dios habla claramente a través de su creación para que todos los pueblos sepan que existe y conozcan algo de su naturaleza por medio de las cosas que ha creado[11]. Esto se conoce en términos teológicos como revelación general.

Del mismo modo, la ley moral de Dios se revela en la creación y en su Palabra. Pablo dice que los hombres «Muestran que llevan escrito en el corazón lo que la ley exige, como lo atestigua su conciencia, pues sus propios pensamientos algunas veces los acusan y otras veces los excusan» (Rom. 2:15). Esta revelación está impresa en la creación. Los antiguos llamaron a este tipo de revelación «ley natural» del bien y el mal. La Biblia revela también la naturaleza moral de Dios en los Diez Mandamientos y en la vida de Cristo.

Como testifica Pablo en su epístola a los Romanos, el mundo antiguo grecorromano podía «leer» la ley revelada en la creación y en la conciencia humana o ley natural. Schmidt escribe:

> La ley natural se entendía como un proceso de la naturaleza por el que los seres humanos, por medio del uso de una razón recta, eran capaces de percibir lo que estaba moralmente bien o mal. Esta ley natural se consideraba fundamento eterno e inmutable de todas las leyes humanas[12].

Pero incluso la ley natural tenía que ser «interpretada» y aplicada por gente caída que a menudo buscaba su propio provecho y actuaba sin la revelación ni las directrices de las Escrituras. De ahí que la promulgación de leyes fuera muchas veces injusta y cruel, y se hiciera según los deseos, dictados o caprichos de gobernadores y reyes.

No obstante, la ley de Moisés, era muy distinta a la ley grecorromana. En ella se enfatizaba el origen divino de la ley. Esto condujo a importantes diferencias entre Israel y otras naciones en cuanto a la noción de la ley. Para la nación de Israel, la autoridad absoluta de la ley residía en Dios, a diferencia de otras naciones, cuya autoridad última era ostentada por el rey, el dictador o el Estado (en las democracias occidentales reside en «el pueblo»).

Tal vez la diferencia fundamental apareció cuando fueron enunciados los Diez Mandamientos, comenzando con el prefacio: «Yo soy el SEÑOR tu Dios. Yo te saqué de Egipto, del país donde eras esclavo» (Éxo. 20:2). Esta declaración, frecuentemente olvidada, es realmente indispensable para lo que sigue, ya que significa que la Ley de Dios comenzó con la gran verdad de la liberación (de la esclavitud de Egipto) y que los mandamientos y leyes subsiguientes tenían por tanto un carácter redentor para ellos. Es decir, la Ley se fundaba en la experiencia de salvación del pueblo, en el favor divino que el antiguo Israel había recibido de Yahvé, a diferencia de las demás naciones[13].

Además, los Diez Mandamientos no sólo tenían que ver con la piedad personal. Tenían que ver también con el desarrollo de un orden social para el pueblo, que hasta entonces no había tenido leyes que lo gobernaran, y después, para la nación. Anteriormente, su vida política y social había dependido de las leyes de Egipto.

La concepción de la ley en Israel también difería en amplitud de la de otros países. Muchos códigos antiguos se ocupaban sólo de asuntos legales, dejando los morales y religiosos para otras ramas de la literatura. Pero en la

Ley de Moisés, también llamada Tora o Pentateuco, los mandatos legales, morales y religiosos constituyen una unidad inseparable.

Desde los tiempos de Cristo, los cristianos han procurado interpretar la ley bíblica e instituirla para derogar leyes y políticas injustas y opresivas en sus ciudades y países. Por ejemplo, a lo largo de la historia, el jefe, el rey, el emperador o el zar eran ley para sí mismo, lo que hoy llamaríamos un dictador. Éste promulgaba las leyes y todos estaban sujetos a ellas excepto él mismo. El primer incidente conocido en el que un súbdito se atrevió a hacer responsable al emperador ante la ley se remonta a Ambrosio, obispo de Milán, que denunció la matanza injusta de inocentes por el emperador Teodosio el Grande (379-395)[14].

A principios del siglo XIII, Stephen Langton, arzobispo de Canterbury, lideró el esfuerzo que finalmente forzó al rey Juan a aceptar la Carta Magna, uno de los documentos más importantes que se han redactado acerca de la libertad[15]. Esta carta, basada en anteriores esfuerzos, logró que incluso el rey estuviera sujeto al imperio de la ley y garantizara algunos derechos básicos a sus súbditos. Entre otros principios, establecía que la justicia no podía ser comprada ni vendida, que no se podía imponer tributo sin representación ni encarcelamiento sin juicio previo y que la propiedad no podía ser confiscada sin una justa compensación[16].

En 1520 Martin Lutero exigió la separación de la iglesia y el Estado. Cristo distinguió entre dos reinos —Dios y César[17]— y Lutero arguyó a partir de este punto de vista bíblico. El cristiano, aseguró él, es miembro de los dos reinos, y tiene la obligación de cumplir con ambos, como buen ciudadano de su país y como ciudadano del cielo. Otro reformador, Juan Calvino, estudió profundamente cómo la ley bíblica y el pacto se podían interpretar y aplicar en Europa.

Las ideas de los reformadores se propagaron al otro lado del Atlántico y fueron cruciales en la formación del gobierno de las colonias y, en definitiva, en la formación de los Estados Unidos de América. Por ejemplo, el renombrado erudito inglés en derecho, Sir William Blackstone (1723-1789) se inspiró profundamente en los conceptos sobre la ley natural transmitidos por Pablo,[18] y por los griegos a través de los padres de la iglesia. Sus *Commentaries on the Laws of England* (1765) eran lectura común de los padres fundadores de los Estados Unidos. La constitución de los Estados Unidos —calificada por muchos de «carta mundial suprema de libertad y justicia»— fue firmada por treinta y nueve padres fundadores de la nación, de los cuales la mayoría era cristiana[19].

Muchas características que hoy damos por sentadas en la sociedad occidental se remontan a una cosmovisión bíblica. Ya hemos comentado la separación de la iglesia y el Estado, en la que ambas esferas son responsables ante Dios sin ejercer dominio una sobre la otra, y el principio de la autodeterminación. Además, el imperio de la ley y los controles y contrapesos en la administración (la separación de poderes) están atados a la concepción bíblica de la depravación humana. También la igualdad del individuo ante la ley está ligada al hecho de que todos los hombres y mujeres han sido creados a imagen de Dios y son, por tanto, iguales en valor y dignidad.

Dios ha ordenado el gobierno —su gobierno, la autodeterminación y el gobierno civil—. Él nos ha mostrado cómo gobernar y ser gobernados en libertad y justicia. Y llama a los cristianos a ejercer un dominio influyente para manifestar su reinado redentor, el reino de Dios.

Vocaciones para la actualidad

- Promover libertad, justicia y el concepto de autodeterminación. Esta es una vocación a la que podemos responder ya sea que trabajemos en una rama de la administración o en familias, escuelas, medios de comunicación, empresas, o programas de evangelización de la iglesia o la comunidad.
- Ser ciudadanos sujetos a la ley.
- Ser votantes educados, conocer los temas y los candidatos.
- Involucrarse en el proceso político de otras maneras a nivel local, regional o nacional; por ejemplo, participar en el ayuntamiento o en reuniones de consejo escolar, comunicarse con los representantes electos, ofrecerse como voluntario en unos comicios, o trabajar para una campaña.
- Protestar ante las autoridades cuando las decisiones del gobierno, o las leyes locales, regionales, nacionales o internacionales se opongan a las Leyes de Dios. Voz de apoyo a acciones y proyectos de ley que manifiesten verdad y justicia.
- Trabajar con destreza e integridad como funcionarios del Estado en el gobierno municipal, regional o nacional.
- Servir en un despacho público, concejo local, junta municipal del agua u oficina estatal o nacional.
- Luchar contra la corrupción en el gobierno y sus instituciones, tanto desde dentro como desde fuera.
- Participar en la desobediencia civil, si la responsabilidad lo exige.

LA EXPERIENCIA DE JOHN W. WHITEHEAD

Hace ya años me contaron una anécdota que había protagonizado mi tutor Francis Schaeffer en una alocución ante un grupo de abogados. Les preguntó qué ingrediente no podía faltar en la vida profesional de un abogado cristiano. ¿Bastaba con exhibir revistas cristianas en la mesita de centro de la sala de espera? Entonces Schaeffer lanzó un reto a los jóvenes letrados en forma de pregunta: «¿Qué han hecho ante el Tribunal Supremo últimamente?»

Según me contaron, entre los presentes se encontraba un joven abogado llamado John Whitehead. Aquella pregunta estimuló a Whitehead a examinar su vida y su trabajo. Para responder al desafío de Schaeffer, Whitehead fundó en 1982 el Instituto Rutherford, una firma jurídica de interés público especializada en la defensa de derechos humanos y civiles. Durante más de veinticinco años, el Instituto Rutherford ha venido prestando servicios jurídicos gratuitos a personas que tratan de proteger sus derechos. El Instituto Rutherford ha sido un contrapeso en la sociedad estadounidense en favor de la American Civil Union (ACLU).

El mismo John Whitehead sería el primero en admitir que sus acciones eran contrarias a la actual mentalidad por el hecho de ser al mismo tiempo cristiano y abogado. «La gente religiosa se había mayoritariamente retirado y no estaba participando en su cultura», dice Whitehead. En efecto, algunos cristianos llegaron a decirle que no era bíblico que un abogado se enrolara en los tribunales»[1].

Hoy día, después de muchos años de perseverancia, fe y acción, el Instituto Rutherford de John Whitehead puede responder afirmativamente al reto de Schaeffer. En 2007, el Instituto Rutherford recibió 1.594 solicitudes de asistencia jurídica y 66 casos relativos a diversas violaciones de derechos humanos y civiles alcanzaron las fases de litigio previo y pleito, incluidos varios casos que apelaron directamente al Tribunal Supremo de los Estados Unidos[2].

En veinticinco años, el Instituto Rutherford ha conseguido para este país un gran número de éxitos en áreas como la libertad de expresión, libertad religiosa, derechos eclesiásticos, paternales y acoso sexual. Recientemente, en un intento de proteger el derecho a la libertad de expresión de los activistas pro-vida no violentos, los miembros del Instituto Rutherford declararon su convencimiento de que la libertad de expresión debe estar garantizada en nuestra república no sólo

EDUCACIÓN

En general, la esfera de la educación se propone desarrollar las capacidades innatas de las personas a través de distintos métodos escolares o instrucción, en asuntos morales y religiosos, y en los también llamados seculares. Educar procede del latín *educo –duxi -ductum:* «hacer sacar, llevar, criar». Esto recuerda que la educación consiste principalmente en desarrollar el

para los discursos populares, sino también para los impopulares y los disidentes»[3].

En otro caso, el Instituto Rutherford presentó un informe de un amigo del tribunal instando al Tribunal Supremo a invalidar el veredicto de un tribunal inferior que dictaminaba que no era necesario el permiso de los padres para que una menor practicara un aborto. Respondiendo a la decisión positiva del Tribunal Supremo, Rutherford declaró: «Nos congratula que el Tribunal Supremo haya afirmado el derecho reservado a los estados y al pueblo de proteger a los menores que afrontan graves decisiones que afectan a sus vidas, como el aborto... Al fin y al cabo, si los menores precisan el consentimiento de los padres para hacerse tatuajes o teñirse la piel, ¿por qué no han de tener éstos noticia de algo que afecta tanto a la vida como el aborto?»[4].

Es importante notar que el Instituto Rutherford está empeñado en proteger los derechos individuales de todos los estadounidenses, no sólo los de aquellos con cuyos puntos de vista o conducta esté de acuerdo. Seguro que esto hará que todos se sientan incómodos más tarde o más temprano. En palabras de Withehead: «Esperamos que todos los estadounidenses recuerden que nuestras libertades y derechos constitucionales deben ser garantizados a todos los ciudadanos, no sólo a los que el gobierno decida que merecen disfrutarlos»[5].

En septiembre de 2008, como parte de su persistencia en «sentarse a las puertas de la ley», Whithead respondió a una llamada para dar testimonio ante el Subcomité Constitucional del Comité Judicial del Senado de los Estados Unidos. Se le pidió que tratara la cuestión del debilitamiento del imperio de la ley en los Estados Unidos. En su testimonio escrito declaró: «Nunca antes en la historia de este país hubo una necesidad tan apremiante de someterse al imperio de la ley, de respetar la separación de poderes y de controlar el poder y el abuso gubernamental... Esto es especialmente acuciante actualmente, ya que los efectos de la lucha continuada contra el terrorismo sigue sintiéndose en casa y en el extranjero»[6].

El Instituto Rutherford ha levantado una voz firme por la libertad, mantenido a la nación responsable ante su constitución y en particular ante la Declaración de Derechos. Como la vocación de Whitehead ha demostrado, es posible —y vital— para los cristianos comprometerse en todos los niveles de la cultura, y en su caso, en las complejidades de la ley y la administración que a todos nos afectan.

potencial que Dios ha investido en los seres humanos. Los cristianos quisieran penetrar en este dominio como en los demás, con la Biblia en una mano y sus libros en la otra. La Biblia y la educación han ido de la mano por mucho tiempo. Las Escrituras establecen los principios fundamentales de la vida, el trabajo y la concepción del mundo, y proporcionan el marco para impartir una buena educación. Antes incluso de la era cristiana, el mismo Antiguo

Testamento se compiló a través de un proceso educativo consistente en transmitir de generación en generación la revelación de Dios en todos los ámbitos de la vida y el pensamiento.

Desgraciadamente, muchas sociedades a lo largo de la historia no fueron instruidas ni informadas por la cosmovisión bíblica. Esto quiere decir, para ir al grano y usando el lenguaje de Pablo, que adoraron y sirvieron a ídolos creados antes que a Dios[20]. Como resultado, tienen poco entendimiento de la revelación de Dios como Creador, o del pecado y la redención, o de la relación de estas realidades de la vida con sus modelos educativos. Por consiguiente, tales sociedades tienen un alto concepto de sí mismas (más que del Creador), y la educación pasa a ser una esfera que se desarrolla de manera pagana.

La concepción cristiana bíblica de la educación procura instruir a los niños, los jóvenes y los adultos para maximizar el potencial y los recursos de la creación que Dios nos ha mandado administrar. Al enseñar a niños y alumnos a obedecer las leyes y la verdad de Dios, educaremos personas que en sus años adultos ayudarán a redimir, renovar y transformar aspectos de la sociedad. Esta es la gran contribución que los educadores cristianos pueden hacer en sus escuelas y sociedades. Ocuparse en el reino, en el ramo de la educación, ha sido siempre un objetivo crucial del cristianismo a lo largo de la historia.

Al comienzo de la era cristiana, la educación se centraba en la instrucción religiosa y moral y en su aplicación a la vida diaria. Esto se ve en muchas epístolas que combinan la teología con exhortaciones a la obediencia práctica. Formas más sofisticadas y estructuradas de esta clase de educación pronto aparecieron en folletos educativos como la Didache (Didajé), que instruían a los nuevos conversos[21], y en las escuelas catequísticas del mártir Justino, en el segundo siglo, que proporcionaban instrucción práctica en la fe[22].

Siguiendo el modelo de las escuelas catequísticas fundadas por los Padres de la iglesia, las escuelas «catedralicias» y «episcopales» administradas por los obispos eran edificios contiguos a las iglesias y catedrales. Estas escuelas enseñaban doctrina y lo que se dio en llamar las siete artes liberales. El currículo constaba de dos partes: el trivium (gramática, retórica y lógica) y el quadrivium (aritmética, música, geometría y astronomía)[23]. Note que a este respecto, la educación cristiana avanza más allá de la instrucción religiosa y moral y comienza a abarcar todas las áreas de la vida. Esta fue la educación cristiana clásica, pero las sociedades que han abandonado los fundamentos bíblicos la denominan artes liberales.

Los seguidores de Cristo, extendiéndose más allá de la educación cristiana clásica, fundaron las primeras universidades durante la Edad Media.

Aunque los griegos y los romanos produjeron algunos de los más grandes filósofos, poetas y sabios del mundo, no crearon instituciones duraderas de educación superior[24]. Fueron los seguidores de Cristo quienes, con su pasión por ir en pos del conocimiento bíblico en todas las esferas, afirmaron la raíz principal de la educación superior. A principios de la alta Edad Media en Europa, varias órdenes monásticas albergaron bibliotecas que atrajeron eruditos y sentaron las bases para las primeras universidades a comienzos de la baja Edad Media. La primera universidad europea se fundó en Bolonia, Italia, en 1158. Poco después se fundaron universidades en España, Escocia, Suecia, Polonia, y otras en Italia. La universidad de París fue fundada en el año 1200, y después la de Oxford en Inglaterra, y después otras en Portugal, Alemania y Austria[25].

Al otro lado del Atlántico, las primeras universidades estadounidenses que antecedieron a la Revolución, a excepción de la de Pennsylvania, fueron también fundadas por cristianos y se basaron en principios bíblicos para cumplir los propósitos del reino[26]: Harvard, Yale y Princeton entre ellas. En realidad, más de un centenar de colegios y universidades fundados en los Estados Unidos tuvieron raíces cristianas[27]. Obviamente, los cristianos de todos los siglos han sentido una gran pasión por aprender y la responsabilidad intergeneracional que les correspondía de asegurar la transmisión del aprendizaje.

Otro aspecto de la educación que hoy tomamos por sentado es la «educación universal», según la cual todos deberían tener acceso a la educación básica, sin exclusión por razones de sexo, raza o condición social. Este acceso no restringido a la educación es otro legado de los reformadores del siglo XVI. Ellos creían que todo el mundo, incluidos los campesinos y los tenderos, debían recibir educación elemental en materias como gramática, lectura, aritmética y religión, así como educación secundaria con el propósito de instruir a los ciudadanos para el liderazgo civil y eclesiástico. Esto comenzó con la profunda convicción de los reformadores de que la Biblia debía ser traducida a todas las lenguas, y por tanto, estar a disposición de todos, no sólo de los clérigos, para que fuera leída. Kennedy y Newcombe aseguran: «La educación de las masas nació cuando la Biblia volvió a ser el punto central del cristianismo»[28]. El historiador de la educación William Boyd nota: «En realidad, Lutero quería un sistema educativo tan libre y sin restricciones como el Evangelio que predicaba, sin hacer distinción de sexo o clase social»[29].

Actualmente, en la esfera de la educación, se ofrecen una multitud de problemas y de oportunidades. En muchos países de África la epidemia de VIH/SIDA está frenando o revirtiendo el progreso educativo. Hay escasez de maestros y los niños y sus familias se ven forzados a escoger la supervivencia diaria antes que la preparación para el futuro. Incluso donde la enseñanza es gratuita, el costo de uniformes, libros, materiales y transporte hace de la educación un lujo inalcanzable. Lejos de permitirse estas cosas, muchos niños —tanto huérfanos como los que aún tienen padres— deben añadirse a la mano de obra para poder adquirir artículos básicos. Y aun en ausencia del espectro de VIH/SIDA, la falta de acceso, la desigualdad de oportunidades de las niñas, y la necesidad de trabajar impiden que millones de niños en todo el mundo reciban educación. Mientras visitaba una de las regiones más pobres de Guatemala, un amigo me habló de una de las escuelas locales. Hacía treinta años que existía y acogía a cuatrocientos alumnos de educación elemental. Pero en esas tres décadas, sólo una docena de niños había

LA EXPERIENCIA DE ELIZABETH YOUMANS

La Dra. Elizabeth Youmans es una educadora que se dio cuenta de que la Biblia no es sólo un libro «espiritual» sino también el «manual del usuario» para la vida toda. Ella entiende que la Palabra de Dios establece la verdadera naturaleza de lo que significa ser humano y niño, y por tanto, tiene algo que aportar acerca de la educación.

A menudo los educadores cristianos, por haberse criado en ambientes seculares, comienzan con una concepción atea de la naturaleza humana e infantil, de ahí que consciente o inconscientemente se suscriban a una filosofía y pedagogía secular de la educación. Sobre esta base, contratan a cristianos para enseñar en sus escuelas, añaden capilla y clase de religión y concluyen que esto es educación cristiana.

Elizabeth Youmans entiende que es preciso acudir al Libro como fundamento para desarrollar una teología del niño para luego desarrollar una filosofía y una pedagogía educativa arraigada en la cosmovisión bíblica. Escribe:

> La primera cuestión que se plantea es si Dios creó a los niños vacíos o llenos. Si los creó vacíos, entonces la filosofía de la educación ha de inyectar información en la cabeza del niño para que memorice y dicte como un loro la respuesta correcta. Si los creó llenos, entonces la filosofía de la educación consistirá en explotar el potencial de Cristo que hay en el niño para que pueda desarrollar su capacidad de pensar y razonar desde una perspectiva bíblica o fundamento de la verdad. La función de la educación será extraer el potencial de todo niño para que pueda lograr el designio de Dios para su vida.
>
> Todo pensamiento y razonamiento comienza con alguna base,

superado el sexto grado y solamente una niña había asistido a la escuela. Esta es una imagen típica de lo que es una escuela hoy en muchos países en vías de desarrollo, donde se necesita mucha más influencia y muchos más educadores cristianos.

Los países más ricos tienen sus propios dilemas educativos. Hace mucho que abandonaron la enseñanza de la virtud y el desarrollo del carácter, y se convirtieron en promotores militantes de la cosmovisión materialista atea, de la «ciencia» darvinista, y del relativismo moral y cultural.

Si se tienen en cuenta las necesidades de un país y del resto del mundo, y las muchas clases de métodos educativos, como la escuela en el hogar, las escuelas estatales y la educación privada, los cristianos cuentan con oportunidades ilimitadas para descubrir su vocación en el dominio de la educación.

> alguna asunción, alguna filosofía. El fundamento para pensar y razonar según la perspectiva divina es la verdad y la palabra revelada de Dios. La palabra de Dios es esencial en toda educación cristiana[1].

En efecto, la Dra. Youmans ha sido pionera en una educación basada en la Palabra. Es líder de una Enseñanza Sustentada en los Principios Bíblicos, que utiliza el método histórico estadounidense de razonamiento bíblico y coloca la verdad de la Palabra de Dios en el centro de la educación. Ella ha sido maestra, directora, instructora de maestros, profesora de Escuela Normal, autora de planes de estudio y editora del Plan Noé, currículo de Enseñanza Sustentada en los Principios Bíblicos para escuelas cristianas y escuelas de hogar.

Esta educadora apasionada ha abrazado la llamada de Dios en su vida para transmitir la Perspectiva de los Principios a la educación del mundo en desarrollo. Como profesora invitada en la Universidad Regent de Virginia, ha enseñado a estudiantes de muchos países a ser líderes educadores. También ha fundado y dirige Chrysalis Internacional, un instituto de formación no lucrativo que enseña a líderes cristianos de otros países a aplicar los principios bíblicos a la educación. Ella viaja por el extranjero para impartir su visión de una educación basada en la cosmovisión cristiana, formando líderes y ayudando a fundar escuelas y asociaciones de educadores cristianos en algunos de los países más pobres del mundo. También ha desarrollado el AMO, un currículo para niños basado en los principios del reino. Elizabeth Youmans es madre de cuatro hijos, tiene siete nietos y su vocación abarca el mundo de los niños. Su obra reconoce que «cada niño ha sido creado a imagen de Dios y destinado a la inmortalidad» y que «cada niño es una promesa con un nombre, una pasión, una trayectoria y un lugar en su historia»[2].

Vocaciones para la actualidad

- Codificar idiomas para que todos los pueblos tengan acceso a las Escrituras. Este ha sido el llamamiento de hombres y mujeres enrolados en organizaciones cristianas como Traductores Bíblicos Wycliffe.
- Abrir bibliotecas en comunidades y vecindarios pobres para estimular la alfabetización y el aprendizaje.
- Crear programas de alfabetización para niños y adultos en sociedades no alfabetizadas, así como para analfabetos en sociedades alfabetizadas.
- Crear programas de formación para los que no están bien instruidos.
- Tutelar a niños o aprendices adultos que necesiten estímulo e instrucción añadida para alcanzar su potencial.
- Enseñar a los padres a asumir la responsabilidad de la educación de sus hijos.
- Establecer escuelas deliberadamente fundadas en la cosmovisión bíblica y seguir un currículo basado en la Biblia para la vida entera, no sólo para la instrucción religiosa.
- Apoyar a la escuela de sus hijos o de su comunidad donando tiempo, dinero u otros recursos.
- Proveer plazas para aprendices y tutorías para alumnos en su campo de trabajo.
- Trabajar como expertos cristianos, siendo los mejores profesores e investigadores en lo posible.
- Trabajar como maestros y administradores, ya sea en escuelas del Estado, ya sea en escuelas privadas, o escuelas-hogar, educando a la próxima generación para desempeñar funciones como líderes serviciales en sus puestos de despliegue.
- Trabajar como personal de apoyo en escuelas y universidades, ayudando a facilitar la mejor educación posible para los alumnos a los que se sirve.

SANIDAD

Las cuestiones relacionadas con la salud y la enfermedad se abordan hoy de una manera muy distinta a como se hacía en los tiempos de Jesús. Puede imaginarse cómo debieron ser las cosas teniendo en cuenta que en el mundo grecorromano la crueldad y la violencia se tenían por virtud y que la compasión era un signo de debilidad (trataremos esto con más detalle en el próximo capítulo). La «asistencia sanitaria» no era ciertamente prioritaria como lo es en el mundo moderno. Pocas instituciones sanitarias había en Grecia o Roma. El autor John Jefferson Davis dice:

> En el imperio romano pre-cristiano, sólo existían hospitales para soldados, gladiadores y esclavos. Los trabajadores manuales y los pobres no tenían lugar de asistencia. Los hombres… se preocupaban poco de los enfermos, a menudo les sacaban de las casas y les abandonaban a su suerte[30].

El mundo hebreo o judío del tiempo de Cristo (y anterior) fue llamado por Dios a abandonar la mentalidad pagana acerca de la salud y observar sus leyes. La obediencia era clave para una vida sana (véase, por ejemplo, Deuteronomio 7:11-15). El libro de Levítico está lleno de sabiduría práctica para mantener la salud del pueblo y sus comunidades. Los capítulos 11 al 15, por ejemplo, educan enseñando principios de nutrición, dieta, sanidad, higiene, enfermedades infecciosas, partos y crianza.

Resulta evidente, en el tiempo de Jesús, la gran colisión que se produce entre la cosmovisión hebrea y la grecorromana si nos fijamos en su actitud opuesta respecto al cuidado de los enfermos. Aunque el famoso médico griego Hipócrates (460?-377? a.C.), «Padre de la Medicina», introdujo la ética en la prestación sanitaria profesional con su juramento hipocrático, y aunque hizo mucho por asentar tempranamente la medicina sobre una base científica, separándola de la superstición, estos beneficios repercutieron sobre todo en los ricos y libres.

Por el contrario, Jesús y sus seguidores hicieron de la misericordia y la compasión por los enfermos uno de los valores más relevantes de la obediencia y el discipulado cristiano. A Jesús se le solía llamar el Gran Médico en honor a su clara determinación de sanar a toda persona de cualquier raza o condición social. La temprana misericordia cristiana, su compasión y su atención a los enfermos fueron revolucionarias en el mundo grecorromano: se han venido oponiendo desde entonces a la cruel y despiadada actitud hacia los enfermos. Jesús fue incluso más lejos al enseñar que al cuidar del enfermo se le cuida a Él[31].

Al comienzo de la era cristiana, los cristianos se distinguían de la cultura pagana recibiendo a los enfermos y a los moribundos en sus casas y cuidando de ellos. Muchos paganos huyeron de las plagas que barrieron el imperio en los siglos II y III, mientras que los cristianos se quedaban a cuidar de los afligidos y los moribundos. Ellos sabían que el reino de Dios avanza incluso en medio del sufrimiento. Cipriano, obispo de Cartago, escribió en el año 251:

> Cuán conveniente, cuán necesario es que esta plaga y pestilencia, que parece tan horrible y tan mortífera, ponga de manifiesto la justicia de cada cual y *escrute la mente de la raza humana; ya cuiden los sanos de los enfermos,* ya los familiares amen concienzudamente a sus parientes como deberían, ya los amos muestren compasión por sus postrados esclavos, ya los médicos no abandonen a los afligidos [cursiva añadida][32].

Recuerde que la mayor parte de aquellos cristianos no era personal médico instruido. Eran personas comunes que servían sencillamente con lo que podían. Ofreciendo pequeños consuelos como agua, mantas, un toque humano, así como tiempo, atención y compasión, y aun a veces sus vidas, esos cristianos se hicieron cargo de millares de personas abandonadas por la sociedad pagana en las duras fases de la plaga. Por lo que se ve, el evangelio es una operación de rescate, y esos cristianos sabían lo que significaba.

En el año 325, el concilio de Nicea, además de dirimir cuestiones teológicas, ordenó que se abriera un hospital en toda ciudad donde había catedral[33]. Por el siglo VI los hospitales eran tan comunes como los monasterios[34]. Y en la alta Edad Media, había tantos hospitales regidos por cristianos que el mundo árabe —muy impresionados por la atención a los enfermos que ofrecían los cristianos— comenzó en el siglo VIII a abrir hospitales en sus propias tierras. Solía decirse de aquellos hospitales que eran la *casa de Dios.*

El suizo Henry Dunant (1828-1910), seguidor de Cristo, y uno de los fundadores de la Asociación de Jóvenes Cristianos, presenció una batalla en Solferino, Italia, que marcó un hito en su vida. A causa de esa experiencia se dio cuenta de la necesidad de fundar una organización neutral, internacional y voluntaria que se ocupara de los heridos en los campos de batalla[35]. A raíz de ello, en 1864 se fundó la Cruz Roja Internacional. Fue la fe cristiana de Henry Dunant la que le movió a erigir la cruz como símbolo de la nueva organización. En 1876 se fundó la sociedad musulmana de la Media Luna en el imperio otomano, establecido en la actual Turquía. Esta iniciativa humanitaria impulsada por no cristianos fue una consecuencia de la obediencia a Jesucristo[36].

En Francia, el Dr. Louis Pasteur (1822-1895), otro seguidor de Cristo, fue uno de los biólogos más eminentes de todos los tiempos. Kennedy asegura que «la investigación de Pasteur en bacteriología dio nacimiento a la pasteurización, esterilización y desarrollo de vacunas contra muchas enfermedades mortales, como rabias, difteria y ántrax»[37]. Muchos millones de personas en todo el mundo disfrutan hoy de buena salud gracias a que Pasteur oyó la voz de Cristo de acudir en auxilio del enfermo.

Después de la guerra civil de los Estados Unidos comenzaron a florecer los hospitales en este país, normalmente fundados por denominaciones o iglesias. Sus raíces protestantes y católicas pueden comprobarse incluso hoy: Hospital Bautista, Hospital Luterano, Hospital Metodista, Hospital Presbiteriano, de San Juan, San Lucas, Santa María y San José[38].

La enfermería médica es también un legado de los seguidores de Jesús. Aunque no había enfermeros «profesionales» en los primeros años de la era cristiana, la evidencia «indica que las viudas, las diaconisas y las vírgenes servían comúnmente como enfermeras en los primeros hospitales cristianos»[39]. En siglos posteriores, las comunidades religiosas prestaron asistencia médica a los enfermos, e incluso hoy, muchos hospitales que aún subsisten fueron fundados por hermanas enfermeras. Se reconoce a Florence Nightingale (1820-1910) el haber fundado la enfermería moderna. Cristiana devota, dirigió equipos médicos femeninos para cuidar de los moribundos y atender a los heridos en la guerra de Crimea. Schmidt escribe:

> Esta mujer humilde y compasiva, impulsada por su amor a Cristo para acudir en ayuda de los enfermos y los moribundos, elevó el arte de la enfermería a un nivel de dignidad, honor y pericia médica antes desconocidos. Actualmente hay miles de escuelas de enfermería en deuda con sus principios: Ella llevó a cabo lo que hizo porque nunca dudó de sus propias palabras: «El reino de los cielos está dentro, pero debemos darlo a conocer también afuera»[40].

La prolongación de la esperanza de la vida humana se debe en buena parte a los médicos misioneros y a las agencias cristianas de ayuda y desarrollo que imparten salud y educación de calidad a millones de personas en todo el mundo. Fundan clínicas y hospitales que procuran restablecer la salud de aquellos que sufren privaciones causadas por la guerra y la pobreza. Cuidan de los ciegos, los cojos, los sordos, los minusválidos, los leprosos y los malamente alimentados en miles de instalaciones, tanto en las grandes urbes como en las junglas más remotas. Pienso en las Naves de Esperanza, cuyos barcos y tripulación navegan por el mundo, y hacen escala durante meses en algunos puertos para dispensar asistencia médica gratuita y de calidad, así como otros servicios a las comunidades pobres. La lista es interminable, como lo son las posibles funciones que pueden desempeñar los cristianos cuando son llamados a ejercer profesiones médicas y sanitarias. Millones de personas están vivas hoy, y viven dignamente, gracias a la asistencia sanitaria prestada por los cristianos.

Vocaciones para la actualidad

- Trabajar asistiendo y curando enfermos.
- Trabajar como personal médico y sanitario en hospitales, clínicas y hogares proporcionando la mayor calidad posible de servicio a la persona integral.
- Educar a las personas en el campo de la salud pública impartiendo temas de asistencia sanitaria básica y estilos de vida sanos para prevenir enfermedades.
- Trabajar como administradores y personal de apoyo en el campo de la medicina, facilitar la mejor atención posible y ayudar a las personas a navegar por el sistema para obtener el cuidado y el apoyo que necesitan.
- Servir como capellanes de hospital
- Facilitar grupos de apoyo para personas que sufren una enfermedad particular o salud precaria.
- Cuidar a los que padecen el SIDA

LA EXPERIENCIA DE MARY HOLMGREN

En una vida en la que ha cabido el ser esposa de un pastor, madre de seis hijos y abuela de doce, Dios ha tejido una especie de preocupación por los enfermos y los ancianos. A través de la vocación de una mujer que ha servido a los ancianos, Dios se ha dado a conocer en lo ordinario.

Repasando la vida de Mary Holmgren se distingue un patrón: ya convivía con los ancianos cuando era adolescente. Su madre dirigía un hogar de ancianos en su propia casa, en la década de los cincuenta, un negocio que hoy se llamaría casa familiar de ancianos. Así fue como la madre de Mary mantuvo a su familia después de enviudar y tener que recurrir a la ayuda de ésta. Ella recuerda que muchos de los residentes eran como abuelos. Esta especie de llamada en la vida de Mary continuó luego de salir de su hogar. Después de terminar sus estudios en el colegio, mientras se preparaba para graduarse en trabajo social, Mary se alojó en casas de mujeres ancianas que necesitaban compañía. Algunos años después, Mary se casó con Alvin Holmgren, y como esposa de pastor, tanto en su juventud como en sus años maduros, descubrió que su labor se solía centrar en la gran cantidad de ancianos que había en la congregación. Mientras el matrimonio criaba a sus hijos, su casa acostumbraba a recibir muchas visitas de ancianos, los chicos fueron testigos de muchas horas pasadas en residencias, hospitales y funerales.

Más adelante, cuando sus hijos se hicieron mayores, los Holmgren albergaron y cuidaron a una amiga de la familia afectada de un cáncer óseo terminal. Después

- Cuidar a los familiares ancianos. Oponerse a que ingresen en una residencia, a menos que sea absolutamente necesario.
- Establecer o trabajar en un negocio que proporcione un servicio parcial «de día» para aliviar a los que cuidan miembros ancianos de la familia, enfermos o discapacitados, u ofrecerse de voluntario para aliviar a las familias con cargas que usted conozca.
- Ofrecerse como voluntario para hacer viajes misioneros medicos de temporada corta. Hacen falta médicos, enfermeras, dentistas y personal de apoyo.
- Proporcionar instrucción al personal sanitario en países en desarrollo para incrementar sus destrezas.
- Diezmar su tiempo para atender a los enfermos empobrecidos de su comunidad.
- Continuar investigando para combatir enfermedades, y hacer retroceder aún más las consecuencias de la caída.
- Trabajar para derogar leyes injustas de atención sanitaria, ya sea como abogado, político o ciudadano comprometido.

de esta experiencia, aún pastoreando, decidieron abrir una casa familiar para adultos, basada en el modelo de atención casera de antaño. Reformaron una parte del primer piso de su casa y lo adaptaron para solicitar permiso y licencia del Estado.

Hasta cinco residentes llegaron a vivir con los Holmgren. Algunos se quedaron por unos meses; otros fueron parte de la familia por años. Durante los diez años que se ocupó del negocio, Mary realizó muchas tareas rutinarias. Charlaba con los residentes, preparaba tres comidas al día sujetas a estricto horario, ayudaba a ir al baño, vaciaba orinales, bañaba, dispensaba medicamentos, respondía llamadas telefónicas a medianoche y asistía a reuniones de la asociación para actualizar su conocimiento de la reglamentación y hacer nuevos clientes. Sobre todo, Mary estaba disponible las 24 horas del día, y tenía que concertar y pagar una sustitución cualificada en caso de verse obligada a ausentarse de casa por algún motivo. La rutina era implacable (24/7), y afectaba a la familia considerablemente. Desde luego que era *trabajo*. Pero era trabajo con un propósito. El negocio ayudó a mantener a la familia y proveyó un hogar alternativo a un servicio institucional para veintinueve personas en total.

Mary conocía las vidas de sus residentes, su lugar de procedencia y cómo habían empleado sus vidas. Sabía lo que les gustaba comer y lo que les ponía nerviosos. Al estar familiarizada con los ancianos como pocas personas, ella atendía a los que tenía a su cargo con amor y respeto, como personas, no como a un grupo genérico de «viejos agradables». Cuando la familia y los amigos llegaban de visita, o cuando los miembros de la iglesia se reunían en casa de los Holmgren para estar juntos o celebrar, ella solía invitar a los residentes y ayudaba a maniobrar sus andadores o tacatacas hasta el salón familiar.

Mary sabía que atender a los residentes implicaba atender a sus familias aunque estuviera cansada o exhausta. Escuchaba recuerdos y preocupaciones de miembros de la familia y les ayudaba a capear la vejez de sus seres queridos. Escuchaba detalles de las relaciones familiares, de un lado y luego del otro, dependiendo de la visita. Incluso para los residentes bendecidos con familias atentas —ya fueran hijos, hijas, nietos, hermanos o sobrinos— todos eran como una familia. Una mujer mayor pasaba varias horas hablando con Mary todas las semanas. Cuando ya no pudo vivir sola, se trasladó al hogar que ya era su casa.

Tal vez, la parte más especial del trabajo de Mary llegaba cuando los residentes se debilitaban o enfermaban. Si la hospitalización no iba a servir de mucho y era posible seguir cuidándola, Mary permitía que la persona se quedara en casa, aunque ello significara más trabajo. En vez de deshacerse de las personas a medida que la muerte se aproximaba, pudo proveer un ambiente familiar a los residentes y sus familias. Comenzando con su amiga víctima de cáncer, varias personas fallecieron en casa de los Holmgren. Para Mary como asistenta y Alvin como pastor, el brindar ayuda a las personas en la última fase de su existencia era parte integral de su vocación. Lo que asustaba y desconcertaba a otros, para ellos era una costumbre, aunque no rutinaria. Conscientes del valor sagrado de

ARTE

Con la excepción del Islam, el judaísmo y el cristianismo, las principales religiones y filosofías de la religión del mundo propugnan un mundo sin principio, sin un Creador. Pero si el acto de creación no existiera, ¿de dónde procede el impulso creador que se evidencia en las gentes de todo el mundo? ¿Por qué existen la danza, la música, la escultura, el teatro, la poesía y la pintura? ¿Qué marco reconoce y da sentido a la creatividad humana? En contraste con un mundo sin comienzo, el hilo inaugural de la narrativa bíblica explota en los anhelos de los artistas del mundo: «Dios, en el principio, creó los cielos y la tierra» (Gén. 1:1). Estas palabras revolucionarias establecen el «curso» de la Historia. Una meta-narrativa que comienza con estas palabras crea un mundo y un contexto de vida muy distintos a la historia de otras cosmovisiones. Entre otras cosas, explica el origen del anhelo de dibujar, escribir, pintar, esculpir, componer música, actuar y danzar.

la vida y del tránsito a una nueva, pudieron ayudar a las familias a negociar los detalles y las emociones de la defunción de sus seres queridos.

Para que el negocio fuera económicamente viable y proveyera una atención de calidad, este trabajo requería extrema dedicación y exigía a Mary estar de servicio la mayor parte del tiempo. Pero ella pudo entregarse al servicio de las personas durante esta etapa de su vida, aunque por razones diversas, los familiares no podían prestar veinticuatro horas de atención continuada a sus seres queridos.

En años posteriores a la jubilación de Mary del hogar familiar de adultos, ella y Alvin cuidaron en su casa a un miembro de la familia, cuya edad y esclerosis múltiple no le permitieron vivir sola. En la actualidad, con más de setenta años cumplidos, los Holmgren afrontan —antes de lo que ellos mismos habían imaginado— las cosas que otros sufrieron, a cuyas familias ayudaron a abrirse camino con gracia y esperanza. A medida que experimentan los cambios progresivos que acarrea el Alzheimer que afecta a Alvin, ellos confían en el mismo Dios que les llamó a la salvación en Cristo y les sustenta por fe, el Dios que también les preparó y les sustenta en su vocación.

Al considerar estas dos vidas comunes que Dios unió, es obvio percibir que tal como Dios preparó y llamó a Alvin para su labor pastoral, también preparó y llamó a Mary para una vocación en la que Él que sigue dándose a conocer en días y maneras corrientes.

Dios ha creado al hombre a su imagen; como tal, es tanto un creador de palabras[41] como un hacedor de arte[42]. El autor inglés J. R. R. Tolkien dice que el arte es el eslabón operativo entre la imaginación y el resultado final, la creación delegada»[43].

La maravilla del hombre, el *imago Dei,* es que, a partir de lo que Dios ha provisto, es capaz de hacer cosas *nuevas.* Un compositor puede crear una sinfonía que nadie oyó jamás. Un pintor puede pintar un cuadro que ojo nunca vio. Un poeta puede componer un poema que nadie jamás leyó. Y aunque todo esto sea original, nada sorprende a Dios.

Hemos sido destinados a ser creadores. Como escribe Edith Schaeffer:

> Hemos sido creados a semejanza del *Creador,* a imagen de un *Creador.* De manera que somos, a nivel finito, gente que puede crear. ¿Por qué tiene el hombre creatividad? ¿Por qué puede tener muchas cosas en su mente [imaginación], y escoger, y después plasmar algo que otras personas pueden

> saborear, oler, sentir, oír y ver? Porque el hombre fue creado a imagen de un Creador. El hombre fue creado para que pudiera crear. No es una pérdida de tiempo ser creativo. No es una pérdida perseguir metas artísticas o científicas creativas, porque el hombre fue hecho capaz de hacer esas cosas[44].

La llamada a las artes se retrotrae, como reconoce Schaeffer, al mismo principio, a la creación. Como sucede con todas las vocaciones, la del artista está atada a la vocación corporativa de crear cultura. Lo mismo que la cultura es una manifestación de adoración, podríamos decir que todo arte es religioso, en vez de estimar que sólo lo es el arte que se ocupa de un motivo religioso. Y lo mismo que toda sociedad contiene cierto nivel de cultura del reino, cultura falsa y cultura natural, lo mismo cabe decir de su arte[45].

Como el arte de toda cultura, la expresión creativa del pueblo de Dios, Israel, reflejaba su adoración. En el mundo hebreo, las claras restricciones de la ley judía determinaban cómo podía o no podía su arte representar a la divinidad. Por ejemplo, a la antigua Israel se le ordenó que no se hiciera imágenes que usurparan su adoración a Dios[46]. No obstante, al pueblo se le permitió otras formas de expresión artística. Podían echar mano de los recursos de la creación y de las leyes estéticas que Dios nos ha concedido a todos nosotros. Un autor señala que aunque Dios no prohibió toda representación artística[47], «los antiguos judíos se mostraban recelosos en cuanto a hacer "semejanzas" del tipo de las que veneraban sus vecinos, adorando la naturaleza como manifestación de sus dioses. Esto no quiere decir, como a veces se les ha acusado, que ellos no hicieran arte. Mientras que los paganos adornaban sus cerámicas y otros artefactos con imágenes de animales, seres humanos y deidades, los hebreos optaban por diseños sin representaciones: modelos intrincados, formas entrelazadas y colores amenos»[48]. Además, sabemos por el Antiguo Testamento que los judíos enriquecían su cultura con danza, música, poesía y canción en su adoración al Dios viviente. Las secciones poéticas de las Escrituras, como los Salmos y el Cantar de los Cantares, son prueba de ello. Vemos también un ejemplo impresionante de creatividad artística en el libro de Éxodo, donde Dios llama y equipa a muchas clases de artesanos para que construyan su tabernáculo (una morada para Dios) en el desierto[49]. Cuando este gran esfuerzo artístico tocó a su fin, Dios lo bendijo ricamente con su presencia[50].

Con la excepción de la cultura hebrea, el arte del mundo grecorromano en el que irrumpió Cristo revela que la gente adoraba objetos creados, reflejo de sus dioses y diosas, y de las fuerzas de la naturaleza. El Infinito o lo Divino, en el sentido de lo que judíos y cristianos dan a entender por

«Dios», no se representaba, porque el Dios trascendente no formaba parte de su cosmovisión.

Desde que Dios se revelara en Cristo, los cristianos que han vivido fielmente su vocación en las artes han exhibido la naturaleza de Dios, la naturaleza de su creación y la naturaleza de su pueblo. Han venido contando la verdadera Historia, *Su* Historia. Cynthia Pearl Maus, en su libro *Christ and the Fine Arts (Cristo y las bellas artes),* escribe: «Se han escrito más poemas, contado más relatos, pintado más cuadros y cantado más canciones acerca de Cristo que de ninguna otra persona en la historia de la humanidad, porque a través de avenidas como éstas se puede expresar mejor el más profundo aprecio del corazón humano»[51]. Esto se ha venido haciendo a lo largo de la historia de la iglesia de muchas maneras y formas, desde los sencillos «himnos y cánticos espirituales» mencionados en Efesios 5:19, hasta las basílicas y catedrales europeas y la obra de Miguel Ángel.

La música es una disciplina artística a la que los cristianos han hecho importantes contribuciones a lo largo de la historia. Se ha compuesto música que sirve a la Palabra de Dios para elevar el alma a su Hacedor[52]. El papa Gregorio el Grande (540-604) reestructuró la liturgia y la música eclesiástica creando el canto gregoriano. A principios del siglo IX, se compusieron y se cantaron óperas sacras (historias bíblicas dramatizadas) junto al altar de las iglesias galas. Éstas fueron precursoras de las óperas que se representaron quinientos años después, durante el Renacimiento[53]. Y en el siglo XI vivió un monje llamado Guido de Arezzo (990-1050), «padre de la moderna notación musical». A partir de entonces, la música occidental quedó liberada de la dependencia exclusiva de la tradición oral, lo que supuso un paso de gigante para convertir la música en un «lenguaje escrito»[54].

Muchos grandes himnos, como «Torre fuerte es el nombre del Señor», de Martin Lutero, surgieron en el periodo de la Reforma. George Friedrich Haendel (1686-1759), seguidor de Cristo, dio al mundo el *Mesías,* el cual compuso en menos de un mes, alegando que estaba bajo la inspiración divina[55]. Y el afamado Johann Sebastian Bach (1685-1750), considerado el «padre de la música moderna», también fue cristiano. Para Bach, la música era un acto de adoración. En sus manuscritos y partituras musicales, abundan las anotaciones: «S.D.G.», soli Deo gloria (a Dios sea la gloria), «J.J.», «Jesu juban» (ayúdame Jesús), e «I.N.J.», in nomine Jesu (en el nombre de Jesús)[56].

La música es sólo una faceta de la obra creativa y artística de los cristianos. Éstos lideraron el pasado artístico y pueden volver a liderarlo. Para que esto sea posible, el cuerpo de Cristo debe reconocer que el arte es un don de Dios. Los artistas no necesitan más justificación que haber sido llamados al arte. Hay, por supuesto, muchas justificaciones válidas; Platón resumió la importancia de las artes para conformar el futuro de una nación: «Denme las canciones de una nación y no importa quien redacte sus leyes»[57]. Pero, en el fondo, no es necesaria más justificación que la llamada de Dios.

LA EXPERIENCIA DE STEFAN EICHER

Stefan Eicher es un artista indio. Él es muy consciente de las injusticias perpetradas contra los pobres por causa del sistema hinduista de castas y contra las mujeres sólo porque el sexo femenino es considerado inferior al masculino. Para él, amar a Dios y a su prójimo a través de su trabajo ha tomado formas diversas durante su periplo, que le ha guiado a una vocación que no previó. He aquí cómo descubrió su vocación y una conexión entre el arte, la fe y la justicia.

Estudié física en la universidad porque la física era para mí la ciencia más sencilla. El sentir que sólo podía escoger una de las ciencias tiene mucho que ver con tres generaciones de mi familia dedicadas a la obra misionera en la India. Las ciencias me parecieron una opción legítima porque el único precedente que tenía era mi hermano que había escogido la biología. Yo estaba agradecido por las raíces de mi familia en esta nación, y porque mis padres me enseñaron a creer en Dios y me dieron ejemplo para amar a las personas, pero cuando ingresé en la universidad tomé la decisión de alejarme de lo que se llamaba —y todavía se llama— «ministerio a tiempo completo», es decir, el de evangelista o pastor.

En mi último año de facultad me topé con la idea de la obra de desarrollo cristiano y me entusiasmó el que Dios nos llamara a servir a los pobres, ya que de pequeño había visto mucha pobreza. En realidad, me entusiasmó que hubiera oportunidades de prestar ese servicio profesional en un «empleo real» sin tener que «recabar sostenimiento» como habían tenido que hacer mis padres.

Después de trabajar siete años para una agencia cristiana de socorro y desarrollo, me sentí exhausto y me tomé un año sabático. Una de las oraciones que hice para recuperarme fue que Dios me diera la oportunidad de ser creativo porque desde mi más temprana infancia había amado el arte. Por fin tuve la oportunidad de estudiar arte en la universidad, que, junto con mi especialidad en físicas y un taller de arte, me alivió bastante de la física de laboratorio. Durante mi año sabático, un grupo formado por cuatro antiguos compañeros estudiantes de arte decidieron reunirse por una semana, escogieron un tema y pintaron desde la perspectiva de la fe, para despedirnos con una exposición en la que vendimos

Desgraciadamente, en contra de la cosmovisión bíblica, muchos artistas reciben escaso apoyo a su vocación —a veces bastante desánimo— de parte de sus iglesias, pastores y colegas cristianos. La iglesia ha abandonado su rica vocación artística en favor de una especie de super-espiritualidad. Para que el arte tenga algún valor en muchos círculos evangélicos debe tratar abiertamente y sin tapujos temas espirituales o religiosos. También está justificado

nuestros cuadros. La semana resultó ser una experiencia tan profundamente satisfactoria que se convirtió en un evento anual para nosotros. Dimos un nombre al grupo: Sociedad Limner.

Cambié mi trabajo de servicio comunitario para que las iglesias dieran una respuesta a los pobres, y no obstante, me sentí cada vez mas animado por la idea de que los artistas son maestros de las naciones. Un día tuve que enfrentarme a un dilema al descubrir que el taller anual de Limner estaba programado para la misma semana que el retiro de un equipo de instructores de nuestra iglesia para planificar diez años críticos. Sufrí un atasco mental en cuanto a lo que debía de hacer. El líder del equipo me advirtió que una mayor claridad respecto a mi vocación general, me ayudaría enormemente a tomar este tipo de decisiones menores. Me aconsejó que me tomara un día para consultar al Señor. Sentado en mi mecedora, por primera vez en mi vida tuve la impresión de que cuando Dios me miraba veía un artista. Nunca había considerado esto, ya que iba contra lo que en toda mi vida la gente había estimado «importante», «urgente», o «espiritual». También visualicé que si me encerraba en aquella habitación y pasaba los siguientes treinta años de mi vida pintando cuadros de Jesús ante escenas cotidianas de la India, sólo para ayudarme a conocerle mejor, aunque nadie los apreciara, mi vida sería un completo éxito. No necesito decir que asistí a la reunión de arte en vez de al retiro de planificación. Desde entonces, he comenzado a organizar un taller anual en la India denominado «Conciencia creativa», siguiendo el modelo de la Sociedad Limner, en el que un grupo de artistas seguidores de Jesús pintan temas sociales desde una cosmovisión bíblica y después comparten sus trabajos con el público.

Mi deseo de pintar no hace sino aumentar, como también mi convicción de que así como la iglesia evangeliza movida por el corazón de Dios por los perdidos, o lleva a cabo ministerio social porque Dios se preocupa de los pobres, la iglesia debe también apartar recursos y personas para crear arte, porque Dios es Creador. Tengo el sueño de constituir una fundación que cree espacios para que los artistas seguidores de Cristo en la India hagan arte, descubran su vocación y conecten su arte, su fe y la realidad del mundo quebrado que les rodea. ¡Y que me permita pintar!

si se emplea en la adoración o la evangelización. Aparte de estas excepciones, hay poco espacio para el artista cristiano. También se tiene en poco, virtualmente no hay cabida para el *trovador*[58] —el artista profético— que pregona su mensaje al mundo.

Esta es una consecuencia más de la mentalidad sagrada-secular que la propia iglesia perpetúa en las categorías estrechamente definidas de «arte religioso» y «arte cristiano», truncando la vocación que Dios ha dado a su pueblo. La novelista y autora de cuentos Flannery O'Connor, católica devota, aborda el problema desde un punto de vista bíblico y artístico:

> La misma expresión «novela católica» es, por supuesto, sospechosa, y la gente que es consciente de sus complicaciones no usa esta expresión excepto entre signos de admiración. Si yo tuviera que aclarar lo que es una «novela católica», lo único que podría decir es que es aquella que representa adecuadamente la realidad tal como es manifiesta en este mundo de cosas y de relaciones humanas... La Iglesia que vemos, incluso la Iglesia universal, es un pequeño segmento de toda la creación... Toda realidad es reino potencial de Cristo, y la faz de la tierra aguarda para ser recreada por su espíritu. Todo esto significa que lo que toscamente denominamos novela católica no tiene necesariamente nada que ver con un mundo cristianizado o católico, sino que sencillamente, la verdad, tal como los cristianos la conocen, se ha usado como lámpara para explorar el mundo. Este puede ser o no un mundo católico, y puede o no haber sido visto por un católico[59].

El campo de trabajo del artista es toda la realidad: el reino potencial de Cristo, «la faz de la tierra». Lo que lo distingue es su *cosmovisión*.

En vez de ello, la expresión *arte cristiano* suele evocar una subcultura de calidad inferior, ya sea ficción, pintura o música. En su ensayo «Por qué trabajar», la autora inglesa Dorothy Sayers dice:

> En sus propios edificios, su música y su arte eclesiástico, en sus himnos y oraciones, en sus sermones y sus libritos de devoción, la Iglesia tolera, o permite una intención piadosa de excusar trabajo tan feo, tan pretencioso, tan chillón y charlatán, tan insincero e insípido, tan *malo* que sobresalta y horroriza a cualquier decente artesano. Y ¿por qué? Sencillamente porque ha perdido el sentido de que la verdad viva y eterna se expresa en el trabajo

> sólo en la medida que éste es veraz en sí mismo, según las normas de su propia técnica. Ha olvidado que la vocación secular es sagrada. Que un edificio debe ser buena arquitectura antes que un buen templo; que un cuadro debe ser una obra excelsa antes de poder llamarse obra Sagrada; que el trabajo debe de ser bueno antes de llamarse obra deDios.
> Que la Iglesia recuerde esto: que todo hacedor y trabajador ha sido llamado a servir a Dios *en* su profesión u oficio —no fuera de él[60].

O'Connor arroja luz sobre el mismo punto. Después de hablar de los que conscientemente distorsionan sus talentos para alcanzar popularidad o dinero, O'Connor dice:

> Cada vez con más frecuencia se ven personas que distorsionan sus talentos en el nombre de Dios por razones que ellos tienen por buenas: reformar o enseñar o guiar a las personas a la Iglesia. Y es mucho menos fácil decir que esto es censurable. Ninguno de nosotros es quien para juzgar a esas personas, pero debemos, por amor a la verdad, juzgar los productos que ellas fabrican. Debemos decir si ésta o aquella novela refleja verazmente el aspecto de la realidad que se propone. El novelista que usa deliberada e indebidamente su talento para algún buen propósito puede estar cometiendo no diré pecado, pero sí ciertamente una grave inconsistencia, ya que pretende reflejar a Dios con algo que equivale a una falsedad práctica. Las novelas mal escritas —no importa cuán piadosa y edificante sea la conducta de sus personajes— no son buenas en sí mismas y, por lo tanto, realmente no edifican[61].

O'Connor sigue diciendo que Dios puede usar el trabajo deficiente, pero señala que eso le incumbe a Él, no al ser humano.

Tristemente, abunda una pobreza estética en la iglesia que es también perceptible en la cultura más general. El «arte cristiano» a menudo no llega ni con mucho a reflejar la naturaleza encarnada o sacramental que puede contener verdad, hermosura y misterio. A medida que la cultura occidental da la espalda al Dios Viviente, se torna utilitaria en imaginación y sabor. El mundo moderno se plantea cuestiones pragmáticas como: «¿funcionará?», en vez de «¿es verdadero?». «¿Es valioso?», en vez de «¿es bueno?» Y «¿es funcional?», en vez de «¿es hermoso?»

En medio de su riqueza material, Occidente está hoy, en muchos aspectos, en bancarrota moral, espiritual y estética porque ha abandonado al Dios Viviente y la hermosura de su santidad. A medida que nos apartamos de la norma objetiva de belleza que se halla en la hermosura y santidad de Dios y nos volvemos a una norma sumida en el relativismo, la hermosura queda realmente reducida al «ojo del espectador».

Esta bancarrota de la cultura más extensa ha contagiado a la iglesia. Aunque aún perviva una forma de espiritualidad (o en algunos casos de religiosidad), la iglesia de hoy está plagada de gnosticismo griego, que conduce al anti-intelectualismo, la inmoralidad creciente y el anti-esteticismo. En tanto la iglesia occidental vive en una cultura post-cristiana que niega al Dios de la Verdad, la Bondad y la Belleza, adopta los valores de la cultura más general. Tanto la iglesia como el mundo necesitan la visión y el liderazgo de artistas cristianos que entiendan la naturaleza de Dios y de su creación.

Vocaciones para la actualidad

- Comprar arte original para estimular y apoyar a los artistas cristianos.
- Crear todo tipo de arte que refleje la naturaleza de Dios y de su creación.
- Adornar lo monótono, lo simple y lo ordinario, incluidos el hogar y la oficina.
- Establecer escuelas en las que se fusione toda forma de arte y la teología bíblica, para que el arte redunde para la gloria de Dios y el avance de su reino.
- Hacer que nuestros lugares de adoración sean más hermosos, inviten al recogimiento y sean menos utilitarios.
- Promover clases de arte y de historia del arte en los centros educativos.
- Escribir y producir buen teatro basado en grandes temas bíblicos.
- Plantar hermosos jardines de flores.
- Promover el uso del arte en espacios públicos, como parques, palacios de congresos y salas de conciertos.
- Comprometerse personalmente a practicar algún tipo de arte: escribir prosa o poesía; componer, tocar música o cantar; pintar, esculpir o danzar.
- Animar a los hijos a desarrollar sus capacidades creativas.

LA EXPERIENCIA DE MAKOTO FUJIMURA

Makoto Fujimura es un pintor estadounidense cuyas obras se exhiben por todo el mundo. Reside a la sombra del colapsado World Trade Center. El 11 de septiembre quedó atascado en el metro por debajo de la zona cero. El ataque le dejó a él y su familia, con tres hijos, sin hogar durante tres meses. Sus hijos fueron rescatados por los bomberos, evacuados de sus colegios justo antes del derrumbamiento de las torres.

En cuanto ser humano, artista y cristiano, ¿cómo iba a responder Fujimura a los sucesos del 11 de septiembre y a la prolongada experiencia de sus devastadores resultados? La tragedia suscitó dudas profundas en el pintor acerca del sentido de su vida y el sentido del arte. Se preguntó: «¿Es la ciudad de Nueva York como Babilonia o Jerusalén? ¿Cómo puedo ser fiel aquí entre los escombros?»[1]

Escribió a sus amigos: «Crear, debemos crear, y responder a esta hora tenebrosa. El mundo necesita artistas que se dediquen a mostrar imágenes de Shalom. Jesús es el Shalom». ¿Cómo representa un artista cristiano la Paz-Shalom en medio de la guerra? Para responder a la tragedia Fujimura exhibió cuadros abstractos titulados «Llamas de agua». Descubrió que el camino a la paz en un mundo caído es a través del fuego; halló tema para su trabajo en la obra de los poetas Dante y T.S. Eliot.

Algo inusitado en la cultura contemporánea, Fujimura es cristiano y uno de los más destacados artistas visuales estadounidenses. Ha importado al abstracto moderno la antigua técnica japonesa *nihonga,* que estudiara en Japón durante seis años. También ha tratado temas como la belleza y la verdad, la redención y la sanidad. Fundador del International Arts Movement, inspirado en la fe, y anciano de la iglesia Presbiteriana de Greenwich Village, Fujimura reconoce que algunos críticos «no saben en qué estantería categorizar sus trabajos. Notan su evidente dimensión religiosa, pero, aunque les gusten, escapan a su semántica de críticos contemporáneos». No obstante, su obra es bastante respetada en el mundo del arte y suena tanto en círculos seculares como ante audiencias cristianas.

Greg Wolfe, editor de *Image,* revista literaria y de arte, afirma que Fujimura demuestra a la principal corriente cultural que «el arte que intenta abordar la realidad de la experiencia tradicional en un contexto bíblico puede ser tan bueno como cualquier otra cosa que se haga en artes visuales y también retar a los cristianos a «discernir más acertadamente, ya que el apóstol Pablo nos invita a conocer las señales de los tiempos».

El International Arts Movement de Fujimura se dedica a estimular un arte reflexivo en medio de la sociedad moderna. Su liderazgo en las artes ha sido reconocido en una entrevista presidencial con el Consejo Nacional de las Artes. En diciembre de 2005, la revista *World* premió a Makoto Fujimura con portadas tituladas «el Daniel del año» por restaurar el «buen nombre del arte en círculos cristianos» y devolver a éstos «su reputación artística».

En una entrevista concedida al Instituto MacLaurin, preguntaron a Fujimura cómo el ser artista le ha ayudado a conocer el carácter de Dios. Respondió: «Dios es el primer Creador, y nosotros somos "pequeñas réplicas". La Biblia, de Génesis a Apocalipsis, deja bien claro que el carácter de Dios se define por su amor por el mundo y por su gracia, que actúa a través de personas destruidas. Ser un artista le hace a uno darse cuenta de que el amor de Dios está incrustado en la creación y la creatividad humana». Fujimura nota que, además de despreciar la iglesia la estética, «hay también por medio una profunda cuestión teológica que no permite que toda nuestra personalidad se integre en la vida y la adoración». Nuestra esperanza para «recuperar las artes y la creatividad en la iglesia», dice él, estriba en «redescubrir el evangelio integral»[1].

Para conocer mejor la fascinante historia de Fujimura y el arte, consúltese el artículo de Mindy Belz «Art Aflame» en la revista *World*»[2].

ACTIVIDAD ECONÓMICA

En este libro hemos venido elaborando una concepción bíblica del trabajo que está, por supuesto, esencialmente ligada a la actividad económica. Se ha dicho suficiente acerca de esta esfera, pero quisiera mencionar algunas ideas clave al respecto, su acento y su importancia en la historia de la iglesia.

Como ya vimos, el hombre fue creado para emprender una actividad económica personal. Por eso me he referido al hombre como *homo oikonomia* —«hombre económico»—. Los seres humanos, creados a imagen de Dios, fueron hechos para la empresa. Dennis Peacocke escribe en *Doing Business God's Way (La empresa a la manera de Dios):* «La manera en que Dios gobierna Su Creación le otorga el honor de ser el empresario más prominente y productivo de todos»[62]. Es decir, la humanidad fue creada para la empresa de colaborar con Dios en la edificación del reino.

Desgraciadamente, en vez de colaborar en la empresa divina, el trabajo y la actividad económica del mundo moderno suelen caracterizarse por personas y corporaciones que se afanan codiciosamente en amasar más y más dinero mientras malgastan los recursos naturales conocidos. Desde el mirador de esta actitud no ética podemos observar cuánto se han apartado nuestras sociedades de una concepción bíblica de la frugalidad y la prosperidad que debería envolver la actividad económica. Lo que confirma la enseñanza neo-testamentaria de que «raíz de todos los males es el amor al dinero, de ahí que algunos fueran traspasados de muchos dolores» (1 Tim. 6:10 RV-1960).

Santiago también dedica duras palabras a los ricos cuyo fervor es el dinero, no Dios:

> Ahora escuchen, ustedes los ricos: ¡lloren a gritos por las calamidades que se les vienen encima Se ha podrido su riqueza, y sus ropas están comidas por la polilla. Se han oxidado su oro y su plata. Ese óxido dará testimonio contra ustedes y consumirá como fuego sus cuerpos. Han amontonado riquezas, ¡y eso que estamos en los últimos tiempos! Oigan cómo clama contra ustedes el salario no pagado a los obreros que les trabajaron sus campos. El clamor de esos trabajadores ha llegado a oídos del Señor Todopoderoso. Ustedes han llevado en este mundo una vida de lujo y de placer desenfrenado... (Santiago 5:1-5a)

Note que Santiago no reprende a la gente por el mero hecho de ser rica. Al fin y al cabo, Dios llama a algunos a ser ciertamente muy ricos, y ellos pueden ser buenos administradores de esa riqueza. Santiago reprende más bien a los que practican lo que hoy llamaríamos desiguales e injustas políticas de empleo, reteniendo especialmente salarios justos. Han obtenido su riqueza a través de tales medios injustos (véase el v. 4).

La historia está llena de tales ejemplos. Piense en lo que muchas compañías petroleras han hecho en países en desarrollo. Han firmado contratos con gobiernos corruptos que permiten a dichas compañías extraer un valioso recurso nacional redundando en muy poco beneficio para las personas que trabajan en los yacimientos o para el propio país. Piense en las denominadas fábricas de sudor y esclavitud en los países emergentes, donde se pagan salarios ridículos a personas que trabajan virtualmente como esclavos para suministrar al mundo rico, en el que muchos de nosotros vivimos, distintas clases de productos (muchas veces innecesarios). El mundo occidental es hoy culpable de muchas injusticias, comportamientos y normativas no éticos en la esfera de la economía. Al adentrarnos en un mundo post-cristiano, constatamos un vacío creciente de normas morales. El colapso de Enron en 2001 y la bancarrota de Global Crossing en 2002 son un testimonio del incremento de la codicia y la corrupción al máximo nivel en la vida corporativa.

El derrumbe de la construcción en 2007 y 2008 reflejan prácticas erróneas de préstamos e hipotecas basadas en pingües beneficios sin restricciones morales.

Dado que el hombre es un sujeto económico, una de las metas del cristiano ha de ser redimir la esfera de la economía mediante la aplicación de los principios bíblicos correspondientes. Las Escrituras están repletas de proverbios, parábolas y manifestaciones proféticas relacionadas con la actividad económica. Además de pasajes específicos, la Biblia rezuma una metafísica hebrea en la que el mundo físico es dignificado como corresponde a la creación de Dios, y afirma el valor del trabajo en este tiempo y lugar. En consonancia con las Escrituras, los cristianos de todos los tiempos han contribuido de manera importante al ámbito de la economía.

LA EXPERIENCIA DEL GRUPO MANTHEI

El empresario Jim Manthei escribe:

El Grupo Manthei está formado por seis hermanos y primos que se criaron juntos en el norte de Michigan. Nos criamos en dos familias que compartían un negocio y una sólida fe cristiana. A finales de los sesenta los seis decidimos invertir y trabajar en grupo. Pensábamos que si trabajábamos como equipo, si reconocíamos los dones que cada uno tenía, podíamos lograr más que si lo hacíamos por separado. Actualmente contamos con negocios de chapas, caravanas, parques de vehículos de recreo, urbanización de terrenos, fábricas de barnices, construcción de carreteras y productos de jardinería comercializados a nivel internacional. Todos somos creyentes en Cristo y compartimos la meta común de extender el evangelio.

Como creyentes, los miembros del Grupo Manthei han servido individualmente en varias juntas misioneras internacionales y están muy involucrados en la obra misionera. Ganar dinero e invertirlo en el campo de misión extranjero es el estilo en que nos criamos, para nosotros ha sido de lo más natural. Muchos cristianos son generosos de corazón y fieles sostenedores de las misiones. Para nosotros, el mayor desafío ha consistido en aprender a integrar nuestra fe en la vida laboral diaria y entender que el aspecto «secular» del trabajo es realmente parte de la vocación sagrada que Dios ha inculcado en nuestras vidas.

Yo creo que lo que nos ha ayudado a crecer por este camino ha sido más que nada superar batallas personales de relaciones que hemos tenido que afrontar dentro del grupo.

Los seis comenzamos a reunirnos cada dos semanas con un pastor local

El propio Jesús trabajó en este campo. Ignoramos la clase de salario que Él recibió por su trabajo de carpintero o lo que hizo con ese dinero. Pero podemos asumir que al igual que obedeció las leyes[63] de Dios en otras esferas, también lo hizo por lo que respecta a la economía. Sabemos que durante muchos periodos del ministerio de su vida pública, que duró varias décadas, el apóstol Pablo no pensó que fuera indigno de él apartar tiempo para el trabajo manual. En realidad, las epístolas dejan bien claro en varias ocasiones que él realizaba labores cotidianas para sostener la economía de su vocación. Hechos 18:3 revela que Pablo fue hacedor de tiendas, oficio que probablemente aprendiera a una edad temprana en Tarso, su ciudad natal. Dado que las tiendas se solían fabricar de cuero, esto quiere decir, casi con toda seguridad, que Pablo tuvo que haber aprendido a trabajar la piel.

---

y varios hijos nuestros que trabajan en nuestras empresas. Hicimos un curso titulado Transformaciones del Evangelio, que nos ayudó a entender cuán malos somos realmente y cuán bueno es Dios. Después de esto, asistimos durante varios meses a una serie de enseñanzas por vídeo tituladas *En la tierra como en el cielo,* impartidas por Darrow Miller y Bob Moffitt. A través de este estudio llegamos a entender mejor la llamada de Dios a reflejar a Cristo en la comunidad local. Después estudiamos un libro cuyo autor es Gregory Boyd, *Repenting of Religion: Turning from Judgment to the Love of God.* (Arrepentimiento de la religión: Del juicio al amor de Dios.)

Fruto de esos tiempos de crecimiento, el Grupo Manthei decidió establecer una clínica en nuestra comunidad para ministrar a nuestros empleados y sus familias. Tenemos una enfermera de jornada completa y un par de médicos que trabajan a tiempo parcial. Proveemos atención sanitaria gratuita, enseñamos nutrición, y ofrecemos consejo financiero y familiar. Al principio, muchos empleados se mostraron escépticos y pensaban que intentábamos entrometernos en sus vidas privadas. Pero la clínica ha crecido, y hemos podido servir a muchas personas, y también, ayudado a cambiar la vida de varias. Esta ha sido una manera de honrar a nuestros empleados y de mostrarles que nos preocupamos por ellos y que Dios también se preocupa. Ahora estamos comenzando a involucrarnos más en nuestra comunidad local, dando, sirviendo y ayudando a alcanzar objetivos comunitarios. Queremos construir puentes en nuestra comunidad y ser sensibles a la dirección del Espíritu Santo. Nuestra meta es ahora dedicar nuestras vidas y negocios a servir a Dios sirviendo a otros.

Y parece que Pablo desempeñó este oficio de manera regular. «Con estas manos nos matamos trabajando», dice Pablo (1 Cor. 4:12). Y en 2 Tesalonicenses 3:7-10, añade:

> Ustedes mismos saben cómo deben seguir nuestro ejemplo. Nosotros no vivimos como ociosos entre ustedes, ni comimos el pan de nadie sin pagarlo. Al contrario, día y noche trabajamos arduamente y sin descanso para no ser una carga a ninguno de ustedes. Y lo hicimos así, no porque no tuviéramos derecho a tal ayuda, sino para darles buen ejemplo.[1] Porque incluso cuando estábamos con ustedes, les ordenamos: «El que no quiera trabajar, que tampoco coma.»

Avanzando en la historia de la iglesia, el monje franciscano fray Luca Pacioli, teólogo y matemático, publicó un libro en 1494 acerca de la ciencia y la teología de las matemáticas. Y dedicó un capítulo a la teneduría de libros por partida doble, método contable en el que una transacción se anota como débito en una cuenta y como crédito en otra de manera que el total de los débitos y los créditos sean iguales. Este padre de la contabilidad moderna escribió que las personas deberían iniciar transacciones económicas «en nombre de Dios»[64]. Kennedy dice de este humilde seguidor de Cristo: «La metodología que él desarrolló cambió el futuro de los negocios para siempre y condujo al desarrollo de las hojas de cálculo. Su ingeniosa ecuación contable de Activos = Pasivos + Recursos propios, es hoy comúnmente usada»[65].

El mundo económico que hoy conocemos fue también en gran manera conformado por el reformador protestante Juan Calvino. Acerca de la contribución de Calvino a la transformación económica, Kennedy escribe: «Calvino liberó el dinero de la atadura a la que había estado sujeto durante siglos y desató los poderes que el capitalismo ha producido»[66].

Las ideas de Calvino formaron parte de un movimiento económico mucho más amplio que barrió las naciones influido por la Reforma protestante. A decir verdad, los historiadores de la economía reconocen que la cosmovisión bíblica recuperada por los reformadores es el principal factor que intervino en el desarrollo social de las «clases medias». En la Europa anterior a la Reforma, la inmensa mayoría de la gente, en todo el mundo, era pobre. La mayor parte de los pueblos y naciones eran, usando un lenguaje moderno, subdesarrollados. Sólo había unos pocos ricos, entre ellos familias reales, jefes tribales, algunos políticos, algunos terratenientes, comerciantes exitosos y mercantilistas que controlaban el comercio. Pero básicamente todo el mundo era pobre; algunos servían como aprendices, criados o esclavos. Después de la Reforma, en los países del norte de Europa en los que influyeron los reformadores, muchos escaparon del azote de la pobreza. Por primera vez en la historia de la humanidad hubo una clase media lo suficientemente amplia como para representar un importante sector social. Estas gentes no eran ni pobres ni ricas, pero participaban activamente en la economía de la nación, disfrutaban de mayores oportunidades y ejercían una influencia significativa en la vida del país.

¿Cuáles fueron las enseñanzas bíblicas que sacaron a naciones enteras de la pobreza? En su libro *The Wealth and Poverty of Nations* el historiador de la economía David S. Landes plantea la pregunta: ¿Por qué son algunos países tan ricos y otros tan pobres? Landes sopesa la poderosa influencia de las culturas china e islámica y se pregunta ¿por qué no engendraron una dinámica que sacara a naciones enteras de la pobreza de la misma manera que lo logró el experimento europeo? Él atribuye este mérito a la cosmovisión o «valores religiosos» judeocristianos. Landes escribe:

> Distintos eruditos han sugerido varias razones, normalmente relacionadas con los valores religiosos:
>
> 1. El respeto judeocristiano al trabajo manual…
> 2. La subordinación judeocristiana de la naturaleza al hombre. Ésta representa un brusco abandono de las extendidas creencias y prácticas animistas que veían un dios en cada árbol y cada arroyo (de ahí las dríadas). Los ecologistas actuales pueden pensar que son preferibles estas creencias animistas a lo que las sustituyó, pero nadie en la Europa cristiana atendía a la adoración de la naturaleza pagana.
> 3. El sentido judeocristiano del tiempo lineal. Otras sociedades pensaban que el tiempo era cíclico, que retornaba a fases anteriores para volver a empezar, lo cual significaba que no había progreso en la historia y que el trabajo del hombre no tenía sentido. El tiempo lineal es progresivo o regresivo, avanza hacia cosas mejores o decae a un estado más infeliz. Para los europeos, desde el medioevo hasta nuestros días, prevaleció la visión progresiva.
> 4. Pero, en última instancia, acentuaría el mercado. *La empresa era libre* en Europa. La innovación funcionaba y generaba beneficios, y los gobernantes y los intereses creados tenían una capacidad limitada para impedir o desanimar la innovación. El éxito

> estimuló la imitación y la emulación; también un sentido de poder que a la larga *elevaría a los hombres casi al nivel de los dioses* [cursiva añadida][67].

De modo que la diferencia, según Landes, se debía a la cosmovisión religiosa: la dignidad del trabajo, el dominio de la humanidad sobre la creación, el sentido finalista de la historia y un mercado libre. Landes acertó en los tres primeros puntos pero, en mi opinión, se equivocó en el cuarto. La noción de la dignidad del hombre no fue fruto de la empresa; fue la noción bíblica de la dignidad del hombre —imagen de Dios— lo que condujo a la empresa. El hombre es un creador, innovador, inventor y artista secundario. Estos y otros elementos de la cosmovisión cristiana son los que sacan a las naciones de la pobreza.

Otros dos economistas, social y político, pertenecientes a distintos siglos han articulado la tesis de que el desarrollo económico tiene más que ver con la mentalidad y los valores que con los recursos naturales: el alemán Max Weber (1864-1920) y el estadounidense Michael Novak (1933-). Fijémonos primero en Max Weber.

Max Weber vivió en Alemania en el mismo siglo que Karl Marx (1818-1883). El mundo conoce a Karl Marx por su paternidad del marxismo y de la hoy desacreditada doctrina económica y social del comunismo. Pocas personas fuera del campo de la sociología conocen a Max Weber. Sin embargo, ambos se interesaron por la filosofía económica y social.

Marx, materialista radical, creía en un sistema cerrado, en un modelo económico de suma cero[68] (lo que unos ganan otros lo pierden), según el cual el hombre es un consumidor de recursos y los recursos son limitados. Si algunas personas tienen más recursos que otras, ello es porque los han sustraído de una u otra manera. El sistema socioeconómico de Marx trató de responder a esta discrepancia, pero a finales del siglo XX el mundo fue testigo del colapso del régimen comunista. El sistema se hundió porque las ideas sobre las que se sustentaba eran falsas.

Max Weber tuvo la misma intención que Marx pero trabajó desde un conjunto de premisas económicas distintas. Weber entendía que el sistema era abierto y que se sujetaba a un modelo de suma positiva. Entendió que las ideas tienen consecuencias. Observó que la ética protestante dignificaba el trabajo del hombre. Esta ética se enseñaba desde los púlpitos de la Reforma. A medida que las masas practicaban los preceptos éticos la cultura se fue transformando, y se desarrollaron nuevos sistemas políticos y económicos que reflejaban esos principios.

La Reforma no sólo acarreó cambio en la iglesia; también introdujo cambios en la cultura europea que, a su vez, fueron transformando un país tras otro —un proceso que cinco siglos después floreció en la economía global—. En el presente, un viraje en la cosmovisión de los países esclavizados por la pobreza puede casi con toda seguridad producir un impacto en el desarrollo y clima económico de los mismos.

De modo similar, se puede argüir que la libre empresa tiene un poder revolucionario para transformar países atascados por la opresión y la injusticia y que, por su propia naturaleza y su propia supervivencia, las empresas deben trabajar para tal fin. El escritor y filósofo de la economía Michael Novak sostiene que las empresas necesitan trabajar dentro de un marco moral y contribuir a un *clima* moral en la cultura, cultivar la virtud y la perfección del alma[69]. Novak escribe que la ecología moral en el alma de la empresa es tan importante como la ecología natural de la que se ocupa (propiamente) el mundo. Aunque algunos alegan que ser «realista» significa reconocer que una empresa no se puede permitir una excesiva preocupación sobre cuestiones morales, a decir verdad, el mismísimo ADN de la empresa —su código genético, si se prefiere— exige sociedades libres y justas. Para ser plenamente exitosas, las empresas deben respaldar el imperio de la ley y desatar el potencial de hombres y mujeres libres que actúen responsablemente para con los miembros más débiles de la sociedad. Una corporación que actúe contra lo que Novak denomina «ecología moral», dando cabida al vicio, la corrupción o los ataques contra los principios piadosos revelados en las Escrituras, no hace sino socavar la sociedad, y en última instancia, sentenciar su propia muerte.

Novak lanza una advertencia a las empresas en una sociedad libre:

> En suma, la empresa tiene muchas responsabilidades para con la ecología moral de la nación, y especialmente para promover la cultura de la virtud. Es un error —un error devastador— que los publicistas, en nombre de las empresas, lancen asaltos sobre las virtudes tradicionales. Estos son los músculos, los ligamentos, los tendones de la sociedad. Córtense y paralizarán la libertad[70].

Obviamente, la esfera de la economía encierra un enorme potencial para promover el bien. Todos los seres humanos son «individuos económicos». Depende de los cristianos actuales el descubrir vocaciones en el ámbito de la economía, procurar expandir la libre empresa, crear empleo, ayudar a los pobres a salir de la pobreza y generar abundancia económica.

LA EXPERIENCIA DE TED CORWIN

Ted Corwin es un hombre que, como muchos de nosotros, sabe lo que es sufrir el rechazo de un jefe o cultura organizativa. Pasó por esta experiencia al verse «políticamente» forzado a abandonar un empleo que le gustaba. El rechazo fue desolador. Tratando de sanar y de recomponerse, apartó un tiempo a la búsqueda de Dios. En ese tiempo de reflexión, Ted sintió que el Señor le decía: «Funda una organización cristiana. Comparte tu fe. Ayuda a otros a crecer. Sé un ejemplo de casa construida sobre un cimiento firme. Sé humilde. Cuida. Lánzate a la empresa».

Esto era todo un mensaje para uno que pensaba: «No tengo madera para dar de alta una empresa. Soy demasiado conservador y no quiero fracasar». Sin embargo, Corwin tuvo la plena convicción de que era el Señor quien le llamaba a hacer algo para lo que no estaba preparado; sabía que si escuchaba la llamada de Dios a su vida, Él le ayudaría a triunfar. Ted contactó con un par de amigos para pedirles consejo. Uno era mayor que él y conocía los pormenores de la fabricación de muebles. El otro era un consultor al servicio de empresarios que deseaban conectar la fe y el trabajo, o sus propias empresas con la misión.

Después de mucho consejo, oración y obediencia, Designmaster Furniture se constituyó legalmente en marzo de 1989 para especializarse en la manufacturación de muebles de comedor de calidad. El propósito de Designmaster está implícito en la exhortación que hizo Jesús a Pedro, en Juan 21:17 —«Apacienta mis corderos»—. Corwin confiesa que ese objetivo se puede apreciar desde varias perspectivas:

- Damos a los empleados y representantes de ventas trabajo físico para que puedan sustentar a sus familias.
- Alimentamos espiritualmente a los accionistas de Designmaster orando junto a ellos y por ellos y compartiendo cómo actúa Dios en nuestras vidas.
- Diezmamos de los beneficios que obtiene Designmaster, dedicando productos en especie y cantidades en metálico para ayudar a financiar beneficencias y ministerios cristianos.

Además, gracias a su relación personal con Jesucristo, el liderazgo de Designmaster ha decidido abrazar lo siguiente:

- Obediencia por medio de la oración
- Relaciones piadosas
- Verdad
- Trabajo de calidad
- Libertad y responsabilidad

Ted Corwin y su equipo tratan conscientemente de integrar su fe en Cristo con su trabajo en el mercado.

Vocaciones para la actualidad

- Reestablecer una teología bíblica y ética de actividad económica que se levante contra la corrupción.
- Centrarse en la actividad económica que gestione bien la tierra y el desarrollo humano.
- Desarrollar una declaración de principios de misión y de visión que vincule directamente la empresa con el progreso del reino de Dios.
- Trabajar esforzadamente.
- Pagar un salario justo para que el sustentador del hogar pueda mantener a su familia y permitir que la madre se quede en casa para criar a la próxima generación de ciudadanos.
- Comprometerse en el proceso político para desarrollar normativas que promuevan la iniciativa empresarial y la libre empresa.
- Apoyar leyes que preserven el derecho a la propiedad y la libertad económica.
- Estimular la creación de empresas en comunidades pobres.
- Enseñar las virtudes bíblicas del ahorro, el esfuerzo, la excelencia en el trabajo y la vocación en las comunidades pobres.
- Premiar el trabajo esforzado y excelente en la vida pública. Conceder recompensas basadas en el mérito, no en el nepotismo o la inmovilidad.
- Establecer programas de micro ahorro y micro préstamos en las comunidades pobres.
- Establecer el uso de medidas exactas y buenas prácticas contables.
- Pensar en términos de producir y crear riqueza en vez de acapararla y recibirla.
- Diezmar parte de los beneficios de la empresa para incrementar la riqueza y la integridad de la comunidad más extensa.

CIENCIA

Se ha dicho que la ciencia es una actividad humana que concibe pensamientos divinos. La ciencia entraña la investigación del hombre para comprender el universo a través del estudio empírico. Históricamente, la palabra no estuvo limitada a lo que hoy se entiende por tal: el desarrollo y la aplicación metodológica de las ciencias naturales. Ciencia significó, hasta el siglo XIX, el estudio en cualquier campo de conocimiento, y los que investigaban esos campos eran formalmente conocidos como filósofos naturales. Es importante notar que durante la Edad Media, cuando no había separación metafísica entre la esfera física y la espiritual, se decía de la teología que era *reina de las ciencias,* por ser el eje integrador de toda educación universitaria,

El dominio de la ciencia, en el cual se puede incluir la tecnología, es muy complejo y ha significado cosas muy dispares a lo largo de la historia. Destacan en particular dos corrientes históricas: el temprano método deductivo y el más moderno método inductivo. Examinemos estas dos importantes corrientes.

Que sepamos, la primera corriente importante fue desarrollada por los antiguos griegos, que se enfrascaron en el pensamiento sistemático en torno a los fenómenos naturales. Ellos pensaban que la naturaleza está sujeta a leyes naturales «impersonales» que podían ser descubiertas y formuladas. Según este modelo, es necesario comenzar en algún lugar, en un primer escalón, tan obvio que no se puede refutar. Por ejemplo, el fuego da calor, el hielo desprende frío, la arcilla expuesta al sol se endurece, el agua hierve cuando se calienta y así sucesivamente. Kenneth McLeish escribe:

> Tales ideas dependen de la observación de la naturaleza, y ciertamente es posible vivir una vida cómoda y segura sencillamente aceptándolas, sin complicarse en buscar explicaciones... Hay un fluir de sentido común en el «conocimiento» del mundo natural que a muchas personas les basta[71].

Este método de estudio de la naturaleza es deductivo y casi exclusivamente un ejercicio intelectual.

En la antigüedad, e incluso en la Edad Media, el método deductivo se consideraba uno de los mayores logros del pensamiento humano. Y lo era. No obstante, la gran debilidad de este modelo, es que depende sólo del pensamiento. Carece de la índole rigurosa de observación y experimentación de la naturaleza, necesaria para comprobar si los primeros postulados eran defectuosos. A partir del siglo XV fueron desechándose cada vez más las teorías «científicas» deductivas, y nació la «ciencia moderna», con sus propios métodos inductivos.

El método inductivo es otra de las importantes corrientes científicas de la historia, representó un giro de 180 grados respecto al método deductivo para investigar el mundo natural. El razonamiento deductivo comienza con una *hipótesis o premisa particular* y procede razonando con pasos lógicos hasta alcanzar una *conclusión general* (ejemplo: la tierra es el centro del universo, por tanto los planetas orbitan en torno a la tierra).

En el método científico inductivo, se comienza con un gran conjunto de *observaciones generales* y se llega a una *conclusión particular* (ejemplo: el sol ha salido todos los días que el hombre ha vivido sobre la tierra, por tanto el sol saldrá mañana). A partir de esta forma de investigación rigurosa de la naturaleza han sido descubiertas y aplicadas las que hoy llamamos «leyes de la ciencia».

Aunque algunos científicos de la antigüedad griega[72], y después, durante el periodo medieval, otros científicos árabes y musulmanes lograran descubrimientos notables en astronomía, matemáticas y medicina, fue el cristianismo desde el siglo XIV hasta el XIX el que realmente creó un marco metafísico para el rápido ascenso de la ciencia. Todo ello ocurrió gracias a la expansión del cristianismo y su comprensión del mandato cultural. Los cristianos sabían que Dios ha creado un mundo que funciona sometido a leyes físicas universales que se pueden descubrir, entender y aplicar para la gloria de Dios. Y muchos cristianos hicieron de la ciencia su vocación.

Se cree que en el siglo XIII, Robert Grosseteste (1175-1253), obispo franciscano y primer canciller de la Universidad de Oxford, fue el primero que propuso formalmente el uso y la experimentación según las pautas del método científico inductivo[73]. También en el siglo XIII, otro notable monje franciscano; Roger Bacon (1214-1294), arguyó que «todas las cosas deben ser verificadas por la experiencia»[74]. Bacon estudió en Oxford y París, y se le conoce principalmente por ser claro precursor del método científico moderno. Él creía que la meta de toda verdadera filosofía era llegar al conocimiento del Creador a través del conocimiento del mundo físico.

En el siglo XVI, los líderes de la Reforma protestante enseñaron que Dios se había revelado en dos «libros». Francis Bacon (1561-1626), otro seguidor de Cristo y uno de los primeros promotores del método inductivo, escribió: «Hay dos libros abiertos delante de nosotros para estudiar y evitar caer en el error; el primer volumen es las Escrituras, que revela la voluntad de Dios; y el segundo, las Criaturas, que expresa su poder»[75]. Es decir, hay leyes naturales divinamente ordenadas que pueden ser conocidas metódicamente investigando el orden establecido por Dios. Bacon, casi en solitario, volcó el pensamiento europeo en esa dirección desarrollando y promoviendo su método inductivo. También enseñó que las obras producidas con aprovechamiento de las leyes de la naturaleza deben de estar motivadas por la caridad cristiana. El conocimiento obtenido —dijo

Bacon— debería usarse para servir al prójimo y aliviar el sufrimiento humano aumentando su bienestar. Su método, que es como una segunda naturaleza para los científicos actuales, implica el análisis de multitud de experiencias particulares y, a partir de ahí, la formulación de leyes naturales generales. De esta manera, estudiamos y entendemos lo que Dios ha forjado realmente en la creación[76].

Otros cristianos destacados, «fundadores de la ciencia moderna» fueron Johannes Kepler (1571-1630), astrónomo alemán que acuñó la frase ya acotada de que al descubrir las leyes naturales el hombre «medita los pensamientos de Dios»[77].

Kepler escribió: «Comoquiera que los astrónomos somos sacerdotes del Dios Altísimo tocante al libro de la naturaleza, nos corresponde tener en cuenta, no la gloria de nuestra mente, sino más bien, por encima de todo, la gloria de Dios»[78].

Isaac Newton (1642-1727), filósofo y matemático inglés escribió: «Mi fe se apoya en la Biblia, que es Palabra de Dios, escrita por hombres inspirados. Estudio la Biblia diariamente»[79]. Reconocido como uno de los grandes científicos, Newton contribuyó considerablemente al estudio de la luz e inventó un telescopio reflector. Pero es más conocido por su formulación de las leyes de la gravedad y del movimiento.

El atractivo y los beneficios de la ciencia y la tecnología actuales son tan grandes en todo el mundo que incluso las sociedades animistas los procuran activamente. Cabe decir que debido a los muchos beneficios legítimos que genera el descubrimiento científico, el mundo parece frenéticamente lanzado en pos de nuevas cosas. En este sentido, hemos sobrepasado con creces la obediencia a Dios para cumplir el mandato cultural. Ciertamente, la ciencia médica en particular avanza tan rápidamente que es en extremo difícil señalar qué clase de restricciones éticas le deben ser impuestas. Uno no tiene más que pensar en los avances de la investigación del ADN y el mapa del genoma humano para maravillarse de las graves ramificaciones que le aguardan. ¿Debe una clase particular de ciencia o de tecnología ser desarrollada sólo porque sea posible? ¿Cómo pueden extenderse a los pobres los beneficios que procura el progreso científico y tecnológico? ¿Qué nuevos descubrimientos están por llegar que ayuden a paliar los efectos de la caída?

Algunos cristianos sienten vocación por las ciencias. Que apliquen, pues, el fruto de los hallazgos científicos para cercenar la maldición dondequiera que ésta se encuentre.

LA EXPERIENCIA DE FRANCIS COLLINS

Algunos creyentes contemporáneos tal vez se sorprendan de que el ex director del Proyecto Genoma Humano sea cristiano evangélico. Este afamado científico, Francis Collins, aborda el estudio del ADN humano desde una cosmovisión distinta a la que cabría esperar. «La elegancia y complejidad del genoma humano es fuente de profunda maravilla», asegura. «Esa maravilla no hace más que fortalecer mi fe, ya que proporciona destellos sobre aspectos de la humanidad que Dios ha conocido siempre, pero que nosotros estamos comenzando a descubrir»[1].

Como otros científicos de distintas épocas, Collins reconoce que la fe y la ciencia no están reñidas. Explica que la ciencia explora el mundo natural mientras que la fe explora el mundo sobrenatural... ¿Acaso eso las separa y hace que no se puedan integrar en una persona, una experiencia, un pensamiento?... No, desde mi perspectiva estas dos concepciones del mundo coexisten en mí, y en muchos de ustedes, en este momento. No sufrimos un desgarre por ello; no nos vemos forzados a defender contradicciones. Más bien creo que somos enriquecidos y bendecidos. Tenemos la oportunidad de practicar la ciencia como forma de adoración. La oportunidad de contemplar a Dios como el gran científico. Mientras descubrimos cosas acerca del mundo, podemos apreciar las maravillas de la creación de Dios. ¡Qué regalo es ser científico y poder realizar esta labor!»[2].

Collins y su equipo trabajaron trece años en el Proyecto del Genoma Humano para completar el mapa de tres mil millones de pares de letras que capta la secuencia del ADN humano. Esta secuencia dirige todas las propiedades biológicas de nuestro cuerpo, determina si tenemos ojos azules o marrones, si corremos riesgo de sufrir una enfermedad coronaria o un tipo particular de cáncer. El proyecto se completó en el año 2003, y creó un nuevo cuerpo de conocimiento que ayudará a nuevos avances médicos y científicos, aunque también supondrá una ocasión para inescrupulosos abusos.

El conocimiento del mapa del ADN humano ofrece una gran oportunidad para mejorar la eficacia en el tratamiento de enfermedades. Al igual que anteriores avances en la medicina salvaron a millones de personas de la polio y la viruela, el mapa genético abre nuevas posibilidades para aliviar la enfermedad. No obstante, tan grandes posibilidades van acompañadas de peligros reales, incluida la discriminación genética y el desigual acceso de los pobres.

Tal vez el mayor peligro que se atisba sea la potencial manipulación del ADN que afectaría al modo de ser de las generaciones futuras, algo de lo que Collins es perfectamente consciente. Él reconoce que debe trazarse una línea bien definida entre el uso del conocimiento del ADN para tratar enfermedades en esta generación y el de producir «bebés a la carta» en el futuro. Para mostrar esta distinción, explica lo que es la línea del germen. «La línea del germen es la parte del ADN que pasa a la siguiente generación. La mayor parte del ADN no es línea del germen... Si yo tuviera fibrosis cística, y quisiera curarme los pulmones, y se me pudieran cambiar los genes defectuosos que hay en ellos, querría que se me practicase tal intercambio. Pero no afectaría a mi descendencia. Creo que ésta es una distinción fundamental. Y la promesa que intuyo en las terapias genéticas para curar diabetes, o enfermedades coronarias, o cáncer, no requiere tocar la línea del germen para efectuar tales cambios»[3].

La novedad relativa de este conocimiento significa que cristianos como Collins tienen la gran oportunidad de ayudar a conformar la ética en torno a su uso. La iglesia como cuerpo y la iglesia esparcida en campos como la ciencia y la administración puede ser muy influyente a la hora de determinar el uso ético o no ético de los descubrimientos que Dios nos haya permitido lograr.

Finalmente, como reconoce Francis Collins, Dios es el *único* científico que siempre conocerá todos los secretos de su creación. Nosotros tenemos el privilegio de sumarnos a la obra del «mayor de los científicos».

Vocaciones para la actualidad

- Reintegrar a la ciencia el estudio de las dos revelaciones gemelas: el mundo de Dios y su Palabra. Esto desafiará las asunciones metafísicas de la ciencia materialista o naturalista.
- Animar a los estudiantes a inclinarse por las ciencias para estudiar ese campo y procurar obtener titulaciones superiores para poder enseñar y hacer investigación científica.
- Trabajar en el mundo en desarrollo para mostrar a la gente el orden del universo, los principios inductivos del descubrimiento y resolución de problemas y ciencia y tecnología básica; y ayudarla a edificar sociedades en esta área vital.
- Investigar el desarrollo de tecnologías que luchen contra el «mal natural», como inundaciones, terremotos; plagas de plantas, animales y humanas; y otros sucesos devastadores.
- Hacer investigación relacionada con la prevención y el tratamiento de enfermedades, defectos de nacimiento, heridas, y otros temas de salud.

- Devolver criterios éticos y morales a la esfera científica. No basta con hacer ciencia y tecnología simplemente porque «ahora podemos hacer esto o aquello». Hemos de preguntarnos: «¿Deberíamos hacerlo?»
- Trans-polinizar conocimientos científicos relativos a la salud, la agricultura, la ganadería y la acuacultura de unos países a otros. Crear un libre intercambio de ideas en ciencia y tecnología.
- Introducir el uso de tecnologías apropiadas para ayudar a los pobres a dar importantes pasos intermedios de la agricultura de la edad de piedra a la agricultura moderna.
- Defender políticas que estimulen una mayor productividad y mayordomía de la tierra.

Contamos con una gran nube de testigos cristianos que han vivido a las puertas de la ciudad, e impartido principios bíblicos, visión y vida en todas las esferas. ¿Haremos lo mismo en el siglo XXI?

LA EXPERIENCIA DE GEORGE WASHINGTON CARVER

George Washington Carver, renombrado científico afro-americano e inventor, a principios del siglo XX (1861-1943), vivió dedicado a servir al Gran Creador en la apasionada búsqueda de sus sueños. Mientras que muchos científicos de aquella época (y aun del presente) pensaban que la fe y la ciencia no podían yuxtaponerse, Carver las consideró inseparables; su estudio y descubrimiento del mundo natural no eran sino modalidades de conocer a Dios de una manera más profunda. Como dijo el propio Carver: «La naturaleza y sus variadas formas son ventanillas por las cuales Dios me permite tener comunión con Él y contemplar parte de su gloria, majestad y poder, levantando tan sólo la cortina y mirando hacia dentro»[1].

George, desde temprana edad, mostraba tanto interés por las plantas y tan gran talento natural para conservarlas vivas que le apodaron el «Médico de plantas». Los vecinos de muchos kilometros alrededor le traían plantas para hacerlas revivir. En su adolescencia, las preguntas de Carver sobre el mundo natural no hicieron más que aumentar y dándose cuenta de que sus conocidos no podían responderlas, se lanzó por sí mismo a la búsqueda de conocimiento. Hablando de su infancia, Carver dice: «Yo quería saber el nombre de cada piedra, flor, insecto, pájaro y bestia. Quería saber cómo obtuvo su color, cómo recibió vida, pero no había nadie que me lo explicara»[2].

George tuvo que hacer frente a muchos obstáculos para perseguir sus sueños. Nació esclavo durante la Guerra Civil y se quedó huérfano siendo aún bebé, se le negó admisión en las escuelas por causa de su raza, fue testigo de ataques, soportó palizas por motivos raciales y tuvo que afrontar constantemente odio y desconfianza perpetuos, un sinfín de dificultades que podían haberle obligado a abandonar su pasión y acomodarse a una senda que hubiese requerido menos de él. Pero George trató cada derrota como una oportunidad para aprender. Su tenacidad y su creatividad para salvar barreras, y el apoyo clave de unos pocos tutores, le ayudaron a mantenerse en la senda que conducía al destino para el que sabía que había sido creado.

Resulta que George empezó a trabajar como profesor en el instituto Tuskegee, de Alabama, colegio que fundara Broker T. Washington para educar a antiguos esclavos. A medida que aumentaba la fama de Carver recibía ofertas de trabajo de organizaciones que le habrían subido espectacularmente el sueldo, pero optó por quedarse en Tuskegee durante toda la etapa que dedicó a la enseñanza, reconociendo la importancia de la influencia que allí ejercía.

Pero la influencia de Carver se extendió mucho más allá de los límites de ese centro educativo. Además de aconsejar espiritual y académicamente a sus alumnos, Carver se comprometió profundamente a emplear su creciente experiencia en ayudar a los sufridos campesinos del Sur. La agricultura sureña padecía muchos problemas. La industria dependía por completo de las cosechas de algodón, y resulta que después de trabajar en el mismo cultivo por muchos años los granjeros se encontraban con que las cosechas menguaban cada vez más. Además, el gorgojo del algodón, temible insecto por su propensión a destruir esta planta, había llegado procedente de México. George vio en aquel azote una oportunidad perfecta para introducir nuevos cultivos. Éstos no serían preferidos por el gorgojo del algodón, restaurarían al suelo los nutrientes que le faltaban e incluso proporcionarían a los granjeros una manera de alimentar a sus familias del fruto de la tierra.

George pasaba mucho tiempo trabajando en su laboratorio en busca de tantas aplicaciones prácticas para los nuevos cultivos como le fuera posible. Para compartir este conocimiento publicaba «boletines triples», en los que daba a conocer los productos cuyas plantas animaba a los granjeros a cultivar, para poder ayudarles a sacar el máximo rendimiento de sus cosechas. Aquellos populares boletines incluían consejos prácticos para los agricultores, recetas y otras muchas aplicaciones prácticas de los productos recolectados para sus esposas, e información científica acerca de las plantas para los centenares de técnicos agrícolas graduados en Tuskegee, esparcidos por toda la región como maestros y granjeros. Para hacer correr la palabra aún más, envió un autobús que viajara por todo el Sur propagando información agrícola.

A través de la callada y persistente influencia de Carver, los métodos agrícolas comenzaron a cambiar en el Sur y muchas organizaciones de todo el país acudieron a informarse de sus métodos y sabiduría. Finalmente, la obra y la influencia de Carver llegaron a los más altos niveles científicos y administrativos, y se extendieron por todo el mundo. Entre otros honores, Carver fue llamado a testificar ante el Congreso, recibió al Presidente Theodore Roosevelt en Tuskegee y mostró a funcionarios africanos y de la Unión Soviética sus métodos de cultivo.

Sin embargo, para George cada una de esas oportunidades no representaba más que una ocasión para compartir su amor a Dios y a la ciencia. Él deseaba particularmente que aquellos en los que influía aprovecharan la naturaleza que les rodeaba como vehículo para llegar a conocer a su Creador de una manera más profunda, como era su caso. «A los que aún no han conocido el secreto de la verdadera felicidad, que consiste en el gozo de entablar una estrecha relación con el Hacedor y Preservador de todas las cosas: comiencen ahora a estudiar las pequeñas cosas que hay a la puerta de sus patio, desde lo conocido hasta lo desconocido más cercano, ya que ciertamente cada nueva verdad acerca más a Dios»[3].

George Washington Carver fue uno de los primeros defensores de la agricultura sostenible y de las técnicas de fertilización orgánica, y dio a conocer centenares de aplicaciones prácticas de productos derivados del cacahuete, la batata, la pacana y la arcilla. Aunque se le recuerda popularmente por haber inventado cientos de productos basados en el cacahuete, Carver consiguió mucho, mucho más. En su vida de estudio y servicio practicó ciertamente aquello que le gustaba afirmar: «Ninguna persona tiene derecho a venir a este mundo y salir de él sin dejar tras sí razones claras y legítimas para haber pasado por aquí»[4].

CAPÍTULO 20

EL GRAN MANDAMIENTO

Alguien ha dicho que un mundo sin Cristo es un mundo sin amor ni compasión. Esta es una llamativa verdad hoy en un mundo en que las condiciones de vida en las ciudades, por ejemplo, generan alienación, desconfianza y crueldad. Sin verdadero amor ni compasión la vida social esparce semillas de descontento, amargura y violencia. Al brotar de una depravación pecaminosa, la inhumanidad de unas personas hacia otras causa buena parte del malestar social y violencia que sufre el mundo. En contra de la popular creencia de que el hombre es bueno por naturaleza, los seres humanos nacen con una propensión al pecado. Tanto las Escrituras como la historia revelan que éstos son egocéntricos, egoístas, y a menudo bárbaros. Han de «civilizarse» para someterse al imperio de la ley, mostrar compasión hacia los extranjeros, atender a las necesidades ajenas antes que al yo, amarse unos a otros y a los propios enemigos, e incluso practicar lo que los antiguos solían designar «modales refinados». El sociólogo Rodney Stark arguye que el cristianismo venció a la sociedad grecorromana manifestando en su seno un conjunto superior de ideas:

> El desarrollo del pensamiento cristiano aportó al mundo una característica distintiva: la vinculación de un elevado código ético-social con la religión. No había nada nuevo en la noción de que lo sobrenatural exige

> demandas de comportamiento moral a los humanos —los dioses siempre habían querido sacrificios y adoración—. Ni tampoco había nada nuevo en la idea de que lo sobrenatural responde a las ofrendas —que los dioses pueden ser inducidos a intercambiar o prestar servicios por sacrificios—. Lo nuevo era que más que un mero intercambio interesado, los humanos podían entablar una relación con lo sobrenatural. La enseñanza cristiana de que Dios ama a los que le aman era extraña a las creencias paganas... Igualmente extraño al paganismo era la idea de que puesto que Dios ama a la humanidad, los cristianos no pueden agradar a Dios a menos que se amen los unos a los otros. Realmente, lo mismo que Dios demuestra su amor mediante su sacrificio, los seres humanos deben demostrar su amor por su sacrificio los unos por los otros. Además, más allá de los lazos familiares y tribales, tal responsabilidad debía extenderse efectivamente a todos los que «en todas partes invocan el nombre de nuestro Señor Jesucristo» (1 Cor. 1:2). Estas ideas eran revolucionarias[1].

Para que una sociedad fuera civil, los individuos que la componen debían ser afectuosos y morales. Los individuos embrutecidos crean sociedades embrutecidas. En el infortunio de la sociedad grecorromana, los primeros cristianos inyectaron esperanza y transformación social. Stark escribe:

> El cristianismo fue un movimiento revitalizador que se levantó para responder a la miseria, el caos, el temor y la brutalidad de la vida en el mundo urbano grecorromano... Proporcionó nuevas normas y una nueva especie de relaciones sociales capaces de resolver muchos problemas urgentes. El cristianismo ofreció a ciudades llenas de gentes sin techo y empobrecidas caridad y esperanza. A ciudades llenas de inmigrantes y forasteros, el cristianismo ofreció una base inmediata para su integración. A ciudades llenas de huérfanos y viudas, el cristianismo proveyó un tierno y amplio sentimiento familiar. A ciudades desgarradas por la violencia étnica, el cristianismo ofreció un apoyo para la solidaridad social... Y a ciudades asoladas por las epidemias, los incendios y los terremotos, el cristianismo ofreció eficaces servicios de enfermería... En definitiva, no sólo aportaron los cristianos un movimiento benéfico urbano, sino una nueva cultura capaz de hacer más tolerable la vida en las ciudades grecorromanas[2].

Lo que Cristo y sus seguidores llevaron a cabo, subraya Stark para concluir su libro, fue nada menos que humanizar al hombre[3].

LA HUMANIZACIÓN DEL HOMBRE Y EL GRAN MANDAMIENTO

No es casualidad que se hayan hecho estas observaciones acerca del efecto causado por el cristianismo que siguió a su maestro. Jesús dijo que sus seguidores serían conocidos por su amor los unos por los otros[4]. Y resumió la Ley y los Profetas de la siguiente manera: «Ama a Dios y a tu prójimo como a ti mismo[5]. A decir verdad, esto es lo que Jesús respondió cuando le preguntaron «De todos los mandamientos, ¿cuál es el más importante?»

> «El más importante es: "Oye, Israel. El Señor nuestro Dios es el único Señor —contestó Jesús—. Ama al Señor tu Dios con todo tu corazón, con toda tu alma, con toda tu mente y con todas tus fuerzas". El segundo es: "Ama a tu prójimo como a ti mismo". No hay otro mandamiento más importante que éstos». (Marcos 12:29-31)

Cualquiera que sea la esfera y la forma específica a la que se nos haya llamado para ocupar las puertas de la ciudad, este Gran Mandamiento es la base de nuestro trabajo. Cualquiera que sea nuestra vocación, si seguimos a Cristo, manifestaremos en nuestra obra el amor de Dios por todas las personas, jóvenes y mayores, hombres y mujeres, esclavos y libres, sin importar la raza ni el credo. En este aspecto, reivindicaremos lo que verdaderamente significa ser humano, hechos a imagen de Dios.

Todas las generaciones de cristianos, en muchas esferas profesionales, nos han dado ejemplo de cómo Dios ve y trata a las personas, marca genuina de la cultura del reino. Examinemos cuatro áreas de la vida que los seguidores de Jesús han ayudado a armonizar conforme a la intención de Dios: santidad de la vida humana; emancipación de esclavos y reconciliación racial; dignidad y respeto a las mujeres, las viudas y el matrimonio; y misericordia y compasión por el pobre[6]. Estas cuatro áreas siguen siendo plataformas donde hoy somos llamados a obedecer el Gran Mandamiento.

EL VALOR SAGRADO DE LA VIDA HUMANA

El mundo grecorromano en el que Cristo nació era un lugar común de crueldad, violencia y barbarie. Piense en los gladiadores. Mientras hoy la gente acude a partidos de fútbol o de béisbol, los romanos llenaban los coliseos para ver morir seres humanos en una especie de choque deportivo. El historiador William Stearns Davis dice que los juegos de gladiadores «ilustran elocuentemente el espíritu despiadado y el desprecio a la vida humana que latía detrás de la pompa, el destello y la hueca pretensión cultural de la gran época imperial»[7]. Además, como forma de entretenimiento para él y la élite romana, el emperador Nerón (r. 54-68 a.C.) arrojaba a los cristianos a los leones en las arenas y les mandaba crucificar o quemar en la hoguera para iluminar caminos o fiestas en las villas[8].

El suicidio era otro acto de violencia común, tan común que «quitarse la vida se consideraba un acto de gloria individual»[9]. En realidad, era algo tan «normal» que circulaba un dicho popular. Cuando llegaba el fatídico momento la gente solía rematar con el estribillo «córtate las venas»[10]. Muchos dirigentes romanos, como Poncio Pilato, los senadores Bruto y Casio, Antonio y el emperador Adriano cometieron suicidio[11].

El infanticidio y el abandono de niños eran también actos comunes de barbarie. El infanticidio había sido justificado por filósofos como Séneca, Platón y Aristóteles[12] y canonizado en la ley. «Las Doce Tablas» —el primer código legal romano conocido, escrito alrededor del año 450 a.C.— permitía a un padre abandonar a cualquier recién nacida o recién nacido deforme o debilitado[13]. Debido al concepto romano del *paterfamilias* (el padre ejercía un poder absoluto en la familia), el progenitor romano ejercía el derecho de vida o muerte sobre sus vástagos. George Grant escribe que debido al paterfamilias,

> El nacimiento de un romano no era un hecho biológico. Los niños eran recibidos en el mundo sólo si la familia los quería. Un romano no tenía un hijo; lo tomaba. Inmediatamente después del parto, si la familia decidía no criar a un hijo —levantándolo literalmente sobre la tierra— simplemente lo abandonaba. Había lugares altos especiales o muros donde los recién nacidos eran llevados y abandonados a la muerte[14].

Esta desconsideración «natural» por los recién nacidos en aquellos días es evidente en la repelente actitud de Herodes al mandar asesinar a todos los niños varones menores de dos años, como recoge Mateo 2:16.

El aborto era también común. Porque el paterfamilias, el marido romano, podía ordenar a su mujer practicar un aborto si a él se le antojaba[15]. En Roma, algunas mujeres abortaban por motivos económicos, otras para esconder su adulterio, y otras para —no teniendo que criar hijos— ejercer mayor «influencia»[16].

Al mundo occidental moderno, a pesar de sus hondos cimientos cristianos, no le está yendo mucho mejor. En el siglo XX los países occidentales experimentaron un cambio decisivo, un alejamiento social de la concepción bíblica del valor «sagrado de la vida humana» para volverse hacia el moderno sistema de valores pagano-secular de la «calidad de vida». El Occidente moderno está virando hacia el paganismo mediante la práctica del aborto, el infanticidio, la eutanasia y la investigación de células madre con embriones humanos.

Sin embargo, desde los tiempos de la iglesia primitiva, toda vida humana, incluida la del no nacido (nasciturus), era sagrada para los cristianos. Y a medida que la iglesia fue creciendo en los primeros siglos, la influencia del noble concepto cristiano de la vida acabó con muchas costumbres paganas. Por ejemplo, en el siglo IV «bajo el reinado del emperador cristiano Teodosio I (378-395), se puso fin a las luchas de gladiadores en Oriente, y su hijo Honorio hizo lo propio en Occidente, en el año 404»[17].

El sagrado concepto cristiano de la vida humana fue cambiando gradualmente la perspectiva de la gente respecto al suicidio, el infanticidio, el abandono de niños y el aborto. Entendiendo que «No matarás» incluía el «auto-exterminio», los primeros padres de la iglesia se levantaron contra el suicidio. Y a medida que el número de seguidores de Cristo aumentaba, el infanticidio y el abandono de niños disminuyeron en el mundo grecorromano. El Dr. James Kennedy escribe: «Se extendió el rumor de que se podía llevar los neonatos a la iglesia. Casas expósitas, orfanatos y guarderías comenzaron a acoger niños»[18]. En realidad, un influyente documento de la iglesia primitiva denominado la Didache (escrito entre el año 85 y el 110, al que se suele aludir como Enseñanza de los Apóstoles) declara en su segundo párrafo: «No matarás el hijo en el seno materno, ni quitarás la vida al recién nacido». La iglesia medieval siguió con esta tradición, emitiendo más de cuatro mil cánones entre el siglo IV y el XII que reconocían el valor sagrado de la vida. La iglesia de la Reforma, de modo similar a la Católica Romana, también reafirmó la santidad de la vida humana[19].

La iglesia moderna ha respondido de una manera mixta. El catolicismo ha sido mayormente un baluarte de defensa del valor sagrado de la vida humana, así como una buena parte de la cristiandad evangélica. Pero muchas denominaciones protestantes «tradicionales» se han alineado más con el pensamiento secular en temas como el aborto y la eutanasia. A pesar de ello, en Estados Unidos, por ejemplo, toda clase de cristianos han establecido miles de centros de ayuda a la mujer embarazada, donde ésta puede recibir consejo y apoyo para salvar a los bebés no nacidos. Esta es una gran vocación en un país donde, espantosamente, un número aproximado de 1,5 millones de bebés son sacrificados cada año, y (hasta hace poco) aproximadamente 13.000 asesinados (por año) en el nacimiento, mediante la práctica del «aborto inducido».

La lucha por el valor sagrado de la vida incumbe a todos los cristianos, tanto la del joven como la del mayor, la del que goza de buena salud como la del enfermo o discapacitado. Actualmente los cristianos lideran la lucha para proteger la vida humana fomentando la fundación de centros de ayuda y apoyo voluntario a la mujer embarazada y a las madres con bebés, y centros de atención a los que se hallan en fase terminal.

Vocaciones para la actualidad

- Establecer normativas pro-vida y reglamentos en hospitales.
- Trabajar por una legislación pro-vida en la nación.
- Cuidar a los niños abandonados a la muerte bajo prescripción médica, y despertar la conciencia del público ante esta «lacra médica» a través de los medios de comunicación.
- Apoyar la observancia o la promulgación de leyes que protejan la vida humana.
- Trabajar para apoyar la salud de la familia prestando servicios sociales no-lucrativos o estatales.
- Colaborar con la administración para mejorar la vida de los niños bajo la tutela del Estado.
- Fomentar la acogida de niños.
- Adoptar a niños huérfanos y abandonados.
- Trabajar por los sin techo y otros jóvenes en peligro.
- Cuidar de los ancianos, los enfermos y los discapacitados en la propia familia y extender esa atención a otros.
- Comprometerse a servir a los ancianos y los enfermos en la comunidad de su iglesia, incluidos los que no pueden congregarse.
- Preocuparse, orar y alzar la voz por los desvalidos en su propia comunidad o en otras comunidades y países, incluidos los discapacitados, los enfermos, los pobres, las minorías étnicas y religiosas, las niñas y las mujeres.

LA EXPERIENCIA DE JILL STANEK

Jill Stanek es una enfermera que entendió lo que significa ser cristiana en medio de un mundo quebrantado. Ha escrito:

Trabajé un año en el Christ Hospital de Oak Lawn, Illinois, como enfermera titulada en la sección de Partos, cuando me enteré de que íbamos a abortar un feto con síndrome de Down en su segundo trimestre. Me sentí indignada. A decir verdad, había decidido trabajar en el Christ Hospital porque era un centro cristiano, no implicado —al menos eso creía— en abortos. Me dolió mucho que se fueran a cometer abortos en un lugar que llevaba el nombre de mi Señor y Salvador Jesucristo. Me ofendió aún más que las sociedades afiliadas al hospital, la Iglesia Evangélica Luterana de América y la Iglesia Unida de Cristo estuvieran a favor del aborto. ¡No sospechaba que una denominación cristiana pudiera ser pro-abortiva!

Pero me inquietó aún más saber que el método utilizado en el Christ Hospital, era el denominado aborto inducido, también conocido por «aborto vivo en el nacimiento». En este tipo de procedimiento abortivo los médicos no intentan matar el feto en el útero. El objetivo es simplemente provocar un nacimiento prematuro para que el bebé muera en el proceso del parto o poco después...

No es nada raro que el bebé así abortado se aferré durante una o dos horas, o incluso más, a la vida. En el Christ Hospital uno de estos bebés sobrevivió por lo menos un turno de ocho horas...

En el caso de que un bebé abortado nazca vivo, recibe un «cuidado de consuelo», esto es, se mantiene al bebé caliente envuelto en una manta hasta que le sobreviene la muerte. Los padres pueden tener en brazos al bebé si lo desean. Si ellos no quieren tener en brazos a su bebé moribundo, un miembro del personal lo cuida hasta su muerte. Si el personal no tiene tiempo o no desea tener en brazos al bebé, éste se traslada a la nueva Sala de Consuelo del Christ Hospital, que cuenta con una cámara de fotos, en caso de que los padres deseen tomar fotografías de calidad de su bebé abortado; objetos bautismales, batas y certificados; equipo para captar la huella de los pies; brazaletes de niño para los mementos (¡oraciones!); y una mecedora. Antes de estar montada la Sala de Consuelo, llevaban a los niños a morir en la Sala de Desechos. Una noche, una de mis compañeras llevaba un niño con síndrome de Down, abortado vivo, a la Sala de Desechos porque sus padres no querían tenerlo en brazos ni tampoco ella tenía tiempo que dedicarle. No pude soportar la idea de que esta víctima doliente muriera sola en una Sala de Desecho, de modo que le arrullé durante los 45 minutos que vivió. Tenía entre 21 y 22 semanas, pesaba casi un cuarto de kilo y medía unos 25 centímetros. Estaba demasiado débil para moverse y gastaba la poca energía que tenía en respirar. Antes de expirar estaba tan silencioso que no me resultaba fácil discernir si aún estaba vivo. Lo levanté hacia la luz para ver si todavía le latía el corazón. Cuando se certificó su muerte, pusimos sus bracitos sobre su pecho, lo envolvimos en una pequeña mortaja y lo llevamos al depósito de cadáveres del hospital donde van a parar todos los pacientes fallecidos.

Después de tener entre mis brazos a aquel niño, el peso de lo que ya sabía se hizo insoportable. Sólo tenía dos opciones. Una era dejar del hospital e ir a trabajar a un centro que no practicara abortos. La otra era intentar cambiar las prácticas abortivas del Christ Hospital. Entonces leí un pasaje de las Escrituras que influyó personal y directamente a mi situación. Proverbios 24:11-12 asegura: «Rescata a los que van rumbo a la muerte; detén a los que a tumbos avanzan al suplicio. Pues aunque digas, «yo no lo sabía», ¿no habrá de darse cuenta el que pesa los corazones? ¿No habrá de saberlo el que vigila tu vida? ¡Él le paga a cada uno según sus acciones!». Resolví que rendirme en ese momento habría supuesto irresponsabilidad y desobediencia a Dios. Desde luego, que habría sido más cómodo abandonar el hospital, pero los niños habrían seguido muriendo[1].

¿Qué habría hecho usted en esa situación, separar su fe de su trabajo o conectar su trabajo al reino de Dios? Jill tomo una decisión. Se levantó contra la política del hospital. Hizo público su alegato y acabó testificando cuatro veces ante el Subcomité del Congreso Nacional y el de Illinois. El 31 de octubre de 2001, después de una batalla de dos años y medio, Jill Stanek fue despedida. ¿Qué crimen había cometido? Declarar la verdad ante el poder y defender el derecho a la vida de los más indefensos. ¿Haremos nosotros otro tanto?

LA EMANCIPACIÓN DE ESCLAVOS Y LA RECONCILIACIÓN RACIAL

En el mundo en que vivió Jesús, la mitad de la población del imperio romano y el 75 por ciento de los atenienses eran esclavos[20]. Este dato incluye a los trabajadores manuales y a los peritos artesanos. Schmidt escribe:

> Los esclavos realizaban virtualmente todo el trabajo físico o manual. De donde, la Vía Apia, las Siete Maravillas del Mundo, e incluso las hermosas esculturas de la época, se debían al trabajo de los esclavos. Cada vez que los turistas de nuestro tiempo admiran magníficos edificios y estatuas de la antigüedad... en países del Oriente Medio o de Europa, están admirando productos del trabajo de esclavos[21].

El filósofo griego Aristóteles (384-322 a.C.) se erigió representante de su tiempo al calificar la esclavitud de «natural, conveniente y justa»[22]. En sus obras declara que «un esclavo es una herramienta útil, al igual que una herramienta es un esclavo inanimado. Por lo tanto no puede haber amistad con éste porque es esclavo»[23].

Durante la Edad Media, la esclavitud fue común entre los árabes y los mongoles, así como entre los vikingos y otros europeos. San Patricio fue capturado y llevado como esclavo a Irlanda. Muchas tribus indias americanas también practicaron la esclavitud[24]. La esclavitud entre los negros también existió en el continente africano y fueron mayormente los africanos negros los que vendieron más adelante a sus conciudadanos a mercaderes europeos. Incluso después de abandonar la esclavitud en sus propios países, muchos europeos siguieron permitiendo la esclavitud en sus colonias, y la práctica se extendió legalmente en Perú hasta 1854[25], en los nuevos Estados Unidos independientes hasta 1865, y en Brasil hasta 1888. En el siglo XX, la esclavitud fue legal en Etiopía hasta 1941, en Arabia Saudita hasta 1962, y en la India hasta 1976[26].

Hoy día la esclavitud sigue representando un trágico problema internacional. Por todo el mundo, en Europa, Sudeste de Asia, Asia, la India, toda América, África y Oriente Medio, florece el comercio de esclavos de los tiempos modernos. Los niños son esclavizados como trabajadores o soldados; las mujeres y las niñas suelen ser vendidas al mercado del sexo, algunas desde los cinco años. Incluso en los Estados Unidos, mujeres importadas, atraídas por falsas promesas, son ilegalmente retenidas como esclavas en el mercado del sexo. También se descubren inmigrantes explotados en talleres que reciben poca o ninguna compensación, algunos supuestamente «deben devolver los gastos» a las mafias que les introdujeron en el país —lo cual es una forma de esclavitud o servicio obligado. Por todo el mundo, el tráfico de seres humanos es un gran negocio, normalmente vinculado al crimen organizado. Cientos de miles de personas son vendidas y cruzan fronteras cada año, y muchos millones son vendidos y usados en sus países de origen. Otros muchos millones en la India son virtualmente esclavos debido al sistema de castas.

Jesucristo murió para derribar las barreras entre razas, clases y prejuicios de casta, que constituyen la raíz de la esclavitud. Vemos esto por extensión en algunos principios embrionarios que Pablo introdujo en sus epístolas. Efesios 2:11:12 revela que por medio de la sangre de Cristo y de la cruz, los judíos «circuncisos» y los gentiles «incircuncisos» llegaron a ser «un nuevo hombre». Al nivel más básico de nuestra común humanidad esto significa que las separaciones basadas en la raza, la clase, el grupo étnico y la casta deben ser abolidas. Las paredes divisorias han de ser derribadas. En Cristo, esto alcanza una obligación superior, porque su preciosa sangre fue derramada para crear un hombre nuevo. Gálatas 3:28 enseña que en Cristo «ya no hay judío ni griego, esclavo ni libre, hombre ni mujer, sino que todos ustedes son uno solo en Cristo Jesús» (véase también Col. 3:11).

La iglesia primitiva, aunque no cambió la estructura social de la esclavitud, no obstante, procuró en lo posible cambiar la actitud contra ella. Pablo nos refiere un conmovedor ejemplo al devolver a un esclavo fugado, Onésimo, a su amo Filemón, que era un cristiano próspero de Colosas. Al parecer, Onésimo había robado a Filemón, o causado algún perjuicio considerable a su amo, y luego se había escapado. Pero Onésimo acabó en Roma, donde Pablo le recibió y él se convirtió al Señor. Procurando transformar tan solo una pequeña parte de la estructura esclavista existente, Pablo devolvió finalmente a Onésimo a Filemón con una carta en la que amonestaba a éste a recibirle como hermano en Cristo. Evidentemente para Pablo era impensable que un cristiano fuera «dueño» de otro (consúltese todo el relato en la carta a Filemón).

Más adelante, la actitud cristiana frente a la esclavitud se extendió a la política. En el año 315 de nuestra era, Constantino «impuso la pena de muerte a los que robaran niños para criarlos en esclavitud»[27]. San Agustín (354-430) declaró que la esclavitud era producto del pecado y contraria al plan divino[28]. Un cabildo eclesiástico celebrado en Londres en 1102 prohibió la esclavitud en Inglaterra[29]. «En el siglo XII era raro encontrar esclavos en Europa, y en el siglo XIV, la esclavitud era casi desconocida en el continente»[30].

Sin embargo, el siglo XVI conoció un avivamiento del comercio de esclavos en las colonias europeas. Aproximadamente diez millones de esclavos fueron enviados a América.

La respuesta cristiana a la esclavitud en los tiempos modernos fue liderada en gran parte, como ya vimos, por William Wilberforce, seguidor de Cristo y miembro del Parlamento británico, así como por la Clapham sect que luchó durante décadas para poner fin a la esclavitud en el imperio británico. La Ley de Abolición de 1833 emancipó a 700.000 esclavos retenidos por los británicos. En los Estados Unidos, un gran avivamiento religioso a finales del siglo XVIII y principios del siglo XIX ayudó a prender el movimiento abolicionista. El gran renovador y evangelista Charles G. Finney fundó el Oberlin College para instruir evangelistas que encabezaran la lucha contra la esclavitud. Se ha dicho que Finney ocultó esclavos fugitivos en su propio ático[31]. En 1835, en los Estados Unidos, dos tercios de los miembros del movimiento abolicionista eran clérigos[32]. Y muchos otros líderes de este movimiento, como Charles Torrey, Harriet Beecher Stowe, y William Lloyd Garrison, fueron seguidores de Cristo. Vivieron sus vocaciones en un ambiente nacional muy caldeado. Fue una encarnizada batalla, cargada de sentimientos intensos por las dos caras de un asunto que dividió a muchas denominaciones nacionales y partidos políticos. La gente era asesinada por sus puntos de vista, y la esclavitud fue un importante ingrediente en la sangrienta y costosa guerra civil de los Estados Unidos (1861-1865). La Decimotercera Enmienda de la constitución de los Estados Unidos, propuesta y ratificada en 1865, abolió la esclavitud.

En nuestro tiempo, en los EEUU, han sido mayormente los cristianos los que han liderado el movimiento por los derechos civiles. John M. Perkins se crió en el sur del país, donde fue aparcero. Se hizo activista por los derechos civiles y creó la Fundación John M. Perkins para la Reconciliación y el Desarrollo. Perkins se esforzó por aplicar los principios bíblicos al ámbito de la reconciliación racial y el desarrollo económico de los nacidos en la pobreza. Tal vez el más famoso líder moderno del movimiento por los derechos civiles haya sido el Dr. Martin Luther King hijo, pastor bautista que fundó la Conferencia de Liderazgo Cristiano del Sur en 1957, cuyo propósito era aprovechar la autoridad moral de las Escrituras y poder organizativo de las iglesias de color para guiar un movimiento no violento que defendiera los derechos civiles. El 28 de agosto de 1963, desde los peldaños del monumento conmemorativo a Lincoln, durante la Marcha a Washington por el Empleo y la Libertad, el Dr. King pronunció un discurso titulado «Tengo un sueño». Ese discurso electrificó a la audiencia y convocó a la nación a hacerse eco de los principios que inspiraron su fundación: «que todos los hombres han sido creados iguales». Fue un momento crucial del movimiento estadounidense por los derechos civiles.

Personajes como Perkins y King fueron los que apelaron a Estados Unidos y al mundo para que despertaran a la responsabilidad dada por Dios de reconocer en la ley y en la práctica la dignidad de todos los seres humanos. Actualmente muchos creyentes siguen la llamada de Cristo para liberar a los que están esclavizados y propiciar reconciliación. Un grupo, la International Justice Mission, emplea abogados y activistas cristianos para luchar a nivel internacional contra la esclavitud infantil del sexo. Los cristianos son llamados hoy a luchar contra el racismo, las castas y el espíritu tribal en cualquier parte del mundo.

LA EXPERIENCIA DE DOLPHUS WEARY

Dolphus Weary prometió no volver nunca más cuando finalmente abandonó la paralizante pobreza, el racismo y la injusticia imperantes en Mendenhall, Missisipi, en los años sesenta. Como hombre negro en el Sur profundo, en los prolegómenos o inicios del movimiento por los derechos civiles, las oportunidades no sólo eran escasas: Dolphus y otros afro-americanos tenían que vérselas con una realidad diaria de acoso y violencia indiscriminados.

Cuando Dolphus tuvo la oportunidad de asistir al Baptist College de Los Ángeles (LABC), California, en calidad de uno de sus primeros alumnos negros, tuvo una experiencia transformadora. Al contrario que en Mississippi, Dolphus pudo recibir idéntica educación a la de los estudiantes blancos. Las oportunidades comenzaron a presentarse delante de él, y sintió gran contento por haber escapado a la existencia deprimente en la que tantos seguían atrapados en Mississippi

A pesar del futuro prometedor de Dolphus, aún tuvo que soportar más racismo sutil y suspicacias en LABC. Después de ser testigo de la alegría de algunos estudiantes blancos al enterarse del asesinato de Martin Luther hijo, Dolphus supo que no podía pretender adaptarse y conformarse, sino armarse de coraje para confesar. Aunque ofendido por la conducta de sus compañeros, Dolphus sabía que Dios le podía usar para abrir puertas de entendimiento con alumnos que habían aprendido a ser sectarios en sus familias y comunidades, y que el propósito de su estancia en LABC iba más allá de obtener un titulo; era también una oportunidad para educar y retar la actitud de los que le rodeaban hacia otros grupos raciales.

Más adelante, cuando la obtención de su segundo título de licenciado en educación cristiana ya estaba próxima, Dolphus comenzó a pensar más seriamente en su futuro, ya ligado al de su esposa Rosie. Él había llegado a California becado como jugador de baloncesto y se le presentó la oportunidad de hacer un tour por el Este de Asia con un equipo de baloncesto. Mientras estaba de gira, se sorprendió de que él, negro de Mississippi, fuera tratado con tanto respeto y admiración y se planteó regresar con Rosie para ministrar en los países asiáticos donde había sido tan bien recibido.

No obstante, poco después, las súplicas de John Perkins, uno de sus tutores, y la gentil llamada de Dios comenzaron a hacerle señas para que volviera a Mississippi. Al principio, Dolphus se resistió, recordando la promesa que se hizo de no volver nunca al lugar que tanto le había oprimido. Pero su corazón cambió con el tiempo. «Fui consciente de que no importa cuanto me alejara, California o Taiwán, nunca podría dejar atrás el Mendenhall que había dentro de mí, en mi mente y mi corazón. Hasta que no lo supere —me dije— siempre estaré esclavizado a un sentimiento de desesperanza. Con todo, yo sabía que por mí mismo no podría conseguirlo, sólo Dios podía... Volver a Mississippi significaba implicarme en el servicio y sacrificar mis propios deseos en beneficio de otros que necesitaban esperanza. Sentí que Dios me urgía: «Dolphus, quiero que hagas algo que tengo para ti en Mississippi»[1].

Cuando Dolphus y Rosie regresaron para instalarse en Mendenhall, la comunidad negra estaba atrapada en un círculo vicioso de pobreza, y era evidente que el ambiente de racismo y desesperanza en el que ellos se habían criado seguía estando presente. A medida que restablecieron lazos con vecinos y comunidad, las necesidades sanitarias básicas, la educación de calidad, la ayuda legal, la instrucción pastoral y otras deficiencias se volvieron diáfanas. En los más de treinta años transcurridos desde entonces, los Ministerios Mendenhall han crecido para atender esas necesidades, fundando y gestionando instituciones que antes nunca habían estado presentes en la comunidad: una clínica de salud; una escuela privada de calidad y precio razonable, un programa de tutoría; un almacén de segunda mano que provee empleos y artículos a precios módicos; un centro comunitario de recreo y amistad; y más. Todos estos ministerios giran en torno a la Iglesia Bíblica de Mendenhall.

Al principio, Dolphus y su personal tuvieron que vencer dificultades para combinar el evangelio con ministerios que cubrían las necesidades físicas de la gente. Reconocieron que a veces la gente ni siquiera podía recibir la palabra del evangelio por causa de sus apremiantes necesidades físicas. Con todo, sin una transformación interior, pocas necesidades físicas que el ministerio pudiera cubrir surtirían un efecto duradero. A veces parecía que estaban operando dos ministerios separados: la gente acudía a la clínica o a la escuela acuciada por sus necesidades sanitarias o educativas, pero era enviada a la iglesia para atender sus necesidades espirituales. Con el tiempo, esto ha cambiado. En propias palabras de Dolphus: «Deseamos que cada obrero desempeñe su trabajo movido por el espíritu de servicio de Cristo. Y deseamos que todos ellos sepan cómo guiar a las personas a Jesucristo porque esto forma parte de su trabajo»[2].

Presidente de la misión Mississippi en los últimos diez años, Dolphus se ha centrado en la reconciliación racial. El ministerio de Jackson, Mississippi, patrocina y brinda oportunidades para que personas de distintas razas y denominaciones se conozcan y sirvan al Señor juntamente. En su esfuerzo por sanar las divisiones raciales y denominacionales entre las iglesias cristianas, Dolphus suele visitar congregaciones negras y blancas por todo el país, lanzando a los creyentes el reto: «¿cómo deben vivir los redimidos?», a partir de textos cargados de inspiración, como Efesios 2.[3] Él no pide a la gente que cambie de denominación, pero sí su actitud de separación. La «Misión Mississippi, que muchos celebran como una voz de la esperanza, ayuda a cerrar esa vieja e histórica brecha racial», asegura Dolphus. «Actualmente estamos haciendo cosas que no podíamos hace cinco o diez años»[4].

Desde Mendenhall y Jackson hasta comunidades esparcidas por todos los Estados Unidos, cualquiera que se haya encontrado en el camino con Dolphus Weary habrá experimentado el efecto transformador de un hombre fiel a la llamada de Dios.

Vocaciones para la actualidad

- Demostrar el poder de la sangre de Cristo para derribar barreras entre castas, razas, y clases, modelando en las iglesias «el hombre nuevo» (véase Efesios 2).
- Cultivar relaciones en el trabajo o en la comunidad con personas de distinta procedencia étnica y racial.
- Ejercer presión sobre los gobiernos para que condenen a Sudán por sus actuales prácticas esclavistas, así como sobre otros países por participar o ser cómplices del tráfico de seres humanos y de la industria del sexo.
- Trabajar en las arenas pertinentes para defender los derechos civiles y los derechos humanos.
- Levantarse con la iglesia de la India para invitarla a oponerse verbalmente y de hecho al equivalente funcional de la esclavitud en el sistema de castas hindú.
- Constituir grupos como artistas por la justicia o madres por la justicia en su país, estado o provincia.
- Estudiar derecho internacional o códigos de derecho civil y hacerse abogado activista.

DIGNIDAD Y RESPETO A LAS MUJERES, LAS ESPOSAS Y EL MATRIMONIO

El mundo grecorromano en el que vivió Cristo no era distinto al mundo «sexista» actual. Las mujeres de aquel tiempo solían compartir el estatus social de los esclavos. Aristóteles manifestó: «El silencio agracia a la mujer»[33]. Según la ley ateniense, una mujer de cualquier edad era siempre considerada como un niño y por tanto «tenida por propiedad legal de algún hombre en todas las fases de su vida»[34]. En Grecia era normal que una mujer sólo pudiera salir de casa acompañada de un hombre, normalmente un esclavo. A las niñas no se les permitía ir a la escuela, y la mujer no podía hablar en público[35].

Aunque la mujer romana disfrutaba de más libertad que su hermana griega, comparada con el hombre no tenía virtualmente derechos ni privilegios. La ley romana de *manus* establecía la propiedad del marido y el control absoluto de éste sobre la vida de su esposa[36].

Se profesaba, en realidad, tan poco respeto a la mujer que a menudo las prisioneras eran encarceladas en las mismas celdas que los hombres, creando condiciones terriblemente abusivas. En cuanto a los solteros, Philip

Schaff escribe: «La virtud de la castidad, en el sentido cristiano, era casi desconocida entre los paganos. La mujer era básicamente esclava de las bajas pasiones del hombre»[37]. En cuanto al matrimonio, Schmidt reseña que el historiador del segundo siglo, Tácito, declaró que «la inmoralidad sexual estaba tan extendida que era rara la castidad de las esposas»[38].

Además, el infanticidio, en el mundo grecorromano, se debía en parte a la eliminación del hijo «inferior» —la niña—. Las niñas recién nacidas solían ser exterminadas por exposición o ahogamiento. En una carta del soldado romano Hilarión, destacado en el norte de África, a su esposa embarazada, Alis, hace gala de esta actitud típica:

> Quiero que sepas que todavía estoy en Alejandría. No te preocupes si todos regresan y yo me quedo aquí. Te pido y te ruego que cuides bien a nuestro hijo varón, y en cuanto reciba la paga te la enviaré. Si das a luz [antes que yo llegue a casa] a un niño, cuídalo, si es una niña descártala. Me has enviado palabra diciendo que «no te olvide». ¡Cómo puedo olvidarme de ti! Te ruego que no te preocupes[39].

Sociedades posteriores también tuvieron actitudes y leyes relativas a las mujeres que causan escalofríos en el mundo cristiano moderno. En el mundo hinduista de la India se cree que las mujeres fueron, en una vida previa, hombres que tuvieron un mal karma. Según esta mentalidad, se nace mujer como consecuencia del castigo por el «pecado» cometido en una vida anterior. Los desposorios con niñas y el *sutee* —la quema de esposas— han sido prácticas habituales surgidas de este concepto de la mujer. Aunque en la India moderna se haya legislado contra el *sutee* y esta costumbre sea relativamente rara, aún subsisten otros problemas. Todavía se asesina a esposas, a menudo en la hoguera, por considerarlas insuficientes, o con harta frecuencia, porque la familia del marido quiere recibir otra dote. (Las dotes son ilegales, pero siguen siendo comunes.) Aunque la matanza de esposas es tan ilegal como cualquier otro asesinato, se siguen produciendo y son una triste realidad que da cuenta de creencias persistentes y culturalmente perversas, y de la corrupción del sistema judicial de la India.

También se resiste al cambio la costumbre del casamiento con niñas, que continúa en la India y en muchos otros países. En Etiopía, donde el 57 por ciento de las menores se casan antes de cumplir los dieciocho, no es raro ver niñas de solo nueve años casadas contra su voluntad. El matrimonio temprano niega trágicamente a las niñas la posibilidad de recibir educación y las expone a un peligro mucho mayor de sufrir violencia doméstica, VIH/SIDA, y muerte o discapacidad en el parto.

Tristemente, millones de niñas en el mundo son víctimas del aborto y del infanticidio. Algunos investigadores estiman que debido a la determinación prenatal de sexo y los abortos selectivos, hasta unos diez millones de niñas han dejado de nacer en la India en los últimos veinte años[40]. Una ley promulgada en ese país hace más de una década para ilegalizar el aborto del sexo femenino, no ha servido para cambiar la percepción cultural que impulsa la demanda.

Por todo el mundo, una falsa creencia en la superioridad del varón ha conducido a una gran injusticia y corrupción de los designios de Dios para el hombre y la mujer, ambos creados a su imagen. En China, Japón y Corea, el confucianismo enseña una relación jerárquica entre el hombre y la mujer. La relación marido-mujer se concibe entre un «marido-superior» que domina una «esposa-inferior», lo que, por supuesto, conduce —perpetuando la mentalidad— a valorar los hijos varones por encima de las hijas. El Islam instruye en el Corán (Sura 4:34), que «los hombres son superiores a las mujeres... Pero a aquella cuya perversidad temas, amonéstala, llévala a la alcoba y golpéala; pero si se somete a ti, entonces no busques manera de castigarla»[41]. En Latinoamérica, el *machismo* es el ideal de la masculinidad, apoyado en la noción de la supuesta superioridad del varón. En el África animista, la mujer es considerada propiedad del hombre. «Los verdaderos hombres —según me dijo un ruandés— golpean a sus mujeres». Y aunque no se actúe así en muchas culturas animistas, el hombre es la cabeza tiránica de la familia que exige a la mujer sumisión. En algunas circunstancias, las mujeres deben arrodillarse cuando saludan a los hombres. También puede haber situaciones, como en grupos mixtos de hombres y mujeres, en las que éstas no pueden conversar con los hombres ni dar su opinión.

Aunque en muchos casos, en estas culturas, los hombres protegen bien a sus mujeres y en algunas culturas se esfuerzan por cultivar el campo o criar ganado para alimentar a sus familias, es un hecho innegable que la creencia no bíblica en la superioridad del varón acarrea consecuencias devastadoras para todos. De hecho, en el terreno de las costumbres sexuales es mentalidad cultural común, en algunas partes de África, que las niñas y las mujeres no tienen derecho a negarse e incluso pueden ser violadas sin que se derive ninguna consecuencia para el perpetrador. Este es uno de los factores por los que resulta tan difícil luchar contra el VIH/SIDA. La epidemia VIH/SIDA también se agrava en algunas culturas con tradiciones relativas a la herencia y el hecho de que la esposa no puede tener propiedades. En estas culturas, a la muerte del marido, una mujer que se resista a ser «heredada» por la familia del marido es expulsada de su casa por los parientes de él. Para poder alimentar a sus hijos y tener un lugar donde vivir, puede verse forzada a aceptar un arriesgado arreglo sexual con un pariente, o con alguien que no pertenezca a la familia.

La experiencia de mujeres y niñas en Occidente está a un mundo de distancia, pero tiene sus retos por delante. Aunque la cultura popular todavía promueve un trato cosificador de mujeres y niñas como objetos sexuales, y aunque algunas mujeres siguen siendo víctimas de la violencia doméstica, la mayor parte de las féminas tienen más oportunidades de alcanzar el potencial que Dios les ha concedido, y de realizar sus sueños, que las mujeres de los países subdesarrollados. Protegidas por unas leyes constitucionales que se hacen respetar, reforzadas por la creencia cultural general del valor intrínseco de todas las personas, las mujeres tienen libertad para casarse o permanecer solteras, educarse y seguir sus vocaciones. Sin embargo, la triste realidad es que debido al valor que se concede al mercado en la cultura Occidental, las mujeres que optan por dedicarse al hogar y al cuidado de sus familias suelen ser subestimadas porque no ganan dinero, la moneda de curso legal. La cultura secular a menudo fomenta la idea de que para que una mujer tenga verdadera dignidad, debe ocuparse en un empleo remunerado porque su dignidad y su valía básica son determinadas por sus ingresos. En realidad, en las últimas décadas muchos hombres han abandonado la esperanza de sacar adelante a sus familias y mirado a sus futuras esposas desde la perspectiva de un activo económico: aportar más riqueza en el hogar. Además, hemos creado una economía que exige a las mujeres engrosar la oferta de mano de obra pública para que haya suficientes peones moviendo las ruedas de la prosperidad económica. Ahora es preciso que los dos cónyuges trabajen para mantener el estilo de vida que hemos llegado a considerar necesario. Por lo tanto, a pesar de que la cultura occidental fomenta la igualdad y el valor de la mujer desde el punto de vista mercantil, su valor intrínseco como imagen de Dios y como madre es escaso o insignificante.

Esta búsqueda de riqueza y valores materiales significa que sacrificamos las cosas que más importan, los matrimonios y los hijos. Hemos alcanzado proporciones epidémicas de divorcios o estilos de vida que no precisan del matrimonio. Al mismo tiempo, los niños son llevados a guarderías a las pocas semanas o meses después de nacer para que sus madres puedan regresar a sus puestos de trabajo. Los niños son muchas veces criados por trabajadoras mal pagadas y extrañas a la familia.

La imagen bíblica es muy distinta. De Génesis a Apocalipsis, las mujeres están revestidas de dignidad. Desde la creación llevan impresa la imagen de Dios y tienen el mismo valor y responsabilidad que los hombres. Desde las primeras nupcias en Génesis, a las bodas del Cordero con su iglesia, en

Apocalipsis, el matrimonio y la familia representan una institución sagrada. El mismo Cristo fue revolucionario en su generación por la manera en que desafió las normas culturales y la dignidad de su trato y concepción de las mujeres.

Es común malentendido en la cultura moderna el que Jesús y Pablo tuvieran en baja estima a las mujeres. Esto está lejos de la realidad. Las mujeres acudían a Jesús porque Él enseñaba públicamente y demostraba la libertad, la dignidad y la igualdad que ellas habían recibido de Dios desde el principio de la creación. Las conversaciones que sostuvo Jesús con la mujer en el pozo[42] y con la mujer sorprendida en adulterio[43] lo ponen de manifiesto. En ambos casos, Jesús contravino prohibiciones de la ley rabínica tradicional. Se apareció en primer lugar a mujeres después de su resurrección, e incluso las invitó a anunciar públicamente este acontecimiento[44]. Es como si la resurrección marcara el principio de una nueva era de «emancipación» de la mujer en el mundo. Obviamente, Jesús se propuso quebrar un molde muy viejo en la vida cultural judía.

Jesús fue también un reformador por lo que se refiere al matrimonio. Enseñó acerca de la igualdad que el esposo y la esposa tienen desde el principio[45]. En efecto, Él levantó el listón a gran altura para el matrimonio afirmando que si un hombre codicia a otra mujer, ha cometido adulterio con ella en su corazón. Es decir, el adulterio no implica el acto físico[46]. Por lo cual, es crucial la vida de pensamiento de un marido para con su mujer.

La iglesia primitiva adoptó la visión Cristo-céntrica de la mujer y las relaciones conyugales. Las mujeres fueron aceptadas de buena gana e iniciadas en la

LA EXPERIENCIA DE KIM ALLEN

Kim Allen era una «mujer de carrera» se dio cuenta del potencial que tenía entre manos si educaba a sus hijos en el hogar. Ella invierte su tiempo, su talento, y las mejores horas del día en edificar una familia sólida y, a través de sus hijos, el futuro de su comunidad, por lo que educa a sus hijos para ser pilares de la nación.

Una tarde, después de concluir mis estudios universitarios, cuando enseñaba en Japón, pregunté a mis alumnas qué querían hacer cuando terminaran sus estudios.

«Ser madres y esposas», respondieron con entusiasmo.

«¿Eso es todo?», solté de buenas a primeras, sorprendida ante tan humildes aspiraciones.

Bueno, casi veinte años después, a pesar de mí misma y por la abundante gracia de Dios, llevo quince años casada y soy madre de cinco hijos. Dios en su misericordia me abrió los ojos para contemplar su hermoso plan, no para ser lo que pueda, sino para abrazar

fe mediante el bautismo, participaban en la Cena del Señor y en el culto a Dios. Fue Pablo el que escribió que en Cristo no hay hombre ni mujer[47]. Y siguiendo el modelo de Jesús, muchas mujeres se comprometieron activamente con los «equipos ministeriales» de Pablo[48]. La iglesia primitiva condenaba el «divorcio, el incesto, la infidelidad conyugal y la poligamia»[49]. En el año 374 el emperador Valentiniano I revocó el ancestral decreto romano de la *patria potestas,* el poder absoluto (vida o muerte) de un hombre sobre su mujer y sus hijos[50].

Una nueva cultura de respeto surgió como consecuencia de los valores cristianos respecto a la mujer. El autor de la epístola a los Hebreos refleja el corazón de Dios para el matrimonio: «Tengan todos en alta estima el matrimonio y la fidelidad conyugal, porque Dios juzgará a los adúlteros y a todos los que cometen inmoralidades sexuales.» (Heb. 13:4). En el año 125 de nuestra era, el ateniense Arístides, filósofo cristiano, escribió al emperador Adriano sobre la actitud y el comportamiento de los seguidores de Cristo respecto al sexo y el matrimonio:

> Ellos no cometen adulterio o inmoralidad... Sus esposas, oh rey, son puras como vírgenes, y sus hijas son modestas. Sus hombres se abstienen de todo contacto sexual ilegítimo y de toda impureza, pues esperan alcanzar recompensa en el mundo venidero[51].

Las normas culturales que informan la vida actual, que nos parecen tan obvias, tienen sus raíces en las tempranas virtudes cristianas. El historiador

---

mi papel como compañera asistente de mi extraordinario marido. Aunque me crié para ser independiente, Dios me está enseñando lo que significa someterme a mi marido por reverencia a Cristo. Cuando comencé la jornada matrimonial tuve que hacer un cambio mental de «mí» a «nosotros». Dios nos ha hecho únicos con ciertos dones individuales que podíamos usar separada o conjuntamente para extender su reino. Me doy cuenta de que somos realmente más eficaces cuando combinamos estos dones complementarios y funcionamos en equipo.

Mi esfera de influencia y centro de operaciones es mi hogar, pero desde esta base es posible, por la gracia de Dios, invertir en las vidas de mi marido e hijos, así como llegar a otros. Desde aquí puedo amar y servir a mi marido, hacer que funcione la casa, animarle en su visión, orar por él diariamente y respetarle como líder espiritual de la familia.

Hoy me doy cuenta de que parte del plan divino para el matrimonio es criar hijos piadosos (Mal. 2:15). He aprendido que no puedo ni siquiera criar un hijo y garantizar que él o ella sigan los caminos del Señor, pero puedo enseñarles a conocer a Dios y su Palabra. Mi labor consiste en ser fiel para instruirles en el camino por el que deben de andar. Dios es responsable de los resultados.

Él me ha dado mi marido y una visión para nuestros hijos. Queremos que crezcan en su amor al Señor, vivan una fe activa y amen a otros. Nos esforzamos por cultivar en ellos un corazón para servir especialmente a los perdidos y sufrientes. También anhelamos impartirles un amor por la verdad. Queremos que aprendan autodominio, a amar la belleza y la creación de Dios, a sentir pasión por aprender y descubrir, y un amor por otras culturas y países. Una visión noble —que parece imposible esos días en que la devoción matutina gravita sobre la paciencia, y dos horas después la pierdo, cuando los chicos se pelean y se me cuela la migraña—. Gracias a Dios que Él es capaz de actuar a través de débiles vasijas para cumplir sus propósitos.

Cuando yo era jovencita, la educación se enfocaba en grados y actividades, como el equipo de natación. Hoy día veo la educación no como una asignatura que hay que dominar, o búsqueda de buenas notas. Es más emocionante porque cada materia revela parte del carácter de Dios. En la ciencia, exploramos su creatividad. En las matemáticas, admiramos su orden. En la historia, observamos el despliegue de su plan redentor. Además de estos tópicos académicos, parte de la educación consiste en aprender a amar al vecino, practicar la hospitalidad, y servir a la iglesia y la comunidad. Podemos hacer cosas sencillas como preparar comidas para los enfermos, visitar a los vecinos de al lado, cultivar amistad con familias de refugiados, o hacer un viaje misionero a México.

La maternidad es el reto y la bendición más grande que he conocido. Ya esté cambiando pañales, haciendo sandwiches de mantequilla de mani, bocadillos, explicando fracciones o leyendo acerca de la antigua Grecia, ¡estoy ocupada hasta que Él vuelva! En vez de creer que ejerzo una vocación de segundo orden, tengo por gran privilegio pasar mis días en casa sirviendo a mi marido y educando a mis hijos.

Mi experiencia no es única. He conocido docenas de mujeres que han transitado por sendas similares. Después de obtener titulaciones y ejercer carreras, volvieron sus corazones hacia el hogar. Hallaron plenitud y paz respondiendo a la llamada de Dios a la entrega: «amar a sus esposos y a sus hijos, a ser sensatas y puras, cuidadosas del hogar, bondadosas y sumisas a sus esposos, para que no se hable mal de la palabra de Dios» (Tito 2:4-5).

británico Edward Gibbon (1737-1794) nos recuerda que después de muchos años de falta de respeto en Roma a la mujer y el matrimonio, «la dignidad de éste fue restaurada por los cristianos»[52]. Constantino II (r. 337-361), hijo del emperador Constantino, decretó la separación de hombres y mujeres en las cárceles[53] a fin de que éstas estuvieran protegidas.

Aunque Cristo entró en un mundo polígamo, enseñó la monogamia[54]. Allá donde penetró el cristianismo, las relaciones polígamas fueron en gran parte abandonadas. En la era moderna, William Carey y otros seguidores de Cristo dedicaron parte de su trabajo vocacional a poner fin a la *suttee* (inmolación funeraria de viudas) y a los matrimonios de niñas en la India. Los cristianos en la India se esforzaron por librar a la mujer de la dolorosa y degradante ligadura que sufría. Y éstos también luchan contra la ablación (mutilación genital femenina) en África y el tráfico sexual femenino en partes de Asia y alrededor del mundo.

La vida de Amy Carmichael es un ejemplo primoroso de vocación cristiana entregada a liberar a niñas y mujeres. Cuando Carmichael, misionera irlandesa, viajó a la India, descubrió que se vendían niñas a partir de los cinco años para ser prostituidas en el templo. Ella se plantó contra esta costumbre, lo cual significó a veces ir en contra de las autoridades inglesas, indias, e incluso algunos colegas misioneros. Ella luchó con ahínco por la dignidad y el honor de esas niñas. Estableció un hogar y una escuela —la Comunidad Donhavur— para acoger a las niñas que pudiera rescatar de la prostitución y el abuso. Su vida se derramó literalmente volcada a ese trabajo.

L. F. Cervantes escribe en la Nueva Enciclopedia Católica (1967) que «el nacimiento de Jesús fue el punto de inflexión en la historia de la mujer»[55]. Declarar esto no es exagerar. El carpintero judío era un auténtico revolucionario. Hoy día muchos cristianos están descubriendo vocaciones en cuyo ejercicio pueden hacer avanzar la bandera de la libertad y la dignidad de la mujer que Cristo desató[56].

Vocaciones para la actualidad

- Luchar contra el tráfico de niñas y mujeres como objetos sexuales en «los mercados carnales» del mundo occidental, bajo la forma del machismo en las culturas latinas o la esclavitud del comercio sexual.
- Tratar a todas las mujeres con respeto y dignidad porque todas ellas han sido creadas a imagen de Dios.
- Resistir la presión de la sociedad occidental que trata de determinar la cotización del valor humano en el mercado. Esta tendencia fuerza a la mujer a salir al mercado en busca de su identidad, lo que a menudo conduce al hundimiento de la familia.

LA EXPERIENCIA DE JUCUM PUERTO RICO

Hace algunos años me contactó Yarley Niño, una de las directoras de Juventud con una Misión (JUCUM) en Puerto Rico. Me comentó que mi primer libro. *Discipulando naciones: El poder de la verdad para transformar culturas,* había dejado tal huella en ella y en algunos líderes de ministerio y centro de instrucción, que se dieron cuenta de la importancia de abandonar la cosmovisión dualista de la iglesia y abrazar la poderosa, integradora y comprehensiva cosmovisión bíblica. En consecuencia, comenzaron a examinar su vida personal y comunitaria desde una perspectiva muy distinta.

Nos conocimos en el verano de 2003, en el Global Arts Workshop, donde presenté una serie de conferencias tituladas «La cosmovisión y las artes: Vocación para trovadores». Las artes son tal vez la herramienta más poderosa para conformar la cultura. Los músicos, los cineastas, los poetas y los escritores representan la punta de lanza de la creación cultural. En esa serie recalqué cómo los cristianos han usado el arte en la adoración y la evangelización. De hecho, JUCUM es bien conocida por sus escuelas de adoración, y hace años que vengo desafiando a esta agencia misionera a organizar una escuela que ayude a cristianos dotados para el arte a dar un mensaje profético a sus culturas. En esas lecciones invité a los artistas cristianos presentes a comenzar a pensar desde una perspectiva y un paradigma bíblicos para declarar deliberadamente verdad, bondad y hermosura —la trilogía de la cultura del reino— a las naciones. Algunos jóvenes portorriqueños prestaron oídos a la llamada y formaron un grupo que llamaron ADN (Arte y Discipulado de las Naciones).

En 2005 tuve el privilegio de presentar un Taller de Cosmovisión y Desarrollo en su centro ministerial en Puerto Rico. Se me pidió disertar una tarde acerca del corazón maternal de Dios[1]. En plena sesión, el Espíritu de Dios irrumpió en la sala y derramó un espíritu de quebrantamiento y arrepentimiento por la manera en que la cultura machista de Puerto Rico había aplastado a las mujeres. Yo no tenía ni idea de lo que aquella tarde iba a significar para aquellos jóvenes artistas.

Cuando regresé al mismo centro en el verano de 2006 para impartir una serie de lecciones tituladas «Levántate Ester», los artistas me saludaron entusiasmados con las obras que habían compuesto desde la última vez que nos habíamos reunido. Varios miembros del grupo me mostraron cuadernos de poesía dedicados a la dignidad de la mujer. Otro miembro, Miguel Rodríguez, me mostró un cortometraje que el equipo había filmado de un relato sobre el valor sagrado de la vida y la dignidad de las mujeres. Luego me mostró un álbum de once canciones compuestas, ejecutadas y grabadas por miembros de ADN. Este grupo de jóvenes artistas siente la necesidad de dirigirse a su nación a través del arte, para transformar una cultura que ofende a la mujer en otra que la dignifique. Que su tribu aumente.

- Crear ambientes propicios en los que las mujeres se animen a desarrollar su potencial de liderazgo.
- Valorar la maternidad, la cría de los hijos y la formación de un hogar.
- Exhibir la santidad del matrimonio en palabra y obra.
- Formar matrimonios fieles, hermosos, que honren a Cristo.
- Incorporarse a programas para fomentar la castidad entre adolescentes.
- Luchar contra la mutilación genital femenina.
- Ministrar a las que están atrapadas en la prostitución por razones económicas.
- Ayudar a mujeres atrapadas o que huyen de la violencia doméstica.
- Trabajar para educar niñas en lugares donde éstas tienen menos acceso a la escolarización que los niños.

MISERICORDIA Y COMPASIÓN POR EL POBRE

Cristo vino a un mundo en el que la compasión y la misericordia eran consideradas signos de debilidad, e incluso vicios. Plauto (254-184 a. C.), comediógrafo latino, resume la actitud adoptada en Roma: «Se hace un mal servicio a un menesteroso cuando se le ofrece alimento y bebida; uno pierde lo que le da y prolonga su vida miserable»[57]. Los romanos practicaban la *liberalitas*: dádiva para agradar a un receptor de quien se esperaba devolviera más tarde el favor recibido[58]. A decir verdad, según los hallazgos de Kennedy: «La antigüedad no dejó rastro alguno de esfuerzo benéfico organizado»[59]. A los pobres y los necesitados no les iba mejor en otras sociedades que no conocían el evangelio. Schmidt nota, citando a Edward Ryan, que «los bonzos o sacerdotes japoneses, al sostener que los enfermos y necesitados eran odiosos a los dioses, impedían que los ricos les socorrieran»[60]. Y aun hoy, en el rico mundo occidental en general, no se percibe como una responsabilidad individual el ayudar al pobre.

En vivo contraste, toda la vida de Jesucristo podría calificarse de entrega a los pobres. Ábrase cualquier página del Nuevo Testamento y se apreciará la evidencia. La parábola del Buen Samaritano[61] y la enseñanza de Jesús acerca de «las ovejas y los cabritos» (Mat. 25:31-46) son ejemplos punzantes que reclaman a los cristianos a servir a los pobres, los necesitados y los marginados. Ciertamente, esta vocación es, o debería ser, la marca registrada del cristiano.

A diferencia del mundo grecorromano circundante, que practicaba *liberalitas*, la iglesia primitiva practicaba *caritas*, y se entregaba a satisfacer necesidades físicas y económicas del prójimo sin esperar nada a cambio[62]. De esta manera los primeros cristianos encarnaron su forma de entender el ágape, esa bella palabra griega del Nuevo Testamento que expresa el amor de Dios por el hombre. El verdadero ágape siempre da sin esperar nada a cambio; siempre pone el valor en el receptor. Por lo cual, los primeros cristianos amaban simplemente a los pobres y necesitados de la manera en que Dios les ama. Era lo más lógico que podían hacer. Uno de los padres de la iglesia, Tertuliano (155-230), escribió: «Es nuestro cuidado al desvalido, nuestra práctica de la benevolencia, lo que nos define ante muchos adversarios. "Miren", dicen, "¡miren cómo se aman los unos a los otros!"»[63]. También registró que los cristianos habían creado un fondo voluntario para sostener a «las viudas, los minusválidos, los huérfanos, los enfermos, los presos encarcelados a causa de su fe y los maestros necesitados de ayuda; proveían fondos para enterrar a los pobres y a veces para la liberar a los esclavos»[64]. El emperador romano Juliano el Apóstata (r.361-363) escribió: «Creo que al haber los sacerdotes abandonado y descuidado a los pobres, los impíos galileos [califica a los cristianos de «impíos» porque rehusaban arrodillarse y adorar al emperador] tomaron nota y se entregaron ellos mismos a la benevolencia»[65]. Y en otro comunicado dijo: «Los impíos galileos no sólo sustentan a sus pobres, sino a los nuestros también, ya que a todos resulta obvio que los nuestros carecen de nuestra ayuda»[66].

La iglesia cristiana ha exhibido a partir de entonces una historia admirable de servicio al pobre y al necesitado por todo el mundo. Son innumerables las casas de caridad, orfanatos, hospitales, comedores para menesterosos, albergues para refugiados, escuelas, y otras obras benéficas y asociaciones fundadas por las órdenes religiosas cristianas, iglesias y organizaciones voluntarias. Abundan los ejemplos en los dos últimos siglos. El orfanato de George Müller en Inglaterra atendía y educaba a más de ocho mil niños cuando él falleció en 1898.[67] También en Inglaterra, la iglesia del Tabernáculo Metropolitano de Charles Spurgeon demostraba el amor de Dios a los pobres y marginados a través de más de sesenta ministerios. En los EEUU, Charles Loring Brace fundó la Sociedad de Ayuda al Menor para ofrecer hogares de acogida a los niños abandonados. En 1887, varios líderes cristianos de Denver, Colorado, fundaron la Charity Organization Society, hoy conocida como United Way.

El mundo en desarrollo cuenta con importantes ejemplos en los que actúa la iglesia para ayudar a los pobres y los necesitados. Un ejemplo notable es la Iglesia Pentecostal de Kampala, Uganda. Bajo el liderazgo del pastor Gary Skinner, este grupo de creyentes ha construido hasta hoy casas para más de dos mil huérfanos de SIDA. La visión de esta iglesia, con una membresía actual de quince mil personas distribuidas en mil quinientas células, es proveer hogares para diez mil huérfanos de SIDA y responder como iglesia a la pandemia en toda África. Cada célula se propone «adoptar» a una persona en fase terminal de SIDA y cuidar de ella y de su familia.

Otro ejemplo es Abba Love, extensa iglesia celular de Yakarta, Indonesia, que ministra a musulmanes pobres en los barrios bajos cercanos al templo proporcionándoles asistencia sanitaria, escuelas para sus hijos y atención a viudas y huérfanos.

La organización cristiana de ayuda y desarrollo Fundación contra el Hambre Internacional trabaja para salvar vidas en tiempos de guerra y hambruna. En Mozambique, en la década de los noventa, alimentó más de dieciséis mil personas durante dos años, y después les facilitó semillas y herramientas para que recogieran sus cosechas pasada la hambruna.

Mi amigo Chris Ampadu, de Ghana, dice que en la mayoría de las sociedades africanas donde se da vida comunitaria, cada familia es normalmente capaz de cuidar de sus propios pobres y enfermos. Las familias usan los recursos disponibles para tratar a sus necesitados con respeto y compasión. No obstante, uno de los efectos más devastadores de la epidemia de VIH/SIDA en África es la rotura de tales redes sociales causadas por la muerte de muchos miembros de las mismas familias y comunidades, lo que deja muy pocos —a veces ninguno— que puedan atender a los enfermos o, lo que es más triste, criar debidamente a los niños sobrevivientes.

Hoy día, en Occidente, organizaciones como Fundación contra el Hambre y Juventud con una Misión proporcionan oportunidades a decenas de miles de hombres y mujeres para ayudar de manera práctica a los pobres y necesitados. Después que el huracán Katrina golpeara la costa estadounidense del Golfo de México, las iglesias diseminadas por todo el país fueron las primeras en responder. Movido por su amor a los pobres, Kit Danley fundó Neighborhood Ministries en Phoenix, Arizona, y Amy Sherman estableció los Ministerios de Vida Abundante en Charlottesville, Virginia. Ha llegado la hora de que todos los cristianos se comprometan en mayor o menor medida a ministrar compasión a los pobres.

Vocaciones para la actualidad

- Cuidar a los enfermos de SIDA
- Proveer casa y techo para los huérfanos del SIDA
- Ayudar a los pobres y hambrientos para que puedan cuidar de sí mismos.
- Edificar casas para los musulmanes pobres (tal como están haciendo algunas iglesias en las Filipinas).

- Ayudar a niños pobres con dificultades de aprendizaje en la escuela.
- Visitar a los presos.
- Ayudar en comedores benéficos locales.
- Trabajar entre los refugiados.
- Iniciar o sostener el plan Árbol del Ángel, que entrega por Navidad regalos a los niños pobres de padres encarcelados.
- Emprendedores, empresarios y ejecutivos de corporaciones: establecer negocios o empresas en vecindarios deprimidos.
- Abogados y políticos: trabajar para que se promulguen leyes que favorezcan la libre empresa e incentiven la iniciativa individual.

LA EXPERIENCIA DE DAVID BUSSAU

Comenzando con un puesto alquilado de perros calientes a la temprana edad de 15 años, el empresario australiano David Bussau dio pronto muestras de su aptitud para los negocios. Quince negocios después, a los 35 años, se retiró de una empresa de construcción multimillonaria, habiendo alcanzado lo que él llama la «economía del ya basta».

Después de ayudar en una remota aldea indonesa, tras un terremoto, y de constatar que la construcción de infraestructuras como escuelas, puentes y carreteras no iba a quebrar el ciclo de pobreza de la comunidad, Bussau volcó sus dones al servicio de una sociedad que combate la pobreza desde la raíz. Es cofundador de Opportunity International organización que proporciona pequeños préstamos a emprendedores de 27 países emergentes.

Actualmente, los préstamos del pionero Bussau a la microempresa son un excelente medio a través del cual Dios actúa para ayudar a los pobres de una manera que respete su dignidad. Muchas agencias humanitarias cristianas ofrecen hoy planes que permiten a gentes de países en vias de desarrollo recibir pequeños préstamos para iniciar o expandir un negocio. Los micro-créditos son devueltos en el tiempo estipulado el 95 por ciento de las veces y sirven para crear una amplia variedad de negocios y a partir de ahí desarrollar miles de poblaciones.

Bussau, cristiano comprometido, se propuso la meta de administrar recursos para beneficiar a otros. Él contempla la creación de riqueza como un aspecto crítico de la mayordomía. Con el desarrollo del micro-crédito, él y otros emprendedores están desafiando el modelo de desarrollo convencional de redistribución de la riqueza y *creando* bienestar de manera responsable. Dice Bussau: «Todos nosotros tenemos capacidad de ser increíblemente productivos. Los que se dan cuenta de ello son los que producen cambios en el mundo. Para mí el reto consiste en descubrir formas de desatar ese increíble potencial en los seres humanos, hacer posible esa fuerza creativa y encauzar su expresión»[1].

- Banqueros: establecer planes de micro ahorro en comunidades pobres como parte de su servicio a la comunidad.
- Constructores: ayudar a construir casas de protección social en comunidades deprimidas y de clase media.

EL EVANGELIO TOTAL

En conclusión, el evangelio de Cristo es un «evangelio total». Cristo nos enseñó a orar: «Venga tu reino, hágase tu voluntad en la tierra como en el cielo». En la medida en que sus seguidores oyeron su llamada a lo largo de la historia, provocaron una transformación progresiva en culturas y naciones. Los cristianos son llamados a hacer historia. No debemos quedarnos al margen y observar pasivamente cómo transcurre el tiempo. Hemos de vivir *coram Deo,* contribuyendo en el presente como primicias modelos de la plena expresión del reino que aún ha de llegar a todos los dominios. Todo lo que no se someta a esta norma no es vivir conforme al evangelio de Dios.

Muchos lectores de este libro tal vez vivan en sociedades del mundo desarrollado en donde los temas sociales comentados en este capítulo serán focos muy necesarios para iluminar sus vocaciones. Otros vivirán en sociedades en las que dichos cambios ya están presentes en mayor o menor medida. Si es así, sus vocaciones incluyen hoy el cuestionarse qué nuevas injusticias necesitan respuesta y qué otros descubrimientos y posibilidades emocionantes nos esperan en tanto aprendemos en la Biblia a ver el mundo a la luz del evangelio. No hay ninguna sociedad sobre la tierra que no necesite más sabiduría de Dios e influencia del reino. Como cristianos, somos llamados a mostrar el camino a través de nuestra vocación *en el mundo.*

Cristo ha llamado a sus seguidores a llevar todo el evangelio a toda persona, de toda nación y en todo sector social. Como hemos comprobado, la Gran Comisión es comprehensiva. Es una llamada a ir hasta los confines de la tierra (*geográfica* —Hechos 1:8), a toda la creación (*ktisisográfica*_—Marcos 16:15), y a penetrar toda cultura (*demográfica* —Mateo 28:18-20). Y ¿qué hemos de llevar? Comenzaremos con las buenas nuevas de Jesucristo. Y acabaremos llevando la cultura del reino de Dios: verdad, bondad y hermosura o belleza. A medida que imbuimos la Gran Comisión con la cultura del reino, el fruto a recoger será: «venga tu reino, hágase tu voluntad en la tierra como en el cielo»

Espero, y esa es mi oración, que este escrutinio de puertas y dominios, y la aplicación del Gran Mandamiento (la manifestación del amor de Dios

LA CULTURA DEL REINO Y LA GRAN COMISIÓN

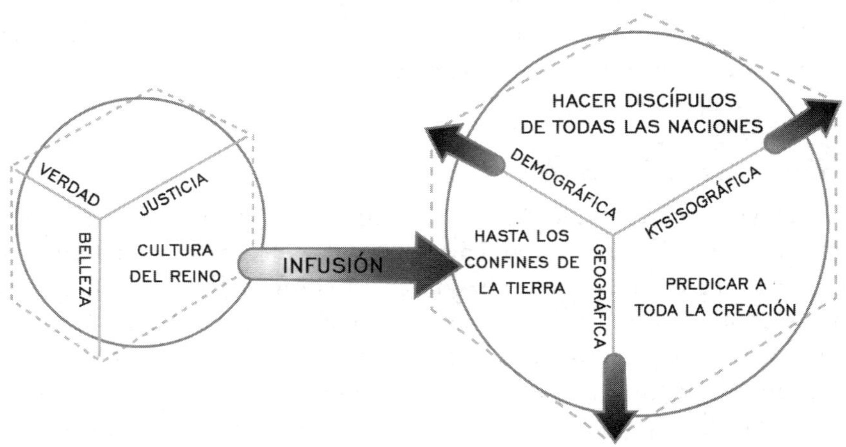

a *todos* los pueblos) a nuestra obra en todas las esferas, nos haya ayudado a captar más vivamente el poderoso, el pleno evangelio del reino de Dios. Es un evangelio que lleva, mujeres y hombres, a un conocimiento salvador de Cristo. Pero no acaba ahí. Invita a los cristianos a entrar por las puertas de la ciudad en las esferas de la vida con la única y verdadera esperanza para un mundo perdido y confundido.

En la parte 7, Iglesias sin muros, procuraremos hacer realidad esta irrupción de la esperanza. Salgamos de los edificios y vayamos al mundo. Sigamos el estandarte de Cristo y su reino hacia las puertas de la ciudad.

PARTE 7 : IGLESIAS SIN MUROS

CAPÍTULO 21

EL SERVICIO DEL VIGÍA

Hemos visto hasta aquí que es imprescindible conectar la vocación del creyente con el reino de Dios. Como nos recuerda Dallas Willard, «el corazón del discipulado consiste en hacer el propio trabajo como lo haría Jesús, y no es posible ser buen aprendiz de Cristo si el discípulo no incorpora su ocupación personal a su reino Entre Nosotros»[1].

Del cristiano que vigila a las puertas de la ciudad se puede decir que es un «constructor del reino»[2] —trata de hacer de su puesto de trabajo un lugar donde el reino puede abrirse paso a la realidad—. Tal creyente busca conscientemente acercar la verdad, la hermosura y la bondad a la plaza y la vida pública, se reúne con la comunidad eclesial para dar culto a Dios, equiparse y dispersarse para servir y discipular a las naciones. Los constructores hacen su trabajo para Cristo y su reino, no prioritariamente por dinero.[3]

Un constructor del reino es:

- un médico, no por lucro, sino por Jesús y la salud de la comunidad;
- un abogado, no por lucro, sino por Jesús y la justicia en la sociedad;
- un ingeniero, no por lucro, sino por Jesús y la lucha contra los estragos del mal natural;
- Un artista, no por lucro, sino por Jesús y el advenimiento de la verdad y la belleza en el mundo;
- Un empresario, no para hacerse grande, sino por Jesús y el bienestar económico de la sociedad.

«CONSTRUCTORES DEL REINO»

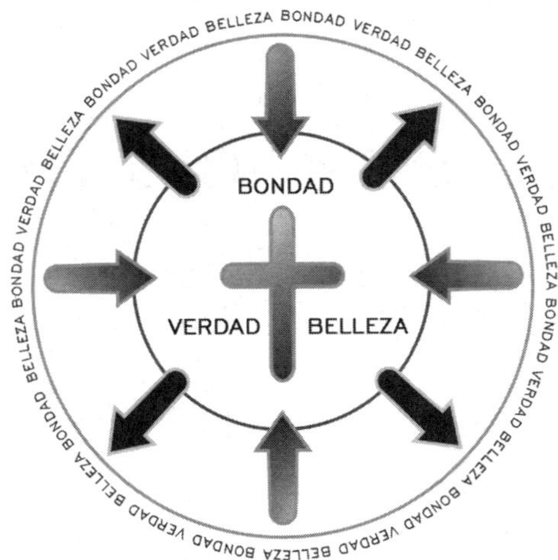

Cuando oramos «venga tu reino, hágase tu voluntad en la tierra como en el cielo», estamos pidiendo que la tierra se parezca más al cielo. Cuando cesamos de orar y de actuar de este modo, la tierra se acerca más al infierno. Nuestro trabajo puede influir y hacer que el mundo sea más infernal o más celestial, es decir, que éste se asemeje más a la intención divina para la creación.

¿Cómo puede usted empezar hoy, con sus valores y su conducta, a ocupar las puertas de la ciudad?

LA OCUPACIÓN DE LAS PUERTAS CON VALORES

En primer lugar, cada uno de nosotros puede *ahora mismo* ocupar las puertas de la ciudad, plantarse en valores, atacando la fortaleza de la mente. Hemos de empezar a pensar como cristianos en todos los aspectos de la vida, incluido el trabajo. Tenemos que admitir que nos hemos dejado arrastrar por el espíritu del siglo. Romanos 12:2 pide al cristiano que deje de conformarse a los sistemas mundanos. Esta ligadura se quiebra mediante la renovación de la mente. Pablo nos recuerda en 2 Corintios 10:4-6 que la batalla que libramos es de ideas e ideales. Es una batalla por la mente de los pueblos y las culturas. Hay fortalezas en la mente que deben ser derribadas para llevar todo pensamiento cautivo a Cristo.

En segundo lugar, cada uno de nosotros debe procurar entender y manifestar que Cristo ha de tener supremacía en todas las cosas.[4] Como ya vimos, hemos de llevar los principios del reino para que brillen en todas las áreas de la sociedad: las leyes (justicia), la empresa (honestidad e integridad), la ciencia (objetividad), la comunicación (veracidad), y el arte (belleza).

En tercer lugar, cada cual puede restaurar el concepto y el contenido de la virtud en las puertas procurando, aunque sea de manera modesta, practicar lo verdadero, lo bueno y lo hermoso. Esto ha de hacerse en todas las facetas de la vida.

En cuarto lugar, podemos comenzar a ocupar las puertas teniendo en cuenta que la iglesia es un pueblo, no un edificio. Como veremos en el próximo capítulo, nuestra idea de iglesia debe liberar a las personas para estar en el mundo, en las puertas de la ciudad, en la plaza, en la vida pública y en las universidades como pequeñas comunidades encarnadas.

LA OCUPACIÓN DE LAS PUERTAS EN LA PRÁCTICA

¿Qué cosas concretas puede usted empezar a hacer de inmediato para ejercer una mayor influencia en la puerta que se dispone a ocupar?

En primer lugar, si aún no lo ha hecho, debe tratar de identificar la esfera en que ha sido llamado a servir.[5]

En segundo lugar, puede hacer la oración del Señor con respecto a su esfera. Ore: «venga tu reino, hágase tu voluntad en esta esfera como en el cielo». Pregúntese: «Si Cristo trabajara en esta esfera, ¿cómo cambiaría las cosas? Para responder a esta pregunta, puede empezar a examinar su agenda.

En tercer lugar, esfuércese por descubrir cómo le ha equipado Dios para proporcionar liderazgo en ese dominio.

En cuarto lugar, estudie las Escrituras en relación con su vocación. Cultive una teología bíblica de la vocación específicamente relacionada con su llamamiento para empezar a tener la mente de Cristo respecto a su trabajo.

En quinto lugar, desarrolle una serie de estudios bíblicos para enseñar a otros los principios bíblicos relacionados con su esfera.[6]

En sexto lugar, congréguese en una célula con base en la iglesia o en el trabajo cuyo objetivo sea formar una comunidad de redimidos en esa esfera. Por ejemplo, una célula sanitaria en el hospital de la localidad, una célula de ingeniería en la empresa, una célula de estudiantes y profesores en la universidad.

En séptimo lugar, actualice su instrucción formal o informal, según convenga, para aumentar la excelencia, el profesionalismo y la reputación en su área vocacional. Esto puede incluir la lectura de libros conceptuales relacionados con una teología bíblica para su esfera o actualizar su preparación académica o técnica.

En octavo lugar, compile materiales para preparar y equipar a otros cristianos para la vida pública. Escriba panfletos y libros que ayuden a edificar el reino en la vida pública. Imparta talleres en su iglesia local o puesto de trabajo para ayudar a los cristianos a conectar su trabajo con el reino.

¿CON QUÉ OBJETO?

¿Con qué objeto hemos de ser vigías en las puertas, peones del reino? Para que las culturas sean transformadas y las naciones —no sólo algunos individuos en ellas— sean discipulados. Jesús ha fundado la iglesia para discipular a las naciones.[7] Él es actualmente Rey del cielo y de la tierra.[8] Su reino debe de avanzar en este mundo.[9] Cuando oramos el Padrenuestro, «venga tu reino», estamos pidiendo el avance del reino de Cristo en la tierra para que sea como en el cielo. Dallas Willard escribe:

> De manera que cuando Jesús nos guía a orar: «Venga tu reino», no quiere decir que oremos para que llegue a existir. Lo que pedimos, más bien, es que se establezca en todos los aspectos, en el orden personal, social y político en los que ahora está excluido: «en la tierra como en el cielo». Con esta oración lo estamos invocando, por fe lo estamos instaurando en el mundo real de nuestra existencia cotidiana.[10]

Las naciones se discipulan cuando son enseñadas a obedecer «todo lo que Él les ha mandado» (Mat. 28:20). ¿Qué aspecto tiene una nación discipulada? El Dr. Jun Vencer, de los ministerios DAWN, ha provisto un sumario útil para este objetivo. Una nación discipulada, dice él, se caracterizará por lo siguiente:

- Suficiencia económica
- Paz social
- Justicia pública
- Equidad nacional
- Un territorio donde todos los aspectos de la vida giran en torno al Señorío de Cristo[11]

De modo similar, Lawrence Harrison, erudito y veterano obrero de USAID en el Caribe, afirma acerca de los anhelos de todas las gentes que:

> La vida es mejor que la muerte.
> La salud es mejor que la enfermedad.
> La libertad es mejor que la esclavitud.
> La prosperidad es mejor que la pobreza.
> La educación es mejor que la ignorancia.
> La justicia es mejor que la injusticia.[12]

Vivimos en un mundo creado por Dios y la gente aspira a la clase de vida digna para la que fue creada. Cada cristiano tiene un papel que jugar para satisfacer los anhelos de sus vecinos y compañeros de trabajo. Los profesionales sanitarios pueden proporcionar atención personal, educación sanitaria y nuevas tecnologías para fomentar la salud. Los empresarios y hombres de negocios pueden crear empresas que además de obtener beneficios creen un buen ambiente de trabajo, contribuyan a una salud duradera y calidad de vida social. Los maestros y profesores no sólo pueden impartir conocimiento académico, sino también verdad, sabiduría y desarrollo de carácter en las escuelas y universidades donde trabajan. Los abogados, los jueces y los políticos pueden proyectar y promulgar leyes justas y equitativas. A cada cristiano le corresponde una ocupación en las puertas de la ciudad.

EJEMPLO DE VIGÍA: WILLIAM CAREY

La mayoría de los llamados a ocupar las puertas de la ciudad seguirán siendo desconocidos para el mundo. Pero todos nosotros hemos recibido una llamada que puede inspirarse en la vocación transformadora de William Carey, hombre cuya obra continúa influyendo en muchas esferas y generaciones después de su muerte. Conocido como el padre de la misión moderna, William Carey no fue un misionero común en su tiempo, y sigue siendo excepcional en éste. En el notable librito de Vishal y Ruth Mangalwadi, *The Legacy of William Carey (El legado de William Carey),* se constata cómo Dios usó a un humilde zapatero inglés para influir en el pueblo de la India. Carey inyectó la mentalidad bíblica a su estrategia y metodología de la misión, y comprendió que el evangelio debía impregnar todos los sectores de la sociedad.

En el primer capítulo de su libro, los Mangalwadi nos presentan a Carey desde la óptica de varios estudiantes universitarios indios que participaron en un concurso nacional de historia de la India. Se les formuló la pregunta: «¿Quién fue William Carey?» He aquí algunas de sus respuestas:

> «William Carey fue un misionero cristiano», respondió un estudiante de ciencias. «Y también fue el botánico que puso nombre a la *Careya herbácea,* una de las tres variedades de eucalipto oriunda de la India.
>
> «Carey introdujo la margarita inglesa en la India y el sistema Linneano en la jardinería. También publicó los primeros libros de ciencia e historia natural de la India, como la *Flora Índica* de William Roxburgh, porque creía en el axioma bíblico «todas tus obras te alaban, Señor». Carey creía que la naturaleza había sido declarada "buena" por su Creador; no es *maya* (ilusión que deba ponerse de lado), sino una materia digna del estudio humano. Él daba con frecuencia lecciones de ciencia e intentaba mostrar que incluso los insectos más pequeños no son almas encadenadas, sino criaturas dignas de nuestra atención»[13].
>
> «William Carey introdujo el estudio de la astronomía en el sub-continente asiático», declaró un estudiante de ciencias exactas. «Le preocupaban enormemente las ramificaciones culturales de la astrología: el fatalismo, el temor supersticioso y la incapacidad de organizar y administrar el tiempo.
>
> «Carey quería introducir en la India la cultura de la astronomía científica. No creía que los cuerpos celestes fueran "deidades que gobiernan nuestros destinos". Él sabía que los seres humanos fueron creados para señorear sobre la naturaleza, y que el sol, la luna y los planetas fueron creados para ayudarnos a ejercer dominio sobre ella. Carey pensaba que los cuerpos celestes debían ser atentamente estudiados, ya que el Creador los había puesto como señales o testigos de su creación. Ayudan a dividir la monotonía del espacio en direcciones: Este, Oeste, Norte y Sur; y el tiempo, en días, años y estaciones. Hacen posible la confección de calendarios; el estudio de la geografía y la historia; la planificación de nuestras vidas, trabajo y orden social. La cultura de la astronomía nos libera para ser dominadores, mientras que la cultura de la astrología nos esclaviza y nuestra vida es dictada por las estrellas»[14].
>
> «William Carey», asegura una feminista, experta en ciencias sociales «fue el primer hombre que se levantó contra el cruel asesinato y la opresión generalizada de las mujeres, sinónimos virtuales del hinduismo en los siglos XVIII y XIX. El varón hindú aplastaba a la mujer a través de la poligamia, el infanticidio, el matrimonio de menores, la quema de viudas, la eutanasia y

> el analfabetismo forzado de la mujer —sancionados todos por la religión—. El gobierno británico aceptaba tímidamente estos males sociales como parte intrínseca e irreversible de las costumbres religiosas de la India. Carey emprendió una investigación sociológica y bíblica sistemática acerca de estos asuntos. Publicó sus informes para despertar la opinión pública y protestar tanto en Bengala como en Inglaterra. Influyó en toda una generación de funcionarios civiles —sus alumnos del Fort William College— para resistir contra estos males. Carey fundó escuelas para niñas. Cuando las viudas se convertían al cristianismo, las ayudaba a contraer matrimonio. Fue la pertinaz batalla —duró veinticinco años— de Carey contra el *sati*, la quema de viudas, lo que condujo finalmente al famoso edicto de Lord Bentinck en 1829, que prohibió una de las costumbres religiosas más abominables»[15].

Estos estudiantes dan fe de la influencia que ejerció en su país la cosmovisión bíblica de William Carey, su capacidad para transformar la mentalidad y la sociedad, y nos muestran la potencialidad actual del trabajo transformador en éstas y otras esferas.

Queda claro que cada cristiano ha sido llamado a servir como vigía en las puertas; cada cristiano tiene por delante una obra que conecta toda su vida y su trabajo con el reino de Dios. Queda claro también que la nuestra no es una vocación aislada, sino que forma parte de la iglesia de Cristo. Para que los cristianos exhiban sus vocaciones a las puertas de la ciudad y cubran la necesidad de la gente que aspira al reino —para el que fueron creados— será menester renovar lo que ellos entienden por «iglesia». En los últimos dos capítulos de este libro consideraremos qué significa ser cuerpo de Cristo en el mundo.

CAPÍTULO 22

EL CUERPO DE CRISTO:

IGLESIAS SIN MUROS

Jesús declaró: «Sobre esta roca edificaré mi iglesia; y las puertas del Hades no prevalecerán contra ella» (Mat. 16:18, RV-1960). Estas palabras revelan que la iglesia de Cristo avanza por territorio enemigo. Las puertas del infierno no resistirán el ataque de la iglesia. «Edificaré» marca el avance del reino de Cristo y su agenda. Ocurrirá porque el Señor del universo ha hablado.

En este marco, ¿quién está a la ofensiva? La iglesia. Cristo conquistó el temor de la muerte en la cruz y la propia muerte con su resurrección. Él es ahora Rey de cielo y tierra. Satanás está a la defensiva. Perdió la gran batalla de la contienda por el universo. Está en franca retirada. Cristo dirige sus fuerzas en operaciones de limpieza. Hemos de seguir a Cristo y su estandarte hasta las mismas puertas del infierno.

La guerra prosigue entre Dios y Satanás, la verdad y la falsedad, el bien y el mal, la luz y las tinieblas, la vida y la muerte. Las fuerzas del mal no son contrincante digno para la arremetida del reino. El reino de Dios prevalecerá finalmente.

Esta guerra se manifiesta aquí en la tierra en términos muy concretos que acarrean consecuencias tanto para los individuos como para las culturas. Hay batallas que han de librarse en muchos frentes. Hay una batalla de la verdad contra las mentiras, por la cultura de la vida y contra la cultura de la muerte; por la justicia y contra la corrupción; por la belleza y contra lo feo y espantoso; por la abundancia y contra el hambre; por la suficiencia económica y contra la pobreza; por la sabiduría y contra la ignorancia; y por la salud y contra la enfermedad. Los siervos del Rey deben ocuparse —usar sus dones, talentos y capacidades naturales— para librar estas batallas. Deben prestar una contribución singular, en su vida y su vocación, ocupar el territorio enemigo para Cristo.

Como huestes del ejército celestial, no combatimos con espadas, armas de fuego y bombas, sino con la verdad, la bondad y la justicia. No avanzamos con barcos o tanques, sino de rodillas y en humilde servicio. Siempre que el cristiano ocupe su lugar de despliegue, debe colocar el estandarte de Cristo.

LA CONTRIBUCIÓN SINGULAR

La guerra a cuyas filas se nos ha llamado ha sufrido altibajos a lo largo de la historia: a veces el reino de Dios ha avanzado, a veces las fuerzas de oscuridad. En este momento histórico se ha producido un avance sin par en evangelización y fundación de iglesias. Nunca ha habido tantos cristianos o iglesias en el mundo como en el presente. Pero la influencia de la iglesia en la cultura occidental está disminuyendo dramáticamente. El reino de las tinieblas está afectando profundamente a algunas naciones aun cuando la iglesia esté creciendo numéricamente. La iglesia ha perdido virtualmente Occidente frente al secularismo, y el secularismo está colapsando bajo el peso de la codicia, la corrupción y una base insuficiente. El postmodernismo o neopaganismo está actualmente progresando en corazones y mentes de naciones, especialmente en la Europa cristiana postmoderna y en las principales ciudades de Estados Unidos. En buena parte del mundo en desarrollo, sigue dominando la mentalidad y el sistema de valores espiritista, disminuyendo el impacto del crecimiento numérico de la iglesia.

Así pues, ¿dónde radica el problema? La iglesia, en nuestra generación, es presa de una mentalidad que da por hecho que Satanás está a la ofensiva y ella a la defensiva. Esta mentalidad es exactamente contraria a la enseñanza de las Escrituras y está originando una conformidad derrotista en la iglesia.

Se nos ha de recordar quién ganó la batalla de la cruz y la batalla sobre la muerte. Cristo y su reino seguirán avanzando hasta que su triunfo sea completo. Él es el Rey de Israel que viene de quien escribe Isaías 9:6-7:

> Porque nos ha nacido un niño, se nos ha concedido un hijo; la soberanía reposará sobre sus hombros, y se le darán estos nombres: Consejero admirable, Dios fuerte, Padre eterno, Príncipe de paz. Se extenderán su soberanía y su paz, y no tendrán fin. Gobernará sobre el trono de David y sobre su reino, para establecerlo y sostenerlo con justicia y rectitud desde ahora y para siempre. Esto lo llevará a cabo el celo del SEÑOR Todopoderoso.

Dios llevará completamente a cabo su obra redentora. Las puertas del infierno no prevalecerán.

Si esto es verdad, la iglesia debe tener una mentalidad victoriosa contra el reino de las tinieblas. Debe tomar la iniciativa, atacar las puertas mismas del infierno, no desentenderse ni alejarse. Tampoco ha de ser reactiva: actuar a la defensiva, responder sólo a los ataques del reino de las tinieblas.

La falsa mentalidad de la dicotomía sagrado-secular prefiere ver las puertas de la ciudad —las esferas de la administración, los medios de comunicación o la ciencia— como «puertas del infierno». Por su postura separatista o antagónica contra el mundo, los evangélicos gnósticos han demostrado a veces (erradamente) que han confundido el trabajo «en las puertas de la ciudad», o «en el mundo», con el trabajo a las mismas puertas del infierno. Obviamente, este no es el caso. O bien las esferas de la sociedad humana están ordenadas por Dios o escapan al mandato divino de gestionar toda la creación. La armonía que disfrutaba la creación antes de la caída es la meta del fin de los tiempos, en los cuales habrá concordia entre la creación del hombre —la ciudad— y la creación de Dios —la naturaleza.[1]

Claramente las puertas de la ciudad, los dominios o esferas de la sociedad, no son las puertas del infierno contra las que la iglesia ha de emplearse; no son el objeto del ataque de la iglesia. Como dice Pablo: «Nuestra lucha no es contra seres humanos, sino contra poderes, contra autoridades, contra potestades que dominan este mundo de tinieblas, contra fuerzas espirituales malignas en las regiones celestiales» (Efesios 6:12). Como las culturas más amplias a las que pertenecen, las esferas de la sociedad que hemos sido llamados a ocupar e influir tienen distintos grados de cultura del reino, cultura falsa y cultura natural. Se atacan las puertas del infierno no gastándonos y hundiéndonos en la frustración mediante una acción ineficaz, no encerrándonos aparte, sino manifestando más claramente la cultura del reino en las puertas de la ciudad. En el poder de la palabra de Cristo, su iglesia debe tomar la iniciativa, la ofensiva. Porque Jesús lo ha dicho, la verdad *retará* a la mentira, el bien *vencerá* el mal, el amor *vencerá* el odio y la luz resplandecerá en las tinieblas.

UNA COMUNIDAD ENCARNADA

¿Qué es la iglesia? En esencia, es una comunidad encarnada. En el fondo, no es un edificio. No se define por su estructura y su gobierno. No; es una comunidad de creyentes que deben encarnar la Palabra en un mundo desolado.

Para empezar, la iglesia es una comunidad, el cuerpo de Cristo[2], su novia, una nación santa[3] y un sacerdocio real[4]. Todas estas definiciones son vivas y orgánicas. La iglesia no es estática. Lo que distingue a una iglesia es su gente y su vida corporativa, no el lugar ni el edificio donde se congrega, da culto y se equipa para la batalla y el servicio.

El templo puede ser un lugar donde los creyentes se reúnen para adorar y recibir instrucción, pero el edificio no es la iglesia. La iglesia es, más bien, una *comunidad* de creyentes, una comunidad de redimidos en los que Dios actúa. Al identificar a la iglesia como cuerpo de Cristo, Pablo revela que esta comunidad es una unidad constituida por la diversidad de muchos miembros singulares[5] con una variedad de dones, servicio y ministerios.[6] Es una comunidad que refleja la naturaleza y los propósitos de Dios.

En segundo lugar, la iglesia es una encarnación. El apelativo «cuerpo de Cristo» le recuerda a la iglesia que es una comunidad encarnada. Así como Cristo es el Verbo hecho hombre que habitó entre nosotros (Juan 1:14), así también ahora el Verbo (Jesús) ha de ser encarnado hoy en su iglesia. Al acudir a Cristo, hemos entrado en su reino. Por lo cual, su iglesia ha de vivir como Él viviría en el mundo.[7]

DOBLE CIUDADANÍA

San Agustín dice en *La ciudad de Dios,* que somos ciudadanos de «dos ciudades». Cristo es el Rey del cielo y la tierra, ahora y en el futuro[8]. Puesto que sus leyes son eternas e inmutables, los principios bíblicos rigen en el cielo y en la tierra. El cristiano es, en todo momento, un ciudadano del cielo[9] y de este mundo[10] y está sujeto a las leyes de Dios en ambas esferas.

El reino de Dios ya está aquí y aún no ha llegado. El cristiano debe de vivir en la realidad del futuro retorno del Rey y, al mismo tiempo, manifestar hoy la presencia del reino en el mundo. El reino de Dios está plenamente establecido en el cielo, y debe avanzar sustancialmente ahora en la tierra. Esto quiere decir que el reino de la Luz desafiará al reino satánico de las tinieblas. Los aspectos futuros del reino producirán una cosecha completa cuando Cristo regrese. Su reino se consumará bajo una soberanía. ¡Reinará la paz Shalom! Hasta entonces, los cristianos serán ciudadanos de dos reinos, con un pie en cada uno.

LA IGLESIA Y EL MUNDO

La iglesia debe al mismo tiempo mantenerse separada del mundo (santificada—apartada) y activamente comprometida (ocupada por Cristo) en el mundo. Jesús deja esto claro cuando ora como Sumo Sacerdote por sus discípulos en la *última cena* (Juan 17:15-19):

> «No te pido que los quites del mundo, sino que los protejas del maligno. Ellos no son del mundo, como tampoco lo soy yo. Santifícalos en la verdad; tu palabra es la verdad. Como tú me enviaste al mundo, yo los envío también al mundo. Y por ellos me santifico a mí mismo, para que también ellos sean santificados en la verdad».

Directamente, antes de emprender la jornada hacia la cruz, Cristo ora por sí mismo, por sus discípulos y por todos los creyentes[11]. Ora para que sus discípulos estén en el mundo pero no sean del mismo. ¿Qué significa esto? Muchos cuerpos de iglesia funcionan con arreglo a dos mentalidades opuestas al concepto correcto de «en el mundo pero no del mundo». Podemos llamar a la primera iglesia fortaleza.

La iglesia fortaleza

La iglesia fortaleza trata de apartarse físicamente del mundo. Usando la frase inversa de la oración de Cristo, la iglesia está «fuera del mundo y dentro del templo». Deja el mundo atrás y se desconecta de la cultura. Según esta concepción, Dios quiere que la iglesia se esconda detrás de los muros protectores de una cultura aislada e independiente. Muy a menudo ésta ha sido la postura de muchas iglesias fundamentalistas y evangélicas.

LA IGLESIA FORTALEZA
DESENTENDIDA
EN LA IGLESIA Y FUERA DEL MUNDO

La iglesia sincrética

Podemos llamar a la otra mentalidad sincrética. La iglesia sincrética comparte el mismo marco básico, moral y metafísico de la sociedad más extensa. Se conforma al mundo en vez de conformarse a Cristo. Deformando la frase de la oración de Cristo, la iglesia «está en el mundo y es del mundo». Procurando ser relevante o atractiva a la sociedad, se vuelve como la sociedad,

LA IGLESIA SINCRÉTICA
CONFORMADA
NO SE DISTINGUE DEL MUNDO

no se distingue de la cultura. En vez de transformar la cultura para Cristo, la iglesia es transformada por el mundo hasta que ya no se distingue de él. Con frecuencia, las denominaciones liberales y muchas iglesias actuales de «búsqueda amistosa» han sucumbido a esta tendencia.

La iglesia del reino

La iglesia del reino se sitúa en el centro radical. Está comprometida con la sociedad y, al mismo tiempo, moral y metafísicamente consagrada. Usando la frase exacta de la oración de Cristo, la iglesia está «en el mundo pero no es del mundo». Siempre se está reformando y tratando de transformar la sociedad. Siempre avanza contra-cultura. Procura edificar comunidades y culturas del reino que se comprometan con el mundo en verdad, belleza y justicia.

La palabra griega *ekklesia* significa «llamar afuera, convocación». Se es llamado de algo para otra cosa. Como iglesia, somos llamados a abandonar la mentalidad, el carácter y la estética del mundo, pero no a salir de éste. Somos llamados aparte por Cristo y para Cristo.

Somos llamados a salir del mundo para entrar en el reino. Pero dado que hemos de estar en el mundo relacionándonos con él sin ser de él, se nos llama a separarnos del sistema mundano, de su mentalidad, carácter y estética, para entrar en la cultura y la cosmovisión del reino.

La iglesia es llamada a ser una comunidad encarnada que refleja y exhibe el carácter de Dios; llamada a abrumar la comunidad y la nación, en general, con la fidelidad, la santidad y la belleza de Dios; llamada a ser un pueblo que exhibe una manera diferente de pensar (verdad), de vivir (virtud), y de expresarse (encanto, esplendor).

La noción de ser los «llamados aparte» es verdadera tanto para la expresión universal como local del cuerpo de Cristo. La iglesia se ha de apartar moral y metafísicamente, pero no físicamente. Ha de ser un pueblo santo y particular[12], que vive en la plaza y en la vida pública[13] en comunidades encarnadas. Los cristianos individuales, las iglesias esparcidas, deben de estar social y físicamente comprometidas, totalmente consagradas con la comunidad y la nación, traer el reino al mundo, en todas las esferas de la sociedad, mostrar una mentalidad, una estética y una ética bíblicas. La comunidad del reino es como la sal y la luz[14], como levadura en la masa[15]: tiene que informar, explicar, alumbrar, demostrar e influenciar a la comunidad. No ha de controlar, ordenar, dictar ni manipular. No se inhibe, no se separa, no se aísla ni se hace inaccesible. Debe ser un faro en el mundo, no una fortaleza contra el mismo. Debe dar sabor, preservar, limpiar, dar vida a la comunidad.

LA IGLESIA DEL REINO

REFORMARSE: INFLUENCIAR AL MUNDO

EN EL MUNDO, PERO **NO DEL** MUNDO

A LA VIDA

ENTENDIDO AL REVÉS

Gran parte de la iglesia evangélica moderna occidental lo ha entendido completamente al revés. Está fuera del mundo y conformada al mundo. Está físicamente separada y metafísica e ideológicamente conformada. La iglesia occidental actual es mayoritariamente mundana —actúa religiosamente cuando se congrega y como el mundo cuando se disgrega—. A menudo, actuamos como cristianos cuando «conviene», cuando no hay un precio que pagar.

Dietrich Bonhoeffer, martirizado por el Tercer Reich Nazi por resistirse a su pretensión de poder absoluto, desacreditó el sincretismo de la iglesia alemana de su tiempo, que se parece tanto a la iglesia de nuestros días. Él escribió sobre el concepto de la gracia barata que es el tema central de las iglesias liberales y evangélicas de la actualidad:

> Si la gracia es lo que informa mi vida cristiana, ello significa que me dispongo a vivir *en el mundo con todos mis pecados justificados de antemano.* Puedo pecar tanto como quiera, y apoyarme en una gracia que me perdona, porque al fin y al cabo todo el mundo es justificado en principio por la gracia. Por tanto puedo aferrarme a mi existencia burguesa secular, y *seguir siendo como era,* pero con la seguridad añadida de que la gracia de Dios me cubrirá. Bajo la influencia de esta clase de «gracia» el mundo

> se ha hecho «cristiano», pero al precio *de secularizar la religión cristiana como nunca en el pasado... La vida cristiana no viene a significar otra cosa que vivir en el mundo y como el mundo,* sin distinguirse de él, lo cual, en realidad, no es sino tener prohibido el ser distinto del mundo en aras de la gracia [cursiva añadida].[16]

Durante el Tercer Reich, el 90 por ciento de los alemanes eran cristianos profesantes. Pero la mayor parte de la iglesia se había sometido totalmente al Estado. Esta triste condición empapa gran parte del mundo cristiano actual. En la iglesia occidental el cristianismo está mayormente conciliado con el materialismo secular.

Observando el mundo actual, resulta evidente que el verdadero «éxito» de una iglesia no lo determina un criterio materialista de su tamaño y su riqueza, sino un criterio orgánico de su piedad y su influencia positiva en la cultura circundante. Nunca antes hubo tantos cristianos en el mundo como en el presente. Nunca hubo tantas iglesias. Nunca hubo tantas mega-iglesias como en la actualidad. Con todo, las naciones siguen debilitadas, empobrecidas y esclavizadas. Las personas son sombras de los seres humanos que Dios creó. Hay muy poca sanidad sustancial.

Normalmente sólo se consigue lo que se emprende. El lema de los últimos cincuenta años ha sido «crecimiento de iglesias». La iglesia en todo el mundo está logrando esta meta. Pero ¿con qué fin? ¿Está la iglesia viva? ¿Se está haciendo la Palabra carne en los creyentes? ¿Están la sociedad y la nación siendo transformadas por la iglesia local? Desgraciadamente, hay muy pocos lugares donde las comunidades y las naciones estén siendo influidas, y mucho menos transformadas.

IGLESIAS VOLCADAS EN LAS ACTIVIDADES

Una razón que explica el fracaso de la iglesia para influir en la cultura es interpretar erradamente que ésta es un edificio o un conjunto de programas. Una iglesia volcada en las actividades (IVA) es una iglesia que se define por sus actividades. Su objetivo consiste en sacar gente fuera del mundo (el terreno secular), para introducirla en la iglesia (el lugar sagrado). Esta iglesia suele erigirse en torno a un edificio, como un pueblo que forma iglesia cuando está «reunido» o «haciendo obra de iglesia». Estas asambleas se definen por su programa semanal de reuniones y actividades. A veces el número de reuniones a las que se asiste determina la espiritualidad de la persona.

Normalmente, el éxito de la iglesia viene dado por el número de reuniones y el número de personas que asisten a las mismas. Cuantas más reuniones haya, más «exitosa» será la iglesia.

El autor y teólogo Elton Trueblood describe este fenómeno: «Es un craso error suponer que la causa cristiana avanza sólo, o principalmente, los fines de semana. Lo que sucede a diario puede ser mucho más importante, por lo que respecta a la fe cristiana, que lo que sucede los domingos»[17]. A esto cabe añadir que lo que sucede fuera de los muros de la iglesia puede tener más que ver con el avance del reino que lo que sucede dentro. Un profesor universitario coreano se lamentó una vez en mi presencia de que la presión de la responsabilidad por las «tareas» y reuniones que tenía en su iglesia le impedía funcionar y ministrar eficazmente a sus alumnos universitarios.

TODO CRISTIANO ES UN MINISTRO

A diferencia de una idea de iglesia como edificio, conjunto de programas o actividades, hemos de ser conscientes de que la iglesia es una comunidad encarnada.

La iglesia se congrega y se esparce. Se congrega para dar culto e instruir y se esparce para ministrar. En la iglesia volcada en los programas los ministros son el personal pastoral. Los seglares existen para apoyar al personal pastoral en «sus» ministerios. En la iglesia volcada en el reino, los ministros son sus miembros. La función de los pastores y maestros es equipar a los santos para el ministerio, no hacer ellos mismos el ministerio. Necesitamos devolver a los ministros a las puertas de la ciudad.

LA IGLESIA: CONGREGADA Y ESPARCIDA

El apóstol Pedro nos recuerda: «Pero ustedes son linaje escogido, real sacerdocio, nación santa, pueblo que pertenece a Dios, para que proclamen las obras maravillosas de aquel que los llamó de las tinieblas a su luz admirable» (1 Ped. 2:9). Las Escrituras anuncian claramente que todo cristiano es un ministro, cada miembro un sacerdote. ¡Esto se ha dado en llamar sacerdocio de los creyentes! Recuerdo que en mi juventud vi un cartel a las puertas de una iglesia que proclamaba esta verdad. Decía así:

> El pastor — el instructor;
> La congregación — ¡los ministros!

Hendricks llama al seglar «Nuevo clero»[18]. Esto cautiva la imaginación, pero no es un concepto nuevo; más bien es un concepto bíblico olvidado que ha de ser restaurado.

La Gran Comisión envía a todos los cristianos a la vida pública. Cuando Cristo dice: «Por tanto, vayan» (Mat. 28:19), la frase significa literalmente «mientras van» o «están yendo». Presupone que el cristiano está comprometido en las puertas de la ciudad, negociando, cultivando relaciones, escuchando noticias, etc. La iglesia se congrega para equiparse y dar culto, y luego se dispersa por las puertas de la ciudad para acercar la cultura del reino al pueblo.

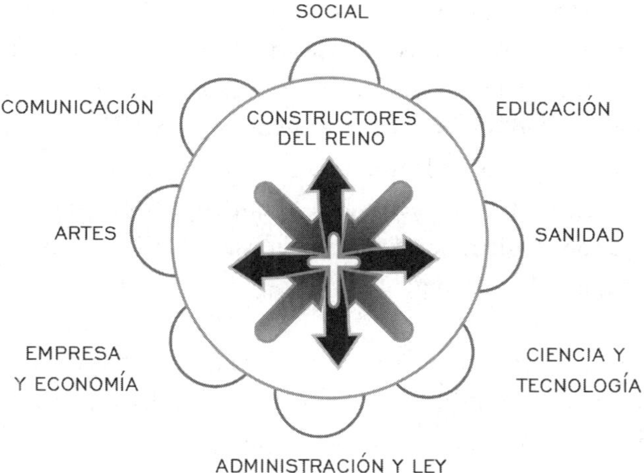

Debido a que el gnosticismo evangélico ha cegado a la iglesia respecto a la Gran Comisión, merece la pena tocar dos asuntos relacionados con el «ir»: el despliegue y la vocación.

Por lo que respecta al despliegue, el gnóstico evangélico asume que este pasaje va dirigido a los misioneros profesionales que salen a hacer obra en el extranjero. Sin embargo, una concepción bíblica asume que este pasaje es para todos los cristianos cualquiera que sea su asignación. El segundo asunto es el de la vocación. Los gnósticos evangélicos asumen que este pasaje es para los obreros religiosos profesionales. El teísmo bíblico asume que todos los cristianos son llamados a discipular a las naciones, más aún, que esto puede llevarse a cabo a través de cualquier vocación honesta o moral. El sacerdocio de los creyentes entiende que todos los cristianos son sacerdotes y a todos se les ha asignado un despliegue o esfera en la que deben servir.

LA INSTRUCCIÓN DE LOS MINISTROS

La iglesia juega un papel vital en la preparación de los cristianos para su despliegue en la plaza y en la vida pública. George Grant resume la obra de la iglesia para levantar esos líderes en su libro *Changing of the Guard (Cambio de guardia):*

> La función de la Iglesia es *instruir* al pueblo de Dios para la obra del ministerio. Para que nuestro país cuente con pastores bien equipados, la Iglesia debe instruir a los jóvenes para el ministerio del Evangelio (Romanos 10:14-15). Para que nuestro país cuente con maestros bien equipados, la Iglesia debe instruir a los padres y madres jóvenes para el ministerio de la educación (Tito 2:1-15). Para que nuestro país cuente con artesanos, artistas, músicos, filósofos, doctores, trabajadores, abogados, científicos y comerciantes bien equipados, la Iglesia debe instruirles para el ministerio de la aculturación (2 Timoteo 3:16-17). Y, por supuesto, para que nuestro país cuente con magistrados bien equipados, la Iglesia debe instruirles para el ministerio de la acción política.[19]

¿Qué hace falta para instruir a los ministros para las puertas de la ciudad?

En primer lugar, hacen falta pastores y maestros dispuestos a equipar a los santos. Se debe abandonar el modelo de pastor como superestrella, que hace todo el ministerio. También se debe abandonar el modelo de pastor como administrador o director comercial de la mega-iglesia. Pablo revela el papel principal del pastor y maestro en Efesios 4:11-12:

Él mismo constituyó a unos, apóstoles; a otros, profetas; a otros, evangelistas; y a otros, pastores y maestros, a fin de capacitar al pueblo de Dios para la obra de servicio, para edificar el cuerpo de Cristo.

Note la progresión en este pasaje. La tarea encomendada a los apóstoles, profetas, evangelistas, pastores y maestros es instruir a los santos. ¿Con que objeto? Para la obra de servicio. ¿Con qué fin? Para que el cuerpo de Cristo sea edificado.

En Efesios 4:12 aparece la palabra griega *katartismos*, que significa «aparejar» o «equipar»[20]. Como hemos visto, el pueblo —los santos— son los ministros. Necesitan ser instruidos para la obra de servicio. Así pues, ¿cómo se preparan los ministros para el servicio? Aprendiendo de los que tienen dones para dirigir y enseñar la Palabra. La función de instruir a los santos no es superior a la de los ministros; es simplemente distinta. No incumbe a los pastores-maestros hacer toda la obra de ministerio, sino más bien instruir a los santos para que lleven a cabo sus asignaciones[21].

En segundo lugar, la instrucción de los ministros para las puertas de la ciudad requerirá una enseñanza coherente desde el púlpito acerca de la teología de la vocación. Yo soy cristiano desde 1957. En todos esos años sólo he oído dos sermones dedicados al tema del trabajo. El primero lo pronunció Francis Schaeffer en L'Abri Fellowship, Suiza. El segundo lo predicó un pastor estadounidense que proclamaba equivocadamente que el trabajo es parte de la maldición. En realidad, la causa de Cristo puede extenderse más durante seis días de la semana que el domingo, más en la vida pública que dentro de los muros de la iglesia. Por esta razón, hemos de dedicar más tiempo a enseñar los asuntos del reino y la vocación que al enfoque exclusivamente «espiritual» que se observa en muchas iglesias.

En tercer lugar, harán falta clases de discipulado para preparar al pueblo para trabajar de manera comprehensiva en la vida pública. Además de enseñar desde el púlpito sobre temas vocacionales, debe de haber en la iglesia células o clases de formación de edificadores del reino, para discipular a los cristianos para la vida pública. Pasamos la mayor parte del tiempo haciendo escuela dominical, estudios bíblicos, e incluso células, para preparar a la gente para una función espiritual. Tenemos que instruir a los empresarios para que observen prácticas piadosas e implanten los principios del reino en la vida pública. Precisamos preparar a los abogados y jueces cristianos para que busquen la justicia social y recurran al tribunal supremo de la nación, si es necesario, y no se limiten a ganarse la vida o dirimir juicios corruptos, como sucede en muchos países.

En cuarto lugar, hará falta la confirmación de la iglesia para comisionar y enviar empresarios instruidos a ministrar en el mercado; abogados en el sistema judicial; funcionarios civiles en la administración, policía, y cuerpo de bomberos; mayordomos en las granjas, fincas y viñas; amas de casa en los hogares. Cada cristiano debe ser ordenado para ejercer su ministerio, ser separado para la asignación que ha recibido de Cristo. La iglesia debe equipar a cada persona para que cumpla su destino.

En quinto lugar, harán falta células o grupos pequeños de cristianos, en distintas esferas sociales, ciudades y países para aplicar la verdad y los principios bíblicos en sus propios sectores. Por ejemplo, una iglesia que cuenta con un trabajador del área de la salud puede enviarle a una célula de personal cristiano sanitario, no sólo para cultivar el compañerismo, sino para desarrollar una estrategia y penetrar en el hospital con el reino. A nivel estatal o nacional, los profesionales cristianos de distintos sectores se pueden unir para procurar influir en la normativa pública y en la legislación por la justicia. Este modelo sirve para ser aplicado en cualquier esfera social.

EL ENVÍO DE LÍDERES A LAS PUERTAS DE LA CIUDAD

Es fundamental restaurar los ministerios a las puertas de la ciudad. Nuestras comunidades y naciones necesitan desesperadamente el liderazgo del reino. El pastor E. W. Lutzer, de la famosa iglesia Moody de Chicago, ha recordado la elección que tiene por delante la iglesia actual y denunciado que la iglesia alemana falló en criticar su propia cultura y fue, en cambio, en gran manera complaciente con el ascenso de Hitler, e incluso, por considerarse buenos alemanes, apoyaron el Tercer Reich. Tenemos que elegir: «La iglesia tuvo que escoger entre un Cristo Señor sobre una "esfera espiritual" menguante y un Cristo "Señor sobre todas las cosas"»[22]. En su libro *Hitler's Cross (La cruz de Hitler),* Lutzer muestra que existen hoy modelos en los Estados Unidos muy similares a los que existieron en Alemania con el advenimiento del poder de Hitler. Él reta a la iglesia estadounidense y, por extensión, a la iglesia universal:

> Si la cruz de Cristo es la mayor expresión del amor de Dios al mundo, entonces los que le seguimos también debemos mostrar nuestro amor por el mismo.
>
> Es tiempo de que los cristianos señalen el camino en las artes, la educación, la política y las leyes. No cometamos el error que cometió la iglesia

> alemana ni aislemos la esfera espiritual de las esferas política, social y cultural.
> Dado que compartimos este planeta con toda la humanidad, debemos recuperar el liderazgo en todas las áreas en las que solíamos mostrar el camino verdadero. La educación, la política y las leyes, ahí es donde debemos ganar credibilidad para que el mundo escuche nuestro mensaje. La cruz debe ser visible dondequiera que haya cristianos[23].

Expertos en liderazgo como Warren Bennis y Burt Nanus aportan un tema similar:

> Si ha habido algún periodo en la historia que necesitara una visión comprehensiva y estratégica del liderazgo, no sólo para unos pocos líderes en altos cargos, sino para un gran número de líderes desempeñando cualquier empleo... es hoy[24].

Las esferas sociales necesitan un liderazgo del reino que manifieste la verdadera naturaleza y propósitos de Dios y su creación. La obra de la iglesia se desarrolla las veinticuatro horas del día, los siete días de la semana, no sólo los domingos. En el mundo, no en un edificio. La obra de la iglesia consiste en instaurar la mentalidad y los valores del reino en el mundo, no la mentalidad y los valores del mundo en la iglesia. Cuando una masa crítica de miembros del cuerpo de Cristo abrace sus vocaciones ministeriales y se prepare para vivir y trabajar en el mundo dentro de comunidades encarnadas, la verdad, la bondad y la belleza, fluirán ágilmente de la iglesia hacía la comunidad y la nación. Dios se dará a conocer a través del cuerpo de Cristo.

CAPÍTULO 23

NEGOCIEN MIENTRAS VENGO

En la jornada que hemos recorrido juntos, hemos visto que la iglesia y los cristianos nos hemos apartado en gran medida de nuestras culturas y privatizado nuestra fe. Hemos apreciado que nuestras estrategias de evangelización y fundación de iglesias han dado buenos resultados. Nunca ha habido tantos cristianos ni tantas iglesias en el mundo como en estos días. Y sin embargo, las comunidades y naciones suelen estar sumidas en la desolación y la desesperanza.

Hemos visto que la causa de esta devastación es el haber cambiado la poderosa e integradora cosmovisión bíblica por un gnosticismo evangélico anémico y dualista. Esta mentalidad ha reducido nuestra visión a una mera asistencia a la iglesia y ascensión al cielo. Hemos perdido la visión poderosa para la que Cristo nos rescató.

En este libro hemos procurado establecer las bases para un retorno a la grandiosa concepción bíblica y a la función de la iglesia, esto es, volcarse al exterior, al mundo y a la vida pública. Hemos convocado a la iglesia para que cumpla su misión cada día de la semana y ocupe su lugar a las puertas de la ciudad. Esto significa que cada cristiano ha de vivir *coram Deo*.

MORANDO EN SU PRESENCIA

Como miembros del cuerpo de Cristo, somos llamados a colaborar con Él para este fin: «Se llenará la tierra del conocimiento de la gloria del SEÑOR»

(Hab. 2:14). Hemos de ser agentes que promueven la venida del reino de Dios. Pablo dice que en Cristo Jesús «son edificados juntamente para ser morada de Dios por su Espíritu» (Efe. 2:22). Somos «miembros de la familia de Dios, edificados sobre el fundamento de los apóstoles y los profetas, siendo Cristo Jesús mismo la piedra angular. En él todo el edificio, bien armado, se va levantando para llegar a ser un templo santo en el Señor» (Efe. 2:19-21). Al igual que la presencia de Dios moró en medio del pueblo de Israel, en su templo, su presencia habita en este nuevo templo sin muros.

En el tema de la venida del reino se nos recuerda que el hombre mora cada vez más en la presencia del Señor. Él será nuestro Dios y nosotros seremos su pueblo. Génesis 3:8, Éxodo 25:8 y Juan 1:14 son claros recordatorios de que Dios habita entre los hombres. Y si Dios mora entre los hombres, entonces los hombres moran en la presencia del Dios viviente. Tenemos el privilegio de ser llamados a vivir delante de la faz de Dios.

Los relatos de la construcción del tabernáculo y el templo en el Antiguo Testamento nos recrean imágenes de personas que habitan en la presencia de Dios y usan sus dones y destrezas para preparar la morada de Dios entre los hombres. Dios llamó artesanos y artífices a tomar cosas inertes y configurarlas para la gloria de Dios. Al crear la tierra, Él hizo un espacio para que el hombre habitara. Éste, al construir el tabernáculo y el templo, hizo lugar para que Dios habitara.

Dios ha concebido innumerables ocupaciones piadosas para llenar la tierra con el conocimiento del Señor. Como mencionamos anteriormente, esto queda ilustrado en los dones que hicieron falta para construir el tabernáculo:

> El SEÑOR habló con Moisés y le dijo: «Toma en cuenta que he escogido a Bezalel, hijo de Uri y nieto de Jur, de la tribu de Judá, y lo he llenado del Espíritu de Dios, de sabiduría, inteligencia y capacidad creativa para hacer trabajos artísticos en oro, plata y bronce, para cortar y engastar piedras preciosas, para hacer tallados en madera y para realizar toda clase de artesanías. »Además, he designado como su ayudante a Aholiab hijo de Ajisamac, de la tribu de Dan, y he dotado de habilidad a todos los artesanos para que hagan todo lo que te he mandado hacer».
>
> ...Moisés les dijo a los israelitas: «Tomad en cuenta que el SEÑOR ha escogido expresamente a Bezalel, hijo de Uri y nieto de Jur... Dios les ha dado a él y a Aholiab hijo de Ajisamac, de la tribu de Dan, la habilidad de enseñar a otros. Los ha llenado de gran sabiduría para realizar toda clase

> de artesanías, diseños y recamados en lana púrpura, carmesí y escarlata, y lino. Son expertos tejedores y hábiles artesanos en toda clase de labores y diseños. Así, pues, Bezalel y Aholiab llevarán a cabo los trabajos para el servicio del santuario, tal y como el SEÑOR lo ha ordenado». Moisés llamó a Bezalel y a Aholiab, y a todos los que tenían el mismo espíritu artístico, y a quienes el SEÑOR había dado pericia y habilidad y se sentían movidos a venir y hacer el trabajo. (Éxo. 31:1-6; 35:30-36:2)

¡Qué imagen tan increíble! Dios ha edificado una morada para el hombre, y ahora su pueblo ha de edificarle una morada a Él. Dios tenía un plan detallado para el tabernáculo. Requirió al pueblo de Israel que hiciera provisión para su casa[1]. El pueblo traía ofrendas voluntarias que excedían las necesidades del tabernáculo[2]. Entonces, el Señor llamó a Bezalel hijo de Uri, maestro artesano, para dirigir el proyecto. Bezalel fue lleno del Espíritu de Dios y equipado para la tarea. También proveyó artesanos diestros que tenían capacidad para enseñar a otros a trabajar bajo la dirección de Bezalel. Dios tenía un plan. Llamó al pueblo a completarlo. Les equipó y les capacitó, como diría Francis Schaeffer, para «hacer la obra del Señor a su manera».

D. B. Hegeman, en su libro *Plowing in Hope (Arando en esperanza),* nos recuerda la gloria de la diversidad de dones y destrezas empleados en el tabernáculo:

> La variedad de *ocupaciones* dedicadas a la construcción del tabernáculo y del templo es asombrosa: leñadores, carpinteros, hilanderos, tintoreros, tejedores, bordadores, recamadores, costureros, fundidores y metalúrgicos, orfebres, grabadores, joyeros, curtidores, perfumistas, picapedreros y canteros. Luego estaban los que suministraban apoyo logístico: fabricantes de herramientas, ganaderos, marinos y obreros... Los que estaban dedicados a las actividades del culto después que los santuarios fueran acabados: sacerdotes y asistentes, músicos, cantores, fabricantes de instrumentos musicales y salmistas. Las amables circunstancias de la redención del Antiguo Testamento son una sonora celebración de la diversidad vocacional y la destreza humana. El tabernáculo y el templo eran emblemáticos —a pequeña escala— de la gran diversidad que iba a marcar la empresa cultural global dada al hombre en el Jardín del Edén. Apuntan a la maravillosa potencialidad cultural que será desatada después de la consumación, cuando una humanidad glorificada e inmaculada, cumpla a la perfección el desarrollo cultural de la Nueva Tierra [cursiva añadida][3].

Hemos de edificar recordando la meta. La meta es la venida del reino de Dios. Debemos hacernos las siguientes preguntas: ¿Cómo viviremos delante del rostro de Dios? ¿Cómo podemos usar nuestros dones, talentos y habilidades para propagar el reino? ¿Cómo puede nuestra vida y nuestro trabajo contribuir al lugar futuro, la Ciudad de Dios, en la que Él morará con nosotros para siempre? Tal como los hombres y mujeres de los días de Moisés fueron dotados para construir el tabernáculo —la morada de Dios— así también hemos sido equipados en nuestra generación para contribuir a la plenitud de la venida de su reino.

EN UN PERIODO INTERMEDIO

Estamos viviendo antes de la segunda, pero después de la primera venida de Cristo. Él anduvo entre nosotros y murió para restaurar nuestra relación prioritaria con Dios y establecer las bases para una sanidad sustancial de todas nuestras relaciones secundarias. No debemos «esperar» el retorno de Cristo, debemos trabajar por él. Vivimos tiempos de expectación. Durante los días que se nos han confiado, debemos ocuparnos en los negocios de Cristo. Hemos de ser activos; escuchar su mandato de «¡negocien mientras vengo!» El lugar de mi ocupación debe ser el lugar que yo reclame para Cristo y su reino.

Recuerdo que de niño vi una película sobre la invasión de Europa durante la Segunda Guerra Mundial. Una escena mostraba un gran mapa de la Europa controlada por los nazis, las islas Británicas y el canal de la Mancha. En el mapa se veía una gran flecha en medio del canal que demarcaba la armada aliada. Luego había flechas más pequeñas que representaban puntos de invasión a lo largo de las playas de Normandía. Muy al interior de la Francia controlada por los nazis, importantes encrucijadas, puentes, depósitos de combustible y trenes estacionados estaban todos identificados con flechas más pequeñas que indicaban dónde los paracaidistas o tropas del ejército del aire debían aterrizar. Este fue el mapa de combate para el día D. En este plan cada persona jugaba un papel; cada soldado, marinero y aviador desempeñaba una función crucial en la liberación de Europa. Cada soldado debía luchar para rescatar territorio y establecer una cabeza de playa de libertad en Francia. Debía luchar y ocupar territorio para expulsar la tiranía y saludar la libertad en Europa. Los soldados habían sido escogidos, entrenados (discipulados), equipados e integrados en el plan general de batalla.

DÍA D: LA REOCUPACIÓN

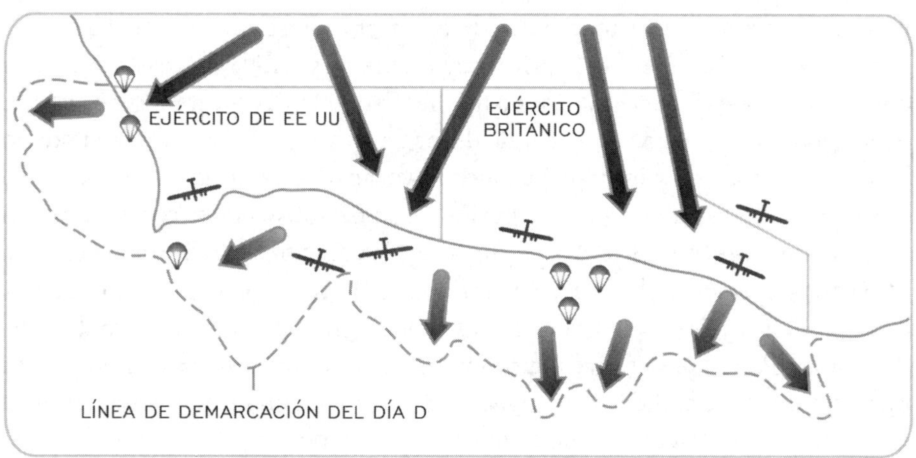

Esto dejó una vívida imagen en mi memoria. El negocio del cristiano es ocupar territorio para Cristo. Éste ha de hacer frente a la tiranía del mundo, la carne y el diablo en cualquier lugar, estructura e institución con los que esté comprometido ejerciendo su vocación. Nuestra gran oportunidad consiste en luchar por la libertad, el reino de la justicia, la instauración de la compasión, el bienestar económico para todos, la paz social y una fuerte cohesión de nuestras comunidades. Al igual que cada soldado aliado tenía una asignación, también la tiene cada cristiano. Cristo ha capturado una cabeza de playa en nuestra vida y tiene planes para avanzar.

Tal vez podamos entender las palabras de Cristo «negocien mientras vengo» considerando otro drama de la Segunda Guerra Mundial. El general Douglas MacArthur, comandante de las fuerzas aliadas del Pacífico durante la Gran Guerra, se vio obligado a abandonar las Filipinas presionado por las fuerzas japonesas invasoras. Después de trasladarse al norte de Australia para planear la liberación de las Filipinas como parte de la gran ofensiva contra Japón, MacArthur envió un mensaje a la resistencia filipina: «Salí de Bataan, *pero volveré*»[4]. El general MacArthur quería que el mundo supiese que había esquivado el plan japonés para capturarle y deseaba que la resistencia filipina continuara luchando porque él iba a regresar a las islas. Dos años y siete meses después de dar a conocer su mensaje al mundo, volvió a las Filipinas para restaurar su libertad.

Esto es esencialmente lo que Cristo ha llamado a su pueblo a hacer. Él conquistó la muerte con su resurrección; ha ido al Padre para preparar el reino y va a volver. Mientras tanto, amonesta a su pueblo: «Luchen, porque volveré». No debemos rendirnos a las fuerzas enemigas ni esperar pasivamente el regreso de Cristo. Hemos de ocuparnos hasta que Él vuelva.

Estamos viviendo entre la primera y la segunda venida de Cristo. Vivimos entre el *ahora y el todavía no* del reino de Dios. No seamos espectadores en medio de la batalla por el corazón y el alma de las naciones y culturas. Cada cristiano ha recibido una vida y un trabajo. Nuestra vocación es emplearnos para Cristo. Los reformadores en Europa y los puritanos en Estados Unidos comprendieron profundamente el sentido del papel que juega la vocación en la empresa del reino. El pastor puritano Richard Steele escribió: «El que te ha concedido talentos también te ha dicho '¡Negocia mientras vengo!' ¿Cómo es que estás todo el día desocupado?... Tu profesión es tu propia esfera»[5]. Lutero entendió bien la naturaleza y la no temporalidad de la tarea cuando dijo, según se cree: «Si yo supiera que Cristo iba a volver mañana, plantaría hoy un árbol».

¡No hemos de esperar! ¡Hay que trabajar para acelerar el día de su venida!

¡APRESURE EL DÍA DE SU VENIDA!

En este periodo, entre la primera y la segunda venida de Cristo, vivimos tanto en un reino terrestre como en uno celestial, sirviendo de embajadores para el último. El Señor revela más, por medio del apóstol Pedro, acerca de la postura del creyente en este tiempo intermedio. En 2 Pedro 3:10, el apóstol reflexiona en la futura venida de Cristo y el papel prioritario del creyente antes que ésta se produzca: «Pero el día del Señor vendrá como un ladrón. En aquel día los cielos desaparecerán con un estruendo espantoso, los elementos serán destruidos por el fuego, y la tierra, con todo lo que hay en ella, será quemada». A la luz de estos acontecimientos venideros, ¿cómo hemos de vivir? Esta es la pregunta planteada y respondida en 2 Pedro 3:11-12. Se esperan tres cosas de nosotros: (1) que vivamos santa y piadosamente, (2) que esperemos el día de su venida y (3) que apresuremos ese día. ¡Increíble! De alguna manera, la actividad del creyente y de la iglesia que cree afecta al retorno de Cristo.

Nuestra vida se ha de apoyar en el hecho histórico de la primera venida de Cristo. Nuestras estrategias y declaraciones deben apoyarse en la certeza de su segunda venida.

Hemos de ser rebeldes en el mundo. Levantarnos contra las fuerzas del mal. Avanzar contra la ola de la cultura. Hemos de vivir inmersos en la realidad de la existencia de Dios y de su obra en la historia. Hemos de configurar la historia por las cosas que decimos y las elecciones que hacemos, de una manera que evidencie y honre al Dios viviente.

Hemos de ser abogados que buscan justicia y verdad; estudiantes que se forman en pos de la maravilla del conocimiento; padres que reconocen la custodia sagrada de sus hijos; autores que crean mundos que reflejan la creación de Dios; labradores cuyas tierras producen abundancia; ciudadanos que votan y se incorporan a consejos escolares; líderes y empresarios que se plantean cuestiones éticas en la vida pública; gentes que cultivan la confianza con sus vecinos; e iglesias que desarrollan ministerios de servicio a los pobres, las viudas y los huérfanos.

EN BUSCA DE TAREAS QUE SÓLO PUEDE HACER UN CABALLERO

En el cuento clásico de *San Jorge y el dragón,* las cristianas virtudes de la verdad, la justicia y el valor de un caballero luchan contra el dragón, que representa las virtudes paganas del pecado y la maldad. Cuando San Jorge instaura la paz del reino en un lugar, busca una nueva tarea que «¡sólo un caballero puede hacer!» Este cuento nos recuerda la llamada del reino de Dios. Dice así:

> Un día San Jorge cabalgó por el país. Por todas partes vio que los hombres se afanaban trabajando en los campos, las mujeres cantaban y hacían sus labores domésticas y los niños gritaban y jugaban.
> —Estas gentes están felices y seguras. Ya no me necesitan —dijo San Jorge.
> —Pero tal vez en alguna parte haya angustia y temor. Puede haber lugares donde los niños no jueguen seguros y las mujeres sean forzadas a salir de casa—puede que incluso queden algunos dragones que matar. Mañana cabalgaré y no me detendré *hasta hallar el trabajo que sólo un caballero puede hacer*[6].

Como San Jorge, nosotros debemos buscar trabajos que sólo los cristianos pueden hacer. Afortunadamente, el Señor nos ha confiado un mandato que inspira temor reverencial: discipular a las naciones, comenzando con el lugar donde *nos encontramos.* Juan Pablo II capta la imaginación de los hijos de Dios, jóvenes y adultos, cuando dice:

> Deseo finalmente dirigirme a ustedes, queridos jóvenes, y repetirles estas palabras cargadas de afecto: sean generosos en su entrega al Señor. No tengan miedo. No tienen nada qué temer, porque Dios es el Señor de la historia y del universo. Dejen crecer en ustedes un anhelo de proyectos grandes y nobles. Cultiven un sentido de solidaridad: éstos son los signos de la acción divina en su corazón. Poned al servicio de sus comunidades los talentos que la Providencia les ha espléndidamente prodigado. Cuanto más dispuestos estén a entregarse a Dios y a los demás, tanto más descubrirán el auténtico sentido de la vida. ¡Dios espera mucho de ustedes![7]

Se nos ha dado el mandato: «¡Negocien mientras vengo!».

NOTAS

INTRODUCCIÓN

1. John Fuellenbach, *The Kingdom of God: The Message of Jesus Today* (Maryknoll, N.Y.: Orbis Books, 1995), 9.
2. E. Stanley Jones, *The Unshakable Kingdom and the Unchanging Person* (Nashville: Abingdon Press, 1971), 19.
3. Ibid.
4. Fuellenbach, *The Kingdom of God*, 15.
5. Ibid., 6.
6. 1 Cor. 12:27.
7. El original inglés usa aquí la palabra *kingdomizer* que el autor oyó usar por primera vez a Paul Jeong de la Natural Church Development Korea en el forum de Disciple Nations Alliance, Phoenix, Arizona, el 16 de abril, 2002. Hemos de ser agentes del Rey y su reino en nuestra vida y trabajo. Hemos de proyectar (*kingdomize*) nuestra obra.
8. El autor trabajó para Fundación para el Hambre Internacional (www.fhi.net) por veintiséis años y actualmente lo hace para la Disciple Nations Alliance (Alianza para el Discipulado de las Naciones) (www.disciplenations.org).
9. Las dos concepciones principales que quiero distinguir aquí son un universo abierto y un universo cerrado. La Biblia revela que antes que el universo existiera, Dios es. Él creó el universo, y por eso está «abierto» a su intervención, así como a la intrusión de ángeles y seres humanos. Dios, los ángeles, los demonios y el hombre pueden influir en este mundo con sus decisiones y sus hechos. En un sistema abierto, los recursos se crean y se descubren, por tanto la riqueza puede aumentar. La idea de que los recursos pueden aumentar cabe en un modelo económico de suma-positiva. Esto contrasta con un sistema «cerrado», la postura del darvinismo, el secularismo, o el naturalismo. Según esta visión de la realidad, no hay Dios ni demonios ni ángeles, y el hombre es producto de fuerzas evolutivas. El universo es una gran máquina, y el hombre es parte de esa máquina. En un sistema cerrado los seres no tienen libertad para actuar, y los recursos son materiales que hay en la tierra, y por tanto, finitos; la riqueza está limitada. Esta idea de una cantidad de recursos «fija» se enmarca en un modelo económico de suma-cero.

CAPÍTULO 1: COSMOVISIONES EN ACCIÓN

1. Para ahondar más en las cosmovisiones consúltese mi libro *Discipulando Naciones: El Poder de la verdad para transformar culturas* (Editorial JUCUM, Tyler, Texas, 2002) o el de James W. Sire *The Universe Next Door: A Basic Worldview Catalog* (Downers Grove, Ill.: InterVarsity Press, 1997).
2. Véase 1 Cor. 2:16; 2 Cor. 10:5; Rom. 12:2.
3. Os Guinness, *The Call: Finding and Fulfilling the Central Purpose of Your Life* (Nashville: Word Publishing, 1998), 141.
4. Me lo contaron en una conferencia de visión en Rostov, Rusia, junio, 2002. Para más información acerca de conferencias de visión, consúltese la página Web de Disciple Nations Alliance, www.disciplenations.org/vc.
5. Bobby Boyd, Dewayne Mize, Dennis Robbins, and Warren Haynes, «Finally Friday,» Trevcor Music Corporation (Title Code: 360247010).

CAPÍTULO 2: ¿CÓMO LLEGAMOS AQUÍ?

1. El autor usa en el original inglés las palabras *wholistic (holístico)* y *wholism (holismo)* tal como las usa su amigo y colaborador, el Dr. Bob Moffitt, Presidente de la Harvest Foundation. El *holismo* hace referencia a toda la Palabra de Dios para todo el hombre en todo el mundo. Reconocemos que *wholism* es una palabra acuñada. Pero la preferimos a la más comúnmente usada, *holismo,* corrompida por el movimiento de la Nueva Era y que refleja una unidad sin diversidad.
2. Juan 1:1–4, 14.
3. Eusebio, *Demonstration of the Gospel (Demonstratio Evangelica),* citado por W. R. Forrester, *Christian Vocation* (New York: Charles Scribner's Sons, 1953), 42, citado in Leland Ryken, *Redeeming the Time* (Grand Rapids: Baker Books, 1995), 74.
4. Donald K. McKim, ed., *Westminster Dictionary of Theological Terms* (Louisville, Ky.: John Knox Press, 1996), 62.
5. Alister E. McGrath, *Reformation Thought: An Introduction* (Malden, Mass: Blackwell Publishers, 2001), 266–67.
6. Dietrich Bonhoeffer, *The Cost of Discipleship* (New York: MacMillan Publishing Co., 1977), 51–52.
7. *Love to Know Classic Encyclopedia,* s.v. «Pietism,» http://www.1911encyclopedia.org/Pietism (visitado el 27 de mayo, 2009).
8. Los fundadores de la moderna ciencia teísta fueron hombres piadosos, creyentes en la Biblia, como Francis Bacon (1561–1626), Johannes Kepler (1571–1630), Blaise Pascal (1623–1662), e Isaac Newton (1642–1727). Para estos hombres no había separación entre la fe y la razón, entre el ámbito natural y el espiritual.
9. Ralph D. Winter, «The Future of Evangelicals in Mission,» *Mission Frontiers,* September–October 2007.
10. Vishal and Ruth Mangalwadi, *The Legacy of William Carey: A Model for the Transformation of a Culture* (Wheaton, Ill.: Crossway Books, 1999). El libro de los Mangalwadi vale su peso en oro. Lo recomiendo encarecidamente a todo el que esté interesado en el tema de la transformación de culturas.
11. Woodrow Kroll, *Taking Back the Good Book: How America Forgot the Bible and Why It Matters to You* (Wheaton, Ill.: Good News/Crossway, 2007), 41.

12. Kenneth Woodward and David Gates, «How the Bible Made America,» *Newsweek*, December 27, 1982.

CAPÍTULO 3: LA DICOTOMÍA SAGRADO-SECULAR

1. Apo. 21:1, 5–6.
2. Para ahondar más acerca de este tema consúltese el capítulo 13 de mi libro *Discipulando Naciones: El Poder de la verdad para transformar culturas* (Editorial JUCUM, Tyler, Texas, 2002).
3. Isa. 30:28; Heb. 12:27–28; Apo. 16:18–19.
4. 1 Cor. 3:10–15; 2 Ped. 3:10.
5. Mat. 22:37; Mar 12:30.
6. Col. 1:20.

El festín de Babette

El festín de Babette, DVD, dirigida por Gabriel Axel (1987; Los Angeles: MGM Studios, 2001).

La experiencia de Michael Baer

Michael R. Baer, *La empresa como misión: El potencial de la empresa en el reino de Dios* (Editorial JUCUM, Tyler, Texas, 2011), págs. 10–12. Citado con permiso.

CAPÍTULO 4: UN SEÑOR, UNA ESFERA

1. Scott D. Allen, Darrow L. Miller, y Bob Moffitt, «El reino inconmovible de Dios,» *Estudios bíblicos El estilo de vida del reino* (Editorial JUCUM, Tyler, Texas, 2010), págs. 15-16.
2. Luc. 18:31–33.
3. Mat. 26:11.
4. Término que designa recursos disponibles para usar y producir más riqueza.

CAPÍTULO 5: CORAM DEO

1. Efe. 1:7–10.
2. William Whitaker, *WORDS*, s.v. «coram,» http://www.archives.nd.edu/cgi-bin/wordz.pl?keyword=coram (visitado el 27 de mayo, 2009).
3. Cotton Mather, «A Christian at His Calling,» citado por Ralph Barton Perry, *Puritanism and Democracy* (New York: Vanguard, 1944), 127, citado por Leland Ryken, *Redeeming the Time* (Grand Rapids: Baker Books, 1995), 106.
4. John Milton citado por Leland Ryken, *Worldly Saints: The Puritans As They Really Were* (Grand Rapids: Zondervan, 1990), 28.
5. Ryken, *Worldly Saints*, 28.
6. Robert Young, *Young's Literal Translation* (Oak Harbor, Wash.: Logos Research Systems, 1997), S. Jn 1:14.
7. *Enhanced Strong's Lexicon*, s.v. «skenoo.»
8. 1 Juan 2:1.

9. Thomas Carlyle, *Past and Present* (1843; Project Gutenberg, 1996), www.gutenberg.org/files/13534/13534.txt (visitado el 27 de mayo, 2009).
10. Martin Luther, *The Babylonian Captivity of the Church* (1520; Project Wittenberg Online Electronic Study Edition, 2002), www.ctsfw.edu/etext/luther/babylonian/babylonian.htm (visitado el 27 de mayo, 2009).
11. Éxo. 33:20.
12. Fil. 2:1–11.
13. Os Guinness, *The Call: Finding and Fulfilling the Central Purpose of Your Life* (Nashville: Word Publishing, 1998), 200.
14. Kathryn Spink and Mother Teresa, *Life in the Spirit: Reflections, Meditations, Prayers, Mother Teresa of Calcutta* (New York: HarperCollins, 1983), 74.
15. Abraham Kuyper, *Lectures on Calvinism* (Grand Rapids: William B. Eerdmans, 1943), 52.
16. *1828 American Dictionary of the English Language,* s.v. «consecrated.»
17. Ryken, *Redeeming the Time,* 104.
18. E. Stanley Jones, *The Unshakable Kingdom and the Unchanging Person* (Nashville: Abingdon Press, 1972), 159.

La experiencia de Ana Santos

Testimonio escrito de Ana Santos para el autor, 13 de agosto, 2007.

La experiencia de John Beckett

John D. Beckett, *Loving Monday: Succeeding in Business Without Selling Your Soul* (Downers Grove, Ill.: InterVarsity Press, 2001). Véase también «About John Beckett,» www.lovingmonday.com /about (visitado el 26 de enero, 2008).

CAPÍTULO 6: LA NECESIDAD DE UNA TEOLOGÍA BÍBLICA DE LA VOCACIÓN

1. Dorothy L. Sayers, «Why Work?» en *Creed or Chaos?* (New York: Harcourt, Brace and Company, 1949), 56.
2. Papa Juan Pablo II, *Mensaje del Santo Padre con motivo del XXXV día internacional de oración por las vocaciones,* 3 de mayo, 1998, http://www.vatican.va/holy_father/john_paul_ii/messages/vocations/documents/hf_jp-ii_mes_24091997_xxxv-voc-1998_en.html (visitado el 27 de mayo, 2009).
3. Dallas Willard, *The Spirit of the Disciplines* (New York: HarperCollins, 1998), 14.

CAPÍTULO 7: LA META-NARRATIVA ESENCIAL

1. Gén. 1:4, 10, 12, 18, 21, 25.
2. Gén 1:7, 9, 11, 15, 24, 30.
3. Col. 1:20.
4. «Porque somos hechura de Dios, creados en Cristo Jesús para buenas obras, las cuales Dios dispuso de antemano a fin de que las pongamos en práctica.» *Hechura,* en este texto, procede del griego *poiema,* raíz de la palabra *poema.*
5. Os Guinness, *The Call: Finding and Fulfilling the Central Purpose of Your Life* (Nashville: Word Publishing, 1998), 178.

CAPÍTULO 8: CULTURA

1. Jemimah Wright, «Girl Survived Tribe's Custom of Live Burial,» *Telegraph*, 22 junio, 2007, http://www.telegraph.co.uk/news/worldnews/1555339/Girl-survived-tribe's-custom-of-live-baby-burial.html (visitado el 27 de mayo, 2009).
2. J. R. R. Tolkien, *Tree and Leaf* (London: Unwin Books, 1964), 61.
3. Vishal Mangalwadi, lección no titulada (Fundación Naves de Esperanza en la Escuela de Desarrollo Comunitario, Tyler, Texas, mayo, 1995).
4. Henry Van Til, citado por David Bruce Hegeman, *Plowing in Hope: Toward a Biblical Theology of Culture* (Moscow, Idaho: Canon Press, 1999), 15.
5. *The Compact Edition of the Oxford English Dictionary* (Oxford: Oxford University Press, 1971), s.v. «cult.»
6. Hegeman, *Plowing in Hope*, 13–14.
7. George Grant, *The Micah Mandate: Balancing the Christian Life* (Nashville: Cumberland House, 1999), 243.
8. La idea básica de este punto es debida a Colin Harbinson de JUCUM, *The Arts and Cultural Restoration*, www.colinharbinson.com/order/cultrestbook.html (visitado el 27 de mayo, 2009).
9. Douglas Jones and Douglas Wilson, *Angels in the Architecture: A Protestant Vision for Middle Earth* (Moscow, Idaho: Canon Press, 1998), 18.
10. Mat. 6:9–13.
11. C. S. Lewis, *The Last Battle* (1956; repr., New York: The MacMillan Company, 1967), 149, La última batalla (Editorial Planeta, Barcelona, 2006).

La experiencia de Kathleen Norris

1. Steven Barclay Agency, «Kathleen Norris,» www.barclayagency.com/norris.html (visitado el 31 de enero, 2008).
2. Ibid.
3. «Homiletics Interview: Kathleen Norris: Flowers in the Desert,» *Homiletics Online*, http://homileticsonline.com/subscriber/interviews/norris.asp (visitado el 26 de enero, 2008). Reimpreso con permiso de HomileticsOnline, www.HomileticsOnline.com.

CAPÍTULO 9: ELEMENTOS DEL MANDATO CULTURAL

1. *The American Heritage Dictionary of the English Language*, s.v. «cultivate.»
2. *The Compact Edition of the Oxford English Dictionary*, s.v. «culture.»
3. *The American Heritage Dictionary of the English Language*, s.v. «culture.»
4. Gén. 2:15.
5. Gén. 2:19.
6. Véase Gén. 1:26–28.
7. *Enhanced Strong's Lexicon*, s.v. «abad.»
8. Ibid., s.v. «shamar.»
9. John Calvin, *Commentaries on the First Book of Moses called Genesis*, trans. Rev. John King (Grand Rapids: Baker Book House, 1979), 125.
10. Para ahondar más acerca de este tema consúltese mi libro *Discipulando Naciones: El Poder de la verdad para transformar culturas* (Editorial JUCUM, Tyler, Texas, 2002), capítulos 7 y 11.
11. Isa. 11:9; Hab. 2:14.

12. Gén. 1–2.
13. Apo. 21–22.
14. Apo. 22:1–5.
15. David Bruce Hegeman, *Plowing in Hope: Toward a Biblical Theology of Culture* (Moscow, Idaho: Canon Press, 1999), 33–34.

CAPÍTULO 10: LA CAÍDA, LA CRUZ Y LA CULTURA

1. Rom. 8:18–23.
2. Col. 1:20.
3. Dallas Willard, *The Divine Conspiracy* (San Francisco: HarperSanFrancisco, 1998), 27.
4. C. S. Lewis, *Out of the Silent Planet* (New York: Scribner, 2003). Versión en español *Más allá del planeta silencioso* (Adiax ed., Buenos Aires, 1980).
5. Gén. 3:17–18.
6. Papa Juan Pablo II, *Laborem Exercens (Sobre el trabajo humano)* (Washington, D.C.: United States Catholic Conference, 1981), 1, citado por Chuck Colson and Jack Eckerd, *Why America Doesn't Work* (Nashville: W Publishing Group, 1991), 31.
7. Véase Gén. 3:14–15.
8. Rom. 8:18–23.
9. Col. 2:15.
10. David Bruce Hegeman, *Plowing in Hope: Toward a Biblical Theology of Culture* (Moscow, Idaho: Canon Press, 1999), 71.
11. Gén. 12:1–3.
12. Apo. 19:6–9.
13. Apo. 21:2.
14. Mat. 2:11.
15. Hegeman, *Plowing in Hope,* 86.
16. Isa. 60:1–3; Apo. 21:24.
17. Isa. 60:18; Apo. 21:4.
18. Isa. 60:11; Apo. 21:25.
19. Isa. 60:6–7, 9, 13, 17; Apo. 21:24, 26.
20. Anthony Hoekema, *The Bible and the Future* (Grand Rapids: William B. Eerdmans Publishing Co., 1979), 285, La Biblia y el futuro, (Grand Rapids: DESAFIO libros),citado por Hegeman, *Plowing in Hope,* 87–88.
21. Hegeman, *Plowing in Hope,* 88.
22. G. B. Caird, *The Revelation of Saint John* (San Francisco: HarperSanFrancisco, 1966) citado por Hegeman, *Plowing in Hope,* 93.
23. C. S. Lewis, *The Last Battle* (New York: MacMillan Publishing, 1956), La última batalla, (Editorial Planeta, Barcelona, 2006).
24. Ibid., 162.
25. Ibid.
26. Herman Bavinck citado por Charles Colson and Nancy Pearcey, *How Now Shall We Live?* (Wheaton, Ill.: Tyndale House Publishers, Inc., 1999), 293.

CAPÍTULO 11: EL LLAMAMIENTO

1. Os Guinness, *The Call: Finding and Fulfilling the Central Purpose of Your Life* (Nashville: Word Publishing, 1998), 42.

2. *1828 American Dictionary of the English Language,* s.v. «vocation.»
3. John Fuellenbach, *The Kingdom of God: The Message of Jesus Today* (Maryknoll, N.Y.: Orbis Books, 1995), 9.
4. Guinness, *The Call,* 34.
5. La palabra griega keleo se tradujo *llamar* 125 veces e invitación 16 veces. La palabra griega *klesis* se tradujo *llamada* 10 veces y vocación una vez. La palabra *qara,* en el Antiguo Testamento, se tradujo *llamar* 528 veces y *proclamar, gritar* 98 veces.
6. *1828 American Dictionary of the English Language,* s.v. «call.»
7. Robert Laird Harris, Gleason Leonard Archer, and Bruce K. Waltke, eds., *Theological Wordbook of the Old Testament,* vol. 1 (Chicago: Moody Press, 1980), s.v. «barak,» 132.
8. Éxo. 35:4–5, 10.
9. Mat. 28:18–20.
10. Mat. 25:14–17; Luc 19:12–13.
11. *Enhanced Strong's Lexicon,* s.v. «katartismos.»
12. Ibid., s.v. «katartizo.»
13. Michael Novak, *Business as a Calling: Work and the Examined Life* (New York: The Free Press, 1996), 40.
14. Guinness, *The Call,* 13.
15. Gén. 11:31; 12:1, 4.
16. Heb. 11:10.
17. Heb. 11:12–16.
18. Guinness, *The Call,* 151.
19. Apo. 5:9–10.

CAPÍTULO 12: EL LLAMAMIENTO GENERAL

1. Gén. 1:4, 10, 12, 18, 21, 25.
2. Gén. 1:7, 9, 11, 15, 30.
3. F. Foulkes, «Peace,» *The New Bible Dictionary* (Wheaton, Ill.: Tyndale House Publishers, 1962), en Logos Library System 2.1, Logos Research Systems, Oak Harbor, Wash.
4. Ibid.
5. Ibid.
6. *Sanidad sustancial* es una expresión usada por Francis Schaeffer. Indica que alguna sanidad debe tener lugar en la relación secundaria como manifestación de la restauración de la relación fundamental del individuo con Dios. Aunque se trate de verdadera sanidad, no será completa en ninguna área hasta que Cristo regrese.
7. *Enhanced Strong's Lexicon,* s.v., «sozo.»
8. Mat. 16:24.
9. Rom. 1:17.
10. Rom. 12:2; 1 Cor. 2:16.
11. Rom. 8:19–22.
12. Luc 19:12–13.
13. Isa. 11:6–9; 60:1–13; Apo. 22:1–5.
14. Mat. 28:18.

15. Apo. 19:11–16.
16. Luc 11:20; 17:21.
17. Luc 19:12, 15.

CAPÍTULO 13: EL LLAMAMIENTO PARTICULAR

1. *Enhanced Strong's Lexicon,* s.v «poiema.»
2. Por ejemplo, la palabra *ergon,* en Mat. 11:2 y Lucas 24:19, alude al trabajo (obras) de Cristo; la obra del evangelio en Juan 6:27–29 y Fil. 2:30; la buena obra de servicio a los necesitados en Mat. 5:16, Col. 1:9–10; y al «empleo» u «ocupación» en Marcos 13:34; Juan 4:34; 17:4; Hechos 13:2; y 1 Tes. 5:12–13.
3. Colin Brown, ed., *The New International Dictionary of New Testament Theology, vol. 3* (Grand Rapids: Zondervan, 1979), 1147–1151. Por ejemplo, véase Gén. 2:15; Éxo. 20:9; Deut. 5:13.
4. Véase Mat. 25:34–40; Luc. 10:25–37; Efe. 4:12.
5. Papa Juan Pablo II, *Mensaje del Santo Padre con motivo del XXXV día internacional de oración por las vocaciones,* 3 de mayo, 1998, http://www.vatican.va/holy_father/john_paul_ii/messages/vocations/documents/hf_jp-ii_mes_24091997_xxxv-voc-1998_en.html (visitado el 27 de mayo, 2009).
6. Michael Novak, *Business as a Calling: Work and the Examined Life* (New York: The Free Press, 1996), 34.
7. Rom. 12:4–5; Efe. 1:22–23; 4:12–13.
8. Papa Juan Pablo II, *Mensaje del Santo Padre con motivo del XXXV día internacional de oración por las vocaciones.*
9. Dallas Willard, *The Divine Conspiracy: Rediscovering Our Hidden Life in God* (San Francisco: HarperSanFrancisco, 1998), 14.
10. Frederic W. Farrar, *The Fall of Man and Other Sermons* (London: Macmillan and Co., 1878), 210–211, http://books.google.com/books?id=A3Q3AAAAMAAJ.
11. Escuché este sermón —«¡Estoy capacitado!»— de Don Matheny en una copia que él me dio en una conferencia para pastores de iglesias célula en mayo, 2003, en Ciudad del Cabo, Sudáfrica. Matheny es pastor de la Lighthouse Church en Nairobi, Kenya.
12. George Grant, *The Micah Mandate: Balancing the Christian Life,* 2nd ed. (Nashville: Cumberland House Publishing, 1999), 25.
13. Philip Yancey, «Living with Furious Opposites,» *Christianity Today,* September 4, 2000, www.christianitytoday.com/ct/2000/september4/4.70.html.
14. H. Lyndon Kilmer, *Helen Keller* (New York: Skillen and Fortas, 1964), 194, citado por Grant, *The Micah Mandate,* 250.
15. Elizabeth R. Skoglund, Amma: *The Life and Words of Amy Carmichael* (Grand Rapids: Baker Books, 1994), 110–112.
16. Gén. 2:9; Éxo. 15:26; Gén. 1:6–9; Deut. 25:13–16; Luc. 19:12–13, 15.
17. Paul S. Minear, «Work and Vocation in Scripture,» en *Work and Vocation: A Christian Discussion,* ed. John Oliver Nelson (New York: Harper, 1954), 32–83.
18. Willard, *The Divine Conspiracy,* 14.
19. Ibid., 283.
20. Éxo. 25:8.
21. Juan 1:14.

22. Mat. 28:19–20; Juan 17:15–18; Efe. 2:22.
23. Brother Lawrence [Nicholas Herman], *The Practice of the Presence of God* (Springdale, Pa.: Whitaker House, 1982), 20. Versión en español, *La práctica de la presencia de Dios* (Editorial CLIE, Barcelona, 1984).

Las experiencias de Lisa Etter y Hayden Smith

Cynthia Kniffin entrevista a Lisa Etter y Hayden Smith para el autor, 25 de septiembre, 2007.

La experiencia de Jemimah Wright

Testimonio escrito de Jemimah Wright para el autor, 11 de febrero, 2008.

CAPÍTULO 14: CARACTERÍSTICAS DE LA VOCACIÓN EXISTENCIAL

1. Prov. 30:8–9.
2. Mar. 10:35–45.
3. Mat. 6:33.
4. Efe. 2:8–9.
5. Martin Lutero, «Exposition on Deuteronomy 8:17–18,» en *What Luther Says: An Anthology*, ed. Ewald M. Plass (St. Louis: Concordia, 1959), 1495, citado por Leland Ryken, *Redeeming the Time* (Grand Rapids: Baker Books, 1995), 99.
6. Juan Calvino, *Commentary of Psalm 127:2*, en Leland Ryken, *Worldly Saints: The Puritans As They Really Were* (Grand Rapids: Zondervan, 1990), 32.
7. Cotton Mather, *Sober Sentiments*, citado por Ralph Barton Perry, *Puritanism and Democracy* (New York: Vanguard, 1944), 312, citado por Ryken, Redeeming the Time, 99.
8. Leland Ryken, *Worldly Saints: The Puritans As They Really Were* (Grand Rapids: Zondervan, 1990), 33.
9. Luc. 19:13.
10. Gén. 1:14–19.
11. John Wesley, «The Use of Money» (sermón 50, texto de la edición 1872), http://gbgm -umc. org/umw/wesley/serm-050.stm (visitado el 27 de mayo, 2009).
12. Mar. 13:32–33.
13. Os Guinness, *The Call: Finding and Fulfilling the Central Purpose of Your Life* (Nashville: Word Publishing, 1998), 132, 133.
14. Heb. 11:10.
15. Éxo. 31:1–6; 35:30–36:1.
16. 2 Crón. 2–3.
17. Éxo. 25:8; 40:33–34, 38.
18. Mat. 6:9–10, 33; 28:19–20; Luc. 19:10–13.
19. Guinness, *The Call*, 198–199.
20. Wesley, «The Use of Money.»
21. Relatado por Cleiton y Eli Oliveira después de una conferencia de visión en Belén, Brasil, mayo, 2002.
22. George Swinnock, *The Christian Man's Calling* en Richard B. Schlatter, *The Social Ideas of Religious Leaders:1660–1688* (1940; repr., New York: Octagon Books, 1971), 189, citado por Ryken, *Worldly Saints*, 15.
23. John Politan (sermón en la capilla de Fundación contra el Hambre, Phoenix, Ariz., 9 de febrero, 2000, tomado de las notas de Scott Allen).

24. Charles Colson, «What's So Important About Faith and Work?» *BreakPoint Commentary* #020201, February 1, 2002.
25. Glimpses of Christian History, «26 de julio, 1833: Un moribundo, Wilberforce se entera de que por fin los esclavos han sido liberados», http://www.christianhistorytimeline.com/DAILYF/2001/07/daily -07-26-2001.shtml (visitado el 27 de mayo, 2009).
26. Charles Colson, «Can Adversity Be a Blessing?» *BreakPoint Commentary* #020503, 3 de mayo, 2002.

CAPÍTULO 15: MAYORDOMÍA

1. Gén. 1:26–28.
2. Luc. 16:1–15.
3. Luc. 19:11–26.
4. Luc. 16:8.
5. Luc. 19:16–17.
6. Luc. 19:18–19.
7. Luc. 19:20–26.
8. La virtud es la práctica de lo bueno y lo verdadero. En su diccionario de 1828, Noah Webster dice: «La virtud no es otra cosa que la obediencia voluntaria a la verdad.» La denominó «una particular excelencia moral.» Las virtudes difieren de los *valores* (en su acepción moderna) en que los valores son subjetivos y representan normas personales y sociales; los valores no exigen su puesta en práctica. Por otra parte, las virtudes se fundan en un marco de absolutos morales y obediencia a los mismos.
9. John Wesley, «The Use of Money» (sermón 50, texto tomado de la edición 1872), http://gbgm-umc.org/umw/wesley/serm-050.stm (visitado el 27 de mayo, 2009).
10. Martin Luther, «Exposition on Exodus 13:18,» en *What Luther Says: An Anthology,* ed. Ewald M. Plass (St. Louis: Concordia, 1959), 1496, citado por Leland Ryken, *Redeeming the Time* (Grand Rapids: Baker Books, 1995), 102.
11. Robert Bolton, *General Directions for a Comfortable Walking with God* (Ligonier, Pa.: Soli Deo Gloria, 1991), 77, citado por Ryken, *Redeeming the Time,* 102.
12. *Enhanced Strong's Lexicon,* s.v. «melakah.»
13. Como vimos en el capítulo 13, *abad* se usa también en el Decálogo.
14. Éxo. 20:8–11.
15. Gén. 1:28.
16. John Milton, *Paradise Lost,* bk. 4, líneas 618–20, citado por Leland Ryken, *Worldly Saints: The Puritans As They Really Were* (Grand Rapids: Zondervan, 1990), 35.
17. Wesley, «The Use of Money.»
18. Col. 1:17; Heb. 1:3.
19. *Merriam-Webster's Online Dictionary,* s.v. «husbandry.»
20. Rom. 8:19–21.
21. Apo. 11:18.
22. Ryken, *Worldly Saints,* 99.
23. Samuel Willard, *A Complete Body of Divinity,* citado por Stephen Foster, *Their Solitary Way: The Puritan Social Ethic in the First Century of Settlement in New England* (New Haven: Yale University Press, 1971), 128, citado por Ryken, *Worldly Saints,* 100.
24. Mat. 6:33.

25. Doug Sherman and William Hendricks, *Your Work Matters to God* (Colorado Springs: NavPress, 1988), 185.
26. Wesley, «The Use of Money.»
27. Ibid.
28. *1828 American Dictionary of the English Language*, s.v. «selfishness.»
29. Juan 3:16; 1 Juan 4:9–10, 16.
30. Sal. 23; Mar. 10:45; Juan 13:2–17.
31. Juan 3:16; Fil. 2:6–8.
32. Fil. 2:4.
33. Wesley, «The Use of Money.»

CAPÍTULO 16: LA ECONOMÍA DE LA DÁDIVA

1. Col. 1:20.
2. Mat. 28:18–20.
3. Richard Baxter, *A Christian Directory*, en *Protestantism and Capitalism: The Weber Thesis and Its Critics*, ed. Robert W. Green (Boston: D. C. Heath, 1959), 72, citado por Leland Ryken, *Worldly Saints: The Puritans As They Really Were* (Grand Rapids: Zondervan, 1990), 31.
4. Fil. 2:4–8.
5. Mat. 25:31–46.
6. William Perkins, *Vocations or Callings of Men*, en Works, 1:757, en Leland Ryken, *Redeeming the Time* (Grand Rapids: Baker Books, 1995), 106.
7. Charles Spurgeon, *Metropolitan Tabernacle Pulpit*, vol. 23 (London, U.K.: Morgan & Chase, 1930), 19, citado por George Grant, *Bringing in the Sheaves: Transforming Poverty into Productivity* (Brentwood, Tenn.: Wolgemuth & Hyatt, 1988), 54.
8. Consúltese el capítulo 6 de mi libro *Discipulando Naciones: El Poder de la verdad para transformar culturas* (Managua, Nicaragua: Fundación contra el Hambre Internacional, 2001).
9. Véase Scott Allen y Darrow Miller, *The Forest in the Seed* (Phoenix: Disciple Nations Alliance, 2007).
10. Consúltese mi libro *Discipulando Naciones*, capítulos 7 y 11.
11. *Suma-cero* es, en economía, un término que deriva de una concepción naturalista de la realidad. Asume que los recursos son materiales, cosas físicas «en la tierra.» Son por naturaleza finitos o limitados. Si una persona o país consigue más riqueza, es a costa de otra persona o país.
12. Marvin Olasky, *The Tragedy of American Compassion* (Washington, D.C.: Regnery Gateway, 1992).
13. Daniel A. Bazikian, «Book Review: The Tragedy of American Compassion by Marvin Olasky,» http://www.thefreemanonline.org/columns/book-review-the-tragedy-of-american-compassion-by-marvin-olasky/ (visitado el 37 de may, 2009).
14. E. E. Ryden, *The Story of Christian Hymnody* (Philadelphia: Fortress Press, 1959), 139.
15. Véanse los versículos 29 y 36.
16. Stephen Neill, *A History of Christian Missions* (New York: Penguin Books, 1966), 42.
17. Olasky, *The Tragedy of American Compassion*, 19.
18. Ibid., 225.
19. Lev. 19:9–10; 23:22; Deut. 24: 19–21.

CAPÍTULO 17: EL REINO AVANZA DE DENTRO HACÍA AFUERA

1. Gén. 6:5–6; Rom. 3:23.
2. Grover Gunn, «Making Waves,» *TableTalk* (January 2001): 12.
3. 2 Cor. 5:17.
4. Mat. 25:35–40.
5. Luc. 10:25–37.
6. Para ahondar en este punto, consúltese mi libro *Nurturing the Nations: Reclaiming the Dignity of Women in Building Healthy Cultures* (Colorado Springs: Paternoster Publishing, 2008), Enseñanza a las naciones: Reinvindicación de la dignidad de las mujeres para edificar cukturas sanas (Editorial JUCUM, Tyler, Texas, 2011).
7. Col. 1:20.
8. Mar. 16:15.
9. Col. 1:20.
10. Rom. 8:19–21.
11. Gunn, «Making Waves,» 12.
12. Dallas Willard, *The Divine Conspiracy: Rediscovering Our Hidden Life in God* (San Francisco: HarperSanFrancisco, 1998), 14.

CAPÍTULO 18: LAS PUERTAS DE LA CIUDAD

1. Éxo. 32:26 RV.
2. Neh. 2:8 RV.
3. 1 Rey. 6:34–35.
4. Gén. 19:1; Jue. 16:3; Jer. 37:13.
5. Gén. 22:17–18.
6. Gén. 23:17–18; 2 Rey. 7:1; Neh. 3:1, 3, 28.
7. Neh. 8.
8. Deut. 16:18–21 (RV); 21:18–20; Jos. 20:4; Rut 4:1–2, 11; 2 Rey. 23:8; Prov. 22:22 (RV); Amós 5:15 (RV) .
9. 2 Sam. 19:8; 1 Rey. 22:10; Prov. 31:23; Dan. 2:48–49 (RV).
10. 2 Rey. 7:1; 2 Crón. 32:6–8; Prov. 31:31; Jer. 7:2; 17:19–27; 36:10.
11. Gén. 19:1; Rut 4:11; Sal. 69:12; Amós 5:12 (RV).
12. Neh. 3:14.
13. Roy Moore and John Perry, *So Help Me God: The Ten Commandments, Judicial Tyranny, and the Battle for Religious Freedom* (Nashville: B&H Publishing Group, 2005), solapa anterior.
14. Rom. 13:1–6.
15. Jer. 7:2; 17:19–20.
16. Véase también Prov. 8:1–4.
17. Rom. 1:18–23.

La experiencia de Sherron Watkins

La experiencia de Sherron Watkins se ha contado en muchos medios, *Wall Street Journal, Time, Today's Christian Woman*, etc. Por ejemplo, véase «Reluctant Hero,» por Bob Jones, *World*, vol. 17, no. 4 (2 de febrero, 2002) y Franklin Pellegrini, «Person of the Week: 'Enron Whistleblower' Sherron Watkins,» *Time*, 18 de enero, 2002.

La experiencia de Marvin Olasky

1. Marvin Olasky, *The Tragedy of American Compassion* (Washington, D.C.: Regnery Gateway, 1992).

CAPÍTULO 19: LOS DOMINIOS

1. Rodney Stark, *The Rise of Christianity: A Sociologist Reconsiders History* (Princeton: Princeton University Press, 1996), 211, El auge del cristianismo, (Editorial Andrés Bello, Santiago, 2001).
2. Thomas Cahill, *Desire of the Everlasting Hills: The World Before and After Jesus* (New York: Doubleday, 1999), 310–311, El deseo de las colinas eternas, (Bogota: Editorial Norma, 2008).
3. Paul L. Maier in Alvin J. Schmidt, *Under the Influence: How Christianity Transformed Civilization* (Grand Rapids: Zondervan, 2001), 8.
4. Gén. 2:24.
5. Mat. 16:18.
6. Gén. 9:6.
7. J. I. Packard, *Concise Theology: A Guide to Historic Christian Beliefs* (Wheaton, Ill.: Tyndale House Publishers, 1993), en Logos Library System 2.1, Logos Research Systems, Oak Harbor, Wash.
8. R. J. Slater, *Teaching and Learning America's Christian History* (San Francisco: Foundation for American Christian Education, 1960), 199, citado por Elizabeth Youmans, *The Christian Principle of Self-Government* (no publicado, 2005), 1.
9. Youmans, *The Christian Principle of Self-Government*, 1. Para conocer más acerca de Chrysalis International, visítese http://www.chrysalisinternational.org/default.asp.
10. H. Dolson, *William Penn: Quaker Hero* (New York: Random House, 1961), 155, citado por Youmans, *The Christian Principle of Self-Government*, 1.
11. Rom. 1:18–20.
12. Schmidt, *Under the Influence*, 253.
13. Véase Sal. 147:19–20.
14. Schmidt, *Under the Influence*, 249–250.-
15. D. James Kennedy and Jerry Newcombe, *What If Jesus Had Never Been Born?* (Nashville: Thomas Nelson, 1994), 81, ¿Y qué si Jesús nunca hubiera nacido?, (Nashville: Thomas Nelson, 1997).
16. Schmidt, *Under the Influence*, 251.
17. Mat. 22:21.
18. Rom. 1:18–20; 2:14–15.
19. Schmidt, *Under the Influence*, 256.
20. Rom. 1:25.
21. Schmidt, *Under the Influence*, 171.
22. Ibid.
23. Ibid., 173.
24. Charles H. Haskins, *The Rise of Universities* (New York: Henry Holt, 1923), 3, citado por Schmidt, *Under the Influence*, 186.
25. Ellwood P. Cubberly, *The History of Education* (Boston: Houghton Mifflin, 1948), 218, citado por Schmidt, *Under the Influence*, 187.
26. Paul Lee Tan, *Encyclopedia of 7700 Illustrations: Signs of the Times* (Rockville, Md.: Assurance Publishers, 1984), 157, citado por Schmidt, *Under the Influence*, 190.

27. Kennedy and Newcombe, *What If Jesus Had Never Been Born?*, 52, ¿Y qué si Jesús nunca hubiera nacido?, (Nashville: Thomas Nelson, 1997).
28. Ibid., 43.
29. William Boyd, *The History of Western Education* (New York: Barnes and Noble, 1955), 189, citado por Schmidt, *Under the Influence*, 177.
30. John Jefferson Davis, *Your Wealth in God's World: Does the Bible Support the Free Market?* (Phillipsburg, N.J.: Presbyterian and Reformed Publishing Co., 1984), 65, citado por Kennedy and Newcombe, *What If Jesus Had Never Been Born?*, 144.
31. Mat. 25:36.
32. Cipriano, *Mortalidad* 15–20, 1958 ed., citado por Rodney Stark, *The Rise of Christianity*, 81.
33. Kennedy and Newcombe, *What If Jesus Had Never Been Born?*, 145, ¿Y qué si Jesús nunca hubiera nacido?, (Nashville: Thomas Nelson, 1997).
34. David Riesman, *The Story of Medicine in the Middle Ages* (New York: Harper and Brothers, 1936), 356, citado por Schmidt, *Under the Influence*, 157.
35. Kennedy and Newcombe, *What If Jesus Had Never Been Born?*, 151, ¿Y qué si Jesús nunca hubiera nacido?, (Nashville: Thomas Nelson, 1997).
36. Schmidt, *Under the Influence*, 166.
37. Kennedy and Newcombe, *What If Jesus Had Never Been Born?*, 152, ¿Y qué si Jesús nunca hubiera nacido?, (Nashville: Thomas Nelson, 1997).
38. Schmidt, *Under the Influence*, 160.
39. Ibid., 162–163.
40. Ibid., 165.
41. Gén. 2:19.
42. Éxo. 31:1–6; 35:30–36:1.
43. J. R. R. Tolkien, *Tree and Leaf* (London: Unwin Books, 1964), 44, Hoja de Niggle, (España: Minotauro, 2001).
44. Edith Schaeffer, *Hidden Art* (London: The Norfolk Press, 1971), 24.
45. Véase en el capítulo 8 el comentario sobre la cultura como adoración y los tres ámbitos principales de la cultura del reino, la cultura falsa y la cultura natural.
46. Éxo. 20:4, 23.
47. Éxo. 25; 1 Rey. 7:2–37.
48. Mindy Belz, «Art Aflame,» *World*, 17 de diciembre, 2005, ttp://www.worldmag.com/ articles/11356 (visitado el 27 de mayo, 2009).
49. Éxo. 31:1–11; 35:4–39:43.
50. Éxo. 40:34–38.
51. Cynthia Pearl Maus, *Christ and the Fine Arts: An Anthology of Pictures, Poetry, Music, and Stories Centering in the Life of Christ*, ed. revisada y ampliada. (New York: Harper and Row Publishers, 1938, 1959), 2, citado por Kennedy and Newcombe, *What If Jesus Had Never Been Born?*, 174.
52. Kennedy and Newcombe, *What If Jesus Had Never Been Born?*, 182, ¿Y qué si Jesús nunca hubiera nacido?, (Nashville: Thomas Nelson, 1997).
53. Paul Griffiths, «Opera,» en *The Oxford Companion to Music*, ed. Denis Arnold (New York: Oxford University Press, 1983), 3:1291, citado por Schmidt, *Under the Influence*, 316–317.
54. Kennedy and Newcombe, *What If Jesus Had Never Been Born?*, 182, ¿Y qué si Jesús nunca hubiera nacido?, (Nashville: Thomas Nelson, 1997).
55. Ibid.

56. Kennedy and Newcombe, *What If Jesus Had Never Been Born?*, 185, ¿Y qué si Jesús nunca hubiera nacido?, (Nashville: Thomas Nelson, 1997).
57. Platón, *La República*, citado por Schmidt, *Under the Influence*, 342.
58. Los *trovadores* medievales eran individuos que cantaban baladas —relatos cantados— en lugares públicos. Con esta palabra quiero designar a todos los artistas cristianos (no sólo los compositores y cantantes) llamados a ser voces proféticas en sus culturas o naciones. Su vocación consiste en presentar deliberadamente la cultura del reino —verdad, bondad y belleza— en el mercado y la vida pública.
59. Flannery O'Connor, *Mystery and Manners: Occasional Prose* (New York: Farrar, Straus and Giroux, 1969), 172–173.
60. Dorothy L. Sayers, «Why Work?» en *Creed or Chaos?* (New York: Harcourt, Brace and Company, 1949), 57.
61. O'Connor, *Mystery and Manners*, 74.
62. Dennis Peacocke, *Almighty & Sons: Doing Business God's Way* (Santa Rosa, Calif.: Rebuild, 1995), ix.
63. Mat. 5:17.
64. Kennedy and Newcombe, *What If Jesus Had Never Been Born?*, 111, ¿Y qué si Jesús nunca hubiera nacido?, (Nashville: Thomas Nelson, 1997).
65. Ibid.
66. Ibid., 114.
67. David S. Landes, *The Wealth and Poverty of Nations: Why Some Are So Rich and Some So Poor* (New York: W. W. Norton & Company, 1998), 58–59.
68. Para una explicación completa sobre sistemas cerrados y abiertos, véase el capítulo 16.
69. Michael Novak, *Business as a Calling: Work and the Examined Life* (New York: The Free Press, 1996), 112.
70. Ibid.,159.
71. Kenneth McLeish, *Key Ideas in Human Thought* (Prima Publishing, 1995), 658–659.
72. Hombres como Pitágoras, Hipócrates y Euclides.
73. Thomas Goldstein, *Dawn of Modern Science: From the Arabs to Leonardo da Vinci* (Boston: Houghton Mifflin, 1980), 171, citado por Schmidt, Under the Influence, 219.
74. Roger Bacon, *Opus Majus*, trans. Robert Belle Burke (New York: Russell and Russell, 1962), 584, citado por Schmidt, *Under the Influence*, 219.
75. Henry Morris, *Men of Science Men of God* (San Diego: Master Books, 1984), 35, citado por Kennedy and Newcombe, *What If Jesus Had Never Been Born?*, 97.
76. John Peck and Charles Strohmer, *Uncommon Sense: God's Wisdom for Our Complex and Changing World* (London: SPCK Publishing, 2001), 155.
77. Kennedy and Newcombe, *What If Jesus Had Never Been Born?*, 99, ¿Y qué si Jesús nunca hubiera nacido?, (Nashville: Thomas Nelson, 1997).
78. Morris, *Men of Science Men of God*, 34–35, citado por Kennedy and Newcombe, *What If Jesus Had Never Been Born?*, 99.
79. *Heroes of History*, vol. 4 (West Frankford, Ill.: Caleb Publishers, 1992), 36, citado por Kennedy and Newcombe, *What If Jesus Had Never Been Born?*, 100.

La experiencia de John W. Whitehead

1. «History of The Rutherford Institute,» The Rutherford Institute, http://www.rutherford.org/About/History.asp (visitado el 27 de mayo, 2009).
2. «About Us,» The Rutherford Institute, http://www.rutherford.org/About/AboutUs.asp (visitado el 27 de mayo, 2009).

3. «Rutherford Attorneys Weigh In On 'Nuremberg Files' Case, Ask U.S. Supreme Court To Affirm Right Of Pro-Life Activists To Engage In Non-Violent Speech,» *The Rutherford Institute News,* 6 de abril, 2006, http://rutherford.org/articles_db/press_release .asp?article_id=610 (visitado el 27 de mayo, 2009).
4. «U.S. Supreme Court Ruling Calls For Emergency Exception While Affirming Parents' Right To Be Notified If Minor Child Opts To Have An Abortion,» *The Rutherford Institute News,* 19 de enero, 2006, http://rutherford.org/articles_db/press_release.asp?article _ id=597 (visitado el 27 de mayo, 2009).
5. «Rutherford Institute President Commends U.S. Supreme Court Decision To Limit President's Power To Detain 'Enemy Combatants,'» *The Rutherford Institute News,* 28 de junio, 2004, http:// rutherford.org/articles_db/press_release.asp?article_id=497 (visitado el 27 de mayo, 2009).
6. «John W. Whitehead Testifies To U.S. Senate Constitution Subcommittee On Steps The Next President Must Take To Restore Rule Of Law In America,» *The Rutherford Institute News,* 16 de septiembre, 2008, http://www.rutherford.org/articles_db/press_release. asp?article _id=726 (visitado el 27 de mayo, 2009).

La experiencia de Elizabeth Youmans

1. Elizabeth L. Youmans, Ed.D., *Education of Children, a Biblical Perspective* (Seminario sobre el desarrollo del niño ofrecido por Fundación contra el Hambre Internacional, Lima, Perú, 27–30 mayo, 2002).
2. Elizabeth Youmans, Ed.D., «The Christian View of Children PowerPoint,» Chrysalis International, http://www.chrysalisinternational.org/assets/pdfs/Chr_View_of_Child _ PPT.pdf (visitado el 27 de mayo, 2009).

La experiencia de Mary Holmgren

Escrita para el autor por Marit Newton, hija de Mary Holmgren, 7 de julio, 2008.

La experiencia de Stefan Eicher

Testimonio escrito de Stefan Eicher para el autor, 6 de agosto, 2007.

La experiencia de Makoto Fujimura

1. Todas las citas de este párrafo proceden de una entrevista realizada por el Instituto MacLaurin a Makoto Fujimura, «Discovering Grace Through Art with Makoto Fujimura,» *The MacLaurin Institute,* Verano 2008, 3.
2. El tema de este relato y todas las citas no atribuidas proceden de Mindy Belz, «Art Aflame,» *World,* 17 de diciembre, 2005, http://www.worldmag.com/articles/11356 (visitado el 30 de enero, 2008).

La experiencia del Grupo Manthei

Testimonio escrito por Jim Manthei para el autor, 31 de julio, 2007.

La experiencia de Ted Corwins

El tema de este relato procede de la correspondencia del autor con Ted Corwin y del relato de Corwin en «On My Own?» *Guideposts,* Marzo 1999, reimpreso en http://www .designmasterfurniture.com/History.aspx (visitado el 20 de septiembre, 2008).

La experiencia de Francis Collins

La experiencia de Francis Collins fue adaptada de la *Agenda y Diario Personal de Oración 2010* (Tyler, Texas: Editorial JUCUM, 2010), 54-55. Usada con permiso.

1. Francis Collins, *Faith and the Human Genome* (alocución dirigida a la American Scientific Affiliation, Malibu, Calif., 4 de agosto, 2002), http://www.asa3.org/ASA/PSCF/2003/PSCF9 -03Collins.pdf (visitado el 27 de mayo, 2009).
2. Ibid.
3. Francis Collins entrevistado por Bob Abernathy, *Religion and Ethics Newsweekly*, PBS, 16 de junio, 2000, http://www.pbs.org/wnet/religionandethics/transcripts/collins.html (accessed May 27, 2009).

La experiencia de George Washington Carver

1. George Washington Carver and Gary R. Kremer, *George Washington Carver: In His Own Words* (Columbia: University of Missouri Press, 1991), 143.
2. Linda McMurry Edwards, *George Washington Carver: The Life of the Great American Agriculturist* (New York: Rosen Publishing, 2004), 18.
3. Carver and Kremer, George *Washington Carver: In His Own Words*, 143.
4. Ibid., 1.

CAPÍTULO 20: EL GRAN MANDAMIENTO

1. Rodney Stark, *The Rise of Christianity: A Sociologist Reconsiders History* (Princeton: Princeton University Press, 1996), 86, El auge del cristianismo, (Editorial Andrés Bello, Santiago, 2001).
2. Ibid., 161–162.
3. Ibid., 215.
4. Juan 13:34–35.
5. Mat. 22:36–40.
6. Para tratar estas áreas de influencia cristiana me apoyaré firmemente en el libro de Alvin Schmidt *Under the Influence: How Christianity Transformed Society*, el de Rodney Stark *The Rise of Christianity: A Sociologist Reconsiders History*, y el de D. James Kennedy and Jerry Newcombe, *What If Jesus Had Never Been Born?*
7. William Stearns Davis, *A Day in Old Rome* (Boston: Allyn & Bacon, 1925), 389, citado por Alvin J. Schmidt, *Under the Influence: How Christianity Transformed Society* (Grand Rapids: Zondervan, 2001), 61.
8. D. James Kennedy and Jerry Newcombe, *What If Jesus Had Never Been Born?* (Nashville: Thomas Nelson, 1994), 22, ¿Y qué si Jesús nunca hubiera nacido?, (Nashville: Thomas Nelson, 1997).
9. Schmidt, *Under the Influence*, 67.
10. Ibid., 68.
11. Kennedy and Newcombe, *What If Jesus Had Never Been Born?*, 25, ¿Y qué si Jesús nunca hubiera nacido?, (Nashville: Thomas Nelson, 1997).
12. Stark, *The Rise of Christianity*, 118.
13. Michael J. Gorman, *Abortion and the Early Church* (Downers Grove, Ill: InterVarsity Press, 1980), 25, citado por Stark, *The Rise of Christianity*, 118.

14. George Grant, *Third Time Around: A History of the Pro-Life Movement from the First Century to the Present* (Franklin, Tenn.: Legacy, 1991), 20, citado por Kennedy and Newcombe, *What If Jesus Had Never Been Born?,* 11.
15. Stark, *The Rise of Christianity,* 120, El auge del cristianismo, (Editorial Andrés Bello, Santiago, 2001).
16. Schmidt, *Under the Influence,* 55.
17. Ibid., 63.
18. Kennedy and Newcombe, *What If Jesus Had Never Been Born?,* 12, ¿Y qué si Jesús nunca hubiera nacido?, (Nashville: Thomas Nelson, 1997).
19. Schmidt, *Under the Influence,* 59.
20. Kennedy and Newcombe, *What If Jesus Had Never Been Born?,* 18, ¿Y qué si Jesús nunca hubiera nacido?, (Nashville: Thomas Nelson, 1997).
21. Schmidt, *Under the Influence,* 272–273.
22. Aristóteles, *Política* 1.1255, citado por Schmidt, *Under the Influence,* 272.
23. Aristóteles, *Ética a Nicómaco* 8.11, citado por Schmidt, *Under the Influence,* 274.
24. David R. James, «Slavery and Involuntary Servitude,» en *Encyclopedia of Sociology,* ed. Edgar F. Borgatta and Marie L. Borgatta (New York: Macmillan, 1992), 4:1792, citado por Schmidt, *Under the Influence,* 272.
25. Robert Fogel and Stanley Engerman *Time on the Cross: The Economics of American Negro Slavery.* Publicado en 1995; pag.34._
26. Schmidt, *Under the Influence,* 273.
27. Charles Schmidt, *The Social Results of Early Christianity,* trans. Mrs. Thorpe (London, U.K.: Wm. Isbister Ltd., 1889), 430, citado por Alvin Schmidt, *Under the Influence,* 274.
28. San Agustín, *La ciudad de Dios,* trans. Marcus Dods (New York: Random House, 2000), 693.
29. Kenneth Scott Latourette, *Historia del Cristianismo* (New York: Harper and Brothers, 1953), 558, citado por Schmidt, *Under the Influence,* 276.
30. W. E. H. Lecky, *History of European Morals: From Augustus to Charlemagne* (New York: D. Appleton, 1927), 2:71; citado por Schmidt, *Under the Influence,* 275.
31. Sherwood Eliot Wirt, *The Social Conscience of the Evangelical* (New York: Harper and Row, 1968), 39, citado por Kennedy and Newcombe, *What If Jesus Had Never Been Born?,* 22.
32. *Liberty* (September/October 1984), citado por Kennedy and Newcombe, *What If Jesus Had Never Been Born?,* 22.
33. Aristóteles, *Política* 1.1260a, citado por Schmidt, *Under the Influence,* 99.
34. Stark, *The Rise of Christianity,* 102, El auge del cristianismo, (Editorial Andrés Bello, Santiago, 2001).
35. Schmidt, *Under the Influence,* 98–99.
36. J. P. V. D. Balsdon, *Roman Women: Their History and Habits* (New York: John Day, 1963), 272, citado por Schmidt, *Under the Influence,* 100.
37. Philip Schaff, *The Person of Christ: The Miracle of History* (Boston: American Tract Society, 1865), 210, citado por Schmidt, *Under the Influence,* 101.
38. Schmidt, *Under the Influence,* 82.
39. Tácito Anales 3.34, citado por Schmidt, *Under the Influence,* 82.
40. Christine Toomey, «Gender Genocide,» *The Sunday Times,* 26 de agosto, 2007, http://www.timesonline.co.uk/tol/news/world/asia/article2307893.ece (visitado el 27 de mayo, 2009).
41. *El Corán,* Sura 4.34, citada por Schmidt, *Under the Influence,* 97.

42. Juan 4:4–29.
43. Juan 8:1–11.
44. Mat. 28:1–10.
45. Mat. 19:4–6.
46. Mat. 5:28.
47. Gál. 3: 28.
48. Rom. 16:1–2, 6; 1 Cor. 16:19; Fil. 4:2–3; Col. 4:15.
49. Stark, *The Rise of Christianity*, 104.
50. William C. Morey, *Outlines of Roman Law* (New York: G. P. Putnam's Sons, 1884), 150, citado por Schmidt, *Under the Influence*, 111.
51. Wirt, *The Social Conscience of the Evangelical*, 29, citado por Kennedy and Newcombe, *What If Jesus Had Never Been Born?*, 131.
52. Edward Gibbon, *The History of the Decline and Fall of the Roman Empire* (1789; repr., London: Penguin Books, 1994), 813, citado por Schmidt, *Under the Influence*, 84.
53. C. Schmidt, *The Social Results of Early Christianity*, 441–42, citado por A. Schmidt, *Under the Influence*, 65.
54. Mat. 19:4–6.
55. L. F. Cervantes, «Women,» New Catholic Encyclopedia (New York: McGraw-Hill, 1967), 14:991, citado por Schmidt, *Under the Influence*, 98.
56. Para ahondar en esta cuestión sobre la mujer, consúltese mi libro *Nurturing the Nations: Reclaiming the Dignity of Women in Building Healthy Cultures* (Colorado Springs: Paternoster Publishing, 2008), Enseñanza a las naciones: Reinvindicación de la dignidad de las mujeres para edificar cukturas sanas (Editorial JUCUM, Tyler, Texas, 2011).
57. Plauto Trinummus 2.338–39, citado por Schmidt, *Under the Influence*, 129.
58. Schmidt, *Under the Influence*, 126.
59. Kennedy and Newcombe, *What If Jesus Had Never Been Born?*, 29, El auge del cristianismo, (Editorial Andrés Bello, Santiago, 2001).
60. Edward Ryan, *The History of the Effects of Religion on Mankind: In Countries Ancient and Modern, Barbarous and Civilized* (Dublin: T. M. Bates, 1802), 268, citado por Schmidt, *Under the Influence*, 131.
61. Luc. 10:25–37.
62. Schmidt, *Under the Influence*, 126.
63. Tertuliano, «Apología,» *The Ante-Nicene Fathers*, ed. Alexander Roberts and James Donaldson (Grand Rapids: Eerdmans, 1989), 39, en Stark, *The Rise of Christianity*, 87.
64. Adolf Harnack, *The Mission and Expansion of Early Christianity in the First Three Centuries*, trans. James Moffat (New York: G. P. Putnam's Sons, 1908), 1:153, citado por Schmidt, *Under the Influence*, 125–26.
65. Stark, *The Rise of Christianity*, 84, El auge del cristianismo, (Editorial Andrés Bello, Santiago, 2001).
66. Ibid.
67. Cyril J. Davey, «George Müller,» en *Great Leaders of the Christian Church*, ed. John Woodbridge (Chicago: Moody Press, 1988), 320, citado por Schmidt, *Under the Influence*, 133.

La experiencia de Jill Stanek

1. Jill Stanek, «Testimonio de Jill Stanek: Abortos vivos en el nacimiento,» Priests for Life, http://www .priestsforlife.org/testimony/jillstanektestimony.htm (visitado el 8 de septiembre, 2008). Usado con permiso de Priests for Life.

La experiencia de Dolphus Weary

1. Dolphus Weary and William Hendricks, *I Ain't Comin' Back* (Wheaton, Ill.: Tyndale, 1990), 88.
2. Ibid., 125.
3. Por ejemplo, véase el sermón del Rev. Dolphus Weary, «How Should the Redeemed Live?» predicado en la Bethany Presbyterian Church, Seattle, Washington, 16 de septiembre, 2007, http://www.bethanypc.org/sermons/2007/index.htm.
4. Daniel Townsend, «Dolphus Weary,» *Jackson Free Press,* 20 de abril, 2005, http://www.jacksonfreepress.com/index.php/site/comments/dolphus_weary.

La experiencia de Kim Allen

Testimonio escrito por Kim Allen para el autor, 3 de febrero, 2008.

La experiencia de JUCUM Puerto Rico

1. Para leer más acerca del corazón maternal de Dios, consúltese mi libro *Nurturing the Nations: Reclaiming the Dignity of Women in Building Healthy Cultures* (Colorado Springs: Paternoster Publishing, 2008), Enseñanza a las naciones: Reinvindicación de la dignidad de las mujeres para edificar cukturas sanas (Editorial JUCUM, Tyler, Texas, 2011).

La experiencia de David Bussau

La experiencia de David Bussau fue adaptada de la *Prayer Diary 2009* (Seattle: YWAM Publishing, 2009), 55. Usada con permiso.

1. David Bussau, MyImpact, http://www.myimpact.ch/Our%20Work/Our%20work_book %20 MyImpact/Interviewees/Australia/Our%20work_book%20MyImpact_Interviewee_ DavidBussau_OpportunitiesInternational_main.htm (visitado el 27 de mayo, 2009).

CAPÍTULO 21: EL SERVICIO DE VIGÍA

1. Dallas Willard, *The Divine Conspiracy: Rediscovering our Hidden Life in God* (San Francisco: HarperSanFrancisco, 1998), 287.
2. El término *kingdomizer* (constructor de reino) fue usado por Paul Jeong de la Natural Church Development de Corea en el forum de Disciple Nations Alliance, Phoenix, Arizona, el 16 de abril, 2002.
3. No es que el dinero sea malo. No lo es. El amor al dinero es la raíz de toda clase de males (1 Tim. 6:10). El reino tiene una importancia prioritaria (Mat. 6:33). El dinero es secundario.
4. Col. 1:18.
5. Una herramienta para el «Descubrimiento de la vocación,» se puede hallar en la página Web de la Monday Church, www.MondayChurch.org.
6. Una herramienta para esta «Teología bíblica de la vocación,» se puede hallar en la página Web de Monday Church, www.MondayChurch.org.
7. Mat. 28:19.
8. Mat. 28:18.
9. Mat. 6:10.
10. Willard, *The Divine Conspiracy,* 26.

11. Contado por Roy Wingerd, colaborador de Jun Vencer, en el forum de Disciple Nations Alliance en Phoenix, Arizona, el 16 de abril, 2002.
12. Lawrence E. Harrison, «Why Culture Matters,» en *Culture Matters: How Values Shape Human Progress*, eds. Lawrence E. Harrison and Samuel P. Huntington (New York: Basic Books, 2000), xxvi-xxvii.
13. Vishal and Ruth Mangalwadi, *The Legacy of William Carey: A Model for the Transformation of a Culture* (Wheaton, Ill.: Crossway Books, 1999), 17.
14. Ibid., 21.
15. Ibid., 22–23.

CAPÍTULO 22: EL CUERPO DE CRISTO

1. Véase Apo. 21–22.
2. Efe. 1:22–23.
3. Apo. 19:7.
4. 1 Ped. 2:9.
5. 1 Cor. 12:12.
6. 1 Cor. 12:4–6.
7. El libro *Si Jesús fuera alcalde,* del cofundador de Disciple Nations Alliance, el Dr. Bob Moffitt, es un gran recurso. Este libro se puede adquirir en la librería de Disciple Nations Alliance, www.disciplenations.org/store.
8. Mat. 28:18.
9. Fil. 3:20.
10. Rom. 13:1–7.
11. Juan 17.
12. Juan 17:17, 19; 1 Ped. 2:9.
13. Juan 17:15, 18.
14. Mat. 5:13–16.
15. Mat. 13:33.
16. Dietrich Bonhoeffer, *The Cost of Discipleship* (New York: Macmillan, 1977), 54.
17. Elton Trueblood, *Your Other Vocation* (New York: Harper and Brothers, 1952), 57, citado por Doug Sherman and William Hendricks, *Your Work Matters to God* (Colorado Springs: NavPress, 1988), 217.
18. Sherman and Hendricks, *Your Work Matters to God,* 215.
19. George Grant, *The Changing of the Guard: Biblical Principles for Political Action* (Ft. Worth: Dominion Press, 1987), 130.
20. *Enhanced Strong's Lexicon,* s.v. «katartismos.»
21. Hay excelentes recursos pastorales para instruir a los miembros de la iglesia para la obra del ministerio en el mundo, visítese la página Web de Harvest Foundation, asociada con Disciple Nations Alliance, www.harvestfoundation.org.
22. Erwin W. Lutzer, *Hitler's Cross: The Revealing Story of How the Cross of Christ Was Used as a Symbol of the Nazi Agenda* (Chicago: Moody Press, 1995), 133.
23. Ibid., 204.
24. Warren Bennis and Burt Nanus, *Leaders: Strategies for Taking Charge* (New York: Harper and Row, 1985), 20, citado por David J. Vaughan, *The Pillars of Leadership* (Nashville: Cumberland House Publishing, 2000), 13.

CAPÍTULO 23: NEGOCIEN MIENTRAS VENGO

1. Éxo. 35:4–9.
2. Éxo. 36:3–7.
3. David Bruce Hegeman, *Plowing In Hope: Toward a Biblical Theology of Culture* (Moscow, Idaho: Canon Press, 1999), 52–53.
4. La Guerra de Australia 1939–1945, «The Old War Horse: The Battle of Surigao Strait, 25 de octuber, 1944,» http://www.ww2australia.gov.au/waratsea/story_warhorse.html (visitado el 11 de septiembre, 2008).
5. Richard Steele, *The Tradesman's Calling,* en R. H. Tawney, *Religion and the Rise of Capitalism* (New York: Harcourt, Brace, 1926), 240, 321, citado por Leland Ryken, *Worldly Saints: The Puritans As They Really Were* (Grand Rapids: Zondervan, 1990), 27.
6. William J. Bennett, ed., *The Book of Virtues: A Treasury of Great Moral Stories* (New York: Simon & Schuster, 1993), 192–195.
7. Papa Juan Pablo II, *Mensaje de Su Santidad el Papa Juan Pablo II* con motivo del XXXIII día internacional de oración por las vocaciones, 15 de agosto, 1995, http://www.va/holy_father/john_paul_ii/ messages/vocations/documents/hf_jp-ii_mes_15081995_world-day-for-vocations_en .html (visitado el 27 de mayo, 2009).

ÍNDICE DE AUTORES

ÍNDICE DE MATERIAS

ÍNDICE DE ESCRITURA

RECURSOS PARA PROFUNDIZAR EN EL ESTUDIO Y LA APLICACIÓN

Confiamos en que este libro le haya servido de reto e inspiración para entender el avance del reino de Dios a través de su vocación singular.

Para ayudarle a profundizar y aplicar los principios presentados en este libro, le invitamos a visitar www.MondayChurch.org. Hallará una serie de recursos, entre otros:

- Una guía de estudio de cada capítulo, con preguntas para la reflexión, el debate y la aplicación.
- Una Biblia de estudio gratuita para descargar, ideada para hacer aplicación personal y en grupo.
- Un inventario personal para ayudarle a descubrir su designio y su vocación singular.
- Información para auspiciar una conferencia sobre cómo relacionar la vocación con el avance del reino de Dios.
- Sugerencias útiles para que pastores y líderes de iglesia tengan visión e instruyan a sus congregaciones para hacer avanzar el reino de Dios a través de sus vocaciones.
- ¡Y mucho más!

www.MondayChurch.org

Prepare la iglesia para transformar el mundo

La Disciple Nations Alliance (DNA), o Alianza para el Discipulado de las Naciones (ADN), forma parte de un movimiento internacional de individuos, iglesias y organizaciones que comparten una misma visión: que la Iglesia universal alcance su máxima capacidad como instrumento de Dios para la sanidad, bendición y transformación de las naciones.

ADN fue fundada en 1997, al asociarse Fundación contra el Hambre (*www.fh.org*) y Cosecha (www.harvestfoundation.org). Nuestra misión consiste en ofrecer un modelo práctico a todas las iglesias locales, ayudarlas a reconocer y abandonar falsas creencias, y abrazar una robusta cosmovisión bíblica que instaure verdad, justicia y belleza en todas las esferas de la sociedad, demuestre el amor de Cristo en formas prácticas y responda a la desolación de sus comunidades y naciones comenzando por sus propios recursos.

Si desea recibir más información acerca de la Alianza para el Discipulado de las Naciones u obtener acceso a una serie de recursos, programas, libros, materiales de estudio y herramientas de aplicación, no deje de visitar nuestra página web:

www.DiscipleNations.org

info@disciplenations.org

ACERCA DEL AUTOR

Darrow L. Miller es cofundador de la Alianza para el Discipulado de las Naciones y celebrado autor y maestro. Es un conferenciante bien conocido tras haber disertado por más de veinticinco años sobre temas como el cristianismo y la cultura, apologética, cosmovisión, pobreza y la dignidad de la mujer. De 1981 a 2007, Darrow trabajó para Fundación contra el Hambre (FH), de la cual es vicepresidente desde 1994. Antes de incorporarse a FH, formó parte del personal de la Comunidad L'Abri, Suiza, por tres años, donde fue discipulado por Francis Schaeffer. También ha servido como pastor aprendiz en la Northern Arizona University y como pastor en la Sherman Street Fellowship, en el centro de Denver, Colorado. Además de titularse en educación para adultos por la Universidad del Estado de Arizona, Darrow ha realizado estudios de grado en filosofía, teología, apologética cristiana, estudios bíblicos y misiones, en los Estados Unidos, Israel y Suiza. También es autor de numerosos trabajos, artículos, estudios bíblicos y libros, entre otros *Discipulando Naciones: El Poder de la verdad para transformar culturas* (Editorial JUCUM, Tyler, Texas, 2002) y *Enseñanza a las naciones: Reinvindicación de la dignidad de las mujeres para edificar cukturas sanas* (Editorial JUCUM, Tyler, Texas, 2011).

The
COUNTRY HOUSE
in the 1980s

The COUNTRY HOUSE in the 1980s

JOHN YOUNG

London
GEORGE ALLEN & UNWIN
Boston Sydney

First published in 1981

GEORGE ALLEN & UNWIN LTD
40 Museum Street, London WC1A 1LU

British Library Cataloguing in Publication Data

Young, John, 1934–
The Country House in the 1980s.
1. Great Britain – Social life and customs – 1945– – Case studies
2. Country homes – Great Britain – Case studies
I. Title
941.085′8 DA588 80–42123

ISBN 0–04–720022–7

Set in 11 on 13 point Palatino by Nene Phototypesetters Ltd
and printed in Great Britain
by Mackays of Chatham

Contents

List of Illustrations

Houses are built to live in

Francis Bacon

1 A STRANGE REVERENCE

One of the more remarkable aspects of the social revolution that has swept Britain in the last thirty years has been the opening of so many privately owned country houses to the public. Barely a generation ago the Englishman's stately home was, with a handful of exceptions, quite literally his castle, a bastion of privilege and exclusiveness, kept secret from prying eyes and still, in a surprising number of instances, serviced by small armies of paid retainers. Although as long ago as the 1930s Noël Coward was able to satirise the impoverished gentry, forced to 'scrimp and screw and save' and to pawn the pictures and the furniture, and although the two World Wars hastened the demise of the upper classes and forced many of their members to quit their ancestral homes for ever, many of the old attitudes lingered on. Neither the aristocrat nor the plutocrat saw any reason why he should allow miners and motor mechanics to trample his carpets and goggle at his Van Dycks and Gainsboroughs. Nor, to be fair, did it often occur to him that they would want to.

In the end, however, it became a matter of economic necessity. The Duke of Bedford and Lord Montagu of Beaulieu were among the first to appreciate that they had inherited not only beautiful buildings, which were an important part of the national heritage and in many cases had been paid for out of public funds, but also collections of paintings, furniture, tapestry, china and silverware which put many publicly owned museums in the shade. By admitting paying visitors, they reasoned, they would be able not only to relieve their financial burdens but would be fulfilling a social obligation in providing the common man with the opportunity to see what the toil, sweat and bloodshed of *his* ancestors had bought.

In the ensuing years, hundreds of owners of historic houses have followed suit. The public response has been enthusiastic. The great and famous houses may each attract getting on for a million visitors a year. Even the smaller and more obscure houses on occasion have problems with overcrowding, to the point where some conservationists have expressed alarm that, as in the more popular areas of the countryside, the beauty and tranquillity which are the main attractions are threatened by sheer weight of numbers.

Despite all this, the gulf between owners and their 'customers' has persisted. The revolutionary element in our society may fulminate against the perpetuation of wealth and privilege, but the fact remains that the British public as a whole retains a considerable awe of the rich, and particularly the titled rich. Even when it is patently obvious that the owner of a historic house is anything but rich and is struggling to make ends meet, the average paying visitor cannot bring himself to believe it. Sometimes he does not want to believe it. The British aristocracy is still treated with a strange reverence, almost as a race apart, even though the ancestors of most contemporary Dukes and Earls were, in the words of a well known left wing Member of Parliament, little more than 'robber barons' or, at best, successful soldiers, merchant venturers and Court followers who were shrewd enough to back the right side at the right time.

I do not believe that this mystique is either right or reasonable, and it was with a wish to demonstrate that those fortunate or unfortunate enough to inhabit the stately homes of Britain are really just ordinary men and women that I conceived the idea of this book. It seemed to me that, while country house life in former times had been amply chronicled by those far more knowledgeable than myself, curiously little was known about contemporary owners, despite the fact that they were far more accessible than their forebears. The notion of going to see them and asking them a number of pertinent, and perhaps impertinent, questions coincided with the recent prolonged suspension of publication of *The Times* and the realisation that my consequent enforced months of idleness could not be fully occupied by reading detective novels, tending my vegetable patch and collecting my children from school.

The belief that it might prove a useful exercise was happily strengthened by the fact that the idea was accepted by the first publishers whom I approached. I have endeavoured to select as broad a cross section of owners as possible, ranging from hereditary aristocrats to first generation newcomers. In the interviews I have tried, as far as possible, simply to record their views, observations and reminiscences, without comment. If my descriptions of the houses, their history and their surroundings seem inadequate, it is simply that I saw no point in repeating information that is already available in guidebooks and brochures.

Readers will, I trust, appreciate that the interviews took place over a period of several months and that, consequently, some of the details and observations recorded at the time may have been overtaken by events.

In conclusion, I must thank members of the Historic Houses Association who have given me help and encouragement, in particular Michael Saunders Watson, the association's vice-president, who was my first interviewee, and Mary-Clare Wilson, who suggested a number of names. Gratitude is also due to those owners whom I approached and who, with one exception, readily agreed to be interviewed. The exception was Mr Reresby Sitwell, who wrote a charming letter observing that, unlike almost every other member of his distinguished family, he abhorred personal publicity.

A minor and unforeseen difficulty was over the use of Christian names, straightforward enough in most cases but, such is the nature of our society, more complicated when those involved had titles. Lord Tavistock and Lord Camoys, being roughly of my own generation, agreed readily enough to being addressed as Robin and Thomas respectively. Despite my view that the aristocracy is nothing special, I did not feel it appropriate to adopt the same familiarity with the Duke of Buccleuch and the Marquess of Anglesey and, if that seems undue deference, I stand convicted. The Earl of Carnarvon would, I suspect, be perfectly happy if everyone called him Porchey.

That all of them, aristocrats and commoners alike, were prepared to talk so freely about their private lives, and to afford me personally conducted tours of their domains, was a surprise and a delight. Whether what they had to say was as fascinating as it seemed to me at the time is something that only the readers of this book can judge.

J.Y. April 1980

2 WOBURN ABBEY

Learning to live with it

The name, Woburn Abbey, is familiar to literally millions of people all over the world. It is the epitomy of the English stately home, a Palladian mansion set in a vast park, and filled with a staggering array of artistic treasures. For the last 300 years or so, it has been the home of a family which, for one reason or another, has been seldom out of the news, and in the last 25 years it has been turned into one of the nation's biggest tourist attractions.

Such is the crush of sightseers in the high season that traffic has to be routed along a one-way system which makes a long detour through the grounds. For the private visitor on a winter morning, with few people about, it can be a bit confusing. When

Above: The Marquess of Tavistock at Woburn Abbey

we finally reach the house, with apologies for our late arrival, the caretaker, who opens the door, tells us that we should have ignored all the no entry signs on the way.

There are immediate signs of security precautions, as the caretaker informs some unseen person by radio who the arrivals are. We are shown into the library, its walls lined with shelves of leather-bound books. There are several ornate and beautiful clocks, none of which appears to be working. From above the bookshelves, portraits by Rembrandt, Hogarth, Franz Hals, Tintoretto and Murillo stare stonily down at us. Through the windows can be seen a panorama of parkland, with deer moving through the November mist.

Robin, Marquess of Tavistock, who joins us a few moments later, looks exactly what he always intended to be, an energetic and successful businessman. Slightly built and bespectacled, he is a graduate of Harvard business school, a stockbroker, chairman of an investment trust, and on the board of several companies ranging from Trafalgar House to United Racecourses.

But he is also what he never expected or wanted to be, which is to say Lord of the Manor of Woburn. Neither he nor his wife, Henrietta, have ever made any secret of their shock and dismay when his father, the Duke of Bedford, who had effectively pioneered what might be called the stately home industry, and had become in the process an international celebrity, abruptly decided to quit and live abroad. To this day, Robin is not sure of the real reasons. 'He says it was because he was getting on, and it was time a younger man took over. But there were probably other very personal reasons, which I have never talked to him about.'

The Duke brought the family back to their ancestral home from South Africa in 1947, when Robin was seven years old. The house had not been lived in for years, and furniture, pictures and ornaments were stacked haphazardly in every room. 'I had had a very happy childhood in South Africa,' he recalls. 'I was too young to know anything about apartheid. All I knew was that England was cold and wet, and that everything just seemed to be a mess.'

In time he came to know and take a pride in his enormous new home, but he never expected to have to manage it. There was what he took to be a tacit understanding that, when his father died, the house would pass straight to Robin's eldest son, skipping a generation completely. He had a house in London, a career in the City and, after he married Henrietta, they bought a small stud farm near Newmarket, where she could indulge her passion for breeding racehorses.

'So you see, I was not exactly waiting at the end of the drive, with my suitcase in my hand,' he says, 'Henrietta, who can be very outspoken, said she thought it was selfish to force us to change our whole way of life when we were still so young. My sons didn't want it, because they said I was not myself when I was at Woburn. I remember the first night in 1974, when I was driving down here, the car broke down, and I thought it was a bad omen.

'The administrator came to see me the next morning and asked me how I was going to run the place. I replied that I hadn't a clue. I had been involved for some time with the running of the estate, but never with the house or with the visitors. I suppose I thought my father would go on for ever. He was far and away the best at doing the job, and I never expected that he would want to give it up.'

Robin's business acumen, however, quickly asserted itself. In 1977 he staged what he clearly sees as one of the highlights of his career, an open air concert by the American pop singer, Neil Diamond. 'We had 56,000 people here, and they behaved magnificently. The police told me afterwards that, for the first time in their lives, they felt superfluous.

'Neil is a marvellous character, and the way he and his staff treated Woburn was wonderful. I was deeply impressed. I went to see him in California some months beforehand, because I felt there was a risk of a clash of personalities. For me it was the biggest gamble I had ever undertaken, and for him it was the biggest concert he had ever given. Fortunately we hit it off very well, and we became great friends. I've been on tour with him, and I've attended some of his recording sessions, and I'm a great admirer.

'It was a magical night, and I'm not exaggerating when I say it was one of the great occasions in the history of this house. The weather was perfect, and the whole atmosphere was fantastic. My family founded the Grenadier Guards, so we had the

Grenadier band marching up the drive as an introduction. The main attraction was an American, but the band gave the audience something which they, as Britons, could be proud of.

'But, however much I enjoyed that, I don't want to push my luck. I don't really see myself as an impressario. I've since been approached by all sorts of pop groups who want to hold concerts here, but I won't even entertain the idea. With Neil, or perhaps half a dozen other artists I can think of, I might do it again, but no one else. You are taking risks with big pop audiences, because of drugs and that sort of thing.'

Two other high points of his ownership of Woburn were a highly successful game fair, held in the same month as the Neil Diamond concert, and the recent Dunlop Masters tournament on the new championship golf course in the grounds of the house. 'The actual tournament, of course, was run very efficiently by the PGA and by Dunlop, who have a very good and experienced team to do this sort of thing. But there's an immense amount of detail to be attended to beforehand; things like the catering and the toilets, and the signposting of routes, and all the other things that the public just take for granted.

'My father never went in for anything like a pop concert, although I imagine he would have revelled in it. The difference in generations, I suppose. But he did put on all sorts of other attractions, from which I was able to learn a lot. There was the traction engines display, for example, which was an astonishing and quite unpredictable success. But there have also been failures, like jousting tournaments, in which people are not really interested, and which don't make money. *Son et lumière* is a waste of time in this country, because of the weather. It's also a bore, because everything has to be dark. You can't even turn your bedroom light on when you want to go to bed.

'The weather is the main drawback to any leisure activity in Britain. Walt Disney was an old friend of my in-laws, and he was my middle son's godfather. I once asked him if he would ever set up a Disneyland here. I think Disneyland sets the standard for everything else. But he said no, because of the weather.

'There's no shortage of suggestions for things we might do. We get several letters and telephone calls every week, and some of the ideas are really looney. You have to be selective.'

We are interrupted by a telephone call, which Robin goes to

answer. He returns a few minutes later with apologies, explaining that he was making arrangements for his eldest son, Andrew, to be interviewed for Harvard. 'I went there myself,' he adds, 'and I would far rather he went there than to an English university. Besides he is an American citizen. He was born there, and he has a United States passport.'

Henrietta joins us, bringing with her some newly arrived colour photographs of their youngest son, Jamie, with which she is clearly delighted. Time for a gin and tonic, she suggests. Robin confesses that he does not drink, not from principle, but because he dislikes the taste. 'It's like cough mixture to me.'

'You'd be so much nicer if you did,' Henrietta mocks him. 'I refused to marry him until I'd seen him drunk just once. It's the only way you can tell what a man is really like.'

Over drinks, the talk reverts to the Tavistocks' children. Andrew, today in bed upstairs with 'flu, was seriously injured in a car crash in the United States, and spent two years on crutches. He suffered great pain and, according to his father, the New York surgeons who performed a series of operations were highly impressed by his courage. Both his parents think that suffering brought out the best in his character.

Andrew's present ambition is to be a trainer, and he is planning to work the next summer on a stud farm in Norfolk. The Tavistocks themselves breed racehorses and, for three or four weeks a year during the foaling season, Henrietta lives in a caravan on the farm. Her greatest ambition, she says, is to breed a Derby winner. 'You can always buy winners if you have enough money, but breeding is a lifetime challenge.' This year the Woburn stud farm counted seventeen winners among its progeny, but all had been sold elsewhere. None of them raced under the Bedford colours, although in the past the family has won each of the five Classics. Robin shares his wife's enthusiasm, and was chairman of the organising committee for the 200th Derby, which drew enormous crowds and was acknowledged to have been an equally huge success. 'Again it was a question of concentrating on details,' he points out.

Of the three sons, Robin junior is a year or two younger than Andrew. A twelve year gap divides him from Jamie, who is a direct result of his parents' move to Woburn. 'I always wanted another child,' Henrietta recalls. 'My husband said that, if we ever had to come and live here, and I was still of breeding age, which was rather crudely put, I thought, then that would be my consolation. Hence Jamie.'

'He's the first child to have been born at Woburn for over a century,' her husband puts in. 'I may be romanticising things, but in a curious way he does seem to love the place in a way that his brothers don't, and in a way that it hasn't been loved for a very long time. Whenever he's away with us, he's always asking when we're going back. All things being equal, I would rather like him to inherit the house when he grows up, but it does pose certain difficulties. His descendants won't have titles, and it would seem rather odd if, at some time in the future, a plain Mr Russell lived at Woburn while the Duke lived somewhere else.'

Jamie himself, a lively talkative five-year-old, and his nanny join us for lunch in an astonishing room, adorned with no fewer than 24 Canalettos. Robin talks of his days at Harvard, where he was a student at the start of the Kennedy era, and from whose teaching staff the President recruited several of his top advisers, men like McGeorge Bundy and John Kenneth Galbraith.

We also discuss the takeover of Express Newspapers by Trafalgar House, of which he is a director. He remarks in a throwaway aside that he was born in the Ritz hotel, now part of the group, but does not elaborate. It seems to be just one of those things that happens to the Russells, like founding the Grenadier Guards. Henrietta adds that she knew Lord Beaverbrook as a child, when her family stayed next door to him in Jamaica. 'I remember him taking me by the hand down to the sea. It's strange how so many powerful people, with fierce reputations, seem to have a soft spot for children.'

The talk reverts to life at Woburn. From where we sit, the house seems silent and peaceful. Outside the trees glow in their bronze foliage in a shaft of pale sunlight. But the Tavistocks are constantly aware of living in the midst of a large business enterprise, and that there is never a day in the year when they have the place to themselves, not even Christmas.

'It was the staff themselves who insisted that we should stay open 365 days a year,' Robin maintains. 'We are very lucky to have this tremendous loyalty. And they want me to take an interest in everything they're doing. I find that very touching. In the country, values are very different from those in the cities.

People are more old fashioned, if you like. There's a loyalty and responsibility bred into both sides.

'Woburn needs many more decisions than a normal business. It's very difficult to plan anything in advance. Whatever your appointments are for the day, you always end up doing something else. Maybe it's not as efficient as some businesses, but it works. Everyone chips in. For instance, the caretaker may pick up Jamie from school and then, if we're busy, the maintenance man may look after him for half an hour or so. There's also an amazing variety of jobs to be done. I may be working at the accounts in my study, and suddenly I find myself called out to look at a pregnant hippo in the game park.'

'One of the advantages of a house this size is that it justifies a large staff,' Henrietta interposes. 'The people I really do feel sorry for are those who have to open to the public without any help.'

She feels happier now about her present life. 'I have got used to it, and also we have sold our old house in Suffolk, and so I can't go on thinking of that as home. At first I used to sit here imagining that we were just keeping the place until Robin's father returned. Now I realise that he is not coming back.'

But she still misses many of the intimacies of living in less palatial surroundings. 'We don't have any personal servants, if you except Nanny, but for instance there are 42 acres of gardens. There used to be 60 gardeners. Now there are only seven but, much though I love gardening, I don't really see much point in it, because it's all too big to get any satisfaction from. In a small place, you can spend the afternoon pruning or clearing something away, and you can look back and see what you've done. But here it's just a drop in the ocean.'

She points through the window to the lawns, which appear neat enough but the edges of which, she insists, are disgracefully untidy. 'You have to lower your standards in a place like this,' she confides. 'You put up with things like dirt, and dust on the tops of books and pictures, which you wouldn't dream of doing in a smaller house.'

'One of the nicest things about being here is being able to work with my husband. So many husbands and wives lead such separate lives that, when they do come together, all they can talk about is their problems and troubles, and that's why so many marriages break up. Then you get the case of the husband developing his business career, while the wife vegetates at home, so that their interests and their way of life grow further and further apart.'

The Tavistocks claim that they enjoy the dinners and banquets which they lay on for paying guests. 'You do get some bores, of course,' Robin admits, 'but you do also meet some very interesting people. We had the directors of British Aerospace here, and that was a fascinating evening.'

They have also had a lot of contact with British Leyland, and Henrietta springs to the company's defence. 'I think they have had a very rough time, and have been most unfairly criticised,' she declares. 'I get very angry with the media for putting people off buying British Leyland cars.'

She herself is a director of Aston Martin, whose factory is only a few miles away. Her father was, among other things, a director of Pressed Steel and used to take her, as a child, to visit factories. Next to horses, cars are among her greatest loves. 'Peter Sprague, the American who rescued Aston Martin, came here a lot to dinner,' her husband recalls. 'Henrietta used to offer him a lot of free advice, and in the end he thought it would be best if he took her on the board.'

But she denies being a feminist. 'I'm not in favour of women's lib, but that doesn't mean that I don't think women haven't still got a long way to go. It's just that I think they will get further by using quieter, less strident methods.'

Would she have liked a daughter? 'Sometimes I think I would. I would love to have a little girl up to about the age of eight, and then I would enjoy her company after she got married and settled down. It's the years in between that I would dread.'

Over coffee, back in the library, we discuss the nation's industrial problems, and the likely effects of microtechnology. 'People haven't realised yet what it is going to do to their lives,' Robin observes. 'It's by far the biggest thing since the industrial revolution, and I fear that many of the effects are going to be just as socially disastrous.'

But that will surely mean an even more important role for the so-called leisure industries? 'Yes, up to a point. But it's very difficult to choose the right medium in which to advertise. Advertising agencies don't know how to sell stately homes. It's very hard to know what is the right method. We have posters in the Underground, but are they reaching the right people? I would dearly love to use television, but I couldn't afford to advertise often enough, or with the right quality to be really effective. Although the house, and all the things that go with it, are so well known, it still needs to be promoted like everything else, in order to keep it in the front of people's minds. And then we have the problem that the sort of people who want to see the house are, on the whole, very different from those who come to see the animals in the game park.'

'I think things can be oversold,' Henrietta remarks, 'like Jackie Kennedy. Some people imagine, before they come here, that the whole place has been given the Butlin's treatment, and they are quite surprised to find all the paintings and furniture and so on.'

On that note, she excuses herself to attend an Aston Martin board meeting, and Robin suggests a tour of the house. In the interval since lunch, rope barriers have been removed to permit public access, although it is evidently one of Woburn's less busy afternoons. From the Canaletto room we pass to one filled with Reynolds portraits, up a staircase and along a corridor lined with the faces of generations of Russells, through room after room of bewildering opulence, the Yellow Drawing Room, the Blue Drawing Room, the State Bedroom, the State Dining Room, another furnished as a memorial to Robin's remarkable great-grandmother, the aviation pioneer who became known as 'The Flying Duchess', and yet another lined with pictures of Henrietta's beloved horses. In the crypt are glittering displays of porcelain, and of silver and gold ornaments.

Robin declines to reveal the insured value of the house and its contents, but admits that it is almost impossible to put a price on them. 'The thing about great houses is that they are not really as important as the estates which used to, and in some cases fortunately still do, surround them. They are, if you like, the jewel in the crown, but without the estates they would never have existed. The people who are in trouble are those with big houses and no land, and those who have houses which are really too big to live in and not big enough to open to the public.'

In the case of Woburn, the estate runs to some 3,000 acres which, although only a fraction of its size in the last century, is still healthy enough. The park contains no fewer than 300 acres of rhododendrons alone. 'They thought big in those days,' he remarks with a grin. 'There's just no way in which anyone could hope to see the whole of Woburn in one day.'

The land, containing the ruins of the former Cistercian abbey from which the present house takes its name, was given to Sir John Russell by Henry VIII, in return for a pledge of continued loyalty to the Tudor succession. But the real windfall in the family fortunes occurred more than a century later when William, Lord Russell, subsequently executed for his alleged part in the Rye House plot against Charles II, and posthumously exonerated, married one of the three daughters of the Earl of Southampton. Reputedly, the Earl drew lots to determine his daughters' dowries, and Russell was left holding what he thought at the time to be the short straw, a few muddy acres in London known as the Bloomsbury Farm.

In the ensuing three centuries the income from those few acres, which include Woburn Place, Russell Square, Tavistock Street, Bedford Place and dozens of others, has proved more than a little useful. The family still owns a substantial number of properties in the area, although much of the estate has been dispersed to pay death duties, notably on the death of Robin's grandfather. 'In hindsight, knowing what we do now about the way property values have appreciated, it was a colossal mistake,' he says. 'We should never have done it. We should have borrowed the money instead.'

When, as a result of the relative decline in the family fortunes, his father decided to open Woburn to the public, other owners of large houses were distinctly snooty, he recalls, 'But they soon changed their tune when they saw how successful he was.'

For those who have never visited Woburn the scale of the whole enterprise is hard to imagine. On a level above the house, which is built into the side of a hill, are two large and handsome buildings, each the size of a small city block. Formerly used for stabling horses and carriages, they have since been converted into staff flats, restaurants, galleries and an antique market containing 44 shops. The impression is given that there is hardly a room or an outbuilding on the entire estate that has not been put to some profitable purpose.

The whole enterprise is divided into several distinct parts: the house itself; the safari park, or, as it is officially known, the

Woburn Wild Animal Kingdom, which was established by Robin's father in collaboration with the circus owner, Jimmy Chipperfield; the fairground, shops, restaurants and so on. Despite the throngs of visitors, the house itself runs at a loss, and is sustained by revenue from the estate.

As a businessman, he finds that worrying. 'It means that you are using money which could be used for investing in the future, to sustain something which economically is highly dubious. The house itself has practically no value, in that it would be impossible to sell it. No company would consider it a good investment, apart of course from the capital appreciation of the contents.

'The Government must legislate soon, as it has promised. These houses are a major contribution to tourism, which is still our biggest foreign currency earner. The stumbling block is the Inland Revenue, which cannot comprehend that owners of such houses do not receive a benefit from living in them. You have to question whether it really is a benefit being a caretaker, which is what I am, with all the problems that entails. Of course there are advantages in living in such lovely surroundings. But I believe the balance is weighted on the other side.'

The most urgent needs, he feels, are to allow the cost of maintaining the fabric and contents to be set against tax, and to abolish VAT on repairs. Owners of smaller houses do not get enough visitors to qualify for tax concessions as businesses and, if they did, the houses could not absorb the numbers.

'The Historic Buildings Council is hopelessly underfunded,' he continues. 'Even if the Government allocation kept pace with inflation, that would be something. After all, look at civil servants' index-linked pensions. Are they a more deserving cause than the protection of the nation's heritage? Remember, the preservation of country houses was the subject of the biggest petition ever presented to Parliament. We had one and a quarter million signatures.'

In many ways he thinks Britain's heritage is better appreciated abroad. He receives constant invitations from other countries, and recalls two in particular. One was when he led a so-called 'heritage expedition' to the United States. As a notably rare honour, members of the group were invited on to the floor of the Senate in Washington, where the 98 Senators present gave them a standing ovation. 'We were simply overwhelmed. I was emotionally lost for words.'

On another occasion he was asked by the Polish government to inspect some of the palaces that had been restored, and to offer advice on how to 'humanise' them. 'At first I thought it was a joke, since I am not exactly the sort of person to appeal to a Communist government. I was very apprehensive, but I needn't have been, because Poland is a remarkably open society. And what they have done in the way of restoration is marvellous.'

He reckons to spend at least half his time away from home, either in London or travelling abroad on business. To compensate, he tries to involve himself as much as possible with the day-to-day lives of his staff. Most mornings when he is at home, he makes a point of going to talk to the farmworkers. An industrialist whom he much admires is Lord Sieff, head of the Marks and Spencer chain. 'One of the great troubles of this country is that there is, and always has been, too big a gap between the bosses and the workforce.'

In his handsome study, with a Gainsborough landscape above the fireplace, and piles of Christmas presents stacked in prudent anticipation, he discusses the problems of being constantly in the public eye. Despite his businesslike outlook, and a curious diffidence about his hereditary title – in some ways he gives the impression that he would almost rather have been born plain Mr Russell – he finds it impossible to escape his position. 'One is always being asked to open this or that, and to make speeches. I decline as often as I dare, because for me a one-minute speech can mean as much as a day's work. I am not a natural speaker like, say, Lord Goodman, or, for that matter, like my father. I remember my first important speech took a month to write. So I have to be selective.'

He clearly attaches great importance to his own happy home life, in contrast to his parents' broken marriage. He decided some time ago that he would make a point of going away with his two elder sons for at least two weeks every year. 'I wanted them to feel able to talk to me in a way that at other times they might feel inhibited from doing, and in a way in which I don't believe our generation was ever able to talk to our parents. I let them choose the places, and I go along as their guide. So far we've been to France, to Italy and to Disneyland.'

He admits that the demands on his time and energies are formidable, but considers that stress is dangerous to a person's health only if it is concentrated on one central subject. 'If you have a mass of worries, with different things happening all the time, they balance each other out, and nothing becomes obsessive.'

So far from finding it difficult to separate his various roles, he welcomes them as diverting him from becoming too involved in any one activity. 'Where some people drink to relax after work, I have learned simply to change gear. I sleep in cars, and I take catnaps. I am able to sleep literally when and where I want, which is a tremendous advantage. I do worry sometimes quite a lot, but I have learned to relax.

'Whenever I come back here, it is with mixed feelings. On the way I find myself dreading the problems I know I am coming back to. But then, when I drive through the park, and I see the deer through the trees and the beauty of it all, I think, My God, how lucky I am to live here.'

3 BOWHILL

A fairly small shareholder

Edinburgh, that great grey fortress of a city, is at its most sombre on a bitter March morning. On the drive out through the southern suburbs, the rain turns first to sleet and then to heavy, wet snow. It is the last sort of day on which to appreciate Scotland, its hills, woods and fields lost in the all-encompassing murk.

Above: Bowhill: needing 80,000 visitors a year to break even

The snow is already thick on the lawns of Bowhill as the butler leads the way into the comfortable library, with a log fire blazing beneath an ornate marble mantelpiece and the usual family portraits gazing down from the walls. John, 9th Duke of Buccleuch and 11th Duke of Queensberry, enters the room from the far end in a wheelchair, a large friendly man with receding red hair, who was partially paralysed in a hunting accident nine years ago.

Described more than once, and almost certainly inaccurately, as the richest man in Britain, he might well have held four dukedoms instead of a mere two. His family tree perfectly illustrates the complex and introverted history of the British aristocracy, with all those marriages, occasionally perhaps love matches but mostly of convenience, which led to the accumulation of ever greater wealth and estates.

Through the 'merger' of three great families, the Montagus, the Douglases and the Scotts, he can claim kinship with three other Dukes, those of Marlborough, Manchester and Northumberland, with the Earl of Sandwich and with Lord Montagu of Beaulieu. There is even a trace of Royal blood through the Duke of Monmouth, who was the illegitimate son of Charles II. 'He, as you know, met with an unfortunate accident when he had his head chopped off. Otherwise I'd be Duke of Monmouth as well. The Buccleuch title survived through his wife, who was the Duchess in her own right, and who was not disgraced by her husband's rebellion. But the Montagu title couldn't pass through the female line, so that's the other Duke I might have been but am not. I can't say it worries me very much.'

What the various marriages did produce, however, was an amazing accumulation of landholdings. 'The Scotts were what you might call a fairly robust family,' he explains. 'They took it upon themselves to try to keep the peace, and they were always very loyal to the Kings of Scotland. They were consequently rewarded with gifts of land, and other bits they acquired for themselves, usually I think by purchase rather than seizure, until they owned a very large part of southern Scotland. Their aim seems always to have been to safeguard the Scottish way of life against the English, who were the real enemy.'

As a result of the marriage of the 2nd Duke to one Lady Jane Douglas in 1710, and of the 3rd Duke to Lady Elizabeth Montagu half a century later, the present estate comprises no fewer than 270,000 acres. It includes three great houses, Bowhill, Drumlanrig Castle, which is also in the Scottish border country further west, and Boughton House, Northamptonshire, which has been described as one of the greatest treasure houses in Europe.

But there are also a number of smaller houses, although small is in this case a relative term. 'You see that fireplace for example,' he says. 'That doesn't belong here at all really. It came from Dalkeith, just outside Edinburgh, which is let to ICL. And then there's Caroline Park in Edinburgh, which used to belong to the Argylls. When it came on to the market after the war, we wanted to make sure that it was saved, and so we found ourselves landed with it.'

All the land and buildings are now vested in a company, Buccleuch Estates, of which the Duke is chairman but in which he claims to be only a fairly small shareholder. 'I live here as the company's tenant,' he points out.

'I know that 270,000 acres sounds a huge amount of land, which of course it is. It's probably the biggest privately owned estate in Europe. In area that is, but certainly not in value. About 80 per cent of it consists of windswept mountains.

'The buildings are enormously expensive to maintain, and I don't just mean places like this. We have a host of old uninhabited castles, and about seven towers and keeps which we are having to cope with. There are all sorts of listed buildings, including things like bridges, orangeries and dovecotes. In Northamptonshire, just to make it more complicated, we own practically all the houses in five and a half villages. They're nearly all pre-1800 and a lot of them are pre-1700, stone cottages with thatched roofs. And there are five churches as well.

'We're really a sort of miniature National Trust. But of course we're not a charity, and so we don't get any of the same tax concessions. Without the land, the maintenance of the buildings would be out of the question. For instance, although the walls of a building will last pretty well for ever if they're looked after properly, lead roofing only lasts for 150 years at the most. The whole roof at Drumlanrig needs replacing now and, if something as important as that gets put off, the results may be disastrous.

'Any occasional profits we make are ploughed straight back

into the company. But even so, the estate doesn't pay for everything, and we have to depend on sales of land and farms from time to time. The difficulty is that a farm is not worth selling unless you have vacant possession, and then you have to pay huge capital gains tax.'

The Duke is a relative newcomer to the business of opening houses to the public. Until a few years ago, some time indeed after his accident, he had other preoccupations. On leaving school, he was immediately caught up in the war and enlisted in the Royal Navy as an ordinary seaman on a destroyer, escorting convoys through 'E-boat Alley'. He finished as a Lieutenant Commander, but he had no wish to remain in uniform. 'The more time I spent at sea, the more my appreciation of the land was enhanced,' he recalls.

The land was indeed his first love, and at Oxford he took what he describes as a crash course in agriculture and forestry. 'At the same time I went to every lecture I possibly could by historians like Kenneth Clark and David Cecil, to try to educate myself.'

He also became deeply involved in politics, and from 1960 until his father's death in 1973, he served as Conservative MP for Edinburgh North. On 22 March 1971 his spine was crushed when his horse nosedived over a stone wall and landed on top of him but, despite his terrible injuries, he was able to experiment with driving a car only four months later, and by October was able to attend the House of Commons for a debate on the Common Market. 'I was able to do quite a lot of constituency work from my hospital bed,' he remembers.

The consequences of the accident, combined with his political training and the instinct for 'leadership' which people in his position seem so often to possess, led him to take a prominent role in campaigning on behalf of the disabled. After his partial recovery he was, he says, 'bombarded with requests to be patron of this and that. But I decided that I could probably do more through some umbrella organisation.' He is now chairman of the Royal Association for Disability and Rehabilitation.

At present he is trying to interest the Post Office in a new radio telephone for the disabled. 'People like me, if they're on their own, are constantly getting into trouble, falling out of their wheelchairs or out of bed, and they can't call for help. Alternatively, sometimes it is just a matter of not being able to get to the

The Duke and Duchess of Buccleuch at Drumlanrig Castle

'phone in time to answer it when someone calls. With this little device they are tuned in all the time.' He makes the point by dialling his own number from a telephone on his desk and answering the call from his radio set, adding that he is probably contravening the Wireless Act in so doing.

If he is breaking the law, he shows no remorse. 'Disabled people need to make their voice heard more strongly,' he emphasises. 'The most worrying thing is that most services for the disabled are provided by local authorities and, because of the latest spending restrictions, these are likely to be cut. What we need to get across is that, even if we can't move around as freely as other people, we can still lead useful and productive lives.'

The Duke himself is anything but inactive. His general aim is to spend four months a year in each of his three main houses. That means three moves a year and involves, among other things, loading a Ford van with filing cabinets which accompany him wherever he goes. The Buccleuchs have four personal staff who travel with them. 'There's the butler, who's Irish, a cook and a maid who are both Scots, and an old boy who's really retired, who used to be my father's valet.'

But, even when he is installed for his four months' residence, he is seldom able to stay put for long. 'I am not often under the same roof for as much as four nights,' he claims. 'There are always problems to be seen to somewhere else.' On most such journeys he drives himself.

The company has about 500 full-time employees, and a further 300 people are indirectly employed. There are also some 250 tenant farmers, each of whom probably has three men working for him. 'So, when you take into account all our suppliers as well, you can say that we provide a lot of jobs.

'In a sense there's less for me to do than there used to be,' he admits. 'Over the years we have built up a very experienced team of factors – what you call land agents in England – so there is a good deal of delegation and decentralisation. One of our advantages is that we're almost totally self-sufficient in building materials, so that I like to think we can and do put up buildings of higher quality than the average.

'As well as being the administrator of the estate, I'm also the custodian of the equivalent of three Wallace collections in the contents of the houses. I reckon my wife and I do the work of ten people, and of course at no cost to the State. The upkeep of this house is only about a tenth of what it would be if the Government owned it. For example, we spend about £6,000 a year on each house just in fuel bills, and still a lot of the time we live in Arctic temperatures. But civil servants wouldn't put up with that. They'd want the heating full on everywhere all the time. If you don't believe that, go to one of those places that the Government does own, conference centres and so on. Never a moment's discomfort.'

Bowhill has been open to the public for only about five years, and Boughton for only three. Opening makes 'staggering losses', he says. He cannot hope to break even until each house is attracting some 80,000 visitors a year. At present Drumlanrig gets about 35,000, Bowhill 25,000 and Boughton 23,000, although attendances are gradually being built up by the provision of additional attractions like woodland play areas for children, and nature trails.

Each house has a manager, who is responsible for maintenance and security. During opening hours, supervisors are employed in each room to answer questions as well as to keep an eye on the contents. 'I think most of them do it more for the love of the job than for the money,' he says.

They rely entirely on volunteers for repairs to fabrics, such as curtains and tapestries. 'We have acres of tapestries, which are the biggest nightmare of all. Quite a lot are on loan to various Government departments. The British embassies in Rome and Buenos Aires are filled with them, and there is even one in Hampton Court. And then some of our pictures are in embassies in South America, Finland and Turkey, and in Government offices in London. But we're still responsible for their maintenance.

'After the tapestries, the next biggest problem is the furniture, because of woodworm and that sort of thing. Pictures are a fairly major problem, but one that's pretty well under control, thanks to my father who was very good at keeping things in order. All the same, it's quite easy to spend £1,000 on restoring a single picture.

'At Boughton, we have had difficulties with the painted ceilings, which can very nearly be measured in acres. At one time we had trouble with low flying RAF planes. Every time one flew over, you could literally see the paint flaking from the ceiling. Eventually they were redirected, no doubt over some other poor sufferer.

'This is a low flying area too. There was a tragedy a couple of years ago when a plane crashed into a hillside about three miles away. There was a terrific explosion, and several windows in the house were broken by the blast.'

He pours drinks from a sideboard and we take them down with us to what used to be the servants' quarters, he descending by lift and I by the stairs. Lunch is a help-yourself affair from a hotplate. We are joined by the Duke's secretary, but he apologises for his wife's absence, explaining that she is busy arranging an exhibition of glass decanters. 'It turns out that we have a colossal number,' he remarks. 'I really had no idea there were so many. So it seemed rather a good idea to put them on display. Something a bit unusual for people to see.'

He also apologises for the fact that the wine is Spanish, the result of his personal campaign to boycott all things French while, as he sees it, France continues to behave unreasonably over the Common Market. Such gestures apart, he nowadays has little opportunity for politics. He does not attend the House of Lords as often as he would like to, one reason being that as a Lord Lieutenant he is debarred from expressing a party viewpoint. 'It's a bit frustrating to find oneself in a political forum and not to be able to open one's mouth as one would like to, particularly when you've been in the business full-time.'

Like most peers, he is a strong believer in the importance of the second Chamber, although not, it seems, particularly concerned whether or not membership should be hereditary. He refers admiringly to the revolt, led by the Duke of Norfolk, against the Government's proposal to introduce charges for school buses. 'Every now and then the Conservative Government does something so lunatic that it makes one think that it has a death wish,' he remarks. 'This particular issue also goes to show that there are not enough people in Government with any understanding of the countryside.'

With some amusement, he recounts a recent quarrel with *The Times*, over an article which suggested that, in the last century, the 5th Duke had threatened tenant farmers with eviction if they voted for Gladstone instead of the Conservative candidate in the Midlothian election. 'It was a ludicrous suggestion,' he says. 'From all accounts, my great great grandfather was the gentlest and most civilised of men. He would never have done any such thing, and there is absolutely no evidence for it. But I was very fed up with *The Times* when at first they refused to print a letter from me, and only agreed to do so after I threatened to take them to the Press Council. It's a bit much when you see one of your ancestors maligned in print, and you're denied the chance to put the record straight.

'I was also very interested in the correspondence in *The Times* on tree planting on hillsides. We have about 20,000 acres of forests, and we are anxious to integrate forestry with farming. I think there are a number of very wet areas, in south-west Scotland for example, and the western Highlands, where large scale forestry makes excellent sense.

'Those who complain most vociferously about afforestation are the very same people who complain most bitterly when a tree is cut down. They can't bear change of any kind. But the trees which now form part of some of our most beautiful landscapes were at one time part of dense plantations. The only way you can produce hardwoods economically is to provide them with a nurse crop of conifers. Without such a nurse crop, it is practically impossible in terms of both finance and silviculture.'

The Duke is President of the Commonwealth Forestry Association, and a past president of both the Royal Highland and the East of England Agricultural Societies. Recently he agreed to become Patron of the newly formed Small Farmers' Association. 'You probably think that seems a bit incongruous,' he says with a grin. 'But small farms and big estates are very closely related to each other, and have many mutual interests.'

Somewhat surprisingly, our conversation turns to rugby football. 'One thing not many people know is that the very first game of rugger was invented here, long before that business at Rugby,' he observes. 'And even fewer people know that the man responsible for organising it was Sir Walter Scott, who was a cousin of ours. It was between the inhabitants of Selkirk and the people who lived up in the glen. There were about 900 players altogether, and one fellow cheated by leaping on to his horse and galloping round in a detour to score a try.

'In Jubilee Year we organised a game with 90 a side, on the very field where that first game took place. Alec Home was one of the team captains, and Prince Richard of Gloucester kicked off. We estimated that one of the scrums was six feet high and 30 feet across, but there were surprisingly few injuries – only three broken legs, I think. Hector Munro, who's now Minister for Sport, was one of the referees, and after the game he was carried off shoulder high and thrown into a dungheap.'

The Duchess, Jane, who is charming and very pretty, and who looks far too young to have a son of 25, joins us for coffee. They have four children altogether. The oldest son, the Earl of Dalkeith, works for the BBC World Service, and the second, aged 21, is at present on a research scholarship in Istanbul. 'He is mad about Islamic culture,' his father observes.

The two younger children, 15 and 10, are still at school and are shortly going with their mother on a skiing holiday. When the Duke goes abroad, it is usually to the West Indies or somewhere else where the sea is warm and where, with the aid of frogmen's flippers on his hands, and a child's rubber ring around his neck, he is able to swim as much as two miles a day. 'For someone like me, it's marvellous exercise. We also have a bungalow in Elba, and I can get straight from it into the sea.'

After lunch we go on a tour of the house. Raeburn's portrait of Sir Walter Scott hangs in the Duke's study, and there are glass cabinets filled with proof editions of his works, with his hand-written notes in the margins. In a long Victorian corridor, lined with family portraits, we are greeted by one of the staff. 'He and his son are the people who pretty well rehabilitated Bowhill between them,' the Duke remarks after he is out of earshot. 'Four years ago the whole of this wing was infested with dry rot. Every single window had to be taken out and the frames replaced.'

In the hall is a picture of Jane, painted by John Merton in 1958. It is, he observes, the only picture entered for the Royal Academy summer exhibition to have won the top Category A award in over 60 years. Remarkable in a quite different way is the enchanting 'Miniatures Room', which contains seven of the only fourteen Holbeins known to exist in the world. 'We have my great great grandfather to thank for those, the one who is supposed to have threatened his tenants with eviction. He had an absolute passion for miniatures, and he built up the biggest collection in the world.'

The house is full of splendid curiosities. There is a room set aside to house relics of the ill-fated Monmouth, including the shirt he wore for his execution. At one end of the dining room is an enormous silver wine cooler, weighing over nine stone and mounted on a solid block of coal from the Dalkeith field. Elsewhere there is a grandfather clock, made by one Reverend John Smith, which is equipped to play a patriotic Scottish tune every two hours, except between midnight on Saturday and midnight on Sunday when it falls silent so as not to desecrate the Sabbath. The clocks throughout the house are all still wound regularly by a man of 87. 'He climbs ladders into the most inaccessible places,' the Duke remarks.

Among the outstanding pictures are Canaletto's great view of Whitehall and Reynolds 'Pink Boy', a portrait of the subsequent 4th Duke, said to have been intended as a riposte to Gainsborough's famous 'Blue Boy'. But by far the most valuable is Leonardo da Vinci's 'Madonna with the Yarn Winder'. Before the war the painting had been lent to a gallery in Milan and was discovered, miraculously undamaged, in a cellar after the Italian surrender. The present Duke's father brought it back to England wrapped in newspaper. 'When he took it to a restorer, the poor man nearly fainted,' his son relates. ' "Where on earth did you steal that from?" he finally gasped.

'I'm still not sure how much these things are generally appreciated by the public. For instance the first thing most visitors make for in here is not the Leonardo but the photograph over there of Douglas Fairbanks. People's curiosity about historic houses doesn't depend upon the merits of the architecture or the beauty of the contents.

'Perhaps I'm being a bit unfair. I suppose you might say that thirty per cent of visitors are genuine lovers of architecture or antiques, or else have a historical interest. But the rest simply want a day out in a totally different environment from what they are used to. The great thing is that, when they have seen one house, their appetite is usually whetted, and they want to go on and see others. I think the opening up of historic houses has opened up completely new horizons for a lot of people. In so far as that helps to improve the quality of their lives, that must surely be a good thing.

'One is constantly hearing from people who come here that works of art look infinitely better in the setting of a house like this than in a gallery or museum. I suppose very few people were aware until recently of the enormous value of the contents of Britain's historic houses, because so few people ever got the chance to see them. In my own case, I can only be grateful that my ancestors had such a good eye for pictures and furniture.

'I feel that great houses are not something set apart. They are a part of the community and should be seen by the community who, I hope, will feel involved in what, after all, really belongs to them.

'Of course, one can't see what the future is going to bring. But what I find so comforting is that all my children seem to have a deep love for the houses and for the land and want to be involved in everything. Richard, my eldest son, for example, may be out at 3 a.m. delivering a lamb on a freezing hillside, and a few hours later will be giving an authoritative lecture on Holbein miniatures.'

High above us in the Gallery Hall hang three great tapestries depicting the triumphs of Julius Caesar. They were woven from Mantegna's cartoons in Hampton Court, which at one time were seized by Oliver Cromwell and which were later changed. 'That means that historians keep coming back here to see how the originals looked,' the Duke remarks. 'This whole hall is of course impossible architecturally. It's so designed that any heat goes straight up and out through the roof.'

Asked to state which of the houses is his favourite, he demurs. 'I can honestly say that whichever one I happen to be in at the moment I love the most.'

4 RAINTHORPE HALL

A change of pace

Rainthorpe Hall is not easy to find. George Hastings claims, not entirely convincingly, that there are even people in the nearby village who are unaware of its existence. It is approached from the main Ipswich-Norwich road by a winding East Anglian lane, followed by an unmarked wooded drive, and it takes the visitor quite by surprise. The trees part, almost like a stage curtain, to reveal what must surely be one of the most beautiful, and indeed

ve: George Hastings at Rainthorpe Hall

beautifully maintained, Elizabethan houses in England, a building that in its setting approaches perfection. In the past year it has attracted a derisory sixty visitors; though George would shudder at the very thought, it deserves sixty thousand.

I am late for lunch, and we take our gin-and-tonics straight through from the entrance hall to the dining room, where the meal is served by the gardener's wife who acts as George's part-time housekeeper. In his childhood the house was full of servants and, until she left a year or so ago to live in a cottage near Aldeburgh, his mother still managed to keep a resident cook and maid. Now George, who is divorced, lives here alone.

He is a tall, soft-spoken man in his late forties, whose apparent diffidence marks a remarkably varied and enterprising background. Between Eton and Christ Church he qualified as a Royal Air Force pilot. On leaving Oxford with a history degree, he went to the United States to learn banking, but decided it was not for him and returned to Europe. After some months wandering around he became a copywriter for a leading advertising agency, where he did very well but found the work even more uncongenial than banking. 'If you're an artist, people respect you, because they can't draw themselves,' he observes. 'But if you're a writer, everyone thinks that he could do the job better.'

At school he had been a promising musician, and in the early 1960s he started a Brazilian 'combo' at the Black Sheep night club in Shepherds Market. There he met Dudley Moore, the pianist and comedian, with whom he became firm friends, and who still visits Rainthorpe from time to time. For a time he was Moore's accompanist on the double bass, and appeared with him a couple of times on television pop music programmes. He tried his hand at lyric writing, but only two of his songs were ever recorded. One was used in Moore's film, *Thirty is a Dangerous Age, Cynthia*. The other was played eight times a week during the stage run of *Inadmissible Evidence*, for which he claims never to have received a penny in royalties.

'I gave myself three years to try to make a decent living in Tin Pan Alley but, although I could apparently write well and I was a musician, I just couldn't make a go of it. So I read for the Bar, became a barrister, and that's what I was doing until a few months ago when my mother decided to hand over to me, and I came down here. I tried at first to get into local chambers, but there was tremendous competition. It seemed that everyone wanted to get out of London.'

In retrospect he is rather glad he failed. 'I reckon that it would cost me £4,000 a year out of taxed income to pay a man to do the work I do here. To afford that, I would have to work my guts out as a barrister, and, what's more, I wouldn't be on the spot to supervise what was going on.'

Rainthorpe was George's childhood home, where he was brought up with his three older sisters. Although he always expected to inherit the house, he found that, when the time came, his first instinct was to say no. 'I felt then that the time to have taken over would have been ten years earlier, when it was cheaper and easier to get things done. By that time I thought everything had been let go for far too long.' However he was finally persuaded by the rest of the family to take it on.

His mother was born in America but surrendered her United States citizenship for tax purposes – 'the Embassy was flabbergasted. They'd never heard of anyone doing such a thing before.' She enjoyed being a hostess and was a generous patron of the arts but, according to her son, 'she never really came to terms with the present. She continued to try to run this place as a nineteen twenties household, with a staff of eight or nine, including three gardeners. It was hopelessly uneconomic, and in the end it all became too much for her.'

By contrast, he relies for domestic help on the gardener's wife and a daily cleaning woman. In the evenings he goes out quite a lot, but otherwise 'rummages about' for a meal. He believes, he says, in a large breakfast and proportionately less at night. On a table in the library, where we drink coffee after lunch, is a copy of a book entitled *Let's Eat Right to Keep Fit*.

Keeping fit for him is something of a problem, since he has suffered for many years from back trouble. 'I have one of the longest backs that anyone ever had without an extra vertebra. It is the kind of back that makes physiotherapists burst out laughing when they see it.' To ease the discomfort, he has built himself an orthopaedic bed out of old oak fencing rails. 'It caused great hilarity among people who saw it, because none of the pieces were straight, but it at least means I can get a decent night's sleep. Curiously, I also find that the kind of exercise I get here, like loading and unloading logs, is very good for my back, which is dead against all medical advice which says you shouldn't lift heavy weights.'

It is time to explore the house. Built in 1579 by a lawyer, Thomas Baxter, it retains most of its original external appearance, apart from some Victorian additions which emulate the original style, on the whole fairly successfully. Its most remarkable interior feature is the profusion of intricately carved panelling in all sorts of rooms, ranging from the great hall to a tiny upstairs boudoir. The origin of much of it is a mystery, as are many of the motifs and, in one or two cases, even the material used. Some of it appears to be oriental and was probably collected from various corners of the Empire by members of the Walpole family, who owned the house in the last century. Other parts are probably Spanish or possibly South American; in one room the walls are adorned with seventeenth century embossed Spanish leather. George plans to get two Fine Arts lecturers from the University of East Anglia to carry out an inspection to see if they can clear up some of the puzzles.

George's father, who bought the house in the early 1930s, was a most unusual mixture of academic and country gentleman. At one time a Master of Foxhounds in Hampshire, he was persuaded to return to Cambridge to take his Doctorate of Philosophy, and he subsequently published learned architectural treatises on the Palace of Westminster, which were produced for the 1953 Coronation, and on St Stephen's Chapel. On his death in 1965, his friend Sir Roy Harrod, the economist, wrote an obituary in *The Times*, in which he remarked that Hastings 'combined in a remarkable way the qualities of scholar, hunting man and wit. In his affluent days his hospitality was fabulous. He lived quietly in his later years, when he divided his time between the Public Records Office, the Athenaeum and Oxford.'

The house has been open to the public since 1955, but by appointment only, and little effort appears to have been made to promote its attractions. George himself seems curiously ambivalent on the subject and dubious about its popular appeal. He would certainly not be happy with large numbers of sightseers. On one occasion more than forty people arrived in a coach, and he looks back on that afternoon with a certain horror. 'I just did not know how to cope with them,' he confesses.

Far more to his taste were the couple who wrote from New York in June to make an appointment for September. 'I like people to come here because they have read about the house beforehand, or because they have some connection with it, and are really interested. If I were to try to open the place on a full time commercial basis, I would have to employ guides and, if not enough people came, they would be sitting around all day doing nothing, and that would be very expensive. I think the present system is much better. People come here because they want to come, and I think they get much better attention than they would in most houses where all you have to do is turn up and pay your money at the gate.'

Once or twice he has been the victim of practical jokes. 'One day someone rang up in a voice like Bluebottle from the Goon Show and announced herself, or perhaps it was himself, as Lady Cardynham, and made an appointment to come and see the house. But no one ever turned up. I tried to think of an anagram or some hidden meaning in the name, but I couldn't. I do have two friends who are professional comedians, but one of them would certainly have revealed himself, and the other I am sure I would have recognised. So it is all a complete mystery.'

What he is planning at the time of our meeting, however, is a series of special events, the first of which, at the instigation of friends, is to be a poetry evening. 'The idea is that people should come and drink wine, meet the poets and buy their books, and I hope it will make money. My mother used to have lots of dos for various charities, but they nearly always made a loss and she would end up making a huge donation out of her own pocket.'

Leading the way up to the former servants' quarters, he apologises for the smell of bats. 'They live behind the staircase wall,' he explains, 'and if you bang on the wall, they start shrieking.' But he does not seem particularly concerned to get rid of them.

We wander on to the children's wing, past bedrooms occupied in his boyhood by a governess and a nurserymaid. In one of the empty rooms is a beautiful doll, made for his mother when she was a small girl in 1904. Even in this unused part of the house, it is marvellously warm. George is full of praise for the pre-war central heating, with its massive pipes meandering round the walls and ceilings, and maintains that it is more economical to keep it going all the time in winter than to switch part of it off. 'Once you allow the place to get cold, the temperature can drop below what it is outside, and then it's one hell of a job ever to get it warm again.

'Mind you, the first thing I did when I came here was to switch off the oil-fired boiler and instal an enormous Danish wood-burning furnace. We have the woods and we have a woodman, so the fuel costs me nothing. I reckon that saves me £4,000 a year to start with. One of the builders said when he saw it, "You could get two mothers-in-law in there in the foetal position."'

Pausing to inspect the monster in question in its outhouse, we stroll out into the afternoon sunshine. Next to the house is what was formerly a private theatre, built by one Lady Harvey at the turn of the century because there was then no village hall. For three generations it was used for everything from family theatricals to extensions of the Aldeburgh Festival, but George decided it was 'a bit egregious' to have a theatre of one's own and had it converted into a flat for the gardener, whose former cottage is in turn now let to university students.

The magnificent stables are themselves a gem of Victorian architecture. An Italian visitor, gazing up at the great iron roof supports, is said to have asked in slightly puzzled tones whether Norfolk had particularly heavy snowstorms. In one corner is an array of mowing machines needed to keep the huge lawns under control. Mowing is mostly George's job.

The lawns sweep down to the River Tas, which meanders sluggishly past a small forest of deep red dogwood. Despite the peace and beauty, and the brightness and warmth of the afternoon, there is something slightly melancholy about the scene. One feels the place ought to be alive with movement and voices. Yet George insists that he is perfectly happy living here on his own. 'After all, it has always been my home,' he points out.

'Before I came back here, there were apparently all sorts of rumours rife locally that I was going to turn the place into a hotel, or a country club, or even a brothel. Other people said I would go mad living here all by myself.'

He has too many visitors ever to feel lonely, he says. His daughter, aged 13, and his son, aged 11, come down frequently with their friends. There are various legacies of his mother's extensive international connections, including a German family whom she met in Karlsbad before the war, and who tend to invite themselves at short notice. Last summer he was host to two American girls who were cycling their way round Europe.

There is a lot going on locally as well, he points out. 'This is really a very gregarious part of the world, particularly since the university got going. And it isn't as though I led a madly social life in London. I used to spend a lot of evenings studying briefs for the next day.'

The whole estate consists of about 400 acres, of which he actually owns only the freehold of the house and grounds. The rest is vested in an American trust, which leased it to his mother, and there are now apparently some difficulties about transferring the lease without incurring several thousand pounds in capital transfer tax. He would like to see the lease revert to the trust, and an arrangement whereby he and future owners of the house would manage the estate as its agents.

The farmland is let to five tenants, including one of his sisters, and George spends most of his time working in the woods. This year he hopes to make some £1,500 from selling timber; the Forestry Commission has approved a programme of selective felling and, as we walk through the grounds, there is the noise of a tree crashing to the ground.

During the summer there were some 500 visitors to the gardens, most of them on three days when they were specially opened for charities. From now on, for tax reasons they must be open for at least sixty days a year, and he expects the numbers to rise substantially. 'At 50 pence a head, I should make a bit out of that.' Some money also comes from the sale of plants, cut flowers and vegetables. There are rents from the tenancies, from the cottage let to students and from the house which he has kept on in Camden, and what he describes as 'a bit of this and that'.

By and large, he reckons that the finances of the estate are just about in balance. 'But what worries me are the tax bills. I know that, if I can manage to make ends meet, I will end up in the red.' There must, he says, be more concessions to owners of historic houses. Provided they are open to the public, the owners should be able to deduct the cost of repairs to the property, and of wages to staff.

'One is, after all, providing pleasure to the public, and people are always telling me that they prefer to see houses that are lived in and not turned into museums. The real pinch comes in paying wages out of after-tax income. That is terribly hard.'

Surprisingly, he does not employ an accountant. 'I haven't used one since 1966. I took the advice of a friend who told me to use the tax man as my accountant. The Inland Revenue people are so used to being hated and reviled that, when someone approaches them in a friendly manner and asks for their advice, they really are helpful. I've even known them to point out some exemption I could claim but have missed, and that really is awfully nice.'

A typical day for him begins with paperwork. He displays a huge file of correspondence, observing a trifle plaintively that he has no secretarial help. 'A lot of time is spent on the telephone chasing these damn carpenters and plumbers and so on. Over and over again they promise to be here at such and such a time, and they just don't turn up. In a house like this there's always something that needs to be done.'

So far as possible, George, the gardener and the woodman have made themselves independent of outside assistance. The woodman spent several years in the building industry, and is something of a dab hand when it comes to repairs to the house and to the estate buildings. 'Between the three of us we can do most of the routine jobs around the house, bricklaying, woodworking, drainage and so on. I don't reckon to be very skilled myself but, by labouring for the other two, I can release their skills.'

Beneath the grand piano in the hall is his double bass, a reminder of days which now seem very distant but for which he evidently feels no great nostalgia. Instead of at the Black Sheep, his evenings tend to be spent in such dull but worthy activities as meetings of the parish council, 'which can go on and on and on'. From time to time he does a bit of shooting. 'I like to be able to give a brace of pheasants to the tenants at Christmas. But for some reason this place doesn't really hold pheasants very well. And we do get a bit of poaching, which doesn't help.'

As to the future, he would like his son eventually to take his place, but he is not sure if he will want to. 'I know he's only eleven, but his ambition at the moment is to go into the theatre as an actor or producer. On the other hand, my oldest nephew, who has just left Cirencester agricultural college, would very much like to take it on. So I've constructed a rather crafty will, by which the trustees will decree that it goes to the member of the family most able and willing to take it on. If my son inherited it and hated living here, he might just flog it, and that would cause a lot of distress to other members of the family.'

On the porch we pause to look at some scratches on the stonework. George believes they are graffiti left by Cromwell's soldiers, when they were billeted at Rainthorpe during the Civil War. 'It's a funny thing,' he muses, 'but however long I live here, and however well I think I know the house, I'm always discovering something new.'

5 HIGHCLERE CASTLE

Not too hard a struggle

Highclere Castle lives up to its romantic name. Its Victorian Gothic towers and battlements loom out of the January mist like something from an improbable Hollywood melodrama. Although I have somehow missed the front entrance and driven instead into a side courtyard, unseen eyes have spotted my arrival and, as my hand reaches for the bell, the door is opened by the butler. Although slimmer and straighter than his fictional counterparts, he has a properly butlerian aloofness. His Lordship is expecting me in his study.

The Earl of Carnarvon, 'Porchey' to his innumerable friends and to the Press in the days when his name was seldom out of the society and sporting columns, is small and, even in his eighties, sharp and spritely. 'Come in, dear boy, sit down, you're nice and punctual.'

He is one of the last few survivors from an almost vanished era, an hereditary aristocrat living alone, except for his servants, and in considerable comfort in his ancestral home. If he has worries, financial or otherwise, he shows no trace of them. Not for him the weekend coach parties, traipsing through the hall and drawing room, cluttering the stairs, goggling at the family portraits as they clutch their guidebooks. Has he ever thought of opening Highclere to the public? 'Yes, of course I have, many times, but it's just not on. This house just doesn't lend itself to opening.' He says this with some emphasis, as though needing to convince himself. 'Besides there's nothing much to see in it. I sold all the best pictures to Joe Duveen back in 1933 to help pay death duties.'

At that time, according to his hugely enjoyable reminiscences, published in 1976 under the title *No Regrets*, he was seriously advised to sell the estate and buy a smaller house. But 'I was damned if I was going to part with my inheritance without a struggle,' he recalls.

Perhaps it was not too hard a struggle, despite having to part with many prized family treasures. 'At Highclere, economy was the rule of the day,' he writes, with his tongue surely partly in his cheek. 'I set about cutting the staff to what I believed then to be the minimum necessary for the running of the house. We ended up with my butler and valet, a first footman, second footman, a hall boy, an usher, a head chauffeur and a second chauffeur, a chef, a first kitchen maid, a second kitchen maid, a scullery maid and a still-room maid, a housekeeper, five housemaids, an electrician, a nightwatchman, a head groom and two other grooms.'

In 1980 the complement of domestic staff is inevitably reduced but still, by contemporary standards, remarkable. 'My butler has been with me for 27 years,' he points out. 'Then there's my chauffeur-valet, my beloved cook, a kitchen housemaid, my devoted housekeeper, who married one of the gardeners, and there are a couple of dailies. But these people stay with me because we're devoted to each other, and because they know they'll be well looked after as long as I'm still around. They certainly won't want to stay after I'm gone.'

What then will happen to Highclere? 'Ah, there you've asked the 64,000 dollar question. The house is scheduled as an ancient monument, and you said in your letter that you didn't want to see buildings like this turned into museums. But I'm afraid that's just what will happen to most of them. I don't believe you can run a place of this size without servants, and people can't get servants any more. They don't like the sort of menial work they have to do, and the fact that there are no fixed hours. I can't say I blame them, but that's another story. All I know is that I've been marvellously lucky to hang on to my staff.

'The only thing that will save houses like this is the complete abolition of death duties, and I can't see that happening. Every time a Labour government comes along, it does a great deal of harm to the future of large houses. They regard us owners as rich capitalists, and assume that to give us any help would lose them votes. Mind you, I don't think the Conservatives have done much better.'

Lord Carnarvon has been able to maintain a way of life which has eluded most of his contemporary peers, for reasons which it is not possible to elucidate without probing impertinently and unjustifiably into his personal financial affairs. In his book he makes no secret of the fact that he had some success on the racecourse and was privy to one or two business coups. One of the latter, he states, enriched him by some £300,000 for an investment of £12,000. Perhaps it was just good luck, and knowing the right people; more likely, there was a shrewd business brain operating under the cheery and benign exterior.

Clearly much of his energy and business acumen has been inherited by his son, the present Lord Porchester, who has an active record in public service and whose interests range from the chairmanship of Hampshire County Council to managing the Queen's racehorses. Somehow one gets the impression that the son must be a more serious character than his puckish father.

Would the Earl like his son, whom he refers to quaintly and rather endearingly as Porchester, to inherit Highclere? 'Yes, I know I would, but if you ask me whether I think he will take it on after I'm gone, I think the answer is no. Some years ago we

Lord Carnarvon outside the front of Highclere Castle (also illustrated on page 38)

talked about it, and he said he was quite happy where he was.'

It would possibly not be an insuperable burden, despite capital transfer tax and the anticipated disappearance of the butler, the housemaid and the rest. There is, it must be assumed, a sizeable income from the estate, mostly woodland and pasture, which boasts a circumference of more than seventeen miles. It includes the world-famous Highclere Stud, now managed by his son, and one of whose two resident stallions is the 1979 Derby winner, Troy. Porchey confesses that he prefers

Troy's companion at arms, a considerably less eminent animal called Homing. 'A damnation nice horse,' is his verdict.

Racing has been for many years his abiding passion, although he now has only 'three and a half' horses in training. 'Back in the days of Fred Darling, I had about a dozen. The half, in case you're wondering, is my share in one I own jointly with an American chap called Campbell. Nothing to do with soup. I met him one day, and he'd seen this horse, and he said to me "Gee, I'd sure like a piece of the action". I didn't know what to ask. The animal had never run. So in the end we settled for 10,000 bucks. Peanuts is what he called it.

'It ran last summer at Newbury, but it had a hopeless draw. Newbury, as you probably know, is one of those courses where, if you're drawn on the wrong side, you might as well forget it. I thought it ran awfully well. I'm not sure it wasn't in front at six furlongs.

'What beats one in racing is this bloody VAT. I got my bill from Ryan Price, my trainer, this morning. Fifteen per cent is appalling. God knows what the Government does with it all. Squanders it, I don't doubt.

'I was the pioneer of buying yearlings in America, you know. In those days, you had to get the animal landed here in England for no more than £700, if you wanted to make any money on the deal. Nowadays you can hardly buy your own air fare for that, never mind the horse.

'Prices have become just absurd. The other day Tom Jones was telling me that one of these shaikhs came up to him and asked him to buy a horse at the sales. "I have more money than I know what to do with," he said, "and I don't care what it costs." Tom was flabbergasted. "You mean no limit at all?" he asked. "No, I don't care if it's a million or two million. Just go on bidding till you get it."

'I've paid as much as £12,000 for a horse. But it's a funny thing, and this is part of the fascination of racing and breeding, all the luck I've had has been with horses that I've bought cheaply.'

Conversation moves away from racing to Porchey's astonishing spectrum of friends and acquaintances. They range from King Edward VIII, who sought his advice on abdication in a Turkish bath in Jermyn Street, to Winston Churchill, who commissioned him to produce a report on betting tax; from Noël

Coward and the doyens of the London stage, to the British and American generals of the Second World War.

He is shortly publishing a second volume of reminiscences, under the title *Ermine Tales**, a sort of sequel to *No Regrets*, which has yet to be published in the United States. He relapses into an American accent to explain the reasons he was given why it would not find a transatlantic market. 'An American publisher came up to me at a party in New York and said, "Lord Carnarvon, I just love your book. I read it from cover to cover and, believe me, I thought it was great. But I won't touch it and I'll tell you why. You write a lot about your wartime experiences. The American people got caught with their pants down at Pearl Harbour, and then there was Korea, and now they've had a bellyful of Vietnam. They just don't want to hear the word war again. And another thing you write a lot about is racing, international racing. Americans don't know a thing about that. They don't understand it. Less than one per cent of people follow it in the States. You want to know what the most popular sport is, I'll tell you, it's golf."

'He also told me that what would really sell well would be a book about the love life of the Royal Family. I laughed and said that, even if I knew anything about it, which I don't, I wouldn't dream of saying anything. Then he remarked that I'd known Ike and Patton. "You can write as much as you like about them," he said, "and I'll guarantee it will sell." But that would be about war, wouldn't it? I don't know, he may be right, but I should have thought that Americans might enjoy what I wrote. He did anyway, or so he said.'

Ermine Tales will, he says, be mostly about the same period of his life as he chronicled in his earlier book, with the stories that he had to leave out before. I observe that he seemed to have deliberately skipped over the last thirty years or so. 'Yes, I know I haven't written much about recent times,' he admits. 'A lawyer might say that I ought to be careful about libel and that sort of thing. But one has to be considerate when writing about people who are still alive. It's so easy to hurt their feelings, and that's the last thing I want to do.

*Now published

'There was a woman who came here to interview me a few months ago for a German television programme. Told me it was about how the Englishman lives in his castle. She wrote afterwards and told me it had gone down very well, and she was thinking of having my book translated and published in Germany. That would be something, wouldn't it?'

He makes no secret of his enjoyment at his return to the limelight a few years ago, when he twice appeared on the Michael Parkinson show on English television, and in which he was an eccentric success. 'Parkinson wanted me a third time, and he even asked me who I wanted to be on the show with. I told him Elaine Page from *Evita*, and Ingrid Bergman. But then the BBC strike came along, and the show was cancelled. Since then, I'm told, there's a left wing producer who hates the aristocracy, and who crosses my name out every time it's suggested. It may be all nonsense. I don't know.

'In one programme I was on with Penelope Keith. She came down to the studio in what I thought was a dressing gown. We chatted and were getting on very well, when I suggested that time was getting on, and that perhaps we should be getting changed. "But I'm all set and ready to go," she replied. It turned out that what I thought was a dressing gown was an evening dress. Oh God, what a gaffe,' he chuckles.

Laughter seems to have played a significant part in Porchey's life, along with a number of apparently joyous love affairs, despite the failure of two marriages, the second of them disastrously. Much of his devil-may-care attitude was, it would seem, conditioned by his unhappy relationship with his father, the stern, remote and intellectual discoverer of the tomb of Tutankhamen.

His own inclinations take him to less demanding assignments. 'This month, God willing, I'm going to New York for four days, where I'll have my annual medical check-up, and then on to the Caribbean. I love golf. At my age it gives me exercise and a lot of happiness. I hope to play every day in Puerto Rico, and then I'm going on to stay with Campbell in Florida. They have some marvellous courses there, some of the best in the world.

'I met Jimmy Tarbuck on the Parkinson show. A very shrewd man, knows a lot about racing. He's also a hell of a golfer. I played against him in a four-ball, and we were beaten hollow.

'I still shoot damn well for my age. People don't believe it, but it's true. I used to be one of the best half-dozen shots in Europe. I use a light gun and a light cartridge now, but I can still bring down a brace of pheasants with both barrels.'

We have been talking for an hour or more, and he suggests it is time to move to the drawing room for a pre-lunch aperitif. There above the log fire, beneath a large Dutch still life, is a photograph of Serge Lifar winning the so-called 'Scottish Derby'. Nearby is a painting of Queen's Hussar, the former pride and joy of the Highclere stud and sire of Brigadier Gerard, one of the great racehorses of the century. The house has been burgled three times, at roughly ten-year intervals, he remarks, and all his racing trophies, or nearly all, were taken.

Glasses in hand, we set off on a tour. The house, or more properly the castle, was originally a Georgian building, though it is hard to believe that now. The third Earl, who inherited it in 1833, was a Victorian romantic, an avid traveller, an author, poet and playwright. Highclere was too austere for his taste, and he commissioned no less a man than Charles Barry, the architect of the Palace of Westminster, to convert it to something more to his liking.

Barry's answer was to coat the eighteenth century brickwork with stone, and adorn it with towers and turrets, panels and pilasters. The transformation was remarkable, but it was really no more than an elaborate camouflage. Other than the building of the new central tower, the structural details remained virtually unaltered. The original house is still there behind the Victorian façade. Whether the conversion met with the Earl's approval is not recorded, but apparently he and Barry quarrelled, and the latter was not able to complete his scheme for the interior.

There are the inevitable portraits of the Herbert family which, rightly or wrongly, the present Earl describes as worthless. But there are also paintings by Reynolds, Van Dyck, Canaletto and Van Goyen, which seem to belie his assertion that the best pictures have long since been sold, and that there is nothing left to interest the public. 'I suppose what I meant is that they're not really saleable,' he explains, as we stand beneath a glorious portrait of the Countess of Westmorland, depicted as Hebe feeding the rams and costumed for a long-forgotten fancy dress ball.

'She was very lovely, wasn't she?' he muses. 'But these pictures are far too big. People haven't got the space nowadays.'

It was the fourth Earl who, after his father's death, undertook the interior alterations and redecorations to complement Barry's work on the outside. By that time, however, Barry himself was dead and the work was entrusted to one Thomas Allom. The centrepiece of his work is the sombre and ornate main hall, in which stands an equally sombre portrait of Porchey as a young cavalry officer, khaki uniform against a near-khaki background. 'Bloody fool painted me the wrong way round,' he complains. 'The only spot of colour was in the medal ribbons, and he placed me so they couldn't be seen.'

In cold print that sounds like an arrogant remark, but to the listener it is nothing of the sort. Though still a schoolboy in 1914, Porchey had what his contemporaries would call 'a good war', with a notable record of adventure and gallantry in Mesopotamia. He himself plays down any suggestion of heroism. 'Everyone is scared to death in battle. I used to piss my blanket. But the one thing that keeps you going is that you dare not, you simply dare not, appear a coward in front of other men.'

By far the most interesting room in the house is the library, now used only for occasional public receptions, for private parties after Newbury races, and for such rare events as his granddaughter's prospective 'coming out' dance. It contains, among other things, the chair in which Napoleon is reputed to have sat in order to sign his Elba 'abdication' and on which he scoured the woodwork in his rage and frustration. There is a beautiful carpet, adorned with inscriptions and still, after sixty years, barely worn since the young cavalry officer had it shipped back from the Middle East. 'When the Aga Khan, who was a great friend, stayed here, he read those inscriptions aloud, and they turned out to be Persian love songs. It's not often you get someone reading your carpet, is it?'

Above the fireplace is a portrait of the 3rd Earl, beneath which his great grandson pauses so that I can note the family resemblance. There is also a picture of Porchey himself, in his Coronation robes. 'I remember Monty coming up to me in the Abbey and saying "Here am I stuck somewhere at the back while you, just because you're a belted earl, get a seat right up in front. It's not fair, is it?" I said to him, "My dear Field Marshal, please let's exchange seats. You're a much bigger celebrity than I will ever be." "Not bloody likely," he replied. "When you get to my age, the most important thing is to be near the loo."'

Recently the house was used as the setting for a film on the supposed Curse of Tutankhamen. In his book, Porchey devotes a sad and vivid chapter to the circumstances surrounding his father's death, intimating that he was not entirely unmoved by the attendant superstition. Half a century later he appears to have dismissed all such ideas from his mind. 'It was a very bad film. The silly buggers should have asked me.' Does he still believe in the Curse? 'Not a bit of it.'

Upstairs, each of the bedrooms has its name neatly, and somewhat prosaically, inscribed above the doorway. Curtains drawn, the windows provide a view of cedars reputed to be more than 300 years old. The first and best bedroom is normally reserved 'for any bachelor ladies who may come to stay'. The Queen, on her visits, is assigned a slightly less beautiful room down the corridor. We perform our pre-lunch ablutions in what one assumes to be the Royal bathroom.

Lunch, served by the butler, consists of ravioli, Irish stew and tinned pears. Afterwards Porchey recommends a substantial glass of sloe gin, but takes nothing himself. 'My doctor says I have to be careful, but it's a hell of a bore. I can't stand any of these soft drinks they give you nowadays. Charlie Engelhard used to drink twelve bottles of Coke a day. Twelve bottles, I ask you. Of course, it killed him. Disgusting muck.'

Clearly anxious to be on his way, he makes time to pose for some quick photographs in front of the house. Then, cape and walking stick in hand, he stumps off to his car and roars off down the drive to some unspecified destination. It would be nice to think that it was to a romantic assignment.

6 PENHOW

Castle of delight

The newly installed doors at the entrance to Newport railway station are automatic and, assuming that they work properly, are no doubt a help in keeping cold air out of the passenger concourse. But they are not exactly beautiful, and Stephen Weeks thinks they are ridiculous and unnecessary. He adds, however, that he is scarcely in a position to complain, since he was able to buy their solid oak predecessors for £5, to be installed in his castle a few miles away.

A 32-year-old film director, he has a remarkable ability to sniff out unwanted treasures, and an apparently limitless enthusiasm for collecting and transporting them. Before leaving London, he had to rent part of a warehouse to store those which would not fit into the small terraced house in which he lived at the time. Bearded and affable, he has a passion for conservation and a profound conviction that the world about him, especially Britain, is becoming steadily and depressingly uglier.

In the first five years since he moved to south Wales in 1973, he tried to pretend that Newport did not exist, although latterly he has come to admit that the town does have its uses. The fact that he found it generally mean and depressing did not, however, prevent him from campaigning vigorously for greater protection for whatever he felt worth preserving, and he claims that it was largely through his efforts that within six or seven years the number of listed buildings was increased from only about 20 to some 130.

'The council was very upset at not being able to knock down the old market,' he recalls. 'I think they wanted to use the land for a new motorway spur, which seems absolutely typical. For some unknown reason, there seems to be this idea that the answer to the problems of economically depressed areas is to build more roads. They did the same thing up in the north east and in Glasgow. But I think businesses will naturally gravitate to the most attractive areas. I know, if I was a businessman, I wouldn't move to an ugly town like this, because for one thing it would be that much more difficult to recruit executives and senior staff.'

Wales, he claims, invariably gets left behind when it comes to listing buildings of historic or architectural interest. The reason, he suggests, is that the Welsh Office does not employ staff for the task, and consequently subcontracts the inspection work to the Department of the Environment. The result is that, as soon as any cuts are made in public expenditure on historic buildings, the Department's activities in Wales are the first to bear the brunt.

'I would like to see the whole process made self-supporting, by introducing a special insurance scheme for listed buildings,' he says. 'The scheme would be state run, and the profits used to pay for further listing. If I had my way, I'd also introduce a tax on ugly new buildings. I'd set up a panel of judges, which would be able to say that such-and-such a development is an eyesore, and that the designer or the owner must pay a penalty. Realistically, I suppose, it would be impossible, but it's still a nice idea, don't you think?'

As we drive out into the sadly violated, but still attractive, countryside that lies between Newport and Chepstow, Stephen makes his conservationist views still plainer. He speaks with contempt of modern architecture, to the point where he refuses to employ any qualified architect on his own restoration projects. He regards the Royal Institute of British Architects as insufferably smug and self-satisfied, and in need of a massive shake-up. For years, he maintains, it has been concerned only with protecting its members' interests, and cares nothing for the quality of the work they produce.

We pass, in the distance, the huge Llanwern steelworks, which are threatened with closure. The British Steel Corporation has plans to build new industrial units on the sites of its dismantled plants, but Stephen is unconvinced. 'The county council is at present advertising so-called green field factory sites,' he points out. 'But those sites don't exist, because there's no more open land in the county zoned for development. So what the council will do is to change the structure plan. We'll lose still more farmland, when we've got all this industrial wasteland around us, and they'll try to hoodwink the public into thinking that nothing has happened.

'There was this appalling idea put forward a few years ago for a Severn conurbation, stretching from the other side of Bristol right round to beyond Cardiff. Officially the idea is dead, but I'm not so sure. There are people around who would still like to see it go ahead.'

Even the concrete lampposts along what used to be the main road into Wales, but has since been superseded by the M4 motorway, do not escape his wrath. One of his many aims would be to start an anti-lamppost society. These particular ones he claims to be unnecessary, and he has offered to pay for their demolition. 'They are appallingly ugly and, on safety grounds, they are simply not justified,' he maintains.

His good-humoured tirade is interrupted by the sight of Penhow, an indeterminate cluster of buildings on a hilltop,

Stephen Weeks outside Penhow (also illustrated on page 48)

silhouetted against the pale blue sky. As we approach it up a narrow, winding lane, it is at first difficult to identify as a castle, since the downhill wall, facing out over the main road, has long since been plastered, painted white and fitted with large windows.

The lane ends at a set of iron gates, with a church on one side. Beyond the gates a short footpath leads to a drawbridge and the main entrance to the castle, which from this angle lives much more up to its name. A number of youths and two older men are working on one of the outbuildings. They are employed as part of a Government-sponsored job creation scheme for school leavers, and are engaged in converting the building into a new shop for visitors to the castle.

Stephen has also had some help from volunteers. The moat was recently excavated by students from Cardiff University who found, among other things, large quantities of pottery and a number of meatbones, presumably discarded centuries ago by diners in the Great Hall above. When finally cleared and repaired, the moat is to be refilled with water.

On the far side of the courtyard are the present living quarters, built in the seventeenth century and modernised in Victorian times. The temperature in the stone-flagged dining room is several degrees cooler than in the spring sunshine outside, and prompts the question of what it is like in winter. 'Absolutely perishing,' comes the answer. Among the ornaments are a grandfather clock, a picture of Napoleon surrendering to the British – after the battle of Trafalgar presumably, since he is on board a ship – and an instrument which I assume to be a harpsichord, but which I am informed is something called a square piano. On it rests an open score of Haydn's *Creation*.

The castle is a marvellous amalgam of bits and pieces, the earliest parts dating from shortly after the Conquest, and the rest added over the centuries. It was for generations the stronghold of the Seymours, who came originally from St Maur-sur-Loire in France, and who became one of the most powerful families in Britain. The unfortunate Lady Jane Seymour, third wife of Henry VIII and mother of Edward VI, was a granddaughter of one of the Lords of Penhow. Last year, Stephen staged a special Seymour festival, attended by some 500 members of the family, including the Duke of Somerset, the Marquess of Hertford, and 55 Americans who flew across for the celebrations.

Stephen acquired the castle almost by accident. At the time, he was living in Fulham and hankering for a large house in the countryside. 'My first thought was that I wanted to live in one of those large Gothic houses built round a courtyard. I didn't really aspire to a castle. I wanted something that would be architecturally stimulating and I knew that, whatever I got, it would take a lot of hard work because, of necessity, it would have to be cheap.'

He began by compiling a list of derelict buildings which had been requisitioned during the Second World War and subsequently abandoned. He then travelled round the country looking at them, but in most cases was deterred by their sheer size. 'I knew I would never be able to restore them fully and put them to good use. I mean, what can you do with forty bedrooms?'

When he first spotted Penhow and decided, out of curiosity, to make a closer inspection, the place was virtually in ruins. Nonetheless, he was enchanted by it; he felt that it not only could, but should, be saved. He was bitterly disappointed to be informed that it had just been sold but, fortunately for him, the sale fell through and his offer was accepted. Most of the money he was able to raise from the sale of his London house, but he still needed a mortgage for the rest. Not surprisingly, the building societies whom he approached reacted in disbelief that anyone could seriously expect to borrow money on a virtually uninhabitable Norman castle, but eventually one enlightened manager decided to take the chance.

The task of restoration was a daunting one, but he attacked it with unflagging energy. The Great Hall, which had been used as a granary, was reroofed with beams carved from the trunks of trees that had died in the tragic epidemic of Dutch elm disease. The oak supports came from a Norfolk barn flattened by the great gales of January 1976. The job creation project provided a surprisingly enthusiastic workforce for the restoration of the ancient kitchen. The rooms were filled with Stephen's own astonishing collection of furniture and implements, rescued from demolition sites or acquired at sales in France and Ireland as well as Britain.

Even where authentic materials were not available, the reconstruction of such items as the screen in the Great Hall, and the mediaeval glass windows which were installed under the supervision of the Victoria and Albert Museum, has been carried out with meticulous attention to detail. Although the work is not yet complete, Stephen hopes that within the next two years it will be possible for visitors to make an uninterrupted circuit through all the buildings surrounding the courtyard.

Cheerful though his demeanour remains, he admits that it has all been something of a strain, and that his obsession with Penhow may have contributed to the break-up of his marriage. 'I must admit that it has been a fairly Spartan existence up to now,' he says. 'Even now facilities for visitors must take precedence over one's own comforts.'

The house was officially opened to the public for the first time last year, although more than 2,000 sightseers had been taken on unofficial tours the previous summer. In order to save the cost of guides, he has pioneered the use of tape-recorded cassettes. Each visitor is presented with a portable machine, carried on a strap round the neck, with an earpiece attached. He or she is thus provided with an automatic guided tour, which can be switched on or off at will. They can thus take their own time, lingering where they will, without having to stay with a group and try to catch the words of a guide over the surrounding noise and chatter.

He has devised various alternative recordings; the standard detailed tour, lasting about 45 minutes, with translations in French, German and Dutch; a children's tour, dramatised and including a quiz; and a special 'quickie' tour 'for Americans and others in a hurry'. The idea, he says, has attracted wide interest, from even the more conservative owners of historic houses who have sought his advice.

'There has been a boom in country houses in the last few years, as so many more owners have opened their homes to the public,' he points out. 'But it won't last unless the tours are made more interesting. People want to be able to identify both with whatever history they may remember from school, and also with the day to day lives of their predecessors. They want it brought to life. They don't just want to wander uncomprehendingly through museums of beautiful objects which have no meaning for them. You listen to the average guide. "Above the mantelpiece is the portrait of the 4th Duchess painted by Gainsborough" – that sort of thing. To most people that doesn't mean anything. They want to know what sort of people lived in these places, and what sort of lives they led. And they're interested not just in the nobility and the gentry, but in the servants as well.'

Cassettes notwithstanding, the paying public make considerable demands on owners' time and attention. At Penhow much of the work falls upon the shoulders of Stephen's present girl friend, Susan, helped to some extent by her parents who have recently moved into the district. As numbers build up, they will have to seek more local assistance, he says. Last year, it so happened that the film business was going through a lean period, with the result that he was able to spend more time than usual at home. But recently he has been spending several weeks at a time in Los Angeles. 'From now on, this place will have to do without me much more,' he reckons.

His film career is closely tied up with, and directly attributable to, his lifelong interest in history and conservation. He was brought up on the south coast in what he describes as a working class environment. His fascination with old buildings began at an early age. 'I got the bug when I was about six,' he recalls. 'By the time I was 12, I was helping with the excavation of the Roman villa at Fishbourne, near Chichester.

'When I was 16, I managed to get Gosport council sued for demolishing a listed mansion without consent. This got me on to television. The local station in Southampton arranged a confrontation with the mayor. I didn't know a thing in those days about libel or slander, and I just ripped into him. It turned out to be a very successful interview, although perhaps interview is hardly the right word.'

As a result, he was asked to suggest ideas for, and take part in, a series of short films about conservation. During the filming he became convinced that he wanted to go a stage further and direct his own programmes. So he decided to skip university and go straight into the industry. Although his rise was not perhaps exactly meteoric, he did have some fairly solid commercial successes with films like *Sir Gawain and the Green Knight*, and *I, Monster* which starred Christopher Lee and Peter Cushing.

But the one which probably had most significance for him was *Ghost Story*, which was shot on location in India. 'The setting for the story was actually England in the 1920s,' he points out. 'But the trouble was that there was nowhere in the England of the 1970s that the right ambience could be found. I had a hunch that we might find what we needed in India, and I was right. We were guided to an enchanting hill station called Ootacamund, or Ooty as everyone used to know it. It was perfect for our purposes, right down to vintage cars in the streets, the sort of lovely old-fashioned draper's shops you never see here any more, and even the tins and packets in the grocery stores. It was like stepping back 50 years in time.'

India made a profound impression on him, and he has been back there several times. He bought a number of things for the castle from Indian tradesmen, including the nameplate on the front gates, which was made by 'a one-legged man sitting on a street in Bombay'. He gave a series of radio talks on the British in India and their legacy, which the BBC subsequently published under the title *Decaying Splendours*.

He has recently done a new and far from romantic series set in the future. Entitled *Squatters among the Ruins,* it takes a bleak view of the 1980s as the start of a new 'Dark Ages', and reflects his own jaundiced assessment of the state of contemporary art, architecture and attitudes to the environment.

'I see nothing at all to be optimistic about,' he declares gloomily. 'Everything in this country nowadays is so ugly, and no one seems to care any more. Compare it with New England, where people have become so sensitive and careful about the environment; where the message has got across to the public as a whole, who are concerned, genuinely concerned; and where vandalism, official or otherwise, is just not tolerated.

'It shouldn't be necessary, in a civilised society, to argue the case for conservation. It should be automatic. I don't know if perhaps I am over-reacting to change. But I do keep old books of photographs, and I can see from them how the countryside used to look, and how it looks now. It's all horribly depressing.'

On the way to lunch we pass first a large pile of bricks, and then a black tomcat asleep in the sun. The bricks were bought from a local farmer who demolished a seventeenth century listed barn without consent. 'I must say, it gave me a twinge of conscience,' he admits. 'But what could one do? There was no way the building could ever be brought back to life. The poor fellow hadn't known it was listed, and one day he just drove his tractor straight through it.'

The cat is called Percy and is the model for the hero of Stephen's latest literary venture, a nine-part semi-fictional account of life at Penhow, as seen through the eyes of a cat who recalls each of its nine lives. He has done research for the book in libraries as far afield as Scotland and France, and was fortunate enough to stumble upon a set of nineteenth century archives, almost totally by chance, in the cellar of a house in mid-Wales.

So far he has a 'stack' of rejection slips from publishers whom he has approached, but he professes not to be worried. 'Look at

Watership Down,' he points out. 'That was rejected time and again, and in the end it proved to be an all-time bestseller. Anyway I shall do it first of all as a radio series. It couldn't really be done on television, because the central character is a cat, and that would mean doing it as a cartoon, and I don't like cartoons.

'I must say, I find writing a book a terrible effort. By comparison, screenplays are really not taxing at all, although of course we like to pretend that they are.'

We have lunch, which he has prepared himself, in what was in Victorian times the housekeeper's room. Here too he has done his best to evoke the period flavour, with a homely and congested collection of late nineteenth century and early twentieth century utensils, bric-a-brac and plain junk. There are mementoes of his Indian visits, in the form of an ancient gramophone, with the traditional 'His Master's Voice' trumpet-shaped amplifier, which he bought in a bazaar for £3, and a heavy brass clothes-iron.

'I remember being shown round one house and asking my host what a particular room, in some remote wing, had been used for. He had to confess that he didn't know, and he consulted one of his staff. The eventual answer transpired that it was where they used to iron the newspapers in the mornings. I think that's marvellous. Some people say that it was degrading for people to be made to spend their days ironing newspapers or polishing silver, but I don't think it matters that only a few other privileged people enjoyed such silly luxuries. It was the idea of perfection that counted. The English country house in its heyday was an attempt to achieve perfection. Those who contributed to that ideal, the servants, were, I believe, far happier than people who work in factories today.'

Stephen is on the board of the Historic Houses Association, and has been busy urging his colleagues to think beyond tourism and to what may happen if the present boom declines. 'At the moment we have all our eggs in one basket. But there may be a much deeper recession than anything we have known so far. We may run out of petrol, and tourists will no longer be able to fly the Atlantic in their millions.'

He would like to buy, if it were possible, the 800 or so acres that once formed part of the castle estate. 'If you buy land, all the tax provisions work in your favour,' he observes. 'If you sell it off, it's exactly the opposite, and you get done heavily for capital gains. What I've been trying to tell my fellow-owners is that they should aim to double the size of their estates, go hell-for-leather and put their shirts on it. They should adopt an aggressive approach and aim to become big landowners once again, instead of whining about the unfairness of the tax system. The great pity is that there are no newcomers on the scene to take over the role of the aristocracy. I don't count Warwick Castle, because that was bought by a commercial company. They may well make a success of it, but I don't think that's really the answer to the problem. Heaven help us if all our great houses become miniature Disneylands.'

The part of Wales where he now lives has been what he calls 'degentrified'. It was largely a result of industrialisation, which made the region no longer an attractive place to live for those who had a choice. As a consequence, castles and manors ceased to be centres of social life, because the old ways had been superseded. He would like to see Penhow restored as a focal point for the local community, where people could hold meetings, parties, dances and every sort of social function as a counter to the anonymity of late twentieth century life.

On the walls of the room, where we are eating quiche and drinking a remarkable dry cider, are hung pleasant but unremarkable prints of Ypres Cathedral and the Cloth Market. In the immediate aftermath of the First World War, they sold like hot cakes, he remarks. 'War widows bought them because they believed their husbands had died fighting to retain civilisation. But of course the ironic thing is that those very same buildings had long since been reduced to rubble. Some civilisation!'

He was involved in the production of a television documentary on First World War battlefields, called *Scars*. The war was for him the most evocative subject he had ever had to deal with, and he would like to do more of such programmes. During the filming he visited a fairground in Ypres, which consisted solely of shooting stalls and which he found 'rather horrible'. There was also a factory in Verdun, which produced the ultimate in bad taste, in the form of chocolate 'bombs' which exploded and showered dinner guests with sweets and plastic toys.

After lunch we climb to the top of the keep, from which there is a splendid view out over the rolling countryside. Stephen's mood fluctuates between delight in his own fortress – he confesses to an enthusiasm for electronic gadgets, and has wired the doorbell to produce a peal of trumpets to announce visitors – and his repeated distaste for most of what he sees around him.

From the walls he gestures towards the valley spread below us, pointing in turn to ugly intrusive buildings which mar the landscape. Dozens of trees were felled for road widening, he laments, and there is no sense of continuity because none of the buildings relate to each other. If that is the best that twentieth century planning can produce, he observes, then why bother?

The scene is not improved by such things as telephone wires strung haphazardly across the fields. One begins to see what he means. Worst of all is a quarry on the far side of the valley. At his insistence, some of the more unsightly machinery is to be removed, and he hopes that some arrangement can be made with the company for the worked-out diggings to be landscaped. 'The worst thing that could possibly happen would be for it to be used for years to come as a rubbish tip,' he declares. 'They do that in many cases, and they have the nerve to call it land reclamation.'

He is convinced that local opinion is on his side and strongly, if generally inarticulately, opposed to further development. 'It's only the council that believes it knows what's best for us,' he argues. 'I sent a questionnaire out to the villagers a few months ago. Three-quarters of them took the trouble to reply, and the overwhelming majority said that they preferred things the way they were, that they liked narrow lanes and didn't want any road-widening schemes and other so-called improvements. So the council could save itself a lot of money by doing nothing.'

One thing that gives him some lighthearted consolation is his acquisition of the 'manorial rights' to the Manor of Penhow. 'I'm not quite sure what that involves,' he admits, 'but I've asked my lawyer to look into it. I believe I will be, theoretically at least, entitled to try local cases of drunkenness and brawling. It may also be that I can claim ownership of all the road verges within the former estate, in which case I could order the council to remove all those damned lampposts. That really would be fun, wouldn't it?'

7 PARNHAM HOUSE

Something more lasting

As one drives deeper and deeper into rural Dorset, it becomes increasingly easy to forget many of the nastier aspects of contemporary Britain. The towns and villages are mellow and peaceful, and at the same time solid and confident. There is an almost tangible strength of character about the place, the impression of a people who have not been corrupted, who remain true to the old ways, and who base their lives on commonsense values.

John Makepeace is a man who also believes strongly in the old values, in his case the values of skill and craftsmanship as opposed to the ugliness and shoddiness of so many mass-produced goods. In the past twenty years, he has not only established himself as probably the country's leading designer and producer of modern furniture; he has also, in the process, helped to raise standards to the point where experts have been forced to agree that the quality of workmanship displayed in earlier centuries can still, with care and dedication, be matched today.

Since the summer of 1976 his home and business have been established in Parnham House, near Beaminster, where he greets us on a bright chilly morning in early spring. Aged 40, he is soft-spoken and gentle-mannered, with the slightly rumpled appearance one would expect to find in the combination of an artist and a country gentleman. From his office he leads the way to the Great Hall, where we drink small sherries from large glasses in front of a glowing log fire.

The house, built in the late sixteenth century, has the typically serene appearance of an Elizabethan manor, even though John Nash, of all people, who was commissioned to restore it in 1810, attempted to give it a more imposing look by adding turrets and 'fortifications'. Considering its attractiveness as a building, and the beauty of its setting among low wooded hills, with the river Brit running through a sylvan glade below the terrace, it has a curiously chequered history. John thinks that may be because it is not really suitable as a family house, the rambling eighteenth and nineteenth century additions being difficult to maintain.

Its heyday as a country home was between 1896 and 1930, but even during that period it had three separate owners. The Prince of Wales is said to have been a frequent visitor during the 1920s, but a decade or so later it was doing duty as a country club. During World War II, it was taken over by the United States army as its headquarters in south west England, and Generals Eisenhower and Patton are reputed to have used the Oak Room to plan the Allied invasion of Normandy. After the war it became a nursing home, with a resident warden who ensured that it was kept in relatively good repair. But the contents had long since been sold or removed elsewhere, and what John bought was little more than an empty shell.

Since 1963 his workshops had been at Farnborough Barn in Oxfordshire. When he and his wife – they have since separated –

decided they needed room to expand and to realise his ambition of establishing a school for training craftsmen, his first instinct was to look for somewhere in the same neighbourhood, as he did not think his skilled workers would want to move home. Unable to find anything within his financial means, however, he went to a large firm of estate agents in London, who advised him to try either East Anglia or Devon and Cornwall. The former did not attract him, and the latter he felt to be too remote.

The agent then suggested Dorset and Wiltshire. Parnham was the first house he looked at, and he fell for it immediately. 'Everyone falls in love with it when they first see it,' he remarks. Nonetheless it had apparently proved difficult to sell, and several previous would-be buyers had changed their minds. 'Maybe it was because, as I say, it's a difficult house for a family to run, or perhaps the agents had been asking too much.' He diplomatically declines to say what he eventually paid.

The emptiness of the house had one outstanding advantage, namely that it could be used to house and display his own furniture. In the hall stands a huge circular table, which has been on display at Liberty's in London, and has recently been sold; a red lacquer table, on which is mounted an exquisite little cupboard designed to house a telephone for a disabled customer; and a games table finished in the same striking scarlet. Along the walls are two or three desks and worktables; even to the untrained eye, the quality of the workmanship is unmistakable. Drawers slide in and out like precision-engineered machine components, and yet there is a striking inventiveness and originality about each piece. My photographer colleague and I are much struck by a particular coffee table. The price, however, is, to put it mildly, a little beyond our purses.

For lunch we join the students in their refectory, where we help ourselves to soup, quiche and salad. We are now, somewhat confusingly, because the buildings follow a highly irregular pattern, in the eighteenth century wing, which also contains their living accommodation. There are really three separate houses, John explains; the original manor itself, the seventeenth century northern extension built to provide a kitchen, which subsequently became the Oak Room, and the wing where we are now. There is also the separate North Court, which were formerly stables and coach houses and which now house the

John Makepeace, with an example of his own handiwork, outside Parnham House (also illustrated on page 60)

offices and workshops. It is easy to see what he means about it being unsuitable as a private residence, but at the same time it clearly suits his particular requirements remarkably well.

There are at present eighteen students, ranging in age from school leavers to men in their mid-thirties. Of the four girls, two are German and one is French. Two of the men are Australian, and the parents of another live in Dubai, where the son intends to set up in business. Self-employment as independent craftsmen appears to be their unanimous goal and, on the face of it, quite a realistic one. The first ten students, who 'graduated' last year, held a joint exhibition of their work in London before they left, at which they reckoned to have cleared some £30,000 between them. John maintains that they can sell virtually everything they make and that, in the second year of the two year course, there is no reason why any of them should not be able to make enough to cover his or her tuition and accommodation fees, which amount to more than £3,000 a year.

But precisely because he wants to encourage the future independence of his pupils, John places considerable emphasis on business studies. The curriculum includes typing, bookkeeping, accountancy and draughtsmanship. 'The time I spent as a teacher showed me the need for this,' he says. 'The trouble with craft students is that they tend to lack initiative in other matters. One of the essential items of this course is the instilling of a respect for other disciplines. Craftsmen in the past have been inclined to despise modern business methods, and that has tended to isolate them from the rest of the community.

'Again, all too frequently the trouble with craft students is that they lack practical initiative, even in their own chosen field. They sit down and design something without thinking about who might buy it. But markets are not just there; they have to be created.' One of his main objectives in establishing the school was to enable students to work alongside a successful commercial operation and to draw conclusions from its success.

'One thing I feel very strongly about is that, in the old bad tradition, students at school have been encouraged to take up woodworking for the only reason that they were not much good at anything else. I'm sorry to say that in many schools that is still far too often the case. Promising academic students are discouraged from learning manual crafts and are told such things as "Don't do carpentry, because it won't be any use to you later". To my mind, that's absurd. What I want to do is to stimulate a flow of students of high intelligence who can provide leadership, because only in that way can standards be improved.'

Conversation with the students during and after lunch reveals a very high degree of dedication. Their average day begins at around eight in the morning and continues until five in the evening, with three further evening sessions a week. At weekends a handful go home, mostly those who are married; the rest are happy to stay at their benches and appear to have few recreational interests.

From the students, we move to the workshops where the real business is conducted. 'I am still intimately involved in every design that comes out of here,' John emphasises. 'I try to spend the first two or three hours of every day, if possible, with the craftsmen. Industry today is run by accountants, who are obsessed with making money. Often they are so far detached, they have lost contact to such a degree, that they would prefer to close a factory down rather than look and see what has gone wrong and try to do something about it. But industry is not just about making money; it's about people.'

He and one other person are responsible for the designs, which are then put into effect by a team of eight craftsmen. Until recently the emphasis has been on producing single items to order, but he now has plans to expand into what he calls 'limited editions' of sets of furniture to be retailed in shops. It is a concept which he approaches with some wariness, in that his whole philosophy is vigorously opposed to mass production, a philosophy which he believes to be gaining increasing acceptance.

'There has been a swing of the pendulum against the whole idea of mass production,' he claims. 'It was very exciting in the 1920s, because it held out the promise of plenty for everyone. But disillusion set in in the 1960s, when people started to look for something that was more lasting.

'For a period people lost their desire for anything that wasn't mass-produced. They lost their ability to discriminate, and, as a result, the crafts went through a serious trough in the 1950s and 1960s. But the old ways are coming back: I've no doubt of that. Britain is still a very innovative country.'

Innovation and its acceptance by the public are not virtues with which he credits every country. 'Both Germany and France seem remarkably resistant to modern designs,' he declares. 'I'm not claiming for one moment that the British should be singled out for their taste and discrimination; in many ways the public taste is appalling. But there is some appreciation of individuality. In Germany industry seems to have completely displaced individual work, and, when it comes to buying things, people simply copy their neighbours. However, that may change. Already I have detected signs that Germany is beginning to look to Britain as an important source of craftsmanship and creative ideas.'

The most receptive country, in his view, is Italy. The Italians, he says, have taken a particular interest in Parnham, because they were the first people in Europe to experiment with modern furniture in old buildings. 'Their tastes have moved with the times, whereas almost everywhere else people are still convinced that, if you have a historic house, the only proper way to furnish it is with antiques. But it's all quite illogical. It's not as though they insist on everything being of the right period. They're quite happy to put eighteenth and nineteenth century stuff into a seventeenth century house, because they feel, in some obscure way, that it's old and therefore okay. But modern furniture they seem to think is out of place. There's no earthly reason why it should be, if it's good.

'I suppose one reason for the present obsession with antiques is that people are always hoping they're going to get something for nothing. We've become a nation of bargain hunters. People go around looking for things that they can buy dirt cheap and, let's face it, a lot of it is rubbish, which the Victorians for instance wouldn't have given twopence for. Instead, they should be thinking about whether they are really getting value for money.'

But he believes the current obsession with antiques is showing signs of subsiding, and that the public is beginning to appreciate contemporary work. Recently antique dealers have started to show an interest in his designs, and he has just sold several of his pieces through a leading antiques firm.

It is clear that he is defending modern design and craftsmanship in general, since he has no particular personal axe to grind. His own work has received wide recognition and has been exhibited in museums in London, Frankfurt, Boston, Tokyo and Toronto. He has received commissions from a number of wealthy institutions and, among other things, is a Liveryman of the Worshipful Company of Furniture Makers and a Fellow of the Society of Industrial Artists and Designers.

Looking back, he thinks the most difficult thing for him was, and for many young people still is, knowing how and where to make a start. 'When I left school, the natural course of events would have taken me to university, which would undoubtedly have pleased my family. But at that time I discovered that there were people around who made things. I had been making things since the age of eight, but to find that there were people who were able to make a living from it was a marvellous discovery.'

So the idea of university was discarded. 'But finding a place to train was very difficult. There was a marked reluctance among craftsmen in those days to take on young people. I spent two years with a man called Keith Cooper, who was terrific in many ways but who was quite obdurately convinced that it was impossible to make a living as a craftsman. It was he who persuaded me to add a second string to my bow and become a teacher.'

A teacher he duly became, but meanwhile he began producing things for exhibitions, and eventually he was sufficiently encouraged to give up his teaching post and set up in business in an old farm garage. From there he graduated to a dairy, and in 1963 was able to purchase Farnborough Barn, where he first began to establish his reputation. It took ten years to convert the buildings into workshops, and during that time the emphasis of the business shifted from jobbing assignments to contract work.

The county and district councils were apparently a little taken aback by his proposals for Parnham at first, but they were quick to see the advantages in the creation of new jobs, and in the infusion of young people into an area with a high proportion of elderly retired inhabitants. They were happy to grant planning permission fairly quickly, although there was a subsequent hiccup when approval also had to be obtained from the Department of the Environment, since the house was listed Grade One. 'Believe it or not, they managed to lose the plans more than once,' he recalls.

He divides the enterprise into three separate activities, each one vital to the success of the others. The first is the opening of the house to the public, whose contributions, broadly speaking, pay for the upkeep of the gardens. Secondly, the furniture-making business, besides providing John's personal income, has to cover the cost of repairs and maintenance to the house and other buildings.

The third activity is the school, which has been established as a charitable trust, but which has so far experienced some difficulty in paying its own way. 'That's largely because one's aspirations tend to take one beyond the limits of one's income,' he observes. 'We're trying now to think up new ways of raising more money.'

The school has a teaching staff of five. The workshop employs ten craftsmen, including three apprentices. The house and grounds are looked after by a caretaker and two gardeners, although during the summer, on days when the house is open to the public, as many as 30 local volunteers take it in turn to show visitors round.

John opened Parnham to the public the year after he moved in, and last summer there were some 15,000 visitors. Do they come to see the house or the furniture? 'A bit of both really, I think. It may be the house or the gardens which attract them in the first place, but in the house at present there's comparatively little to see. We've turned the drawing room into a little gallery of modern art and design, and in the drawing room there is a collection of old woodworking tools, and some bits and pieces by craftsmen from abroad, particularly from the Third World.

'But apart from the hall and those two rooms, and the Strode bedroom upstairs which I use, we haven't got round to renovating the rest of the rooms yet. They're just as they were when the nursing home closed down, and frankly they're a bit of a mess. I'm definitely planning to do something about them, but it all takes time and money, and there are so many other things to be done.

'Some visitors are surprised at first to see no antiques or family portraits, as they are used to seeing in other large houses. But, as I said before, I don't think modern furniture is out of place.' He sees it as almost certainly impracticable, however, to attempt to furnish the whole house with his own designs, because that would mean sacrificing too much potential revenue. Nor does he seem to want to use the house as a showroom to promote sales of his furniture, although he hopes to convert the Minstrels' Gallery into a shop which would sell small and relatively inexpensive items, such as dressing mirrors, boxes and children's stools.

Although, as a businessman, he would not discourage visitors who came brandishing chequebooks, he is clearly averse to the idea of the 'hard sell', preferring to stimulate interest in a general way in what he and his employees are doing. 'A lot of them are really astonished, when they visit the workshops, to see that craftsmen today, particularly young men and women, can produce such beautiful workmanship.' To encourage interest further, he has organised a number of exhibitions, lectures and seminars.

He is also wary of extending his own capabilities too far. At one time he undertook the furnishing of two Oxford colleges, and from that point moved into designing complete interiors. But he was not entirely happy. 'There came a point where the budget was being stretched to cover too many things, and as a result the quality was suffering. So I went back to making individual pieces and groups of furniture, and that is basically what I have been doing since 1974. I would like now to have the opportunity of furnishing a whole house, room by room, but there would have to be no compromise on the question of cost. I would want to be in a position to do it exactly as I wanted.'

We stroll out into the courtyard, passing a number of peacocks which were a present from Lord Bath, who has given the Parnham project a great deal of encouragement and recently ordered a new dining room table for Longleat. We continue down the steps to the terraced lawns, with their lines of neatly clipped yew bushes.

'Moving here has changed a lot of my attitudes,' he remarks. 'At one time in my life, I thought administration was nothing but a bore, but now I find that it too can be creative. The lack of middle management means that I must be accessible to everyone, and that puts me under a bit of a load. Five years ago I found it frustrating not to be able to be at my bench, to have the telephone ringing and all the other things. It was only when I decided that I was not going to let myself be frustrated that things became resolved. During my early life as a craftsman, I was utterly absorbed in that. It takes a little time to realise that there are a lot of other things worth doing too.'

To relax, and to renew his creative instincts, he tries to make a point of travelling to somewhere interesting each year. 'It's essentially for the experience, rather than a sales promotion exercise,' he insists. He has been twice to India, to Japan and Australia, and is planning a trip to the United States, where he has not been since he was a young man.

His most ambitious project for Parnham, still probably several years away, is to build workshops and cottages in what is now the kitchen garden. The garden, he claims, cannot be run economically, and it is cheaper to buy food from outside. He sees the proposed buildings as the nucleus of a 'colony' to which craftsmen – boatbuilders, interior decorators, makers of garden furniture, and so on – would be invited from all over the world. Their presence, he feels, would stimulate the students and enable Parnham to expand into an international centre.

Our walk takes us down past the river Brit, which the water authority is attempting to stock with fish. 'But the herons are even keener,' he remarks. Although, since the main estate was sold off several years ago, the grounds have shrunk to a mere fourteen acres, they are clearly for John a source of considerable interest and pleasure. At present he is playing an active part in repairing some of the stone walls, replanting rose bushes and in planting new specimen trees. 'After all, as a carpenter, I can hardly fail to be interested in trees.'

8 STONOR

In case of further trouble

> *'We drove on and in the early afternoon came to our destination: wrought iron gates and twin, classical lodges on a village green, an avenue, more gates, open parkland, a turn in the drive; and suddenly a new and secret landscape opened before us. We were at the head of a valley and below us, half a mile distant, grey and gold amid a screen of boskage, shone the dome and columns of an old house.'*

To what extent, if any, Evelyn Waugh used Stonor as a model for his fictional Brideshead is impossible to say. Certainly the physical descriptions do not tally. Nor does the location, since in

ove: Lord and Lady Camoys with their children at Stonor Park

the novel Brideshead is several hours' drive from Oxford, whereas Stonor is close to Henley-on-Thames, a bare twenty miles away. But few novelists copy directly from life. Waugh was a frequent visitor to Stonor over a period of several years, and it is hard not to see some link between the hereditary Catholicism of Lord Marchmain's family and the obdurate recusancy of the Stonors, which sheltered the English martyrs and made the house itself a centre of Catholic faith and influence through nearly three centuries of persecution and discrimination.

Even today the serene appearance of the house and park is, in a sense, deceptive. The storms of religious controversy may have abated, but only a few years ago the house's future became the subject of speculation and argument when the late Lord Camoys decided to put it on the market because, he let it be known, he could no longer afford to live there. For some reason he refused an offer from his eldest son, Thomas, to buy it from him, and a bitter family row ensued. Although after his father's death, Thomas, who succeeded to the title, was able to reach agreement with the trustees in the High Court, and duly returned to live in the house in 1978, the whole affair has clearly left some painful scars.

Superficially relaxed, sprawled in an armchair and wearing the sort of ultra-casual clothes that city businessmen make a point of donning at weekends, he seems nonetheless wary, as though he fears that my merciless journalistic probing will tempt him into making some indiscreet remark. His charming wife, Beth, seems positively nervous, and it is some time before the atmosphere becomes more relaxed.

'The basic fact is that my father's estate was very illiquid,' he points out. 'He owned the house and the estate, but he had what is nowadays referred to as a cash flow problem. As a result he decided to sell most of the contents some four or five years ago. The sale lasted three days, and it attracted more than ten thousand people.

'But it did mean that when we came back here, we came to an empty shell. There literally wasn't a thing left. I had managed to buy a few things at the sale; a William and Mary four-poster, a couple of writing desks, a sofa and a table. But even for those I had to get someone else to bid for me, because I didn't feel I should be there in person. It would have looked very odd, me bidding for my own family's furniture. I was also able to buy a few pictures which my mother sold, but otherwise the whole house had to be completely refurnished from scratch.'

Bespectacled, serious and with that slightly distant manner that often conceals a basic shyness, Thomas is by profession a highly successful banker. He and Beth have been married for some thirteen years and have four children, aged between twelve and five. For the first two years they lived in London before moving to a fifteenth century wool merchant's house in Suffolk, which they adored.

Leaving it was a considerable wrench, Beth admits. 'But once we had got Stonor, I was quite anxious to get on and move in. I felt my husband would never be happy until he had at least tried to run it successfully.'

The details of the High Court negotiations are something which he is clearly not anxious to discuss. 'There were a lot of complications,' he remarks, 'and it took a long time to settle. In effect I bought the house from the executors and resettled it on my son, which was what I had originally suggested my father might do. But now that it is all over, I am not keen to rake over old and painful coals.

'My sole determination was that the house should remain in the family and that, after so many years of continuity, the link should not be broken. I was lucky enough to have made a certain amount of money in my banking career, but every penny I own is now tied up in Stonor. I have had to rely only on my earnings and what we got from the sale of our house in Suffolk.'

The builders moved in in June 1978, and the family followed two months later. The total furnishings, they recall, consisted of a kitchen table, and an old hip bath in one of the greenhouses. Beth was less daunted than other women might have been in similar circumstances. She had been brought up in another stately home, Long Melford Hall, in Suffolk, owned by her family which bears the slightly improbable name of Hyde-Parker. When her father died, the house was given to the National Trust in lieu of death duties, and in 1959 she helped her mother, who still lives in one wing, open it to the public. 'So I had a lot of experience of living in a large house with progressively less and less help,' she points out.

Even so, the task was a formidable one, since Stonor too had to be opened to the public, and opened quickly. 'We felt we couldn't let the place die, and opening it was the only solution,' Thomas observes. 'It was one long panic. We had, over-optimistically perhaps, set ourselves a target of the following April and, what was worse, we had to have photographs of the interior ready for publication in the brochure in January.

'Fortunately the house was structurally quite sound, but it was very shabby and needed a lot of repairs and maintenance. The outbuildings were in a frightful state. We had a lot of difficulty getting jobs done at the sort of price we could afford. We had no maintenance staff of our own whatsoever.'

He reckons that repairs still needed will cost at least £140,000 and that, because of inflation and continuing unavoidable neglect, that figure is unlikely to diminish. As each job is completed, something else is seen to need attention. The park is another headache. The combined ravages of old age and disease have meant that many of the trees need replacing, and he estimates that replanting will cost a further £150,000.

'We have had some grants from the Historic Buildings Council who, I must say, are very helpful, very encouraging people, from the Countryside Commission and from the county council. And then of course we've had a tremendous amount of local help. All sorts of people have volunteered, a lot of them from the village, who've had some sort of association with the house in the past. It's been very encouraging. When we moved back in, we found ourselves greeted with an impromptu welcome party, which was really touching. There's tremendous local loyalty. People are always wanting to help. After all, some of the families in the village have been living there since before this house was built, and those sort of associations don't die easily.'

The house was duly opened on time, and it attracted some 25,000 visitors in the first season. 'They were very nice and enthusiastic, and they were all so well behaved. No litter, no trouble of any kind. I don't quite know what we had been expecting, but I don't think we foresaw that they would be so knowledgeable and enthusiastic. We almost miss them in the winter. We can't resent their presence, because their coming here has done nothing but benefit the house.

'I would say that at least a third of those who came here last year did so because they wanted to help us get the place back on its feet, and because they supported what we were trying to do.' Much of the present furniture was lent by various families who in the past had had some connection with Stonor. On one wall is a set of Tudor portraits which a wellwisher, whom he declines to name, had removed from her own house.

There are inevitable disadvantages, as Beth points out. 'All during the summer the house is open on Sundays, which means we get very little privacy. But there is nothing without something. Luckily the nanny who was with us in Suffolk came too, and that was very good in providing continuity for the children. They love it here, and they are very interested in meeting and talking to the visitors. And after those first few hectic months, things seem to have settled down a bit. We have a little bit of daily help, and we have washing machines and so on. But all the same it is a strain, having to be constantly alert when there are people all over the place, and we have to look after them and at the same time try to lead as normal a family life as possible and spend time with the children.'

Stonor's resident staff at present consist of the nanny and one gardener, and Thomas is looking for someone to take charge of the park. 'At least we didn't have any of the problems of inheriting a large staff,' he remarks wrily. 'Unfortunately this isn't one of those houses with a large estate of farmland which makes enough money to pay for its upkeep. Effectively there is no revenue except what comes from the tourists and what I earn in my job. So there is no alternative for me but to go on working in the bank.

'I don't really believe that our way of life could be described as lavish. Privileged perhaps, in that we have this beautiful place. But getting up at six thirty every morning, commuting to the City and getting home at quarter to eight in the evening is not exactly a privilege. If we had stayed in our old home on my present income, we could probably have afforded to have servants. People say that there are benefits like our gardens which are, I admit, lovely. But since we've been here, the only time we've spent in them has been to work. There has literally not been a single day in which we've been able to sit out and enjoy them. Really I should be paid for my labour.'

Like all other owners of country houses, he is adamant on the need for some further tax concessions. It is vitally important, he says, for those who are responsible for the upkeep of listed historic buildings to be able to set the maintenance of the fabric and contents against tax. But unlike many others, he feels that such concessions should not apply only to those who open their homes to the public. 'There are a lot of people who just cannot find the resources to do so. They may be old, or incapacitated in some way, or just too busy trying to earn a living. Maybe the house isn't important or attractive enough to draw visitors, but I don't see why, because of that, they should be discriminated against. If the nation really wants to preserve its heritage, they should get the same allowances.'

Beth has already excused herself, pleading a local engagement, and at this point, with the winter dusk already closing in, Thomas declares that he is determined to go and try to shoot a pheasant. His sister, Georgina, who helps them both with the administration, and whom I have met on a couple of occasions in London, offers to show me round. As we move out of the warm, comfortable family quarters into the main part of the house, she apologises for the cold. 'We really do have to cut down on the heating,' she explains.

She is an intelligent and friendly girl who, at the time that Stonor was regained, was travelling round the country, lecturing on mediaeval history and on the Duke of Wellington. 'I was planning to go to Australia, and I still hope that at some time I can continue my interrupted tour,' she adds. 'I never expected to come back here, because frankly we thought Stonor had gone for ever.'

She is fiercely loyal to her brother and to his efforts to save the family home. 'I don't really want to talk about what happened, because it is all too distressing, and it makes me very angry. All I would say is that, if there was a family solution, we failed to find it. Thomas would never say so himself, so I must say it for him, namely that if he had not gone off and earned the money, we would never have got Stonor back.'

The house is not so much a single unit as a collection of structures from different centuries behind a single unifying façade. As a result it is notably difficult to maintain, a task made no easier by the fact that, during the long years of the Recusancy, there was little opportunity to carry out improvements. 'It has really been neglected over the centuries,' Georgina points out, 'because up till 1829 there was no other choice. I don't want to give the impression, which some people might have, that my parents took no interest and didn't do anything. Nothing could be further from the truth. They did a tremendous amount. But the fact is that, when they moved back here after the last war, they were faced with the accumulated neglect of 400 years.'

In the light of all that has since happened, the house is surprisingly well furnished; not just sufficiently, but elegantly. How was so much acquired in so short a time? 'For one thing, it's very well spread out,' she answers. 'You might not notice that at first, but if you look more carefully you can see that it's all a bit bare round the edges. We've had to stretch our resources. Personally I rather like it. So many houses are cluttered with the accumulation of centuries, as this one used to be. Now I think it's rather refreshing. What there is you at least get a chance to look at.'

We pause to admire an extraordinary shell-shaped bed in mahogany, ebony and rosewood, one of several recently re-acquired family heirlooms. Elsewhere, on the walls are framed election addresses from Thomas Stonor, the first Catholic MP to take his seat, as a Liberal, after the Emancipation. In complete contrast are a series of photographs of Newport, Rhode Island, the sailing centre and home of the America's Cup races. The great grandmother of the present Stonors was one of the Browns of New England, who founded the university that bears their name in Providence – a nice little nugget of information for American tourists, it might be assumed.

At the head of the stairs and in the Long Gallery are several striking seventeenth and eighteenth century Flemish tapestries. The gallery was one of the rooms which Georgina's parents never got round to doing much about. 'When we came here, it was all dark green and brown,' she recalls. In contrast, the restoration of the library was one of the parents' worthier achievements. 'Thank God they did it,' she says, 'because we could never have afforded to do so.' It is a splendid room, spanning the width of the house. Because the latter is built on a slope, one end is at ground floor level while the windows at the front are perched high over the lawns and drive. Its shelves are filled with leather-bound volumes, many of them important examples of Catholic literature, which Thomas recently bought from his mother.

It is the enduring Catholic tradition which continually demands the visitor's attention. Among the rafters is a tiny room dedicated to Edmund Campion, where the saint reputedly wrote and printed his *Decem Rationes*, the Ten Reasons for Being a Catholic, which subsequently led to his trial for treason and his martyrdom. There is a copy of his *History of Ireland* and a curious but effective modern painting of the canonisation of the Forty Martyrs.

The emotive centre of the house is the fourteenth century chapel, founded on the site of one of the earliest Christian places of worship in Britain. Inside the entrance is a set of modern Polish carvings of the Stations of the Cross, donated by Graham Greene. The splendid Gothic Revival roof, dating from 1759, retains its secret hideaway above, 'in case of any further trouble'. The chapel is nowadays open for Mass every Sunday and attracts a regular congregation of between thirty and fifty people.

We walk to the top of the sloping gardens and contemplate the house below us and the sweep of the Chilterns. The dark rolling silent hills belie their closeness to London. Somewhere behind us, lost in the rapidly falling darkness, is the Everest of the Thames Valley, rising to all of six or seven hundred feet.

'The garden walls are literally just crumbling away,' Georgina remarks. 'If you look down there, you can see where a whole wing of the house was pulled down. That was before we came back, but it was a Victorian monstrosity and was certainly not worth keeping, whatever people might say. We were glad to be rid of it.'

From a distance comes the sound of two barrels being discharged in rapid succession. Perhaps Thomas has bagged his pheasant.

9 ROCKINGHAM CASTLE

A community enterprise

At lunchtime on a grey, drizzling Sunday in late April, Commander Michael Saunders Watson, Royal Navy (retired) is awaiting the first of his expected 300 guests. The prospect is one to which he is by now well accustomed, since the paying public have been tramping through his house and grounds twice a week for the last eight summers. If he is concerned at all, it is that they will be too few rather than too many; he seems to cherish a curious and rather touching fear that one day, perhaps today,

bove: Commander Michael Saunders Watson at Rockingham Castle nobody will turn up, and all the scones and cream and strawberry jam will be wasted.

But, as we sit over coffee after lunch with Michael's wife, Georgina, and their two sons, James and David, in the kitchen that does duty as a family dining room, the first footsteps crunch along the gravel path. A group of teenagers stop to stare through the windows. Quite probably, they suppose us to be the butler, cook and chauffeur. They might be surprised to learn that the house has no servants at all and that, if they cared to stay a little longer, they could watch the landed gentry washing up.

In the distance there is the noise of a burglar alarm, and Michael decides he should go and investigate. It turns out to have been nothing more than an overeager visitor stepping over a rope barrier to get a better view of the drawing room contents. Although the books, pictures and furniture in the house are insured for more than £500,000, thefts have been gratifyingly rare. The most mysterious disappearance was that of a huge leather bound tome, measuring at least two feet by eighteen inches. 'It was a most ingenious performance,' Michael observes. 'There must have been at least two of them involved, and they obviously knew exactly what they were looking for. But how they ever concealed it and got away without being seen, I'll never know.'

Rockingham Castle, perched on a hill on the border of Northamptonshire and Leicestershire, has never been the sort of place to attract casual intruders. The site dominates its surroundings, and William the Conqueror used it to establish one of the many regional 'capitals' needed to subjugate his newly won and still turbulent domain.

Decay, and damage from the bombardment it received as a Royalist stronghold during the Civil War, have destroyed many of the original walls and fortifications. Despite its name, the house is today not so much a castle as a rambling Tudor mansion, with various earlier remnants and later additions. Although it is in many ways a hotchpotch, its charm and character lie in the successful blending of different elements, right down to the modern paintings adorning the walls of the eighteenth century Panel Room.

There are other incongruities too. Rockingham lies on the edge of Corby New Town, and Michael recalls how, as a boy during the Second World War, he could look out from a first floor window and watch the estate being torn to pieces by excavators, ripping out the iron ore needed to supply the steel mill. Although most of the land has since been restored, and elsewhere trees and scrub conceal the scars, even bigger machines are busy creating new moonscapes only a couple of miles away. The castle and the village of Rockingham, in their hierarchical relationship, form a striking contrast to the sprawling estates built to accommodate three generations of immigrant Scotsmen.

Although Rockingham has been in the ownership of the Watson family for more than four centuries, the present squire arrived there somewhat unexpectedly. The childhood he spent at the castle was not as heir apparent but as a member of what he describes as a sort of commune of aunts, uncles, nephews, nieces and cousins, encamped under the benevolent aegis of his uncle, Sir Michael Culme-Seymour. It was, he recalls, a gloriously happy time, despite a chronic shortage of money but, when he left for Eton and a subsequent naval career, he did not anticipate returning as anything more than an occasional family guest.

The house, however, became his in 1967 when his uncle, who had no children, made it over to him to escape death duties. Michael's gratitude was tinged with a certain dismay, since the last thing he wanted to do was to abandon his naval career. For four years he did his best to combine the roles of landowner and sailor but in 1971, shortly after assuming his first command, he reluctantly decided that the two were impossible to reconcile, and that his first duty lay to his ancestral home.

If he felt some trepidation about taking over the management of a huge country estate, with little more to sustain his family than a premature service pension, Georgina was positively appalled at the prospect. Gentle-natured and rather shy, she was happy enough as a naval wife, an occasional hostess at dinner or cocktail parties in pleasant tropical ports. From that to becoming châtelaine of a feudal English mansion was a step she could hardly bear to contemplate.

It is time for the châtelaine to wash the dishes, and for us to wander off through the house to see how business is going. To Michael it seems very slow. He talks to the woman selling admission tickets, and begins to look worried. Perhaps this really is the day when people will stop coming. 'Of course we won't get anything like the numbers we had over Easter, when we had over a thousand a day,' he remarks. 'But we ought to have about three hundred, particularly on a day like this, when people won't want to go to the seaside or anything like that. I wonder what's gone wrong.'

In fact there is a steady trickle of visitors meandering through the entrance lobby and the Great Hall. We are buttonholed by a large, sunburned Australian, who looks as though he would be more at home at Wimbledon or Lord's but who turns out to be something of an expert on eighteenth century coffee tables. Standing beneath the portraits of two of his stony-faced ancestors, Michael does his best to appear equally knowledgeable.

'One of the difficulties is working out how to display things to their best advantage,' he observes as we resume our tour. 'The main rooms are quite easy. You don't have to do much with them. But we've also had a lot of interest shown in the below stairs end, the kitchen in particular. And there are all sorts of things in the outbuildings, laundry and bakery equipment and so on, which I would love to have restored and put on show. I'd rather do that, show the place as it used to function, than bring in a whole lot of gimmicks that have no connection with it at all.

'We have had the odd concert, but they don't really pay. The Great Hall, despite its name, can only seat about a hundred people, and when you consider that a string quartet, for example, is likely to cost £350 for an evening, you've got to start charging prohibitive prices. Again, Americans in particular love things like candlelit dinners and mediaeval banquets, but that means taking on a whole lot of extra staff, and I just don't believe it's worthwhile. Not here anyway.'

We continue upstairs to the Long Gallery, the undoubted gem of the house, first laid out in the reign of Queen Elizabeth I but not completed until the Jacobean period. Michael points to patches of wallpaper which have begun to look distinctly shabby, and to the heavy ornate curtains which are faded and frayed. 'They badly need to be replaced,' he says. 'Nothing has been done since about 1840. But we had an estimate for completely redecorating this one room, and it came to fifteen thousand pounds. There's no way that the house can be made to pay for upkeep on that sort of scale, but I suppose we'll have to find the money somewhere some time.

'Of course we have enormous capital assets in the land, the house and its contents. The traditional easy way out of one's financial difficulties, which owners of large houses have been taking for generations, and something we've seen quite a bit of lately, is to sell off bits and pieces. You know, a picture here, a couple of acres there, and you've got enough to tide you over for another few months. But in the long term you're destroying what you want to preserve, and I certainly don't intend to do that if I can help it.'

We return downstairs to the former billiard room, now converted into a souvenir shop. Sales in the shop have not gone particularly well so far this afternoon, and Michael begins to look gloomy again. Perhaps to cheer himself up, he suggests a drive round the estate, so we climb into a mud-spattered and rather battered Land Rover, accompanied by a couple of dogs. On the way we stop to talk to Jack, a former farmworker and now an odd job man, among whose duties is supervising the car park. He reports that some daffodils have been destroyed in the ravine below. 'We do have a bit of a problem with local gangs,' Michael explains. 'One bunch recently threw a whole lot of paving stones into the pond. But I don't believe they're really malicious or acting out of resentment. It's just high spirits.'

As we drive across a stretch of parkland, dotted with dozens of new born lambs, Michael relates how, when his uncle first came to live at Rockingham in the 1920s, the house was neglected and dilapidated, and the estate split up into numerous small tenancies. Depression had also overtaken the village, and its inhabitants had been obliged to seek what work there was in the surrounding towns. With the family fortune by then largely dissipated, little could be done until after the Second World War, when Corby was officially given New Town status. This was an immense stroke of luck since it meant that, with the development corporation actively buying land, his uncle could sell enough to provide himself, for the first time, with some working capital.

That was the start of the revival of the estate, a revival which the present owner has been able to consolidate as more and more tenancies have expired and not been renewed. Today the main farm consists of more than 2,000 acres, almost entirely given over to cereal crops, and with no livestock other than a few sheep. It employs about twenty people, rather more perhaps than it ideally should, but it is in the tradition of large estates to provide as many jobs as possible. In the course of our tour, we stop to chat with a tractor driver planting potatoes, a woodman busy cleaning out the cages used for breeding pheasants, and Ray, the farm manager. Ray is one of the new style farming executives, which does not mean that he goes around in a collar and tie and carrying a briefcase, but that he is keen on efficiency. Tractor drivers, for instance, are given their instructions by radio from a central control room.

Ray also disagrees with his employer on the subject of trees and hedgerows. 'He'd like to rip out every hedge in the whole place, and would if I didn't stop him,' Michael remarks. 'I'd like to plant patches of kale to improve the shooting, but he won't hear of that. We usually get five or six days' pheasant shooting a year, and I get asked to other shoots quite a bit. Then there are the duck. Last year we rigged up a hide by the pond, but the trouble is that there are too many trees and you can't always get a clear shot. And obviously I can't chop them down, even if I wanted to, just so that we can slaughter a few more birds, and then turn round and give Ray an ecological lecture on why we must keep the hedgerows. In fact, I'm very keen on planting more trees on odd patches of land that can't really be used for anything else. I like to think we've planted many more than we've had to cut down.'

Georgina is busy serving cream teas when we return to the castle. Like her husband, she seems to have adapted well to her new life, but there are moments when she appears to find it all a bit too much. 'The garden alone gives us an enormous amount of work,' she points out. 'Just for example, Michael began pruning some of the roses this week. There are fifty beds and, after five hours at it, he's only done four.'

'In many ways,' Michael interposes, 'much though I love it here, I'd be quite happy to go and live in a small farmhouse where I could be just a farmer and nothing else. Before we came here, our home was a tiny cottage in Hampshire and, even with three children, we were perfectly happy there. A place like this is a terrible tie. Sometimes you feel you can never get away.'

Georgina interrupts. 'I'm not so sure,' she remarks. 'I sometimes feel we regard ourselves as too indispensable, when in fact the place could probably run perfectly well without us.'

Sensing perhaps that he might seem to be complaining, her husband hastens to point to some of the advantages. 'I don't want to sound as though I'm moaning,' he says. 'I'd be the first to admit that there are huge advantages in living in these lovely surroundings and being able to earn enough money to have things I almost certainly could never have had on my Navy pay. But sometimes one feels that everyone who comes here envies us and believes that we lead an idyllic existence. They don't see the drawbacks. You might find this difficult to believe, but in fact we're very short of space. There's so much of the house we can't use, and so many other rooms cluttered up with all sorts of other stuff that we inherited, that we really have very little space for our own things.'

With the last of the visitors gone, it is time to dash off to a cocktail party at a huge and spectacular Palladian house a few miles away. The owner, I am informed, is wealthy enough through his business activities not to have to rely on paying visitors, and champagne is dispensed by a butler and other resident servants.

By contrast, supper when we return consists of admirable fish omelettes, cooked by Georgina, which we eat off our knees in the living room. Not only is there no butler; there are no resident staff of any kind, except a caretaker who lives in a flat above one of the outbuildings, and whose main responsibility is the security of the house's valuable contents.

Next morning, after breakfast, Michael settles down to a typical working week. Today he will spend on accounts and administrative work connected with the farm and estate. On Tuesday he is due in London for a series of meetings and for lunch with the English Tourist Board, returning in time for a dinner of the Northamptonshire Association of Youth Clubs, of which he is chairman. On Wednesday it will be back to London again for a meeting of the council of the Country Landowners' Association, followed by afternoon talks at the offices of the Historic Houses Association, of which he is vice-president and its leading tax expert.

On Thursday he has a meeting of the Council for Small Industries in Rural Areas, in Northampton, in the morning, followed by another in the afternoon with the county council. On Friday an official of the Victoria and Albert Museum is arriving to examine the curtains in the Long Gallery, and in the afternoon Michael is due to judge the Corby Round Table annual competition. On Saturday there is a service to launch the Peterborough Cathedral Appeal, and on Sunday the cast of a local Gilbert and Sullivan production are to be photographed in front of the house – a shrewd favour to their director, who also happens to be the district VAT inspector.

It is time-consuming and seldom very exciting stuff, but he claims to enjoy it. 'It may sound a lot, but quite honestly I'd be bored stiff without my public work, and I think I've got the balance about right. The squire of a place like this, if one can still use that term, is expected to set the tone. People think you have plenty of leisure, and so they expect you to play a larger part than usual in public life. For instance, I'm chairman of the local small industries committee, and of a comprehensive school in Corby, which is a damned good school, and the youth clubs and so on.

'For the moment, at any rate, I've set my face against getting involved in politics. That doesn't make me very popular with the local Conservatives. In fact, some of them have got quite angry about it, because they think I ought to be one of them, and I'm not. Some people think I'm a red hot left winger, just because I sometimes entertain Labour MPs and trade unionists. In fact I get on very well with Corby council, which is socialist. My one criticism of socialists is that they tend to kill initiative by trying to do too much themselves. One day, perhaps when I retire from here, I would quite like to get involved in European politics, but I don't see any chance of that at present.'

Staying out of politics, however, has by no means meant steering clear of politicians. He has proved adept at publicising the work done by historic house owners as guardians of an important part of the national heritage, at drawing attention to their financial difficulties, and at pleading forcefully for more generous tax concessions.

'The main problem, as in so many other things, is one of communication,' he says. 'I'd had experience of Navy open days, when we were really trying to do much the same thing, to polish our public image, and I thought why not do the same thing here.

So, for instance, on one occasion I sat down and wrote to about eighty MPs from all over the Midlands, inviting them to come and spend a day looking round the estate and meeting the workers. In the end about twenty accepted, and I like to think they enjoyed themselves and were quite impressed. I wanted to show them that this is not just one man in his castle, but a community project.'

On taxation, he insists that he is not asking for special privileges for an already privileged elite, but simply for recognition that it is in the national interest to allow owners to retain enough capital and/or income for the upkeep and maintenance of their properties. He also thinks the present system is in many ways inequitable.

'For example, the Inland Revenue say that running costs can only be set against tax if the house is opened to the public as a serious business venture intended to make a profit. If there is no prospect of it making a profit, then it must be regarded simply as a hobby, which means that only administrative costs are allowable, and not maintenance of the building. They seem to think that, unless you are running a full-time commercial operation, you can't be serious. I think that anyone who opens his house to the public and provides certain minimum facilities should be treated in the same way for tax purposes. There are thousands of houses which are just not large enough or well known enough ever to be opened at a profit, but I think the mere fact that they are opened at all should be recognised in the form of tax relief.

'This is not special pleading on my part, because in fact Rockingham is recognised as a business for tax purposes. The house, that is; not the farm which is a completely separate operation. But even so, we open only on Sundays and Thursdays and Bank Holidays, except for parties by special arrangement. It's not worth doing any more than that. We'd have to do a big promotion, and then we might find ourselves getting uncontrollable crowds at weekends, and so we'd have to go in for game parks and adventure playgrounds and all that sort of thing, and that's not what we want.

'I know there are people who say that historic houses need not be privately owned, but the public doesn't really want to see them run by the Government or by institutions, quite apart from the fact that it would cost the taxpayer much more that way.

Others ask why we don't turn them into hotels or conference centres. Well, one answer is that there is a limit to the demand, and another is that with old houses you immediately run into all sorts of trouble with fire regulations and so on. In any case, a house like this just wouldn't be suitable. It's the wrong shape and it's got too few rooms?'

The prospect of a wealth tax under a future Labour government is a recurrent nightmare although, in Michael's case, not so much for political reasons as because he believes it would be the final nail in the coffin. 'In principle, I've got nothing against the idea of a man being taxed on his assets,' he declares, 'just so long as it isn't confiscatory. But that, of course, is exactly what the left wing of the Labour Party wants it to be.

'If you take this place, there are four thousand acres all told, worth, say, an average of one thousand pounds an açre. The contents of the house are another half a million. That makes me, technically, a millionaire several times over, but I certainly don't feel like one.'

Leaving her husband to his account books, Georgina takes me on a tour of the gardens. From the ramparts the view is of misty, sodden fields and still leafless trees. Immediately below us is a huge wild garden containing, according to the guidebook, more than 200 species of trees and shrubs. The path to the gate is lined by yew trees; it is there that Charles Dickens, who was a frequent visitor to Rockingham and reputedly used it as a model for *Bleak House*, is said to have imagined the ghost of Lady Dedlock. The circular rose garden occupies what is believed to be the site of the Norman keep. A sunken lawn and rockery mark the spot where Michael's grandmother ordered workmen to dig, in the hope of finding the legendary lost treasure of King John.

Michael joins us again among yesterday's trampled daffodils. There is time before lunch for a stroll down to the village. On the way we stop at the little church, where the family chapel is being cleaned and restored. 'It has been neglected,' he admits, 'and obviously we must set a good example. But, generally speaking, I don't see my job as handing out large sums of money for restoration, but as getting the community off their backsides to do things for themselves. The days when the local landowner took responsibility for everything are over. And people here have responded very well. It may seem very feudal, but I think we are more democratic than most other villages round here.

'In many ways I am still not really used to it all. The whole business is very different for people like us, who came into it unexpectedly, than it is for those who were brought up to it. We have to run the whole enterprise out of income, because we don't have any capital. And it really is big business. There am I sitting in my office, dealing with figures that my ancestors would never have dreamed of, and which I certainly couldn't have contemplated a few years ago.

'Because this is a business, a job, I think it is something from which you have to be prepared to retire. I'd like in due course to hand it over to my son, James. I don't know if he'll want to take it on, but I hope he does, because there are other things I would like to do before I get too senile.'

The village, with its warm, golden ironstone cottages, is exquisitely kept, and it is easy to see what he means by community spirit. Two old men are installing a new fence with the same skill and care that has clearly gone into restoring so many of the cottages. It seems a tranquil and contented enough corner of rural England, and the squire and his lady, he with his shooting parties and she with her horses, would be the first to admit that they have much to compensate them for the hard work and responsibility.

Yet the harsh realities of the late twentieth century are never far away. Michael is deeply concerned about the hardship that confronts Corby as a result of the steel closures, and he has been active in bringing together council officials, businessmen, trade unionists and community leaders to discuss what should be done. On a less serious note, he has already 'blown his top' in a mild sort of way about a row of Conservative election posters stuck to the trees alongside a road bordering the estate, and has vowed to take the local party agent to task. Now we are approached by the man in charge of the village hall, which is to be used for an election meeting in a few days' time. Bizarre though it may seem on a Sunday morning in this peaceful village, it is apparently necessary to take out a special policy to insure against damage from terrorist bombs.

10 PLAS NEWYDD

The howdah on the elephant

'By God, sir, I've lost my leg.' 'By God, sir, so you have.' Such was the pithy and possibly apocryphal dialogue on the field of Waterloo between the then Earl of Uxbridge and the Duke of Wellington, who no doubt had a good many other things on his mind at the time.

But the earl's calm heroism did not go unrewarded. Within a matter of weeks he was created first Marquess of Anglesey by the grateful and admiring Prince Regent. A supposedly equally grateful populace erected a commemorative column on a high hillside of Wales's 'Holy Island', facing the mountains of Snowdonia across the Menai Straits. In due course it was surmounted by a bronze statue, which to this day towers above the treetops and presents a totally unexpected sight to the casual visitor.

A still more bizarre tribute is to be found in the nearby family home, Plas Newydd, where the Marquess's articulated wooden leg, at the time considered a miracle of surgical engineering, is displayed alongside the boot and the bloodied and mud-bespattered trouser leg which previously adorned the shattered limb. Twenty years ago his quizzical but far from irreverent descendant, the present Marquess, produced a biography entitled *One-Leg*.

Writing that biography was no mere idle whim. The 7th Marquess has made something of a name for himself as a military historian – he is at present working on the third volume of a history of the British Cavalry – and his study, to which he leads me, is the typically cosy and chaotic retreat of a man of letters. Books, papers, catalogues and magazines are strewn apparently at random, but doubtless with the sort of private logic that no cleaning woman must be allowed to disturb. 'Sorry about the mess,' he says breezily. 'I can't afford a secretary, and nobody ever comes to clean the place. They daren't.'

The study is on the ground floor of what, taking into account its incomparable setting, is arguably the most beautiful house in Britain. Yet Plas Newydd was for a long time only the second home, a sort of Welsh country cottage, of the immensely wealthy Paget family.

The Paget fortune was built on the income from coal and lead mines in Staffordshire and North Wales, and from a fabled copper mine in Anglesey itself. When Lord Anglesey's father, the 6th Marquess succeeded to the title in 1905, he was described as the third richest man in England. The main family home at that time was the enormous Beaudesert, near Rugeley, in Staffordshire. With a blithe disregard for the gathering stormclouds, he decided in 1913 to enlarge it still further, considering the accommodation to be insufficient for his retinue.

In the changed world that followed the 1914-1918 war, Beaudesert was a hopeless anachronism. The Angleseys had neither the means nor the staff to retain it. In 1924 it was put on the market, but in the ensuing ten years it attracted not a single bidder. It was eventually sold to a firm of housebreakers, who demolished it. Some of the bricks, however, were used to reface St James's Palace in London. 'I like to think that it died an honourable death,' the present Marquess remarks with a grin.

'That was the first sign of the decline, if you like,' he continues. The family moved to Plas Newydd, where his father embarked on an extensive programme of modernisation, some of it admirable but other parts in questionable taste. 'His motto was that in a country house every bathroom should have a bedroom.' The pervading dry rot was attacked and eliminated, but some of the exterior modifications to what is now a Grade One listed building would create a storm if proposed today. Lord Anglesey dons the invisible hat of chairman of the Historic Buildings Council for Wales. 'Nowadays that sort of thing would not be permitted, and the responsibility for stopping it would fall on me,' he remarks wryly.

The Second World War wreaked further financial havoc, and by the 1950s Plas Newydd too was becoming a burden. 'My father had six children,' he points out, 'and that was very expensive.' When he, the eldest son, succeeded to the title in 1947, there was little left in the coffers that had been overflowing less than half a century earlier. 'We advertised space to let, but the only people who seemed to be interested were furniture storage firms.'

Relief arrived in the unexpected and elegant shape of HMS *Conway*, a beautifully preserved early nineteenth century man o'war, which was at that time used as a training ship for the Merchant Navy. When she was moved to Bangor from her former mooring on the Mersey, new playing fields had to be found for the cadets. The initial request was for the use of the cricket pitch, which the 6th Marquess had established between the wars, and in due course they took over several of the outbuildings and stables. In time Plas Newydd became an integral part of the school. In almost every way it was an idyllic arrangement; the buildings were being utilised to good purpose, the Government was willing to finance the central heating of the house and the upkeep of the gardens, and the setting was still further enhanced by the presence of a fully rigged sailing ship at anchor in the straits below.

Lord Anglesey at home, surrounded by the clutter in which he seems to revel.
Plas Newydd is illustrated on page 90

But inflation and obsolescence combined to destroy this happy state of affairs. Early in the 1960s the school was declared to be uneconomic. The *Conway* herself, in a final act of defiance, ran aground while being towed to Birkenhead.

The breach was then plugged, even more unexpectedly, by Cheshire County Council, which agreed to take over the Conway premises as a leisure centre on the basis of a three-year renewable lease. Given the assurance of a regular income, Lord Anglesey was able to enter into negotiations with the National Trust. At first the Trust objected that a three-year lease did not provide a sufficiently secure endowment, whereupon the council was persuaded to change the term to 30 years. The Trust gladly accepted the deal.

The Marquess reckons that the council's commitment has a gross capitalised value of some £400,000. 'What's in it for the ratepayers? Well, Cheshire is a very rich county, and I think there is a real feeling that it is a socially useful arrangement. The council has the use of several of the buildings and part of the grounds. The Trust is, quite rightly, regarded as a very good landlord, and I suppose it could be seen as an altruistic gesture.' He adds that Sir John Boynton, former chief executive of the council and more recently the Government's chief electoral commissioner in Rhodesia, is a long-standing personal friend. 'But don't misinterpret that. The Trust and the council would never have come to such an arrangement unless it was thought to be in the public interest.'

The income from the council, however, was not all that the Trust required. Some £50,000 had to be spent on converting kitchens and servants' quarters into facilities for visitors. He raised the money by the time-honoured expedient of selling the family silver. He feels no remorse at having done so. 'No one wants to hang on to valuable silver any more. It's an obvious target for burglars, and you can't display it without enormously expensive security arrangements.

'I could of course have sold everything, lock, stock and barrel, and gone to live in the Bahamas. But I didn't want to. I wanted to go on living here, if I could. People say sometimes how awful it must have been to have to give your family home away, but of course it was exactly the opposite. One's chief concern when one inherits a white elephant like this is that it should be preserved for future generations and, from that point of view, the National Trust was the ideal solution. My family and I are installed in a splendid flat on the top floor. I feel I'm the lucky howdah, sitting on the white elephant's back. I don't even have to bother with showing visitors round the house, as I used to have to when I still owned it. The Trust has its own resident administrator and staff, and I am left to my own devices.'

Asked how he would describe those devices, he takes a deep puff on his cigar and gives another broad grin. 'I'm what most people would call a dilettante,' he replies.

He is perhaps being a little unfair to himself. After Army service in the Second World War, in which he was promoted to major at the age of 23, he was seconded to the British Embassy in

Washington. Since succeeding to the title, he has been active in public life, with a keen interest in architecture and conservation. He is not only chairman of the Historic Buildings Council for Wales, but vice-chairman of the North Wales committee of the National Trust, chairman of the Ancient Monuments Society, a trustee of the National Portrait Gallery, president of the Friends of the Friendless Churches and a founder member of the Redundant Churches Fund.

He was also, for what he describes as 'six painful years', a member of the Royal Fine Art Commission. 'It is, I regret to say, a body without teeth, and day after day I had to sit and watch the country being ruined by high rise buildings.'

The disappearance of the old and the beautiful concerns him as much as the intrusion of the new and the ugly. 'What we are trying to get across to the Secretary of State for Wales is the danger of the permanent loss of our heritage. You can cut expenditure on anything else temporarily, education, opera and so on, although I would hope it should not be necessary. But you cannot bring back buildings that have been lost, and for their loss posterity will never forgive us.

'The really worrying thing is this idiotic situation in which we have VAT on repairs but not on new building. All too often this tips the balance between preservation and tearing down and building anew. I know the Government have said that they are going to cut direct tax and make us all richer. But even if they do, there is bound to be a time lag.

'Of course the problem here in Wales is tiny compared with England. In terms of historic buildings, we are of about the same importance as Yorkshire. The Historic Buildings Council for Wales has spent only some £3 million since 1953, compared with expenditure in England at present of about £8 million a year. So far we have not lost a single important building, but now we are having to cut back, because the available money is not keeping pace with inflation. Not only that, but in the last few years the cost of building materials and labour has risen far more steeply than the rate of inflation.'

We leave the study for a tour of the house. In winter it is open only for occasional social and fund-raising functions, like dinner dances and coffee mornings. Today it is empty and silent. Four of his five children are grown up and have left home, and the youngest daughter, aged 16, is away at boarding school. The oldest of the girls is a teacher in a state school, and the middle one is Sir John Betjeman's private secretary. Of the two boys, one has recently opened a poster shop at Camden Lock in London, and the other is training as a commercial airline pilot.

His wife has a busy public life, which takes her frequently away from home. She is chairman of the Arts Council for Wales, and was until recently chairman of the National Association of Women's Institutes. She is also vice-chairman of the Prince of Wales's Committee, the main interest of which is in environmental matters, and a member of the Royal Commission on Environmental Pollution and of the Historic Buildings Council. But, like her husband, she is happiest in this remote corner of Wales and, although they have a small flat in London, they use it 'as little as possible'.

'She is the daughter of Charles Morgan, the author,' the Marquess observes. 'I don't suppose you've ever read any of his stuff. He's right out of fashion nowadays, and of course he is loathed and derided by the left. But I think he will come back, because of the beautiful polished quality of his prose.' He seems quite surprised to learn that I have a copy of *The River Line* at home, although I have to confess that I was not aware that Morgan was for many years drama critic of *The Times*.

We tramp, rather too quickly for my liking, through room after beautiful room. Time and again I feel I should like to linger and look, but this after all is a privately conducted tour, and one cannot keep a Marquess waiting. There are paintings everywhere, impressive in their sheer size alone, and by contrast on a side table a photograph of Lord Anglesey and the Duke of Edinburgh, taken during the filming of part of the television series, *A Place in Europe*. 'A bit of conceit, that,' he admits with another grin. 'But I feel my real claim to fame, if I have one, is that I was the chap who carried the Sword of State at the investiture of the Prince of Wales.'

He points to one of the enormous carpets, a superb Wilton which was laid in 1914. 'Recently that's had to stand up to being trampled by 50,000 visitors a year, and yet it looks as good as new, doesn't it? I reckon a modern carpet, however expensive, would be finished within a couple of years.'

Even with the mountains of the mainland veiled in rainclouds, the view from the windows is arresting. On a clear day the panorama must be magnificent. The estate has shrunk to 'only' about 4,000 acres, of which 169 acres were given to the Trust with the house, including two miles of virgin forest along the shore of the Straits. The Marquess appears to take little active interest in the land which he still owns, leaving its management to a firm of estate agents in Bangor. 'But I am a very keen gardener,' he points out. 'I've always been basically in charge of the gardens and I still am, even though they don't belong to me any more.'

Two or three rooms are now used for exhibition purposes. In the Cavalry Museum and the Waterloo Room, the cabinets which formerly contained the family silver have been neatly adapted to display a collection of military relics, including the famous wooden leg.

But the exhibits are by no means all military. They include, for example, some of the personal effects of the 5th Marquess, an extraordinary eccentric who died childless in 1905 at the age of only 30. He had a passion for theatre and was prepared to pay prominent actors and actresses from London's West End to come all the way to Anglesey to appear in productions which he directed and in which he himself frequently took leading roles. He also spent a fortune on clothes and jewellery and, after his death, the sale of his personal effects is said to have lasted forty days.

The *pièce de résistance*, however, and the single feature of Plas Newydd which tipped the scales in favour of its acquisition for the nation is the astonishing Rex Whistler mural, fifty-eight feet long, which portrays a fantastic imaginary panorama of mountains, sea and islands, bathed in sunlight and adorned with buildings of every shape, size and description. Lord Anglesey points delightedly to some of its more felicitous features; the spire of St Martin-in-the-Fields, the seafronts of Brighton and Weymouth, a gaunt Welsh non-conformist chapel, and Neptune's discarded trident and wet footprints on the promenade. It is a work of glorious exuberance, and alone worth the journey to Anglesey to see.

On the top floor the Angleseys have spent some £20,000 on converting the rooms into a spacious and extremely handsome flat. It is large enough to accommodate himself, his wife and all five children on rare occasions like Christmas when they are gathered together, but he has taken the precaution of designing it so that it could, if necessary, be reduced to half its present size. 'You never know, there may come a time when we may have to draw our horns in still further, or my children might find it more convenient to have two flats instead of one.'

He and his wife do not entertain much, but they are able to rely on the services of their retired butler, who comes in to help with occasional lunch or dinner parties. They also have some daily help. 'One of the benefits of living in a flat is that what used to be called the servant problem no longer exists,' he remarks. 'I genuflect before my dishwasher every morning.'

Without much doubt, he is a happy man, with no hankering for the grandiose life style of his ancestors. The role of a leading public figure is not one he would have relished. He dislikes public chores, such as speaking engagements. 'They have to be done, I suppose, but so far as I am concerned, they are a complete waste of time and energy. The only thing to be said for them is that they do provide some sort of stabilising influence. The name still counts for something, although in many ways I wish it didn't. I'm not cut out to be a public figure, or even a businessman. My only business interest is a seat on the board of a building society.'

We descend to the first floor and to what used to be the family bedrooms. They are ornate and comfortable in a heavy sort of Victorian way, with what seems a positive profusion of four-posters. One of the rooms is still known as the Marquess's bedroom, although he has long since ceased to occupy it.

It must be a curious feeling, seeing tourists trail through what until only a few years ago were his family's private quarters and which must surely contain many memories. Does he resent his banishment?

He pauses for a moment before replying. 'No, not really,' he answers.

11 KENTWELL HALL

Doing what they can

Long Melford lives up to its name. It is a huge village, straddling the main road for a couple of miles between Sudbury and Bury St Edmunds. But, if it sprawls, it does so handsomely, with one of those broad spacious high streets that are among East Anglia's greatest delights. It is a place that invites visitors to linger and, if it seems perhaps a little too conscious of its tourist appeal, it compensates by its charm and friendliness.

At the northern end of the village, beyond the green that rises

ove: Patrick and Judith Phillips with their small daughter outside Kentwell Hall

to a church like a miniature cathedral, lies Kentwell Hall. Despite its woodland seclusion, it is a place which commands attention. The approaching drive is as straight as a Roman road, the screen of trees parting to reveal the mellow red brick of a moated Elizabethan manor. At first glimpse it appears enormous, standing proudly on what its present owners, Patrick and Judith Phillips, say is almost the highest point in Suffolk.

The wings of the house, outstretched like arms in greeting, betoken a warmer welcome than proves to be the case. A knock at the most likely door elicits a blonde Dutch girl who informs me that, despite a prearranged appointment, both Mr and Mrs Phillips are out, and that she has no idea when they will be back. When I explain that I have driven up from London, she guides me to a cottage in the grounds, where Judith's father is profusely apologetic and offers me a brief guided tour. We march briskly from room to room, pausing to admire such curiosities as a splendid collection of old household and agricultural implements, displayed in one of the corridors, next to which is a bizarre assemblage of mostly broken china salvaged from the moat when it was dredged two or three years earlier. It is presumed to have been dumped there by generations of Victorian servants, but quite why they disposed of it in this way is not clear.

After that, I am left to wander through the grounds on my own. It is a peaceful golden autumn morning, with no humans to be seen but a variety of domesticated birds, including peacocks, some surprisingly friendly geese and a couple of black swans with red beaks, which glide like miniature gondolas beneath the bridge which leads from the yew shrubbery to the rose garden.

After an hour or so, two men arrive in an estate car, the back loaded with what turns out to be wooden scaffolding, bought that morning from a dealer in Biggleswade. The one without a beard introduces himself as Patrick, my host, and leads the way to the kitchen, where we have an improvised lunch of bread, pâté, cheese and coffee. A tall burly barrister in his late thirties, he appears diffident at first but later warms to his subject. His weekends, he explains, are invariably busy, since during the week he lives in an apartment in London. For a few weeks in summer he commutes, but for most of the year a 120-mile daily round trip makes little appeal. 'I keep trying to persuade myself that I am going to retire and live here full time, but I don't think I ever will. You don't get so much fun out of a thing if you do it the whole time. You need to leaven it with other activities.'

He bought Kentwell in 1971, before his present marriage. Although he refuses to disclose the exact price he paid, it was evidently something of a bargain. Such at any rate was the view of the previous owner, who dismissed Patrick's first offer as derisory. His answer was to reduce his bid – and again, and again. Evidently he was the only serious bidder in the market. With the aid of a £30,000 bank loan, subsequently converted into a £25,000 endowment mortgage, he got what he wanted.

What he wanted, above all, was the land, the 45 acres that went with the house. True, that was only a small part of the 3,000 acres of farm and woodland that originally comprised the estate. From the point of view of providing an income, it was insignificant. But for Patrick's purposes it was enough.

'I'm not saying the house didn't appeal to me. Of course it did; it's a lovely building. But it was in a very poor state and, in strictly financial terms, I saw it as a liability rather than an asset. I was not particularly interested in living in a large house, but I did want something with substantial and interesting grounds and, generally speaking, the bigger and better the house, the bigger and better the grounds that go with it.'

In fact Kentwell, as the visitor soon realises, is by stately home standards relatively small. The centre block and the two wings are each in effect no more than one room wide, and the house has a compact, manageable feel to it.

It is thought to have been built in about 1540 by one William Clopton. But the family name survived less than a century, and it thereafter passed through a succession of relatively short-lived ownerships. Between 1676 and 1971 it was sold five times, and in the first forty years of this century was let to six successive tenants. Because no family lived there long enough to make much of a mark, it has survived virtually unchanged, apart from some minor Georgian alterations to the West wing and some Victorian internal additions.

Survived, however, is just about the right word. The absence of strong family attachments on the part of previous owners and tenants resulted in considerable neglect. When Patrick took over, the house was all but derelict, and the once beautifully kept gardens had been allowed to degenerate into a wilderness.

'I'm often amused when I hear people talking about the cost of maintaining a large house, as if that were the only thing anyone had to worry about. For us it's not a matter of maintenance, but of carrying out major structural repairs over a period of many years. We've done a hell of a lot since we've been here, but there's masses more to do. You see, this place hasn't been properly looked after for over a hundred years. And, on top of that, some very silly things were done. For instance, the cellar windows were all blocked up, so that it became very damp, and in time the floor timbers rotted.

'I take what some people would regard as an outrageous view of things like dry rot and woodworm. We have so much of it everywhere, that we just wait for something to fall to pieces and then replace it. It sounds haphazard, but we do get around to doing things bit by bit. I certainly don't believe in all this costly treatment that people go in for. To me it's criminal what some firms charge. Anyway it's no good treating something until you've eliminated what caused it in the first place, and that's not always possible, particularly in a house as old as this.

'In general we just spend what we can. We'd like to be able to afford a lot more because there's so much that needs to be done. But we simply can't let ourselves get carried away.'

Doing what they can, on the part of the Phillipses and their helpers, however, has amounted to an impressive amount of restoration work. Both wings have been substantially reroofed. Bricked up chimneys have been reopened, Georgian and Victorian partitions removed, ceilings rebuilt, panelling stripped of layers of paint, and floors sanded and polished. The gardens too have been extensively cleared and replanted. All this has been done largely without professional assistance.

Despite Patrick's estimate that complete restoration will cost at least £10,000 a year at today's prices for the next 35 years, he has, remarkably enough, set his face against accepting grants of any kind. It is partly a question of principle, in that he does not believe that ever increasing Government aid is the answer to the problems of the rising cost of upkeep and repairs, although he concedes that certain houses could not survive without it. But he also has a purely practical objection to what he describes as the time-wasting and bureaucratic paperwork involved in applying for grants. 'On top of that, the Government makes the rules, so that you often have to get a much more expensive job done than you would otherwise have considered necessary. And, since the grant only covers a part of the cost, I am not convinced that at the end of the day you really save anything at all.'

On the other hand, like all other owners of historic houses, he is strongly in favour of greater tax relief. The cost of keeping the house open to the public between April and October he estimates at between £30,000 and £40,000. That is more or less balanced by gate receipts from the 30,000 or so visitors, although the operation has yet to show a clear profit. But, by opening the house as a bona fide business, he does qualify for a degree of exemption without which, he insists, the whole enterprise would be hopelessly uneconomic. 'My insurance bill alone is about £3,000 a year,' he points out.

As we wander through the upstairs rooms, Patrick talks about his own background. He was brought up in Hampshire in what he describes as a nondescript Victorian house, some framed snapshots of which are displayed in a corner of one of the bedrooms. Its greatest asset was its large secluded grounds, which as a boy he loved and which have clearly ever since inspired his determination to live surrounded by plenty of open space.

When he was eleven, his family moved to Norfolk, which he disliked at first, and which he found an unfriendly place to come back to in the school holidays. It was not until he began working in London that he came more and more to appreciate its peaceful character on weekend visits.

For a time he was articled as an accountant – 'or, as it was a Scottish firm, apprenticed' – but he did not take to it, and switched to reading for the Bar. In 1966 he bought a house in Norfolk, which had not been lived in for several years and had since been used for keeping animals. Its restoration kept him busy for five years, but he found then that he had exhausted its possibilities. 'I wanted a house and grounds which I could continue to go on doing things to for ever. Where I was, I just didn't have enough scope.'

He looked at several houses, including Hintlesham Hall, which was later bought by the restaurateur, Robert Carrier. Finally he settled on Kentwell. 'It looked pretty decrepit,' he recalls, 'but the more run down it was, the more in a way it appealed to me.'

We pause in our tour of the house to watch an artist putting the finishing touches on a large and colourful mural on the wall of his small daughter's bedroom, depicting various imaginary scenes from Elizabethan life. 'I am very much a Tudor man as opposed to anything else,' Patrick observes. 'I don't like the orderliness of Georgian things.'

At the time he bought the house, he confesses, he had no intention of opening it to the public. That move was forced upon him by inflation, but since then he has come to enjoy and appreciate his paying guests. The restoration work itself has proved a big attraction. 'A lot of people who come here are really very interested in what we are doing. After all, doing up old houses has become a very popular occupation. Ours just happens to be rather bigger than most. Many of those who come here seem to be looking for advice. Sometimes they ask me whether they should buy such and such a house, and there I have to be very careful, because I don't want to become involved in taking responsibility for someone else's decision. But once they've decided to buy a place, I'm only too happy to show them what we've done.'

Opening the house, however, has involved a great deal more than simply inviting visitors to look around. Aware that they had no treasures to display, no family portraits or priceless antiques, the Phillipses set out from the start to provide alternative attractions and to lay on special events. These include concerts of various kinds, ranging from chamber music recitals and performances of madrigals to revues and old-time music halls; antique fairs, wedding receptions, conferences and car rallies. Some are considerably more profitable than others; catering on a guaranteed budget, for example, is fairly straightforward, whereas attendance at some concerts has been disappointing, and one or two have had to be cancelled at short notice. Recently they have formed an association known as the Friends of Kentwell who, it is hoped, can be relied upon for regular support.

The Phillips' most ambitious venture so far has been to stage an annual open fortnight, during which up to a hundred volunteers, recruited largely through newspaper advertisements and dressed in appropriate costumes, endeavour to recreate the atmosphere of a given period in history. It is an idea which has been developed with considerable success in other countries, notably in North America, but for some reason has attracted little interest in Britain. No concessions are made to modernity, and those taking part as archers, milkmaids, farm labourers, seamstresses or whatever are expected to identify themselves so closely with the characters they are playing that they will refuse to admit to any other existence. So far such events have proved extremely popular, particularly with parties of schoolchildren, but with the food bill for the volunteers alone amounting to some £2,000, they have yet to make a profit.

Patrick is particularly keen on attracting young people, partly for the purely commercial reason that they tend to bring more custom in their wake. He has found, for instance, that many children who come first in school parties return later with their parents at weekends. But, more altruistically, he believes that there is too often a cultural barrier which deters youngsters from going to see what they are tempted to regard as boring relics of an outdated way of life, which bears no relation to their own.

'Most visitors to stately homes are middle aged and middle class,' he comments. 'I want children to see houses in a context which they can understand. History is not about dates and battles and treaties; it's about people. And that, I think, is also true of the age we live in. It explains why those who have no interest in history also like coming here. They don't come for a connoisseur's tour. They come to gawp. They want to see how people live in places like this today. We do get the very occasional visitor who is disappointed because he had expected family portraits or a set of Chippendale chairs. But he is only one in a thousand.

'Although the house is not really part of the village, I like to think local people have a great affection for it. Until recently it was always isolated, with that long, rather forbidding drive. I believe that, since we've opened it, we've accumulated a great deal of local sympathy and support. Houses are never going to be saved by a bunch of architects and historians writing articles for each other to read in glossy magazines, but by the great mass of people, who I'm afraid to say are all too often despised, rallying to their support.'

We are back in the kitchen, brewing more coffee, when Judith arrives from a lunch party, with their nine-month-old daughter, Rebecca. Her husband has already described her as 'a marvellously competent and practical person', who can turn her hand to anything, and the description seems to fit the facts. She trained as a dancing teacher before going to London to stay with her grandmother. In search of a job, she applied to an employment bureau which steered her into an advertising agency, where she finished up in her mid-twenties as an account executive. Both experiences, she feels, have helped her considerably in her present position. As a trained teacher, she is used to dealing with children and is able to plan and conduct educational tours. Advertising taught her the ins and outs of publicity, of printing and the production of posters and leaflets, and 'how to handle the media'.

Her equally useful accomplishments include such things as carpentry, learnt while decorating various flats in London, and the ability to drive a tractor, acquired during school holidays on a farm. When she married Patrick, he had already bought Kentwell, so she knew exactly what she was letting herself in for. She insists that she had no qualms. 'I'm not one of those people who could sit at home all day in a small house, looking after a baby.

'Mind you, I do feel frustrated sometimes when the telephone never stops ringing, and people keep calling, and there is so much to be done that I can't get on with the things I really want to do. I also find it difficult to delegate tasks to other people, although I am getting more used to it now.'

Her own childhood home, a modern bungalow, was far removed from the country house world, but the school where her father taught, and where she was educated, was housed in an eighteenth-century manor. 'So in a way I was used to a large house, although I never for one moment imagined I would ever live in a place like this. To be quite honest, I never really wanted to. I felt most big houses were rather spooky, in spite of what I said just now about not wanting to be too constricted. But I've never felt this place to be in the least bit spooky.'

A typical day for Judith might include answering the post – her father often helps with typing letters – shopping either at the village stores or at the cash-and-carry, freezing fruit or vegetables from the garden, and helping with the restoration work; among other things, she has sanded all the bedroom floors. For special events she does most of the catering herself, with some help from friends but without any professional assistance. In between coping with the demands of her small daughter, she also has the usual domestic chores of cleaning, washing and ironing – 'something with which I sometimes really would like some help, supposing we could afford it and there was anyone to do it.' Since her husband does not drive, she has to do most of the chauffeuring. If she has a spare moment, she enjoys working in the gardens; on this particular day she has spent the early morning hedge-trimming. 'It's quite an ordinary life really,' she suggests, 'except that it's all on a much bigger scale.'

The Phillipses believe that they have adopted a more professional approach than most owners of houses open to the public in attracting visitors. Yet at the same time they are anxious to preserve a family atmosphere, with everyone 'mucking in' together. 'I am very worried when houses stop being lived in and become museums,' Patrick says. 'I think that is only one step away from eventual demolition. I am anxious that houses should continue to change and reflect the times. I am in no sense a crusader, but I like to show that houses of this sort can be used and can contribute to the community.'

Such paid staff as there are consist of a family friend, Robin Needham, the bearded man encountered earlier, who has established himself as a sort of general factotum, and two gardeners. Their efforts are supplemented by a succession of student helpers, many of them foreign like the Dutch girl, Alied, who opened the door when I arrived. Some, like her, have special qualifications – she is a horticulturist – others are simply keen to help with the restoration. But there are in any case no demarcation lines, and allotted tasks may involve looking after the growing collection of farm animals, which include a cow, pigs and a small flock of the still relatively rare New Norfolk horned sheep, which browse alongside the geese and the peacocks. Patrick regrets that the only thing missing from the grounds is a well-stocked river; to compensate, he has filled the moat to the point where, he alleges, it is possible to catch fish with one's bare hands.

It is, the Phillipses repeatedly point out, a very manageable, if not a modest home. All the rooms can be used. 'In most big houses you have the state rooms, which are never used from one end of the year to the other, except to show to visitors. Unlike most people in our situation, we don't have one part of the house which is open to the public, and another in which we live. We live in all of it and, conversely, the public can go more or less wherever they want. We don't allow them into our dressing room, simply because it's so untidy.

'Because the house has had so many owners and tenants,' Patrick adds, 'we don't feel in any sense interlopers, oppressed by the weight of the past. It would be quite different if we had bought a place that had been lived in by one family for five hundred years. Then we would always feel we were living in someone else's home.

'We came here because we wanted to. In many ways I feel sorry for people who inherit houses which they don't really want, but which they feel a responsibility to maintain. We have a lot of advantages in being here because this is where we want to be.

'And again, the house was empty when we came. We have collected the contents ourselves, and we have things that we chose, instead of having to worry about moving such and such a piece of furniture because it once belonged to Aunt Agatha.

'My greatest regret is that I find increasingly less time for actually working on the house. I used to do a lot more but, since we started opening, I have so many more demands upon my time. Almost all of it is taken up with administrative work and correspondence,' he observes, pointing to a cluttered desk in his study, which doubles as a gift and souvenir shop. 'That's another thing which no one ever believes, that we just don't have enough room.

'Maybe one day we'll get the house into the sort of shape we really want. The danger is that then I might lose interest. But there is always the garden, which I want to make really outstanding. In the last four years I've hardly done any gardening at all.

'Anyway it's all a lot of fun. If it ever stopped being fun, I wouldn't go on.'

12 DOUCE'S MANOR and HEYTHROP HALL

Saviours from the city

Douce's Manor stands on the edge of the picturesque but congested little town of West Malling, in Kent. In country house terms, it is not particularly large or imposing and, but for the notice at the entrance, the casual passer-by might well mistake it for a country hotel, which indeed until recently it was.

The notice tells us that the house is now the national training centre for the Commercial Union Insurance Company. But the impression of a hotel persists, both in the driveway, with its neatly parked cars, and in the entrance hall, where two girl receptionists stand behind a large desk on which is a register for guests to sign. Even the manager, Reg Kemp, bespectacled, genial and talkative, seems more like an extrovert landlord than an executive from the grey world of policies and premiums.

The house takes its name from the Douce family, for whom it was built in 1783, and whose last known surviving member died a year or so ago. The records are sparse and somewhat vague, but it was probably originally somewhat smaller than it is today, a rural residence for an affluent gentleman with no great pretensions. The Douces lived in it only until 1803, when it was sold to a family called Savage, of whom also little appears to be known.

In 1916 it was taken over as a rest and recuperation centre for war wounded, and subsequently was owned by a charitable trust which ran it as a convalescent home for 'gentle ladies of modest means'. It was either a particularly well-endowed charity, or else its beneficiaries' means were not all that modest, since local people who worked there at the time, when it was known simply as The Manor House, can recall afternoon tea being served under the trees on the lawn by a bevy of uniformed maids.

During the Second World War it was occupied, as was most of the town, by the Royal Air Force, based at nearby Biggin Hill. After the war, it fell into neglect until it was bought and restored by an energetic entrepreneur, Ian Bryant, who turned it into a hotel and restaurant, and built a conference centre at the rear. In 1975, however, he decided to move to Newmarket. The house was bought by Commercial Union, who moved in on the very next day after the last hotel guests left. The first training courses started less than a month later.

The company is one of several, mostly in insurance or banking, which have acquired country houses for such purposes. It has some 8,000 employees, most of whom could expect to pay a number of visits to Douce's Manor during their careers. The courses cover everything from initial training for young recruits, to advice for those about to retire on some of the psychological problems of adjusting to a life in which the 8·16 to Waterloo no

A group of Commercial Union staff at the front door of Douce's Manor (also illustrated on page 109)

longer plays a part. Like most organisations of its kind, it has a paternalistic attitude to the welfare of its staff.

Reg admits that there are some difficulties in reconciling commercial needs with the conservation of a historic building. 'We want to maintain its traditional appearance so far as possible and make it a pleasant place for visitors. But on the other hand we can't afford to waste our customers' and shareholders' money on what they might regard as fripperies.'

He himself clearly relishes the challenge of reconciling his various functions. 'My job is a cross between office manager, hotel keeper and estate superintendent,' he observes, sitting in his office which was at one time a sauna. Nor is he alone in playing several roles. Although all the catering and cleaning work is done by outside contractors, there is still a resident staff of nineteen. 'Running a place like this can be very manpower intensive,' he points out. 'You have to make the best possible use of staff, and that means people doubling up. For instance, you're quite likely to find the security officer mowing the lawn or driving a visitor to the station.

'I know insurance companies have a rather stuffy image, but we're not really such a dreary lot. We do some quite surprising things sometimes. 'For instance, have you ever seen a Cannes Film Festival award before?' he asks, taking from a drawer a trophy awarded for an advertising film which he produced a few years ago.

There are also a number of intriguing little exhibitions scattered around the house. On one wall is a display of firemarks, dating from the days when the fire brigades were run by insurance companies; on another a framed document refusing insurance on the life of the Emperor Napoleon, on the not unreasonable grounds that he presented too great a risk. A notice warns of the danger of fires due to the negligence or carelessness of servants, and threatening such unfortunate menials with a £100 fine or a spell of hard labour. There is a collection of cables received from San Francisco at the time of the great earthquake and fire in 1906, and a number of contemporary photographs. The total liability of $239 million was spread between 108 companies, but it was the British firms, led by Lloyds of London, that settled most promptly and fully and, by so doing, established the future reputation of the City as the insurance capital of the world.

On the whole, the house has been fairly successfully adapted for its present purposes. The upstairs has been most drastically altered, with the old family bedrooms replaced, during its hotel period, by some forty smaller rooms, but that was almost certainly inevitable. On the credit side, the dining room with its ornate plaster ceiling has been beautifully restored, the former music room has been turned into a comfortable bar, and the conservatory has been decorated and filled with small tables and wicker chairs, where students can relax during their breaks and in the evenings.

One particularly imaginative act has been the conversion of a derelict barn into an extra lecture room; beautifully restored, it is still redolent with the sweet smell of newly installed timber. The new wing at the rear of the house was partly constructed with bricks from the old walled garden, although on the other side a cheap and nasty imitation sandstone façade somewhat spoils the effect.

Most of the former estate has long since been disposed of, including 140 acres now maintained by the local council as a country park. Only about eight acres remain with the house, but they are attractive and well cared for. There is a miniature golf course, with a view out over a lake, the intervening main road having been cleverly concealed from sight by careful landscaping. Reg takes a particular interest in the gardens and has an ambitious tree-planting programme under way.

In many ways the most interesting link with the past is to be found in the basement, which has been re-christened the Twitch Inn, a name invented by the Battle of Britain pilots who were billeted in the house during the war, and whose photographs adorn its walls. Alongside them are a number of newspaper cuttings and a map of Kent, nicknamed Bomb Alley as it bore the brunt of the hundreds of German V1 and V2 rockets which fell short of their London targets. The map purports to show where no fewer than 2,400 'doodlebugs' landed.

Several of the original graffiti still survive, and the ceiling is covered with signatures. Among them is that of Peter Newhouse, who now works for Commercial Union and who recently paid a nostalgic return visit. 'He found his name straightaway,' Reg recalls. 'He could recognise it easily because he'd written Mister in front of it on the day he was demobbed.'

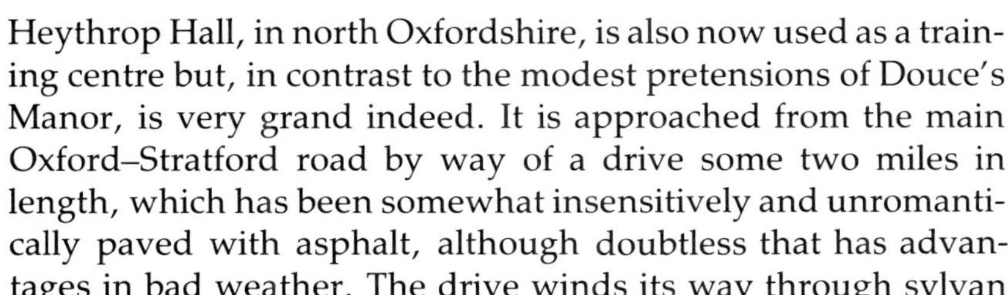

Heythrop Hall, in north Oxfordshire, is also now used as a training centre but, in contrast to the modest pretensions of Douce's Manor, is very grand indeed. It is approached from the main Oxford–Stratford road by way of a drive some two miles in length, which has been somewhat insensitively and unromantically paved with asphalt, although doubtless that has advantages in bad weather. The drive winds its way through sylvan

Heythrop Hall: restoration and conversion cost as much as the purchase price

parkland, with various buildings scattered among the trees, and an abundance of signposts. The National Westminster Bank, which owns the estate, clearly believes in keeping visitors well informed.

The house itself, perched on a ridge, commands its surroundings. It is an early eighteenth century Baroque mansion, designed by Thomas Archer, who was also responsible for, among other things, St John's Church in Smith Square, London; Birmingham Cathedral and part of Chatsworth House. It was built for Charles Talbot, 12th Earl of Shrewsbury, with the proceeds of his reward for inviting William of Orange to assume the throne of England. The said Charles was also created a Duke for his pains, but he died without heir, and the cousins who succeeded to the estate had to content themselves with being once again mere Earls.

Since then, the house has had a strange, and not altogether happy, history. The 14th Earl is reputed to have spent some £5,000 on the Wedgwood Room alone between 1743 and 1786, a sum which, according to Natwest officials, who should know about such things, is equivalent to at least £150,000 in today's terms. There was, for many years, bitter rivalry between the Shrewsbury family and the Dukes of Marlborough, who inhabited Blenheim Palace, a few miles down the road. Blenheim, too, was the result of a reward granted through Parliament by a grateful monarch, and a seething Shrewsbury referred to it contemptuously as 'that pile of stones'.

All Heythrop's magnificence came to grief, however, in a disastrous fire in 1831, which left it as a derelict shell, with only the outer walls standing. It remained a ruin for nearly forty years until, in 1870, it was bought by Thomas Brassey, the great railway engineer, as a wedding present for his son, Albert, who succeeded in restoring both house and grounds to something of their former glory.

Albert died in 1918 and, four years later, the house, together with some 500 acres of land, was acquired by the Society of Jesus as its national headquarters. The society was then enjoying a boom in its numbers and influence. It immediately added new wings and, in the following years, obtained planning permission for no fewer than thirteen separate halls of residence, to be built in the grounds. But religious fervour appears to have subsided, and recruitment fallen off. In the event, only two of the halls were ever built, and in 1969 the whole establishment abandoned its rural empire and consolidated in London.

Religion's retreat coincided with the advance of Mammon, in the shape of the merger of the National Provincial, Westminster and District Banks. At that time the three banks had six separate training centres and, moreover, had to contend with strong separatist loyalties among their staff. In order to create a new corporate spirit, it was decided to amalgamate all training facilities under a single large roof.

Heythrop appeared to meet most of, if not all, the criteria. 'It was not everyone's idea of the right place,' Brian Burns, the company's chief architect, confesses. 'But it had the great merit of being very central, right in the middle of England and with reasonably good access to all our main places of business. All the various planning permissions were still extant and, from the local authority's point of view, we were the right sort of users. Had the place not already been an institution, we might have had the greatest difficulty in getting permission for a change of use from a private residence.'

The bank paid about £1 million for the house and estate, and has spent at least another £1 million on restoration. Officials tend to react in a slightly pained fashion to suggestions that, by the standards of international financial conglomerates, those are not particularly large sums; like their counterparts in Commercial Union, they point out that they have obligations to customers and shareholders not to spend extravagantly.

Brian was in charge of the project from the start. His two main aims were, firstly, to provide the facilities needed for the training centre and, secondly, to restore the house and grounds, so far as possible, to their appearance in the heyday of the Brasseys in the 1870s. Appropriate furnishings were, for the most part, available, from the other houses owned at the time by the newly merged group, but the repair and renewal of the fabric proved to be a much greater headache.

'The Jesuits had let the place get into a very run-down state,' he remarks. 'They were either too poor or too preoccupied to bother with even the simplest things. They were quite happy to hang electric light bulbs from flexes nailed into the ceilings.' One of the first tasks was to instal new electricity lines, mains water and drainage. Accommodation was spartan to the point of primitive. There was virtually no upstairs plumbing, and even at ground level it was totally inadequate by modern standards. The entire exterior stonework has had to be repaired and, a decade later, there is still scaffolding against the east wall.

In many respects, however, the Jesuits achieved quite a lot. The two wings which they added to the house were sympathetically designed and were cleverly wrapped round, on one side, the former stables and, on the other, a Real Tennis court and a conservatory. The tennis court became a huge chapel, but has since returned to sporting use, namely for badminton, while a smaller interdenominational chapel has been opened in another part of the house, with an attractive screen constructed from the grilles that formerly covered the front windows. The conservatory is now the main dining room for staff and students.

An architecturally rather less successful undertaking is a modern extension which was completed, curiously enough, only a couple of years before the Jesuits decided to leave. It was built to house their huge and immensely valuable library. 'There were five whole floors filled from top to bottom with nothing but books,' Brian remembers.

'Another thing they apparently used to do was to encourage anybody and everybody to come to the house for free meals. An admirable thing to do, I'm sure, but it was a little embarrassing for us when we moved in. It took some time to get the message across that we were not in the same line of business.'

Apart from its principal use as a training centre, Heythrop also serves as somewhere for the reception and entertainment of important guests, particularly from overseas. 'We bring Americans here for a couple of nights, and they feel they're really getting the VIP treatment,' he remarks. The large and luxurious bedrooms above the main hall, with a splendid view through their windows of rolling parkland, are reserved for just such guests and for very senior management executives.

There have been difficulties, however, with the local fire officer, who has continued to insist that, for safety reasons, the arches along the gallery should be bricked in. 'It would be an act of vandalism,' Brian insists, 'and conservationists would rightly raise an outcry. The whole spacious effect would be ruined. But it does illustrate some of the problems involved in adapting historic houses to modern use. After ten years we are still having to fight him off.'

We stroll out into the grounds, passing the transport park which is used by, among other vehicles, a fleet of buses needed to take domestic staff to and from their homes in the surrounding villages. The total estate comprises some 450 acres. Although most of it is farmland, which has been let to a tenant, the gardens and park, as was apparent from the drive, are extensive and now once again well cared for.

A path leads down through trees and shrubbery to an ornamental lake. In the 1930s the gardens were considered a notable showpiece, and were claimed to be second only to Kew in the number of rare species they contained. Near the edge of the lake is a grotto containing, of all unlikely things, the skeleton of a Bottle-nosed whale. Its relevance to nineteenth century horticulture remains a mystery, but doubtless visitors were intrigued. Their present day successors are perhaps more likely to be mystified by the occasional sound of elephants trumpeting or lions roaring, emanating from the winter quarters of Chipperfields' Circus.

In the process of reclaiming the wilderness, Brian and his colleagues devoted particular attention to the restoration of the two-acre walled garden. On this chilly spring day it is bright with tulips and wallflowers; there are greenhouses along the whole length of one wall, with carnations growing up the walls. Although to attempt to grow food on the estate would, it is said, be uneconomic, it is a different matter when it comes to providing flowers to decorate the house, all of which are now home-grown. 'When we came here, you'd hardly have known there had ever been anything here,' Brian says. 'You couldn't even see where the paths had been.'

Although the various planning permissions obtained by the Jesuits were a factor in attracting the bank to Heythrop, it has so far been content, for the most part, to utilise buildings already on the estate. Its only additions to date have been a new house for the Principal, and a swimming pool now under construction. There are plans, however, for a conference hall and for a new bedroom block. 'At present most people have to sleep two to a room, which is not really satisfactory,' he points out.

As we return to the house, he points out the so-called 'snobs' tunnel', a sunken passage used by tradesmen in the last century so that their comings and goings would not offend the gaze of the gentry.

We meet the Principal and some of his staff for pre-lunch drinks in the drawing room. The walls are lined with walnut panelling; there is an elaborate carved Venetian fireplace, and several cabinets are filled with fine china. Altogether some 250 people are employed at Heythrop, roughly one for every student. Most of the administration as well as the teaching is done by banking staff on secondment for anything from a few months to several years. On the whole they consider it a welcome change from the routine of cash tills and overdrafts, and frequently the experience is a step on the promotion ladder.

A few can expect to stay more or less permanently. Audrey Macilquham, who was formerly head of one of the bank's taxation departments, has been the 'hostess', responsible for all visitors, for the last six years, and makes no secret of the fact that she has not the slightest wish ever to return to dealing with the Inland Revenue. 'I have all the duties and privileges of the châtelaine of an English country house,' she observes happily. 'What more could anyone want? I love every minute of it.'

13 LYNE PLACE

Splitting up

On a glorious, warm, sunny Spring morning the leaves and blossoms, flowers and shrubs are sprouting all over the opulent and beautifully manicured acres of Virginia Water. With its luxurious houses, expensive motor cars, pretentious inns and world-famous golf courses, this area on the border of Surrey and Berkshire is probably the supreme example of what is derisively referred to as the stockbroker belt. Nonetheless, whatever reservations the visitor may feel about the lifestyle of its inhabitants, and however much he may wonder how on earth they can afford it, he must admit that on a morning like this it all looks very agreeable.

Nothing looks more agreeable than Lyne Place Manor, a white-painted mixture of Georgian, Regency and Edwardian styles, standing on a rise at the top of a drive bordered by fields dotted with grazing cattle. Outside the house a young woman is loading luggage into a car. When I ask where I can find Mr Mackay, she despatches her disarmingly polite small son, Nicholas, to show me the way. We are met on a staircase by the man I am seeking, who informs me that Nicholas, aged about eight or nine, has just won a silver medal in a skiing competition.

The man and the boy, however, are not related, but merely neighbours; for this is not a family home but a rather remarkable block of flats. A dozen years ago the house was empty and derelict; today it is handsomely restored and has been divided into eleven separate units, whose occupants enjoy most of the advantages of living in a large country house with few of the problems.

Bob and Dorothy Mackay were among the earliest of the new occupants when they moved here in 1970. Their home for several years had been in Cheshire, and Bob, an insurance company executive, was approaching retirement when unexpectedly he was posted to London. They moved first to a service flat near Harrods, but they found it cramped and noisy. They yearned for space and greenery, but at the same time needed somewhere that they could manage themselves without help.

One day they came across an advertisement in the *Sunday Telegraph* for a newly converted flat in a rural setting within convenient reach of London. 'Funnily enough, although it seemed what we might be looking for, we did nothing about it for a month or so,' Dorothy recalls. 'Then finally we made enquiries, and we were introduced to Christopher Buxton, who had recently bought this house and was restoring it.

'We fell for the flat at once. But everything else was the most terrible mess. There were piles of rubble everywhere, and the garden was a jungle. Anyway we moved in and we were able to watch the whole shambles turning into new homes.'

Lyne Place was originally an early eighteenth century farmhouse, but there are no official records of the first two centuries of its existence, so that its history has had to be pieced together by research and deduction. Its initial conversion into a substantial manor house is thought to have been carried out by a captain in the Royal Navy, Henry Trollope, between 1783 and 1785. For some reason none of the subsequent owners and tenants appeared to stay for more than a few years at a time, and in 1936 it ceased altogether to be a private residence when it was acquired by a group calling itself the Historico-Psychological Society. Its members lived together on a communal basis and sought to redeem society from decadence through self-analysis and personal discipline.

After the war, the house was used by the Holloway Sanatorium as a geriatric home. In 1966 the home was closed as being no longer economic to run, and a couple of years later was bought by a then virtually unknown firm called Period and Country Properties Ltd.

Christopher Buxton, who runs the firm, is a quiet, unassuming man in his early fifties, who has made a highly successful but surprisingly unpublicised career in acquiring and converting country houses which their former owners can no longer afford to maintain, and which would otherwise have fallen into ruin. Lyne Place was one of his earliest purchases, and financially one of his most successful; he reckons to have made a profit of some £25,000 on a total investment of about ten times that.

On the whole, he claims, the enterprise does not make profits. 'If you can restore a historic house and not go bust, you have to be something of a financial wizard,' he remarks. 'I don't mean that to sound conceited, as though I considered myself some kind of genius. But we haven't made any money for years. We just about manage to get by and to pay our expenses.'

But whatever the economics of a particular project, Christopher refuses to compromise on standards. The high standard of workmanship and attention to detail on which he insists, and his refusal to permit anything that would offend against the character and integrity of the house and its surroundings, have won wide respect. Recognition of the quality of his work came recently from no less a body than the National Trust, which arranged that he should lease and convert a house it owns in Herefordshire.

Certainly nothing could be more attractive in its own way than the Mackays' flat. It is in the Edwardian wing and forms part of what are assumed to have been the owner's private quarters. Dorothy points to the marble walls of her kitchen, which suggest that it was at one time a bathroom. The sun enhances the white and gold walls and ceilings, and lights up a view from the balcony and windows of newly mown lawns and neatly clipped hedges.

Bob and Dorothy Mackay outside Lyne Place Manor
(also illustrated on page 120)

'The garden was very hard work to begin with,' Bob observes. 'It had been neglected for years and was completely derelict, and we all had to chip in and do our bit. You see that shed over there behind the hedge. That used to be a boathouse, and I manhandled it by myself all the way up from the river. Nearly broke my back, I can tell you.

'A lot of us still try to do as much as we can ourselves, to cut down on costs. We have only one part-time gardener. I've put in quite a lot of work on the tennis court and the putting greens and

Brigadier Harvey downstairs, who used to be in the Royal Engineers, although he's in his seventies, still repairs and maintains most of the garden machinery.' Dorothy points out the Brigadier's terrace garden immediately below the balcony, a beautifully laid out and impeccably tended array of shrubs, flowers, rocks and small pools. 'He built the whole thing himself,' she remarks. 'There was nothing there at all when he started.'

Once the restoration and conversion of Lyne Place had been completed and the leases of the eleven flats sold, the administration and upkeep of the house and gardens were made the responsibility of a management company. This is Christopher's standard practice. 'The crucial factor in the success of this sort of enterprise is the relationship between the company and the lessees. So we make a point of drawing up very tight leases, which make it absolutely clear who is responsible for what and so, we hope, avoid any unpleasant squabbling.'

In this case, Bob has been chairman of the management company ever since it was set up. The 100 shares are divided among the lessees, according to the value of their respective flats, and running costs apportioned accordingly. 'The company is run on strictly professional lines,' he declares. 'There are five directors who meet regularly, and there is an annual meeting of all eleven shareholders in November. Being chairman isn't always easy. There are some disagreements, when people want something done right away, and others feel that it isn't a good idea at present and that we should wait. But on the whole we all get on very well.'

In 1974 the company decided to raise £3,500 to buy some three and a half acres of grounds, including what is now the tennis court, to prevent any possible future development. Three years later it was forced to raise a special levy to pay for urgent roof repairs. Shareholders were required to contribute proportionately. But such expenditure is, he says, exceptional.

The midday peace is shattered by the monstrous roar of Concorde flying directly over the house. 'Every day it's the same,' Bob says. 'The pilot seems to use this house as a navigational aid.' Despite the din, they remain loyal supporters of the aircraft. 'Every time I write to friends in America, I put CONCORDE PLEASE in large capital letters on the envelope or card. They get

Christopher Buxton at Shillinglee Park, West Sussex, one of the many houses he has successfully converted for multiple occupation

frightfully annoyed,' he adds with a grin. 'I know it's noisy, but it's no worse than the BAC-111, and it's all over so quickly.'

Neither Dorothy nor Bob show any signs of regret whatever at their choice of retirement home. 'I love living here,' she says. 'It's so much better than being in a little row of houses somewhere.'

'This arrangement is ideal for people like ourselves, who are used to a fairly big house and garden, but who can't look after the whole thing themselves, and of course can't get servants any more,' her husband interposes. 'It has all the advantages, with none of what you might call the aggro. I don't find myself being belaboured by my wife for not doing the garden, when all I want to do is to go off to the golf club.

'The only snag I can think of about this arrangement is that you have no control over resale, so that you can't choose the people you want as neighbours. Of course that goes for anywhere else, a large block of flats for instance, but the difference here is that we are all thrust very close together. But on the whole we've been very lucky so far and, with only one or two exceptions, we're all good friends and neighbours.'

Christopher endorses that view. The attractions of such schemes, he suggests, are firstly, that the residents have a few beautiful rooms in which to live, but not so many that they become a headache to clean and maintain; secondly, that the buildings themselves are properly maintained, which is important for middle-aged people approaching retirement; thirdly, that there is a defined community; and fourthly, that there is much greater security from intruders than when there is only a single family living in a large house. 'Everyone's lonely in this world, and if you have, say, ten households living under the same roof, they get to know each other, take in each other's milk in the morning, and that sort of thing. It does raise the question of a certain lack of privacy, I suppose, but the difficulties are nothing like as great as some people make out. By and large, I think the sort of people who choose this type of arrangement rather welcome having neighbours close at hand. A lot of them would otherwise feel lonely and cut off, or would be worried about help in emergencies.'

His interest in old buildings goes back almost as long as he can remember. His particular concern for the future of country houses dates from his time at Cambridge. In those post-war years, only a handful of such houses had as yet been opened to the public. Their inhabitants, in so far as they were paid any attention at all, were depicted as survivors from an age of privilege which would be swept away by radical and long-overdue social and economic changes. The fate of the 'stately homes of England', which Noël Coward had memorably, if unfairly, satirised a few years earlier, was a matter of widespread indifference.

So far had the pendulum swung against preservation – the term 'conservation' barely existed – that in retrospect it is something of a miracle that so much of Britain's artistic and architectural heritage survived. In the event, despite the officially inspired vandalism that followed the years of wartime destruction, most country houses remained unscathed, largely because they were not primary targets either for enemy bombers or home-bred political activists, or even for well-meaning planners.

It is true that the condition of a number of such houses had not exactly been improved by their requisition for billeting troops and similar activities. But most of them were able to endure such relatively brief intrusions. Their real enemies were decay, neglect and, ultimately, abandonment. As an undergraduate, Christopher was appalled to discover that some 2,000 important houses had been lost in less than a century.

His zeal to arouse public interest in what was happening led him to take a prominent part in helping to save The Grange, in Hampshire, from imminent destruction. (Ironically, the now uninhabitable remains of this great neo-classical mansion have, after years of delay, debate and uncertainty, been scheduled for preservation, at an estimated cost, in 1979, of £500,000 to public funds, and with little or no relevance to the survival of country houses in which people still live.)

Despite his efforts on behalf of The Grange, Christopher was clear in his own mind that the real problem lay not with the great houses, like Blenheim, Beaulieu, Woburn and Castle Howard, but with the plethora of smaller houses, architecturally distinguished but little known to the general public, and incapable of surviving on their appeal to casual, fee-paying visitors.

At that time, he says, people maintained that the only options available to owners of historic houses were to open them to the public or, if they were too remote, too small or not interesting enough for that to be practicable, to convert them for institutional use. But interest on the part of institutions has generally diminished, he points out, because of such things as inflexible floor plans and higher running costs than in the case of modern, purpose-built premises. Conversion to institutional use also ignored the sentiments of those who wanted to continue living in a country house ambience, but who found such houses too big for their needs.

He concluded that there was a compromise. One of the first things he did on leaving Cambridge, in 1954, was to write to Henry Savill, the head of a leading firm of estate agents, asking if he had any suitable properties where he might be able to put his ideas into practice. 'He came up with a beautiful Georgian house in Surrey. I persuaded the bank to lend me the money, I converted it into four flats, and from that point on I have never looked back.'

In that time he has bought and converted some twenty-five houses, and has acted as consultant for the restoration and conversion of about fifteen others. Having bought a house, the first thing he does is to carry out whatever essential repairs may be needed to the structure. The next step is to instal modern services, plumbing, electric wiring and so on. Only then does he begin the work of converting it into flats.

When completed the flats are normally sold on 99-year leases. 'Sometimes we advertise for lessees,' he says, 'or else we work through estate agents. About a quarter, I would say, come through personal introductions. We vet each other to make sure we're likely to get on together. Occasionally they don't like the arrangement, or we don't think they're the sort of people who would fit in, but on the whole we usually get on very well. Those who are interested in these sort of houses tend to be nice people.'

The initial purchase price of a house, particularly if it is empty and in bad repair, is likely to be relatively cheap, and proportionately only a quite small part of the total cost. Restoration is by far the most expensive part of the process and, he says, often very difficult to finance. The grant system for historic buildings is quite inadequate, he declares; for all the houses he has bought himself and restored, he has only once received a grant.

'You must work with a small staff,' he insists. In his case, that means at present about sixty building workers and two surveyors, but he seldom has fewer than three or four projects in hand at any one time. There is, he says, no problem whatever in finding suitable properties; in fact quite the reverse. Since a recent article about his work appeared in the *Sunday Telegraph* colour magazine, he has been positively bombarded with requests. 'It is really rather a desperate position,' he confesses. 'I didn't know before that anyone actually read colour magazines. It must have appeared on a wet day, when they had nothing else to do.'

Demands for his services may well increase still further as a result of his most ambitious project to date, the restoration of

Charlton Park, in Wiltshire, the family seat of the Earls of Suffolk and widely considered to be one of the most important Jacobean houses in Britain. With the help, in this instance, of a Government grant, it is being converted into eighteen units, one of which Lord Suffolk will retain himself. In other cases the owners have sometimes chosen to retain the main part of the house for themselves and to have just the wings converted. 'One can be very flexible,' Christopher points out. 'Conversion is just as practicable for owners who want to go on living in their houses as it is for those who want to sell up and leave.'

He himself lives in one of his own conversions, part of a Grade One listed mansion in Oxfordshire, which he describes as 'the most stunningly beautiful house in England'. But he is pleased not to be living there alone. 'What I like about it is that when I drive up to it at night, it is not dark and deserted. There are lights and people around.

'Some people have criticised me for dividing up great houses into flats. But I find such criticisms loaded, derogatory and uncomprehending,' he adds with a flash of anger. 'All great houses have been in multi-occupation ever since they were built. Historically, you had the parents' bit, the children's bit, the servants' bit, the guests' bit, and so on. It was the only way a 100-room house could ever be occupied. It was home for a community then, just as it is now. I concede, of course, that the relationship between the various segments of the community has changed, but it's still a matter of people living together in beautiful surroundings.

'What I am doing is to put people back into these houses, getting them lived in at a cost they can afford. I think that what I am doing is in tune with the spirit of what was intended. Houses are happier places when people are living in them.'

14 MENTMORE TOWERS

Content with simple things

The great doors that stand on three sides of the Grand Hall at Mentmore Towers still contain the original glass specified by the architect, Sir Joseph Paxton, in 1855. No one was keener on the use of glass than Paxton, the creator of the Crystal Palace, and, to ensure that there were no nasty accidents at Mentmore, caused by careless footmen or unruly children, he had ingenious devices fitted into the floor, in the form of sloping brass tracks which meant that, however hard the doors were pushed, they would never slam but would close slowly and gracefully.

Such survivals are curiously reassuring in the light of the otherwise bewildering changes that have overtaken this great Victorian edifice in the last few years. The story is familiar enough to most readers of newspapers: the decision of the Rothschild family that they no longer wished to retain it; the Government's stubborn and much criticised refusal to buy it for the nation; the sale of the contents for some three times the price at which both they and the house might have been preserved intact; and the eventual purchase of the empty building by the followers of the Maharishi Mahesh Yogi to serve as the British headquarters of the World Government of the Age of Enlightenment.

No visitor can fail to be impressed by his or her first sight of Mentmore. It is not beautiful in the sense that so many English country houses ravish the eye. It stands castle-like on the edge of the village from which it takes its name, a monument to the opulent tastes of the family that commissioned it and the extravagant fantasies of its designer. Purists might mock its pretensions, but it is undeniably romantic.

Any idea that, under its new ownership, it will prove to be some sort of ascetic monastery, isolated from worldly materialism, is dispelled by the sight of a Rolls-Royce parked outside the front door. A rather worried-looking young man asks who we are and, when we explain that we are from *The Times* and have an appointment, scurries off to find someone whom he describes as the head of his department. It is rather like arriving at the offices of a multinational company or a merchant bank.

We are left in the entrance hall. On one side is a table displaying books and magazines on the subject of transcendental meditation, the dominant occupation of the Maharishi's followers. The magazines have that colourful but somewhat faded and unappealing appearance that can be found on so many Third World news-stands. They look rather like old copies of Sunday newspaper supplements which have been left too long in the sun. On the other side is a board to which are pinned a number of press cuttings. The World Government is clearly not averse to publicity.

From the top of the steps we can see through Paxton's doors into the Grand Hall. A portrait of the Maharishi hangs above the famous black and white marble fireplace, reputed to be the work of Rubens. The Dutch Government is said to have asked, for some reason, for it to be returned to Holland but, in British eyes, it is a statutorily protected monument. Beneath the portrait is a collection of national flags, presumably indicating those countries where his following is established. On either side of the fireplace are large Union Jacks; no subversion here, it appears.

The walls are adorned with posters. There are ladders, scaffolding and paintpots but, incongruously, the young men scurrying hither and thither are almost all dressed in dark suits and waistcoats. Who, one wonders, is actually doing the painting and decorating?

Eventually one of the young men introduces himself as Peter Warburton, Minister for Information and Inspiration. He is, at a guess, in his late twenties, with a short haircut and, like his colleagues, impeccably dressed. The Ministers have much more interesting titles than their Westminster counterparts; the ten 'departments' cover Development of Consciousness; Natural Law and Order; Cultural Integrity; Invincibility and World Harmony; Education and Enlightenment; Celebrations and Fulfilment; Prosperity and Progress; Information and Inspiration; All Possibilities, Research and Development; Capitals of the Age of Enlightenment; and Health and Immortality.

Peter is a great deal more relaxed than the young man we first met. We begin with a tour of the house. 'It was in a much worse state of repair than we had supposed,' he says. 'The first thing we had to do when we moved in was to repair the roof. Then we had to put in new plumbing, wiring and a damp course. You can probably smell the creosote from below. After that, we've had to repaint the place completely, and we've done a lot of research into the question of suitable wallpapers and silks. The first carpets arrived a few days ago. We tried our best to choose them to complement the ceilings, which were one of the few things we were left with and which the auctioneers couldn't take away.

'To be honest, more was left in the way of what you might call fixtures and fittings than the public was led to believe. Mentmore was described as an empty shell, perhaps because the Government felt guilty about it, but there are all sorts of

Peter Warburton (right), 'Minister of Information and Inspiration', discussing with a colleague the refurbishing of Mentmore (illustrated on page 130)

elaborate decorations which are far older than the house itself. They came largely from French and Italian houses. It seems to me that the first Lord Rothschild built this place not so much as a home as a gallery to house his collected treasures. There are the tapestries in the dining room, for instance, which came from Paris, and the wall paintings from Antwerp.'

In the billiard room one such tapestry is in the process of restoration. The floor, however, is covered with mattresses, used for meditation and, it is claimed, for occasional levitation. All requests to be allowed to watch a demonstration of 'flying' are, however, firmly refused. In due course, it transpires, the mattresses are to be moved elsewhere and the room turned into a public restaurant.

The house, at the time of our visit, is to be opened to the public for the first time a few weeks hence. Its new owners are expecting up to 50,000 visitors in the first year, attracted partly by interest in the house but also by curiosity about the new uses to which it is being put. They are hoping to compensate for the lack of historic contents by arranging displays of their own activities. Already several thousand people have attended seminars and conferences.

Lunch, announced surprisingly early, consists predictably of nut cutlets and vegetables, and unpredictably of a particularly nice pudding. There is only water to drink. Smoking and alcohol are not forbidden, Peter explains, 'but TM does away with the desire for them. Similarly, vegetarianism is not compulsory, but most people feel the need for a light diet. It's difficult to explain without seeming pretentious, but honestly our way of life does make us content with quite simple things.'

The scene in the dining room confirms the curious dichotomy, the impression of something halfway between a monastery and a merchant bank. Those present are almost exclusively male, although there are a couple of young girls and an unexplained family with small children. Along with the suits, waistcoats and ties, the neat haircuts and the public school/Oxbridge accents, goes a slightly unnerving courtesy. The harsh 1980s world of self-assertive boorishness, of 'aggro' and confrontation, seems far away.

There are, Peter claims, some 100,000 people in Britain who practise TM. They are composed of all ages. Those at Mentmore are mostly young because they can choose to attend full time, whereas older people have other commitments like jobs and families. They are nearly all men, because girls attend a separate centre in Kent and there is yet another establishment for married people in Cheshire. Although not completely inflexible, the general rule is that during courses the sexes should be segregated in order to avoid distractions.

'Most of the people here are on an advanced course known as TM–Sithi,' he continues. 'We meditate for six hours a day, from eight till eleven in the morning, and from four till seven in the afternoon. We call those our office hours. In between, we do our various jobs about the house, which we call recreation, and in the evenings we study.'

Asked why people become interested in TM in the first place, he replies that it is usually because they know someone who has tried it and found it helpful and satisfying. 'Sometimes it is because they are concerned about their health, and sometimes because they are just seeking knowledge. Bear in mind that what you see here is a very specialised situation. Most people would practise meditation for, say, only twenty minutes in the morning and twenty minutes in the evening. This is an advanced course, in which we are going much deeper into experience and the development of consciousness.'

Followers of the Maharishi object strongly to being described as a sect or as pursuing a cult. Nor do they feel that they are 'religious' in the accepted sense. They do claim, however, that meditation can affect society by reducing such things as the crime rate, stress and traffic accidents. Their philosophy, they point out, is not dissimilar to that of contemplative religious orders which believe that they can effect good through the power of prayer.

For that reason, they say, they are not aiming to effect mass 'conversions', but instead to set up groups of followers in as many towns and cities as possible. There are also travelling 'task forces' which make a point of visiting areas of conflict. 'For instance, when one of our groups went to Nicaragua,' Peter relates, 'all they did was to stay in their hotel and meditate, and immediately the violence calmed down.'

They deny that their conservative way of dressing is a deliberate attempt to counter the 'flower children' image. 'The reason we dress smartly is that we have a lot of important people coming here. The idea of long hair, beads and sandals was never a correct one. The Maharishi never expected people to change their traditions or their normal way of life. The flower children were the first people to turn public attention to the Maharishi's teachings. But that was never his intention. His teaching has always been universal, to appeal to everyone in all walks of life, and not to create a cult of people who cut themselves off from the ordinary world.'

In the Grand Hall after lunch someone is practising the piano excruciatingly badly, pausing interminably before each unsuccessful chord. We are joined by a friendly man called Francis Chalmers, who is able to talk with some knowledge about the house, having recently been doing research for the guidebook. His immaculate blue blazer and unfashionably flared grey flannel trousers give one again the impression of having somehow stepped back in time.

He had, he says, always been interested in stately homes. 'But it was not an active interest until I actually found myself living in one. Now it's beginning to seem like the only way to live.

'There are twenty-six marble fireplaces in this house, all brought over from France. Fantastic, isn't it? And yet the house is heated by hot air circulating under the floors. It was one of the first central heating systems ever installed in Britain, and it is probably still one of the best.'

We visit what used to be known as the White Drawing Room. The doors, which were sold, presumably to pay household bills, early in the century, are now being replaced with replicas. After the house was sold, Lady Rosebery was invited back in 1978 to attend a formal tape-cutting ceremony. She is said to have remarked that she had never seen the room before, and that in her time it had been used only for storage. 'It seems that in the last few years only a handful of rooms were actually lived in,' Francis observes.

We move to the small library which, delightful though it is, says little for the Rothschilds' literary habits. Several of the shelves contain false book backs, displaying elaborate but somewhat schoolboyish Victorian puns in their supposed titles. Beneath it are steps leading down to a cellar where, it is alleged, shortly before the sale, some £100,000 worth of unused family silver was discovered. At around the same time, an assessor from Sotheby's found a locked carpenter's shop, in which was stored eighteenth century French furniture worth over £500,000. Francis shrugs his shoulders in disbelief. 'It makes you wonder why on earth they thought it necessary to sell off things like doors to raise money.'

Back in the hall an inspection is taking place of the first batch of more than a hundred specially ordered gilt and velvet chairs. So far as furniture, carpets, pictures and tapestries are concerned, the object appears to be to reproduce the high Victorian style of the Rothschilds, even though the irreplaceable originals have gone for ever.

Quite how the whole operation is being financed is not made clear. Questions are met with a certain diffidence. The house, it is said, was bought with an 'international' bank loan. Basic income at present comes from course fees and from seminars and conferences, and in due course, it is hoped, will be supplemented by admission charges to visitors. There are plans to start other money-making activities, ranging from confectionery manufacture to market gardening.

All the followers we meet have this same peculiar ability to dissemble. One minute they are openness itself, the next defensively guarding against intrusion. Similarly they can switch from lighthearted chat about inconsequential matters, such as football or newspapers, to expounding the views of their movement in monologues from which they refuse to be interrupted. It is all slightly disconcerting.

Below stairs are the first signs of real manual activity, where rebuilding is taking place. The seventy or so people in the community are doing almost all the work themselves, apart from a few specialised tasks. They also manage without any daily staff, other than one cleaning woman who was employed by the Roseberys, and whom they felt it incumbent upon them to continue to employ, and one gardener. 'Otherwise everyone chips in and does his share, including cooking and washing up. For that, we use a rota system.'

The basement provides access to a wing where some of the group's more controversial activities take place. One of its claims is that TM has been widely accepted by the medical profession as a means of countering stress. Dr Alex Hankey, a physicist, explains his work on measuring brainwaves during meditation by means of an electro-encephalograph. He claims that research has shown that brain impulses become more regular, that blood pressure decreases and that hearing and eyesight improve.

'It appears that, biologically speaking, people become younger in many ways,' he says. He claims that the results of the tests show that there is 'better contact between different parts of the brain' and that co-ordination is improved.

In the room next door a young 'guinea pig' is being wired up with electrodes plastered to various parts of his head. 'There is nothing wrong with him, of course,' Alex emphasises. 'But we do believe that our tests will show that meditation can produce medical benefits in reducing hypertension. That's all there is to it. Some people might think it is all a bit sinister but, within reason, they're welcome to come along and have a look. We're not, for obvious reasons, going to encourage crowds who will get in the way, but we've got nothing to hide.'

Two floors above, Tom Aisbitt, Minister for the Capitals of the Age of Enlightenment, produces tea and biscuits in an exquisitely gold-leafed boudoir. The room itself is one of the proudest examples of the Mentmore restoration, and the biscuits are what the Victorians would have called sweetmeats, home produced and, on the evidence, destined to sell like hot cakes.

'We are rapidly making friends with other owners of historic houses,' he says. 'They were a bit suspicious at first, but that soon disappeared. A few weeks ago the Historic Houses Association held an area meeting here, and it was a great success. That's when we knew we had been accepted.'

The house is ideal for the group's purpose, he points out, in having extensive accommodation and a large hall which can be used for conferences. But he is also the architect who has submitted plans for terraces of small apartments, to house some 750 students, set into the sloping lawns below the house.

Before this book is published, some decision is likely to be made on what is certainly a very controversial project. At the time of writing, the Historic Houses Association and the Victorian Society have seen the plans but have yet to give their verdicts. Local people appear undecided, although there is some concern about the possible effects of extra traffic on the so far untouched tranquillity of the village.

'I think these are valid questions which we have to answer and on which we have to provide reassurance,' Peter says. Tom insists that the proposed terraces will not present walls of glass –

he admits that the drawings may have given a misleading impression – but will consist of colonnades adorned with trees, shrubs and pools. Furthermore, he argues, the scheme is based on Paxton's own designs, which envisaged the 'castle' of Mentmore crowning just such a fantasyland.

The scheme which he envisages would comprise three-tier terraces on two sides, with buildings at the rear screened by trees. 'There have been no negative criticisms from those who have seen the drawings,' he claims. 'People have been quite surprised to see how closely our plans relate to Paxton's original intentions. They see that it could be quite exciting and beautiful.' Those attending courses and using the accommodation would be preoccupied and would not constitute an invasion of the village, and a planned access route would take traffic away from where people live.

From the windows of this beautiful room there is a panoramic view of the grounds. Today they consist of eighty-four acres of gardens and woodlands, the rest of the estate having long since been sold. Mentmore is only one of several houses built by the Rothschilds in the area where at one time, it is estimated, they owned some 30,000 acres. 'Quite a little empire,' Francis comments.

The gardens have been neglected, but there are plans to plant cypress trees and shrubs around the front entrance which, as Francis observes, are at present 'a bit bleak'. The statuary has been removed, but the urns and the fountain are to be replaced and the rosebeds replanted.

'They didn't take everything,' he adds. 'We still have the goldfish.'

15 A MATTER OF CONSEQUENCE

As should be evident from the preceding chapters, there is no such thing as a typical 'stately home', or a typical stately home owner. Admittedly, those portrayed in this book are exceptional in that they were deliberately chosen to provide as broad a range of contrasts as possible. One would not expect to find such contrasts among a random sample taken from the great majority of country house owners, who share certain fairly obvious characteristics. Nearly all belong either to the aristocracy or to the upper strata of the middle class and, if questioned, would mostly display much the same social and political attitudes. On an objective analysis, they are also privileged, although many would not see themselves as such.

But privilege brings its problems, mainly of a financial nature. A handful of owners are indisputably wealthy, either through inheritance or through their own efforts. Most, however, in terms of net income, are anything but wealthy. Quite a number have real difficulty in paying their bills. The reason is that houses were almost invariably built as the centrepieces of large estates, running to hundreds, and often thousands, of acres. Those estates were the houses' *raison d'être* and provided the owners with incomes which were usually more than enough to cover their domestic expenses, including the maintenance of large staffs of servants.

In some instances those estates have remained relatively intact. Most of them have, however, long since been dispersed and sold, ironically in many cases to provide sorely needed capital; a case, if ever there was one, of eating the seed corn.

Whether or not those who sold the land were guilty of a lack of foresight, the fact remains that houses no longer supported by estates have to be supported by other means, and inflation is making it increasingly difficult for those means to be found.

When considerable numbers of people in Britain are still inadequately housed, or even homeless, it is not always easy to evoke sympathy for the plight of those who own large and beautiful mansions, and who may be worried about fuel bills or the cost of repairing the roof on the west wing. When all is said and done, it may be pointed out, whatever their immediate cash problems, they still own assets worth tens of thousands, if not millions of pounds. What is more, they can earn easy money by inviting the general public to pay for the privilege of inspecting those assets, an advantage which is denied to the rest of us.

But many large houses, as has frequently been shown, are virtually unsaleable. The same certainly does not apply to their contents, as the case of Mentmore showed only too clearly. It is clearly easy enough to dispose of a valuable painting or piece of furniture, but the practice is widely deplored, not only by historians and art experts but by the overwhelming majority of owners. Moreover, by no means all houses are crammed with priceless contents and, by the same token, their owners do not feel it worth opening to the public because they have nothing of any great interest to display.

To suppose that country houses will survive, whatever the difficulties, would be a dangerous fallacy. It is certainly true to say that there is a greater awareness nowadays than there used to be of the danger of their being abandoned and falling into decay, and a greater concern that this should not happen. It is probably also fair to say that the present generation of owners are more conscious and more appreciative than their parents or grandparents of the value of their inheritance, and more determined to preserve it in spite of the difficulties. It is instructive to contrast the attitudes of Lord Camoys and Lord Carnarvon; the one a young man who has devoted immense effort to the recovery and restoration of his ancestral home; the other one of the last of his generation, who takes a fatalistic attitude to what may happen after his death. But despite the goodwill and enthusiasm, it is still all too possible that, in the face of continuing inflation and high taxation, many owners will feel that the game is no longer worth the candle. It is a sobering thought that something over a third of Britain's country houses have been lost through decay or demolition in the last hundred years.

How important is it that the remainder should survive? The answer to that should be obvious. In economic terms alone, country houses are a valuable national asset. They attract between fifty and sixty million visitors a year, of whom probably ten million are from overseas. Foreigners, indeed, are notably more interested in country houses than in galleries or museums. In entrance fees alone, therefore, foreign currency earnings are of the order of £10 million, apart from the additional takings from restaurants, souvenir shops and things like fairgrounds and safari parks. Moreover, since historic buildings are high on the list of reasons why people visit Britain in the first place, the whole tourist industry has a vital interest in their survival.

Apart from their currency earnings, they are also of no little significance in employment terms. The Historic Houses Association estimates that a large house open to the public every day throughout the season requires a staff of between 50 and 200, and a medium-sized house open two or three days a week between 10 and 15. An estate of, say, three thousand acres, a third of which is woodland and two thirds farmland, would probably employ some 40 people. The association has more than 800 members and so, in very general terms, without attempting a detailed breakdown, they might be said to be responsible for something in the order of 10,000 jobs. In national terms that is perhaps of no great significance, but in local terms the impact can be very considerable. The closure of Woburn or the break up of the Buccleuch estates, for example, would be little short of disastrous for the local economy.

But, aside from economic effects, there is every reason for cherishing and protecting a collection of buildings and gardens which are among the greatest treasures we have. No other country in the world, not France with its châteaux, nor Germany with its castles, nor Italy with its villas, can match this splendour and variety. Only the most incorrigible philistine could seriously maintain that the future of such a glorious legacy is a matter of no great consequence.

Nor is it just the buildings and their surroundings whose survival is at risk. Many of them are literally treasure houses.

The combined value of their contents is incalculable, and certainly far, far beyond the means of the nation ever to begin to acquire with public funds or for our already overcrowded galleries and museums ever to house or display adequately. The closure or sale of such a house means, as at Mentmore, the dispersal of its contents and their effective loss to the nation, while conservationists wring their hands and the Government watches impotently. Does the public want to see any more Mentmores? Not, it would appear from the petition presented to Parliament in 1975, which attracted more than a million and a quarter signatories from nearly sixty countries, and which called for special provision to be made for the survival of historic houses. And yet still Mentmore was allowed to happen.

But, even if the importance of country houses is unarguable, is it essential that they remain in private ownership? There are certainly people who are ideologically opposed to the perpetuation of what they regard as indefensible privilege. There are also those at the opposite end of the political spectrum who, while in principle in favour of private ownership, do not consider that it should be publicly subsidised. Michael Heseltine, at the time of writing Conservative Secretary of State for the Environment, appears to be among them.

'I personally believe that high subsidies and high taxes go hand in hand,' he told me in a recent interview. 'If we succeed in bringing taxes down to the level of the rest of Europe, I cannot see any justification for subsidising people to live in surroundings which they cannot afford to maintain. I would make a few exceptions in the case of certain conspicuously important buildings, which I would prefer not to name, and which are simply beyond the means of any private individual to maintain without help. In those cases I think the Government can and should assist with grants, not subsidies.

'As for the rest, I do not think it is fair to the owners themselves, let alone the taxpayer, to encourage them to go on living beyond their means, often having to use up capital which they can ill afford. In most cases, if they find they have to sell, I am sure there will be buyers. We must look at more flexible uses for these buildings. If they are bought for use as offices, or by institutions, or for conversion into smaller units, there is no reason why they should not continue to be open to the public.

'I agree that the fifteen per cent VAT on repairs, when new building is exempted, is an anomaly. But the trouble is that, by removing it, one would create other anomalies. What this Government wants to do is to create the most favourable tax climate possible. I would rather bring down taxes, for instance, than go on giving grants for tree planting. I don't believe in the sort of society in which civil servants decide if there should be more trees. The public sector has no business to interfere in matters which should be at the discretion of private owners.'

Patrick Cormack, a backbench Conservative MP, chairman of the All-Party Committee for the Heritage and author of *Heritage in Danger*, calls Mr Heseltine's attitude 'misconceived and hard-faced'. Not only does he consider it preferable for people to go on living in their family homes, but he is far from convinced that there are many institutions interested in buying them. 'Nor do I believe that it is any consolation for people to be told that, if they're short of money, they can simply sell off some of their valuable possessions. Often such possessions have been in the family for hundreds of years. A house with its contents, lived in by its owner, is unique in its particular setting. Take anything away from it, and you have impoverished it.'

Mr Cormack argues that owners of historic houses must be given special tax concessions, without having to wait for any general reduction in taxation at some unspecified future date. Most importantly, such concessions must be extended to owners of smaller houses which cannot physically take enough visitors to make a profit, and to those who live in too remote a part of the country to attract many people. 'Any fiscal help must of course be limited to the preservation and maintenance of the house for the public benefit. If it were to be seen as a way of propping up a luxurious life style, then of course it would be disastrous.

'Also I believe we must build on what the Labour government did and develop a bi-partisan policy on historic houses. It would be very dangerous to turn the heritage issue into a political football. We must have such a policy, because we can't afford to go on letting things drift. Basically we have only two choices, namely to introduce tax changes or to 'do a Russia' by buying the most important houses for the nation and leaving the rest to their fate. Tax concessions are far cheaper and a far more attractive solution, and I am sure that is generally accepted among most MPs. Something has got to be done to give owners confidence in the future.'

Andrew Faulds, MP, a leading Labour member of the committee, is also strongly in favour of a bipartisan approach. 'I firmly believe that as many people as possible should be encouraged to go on living in their houses, if necessary by fiscal incentives,' he declares. He wants to see the abolition of VAT on repairs, together with more generous grants and tax concessions.

'But I don't pretend that it won't be very difficult to get anything done,' he adds. 'In the first place there are still a lot of MPs in all parties who just don't give a damn, although I think the position is getting better. But there are also special difficulties for the Labour Party. The young radicals can't be expected to pay too much attention to the problems of protecting country houses. A lot of them don't want to know and, even among those who are aware of what the problems are, they're not going to be among their priorities.

'I think the last Government did quite a lot to help owners, and that has been acknowledged. But I fear it will be difficult to convince a future Labour government that we should be helping these people. It will be difficult enough to persuade it not to introduce a wealth tax. If that happens, we'll be in the same situation as France, with most houses stripped of their contents and abandoned. There are left wingers in the Party who have been to Eastern Europe and have been very impressed by what the State has done in the way of preserving the past, and who think that we should do the same thing here. But that sort of solution, whether one is attracted by it or not, would not be suitable for Britain, if only because of the scale of the problem. You could hardly turn every country house into a people's museum.

'I am also very unhappy, as a lot of my colleagues are, about the way ministerial responsibility for the arts and the heritage is split at the moment. The so-called Arts Ministry is only responsible for the performing arts, music and crafts. Everything else comes under either Education and Science or Environment, apart from one completely lunatic anomaly which makes films the prerogative of the Department of Trade, which explains why the film industry is in a state of collapse. Everything should be reorganised under a new Ministry of Culture and Heritage, which would have independent spending powers and which, among other things, would be responsible for historic buildings, archaeology, and churches and cathedrals.'

All the evidence seems to indicate that the general public, or that section of it that has any interest in the matter, would go along with the views of Mr Faulds and Mr Cormack. There are those who maintain that, if an owner really does not want to carry on, he should be able to bequeath it to the Government or to some body such as the National Trust. But this does not appear a likely solution or even a desirable one. Neither the last Labour Government nor its Conservative successor have shown the slightest interest in acquiring historic houses for the nation; on the contrary, they have made it abundantly plain that no public funds are, or are likely to be, available for such a purpose. The National Trust categorically refuses to accept any property without an endowment that will guarantee its upkeep, and is on record as saying that it does not really want any more houses anyway, and would much rather they remained in private ownership.

Time and again visitors to country houses have remarked that the presence of a family still in residence, however large the house and however few rooms they still inhabit, creates a markedly different and more attractive atmosphere. I have certainly found this to be true. Plas Newydd, although owned by the Trust, retains a degree of family atmosphere because the Angleseys still live there. Were they to leave, the house would undoubtedly lose something. Mentmore, for all its new owners' enthusiasm, will never again be what it was; in contrast, Stephen Weeks has managed to stamp his personality on what only a few years ago was a virtual ruin. Douce's Manor and Heythrop Hall are fortunate in having wealthy corporate owners and are admirably maintained, but both have undergone internal changes and external additions which would have drastically altered their character even if their original purpose had remained the same. That of course is inconceivable, since the conversions were a direct result of the changes in use. Without intending any criticism of either Commercial Union or National Westminster, it must be said that institutional use is probably the least satisfactory solution, whatever Mr Heseltine might think.

Is there then a solution that will work and, equally important, one that is politically achievable? Once again it all comes back to tax relief and fiscal incentives. Despite Mr Heseltine's expressed views, there has been some encouragement for owners in the form of changes in the law affecting maintenance funds. Such funds, the proceeds from which can be used only for repairs and upkeep, are exempt from tax but, until recently, people were deterred from setting them up by the fact that the money placed in the fund was irrevocable. That has now been changed so that it can be subsequently withdrawn, whereupon of course the tax must be paid.

The Labour Government, in substituting capital transfer tax for the former estate duty, introduced limited exemption for owners who could convince the Treasury that their houses were of outstanding importance and would remain open to the public. The Historic Houses Association has since been campaigning to have the provision extended to a much wider range of houses. This is almost certainly vital if the next generation of prospective owners are to be enabled to take over from their parents. The association also strongly supports the view of its vice-president, Michael Saunders Watson, that the so-called Case One treatment, whereby only the larger houses, which attract most visitors, qualify for Schedule D tax relief on repairs and maintenance, is unfair and discriminatory. Relief, it says, should apply to all listed buildings and also to outstanding gardens. It would like to see the cost of maintaining the contents of houses, such as furniture, pictures and textiles, allowable against tax, together with a guarantee that pictures and other valuables accepted by the Inland Revenue in lieu of tax should be allowed to remain in their surroundings.

Such requests do not, on the face of it, seem unreasonable. Although the total cost of introducing the various measures suggested has yet to be computed, they would certainly be cheaper than any other method of ensuring the survival of the country house or, if ensuring is too optimistic a word, at least encouraging it. The main stumbling point would appear to be Treasury resistance, and in some quarters perhaps political resistance, to anything that smacks of discriminatory tax concessions. The Treasury's commitment to equity is traditionally inflexible, no doubt from the highest of motives, so it would perhaps be churlish to remark that few civil servants live in stately homes.

It would not be at all a bad idea, however, if those officials who feel that it is a case of those who are already privileged seeking still further privileges paid a few visits to historic houses and talked to their owners. They would, I feel sure, be impressed by the widespread view among those owners, not often articulated but nonetheless evident, that the houses and their contents do in a real sense belong to the nation and not to individuals, and that they themselves are really only trustees. It is a view that has probably gained acceptance only in the last twenty years or so, as the gates of privilege and exclusivity have been thrown open, and it is time it was more generally recognised.

It is that, rather than mere sentiment, which inhibits them from selling the possessions which they have inherited, the proceeds from which could so easily put paid to their financial worries, and which leads them roundly to condemn the handful of 'renegades' who take the easy way out. 'It amazes me that more of them don't sell up and go and live in the Bahamas,' Andrew Faulds remarks, half seriously. 'I know I would, if I were in their place.' So far, happily, for the most part they have not. But one day the easy way out may become the only way.

Index